KB214294

포스트모던과 디지털시대의

성경적 변증적 성육신적
교회론

포스트모던과
디지털시대의
성경적 변증적 성육신적

교 회 론

김도훈 지음

고요아침

"교회론은 우리의 정체성에 대한 고백이자 목회론이고, 교회봉사론이며, 교회건강과 치료학인 동시에 교회를 사랑하는 자의 고백이다. 교회는 신앙고백의 요소며, 세계를 향한 하나님의 희망의 도구다." 이것이 나의 교회론에 대한 고백이다. 가끔 이런 질문을 받는다. 조직신학을 전공하고 가르치는 교수가 다음세대, 교회성장, 목회 등의 초점을 담은 글을 쓰는 이유는 무엇인가고. 이런 질문의 이면에는 조직신학은 단순히 이론적 학문이라는 생각이 숨어 있는 것 같다. 그러나 조직신학은 단순히 사변적이고 이론적이기만 한 학문이 결코 아니다. 모든 신학은 실천을 지향한다. 조직신학도 마찬가지다. 더구나 교회론은 말해 무엇 하겠는가. 교회론이 교회현장이나 교회실천과 동떨어져 있는 학문이 아님을 나는 단언한다. 교회론은 앞에서 말한 대로 단순한 이론이 아니라 교회목양론이며, 교회건강론이고, 교회현장론이다. 이러한 생각 때문에 필자는 교회론을 연구하면서 교회성장, 교회컨설팅, 교회마케팅, 그리고 교회의 미래에 좀 더 깊은 관심을 두고 연구해 왔다. 이 책은 단순히 연구를 연구가 아니다. 책을 목적으로 써낸 것도 아니다. 교회에 대한 나의 관심과 배움과 염려와 경험의 여정을 시간의 흐름에 따라 써내려간 일기다. 생각과 관심이 중첩될 때 교회론에 대한 일기도 중첩될 수밖에 없었다. 또한 강조하고 싶고 함께 공유하고 싶은 것이 많으면 많을수록 내 교회론도 중복되고 반복될 수밖에 없었다. 평계 같지만 이 글에 내용과 논지가 비슷하고 반복되는 이유가 바로 거기에 있다.

십 수 년 교회론을 고민하고 연구하면서, 세계 여러 지역의 교회를 탐방하고 경험하면서 하고 싶은 이야기는 늘 비슷했다. 결국은 교회를 사랑하는 것이 교회론의 핵심이라고. 사랑 없는 교회론은 "소리 나는 구리와 울리는 꽹과리"와 같은 것이라고. 필자가 여러 해 동안 학교에서 교회론을 가르치면서 느끼고 배운 것은 교회를 사랑하는 법을 가르쳐야 되겠다는 생각을 하게 된 점이다. 필자가 듣는, 마음 아픈 말 중의 하나는 신학자들은 교회 현장을 모른다는 비판이다. 사실일 것이다. 영적 전선에 있는 목회자들보다 치열함과 절실함이 덜하고, 현장의 고통과 절망을 아무래도 덜 느낄 것은 당연하다. 그래도 나름대로는 많은 고민가운데 이 글들을 써 나갔고, 부끄러움을 무릅쓰고 모아 출판해보았다. 이 글은 필자의 교회애(敎会愛)에서 나온 글임을 다시 한 번 고백한다. 비록 서툴고 모자랄지라도 그 마음만은 헤아려 주시길 바란다. 어려운 난국에도, 그리고 다음세대에도, 교회가 살아남을 뿐 아니라 더욱 건강하게 성장하기를 소망하기 때문이다. 무엇보다 한국교회에 "여호와 하나님께서 복을 주시고, 지키시기를 원하며, 그의 얼굴을 비추사 은혜 베푸시기를 원하며, 그 얼굴을 향하여 드사 평강 주시기를 원하기" 때문이다.

　이 글들은 과거부터 시간에 따라 교회론의 여정을 담은 글들이다. 한 순간에 쓰인 글들이 아니라 오랜 시간의 결과이다. 다음세대, 이머징 선교적 교회론, 문화안의 그리스도, 하나님 나라와 실천, 창조성과 하나님 나라, 다음세대 교회 미래 목회 모델 연구, 이머징 교회론, 일상의 공적 교회론, 가상교회론, 모성적 목양교회론, 변증적 교회론, 정의의 교회론, 긍정교회론 등 이미 발표되었던 논문들을 수정하거나 편집하여 수록하였다. 아마 순서대로 교회론의 순례의 과정을 설명한다면, 생태적 교회론, 21세기 포스트모던 문화 교회론, 디지털-가상 교회론, 다음세대 신학 미래 세대 목회, 이머징-선교적 교회론, 모성적 목양 교회론, 변증적 교회론, 긍정 교회론 등의 순서일 것이다. 다소 중복된 느낌이 있다. 논문 형식으로 쓰였던 글이어서 더더욱 그렇다. 전체적으로 대폭 수정 및 재편집에 도전할까도 생각했는데 그만두었다. 지난한 작업이기도 하거니와 필자의 교회론의 변화를 느낄 수가 없을 것 같다는 생각이 들었기 때문이다.

1부에서는 교회론의 성격과 과제, 교회에 대한 성경적 이해, 교회론의 변천사를 다뤘다. 교회론의 성격에 대해서는 이미 이 서문의 첫머리에 요약했다. 교회론을 이해하는 필자의 기본적인 생각이 담겼다. 이어 성경의 교회론과 그 함의를 상세히 서술하려 하였다. 그리고 교회론의 변천사를 통해 과거를 숙고하고 오늘날에 필요한 교회론은 무엇인지 생각할 수 있는 동기를 부여하고자 했다. 2부에서는 포스트모던과 디지털 시대의 현대 교회론과 한때 미국교회의 부흥과 갱신을 주도했던 새로운 교회운동을 다뤘다. 굳이 포스트모던과 디지털 시대를 염두에 두지 않더라도 오늘날 여러 상황에 적절한 교회론을 제시하려 하였다. 3부에서는 교회가 직면한 몇몇 문제들을 다루려고 하였다. 많은 질문들이 있을 수 있으나 다음세대, 정의문제, 저성장의 문제, 무신론의 도전을 주요 문제로 삼았다. 생태계의 위기와 관련한 교회론은 이전의 졸저, 〈생태신학과 생태영성〉에서 다뤘기에 여기서는 중복을 피하기 위하여 생략하였다. 무엇보다 시급한 팬데믹(pandemic) 상황과 관련한 교회론을 다루지 못한 것이 못내 아쉽다. 추후의 연구과제로 남겨 놓는다. 이 내용들을 담을 수 있는 제목을 무엇으로 정할지 생각하고 또 생각하다 포스트모던과 디지털 시대의 〈성경적, 변증적, 성육신적 교회론〉으로 정했다. 오늘날의 포스트모던적 사상의 배경 속에서, 그리고 인터넷 없이 한시도 살아갈 수 없는 상황 속에서 성경은 교회를 어떻게 정의하고 있으며, 그 대안들은 무엇이고 어떤 교회운동들이 있었는지, 오늘의 현실문제에 대한 어떤 대안들이 있을 수 있는지 말하고 싶었기 때문이다. 무엇보다 교회를 변호하고 긍정적으로 바라보고 싶었으며, 교회는 세상으로 뛰어들어 세상의 희망이 되어야 하고 또 될 수 있다고 생각했기 때문이다. 제목이 필자의 이러한 생각을 잘 담았는지는 독자들의 판단의 몫이다.

교회론을 마무리 하려니 어렸을 적 기억이 떠오른다. 선친은 한결같이 교회를 사랑했고 소중하게 여기셨다. 그리고 그 마음을 필자에게 심으려 애쓰셨다. 어디라도 잠깐 다녀올 때면 어김없이 교회먼저 들리게 했다. 빈 예배당 차가운 바닥에 앉아 다만 몇 분이라도 하나님께 신고(?)해야 집에 들어오게 했다. 항상 교회가 먼저였다. 내 어린 기억에 선친은 예배당을 짓는데 온 힘을 쏟으셨던 것 같다. 손수 돌을 깎아 올리고 시멘트를 바르고 바닥을 깔고 미장을 했다. 돌을 깎아 벽돌처럼 쌓아 올렸으니 딱 들어맞을 리 없었다. 여지없이 내가 인부로 동원되었다. 하나님의 귀한 성전에 돌 하나라도 올리라는 심정이었을 것이다. 자그마한 양동이에 돌멩이와 자갈돌을 담아 숭숭 뚫린 구멍을 메꿨다. 고사리손으로 했으면 얼마나 했을까마는 마치니 내가 다 세운듯했다. 오늘도 여전히 고향 마을엔 낡고 허름한 그 예배당이 비바람 맞으며 서 있다. 어렸을 땐 그리도 튼튼하고 좋아 보였는데 세월은 어쩔 수 없나보다. 그래도 그 작은 예배당 앞에 서면 눈시울이 붉어지고 가슴이 먹먹해진다. 선친의 모습이 어른거리고, 거친 음성이 들리는 듯해서다. "교회가 먼저다!"

지금까지 교회론의 순례에 동행해주신 하나님께 영광과 감사를 올린다. 그리고 일일이 다 거명할 수 없지만 이 글이 출판되기까지 도움을 주신 모든 분들과 나의 교회론을 형성하는데 영향을 주셨던 많은 분들께 깊은 감사를 드린다. 특히 많은 난관에도 여러모로 출판을 지원해주신 지현구 대표님께 진심으로 감사의 마음을 전한다. 마지막으로, 그리도 하나님을 사랑하고 교회를 사랑했던 나의 선친 고(故) 김부진 목사께 이 글을 바친다.

2021년 3월
깊은 못가의 심재당(心齋堂)에서
김도훈

/차/례/

제2부
포스트모던과 디지털시대의
현대 교회론과 새로운 교회 운동

제15장 신무신론 시대의 기독교 변증과 교회

제1부

—

교회론 입문

교회론의 성격과 과제, 교회에 대한 성경적 이해,

그리고 교회론의 역사적 변천

제1장 교회론의 성격과 과제

1. 교회론, 교회의 자기정체성에 대한 진술[1]

교회론은 교회의 〈자기 정체성〉에 관한 진술이자 고백이다. 교회가 무엇
인지, 아니 누구인지, 왜 여기에 존재하고 있는지, 어디로 가고 있는지 진술하
는 것이 교회론이다. 교회의 정체성에 대한 물음은 교회 밖의 무리가 교회에
대해 묻기 전에, 교회가 교회에 묻고 답하는 행위다. 바울은 많은 교회를 세우
고 양육하였다. 그리고 교회가 무엇인지 가르쳐 주었다. 왜 교회가 그리스도
의 몸이며 하나님의 백성인지, 왜 교회가 택함 받은 자이며 거룩한 자들이고
성령으로 하나 된 자들인지 설명해 주었다. 그런데 그는 교회를 교회라고 지
칭하기도 하였지만, 교회에 편지를 쓰면서 대부분 "너희"라는 명칭을 사용하
였다. 모인 그리스도인들, 즉 교회를 향하여 "너희"와 "우리"로 불렀다. 그렇
다. 바로 그리스도 안에 있는 우리가 교회다. 오늘날 교회를 묻는 우리가 곧
교회다. 그러므로 교회를 묻는 교회론은 우리의 정체성에 대한 물음이며 확인
이다. 종종 우리는 교회를 이렇게 정의한다. "삼위일체 하나님의 형상으로서
교회는 하나님의 백성이며, 그리스도의 몸이며, 성령의 피조물로서 하나님 나
라를 향하여 가는 도상에 있는 종말론적 공동체라고." 이 고백은 나 혹은 우리
와 분리된 어떤 다른 공동체에 대한 진술이 아니다. 우리에 대한 진술이며 고
백이다. 따라서 교회론은 교회의 기초가 되시는 예수그리스도와 관계되어 있
는 우리의 고백이며, 삼위일체 하나님과의 관련성 속에서 우리의 정체성에 대
한 매순간의 확인 작업이다. 그러므로 교회론은 교회에 대한 객관적 진술이라

---

1) 이글은 현요한 교수의 은퇴 기념 특집, 김도훈, "교회론의 성격과 과제"『성령과 함께 걷는 신
앙과 신학의 여정』(김도훈 외 편집), 태학사, 2019, 129-164에도 실려 있음을 밝힌다.

기보다 오늘 우리 공동체의 존재 이유에 대한 고백이고 확인이며, 교회를 존재케 하신 이에 대한 찬양이고 감사다.

그렇다면 교회로서 우리의 정체성은 어디로부터 오는가? "우리"의 정체성은 우선 타자와의 관계 속에서 드러난다. 우리는 이웃과 자연 피조물 앞에서 설 때 우리가 누구인지 드러나게 된다. 우리는 타자를 위한 존재이기 때문이다. 하지만 우리는 우리 앞에 서 있는, 그리고 우리가 그 앞에 서야할 진정한 타자는 삼위일체 하나님이심을 기억해야 한다. 하나님 앞에, 예수 그리스도 앞에, 성령 앞에 설 때 우리가 진정 누구인지 정확히 드러나게 된다. 그러므로 교회론은 이웃들 앞에, 이웃들 속에 서 있는 우리, 그리고 삼위일체 하나님 앞에 서있는 우리에 대해 묻는 질문에 대한 답이다. 오늘날 교회의 위기를 부르짖는 소리가 드높다. 그것은 급속한 사회적 변화나 문화의 변동 때문이기도 하며, 이념적, 사상적 도전 때문이기도 하며 이단들의 도전 때문이기도 하다. 교회 내의 분열과 충돌과 타락 때문이기도 하며, 오늘의 다양한 현실적 문제들의 도전 때문이기도 하다. 그러나 위기는 밖에 있지 않다. 바로 내게, 우리에게 있다. 우리의 정체성의 혼동에 있다. 우리가 누구인지 모르거나 의식하지 않거나 알면서도 우리의 현실을 합리화하는 데 있다. 더 큰 위기는 하나님 앞에 솔직하게 서지 않는다는 데 있다. 고개를 들지 못하는 세리처럼, 하나님 앞에 진솔하게 설 때 교회는 진정한 교회가 되는데도 말이다. 때로는 하나님 앞에 선다고 말하면서도 하나님은 내편이라고 이용하는 우리를 발견하게 된다. 자신은 사랑의 하나님 앞에 세우고 타인은 공의의 하나님 앞에 세운다. 교회의 위기는 교회론의 부실과 부재와 왜곡으로부터 온다. 교회의 정체성의 위기도 문제려니와 교회론의 왜곡이 더 큰 문제다. 내 신학과 내 교회론만이 정의(正義)인 세상이다. 교회만이 아니라 신학과 교회론도 하나님 앞에 진솔하게 서야 한다. 기억해야 한다. 교회의 위기는 신학의 위기로부터 온다는 것을. 교회가 문제라면 그것은 곧 신학의 문제이고 교회론의 문제라는 것을.

우리는 지금 누구를 위해, 왜 여기에 존재하는가? 이것 또한 교회 정체성에 대한 물음이며, 교회론은 이 물음에 답해야 한다. 교회는 교회를 위해 존재하는가, 아니면 타자를 위해 존재하는가? 당연히 교회는 교회를 위해 존재하며 동시에 타자를 위해서 존재한다. 이 둘은 결코 대립이나 모순이 아니다. 여기에 교회의 정체성이 있고, 이것이 교회론의 방향이다. 교회는 교회를 세워나가야 하고 교회의 본질을 지켜나가야 한다. 여기에 교회만이 갖는 교회의 특수성이 존재한다. 동시에 교회는 가난한자, 억눌린 자, 소외된 자들을 향하여 가야 한다. 세상을 향하여야 하며, 세상과 함께해야 한다. 더 나아가 피조물의 아픔에도 공감할 줄 아는 공감력을 가져야 한다. 여기서 교회와 교회가 가진 복음의 보편성이 드러난다. 이것이야 말로 하나님 나라를 이루어 가시는 하나님의 선교(missio dei)와 하나님의 목양(cura dei pastoralis)의 도구로서의 교회의 정체성이다. 교회론은 교회와 타자를 위한 정체성 정립에 온 힘을 쏟아야 한다. 여기서 몇 가지 염려와 질문이 생긴다. 첫째는, 타자를 위한 교회라는 생각이 단순히 오늘날의 위기를 탈피하기 위한, 교회의 이미지 제고를 위한 탈출구로 여겨지는 것이 아닌가 하는 것이다. 수많은 글들이 교회의 이미지를 쇄신하려면 타자를 위한 교회가 되라고 부추긴다. 자기 안에 갇혀 있지 말고 이제 문을 열고 세상과 함께 호흡하라고, 세상을 도우라고 말한다. 정확한 지적이다. 그러나 그것이 교회의 이미지 제고를 위한 수단이나 방편으로 왜곡되어서는 안 된다.

둘째 염려는, 예배와 친교와 성례전과 제의와 축제와 같은 교회 내의 예식적, 제도적 기능을 무시하고 오로지 타자를 위한 교회만을 강조하려는 것에 있다. 그것이 마치 교회의 본질의 전부인양 하는 것이다. 물론 교회는 사회와 유리된, 교회만의 도그마와 폐쇄성에 갇혀 있어서는 안 된다. 사회와 연결되는 모든 통로를 닫고, 사회의 요구를 모두 무시하거나 사회의 변동에 눈감는 것은 옳지 못하다. 그러나 사회의 요구에 민감하여 교회의 본래적 기능을 상실하는 것도 문제다. 이런 위험성을 필자는 교회비판가들에게서 많이 발견한다. 오늘날 교회는 무엇을 위해 존재하는가와 같은, 교회를 향한 도전적 질문 때문에 일군의 신학자나 목회자들은 교회를 향한 사회의 인식에 민감하게 반응한다. 그리고 오늘의 위기가 도덕적으로 바르게 살지 않고, 남을 돕지 않아서 오는 것처럼 오도한다. 그래서 그들은 무조건 교회는 도덕적이 되어야 하며, 가난한 자와 약자를 돕는 것이 문제해결의 전부인양 말한다. 그리고 그들은 교회가 도덕집단이 되고 자선단체가 되는 것이 교회의 본질을 회복하는 것이고, 교회의 목표요 사명이라 착각한다. 이것은 교회의 정체성에 대한 착각이다. 교회가 거룩한 공동체이어야 하고 성화의 삶을 살아야 하는 것은 자명하다. 세상과 달라야 한다. 세상의 기준 이상이어야 한다. 교회의 메시지와 삶의 간격이 멀어지면 멀어질수록 사회의 지탄의 대상이 됨은 분명하다. 아무도 이것을 부인할 수 없으며 부인하지도 않는다. 그러나 유념할 것은 이것을 너무 의식한 나머지 교회의 본질이 도덕집단이나 사회봉사 단체가 되어야 하는 것처럼 기독교의 메시지를 왜곡해서는 안 된다는 것이다. 메시지가 오로지 윤리적이고 도덕적이어서는 안 된다. 교회론에 있어서 구속의 은총의 공동체라거나 구원의 방주라는 교회의 개념이 사라지고 있다. 교회가 삼위일체 하나님을 향한 예배 공동체임을 견지하는 주장이 비판받는다. 오로지 교회는 타자를 위한 공동체라는 것이며, 정의와 공의를 실현해야 하는 공동체이며, 이 땅에서 실현되어야 할 하나님 나라의 도구라는 것이다. 죽음 이후의 소망을 기대하는 것은 개인주의적이며 현실도피적인 신앙이라 비난받는다. 십자가에서 인간을 죄로부터 구원하시는 하나님의 구원행위의 의미가 탈색되고, 자신을 버리고 금욕적으로 살아야 하는 고행의 상징으로만 남는다. 과연 이것이 기독교적인가?

여기서 "무엇이 기독교적인가"에 대한 몰트만의 말을 약간의 각도를 달리하여 인용해보고자 한다. "비판이 그를 기독교인으로 만드는 것은 아니다. 왜냐하면 비기독교인도 열렬하게 비판하기 때문이다. 고난 받는 사람들을 위한 사회참여가 그를 기독교인으로 만드는 것은 아니다. 왜냐하면 비기독교인도 고난 받는 사람들을 위하여 다행히 사회적으로 참여하기 때문이다. 불의에 대한 투쟁이 그를 기독교인으로 만드는 것은 아니다. 왜냐하면 비기독교인도 이에 반대하여 투쟁하며 어떤 때는 기독교인들보다 더 단호한 자세를 취하고 불의와 인간 처벌에 반대하여 투쟁하기 때문이다."[2] 한때, 교회의 내적 기능, 즉 본래적 기능과 사명을 무시하고 오로지 사회참여와 봉사만을 강조하던 경향도 있었다. 몰트만은 이를 잘 지적하고 있다. "19세기 이후부터 오늘에 이르기까지 교회는 사회봉사를 강조하게 되었다. 그리하여 인종차별과 계급차별에 대한 투쟁에 교회는 사회적으로 참여하고 있으며, 후진국 원조 사업과 경제적 폭군주의 및 인종차별의 횡포에 대한 반항 운동에 관여하고 있다. '만일 어떤 사람이 기독교인이 되고자 한다면, 그를 교회로 보내지 말고 빈민굴로 보내십시오. 거기서 그는 그리스도를 발견할 것입니다'라고 사람들은 말한다. (⋯) 사회적으로 상함을 받은 사람들을 위한 교회의 봉사를 최대한으로 확대하며, 이 사회를 인간적 사회로 변화시키기 위하여 보다 더 효과적으로 봉사해야 된다는 것이다."[3] 교회가 사회봉사를 확대하고 사회 개혁운동에 참여하는 것은 좋은 일이다.

그러나 그것은 교회가 사회단체와 다른 공동체임을 전제할 때 의미가 있는 것이다. 교회가 교회됨을 상실하고 사회운동에 치중한다면 교회는 왜 존재하는가에 대한 또 다른 측면의 근본적인 물음을 제기할 수밖에 없을 것이다. 교회는 시민단체나 봉사단체가 아닐 때 사회를 위한 봉사가 의미를 갖게 된다. 교회는 자기를 타자와 구분할 때 타자를 위한 교회의 의미가 드러나게 된다. 몰트만의 말을 계속 인용해본다. "만일 우리들이 더 이상 다른 사람들과

---

2) J. Moltmann, Der Gekreuzigte Gott, 김균진 옮김, 『십자가에 달리신 하나님』, 서울:대한기독교서회, 2011, 28 (이하 GG로 약칭함).
3) GG, 26.

하등의 차이를 갖지 않으려 한다면, 관련성 있는 행위에 있어서 다른 사람들과의 연대성은 그의 창조적인 성격을 상실할 것이다. 만일 우리들이 다른 사람과 다르지 아니하고, 단지 그들과 함께 행동하는 사람들에 불과하다면, 〈다른 사람들을 위한 존재〉(Bonhoeffer)라는 더 나은 의미를 상실하고 말 것이다. 다른 사람들과 상이성을 가질 수 있는 동기를 가진 자만이 〈다른 사람들을〉 위하여 존재할 수 있다. 그렇지 않다면 그는 자기와 동일한 사람들과 함께 거기에 휩쓸려 있을 뿐이다."[4] 오늘날의 교회는 과거보다 더 심각한 이중의 위기 속에 있다. 몰트만의 용어로 말하자면 그것은 "관계성의 위기와 동일성의 위기"[5]다. 달리 말하자면 교회의 현실적합성과 정체성 사이의 위기다. 교회론은 이 문제에 깊은 관심을 보여야 한다. 과거의 전통이나 제도만을 지키려 한다면 오늘 이시대의 교회의 존재이유에 회의를 불러일으킬 것이다. 그러나 현실적합성, 사회문제에만 관심을 쏟는다면 그것이 과연 교회의 본질이며 정체성을 담보하는 것인가 하는 물음에 직면하게 될 것이다.

무엇이 교회를 교회되게 만드는가? 루터의 말대로, 모든 것을 시험하는 것은 십자가다. 교회의 정체성은 십자가 앞에 서야, 십자가에 달려야 형성되는 것이며 드러나는 것이다. 교회도 교회론도 정치적 십자가가 아닌, 예수 그리스도의 십자가 앞에 서야한다. 교회가 기독교 교회인 것은, 교회론이 진정한 기독교적 교회론이 되는 것은 다름 아닌 그리스도의 십자가를 통과할 때이다. 교회가 그리스도의 십자가의 토대 위에서 진정한 교회가 될 때, 〈타자를 위한 교회〉도 의미 있게 된다. 교회론은 "십자가에 달린 그리스도를 통하여 보여주며 이 그리스도를 통하여 그들이 처한 이 사회와 더불어 질문의 대상이 될 때만이 현대세계의 제반 문제에 대한 타당성을 가질 수 있을 것이다."[6] "이제 신앙과 교회와 신학은 그들이 본디오 빌라도 하에서 십자가에 달린 나사렛 출

4) GG, 32-33.
5) GG, 20.
6) GG, 14.

신의 그 남자에 대하여 대관절 무엇을 믿고 또 무엇을 희망하는지 보여주어야 하며, 이를 통하여 어떤 실천적인 결과를 가지게 되는 가를 제시해야 한다. 십자가에 달리 그리스도는 기독교 신학과 교회에 대하여 자기의 이름에 따라 자신을 명명하도록, 곧 기독교적이라고 명명하도록 요구한다."[7] 이것을 분명히 하는 것이 교회론의 정체성 진술의 과제이다.

2. 교회를 위한 학문으로서의 교회론

교회론은 〈교회봉사론〉이며 〈목회론〉이다. 신학은 교회를 위한 학문이며 교회를 섬기는 학문이다. 교회론도 마찬가지다. 교회 없는 교회론이란 있을 수 없기 때문이다. 교회론은 교회의 본질이 무엇인지, 어떻게 하면 교회가 성장할 수 있는지, 교회의 기능과 사명과 과제는 무엇인지, 오늘의 여러 현실적인 문제와 어려움과 공격에 봉착했을 때 어떻게 해야 하는지, 어떤 교회가 참 교회이고 오늘 이 시대는 어떤 교회론이 필요한지 제시해야 한다. 실제로 교회론과 목회론은 동전의 양면이다. 교회론 없는 목회론이나 목회론 없는 교회론은 둘 다 공허할 뿐이다. 목회는 바른 교회론에 근거해야 하고 교회론은 건강한 목회를 도와야 한다. 여기서 한 가지 언급해야 할 것이 있다. 교회론이나 신학이 교회를 위한 학문이라면, 교회의 성장에 도움을 줄 수 있으며 또 주어야 한다는 점이다. 한국교회에는 하나의 모순이 유령처럼 배회하고 있다. 모두 교회의 위기를 외치고, 교회의 쇠퇴를 안타까워하면서 교회성장을 이야기하면 마치 그런 교회론은 번영신학의 아류라도 되는 듯 알레르기 반응을 보인다. 물론 잘못된 방식의 교회성장을 염려하는 것임을 이해하면서도, 교회성장에 대한 부정적 반응이 지나치게 과하다는 생각은 필자만의 생각일까. 모든 생명체는 성장해야 한다. 교회도 하나의 유기적 생명체라면 성장해야 한다.

---

7) GG, 14.

교회가 건강하게 성장할 수 있도록 도와야 한다. 한국교회가 쇠퇴해가는 여러 이유가 있을 것이다. 출생률의 감소, 경제성장으로 인한 쉼의 문화의 변화, 교회의 내적문제로 인한 이미지의 추락, 탈제도적 교회 현상, 대체 영성의 발달, 무신론의 집요한 공격, 전도의 부재, 모더니즘이나 포스트모더니즘 혹은 종교다원주의와 같은 사상적 도전, 사회적 문화적 변동에 대한 대안 부재, 대잇기 신앙교육의 부재, 교회제도의 효용성에 관한 의심, 사회와의 소통의 단절 등 이유야 이루 말로 다 할 수 없을 것이다. 교회론은 이런 문제들을 깊이 성찰하고 대안을 제시할 수 있어야 한다. 그리고 교회에 희망을 심어주어야 한다.[8]

신학이 교회를 도울 수 있는 범위는 매우 넓지만 사회 트렌드의 변화, 문화적 환경의 급변, 미래 변화의 불확실성 등에만 집중해서 이야기해보자. 결론! 교회, 변해야 산다! 이것은 교회가 반드시 사회를 따라가야 함을 의미하는 것은 아니다. 위에서 말한 대로 교회는 사회단체가 아니기 때문이다. 그럼에도 교회는 지금 이 사회가 어떻게 변해가고 있으며, 미래 세계는 어떻게 될 것인가에 민감해야 한다. 사회변동이나 미래의 트렌드를 정확히 읽어내지 못한다면 생존의 문제에 직면할 수도 있기 때문이다. 수많은 연구서들이 미래 세계를 여러 방향으로 예측하고 있다. 무엇으로의 변화이든 상관없다. 우리가 주목할 것은 사회가 엄청나게 변하고 있다는 사실 그 자체이다. 맨 앞자리에 디지털 문화, 인터넷 문화가 있다. 지난 몇 백 년 동안의 변화와도 맞먹는 변화가 오늘날에는 순식간에 일어나고 있다. 이 순간, 우리가 진지하게 물어야 할 질문이 바로 이런 사회의 변동에 교회는 어떻게 대처할 것인가 하는 것이다. 현대의 사회에 적응하는 것은 교회가 세속주의를 신봉하는 것이며 복음을

---

8) 필자가 긴급하게 이야기하고 싶은 것 중 하나는 바로 팬데믹 이후의 상황이다. 서울대 소비트렌드 분석센터가 전망한 2021 코리아 트렌드는 온통 코로나 이야기뿐이다 (김난도 외, 『트렌드 코리아 2021』, 미래의 창, 2020). 이 책뿐이겠는가. 위기와 절망의 절규만이 들린다. 모든 것이 달라졌다. 또한 달라지고 있다. 그리고 달라질 것이다. 그렇다면 팬데믹 이후의 교회는 어떻게 될 것인가? 그리고 어떻게 해야 할 것인가. 이에 대해서는 후에, 그러나 늦지 않게, 온 힘을 다해 글로 외쳐 보려한다.

타락시키는 것이라는 인식하에 전통을 고수하는 교회들이 있는가 하면, 적극적으로 대처하려고 노력하여 교회와 문화, 복음과 문화, 그리스도와 문화와의 대화를 수용하여 현대의 문화를 적극 이용하려는 교회들이 있다. 어느 쪽으로 갈 것인지는 각자의 결단의 문제이다. 사회변동, 문화변동의 격랑 속에서 교회는 살아남아야 한다. 그러기 위해서는 교회는 직시해야 한다. 그리고 건전하게 변해야 한다. 교회의 건강한 변화, 교회의 미래 생존, 이를 위해 존재하는 것이 교회론이다. 교회론은 교회가 엄청난 풍랑 앞에서 생존하도록 도와야 한다. 사회와 문화의 변화의 트렌드를 분석하고 교회에 그 대안을 제시해 주어야 한다.

오늘날 많은 교회들이 많은 변화의 소용돌이를 직시하고, 이에 맞서 피눈물 나는 노력을 경주하고 있다. 그래서 다양한 교회형태들이 시도되고 있다. 지금까지와는 전혀 다른 새로운 교회 유형들이 등장하고 있다. 어떻게 보면 교회의 다양성의 르네상스 시대가 아닌가 하는 생각이 들 정도다. 이머징 교회, 구도자교회, 목적이 이끄는 교회, 셀교회, 가정교회, 뉴패러다임 교회, 포스트모던 교회 등은 이제 상식에 속하는 교회 유형이 되었다.[9] 또한 유기적 교회, 회복교회, 멀티사이트 교회, 고대/미래교회, 사이버 교회, 다문화 교회 등이 등장하고 있다. 카우보이 교회, 드라이브인(Drive-in) 교회, 힙합(Hip-Hop)교회, 전원교회, 감옥교회, 스케이트 교회, 스노우볼 교회, 극장교회, 언더그라운드 교회 등 극단적인 형태의 교회도 생겨났다.[10] 이들은, 건물

---

9) Aubrey Malphurs, A New Kind of Church. Understanding Models of Ministry for 21st Century, (Baker Books, Grand Rapids 2007) 9.

10) Elmers Town/Ed Stetzer/Warren Bird, 11 Innovations in the Local Church, (Regal: California, 2007) 저자들은 여러 교회형태 중에서 퍼브나 농구 등을 위한 모임과 같은 이러한 특이한 교회를 교회라고 말할 수 있는가라고 물으면서 진정한 교회를 다음과 같이 정의하고 있다. "우리는 우리가 하는 모든 일을 교회라고 칭해서는 안 된다. 또한 그리스도인들이 모인다고 해서 아무 때나 모여도 그것을 교회라고 불러서는 안 된다. (…) 교회는 그리스도를 고백하는 신자들의 모임, 그리스도께서 독특하게 내주하시며, 하나님의 말씀의 훈련이 있고, 예전을 시행하며, 영적 은사를 받은 지도자들에 의해 인도되는 모임, 그 모임을 교회라고 한다. 이

을 세워놓고 "오라", "모이라"는 형태의 교회는 이제 쉽지 않다고 생각하여, 복음을 들고 삶의 모든 현장으로 가서, 그들이 있는 자리에서 복음을 전하고, 바로 거기에 교회를 세우고 있다. 교회론은 이런 운동을 분석하고 교회가 나아갈 길을 보여줄 필요가 있다. 교회 앞에 있는 가시밭길을 앞장서서 헤쳐야 한다. 돌짝밭을 일구어야 한다. 물길에 징검다리를 놓아야 한다.

그런데 교회론의 현주소는 어떠하며, 교회의 현실은 어떤가? 과연 제 기능을 하고 있는가? 혹시 골리앗 앞의 이스라엘 백성의 모습은 아닌가? 뉴질랜드 그레이스웨이(Grace Way) 침례교회를 세웠고 이머징 교회 운동으로 박사학위를 받았던 스티브 테일러(Steve Taylor)는 다음과 같은 고민으로 그의 책을 시작한다. "나는 문화변동의 단층선 위에 앉아 있다. 내 오른 손에는 비디오 리모컨이, 왼손에는 성경이 들려 있다. 바로 그러한 시대에 나는 태어났다. 당신도 마찬가지일 것이다. 이 변화의 시대에 복음을 소통시키는 것이 바로 우리의 과제인 것이다. (⋯) 지난 세기 칼 바르트는 기독교커뮤니케이션의 과제를 한 손에는 신문을 다른 한 손에는 성경을 들고 서 있는 것이라는 말로 잘 표현했다. 그때는 이미 지나가 버린 세기가 되었다. (⋯) 멀티미디어. 인터넷, 그리고 가상현실 등이 아직 전면적으로 드러나기 이전이었다. 예수님과 성경은 변하지 않고 여전히 내 마음 속에 깊이 새겨져 있지만, 지금 내가 살아가는 세상은 10년 전과는 전혀 다른 모습을 하고 있다. 그래서 신앙의 미래는 점점 더 불안해 보인다."[11] 불안에 사로잡혀 있는 교회를, 절망의 골짜기에 있는 교회를 신학은 어떻게 용기를 주고 어떻게 위로하고 어떤 대책을 세울 것인가?

오늘의 교회는 무력감과 불안에 휩싸여 있는 이유는 무엇 때문인가? 단순히 세상이 급격히 변하고 있다는 것 때문인가? 그것도 한 이유다. 그러나 우리의 심각한 무기력과 불안은 교회적대적인 문화나 지금까지 경험해보지 못한

것은 더 이상 축소할 수 없는 최소한의 교회의 정의이다" (18).
11) Steve Taylor, The Out of Bounds Church? 성석환 역, 『교회의 경계를 넘어 다시 교회로!』 (서울: 예영커뮤니케이션, 2008), 27 (이하 Steve로 약함).

이머징 문화 때문이 아니라, 교회가 정말 시대의 표적을 분별할 능력이 있느냐 하는 것 때문이다.[12] 다시 말하자면 이 시대의 흐름인 포스트모던 문화, 다층적인 사상들, 반기독교적인 무신론의 도전에 대해 교회가 어떤 대응을 준비하고 있느냐 하는 것 때문이다. 그런데 오늘날의 교회들은 마치 문화나 사회변화나 사상의 조류에 독립적으로 살 수 있으며, 새로운 문화와 사상은 마치복음의 진리를 왜곡하는 것으로, 개인의 신앙을 축소시키는 것으로, 성경의권위를 약화시키는 것으로, 기독교 전통을 와해시키는 것으로 생각하는 경향이 있음을 부인할 수 없다.[13] 올슨(David T. Olson)은 이십만 개 이상의 교회를 수록하고 있는 국가 데이터베이스에 기초하여 거대한 통계조사를 실시하였다. 거대한 연구를 통해 그가 발견한 것은 한마디로 "미국교회의 위기"이다. 그에 의하면, 이 위기의 원인은, 모던 세계에서 포스트모던 세계로, 기독교세계에서 기독교이후의 세계로, 단일 인종 사회에서 다인종 사회로 변하는 현상에 대한 적응능력의 부재, 즉 사회변동에 대한 적응능력의 부재 때문이라는것이다.[14] 한국교회 상황도 별반 다르지 않을 것이다. 변화의 파고 때문이 아니라 변화의 물결이 어디서 오는지, 어떻게 오는지, 어디로 끌고 갈 것인지 모른다는 데 있다. 아니, 이런데도 시대의 변화나 징조를 읽지 못하여 아무런 대안도 제시하지 못하는 교회론의 현실에 그 불안의 원인이 있다.

과연 교회가 사회나 문화를 떠나서는 살 수 있을까? 오늘날의 문화에 저항하는 교회의 흐름 역시 그 기저에는 또 다른(이전의) 문화 패러다임이 숨겨져있다. 에드 스테쳐(Ed Stetzer)는 어느 날 신학교 채플에서 들었던 설교 경험

---

12) "너희가 저녁에 하늘이 붉으면 날이 좋겠다 하고 아침에 하늘이 붉고 흐리면 오늘은 날이 궂겠다 하나니 너희가 날씨는 분별할 줄 알면서 시대의 표적은 분별할 수 없느냐" (마16:1-3).

13) Tim Conder, The Church in Transition. The Journey of Existing Churches into the Emerging Culture, (Grand Rapids: Zondervan, 2006), 38-93 (이하 Conder).

14) David T. Olson, The American Church in Crisis. Groundbreaking Research based on a National Database of over 200,000 churches, (Zondervan, Grand Rapids, 2008), 134, 161-173.

을 다음과 같이 들려준다. "'우리는 지옥에 예속된 문화로 하여금 우리 교회 안에서 일어나는 모든 것을 좌지우지 않도록 해야 합니다.' 수많은 사람들이 '아멘'을 외쳐댔다. 그럴듯하게 들렸다. 그러나 그것은 있을 수 없는 것이었다. 그는 양복(20세기 문화)을 입고 있었고, 18세기 찬송을 부른 후에 설교했으며, 15세기 와서야 일반화된 강단에 앉아 있었다. 그는 그가 행하는 모든 일에 영향을 미치고 있는 문화에 아무런 문제를 느끼지 못했던 것이다."[15)

　　사실상 교회의 역사를 보면, 사회의 변화나 교회의 구성층의 변화 때문에 교회자체가 의식하던 의식하지 않던 교회는 많은 변화를 겪어왔다. 교회의 제도나 예배형식이나 신학이나 영성에 많은 변화가 일어났다. 지금의 교회는 초대교회나 중세교회와는 다르다. 지역에 따라서도 다르다. 한국에 있는 교회와 유럽의 교회가 같을 수 없으며 같아야 한다고 강요할 수도 없다. 이미 그들 사이에는 나름의 문화가 반영되어 있기 때문이다. 킴볼(Dan Kimball)은 다음과 같이 말한다. "우리 모두 여러 다른 곳에서 선교를 하고 있다. 그 선교는 우리의 특별한 교회 컨텍스트 속에서 하나님에 의해 우리들에게 주어진 것이다. (…) 나는 항상 문화가 변함에 따라 교회의 표현들도 새로워질 것이라고 믿었다. 신약교회는 가정에서 모였고 소규모의 다수의 리더십을 가지고 있었다. 시간이 지나면서 초대교회는 건물을 갖게 되었고 예배형식이 변했으며 좀 더 공식화 되었다. 시간이 흐르면서 교회는 다양한 신학적 문제들을 가지고 씨름하였다. 그것이 공식문서의 신조를 만들어 내었다. 종교개혁시기에는 교회가 당면한 신학적 문제 때문에 교회의 초점을 테이블에서 강단으로 옮기게 되었다. 이와 같은 교회의 변화는 역사가 흐르면서 앞으로도 계속될 것이다."[16)

---

15) Elmers Town/Ed Stetzer, Perimeters of Light. Biblical Boundaries for the Emerging Church, (Chicago: Moody Publishers, 2004), 31.

16) Dan Kimball, "The Emerging Church and Missional Theology", Robert Webber(ed.), Listening Beliefs of Emerging Churches, (Grand Rapids: Zondervan, 2007), 84(이하 Webber Listening으로 약칭)).

이 말의 의미는 무엇일까? 오늘날 역시 교회는 이 시대의 변화에 적극 대처하여 변해야 한다는 것이다.

그런데 문제는, 교회는 여전히 과거의 형식과 문화와 전통을 가지고 있어서 최근의 문화혁명에 물들어 있는 젊은이들과 점점 간격이 커져가고 있다는 데 있다. 다시 말하자면 오늘날의 위기는, 팀 콘더(Tim Conder)의 인식에 따르면, 포스트모던, 탈기독교, 탈전통적 시대에 교회가 자신의 사명을 감당하려면 변화에 문을 열어 놓아야 하는데 교회는 여전히 과거의 문화 위에 서있다는 것이다. 더 심각한 것은 교회와 주변문화 사이의 균열이 점점 더 커져가고 있다는 점이다.[17] 댄 킴볼은 "그들은[젊은이들은] 예수는 좋아하지만 교회는 싫어한다"는 말로 기성교회에 대한 세상의 인식을 압축하고 있다.[18] 레너드 스윗(Leonard Sweet)은 보다 더 심각한 어조로 포스트모던 문화와 교회와의 간격을 슬퍼한다. "현대에서 포스트모던으로 전환하는 역사상 가장 큰 변화기 속에서 교회는 모더니티에 붙들려 재고품이 되고 낡아빠진 것으로 전락하고 있다. 교회는 시대에 뒤처진 현대적 사고와 행동유형을 바탕으로 기독교 전통을 구현하고 재현하려는 습관에 젖어 있다"[19] 스윗은 교회밖에 대해서는 전혀 모르는, 그래서 전혀 다른 세상에 살고 있는 교회지도자들이 지금 교회라는 배의 선장이라는 사실에 매우 안타까워한다.[20] 그에 따르면 개방적이고 경험적인 포스트모던 세계 속에서 교회가 사람들의 최종적 영성의 장소가 되기를 기대하지만, 포스트모던 문화는 그 영적인 열기를 더 해 가는데 교회는 근대라는 냉장고 속에 갇혀 있다는 것이다. 그는 그의 책 서문을 이렇게 마무리한다. "교회의 문화가 EPIC 방향, 즉 경험, 참여, 이미지, 관계를 추구하는

---

17) Conder, 13.
18) Dan Kimball, They Like Jesus, but don't Like the Church. Insights from Emerging Generations, (Grand Rapids: Zondervan, 2007).
19) Leonard Sweet, Postmodern Pilgrims, 김영래 역, 『영성과 감성을 하나로 묶는 미래교회』, (서울: 좋은씨앗, 2002), 62 (이하 Sweet).
20) Sweet, 63.

방향으로 나아가지 않는다면 교회는 골동품을 보관하는 박물관이 되거나 지나간 문화의 잔재로 전락해 버릴 위험에 직면할 것이다."[21] 필자도 거듭 말하고 싶다. "교회, 변해야 산다." 그보다 먼저, "신학이 변해야 교회가 산다."

그런데 오늘날 신학은 어떠한가? 교회론은 진정으로 교회를 위한 학문인가? 몰트만이 지적한대로[22] 혹시 신학은 탈교회 현상을, 깊은 불안과 절망을 오히려 더 깊게 하는 것은 아닌가? 신학자들은 교회비판가로서의 전문성을 드러내는 것이 마치 본연의 사명이라도 되는 듯 행세하는 시대가 되어버린 것은 아닌가? 그래서 교회란 "분리되었고 모순으로 가득 찬 사회의 희망 없는 종교적 한 기능"[23]이라고 생각하는 것은 아닌가? 신학이 없는 교회도 있을 수 없지만, 교회 없는 신학도 있을 수 없다. 교회는 건전한 신학의 터전위에 세워져야 하고, 신학은 건전한 교회를 세워나가야 한다. 신학이 교회의 시녀가 아니듯, 교회도 결코 신학의 시녀가 아니다. 신학은 교회를 섬겨야 하고 봉사해야 한다. 교회론은 철저히 교회를 살리는 신학이어야 한다.

3. 교회 치료학이자 건강론으로서의 교회론

교회론은 〈교회건강학〉이며 〈교회치료학〉이다. 신학이나 교회론은 교회를 섬기는 학문이라고 말할 때마다 듣는 비난이 있다. 현재의 교회가 타락하고 분열하고 교회다운 모습도 상실하고 더구나 교회의 거룩성은 찾아 볼 수도 없는데 신학이 교회를 비판하고 개혁하는데 기여해야 하지 않겠는가, 교회론이 교회를 위한 학문이라면 수많은 교회의 오류나 잘못들을 합리화시켜주고 교인들을 오도하는 것이 아닌가, 정말 현재의 교회를 진정한 교회라고 할 수 없는데 교회를 위한 신학, 교회를 위한 교회론이 가당키나 한 것인가 하는 비

---

21) Sweet, 64.
22) GG, 21-22.
23) GG, 22.

난들이다. 일면 타당한 지적일 수 있다. 그러나 교회론이 교회를 비판하고 정죄하는 이론은 아니다. 교회론의 정당성은 교회를 치료하고 살리고 건강하게 하는데 있다. 지금의 한국교회는 위로와 격려가 더 필요한 상황이라고 생각한다. 위로와 격려와 사랑이 더 나은 치료 방식이다. 교회론은 교회를 치료하고 건강을 도모하는 데 기여하는 이론이다. 교회론은 건강한 교회를 만들어 가는 데 기여해야 한다. 그러므로 교회론은, 고린도 교회를 향한 바울의 권면처럼 (고전 16:14), 사랑하는 마음으로, 기도하는 마음으로 시행하는 치료학이다. 바울이 빌립보 교회에 권면할 때도 그랬던 것처럼, 교회의 존재에 감사하는 마음으로, 그리스도의 심장으로 사모한다는 고백으로 시작하는 치료학이다.

그렇다면 교회의 건강이란 무엇이며, 그 건강이 실재로 현실에서 가능한 것인가? 건강은 단순히 질병의 없음만을 의미하는 상태는 아니다. 물리적 질서와 안녕, 정신적 안녕, 영적 건강 등을 의미하는 총체적 개념이다. 온전함 (wholeness)의 상태라고도 말할 수 있을 것이며 구약의 용어로 하자면 총체적 샬롬의 상태이기도 하다. 최근의 긍정심리학의 용어로 말하자면 웰빙(전인 건강)이나 플러리싱(flourishing)의 상태라고도 번역할 수 있을 것이다. 여기서 의문이 생긴다. 건강을 이렇게 정의한다면, 과연 교회는 건강할 수 있겠는가, 현실 교회 중 건강한 교회는 몇이나 되겠는가, 질병과 잘못과 실패가 없는 온전한 상태를 건강이라고 한다면, 연약함 투성이인 인간이, 나약하고 실패 투성이인 "우리"가 모여 만들어진 공동체가 교회인데 온전한 건강이 현실에서 가능하겠는가, 하는 의문이다. 과연 가능할 것인가? 아마 불가능할 것이다. 기껏해야 몰트만의 지적대로, 극히 소수의 사람, 소수의 교회만이 건강하다고 할 수 있을 것이다. 그리고 그것은 유토피아에서나 가능할 것이다.[24] 교회는 항상 개혁되어야 한다고 주장한 종교개혁자들의 말도 결국 교회의 불완전함

---

24) J. Moltmann, Gott in der Schöpfung, 김균진 역, 『창조 안에 계신 하나님』, 한국신학연구소, 1986, 318f.

과 오류가능성과 타락을 전제한다. 그러므로 완전한 현 상태로서의 건강의 개념은 오히려 "병에 대한 불안을 야기한다. 병과 허약함을 극복하는 대신, 그는 병든 사람들, 불구자들, 죽음에 가까운 노인들을 배제하여 버리는 복지상태를 기획한다. '건강한 사람들'은 이 사람들을 피함으로써 그들을 사회적인 죽음으로 몰아넣는다."[25]

이것은 교회도 마찬가지다. 건강을 현재의 완전한 상태로 생각한다면 교회의 건강하지 못함에 대한 불안이 나타나게 되고, 불완전한 교회를 정죄하고 배제하려는 시도가 나타나게 된다. 그리고 이것은 자기-의로 나타나게 된다. 그러므로 교회의 건강은 교회의 현재의 온전한 상태라기보다는 지속적으로 추구해야할 목표요 과정이다. 현재의 모든 교회는 온전한 건강을 향하여 가는 도상적 미완성의 존재이지 완전한 건강과 치료의 상태에 도달한 공동체, 혹은 현실에서 온전한 건강에 도달할 수 있는 공동체는 아니다. 그러므로 예수께서 말씀하신 "온전하라"는 명령은 교회가 지속적으로 추구해야할 과제요 목표이다. 해그너가 주석한대로, "예수께서 말씀하시는 '온전함'은 우리가 그분의 제자로서 마땅히 추구하여야 할 목표를 뜻할 뿐, 이생에서 우리가 그 목표를 완전하게 성취할 수 있음을 의미 하지는 않는다. 그러므로 우리 그리스도인들은 예수께서 당신의 제자들에게 가르치셨듯이 (6: 12), 언제나 자신의 부족함과 허물을 주님 앞에 내어놓고 용서를 빌 줄 알 아야 한다(6: 12). '온전함'에 관한 예수의 이러한 가르침은, 우리가 그리스도 안에서 어떠한 존재인지에 관한 바울의 가르침과도 일맥상통한다. 하늘에 계신 아버지의 자녀가 되는 길 - 바로 이것이 문제이다!"[26] 교회는 온전함의 단계로 나아가야 한다. 진정으로 교회됨의 의미를 발견하고, 목표인 온전함을 향하여 가는 공동체가 건강한 교회다.

---

25) 위의 책, 321.
26) Donald Hagner, Word Biblical Commentary, 채천석 옮김, 『마태복음 1-13』. WBC 33 상, 솔로몬 1999, 273.

그렇다면 건강의 목표인 교회의 온전함이란 구체적으로 무엇일까? 건강한 교회가 되기 위해 교회는 무엇을 목표로 해야 하는가? 필자는 니케아-콘스탄티노플 신조에서 그 하나의 해답을 찾고자 한다. 그것은 바로 교회의 네 가지 표지라고 일컬어지는 통일성, 거룩성, 보편성, 사도성이다. 이것은 참교회의 특징이 무엇인지, 교회가 참교회가 되기 위해서는 어떤 특징을 가져야 하는지를 판가름하는 특징이다. 이것을 다른 말로 필자는 "온전함을 향한 길"이라고 말하고 싶다. 교회는 현재의 목표이며 미래적 목표인 통일성, 거룩성, 사도성, 보편성을 향하여 나가야 한다. 그것이 바로 건강한 교회를 지향하는 건강한 교회의 모습이다.

이 네 가지 교회의 온전함과 건강은 바로 교회의 현실을 돌이켜보고 회개하며 개혁하는데서 시작한다. 하나 되어 하나님의 백성으로서 그리스도의 몸을 실현하며 성령의 전의 역할을 다해야 하는 교회여야 함에도, 하나님의 부르심과 그리스도의 십자가와 성령의 새롭게 하심을 따라 이 땅에서 거룩한 삶을 살아야 하는 교회여야 함에도, 모든 피조물의 창조주이시며 화해자이시며 치유자이신 삼위일체 하나님의 형상으로서 차별이 없는 보편적 복음을 선포해야 하는 사명을 감당하는 교회여야 함에도, 그리스도의 삶과 정신을 따랐던 사도들의 삶과 가르침을 계승해야 하는 사도적 교회여야 함에도, 오늘날 교회는 과연 어떤 모습이며 어떤 상태인가를 깊이 반성하는데서 교회의 온전함은 시작한다. 물론 현재의 교회가 교회의 통일성, 보편성, 거룩성, 사도성을 완전히 상실했다는 말은 아니다. 교회는 하나님의 백성이며 그리스도의 몸이고 성령의 피조물로서 이미 하나 된, 거룩한, 보편적, 사도적 교회이다. 그러나 온전함의 목표에 완전히 도달한 상태는 아니다. 다만 아직 완성되지 않은, 완성을 향하여 나아가는 공동체일 뿐이다. 교회의 건강과 플러리싱(Flourishing)을 위해서는 부정적 측면의 측면, 즉 하나되지 못하고, 사도적이지 못하며, 보편적이지 못하고 거룩하지 못한 모습을 끊임없이 제거하려고 노력해야 할 것이다. 아울러 건강한 교회가 되기 위해서는 교회가 가진 긍정적 가치들, 즉 예수께서 요구하신 덕목을 인식하고 배양하는 것이 필요할 것이다. 그 덕목을 필자는 여덟 가지의 행복의 조건에서 찾고자 한다. 그것은 바로 심령의 가난, 애통하는 것, 온유, 의의 갈망, 긍휼히 여기는 것, 청결과 화평케 하는 것, 의를 위해 핍박을 받는 것이다. 이것을 단지 개인의 윤리나 영성덕목으로만 간주해서는 안 된다. 이 땅에 이뤄가야 할 하나님 나라의 덕목으로, 온전함을 향하여 가는 교회공동체의 덕목으로 인정하고 지켜야 한다.

교회의 건강과 치료는 교회의 노력이나 힘만으로는 불가능하다. 치료하시는 하나님의 능력과 그리스도의 십자가의 능력과 치유하시는 성령의 도우심을 힘입어야 한다. 목표를 향하는 가는 순례의 과정마저도 함께 동행 하시는 하나님의 초월적인 은총으로 가능하기 때문이다. 성경은 이것을 잘 증언하고 있다. 성경에 의하면 우리의 모든 것을 온전케 하시고 치료하시는 이는 하나님이시다. 몇 구절만 인용해보기로 한다. "여호와께서 자기 백성의 상처를 싸매시며 그들의 맞은 자리를 고치시는 날에는 달빛은 햇빛 같겠고 햇빛은 일곱 배가 되어 일곱 날의 빛과 같으리라"(사 30:26). "이르시되 너희가 너희 하나님 나 여호와의 말을 들어 순종하고 내가 보기에 의를 행하며 내 계명에 귀를 기울이며 내 모든 규례를 지키면 내가 애굽 사람에게 내린 모든 질병 중 하나도 너희에게 내리지 아니하리니 나는 너희를 치료하는 여호와임이라"(출 15:26). "오라 우리가 여호와께로 돌아가자 여호와께서 우리를 찢으셨으나 도로 낫게 하실 것이요 우리를 치셨으나 싸매어 주실 것임이라"(호 6:1). "여호와께서 예루살렘을 세우시며 이스라엘의 흩어진 자들을 모으시며 상심한 자들을 고치시며 그들의 상처를 싸매시는도다"(시 147:2-3). 신약성경은 예수 그리스도의 치유사역을 매우 섬세하게 기록하고 있다. 온갖 질병으로부터 인간을 회복시켜 주었으며, 죄로부터의 해방을 선포하였다. 뿐만 아니라 인간의 인격과 정체성과 주체성과 사회성을 회복시켰고, 플러리싱한 삶을 살아가도록 하였다. 나아가 그는 하나님과의 관계를 회복시키는 십자가 사역을 감당하였고, 부활함으로써 온 우주적 회복과 완성을 희망하게 하였다. 이 모든 사역은 단순히 개인에게 그치는 사건이 아니다. 공동체와 온 우주에 미치는 총체적 사건이다. 그러므로 그리스도의 생애와 사역과 말씀과 십자가와 부활 사건은 그리스도인 개인에 대한 질문과 처방과 치료일 뿐 아니라, 교회에 대한 질문과 처방과 치료이다. 한 가지 더 기억할 것은 우리를 치유하시고 위로하시고 온전케 하시며 하나님의 영, 즉 성령의 사역이라는 점이다. 이사야 61장은 이것을 잘 말해준다.

주 여호와의 영이 내게 내리셨으니 이는 여호와께서 내게 기름을 부으사 가난한 자에게 아름다운 소식을 전하게 하려 하심이라 나를 보내사 마음이 상한 자를 고치며 포로 된 자에게 자유를, 갇힌 자에게 놓임을 선포하며 여호와의 은혜의 해와 우리 하나님의 보복의 날을 선포하여 모든 슬픈 자를 위로하되 무릇 시온에서 슬퍼하는 자에게 화관을 주어 그 재를 대신하며 기쁨의 기름으로 그 슬픔을 대신하며 찬송의 옷으로 그 근심을 대신하시고 그들이 의의 나무 곧 여호와께서 심으신 그 영광을 나타낼 자라 일컬음을 받게 하려 하심이라 그들은 오래 황폐하였던 곳을 다시 쌓을 것이며 옛부터 무너진 곳을 다시 일으킬 것이며 황폐한 성읍 곧 대대로 무너져 있던 것들을 중수할 것이며 외인은 서서 너희 양 떼를 칠 것이요 이방 사람은 너희 농부와 포도원지기가 될 것이나 오직 너희는 여호와의 제사장이라 일컬음을 받을 것이라 사람들이 너희를 우리 하나님의 봉사자라 할 것이며 너희가 이방 나라들의 재물을 먹으며 그들의 영광을 얻어 자랑할 것이니라 너희가 수치 대신에 보상을 배나 얻으며 능욕 대신에 몫으로 말미암아 즐거워할 것이라 그리하여 그들의 땅에서 갑절이나 얻고 영원한 기쁨이 있으리라 (…) 내가 여호와로 말미암아 크게 기뻐하며 내 영혼이 나의 하나님으로 말미암아 즐거워하리니 이는 그가 구원의 옷을 내게 입히시며 공의의 겉옷을 내게 더하심이 신랑이 사모를 쓰며 신부가 자기 보석으로 단장함 같게 하셨음이라 땅이 싹을 내며 동산이 거기 뿌린 것을 움돋게 함 같이 주 여호와께서 공의와 찬송을 모든 나라 앞에 솟아나게 하시리라. (사61:1-11)

4. 교회론, 〈믿음의 대상으로서의 교회〉에 대한 해명

교회론은 〈교회믿음론〉이다. 달리 말하자면 〈교회는 믿음의 대상〉임을 밝히는 성격을 가진 이론이라는 뜻이다. 사실상 교회가 믿음의 대상이라는 말은 매우 조심스러운 말이다. 그것이 무엇을 의미하며, 무엇을 의미하지 않는지 분명히 밝혀야 한다. 그러나 그전에 지적하고 싶은 것은 우리는 이미 "교회를 믿는다"고 고백해 왔다는 사실이다. 의식하고 있든 그렇지 못하든 말이다. 그런데도 대부분의 그리스도인들은 "교회를 믿는가"라는 질문에, 교회는 믿을 수 없으며 믿어서도 안 된다고 단호하게 대답한다. 현실교회에 대한 부정적 인식이 작용하고 있기 때문이다. 타락과 부패와 분열이 있는 인간의 제도인 교회를 믿을 수 없는 것은 당연한 일일지 모른다.

물론 교회는 인간의 모임이기 때문에 예배와 찬양의 대상이 아닌 것은 분명하다. 다시 한 번 분명히 말하지만 교회 자체는 예배의 대상이거나 경배와 찬양의 대상이 아니다. 하나님을 섬기고 예배하듯, 교회를 예배할 수는 없다. 교회는 하나님도 아니고 그리스도도 아니며 주님도 아니다. 그런데도 교회론을 〈교회 믿음론〉이라고 성격지은 이유는 무엇인가? 그것은 다른 의미에서는 교회를 믿는다고 말할 수 있기 때문이다. 또 어떤 의미에서는 진정한 교회의 특성과 본질이 믿음으로만 드러난다고 할 수 있기 때문이다. 교회 전통은 이것을 인정했기에 교회를 믿는다고 고백했던 것이다. 교회는 "교회에 대한 믿음"을 공식 신앙고백서에 수록했고, 그것이 바로 우리가 인정하고 있는 사도신경과 니케아-콘스탄티노플 신조이다. 〈사도신경〉은 "거룩한 공교회를 믿습니다" (Credo(…)sanctam Ecclesiam catholicam)라고 기록하고 있다. 우리는 이미 매주일 "나는 거룩한 공교회를 믿습니다"라고 고백하고 있다. 또 니케아-

콘스탄티노플 신조는 "나는 하나의, 거룩하고 보편적이며 사도적인 교회를 믿습니다" (Credo (…) unam, sanctam, cathólicam et apostólicam Ecclésiam) 라고 고백하고 있다. 이것은 후에 참된 교회의 전통적 4가지 표지가 되었다.

그러므로 우리는 교회를 믿어야 하느냐, 아니냐의 문제가 아니라, 교회를 믿는다는 것이 도대체 무슨 의미인가 하는 것에 집중해야 한다. 이제 교회 전통과 신학자들은 어떤 의미로 그것을 사용했는지 살펴보기로 한다. 하이델베르크 요리문답은 제 54 항에서 "'거룩한 보편적 교회'에 관하여 당신은 무엇을 믿습니까?'라고 묻고 다음과 같이 답한다. "나는 하나님의 아들이 세상의 처음부터 마지막 날까지 모든 인류가운데서 영생을 위하여 선택하신 교회를 참된 믿음으로 하나가 되도록 그의 말씀과 성신으로 자신을 위하여 불러 모으고 보호하고 보존하심을 믿습니다. 나는 지금 이 교회의 살아 있는 지체이며 영원히 그러할 것을 믿습니다."[27] 이글은 교회를 선택하시고 교회를 보존하고 보존하시는 하나님에 대한 믿음의 고백이며, 내가 하나님의 백성임을 고백하고 있다. 그러므로 하이델베르크 요리문답이 말하는 "교회를 믿는다"는 것은 결국 하나님과 그 하나님과 관련된 나의 정체성에 대한 고백인 것이다.

칼빈의 정신을 이어받은 개혁교회 정통주의자들 역시 다양한 이유로 교회는 신앙의 대상임을 주장하였다. 부카누스는 "신조에서 말하는 교회는 이 교회나 저 교회를 의미하는 것이 아니라 하나의 우주적 교회, 전 역사를 걸쳐 지상에 존재하는 몸 전체로서의 교회를 가리킨다. 이 교회는 세계가 시작할 때부터 존재해 왔으며 지금도 존재하고 앞으로 세상 끝 날까지 존재할 모든 신자와 선택받은 자로 구성되기 때문에, 모두가 함께 모이며, 따라서 결코 아무도 육체의 눈으로는 볼 수 없다. 분명히 교회는 믿음의 대상이지 시각의 대상이 아니다"[28]고 주장하였다. 올레비아누스는 "하나님이 영원한 사망 이외의

---

27) 『하이델베르크 요리문답』, 독립개신교회교육 위원회, 성약출판사, 2004, 86.
28) H. Heppe, Reformierte Dogmatik, 이정석 옮김, 『개혁과 정통 교의학』, 크리스챤다이제스트, 2007, 934 (이하 Heppe, RD로 약칭함).

아무런 공로도 없는 사람들의 마음에 그의 은혜를 심어주었기 때문에 교회의 존재는 신앙의 조항이다"[29]라고 언급하였다. 이들처럼 헤페 역시 교회를 믿는다는 의미가 무엇인지에 대해 정통주의 신학자인 올레비아누스의 글을 인용하면서 답하고 있다. "'나는 교회를 믿는다'는 고백은 나는 영원 전부터 하나님이 그리스도 안에서 자기의 은혜 언약을 베푸는 대상, 그리고 이 언약에 속해 있다는 사실을 믿음으로 깨우쳐 줄, 그리하여 나도 하나님의 은혜로 이 모임의 구성원이며 영원히 그러하다는 믿음을 줄, 그런 사람들의 모임을 예비하였고 앞으로도 보존할 것을 믿는다는 의미이다."[30]

바르트는 그의 〈교회교의학〉에서 무엇을 믿어야 하며 무엇을 믿지 않아야 하는지를 잘 설명하고 있다. 그의 글을 따라가면서 일부 소개하고자 한다. 우선 그는 사도신경과 니케아-콘스탄티노플 신조에 나타난 "나는 (…) 교회를 믿습니다"를 설명하면서 교회는 왜 믿음의 대상이 될 수 없는지를 먼저 밝히고 있다. "공동체는 그 어떠한 구체적인 형태도 그 자체로서 그리고 그 자체가 믿음의 대상이 될 수는 없다."[31] "사람들은, 하나님 아버지와 아들과 성령을 믿듯이, 교회 그 자체를 - 거룩한 교회를 - 믿을 수는 없다."[32] "나는 그리스도의 공동체가 가지는 본질과 전혀 다른 본질을 가진 공동체는 믿지 않는다."[33] 바르트의 이러한 지적들은 당연한 지적이다. 교회는 사람들의 공동체지 하나님도, 그리스도도, 성령도 아니기 때문이다. 더구나 기독교의 본질에서 벗어난 공동체는 더더욱 믿을 수 없을 것이다. 그런데 왜 신앙고백서들은 교회를 믿음의 대상으로 고백하고 있는가? 그것을 무슨 의미로 해석하고, 어느 정도 받아들여야 할 것인가? 바르트는 이에 대해 긴 분량을 할애하여 설명하고 있

29) Heppe, RD, 934.
30) Heppe, RD, 935.
31) K. Barth, Kirchliche Dogmatik IV/1, 김재진 역, 『교회교의학』, IV/1, 대한기독교서회, 2017, 1063(이하 KD로 약칭함)
32) KD, IV/1, 1107.
33) KD, IV/1, 1134.

다. 그에 의하면 "'나는 믿습니다'라는 고백은 분명히 없어서는 안 되는 고백이며, 그 고백은 신앙고백이 증언하는 내용과 다른 고백이어서는 안 된다는 것이다.[34] 그는 말한다. 교회를 믿는다는 것은 "내가 교회를 믿는 것이 아니라 성령을 믿는다는 것이며, 그리고 성령을 통하여 아버지와 아들을 믿음으로 공동체의 실존을 믿는다는 것이다. 더 자세히 말하면 공동체의 형태가 다양하게 변하는 가운데서도, 공동체를 그리스도의 공동체로 만드는 그 본질이 변할 수 없는 공동체의 실존을 믿는다는 것이다. 그리고 또한 공동체가 그 본질에 있어서 결코 변하지도 않고, 그리고 또한 변해서도 안 되고, 그리고 변하지도 않을 공동체의 실존을 믿는다는 것이다."[35]

그는 이어 니케아-콘스탄티노플 신앙고백에 따라 "하나의, 거룩한, 보편적인 사도적 교회"를 믿는 것이 무엇인지, a. "나는 하나의 교회를 믿습니다", b. "나는 거룩한 교회를 믿습니다", c. "나는 보편적인 교회를 믿습니다", d. "나는 사도적인 교회를 믿습니다"로 나눠서 설명하고 있다. 여기서는 방대한 그의 설명을 다 소개하지 않고, 우리의 관심인 "교회를 믿는다"는 내용과 관련해서만 간단히 소개해보고자 한다. 첫째, "단 하나의 교회를 믿는다"는 고백은 "그리스도인은 단지 하나의 교회만이 있다는 것을 믿는다"[36]는 것을 의미한다고 그는 해석한다. 그러므로 그에 의하면 가시적, 불가시적 교회 혹은 전투하는 교회, 승리하는 교회는 각 각 둘이 아니라 하나의 교회의 다른 이름일 뿐이다. 교회에는 오로지 단 한분의 주님만 계시기 때문이다. 둘째, "거룩한 교회를 믿는다"는 것도 교회 자체를 믿는다는 것이 아니라, 교회의 거룩함은 오직 "성령에 의하여 창조된, 그리고 교회에 부여된 거룩함"[37]임을 믿는다는 것이다. "성령은 교회를 격리시키고, 구별하신다. 성령은 교회를 구분하고 눈에 띄게

---

34) KD, IV/1, 1114.
35) KD, IV/1, 1134.
36) KD, IV/1, 1079.
37) KD, IV/1, 1107.

만드신다. 성령은 교회에 그의 고유한 존재와 특별한 삶의 법칙을 부여하신다. 교회는 이러한 것을 바로 성령으로부터 받음으로써, 거룩하고, 거룩해져야 한다."[38] 셋째, "보편적 교회를 믿는다"는 것은 "그리스도교 공동체는 모든 장소에 있어서, 모든 시간에 있어서, 다른 모든 공동체 내부에 있어서, 공동체 개개인 구성원들 사이의 관계에 있어서, 그들의 본질에 있어서 동일하다는 것을 믿는다"[39]는 것을 의미한다. 그에 의하면 보편적 교회는 시간이나 장소와 상관없이 동일하다. 왜냐하면 교회는 "예수 그리스도의 몸이며, 그분의 지상적-역사적 존재 양식"[40]이기 때문이며, "교회 자체의 현실인 보편성은 공동체의 머리이신 예수 그리스도 안에 근거하고"[41] 있기 때문이다. 넷째, "사도적 교회를 믿는다"는 것은 교회가 사도들의 권위와 가르침과 인도 아래 있음을 믿는 것이다.[42] 사도는 통치자이거나 권력자가 아니며, 교회의 서열적 최고 권력의 계승자도 아니다. 사도들은 주님을 섬기는 자들이고, 그의 뒤를 따르는 자들이다. 그러므로 교회의 사도성이라는 것은 섬김의 정신을 의미한다.[43] 예수 그리스도는 "자신의 몸인, 교회 공동체의 몸의 머리로 살아 계시고, 그리고 또한 이 주님이 바로 당신의 지상적-역사적 실존 양식에 상응하게, 사도들의 증언 속에 살아계신다." 그러므로 "사도적 공동체인 교회는" 신구약 성경에서 들을 수 있는 "사도들의 증언을 경청"하고, "그 증언을 통하여 자신들의 실존의 근원과 규범을 인정하고 그리고 실제로 유효한 것으로 인정하는 공동체이다."[44]

　　현대 가톨릭 신학자인 한스 큉 역시 교회를 "신앙의 대상"[45]으로 보고 있

38) KD, IV/1, 1107-8.
39) KD IV/1, 1142.
40) KD, IV/1, 1146.
41) KD, IV/1, 1146.
42) KD, IV/1, 1153f.
43) KD, IV/1, 1161.
44) KD, IV/1, 1165.
45) H. Küng, Die Kirche, 정지련 옮김, 『교회』 한들출판사, 2007, 38ff (이하 Küng, Kirche로 약

다. 그는 오늘날 많은 그리스도인들 혹은 교회를 비판하는 사람들이 새겨들어야 할 말로 시작한다. 교회는 신앙의 대상이기 때문에 교회를 믿지 않으면 신자의 공동체인 교회의 본질을 결코 이해할 수 없다는 것이다. "밖에서는, 즉 중립적인 관찰자의 입장에서는 교회를 적절하게 평가할 수 없으며 오직 안에서만, 오직 교회 안에서 교회와 함께 사는 사람만이 교회를 평가할 수 있는 것이다."[46] 이미 위에서 말한 대로 교회는 하나님이 아니다. 그러므로 하나님에게 바치는 예배와 하나님을 향한 믿음과 경배의 수준에서 교회를 믿거나 경배하거나 할 수는 없다. 큉의 말대로, "교회는 전지전능하지 않으며, 자족적이며 자율적이지도 않고, 영원하고 무죄한 것도 아니며", 또한 "교회는 은혜와 진리의 근원이 아니며, 주님, 즉 구원자와 심판자도 아니"[47]기 때문이다. 뿐만 아니라 교회는 우리이기 때문이다. 즉 "우리가 교회며, 교회는 우리 자신이다. 우리가 교회라면 구도자와 방랑자, 죄인들의 공동체가 교회가 된다. 교회는 의지할 곳 없는 자와 고통당하는 자, 고난당하는 자들의 공동체이며 죄인과 순례자의 공동체다. (…) 교회는 어둠 속에서 방황하는 가운데 하나님의 은혜와 진리, 하나님의 용서와 해방에 전적으로 의존하며 하나님을 신뢰하는 사람들의 공동체다. 그들은 하나님의 말씀을 듣고 믿으려는 사람들이지 결코 자기 자신을 믿는 사람들이 아니다."[48] 그럼에도 교회를 믿는다고 말하는 이유는 무엇인가? 한스 큉의 주장에 의하면, 첫째는 "교회는 하나님의 은혜에 의해 신앙을 통해 이루어지기"[49] 때문이다. 둘째는, "신앙이 하나님의 은혜에 의해 교회를 통해 생겨나기" 때문이며, "신앙하는 교회 공동체 없이 개인이 신앙에 이르는 것을 불가능하기" 때문이다.[50]

칭함)
46) Küng, Kirche, 39.
47) Küng, Kirche, 42.
48) Küng, Kirche, 43.
49) Küng, Kirche, 43.
50) Küng, Kirche, 43.

정리하자면, 교회를 믿는다는 것은 오로지 삼위일체 하나님의 은혜로 교회가 존재함을 믿고 고백한다는 말이다. 그리고 이 보이는 교회 공동체 가운데 성령님이 함께하심을 믿고 고백한다는 말이다. 나아가서 이 교회는 그리스도의 몸이며, 또한 그리스도가 그의 피로 값을 지불하고 사신 공동체임을 믿고 고백한다는 말이다. 그러므로 교회론은, 교회에 냉소적이고 비판적인 오늘의 한국사회에서, 교회가 무엇인지, 교회로 부름 받았다는 것이 무엇인지, 교회를 믿는다는 것이 무엇인지, 그것이 우리에게 무엇을 의미하는지를 담아내는 학문이다.

5. 교회 사랑학으로서의 교회론

교회론은 〈교회 사랑학〉이다. 우리는 여기서 바울의 교회관을 생각해볼 필요가 있다. 먼저 성경의 몇 구절을 인용하고자 한다. "하나님의 뜻을 따라 그리스도 예수의 사도로 부르심을 받은 바울과 형제 소스데네는 고린도에 있는 하나님의 교회 곧 그리스도 예수 안에서 거룩하여지고 성도라 부르심을 받은 자들과 또 각처에서 우리의 주 곧 그들과 우리의 주 되신 예수 그리스도의 이름을 부르는 모든 자들에게 하나님 우리 아버지와 주 예수 그리스도로부터 은혜와 평강이 있기를 원하노라 그리스도 예수 안에서 너희에게 주신 하나님의 은혜로 말미암아 내가 너희를 위하여 항상 하나님께 감사하노니" (고전 1:1-4). "내가 예수 그리스도의 심장으로 너희 무리를 얼마나 사모하는지 하나님이 내 증인이시니라" (빌1:8). "그러므로 나의 사랑하고 사모하는 형제들, 나의 기쁨이요 면류관인 사랑하는 자들아 이와 같이 주 안에 서라"(빌 4:1). 바울은 고린도 교회의 수많은 문제들을 잘 알고 있었다. 도덕적 타락과 파벌로 인한 분열, 우상제물 논쟁, 성령의 은사 문제로 인한 논쟁, 성만찬 논쟁, 부활 논쟁 등 많은 문제들로 가득 찬 교회였다. 오늘날 여기에 있었더라면 엄청난 비난 때문에 존폐위기에 처했을지도 모르는 그런 교회였다. 그런 교회를 향하여 바울은 "하나님의 교회"라고 불렀을 뿐만 아니라 하나님께 감사한다고까지 표현하였다. 그리고 하나님의 은혜와 평강을 빌었다. 빌립보교회에 대한 바울의 마음도 마찬가지다. 빌립보교회라고 문제가 없었겠는가. 그럼에도 그는 "나의 사랑하고 사모하는 형제들, 나의 기쁨이요 면류관인 사랑하는 자"라고 불렀다. 그러므로 우리는 그리스도의 심장으로 교회를 사랑했던 바울의 마음으로 교회를 대해야 한다. 그리스도인이라면 자신을 교회와 분리시켜 객관화시킬 수 없다. 우리가, 즉 우리라는 사람이 모인 공동체가 교회이기 때문이다.

성경은 교회를 지칭하면서 부름받은자, 선택된자, 새로운 피조물, 하나님의 백성, 왕같은 제사장, 하나님의 자녀, 하나님의 사랑받는자, 하나님의 집, 그리스도의 몸, 신부 등의 표현들을 사용하였다. 그 명칭들은 한결같이 긍정적인 칭호들이다. 우리는 교회를 언급할 때 현실에 존재하는 지역교회를 긍정보다는 부정적으로 생각하는 경향이 강하다. 이런 경향을 이해할 수 없는 것은 아니다. 현실교회들이 여러 이유로 교회답지 못한 모습을 보여줄 때가 많기 때문이다. 교회의 부패와 타락은 오늘만의 문제는 아니다. 교회는 발생한 이래로 부정적이고 타락한 모습을 보였다. 이상적 교회의 모델로 언급되는 초대교회 역시 분열과 타락이 존재했었다. 바울이 끊임없이 교회의 잘못들을 훈계하고 개혁하고자 했던 것이 바로 그 이유다. 바울이야말로 최초의 종교개혁자일 것이다. 고대교회라고 해서 다를 것은 없었다. 고대교회의 바실리우스 역시 교회의 타락을 한탄하여 개혁을 부르짖었고, 아우구스티누스는 교회를 알곡과 죽정이의 혼성체(corpus permixtum)라고 불렀다. 중세교회는 말할 것도 없고, 루터의 종교개혁 직후 경건주의자들도 메마른 교회의 개혁을 부르짖었다. 교회의 과거 이천년 동안의 타락과 부패를 열거하자면 몇 권의 책으로도 모자랄 것이다. 교회가 언제나 개혁되어야 하는 것은 당위다. 이것은 개혁교회만의 모토일수는 없다. 모든 교회의 외침이어야 한다. 그러나 필자의 염려는 우리는 개혁과 정의에 집착한 나머지 어느새 현실교회를 부정적으로, 냉소적으로 바라보는 관점에 익숙해져 있는 것이 아닌가 하는 것이다. 여기서 필자는 위의 긍정적인 호칭들이 누구(무엇)에게 부여되었는지를 자문해본다. 그 명칭들은 대부분 가시적이며 지역에 구체적으로 존재하고 있는, 부정적 모습을 어느 정도 가지고 있었던 현실적 교회를 지칭하는 것이었다. 위대한 교회개척자이면서 개혁자인 바울은 교회의 부정적 모습을 직시하면서도 이 현실교회들을 하나님의 교회, 부름 받은 자들, 선택받은 자들, 그리스도의 몸이라고 불렀다. 문제없는 교회는 없다. 연약하고 타락한 인간 군상의 집합이기 때문이다. 그러나 그 교회도 교회다. 그 가시적 교회가 바로 에클레시아이며 부름 받은 자이며 선택된 자들이며 하나님의 자녀이고 하나님의 백성이며 그리스도의 몸이며 하나님의 성전이다. 부족하고, 연약하여 깨지기 쉽고, 쉽게 분열하고 상처주고 상처받는 우리가 바로 교회다. "우리는 하나님의 동역자들이요 너희는 하나님의 밭이요 하나님의 집이니라" (고전 3:9). 여기서 칼빈의 목소리를 듣고자 한다. 그의 목소리는 오늘 우리에게도 들려져야 할 목소리다.

자기는 완전히 성결하다는 그릇된 신념으로, 이미 낙원의 천사라도 된 양 인간의 본성이 조금이라도 남아 있다고 생각되는 사람들과의 교제를 거부하는 사람들이 언제든지 있었다. (…) 어떤 사람들은 광적인 자만심보다 의에 대한 그릇된 열성 때문에 죄를 짓는다. 복음을 듣는 사람들이 복음이 가르치는 대로 생활하지 않는 것을 볼 때에, 그들은 즉시 거기에는 교회가 없다고 단정한다. 이것은 아주 당연한 불평이며, 이 극도로 비참한 시대에 이런 불평이 생길 원인을 우리 편에서 너무도 많이 제공한다. 그리고 우리의 저주받을 태만은 변명의 여지가 없는 것이다 (…) 그러나 우리가 위에서 말한 사람들은 자기의 불쾌한 생각을 억제할 줄 모르는 점에서 역시 죄를 짓게 된다. 주께서는 인자하라고 요구하시는데, 그들은 인자한 생각을 버리고 완전히 극단적인 엄격주의에 열중한다. 그들은 철저하게 순결하고 성실한 생활이 없는 곳에는 교회도 없다는 생각으로 악을 미워하기 때문에 합법적인 교회를 떠난다. 그들은 악인의 무리에서 떠난다고 생각하는 것이다 (…) 그들은 죄악이 두루 창궐하는 것은 참을 수 없다고 외친다. 여기서도 사도의 의견으로 그들에게 대답할까 한다. 고린도 신자들 가운데는 타락한 사람이 적지 않았으며, 사실 거의 회중 전체가 감염되었었다. 한 가지 죄가 아니라 아주 많았으며, 그것도 경미한 과실 정도가 아닌 무서운 비행이었다. 도덕적 방면뿐만 아니라 교리적인 방면에까지 부패가 있었다. 성령의 도구요 그의 증거에 의해서 교회의 존망이 결정될 저 거룩한 사도 바울은 이 사태를 어떻게 처리하였는가? 그는 이런 교회에서는 손을 떼라고 하는가? 그리스도의 나라에서 그들을 몰아내는가? 최종적인 저주의 벼락으로 그들을 때려 부수는가? 그는 이런 일을 하지 않을 뿐만 아니라 심지어는 그들을 그리스도의 교회와 성도의 공동체라고 인정하며 선언한다.[51]

교회는 냉소와 분노의 대상이어서는 안 된다. 흔히 지적하듯, 오늘의 사회는 분노하는 사회다. 정의로 포장한 분노와 냉소가 난무한다. 그리고 정의를 독점하고 분노와 냉소를 의분인양 합리화한다. 온갖 선과 거룩을 독점한다. 그래서 배제와 배타를 거룩의 실현인 양 한다. 그러나 그 모든 것들이 사랑이 없으면 아무것도 아니다. 천사의 말을 할지라도, 산을 옮길만한 믿음이 있을지라도, 자기 몸을 불사르게 내어 줄지라도, 가진 모든 것으로 구제할지라도 말이다. 칼빈은 고린도 교회를 향한 바울의 사랑의 권면의 서두를 다음과 같이 설명한다. "사랑만이 우리의 행위를 지배하는 규정이며, 또한 하나님의 은사를 바르게 사용하는 유일한 안내자인 까닭에, 하나님은 사람이 아무리 훌륭하게 생각하는 것일지라도 그 속에 사랑이 없으면 아무것도 아니라는 것을 증명하셨다. 아름답게 보이는 모든 덕스러운 행위도 사랑이 없으면 단순한 겉치장일 뿐이요, 공허한 음향일 뿐이다. 한마디로 그것은 겉모양일 뿐이며 비열한 행위일 뿐이다."[52] 우리는 종종 고린도전서 13장의 사랑을 주례사처럼 생각한다. 그러나 그 말씀은 파벌의 문제로 분열되어 있는 고린도 교회를 향하

---

51) J. Calvin, Institutes of the Christian Religion, 김종흡, 신복윤, 이종성, 한철하 공역, 『기독교강요』, 생명의말씀사, 1986, 26-28(이하 inst로 표기함),
52) J. Calvin, 『신약성경주석』, Vol. 8, 성서교재간행사, 375.

여 주신 말씀이다. 그것은 또한 오늘 한국교회에 주시는 말씀이 아니겠는가. 바울은 우리에게 말한다. "가장 좋은 길"을 보이겠다고, 그것은 바로 다름 아닌 "사랑"이라고. 우리에게는 교회를 사랑할 책임이 있다. 그것은 하나님을 사랑하는 우리의 운명이다. 교회는 우리가 사랑하는 하나님의 것이니 말이다. 교회가 거룩한 무리인 것은 교회 자체에 있지 않고 삼위일체 하나님에게 있다. 교회의 존재 근거는 하나님에게 있지 교회자체에 있지 않다. 예수께서도 교회를 반석위에 세우겠다고 하면서도 그것을 베드로의 교회라고 하지 않고 "내 교회"라고 하지 않았는가. 그러므로 우리는 교회가 무엇인지를 정확하게 인식하고 교회에 대한 오해와 냉소를 불식시킬 필요가 있다.

6. 교회론, 교회를 변증하는 학문

교회론은 〈교회변증학〉이다. 오늘날 전 세계 교회는 많은 위험과 위협에 둘러 싸여 있다. 그 중 하나가 무신론의 도전이다. 과거의 무신론자들과는 달리 최근 무신론자들은 매우 공격적이다. 그들은 강연이나 수업이나 학술활동을 통해서만 기독교를 반대하는 것이 아니다. 반기독교 단체를 만들고, 전도 반대카드를 만들며, "하나님이 없으니 염려하지 말고 인생을 즐기라"고 버스 광고를 내건다. 그들은 기독교 교회조직과 기능을 차용하여 무신론 교회를 세우고, 무신론 학교를 세워 청소년들을 교육하며 하나님 없이 살 수 있다고, 그것이 행복이라고 가르친다. 집요하게 하나님과 기독교와 교회를 조롱하고 공격한다. 더구나 과학이라는 이름으로 하나님에 대한 신앙은 망상이라고 힐난한다. 그 대표적 무신론 과학자가 리차드 도킨스(R. Dawkins)이다. 그는 "구약성서의 신은 모든 소설을 통틀어 가장 불쾌한 주인공, 시기하고 거만한 존재, 좀스럽고 불공평하고 용납을 모르는 지배욕을 지닌 존재, 복수심에 불타고 피에 굶주린 인종 청소자, 여성을 혐오하고 동성애를 증오하고 인종을 차별하고 유아를 살해하고 대량학살을 자행하고 자식을 죽이고 전염병을 퍼뜨리고 과대망상중에 가학피학성 변태성욕에 변덕스럽고 심술궂은 난폭자"[53]라고 모독한다. 그는 종교가 없을 때를 상상해보라고 말하며 종교를 비난하고 있다. "자살 폭파범도 없고, 911도, 런던 폭탄테러도, 십자군도, 마녀사냥도, 화약음모사건도, 인도 분할도, 이스라엘과 팔레스타인의 전쟁도, 세르비아와 크로아티아와 보스니아에서 벌어진 대량 학살도, 유대인을 '예수살인자'라고 박해하는 것도, 북아일랜드 분쟁도, 명예살인도, 머리에 기름을 바르고 번들거리는 양복을 빼입은 채 텔레비전에 나와 순진한 사람들의 돈을 우려먹는 복음 전도사도 없다고 상상해보라. 고대 석상을 폭파하는 탈레반도, 신성 모독자에 대한 공개처형도, 속살을 살짝 보였다는 죄로 여성에게 채찍질을 가하는 행위도 없다고 상상해보라."[54] 역으로 말하자면, 세계의 모든 비참한 일들이 종교로 인해 일어나므로 종교가 없어져야 한다는 것이다. 이러한 무신론적 과학이 오늘날 계속적으로 진화를 거듭하면서 생물학뿐만 아니라 물리학, 천문학, 나아가서는 정치학, 사회학, 철학, 그리고 문화에 이르기까지 모든 영역에 영향을 미치고 있다. 이제 "우리는 하나님을 어떻게 설명할 수 있을까", "우리는 기독교의 진리가 참인 것을 어떻게 변증할 수 있는가"하는 시급한 질문에 부딪히게 되었다. 신학의 과제, 좀 더 좁게는 교회론의 중요한 과제가 변증임을 인식하고 교회가 참 진리위에 든든히 서갈 수 있도록, 기독교의 진리에 대한 합리적 설명이 가능하다는 것을 인식하도록, 선교에 자신감을 갖도록 도와야 한다.

7. 교회론의 과제

53) R. Dawkins, God Delusion, 이한음 옮김, 『만들어진 신』, 파주: 김영사, 2007, 50(이하 Dawkins로 약칭함).
54) Dawkins, 7-8.

지금까지 교회론의 성격을 간단히 살펴보았다. 이것은 사실상 교회론의 과제와 맥락이 잘 닿는다. 첫째는 교회의 자기정체성 수립을 위한 과제다. 교회가 교회에 대해 논하는 것은 자기 정체성을 밝히는 작업이다. 먼저 성경에 나타난 교회에 관한 논의부터 시작해야 한다. 그리고 교회가 역사적으로 자신에 대해 무엇이라고 진술했는지 살필 필요가 있다. 그러므로 교회론은 성경과 신학전통에 나타난 교회에 대한 체계적 이해를 수립하고, 그것이 현장에 실천적으로 적용될 수 있도록 해야 한다. 둘째, 교회론은 교회 섬김, 교회봉사, 교회의 건강과 성장을 위한 대안제시의 과제를 갖는다. 셋째, 교회론은 교회를 치료해야 할 과제, 교회를 변호해야 할 과제를 갖는다. 넷째, 예배, 선교, 교육 등과 같은 교회의 본질적 사역과 기능을 잘 수행할 수 있도록 신학을 정립하고 교회를 돕는 과제다. 다섯째, 문화의 창조적 수용 및 변혁적 과제다. 오늘날의 문화, 특히 인터넷 문화, 디지털문화, 소셜 네트워크 문화의 홍수 속에 살고 있다. 이것들을 벗어버리고 살아갈 수는 없다. 이것들을 적절히 이용한다면, 매우 유용한 선교의 도구가 될 것이다. 그러나 문화의 타락에 대해서도 염두에 두어야 한다. 그 때의 문화는 변혁과 구속의 대상이다. 여섯째, 교회론의 과제는 오늘의 현실의 수많은 문제들을 해결해야 하고 대안을 제시해야 하는 현실적 과제를 갖는다. 오늘 교회를 둘러싼 문제들은 한두 가지가 아니다. 환경문제, 평화, 통일문제, 생명문제, 경제적, 문화적 양극화의 문제, 놀이 문화, 인권과 차별과 갈등의 문제, 이런 문제들에 대해서도 교회와 신학은 관심을 갖고 처방을 내려야 한다. 무엇보다도 중요한 것은 교회의 본질의 회복이 중요하다. 위의 현실적 문제들에 대해 많은 대안을 제시하고 적절한 해결책을 제공하고 실천한다 하더라도 교회가 담당해야 할 기본적 기능과 사명을 망각해서는 안 될 것이다. 일곱째, 미래 대안적 과제다. 교회론은 미래 사회의 변화와 트렌드에 민감해야 하며 그에 따른 적절한 대안을 제시해 줄 수 있어야 한다. 그러므로 교회론은 교회미래학이기도 하다. 여덟째, 둘째에서 이미 언급한 바 있지만, 교회론이 가져야 할 중요한 기능과 과제는 컨설팅적 과제다. 모든 기관과 단체는 컨설팅이 필요하다. 교회도 마찬가지다. 그러므로 교회론은 단지 이론에 그쳐서는 안 된다. 교회의 건강과 성장을 위해 오늘의 현실교회와 사회와의 관계, 교회개척이나 방향, 다음세대의 교회에 대한 인식 등을 냉철하게 분석하고 그에 대한 컨설팅적 대안을 제시해 주어야 한다.

제2장 교회에 대한 성경적 이해와 그 신학적 함의

1. 신약의 교회공동체의 예표로서 구약의 교회

교회란 무엇인가? 이에 대한 답을 우리는 전적으로 신약에 의존한다. 당연한 시도이다. 교회는 오순절 성령강림 이후 역사의 전면에 등장한 공동체이며, 신약은 예수 그리스도의 복음이 교회를 통해 확장되어 가는 역사를 기록한 책이기 때문이다. 혹자는 "예수는 하나님 나라를 선포했는데 나타난 것은 교회였다"고 다소 냉소적인 표현을 사용하기도 한다. 그러나 필자에게는 그 표현이 교회에 대한 매우 정확한 수사로 보인다. 하나님 나라는 교회를 배제하지 않으며 오히려 하나님 나라의 완성과 확장에 그만큼 교회가 중요하기 때문이다. 그리스도론에 기초한 교회론을 누구보다 생생하게 전개한 이가 바로 바울이다. 그는 그리스도의 죽음과 부활의 터전 위에 교회를 세웠고, 교회를 사랑하였고, 견고케 하려 하였다. 교회에 관한 신학 정립에도 많은 노력을 기울였다. 바울 이후의 서신들도 교회를 우회하지 않았다. 그러므로 신약을 〈교회에 관한 책〉이라고 불러도 과언이 아니다. 그러면 신약은 교회를 어떻게 묘사하고 있는가? 하나님 나라의 지평 속에서 하나님 나라를 향하는 교회 공동체를 신약은 다양한 이미지로 묘사하고 있다. 하나님의 백성, 그리스도의 몸, 그리스도의 신부, 하나님의 건축물, 성령의 친교, 새로운 이스라엘, 하늘의 예루살렘, 부름 받은 성도들의 공동체, 성전으로서의 공동체 등이 그것들이다.[55]

---

55) K. Berger, art. "Kirche" I,II, TRE 18, 201ff(이하 Berger, TRE, Kirche로 약칭함). E.G. Jay, The Church, 주재용 역, 『교회론의 역사』, 대한기독교출판사, 1986, 16ff. Wolfgang Kraus, Das Volk Gottes: Zur Grundlegung der Ekklesiologie bei Paulus, Tübingen: Mohr Siebeck, 1996, 111-119(이하 Kraus, Das Volk Gottes로 약칭함). L. Coenen, art. "Church", The New

하지만 여기서 분명히 기억할 것은 신약의 에클레시아의 원형이 이미 구약성경에 존재한다는 점이다. 그것은 바로 "에다"와 "카할"이다. 카할은 전쟁이나 예배 그리고 율법 선포를 위해 소집된 공동체를 의미하며 에다는 주로 성막에 회집된 공동체를 의미한다.[56] 신약의 교회와 상통하는 의미를 가지고 있기 때문에 70인역 성경은 이 단어들을 에클레시아로 번역해 놓았다.[57] 무엇보다도 교회의 원형은 하나님의 백성인 이스라엘이다. 이스라엘이 하나님의 백성이듯, 교회도 하나님의 백성으로 불린다. 백성을 뜻하는 구약의 암('am)은 다른 이방민족이 아닌 이스라엘 전체를 지칭하는 용어이다. "선택"과 "소유"와 "거룩"이라는 의미를 포함하고 있다.[58] 하나님의 백성인 이스라엘은 하나님의 선택된 백성이며 소유이며 거룩한 백성이라는 의미다. 그러므로 신약이 교회를 부름 받은 자, 선택된 자로 표현할 때 그것은 구약과의 연속성 하에서 구약의 계약백성을 계승하려는 시도이며, 초기유대교의 선택신학에 의존하고 있음을 보여주는 것이다.[59] 이것은 무엇보다 "나는 너의 하나님이 되고 너희들은 나의 백성이 되리라"는 계약 공식에 잘 기술되어 있다. 퀴글리스

International Dictionary of New Testament Theology Vol. 1, Grand Rapids: Zondervan, 1986, 292ff (NIDNTT로 약칭함). J. Roloff, art. εκκλησια, Exegetical Dictionary of the New Testament Vol 1, Grand Rapids: Eerdmans, 1990, 410ff (Roloff, EDNT로 약칭함).

56) Berger, TRE, Kirche, 200. L. Coenen, art. Church, The New International Dictionary of New Testament Theology Vol. 1, Grand Rapids: Zondervan, 1986, 292ff (NIDNTT로 약칭함).

57) NIDNTT, 295.

58) Berger, TRE, Kirche, 199.

59) Berger, TRE, Kirche, 199f. 여기서 Berger는 초기 유대교의 선택사상은 다음과 같은 중요한 요소를 포함하고 있다고 본다. a. 선택은 "이방민족과의 분리"를 의미하며, 동시에 이 "분리가 하나님 앞에서 극복됨"을 의미한다. b. "초기 유대교에서는 선택된 자를 언급할 때 더 이상 '조상들'이 나타나지 않는다. 이것은 선택개념이 '전 이스라엘'을 지칭하던 개념에서 벗어났음을 의미하며, 그래서 이 개념이 매번 특별한 계시나 해석의 담지자에게 적용되었다는 것을 보여준다." c. "선택사상은 모든 구원이 미래에서야 비로소 완성된다는 묵시적 구원론의 사회학적 상응 개념이다." "묵시적 구원사상에서는 하나님을 통한 선택이 전 구원사의 요약이고 표현이다." d. "선택은 전적으로 하나님의 행위"이며, 그러므로 "선택된 자들은 하나님의 소유"이다. e. "선택받은 자의 반대 이미지로서 백성 대신에 죄인의 이미지가 나타난다."(Berger, 199-200)

터(N. Füglister)의 말을 빌려 말하자면, "신약의 교회는 구약 성서의 이스라엘에 이미 신비하게 예시되어 있다. 옛 계약의 하나님의 백성은 새로운 계약의 하나님의 백성의 준비이며 예표이고 원형이며 구조적 모형이다."[60] 그에 의하면, 하나님의 백성, 부족동맹, 거룩한 남은 자, 디아스포라, 제의 공동체, 거룩한 도시. 다윗의 나라, 하나님 나라 등은 신약의 교회를 예표하는 구약 교회의 특징이라는 것이다.[61] 슈트레커에 의하면 "구약의 이스라엘 역사는 약속의 성격을 가지고 있다. 그것은 그리스도 안에서 성취될 것을 지향하고 있다."[62] 따라서 이스라엘 백성의 선택과 부르심에 쓰였던 동일한 용어가 교회의 명칭에 사용되었다는 것은 교회도 이스라엘처럼 세상과 분리된 거룩한 존재이며, 교회는 종말론적 공동체이고, 교회는 하나님의 소유임을 의미하는 것이다. 교회와 이스라엘은 하나님의 구속사의 동일한 지평에 있는 하나님의 계약 백성이다. 그러므로 교회와 이스라엘 사이의 연속성이 존재하는 것은 자명해 보인다.

2. 신약에서의 에클레시아의 사용과 오늘날 교회를 위한 그 함의

우선 에클레시아를 언급하는 신약의 구절들을 인용하는 것으로 시작해본다. "유대에 있는 하나님의 교회들"(살후 2: 14), "갈라디아에 있는 여러 교회들" (갈1: 2), "고린도에 있는 하나님의 교회"(고전1:2), "로마에서 하나님의 사랑하심을 받고 성도로 부르심을 받은 모든 자"(롬 1:7), "아시아의 교회들"(고전 16: 19), "마게도냐 교회들"(고후 8: 1), "유대에 있는 교회들" (갈 1: 22),

---

60) N. Füglister, "Strukturen der alttestamentlichen Ekklesiologie", Mysterium Salutis. Grundriss der heilsgeschichtlicher Dogmatik 4,1 Benziger Verlag, 23 (이하 Mysterium Salutis로 약칭함).

61) Mysterium Salutis, 24ff.

62) Georg Strecker, Theologie des Neuen Testaments, Berlin:De Gruyter, 1995, 217. J. Roloff, art. εκκλησια, EDNT, 413.

"아굴라와 브리스가와 그 집에 있는 교회"(고전 16:19), "아킵보와 네 집에 있는 교회"(몬 1:2), "아시아에 있는 일곱 교회"(계 1:4), 예루살렘(행 5:11, 8:1, 3, 11:22, 12:1, 14:27 등)과 안디옥의 교회(행 11: 26, 13:1, 15:3, 41) 등이 그 것이다. 모두 가시적 교회, 즉 "백성들의 실질적인 모임 혹은 정규적으로 구성된 집회로 모이는 그룹"[63]을 지칭한다. 이에 근거하여 에클레시아가 함의하고 있는 것이 무엇인지 살펴보자.

첫째, 신약의 에클레시아는 가시적, 지역적 교회를 지칭한다. 위의 언급을 본다면 더 말할 필요 없이 분명하다. 에클레시아에 구체적 지역 명칭이 부여되어 있다. 이것이 의미하는 것이 무엇이겠는가. 이 용어들은 가시적 교회와 불가시적 교회의 분리와 구분이 정당한가 하는 물음을 제기한다. 다시 말해 교회를 가시적 교회와 불가시적 교회로 구분하고 가시적 교회보다는 불가시적 교회를 참된 교회로, 이상적 교회로 인정하는 것에 대한 의문을 제기함을 의미한다. 일반적으로 우리는 아우구스티누스의 유산을 이어받아 가시적 교회와 불가시적 교회를 엄격히 구분하는 경향이 있다. 하인리히 헤페는 "교회가 외적인 형태를 가지고 있는 한 은혜 언약의 공동체에는 속하지 않은 외식자와 죽은 교인들을 포함하고" 있어서, 현재의 교회를 "가시적 교회와 불가시적 교회로 나눌 수 있으며", "불가시적 교회는 말씀과 성령에 의해 유효적으로 소명된 선택받은 자들의 공동체이며, 가시적 교회는 말씀에 의해 소명된 자들의 공동체"[64]라고 주장한다. 또 반틸은 불가시적 교회를 "그리스도와 영적인 교제를 나누는 선택받은 자들의 모임"으로, 가시적 교회는 "말씀과 성례와 권징의 시행을 받는 외적 연합체에 가입한 자들의 모임"[65]으로 정의한다. 물론

---

63) Peter O'Brien, Colossians, Philemon, Vol. 44. WBC, 골로새서, 빌레몬서, 솔로몬, 2008, 157.

64) H. Heppe, Reformierte Dogmatik, 이정석 옮김, 『개혁파 정통교의학』, 고양:크리스찬다이제스트, 2011, 940 (이하 Heppe, RD로 약칭함).

65) Heppe, RD, 940에서 재인용.

개혁교회전통이 말하는 가시적 교회와 불가시적 교회는 분리된 두 교회를 의미하는 것은 아니다. 한 교회의 두 측면을 지칭할 뿐이다. 하지만 이러한 구분이 신학적으로 잘못된 것은 아니라 할지라도, 성경적으로 적절한 구분은 아니다. 사실상 바울은 교회를 선택된 자와 유기된 자의 혼합 공동체라고 지칭한 적이 없다. 바울에게 있어서 "선택된 자"는 가시적 교회, 실존했던 지역교회다. 그러므로 가시적 교회와 불가시적 교회가 존재하는 것이 아니라 가시적 교회만 존재하며, 신학전통이 지칭했던 가시적 교회와 불가시적 교회는 가시적 교회의 두 측면, 즉 현실적 모습과 이상적 모습, 참된 신자와 그렇지 못한 자, 알곡과 죽정이일 뿐이다.

칼 바르트는 보이지 않는 교회와 보이는 교회가, 분리된 두 교회임을 거부하였다. "보이는 교회와 보이지 않는 교회는 지상적 - 역사적 공동체와 그 너머나 그 배후에 있는 초자연적-영적 공동체로 나눠지는 두 교회"로 구분하는 것을 거부하였다.[66] 오로지 그에게는 한 교회만 있을 뿐이다. "보이는 교회는 형태이며, 보이지 않는 교회는 보이는 교회 안에 숨어 있고, 그 안에서 자신을 드러낼 수 있고, 보이는 교회 안에서 질문해야 할 (…) 보이는 교회의 신비다. 보이는 교회는 전적으로 보이지 않는 교회로부터 살아가며, 보이지 않는 교회는 오직 보이는 교회 안에서만 자신을 드러낼 수 있고 질문될 수 있다. 두 교회는 살아 있는 유일한 주 예수 그리스도의 지상적-역사적 실존형태다."[67] 한스 큉 역시 바르트와 유사하게 말한다. "교회는 둘이 아니다. 보이는 교회와 보이지 않는 교회는 분리되지 않는다. 물질적이고 지상적인 보이는 교회는 보이지 않는 본래적인(영적이며 천상적인)교회의 모사가 아니다. 보이지 않는 교회를 교회의 본질로, 보이는 교회를 교회의 형태로 이해해서는 안 된다. 오직 하나의 교회만이 보이는 동시에 보이지 않는다. 신앙된 교회는 하나의 교

---

66) G. Horst Pöhlmann, Abriss der Dogmatik, 이신건 옮김, 『교의학』, 신앙과 지성사, 462.
67) K. Barth, Kirchliche Dogmatik, IV, 1, 747, Pöhlmann, 위의 책, 462에서 재인용.

회, 즉 보이는 것 속에서 보이지 않는 보다 정확하게 말하자면 숨겨진 교회이다."[68] 본회퍼와 로흐만은 한 걸음 더 나간다. 그들은 보이는 교회와 보이지 않는 교회의 분리는 말할 것도 없고 구분하는 것조차 거부한다.[69] 특히 로흐만은 교회를 가시적, 불가시적으로 구분하고 불가시적 교회를 이상화하고 본질적 교회라고 여기는 생각을 "교회론적 가현설"[70], "신학적 탈선"[71]이라고 비판한다.

왜 보이는 교회와 보이지 않는 교회의 구분이 등장했는지 우리는 이해할 수 있다. 현실교회의 타락과 부패와 배교 및 이단 때문이다. 하지만 우리는 "경험적 교회에 대한 실망 때문에 세상위에 떠 있는 유토피아로 도피"[72]해서는 안 된다. 바르트 역시 현실 교회의 분열 때문에 보이지 않는 교회로 도피행각을 벌여서는 안 된다고 단호하게 말한다.[73] 다시 언급하지만, 신약은 이러한 구분을 알지 못한다. 신약시대의 교회에 이미 도덕적 타락과 신학적 오류와 분열적 파벌들이 존재했다. 그럼에도 불구하고 바울은 그들을 교회라고 불렀다. 그는 죄인과 의인의 혼합체, 선택된 자와 유기된 자의 혼합체, 본질과 형태, 현실과 이상 등의 용어로 교회를 구분하거나 분리시키지 않았다. 오늘날 이러한 구분은 신학적으로는 가능할지 모르나 현실적으로는 별로 유익한 구분은 아니다. 불가시적 교회는 더욱 불가시적으로 이상화되고, 가시적 교회는 모든 타락의 누명을 뒤집어 써야 하는 운명에 처해지게 될 뿐이다. 즉, '지금 여기'에 존재하는 가시적 교회를 부정적으로 바라보게 하는데 기여할 뿐이다. 다만 "불가시적 교회"를 교회의 다른 측면, 본질적 측면으로 이해하여 가시적 교회와 대립적 개념으로 보는 것이 아니라, 지금 보이는 교회가 개혁하

---

68) H. Küng, Die Kirche, 정지런 옮김, 『교회』한들출판사, 2007, 50.
69) Phölmann, 462f.
70) Phölmann, 463. KD IV/1, 1056.
71) Phölmann, 464.
72) Phölmann, 463.
73) KD IV/1, 1094.

고 나아가야 할 방향으로 삼는다면 이런 구분은 유용할 수 있을 것이다.

가시적 교회와 불가시적 교회를 논함에 있어서 하나 더 생각해보고자 하는 것은 도대체 어떤 교회가 참된 교회이며, 교회를 참된 교회로 특징짓는 요소와 특징이 무엇인가 하는 것이다. 이미 밝힌 대로, 교회는 전통적으로 플라톤적인 이분법에 영향을 받아 보이는 교회와 보이지 않는 교회를 구분하고 보이지 않는 것에 더 중요한 가치를 두었다. 그래서 보이지 않는 교회는 참된 교회요, 보이는 교회는 죄인들과 의인들의 혼합체라고 생각했다. 필자는 여기서 이런 구분의 잘잘못이나 성경적 정당성을 다시 이야기 하려는 것이 아니다. 여기서 말하고자 하는 것은 다만 참된 교회라고 할 때 과연 "참되다" (wahr)는 것이 무엇을 의미하는지, 참된 교회, 진정한 교회, 온전한 교회가 어떤 교회인가 하는 것이다. 이것은 푈만의 질문, "무엇이 교회의 본질에 속하고, 무엇이 교회의 참된 본질에 속하는가? 무엇이 교회를 교회답게 만드는가?"[74] 하는 물음에 관계된 것이다. 여기서 지적하고 싶은 것은 보이지 않는 교회, 숨어 있는 교회는 바른 교회, 옳은 교회이고 가시적 지상의 교회는 그와 반대로 잘못된 교회, 정당하지 못한 교회, 타락한 교회라고 정의하는 것은 바르지 못하다는 것이다. 만일 그렇다면 이 지상의 보이는 교회는 모두 잘못된, 거짓된 교회라는 오해에 이르고 말기 때문이다. 이것은 결코 성경적이 아니다. "바른", 혹은 "옳은"이라는 특성은 가시적 교회에도 동일하게 적용될 수 있는 용어이다.[75] 그렇다면 바른 교회와 잘못된 교회를 구분하는 기준은 무엇이며, 바른 교회의 특징은 무엇인가? 이것을 교회론에서는 교회의 표지(nota)라고 한다. 이에 대한 상세한 설명은 후속작업으로 미루고 여기서는 간단히 언급하고 지나가려 한다.

교회는 전통적으로 어떤 교회가 참된 교회인가, 참된 교회의 속성은 무엇

---

74) Pöhlmann, 456.
75) Härle, TRE, 289.

인가 하는 물음에 봉착하였다. 교회의 타락이나 분열 때문에 그러했고, 배교나 이단의 등장 때문에도 그러했다. 이러한 상황 속에서 참된 교회와 거짓교회를 판가름하는 특성이 바로 니케아-콘스탄티노플 신조에 드러난, 통일성, 거룩성, 보편성, 사도성이었다. 하나의, 거룩하고 보편적이며 사도적인 교회는 참된 교회이며 믿음의 대상이었다. 그러나 종교개혁자들은 이 두 가지를 부정하지 않으면서도 참교회의 특징을 두 가지로 제시하였다. 그것은 바로 하나님의 말씀이 바로 선포되고 성례전이 정당하게 집행되는 것이었다. 아욱스부르크신앙고백서는 복음이 순수하게 가르쳐지고 성례전이 바르게 집행되는 것을 교회로 정의하였고(7조), 스코틀랜드 신앙고백서는 하나님의 말씀을 참되게 전하는 것, 그리스도 예수의 예전을 정당하게 시행하는 것, 교회의 훈련을 정직하게 집행하는 것을(제 18장), 칼빈은 말씀의 바른 선포와 바른 성례전 집행을(프랑스 신앙고백 27, 28조, Inst IV, 1, 9) 교회의 참 특징으로 각각 인정하였다.

그렇다면 이 두 부류의 표지는 서로 모순인가. 아니다. 그것은 양립할 수 있으며 서로 보완적이다. 둘 다 포기할 수 없는 중요한 교회의 특징과 징표를 구성한다. 몰트만의 말을 빌려서 표현한다면, "복음이 순수하게 선포되고 성례전이 올바르게 집행되어지고 있는 교회는 하나의 거룩한 보편적인, 그리고 사도적인 교회이다. 순수한 말씀의 선포 없이는 그리스도 안에 있는 일치를 위해서 함께 모인 메시야적 공동체가 존재할 수 없다. 식탁의 친교 없이, 또한 하나의 세례 없이, 교회는 아무런 보편성도 가지지 않는다. 그러면 그 반대도 마찬가지로 타당하다. 즉 일치, 거룩함, 보편성, 사도성 없이 순수한 선포나 성례전의 올바른 집행은 있을 수 없다. 여기에 어떤 진정한 차이점이 없다. 그러나 다만 상호보완이 있을 뿐이다. 교회의 네 가지 속성들은 선포와 성례전을 가리키며 그것들과 떨어져서 유지되어 질 수 없다. 말씀과 성례전은 교회의 네 가지 속성들을 가리킨다."[76] 현대 신학자들은 주로 이 네 가지를 교회의 교회다움의 특성으로 설명하고 있다. 몰트만은 그것을 다음과 같이 설명하고 있다. "교회의 일치는 교회의 〈자유 안에서의 일치〉이다. 교회의 거룩함은 그 것의 〈결핍 속에서의 거룩함〉이다. 교회의 사도성은 〈십자가의 표징〉을 지니고 있다. 교회의 보편성은 〈억압당한 자들을 위한 그 열성적인 지지자로서의 후원〉과 연결되어 있다."[77] 큉은 〈다양성 속의 통일성〉, 〈동일성 가운데 존재하는 보편성〉, 〈죄 가운데 존재하는 거룩성〉, 〈계승되는 사도성〉을 참된 교회의 특성으로 열거하였다. 마지막으로 언급할 것은 교회의 표지가 성례전의 바른 집행과 말씀의 참된 선포라고 정의하든, 하나의 거룩하고 보편적이고 사도적이라고 정의하든, 실재하는 지역교회가 아니라 보이지 않는 교회에만 해당된다고 생각해서는 안 된다. 다시 한 번 말하지만 바울에게 있어서 교회는 지상에 존재하는 현실적 교회를 넘어서는 교회를 의미하지 않았기 때문이다. 두 가지 범주든, 네 가지 범주든 현실 교회의 목표로 삼고 현실교회의 건강을 위해 힘써야 할 것이다.

둘째, 신약의 언급들은 개별교회들을 교회라고 부른다는 점이다. 우리는 대체로 교회는 개별교회보다 보편적 교회, 전체교회를 교회라고 부르는 경향이 있다. 결코 잘못된 것은 아니다. 그러나 이것이 전체교회와 하나의 교회를 강조한 나머지 개별교회의 중요성이나 개별교회의 교회됨을 무시해도 된다는 말은 아니다. 개혁신학자인 리쎈은 "공간적 측면에서 특정한 지역이나 도시나 장소에 제한되지 않기 때문에, (…) 인간적 측면에서 특정한 연령이나 조건과 연결되어 있지 않기 때문에, (…) 시간적 측면에서 모든 시대를 무차별적으로 포함하기 때문에, (…) 지체적 측면에서 지금까지 존재했고, 앞으로 존재할 모든 개 교회들은 그들이 그리스도를 따르는 한 교회에 속한다"[78]고 보았다. 정확한 지적이다. 그러나 한 가지 염두에 두어야 할 것은 보편적 교회는 개교회

76) Moltmann, Kirche, 363f.
77) Moltmann, Kirche, 363.
78) Heppe, RD, 938-939.

가 포함된 교회됨을 의미하는 것이지 개교회를 벗어나거나 개교회와 따로 존재하는 보편적 교회는 아니라는 점이다. 위 성경 구절들은 마게도냐 교회, 고린도 교회, 안디옥교회, 로마교회 등 보이는 개교회가 모두 그리스도를 머리로 하는 보편교회임을 의미한다. 교회들이라는 복수형의 지칭 역시 보이는 개교회의 지역성을 부정하는 개념은 결코 아니다. 그러므로 지나치게 보편적 교회, 전체의 교회를 강조하면서 교회의 지역성, 개교회성을 소홀히 하는 것은 성서적으로 정당하지 않다.

다시 신약성경으로 돌아가 보자. 신약은 지역교회와 보편교회의 엄격한 구분을 인정하지 않았다. 모두 다 가시적 교회들이며 구체적인 역사적, 지역적 교회들이다. 롤로프(J. Roloff)는 "회중 (congregation/ church, 특정 지역에 있는 그리스도인들의 집합)과 교회(Church, 초회중적 하나님의 백성의 연합이나 모든 그리스도인들의 전체)를 구분하는 것은 신약에서는 매우 낯선 것임을"[79], "바울은 일반적으로 전체교회(the total church)를 말한 적이 없으며 지리적 영역으로 교회를 생각하고 있었음을"[80] 지적하면서 다음과 같이 주장한다. "지역 모임의 수준 너머를 가리키는 교회론적 진술이, 바울 서신에 전혀 없는 것은 아니나, 드물게 나타난다. 그러므로 바울에 의하면 개별교회가 하나님의 구원 공동체를 대표한다."[81] 심지어 롤로프는 "바울이 에클레시아를 언급할 때, 어떤 특정 장소에서 세례 받은 사람들의 구체적 모임을 우선 생각하고 있다고"[82] 주장한다. 슐리어(H. Schlier) 역시 에클레시아의 지역성(locality)을 잘 지적하였으며[83], 파울라 구더(P. Gooder)도 에클레시아는 신약에서 "특정 지역의 공동체"를 지시한다고 언급하였다.[84] 개별교회는 전체

---

79) J. Roloff, art. εκκλησια, EDNT Vol.1, 411, 413(Roloff, EDNT로 약칭함).
80) Roloff, EDNT, 412.
81) Roloff, EDNT, 413.
82) Roloff, EDNT, 412.
83) H. Schlier, "Ekklesiologie des Neuen Testaments" Mysterium Salutis, 101-214. 특히 207-214.

의 한 부분이지만 나름대로 지역적 특수성을 가지고 있다. 교회는 반드시 획일성을 띨 필요가 없다. 한 교회 안에서 교인들이 다양성을 가지면서 하나를 이루듯 개교회들의 다양성을 인정하면서 전체교회의 하나됨을 추구해야 한다. 한 교회 안에서 교인들이 그리스도의 몸이기도 하지만, 또 전체로서의 교회가 그리스도의 몸이기도 하지만, 각 각의 교회공동체가 그리스도의 몸을 이루는 지체들이기 때문이다. 물론 성경은 전체적 교회, 보편적 교회에 대한 생각이 없는 것은 아니다. 에베소는 교회의 보편성을 잘 인지하고 있다. 그러나 이것이 지역 교회를 배제하거나 초월하는, 숨어있는 그 무엇을 지칭하는 것은 아니다. 전체성은 개체성을 무시하지 않으며 희생시키지도 않는다. 역으로 개체성은 전체로부터 분리되어 개체성으로만 존재해서도 안 된다. 그것은 하나의 교회, 전체로서의 교회의 부분이기 때문이다. 전체는 개체의 다양성과 특수성을 존중해야 하며, 개체는 전체와 연결되어 있어야 한다. 그러므로 교회에는 중심과 주변이 존재하지 않는다. 당연히 지역적 차별성이 있을 수 없다. 모두 다 하나님의 교회며 그리스도의 몸이다. 마지막으로 언급하고 싶은 것은 지역교회의 강조는 사실상 현실에서 그리스도인의 신앙의 뿌리를 소중하게 생각하는 개념이 될 수 있으며, 그리고 자신이 신앙생활을 하고 있는 개교회를 사랑하게 하는 중요한 신학적 이념이 될 수 있다는 점이다. 개교회를 사랑하지 않는 교회사랑은 있을 수 없다. 개교회의 중요성에 대한 강조를 우리는 바울에게서 발견할 수 있지 않은가.

셋째, 집회 및 모임에 관한 것이다. 이 칭호들은 단순한 이름들이 아니라 각 지역에 모인 그리스도인들의 정기적인 모임에 부여된 칭호이다. 바울이 본 하나님의 교회는 모임에 초점이 있었다. "그는 그리스도인들이 교회로서 함께 모여서 교회가 된다고 생각했다. 바울에게 신자들은 고립된 개개인들로서는

---

84) Paula Gooder, "In Search of the Early Church. The New Testament and the Development of Christian Community", G. Mannion, Lewis S. Mudge (ed.), The Routledge Companion to the Christian Church, New York and London: Louledge, 2010, 15.

하나님의 교회 역할을 할 수 없었다. 신자들이 예배를 위하여 서로를 붙들어 주기 위하여 함께 모일 때에야 비로소 그들은 하나님의 회중 역할을 할 수 있었다."[85] 롤로프는 예배를 위한 모임으로서의 교회를 다음과 같이 설명하고 있다. "개개인들이 교회로서 모일 때마다 그것이 교회이다. (⋯) 예배를 위한 모임은 교회의 삶의 중심이자 기준이다. 여기에서 그것이 진정으로 하나님의 교회인지 아닌지가 판가름 난다. 따라서 고린도 교회의 공동식사에 가난한 자들에 대한 부자들의 형제답지 않은 행동은 하나님의 교회를 멸시하는 것에 다름 아니다. 여기에서 멸시받는 것은 무엇보다도 교회를 하나로 묶는 성만찬의 능력이지만, 하나님의 교회에서 함께 모이는 것의 본질도 마찬가지로 멸시받고 있는 것이다."[86] 그러므로 예배를 위한 모임을 폐기하거나 소홀히 해서는 안 된다. 교회의 교회됨은 우선 모임에 있기 때문이다. 그러므로 흩어지는 교회에 앞서 모이는 교회가 중시되어야 한다. 흩어지는 교회는 모이는 교회가 있어야 가능하다. 오늘날 모이기를 소홀히 하는 교인들을 향하여 교회의 가장 기초적인 의미가 무엇인지를 전달해 주어야 한다.

모임에 있어서 강조되어야 할 것은, 이 모임은 필연적으로 신앙의 친교를 수반한다는 점이다. 모임에 신앙의 친교가 없다면, 그리고 하나님의 사랑이 나눠지지 않는다면, 그것은 교회로 모이는 모임이 아니라 세속적인 모임 또는 세상적인 친교모임이거나 동호회 정도일 것이다. 그러므로 모임에 있어서 친교의 성경적, 기독교적 의미가 결코 포기되어서는 안 된다. 거듭 말하지만, "새로운 인간적인 함께함으로 인도하지 않는 신앙, 그러므로 형제자매와 공존하지 않는 하나님 사랑은 잘못된 추상적 믿음일 수밖에 없을 것이다."[87] "하나님의 말씀은 인간들을 친교로 부르시고 모으신다. 이것은, 성적, 인종적, 계층적, 국가적 차별과 대립을 극복하고자 하는 식탁공동체, 성만찬 교제에서

---

85) Dunn, 725.
86) Dunn, 725 각주 55에서 재인용.
87) W. Härle, Kirche VII, TRE, 18, 285.

잘 드러난다."[88] 그래서 헤를레(W. Härle)는 교회를 "하나님의 말씀에 기초한 신자들의 친교"[89]로 정의한다.

넷째, 초기 교회는 에클레시아를 어떤 제도나 건물로 이해하지 않고 그리스도의 이름으로 모인 사람들을 지칭하였다. 여기서 필자가 강조하고 싶은 것은 교회는 다름 아닌 '사람'이라는 점이다. 다시 말하지만 교회는 건물이나 제도나 질서를 의미하지 않는다. 이렇게 말하는 이유는 우리는 무의식적으로 교회를 어떤 장소에 있는 예배당을 염두에 두거나, 교회를 섬긴다고 말할 때 그것이 무엇을 의미하는지 깨닫지 못하는 경우가 많기 때문이다. 강조하지만 교회는 사람이다. 그러므로 교회를 섬기고 사랑하는 것은 곧 교회로 모인 사람들을 사랑하고 섬기는 것을 의미한다. 또한 반대로 교회를 비판하는 것은 단순히 어떤 추상적인 조직체를 비판하는 것이 아니라 곧 사람을 비판하는 것임을 인지해야 한다. 교회는 사람들의 모임임을 다음의 성경구절들은 잘 말해준다. "만일 그들의 말도 듣지 않거든 교회에 말하고 교회의 말도 듣지 않거든 이방인과 세리와 같이 여기라" (마 18:17). "아시아의 교회들이 너희에게 문안하고 아굴라와 브리스가와 및 그 집에 있는 교회가 주 안에서 너희에게 간절히 문안하고" (고전 16:19) "하나님이 교회 중에 몇을 세우셨으니 첫째는 사도요 둘째는 선지자요 셋째는 교사요(…)" (고전 12:28). "그 때에 헤롯왕이 손을 들어 교회 중 몇 사람을 해하려하여(…)" (행12:1) "사울이 교회를 잔멸할 쌔 각 집에 들어가 남녀를 끌어다가 옥에 넘기니라" (행 8:3). 이 구절들에 의하면 분명히 교회는 사람이다. 건물이나 조직을 의미한다면 집에 있는 교회라든지, 문안한다든지, 교회 중 몇을 세웠는데 교사요 사도요 등의 말들은 이해되지 않을 것이다. 이것은 다음의 정의에서 더욱 분명해진다. "고린도에 있는 하나님의 교회 곧 그리스도 예수 안에서 거룩하여지고 성도라 부르심을 입은 자들

---

88) Härle, TRE, 18, 285.
89) Härle, TRE, 18, 285.

과 또 각처에서 우리의 주 곧 저희와 우리의 주 되신 예수 그리스도의 이름을 부르는 모든 자들에게 하나님 우리 아버지와 주 예수 그리스도로부터 은혜와 평강이 있기를 원하노라" (고전 1:2-3). 교회는 건물이 아니라 사람들임을 인지할 때 교회는 더 많은 함의를 갖게 된다. 교회는 사람이므로 사회성과 관계성과 인격성이 부여되고, 교회에 하나님과 타인과 피조물에 대한 책임성을 물을 수 있게 된다.

끝으로, 교회는 사람임을 말할 때 반드시 언급해야 할 것은 교회의 오류성에 관한 문제다. 웨스트민스터 신앙고백서는 하늘 아래의 현실교회는 아무리 순수할지라도 오류를 피하지 못한다고 말한다 (25, 5). 당연한 진술이다. 교회가 하나님의 부르심의 의한 거룩한 공동체일지라도 결코 오류가 없는 것은 아니다. 종종 우리는 교회를 도덕적으로 완전한 집단, 무결한 순수공동체로 생각하기 쉽다. 그러나 교회가 사람들의 모임이라고 정의할 때, 그것은 이미 오류를 포함하고 있는 말임을 주목할 필요가 있다. 만일 오류가 없거나 흠결이 없는 교회, 그러므로 회개와 개혁이 필요 없는 완전한 교회는 이 세상에 존재하지 않는다. 무오한 교회는, 한스 큉에 따르면, 현실과 역사에 현존하는 교회가 아니라 관념에 존재하는 교회일 뿐이다.[90] 관념의 교회는 부족함이나 오류가 없으며, 타락하지도 않는다. 따라서 이러한 교회는 회개와 변혁도 필요 없다.[91] 하나님의 백성인 이스라엘 역시 끊임없이 타락하고, 죄짓고, 하나님을 배반하는, 그러한 일을 거듭하는 공동체였다. 그리고 거듭 돌이키고, 용서와 사랑을 경험하는, 하나님이 현존하는 공동체였다. 교회도 마찬가지다. 성경 속의 교회나 역사 속의 교회들은 흠결 없는 교회가 아니라 오류와 실수와 부패와 타락의 연속체였다. 그리고 회개하고 개혁하는 도상적 존재였다. 구약의 이스라엘 시대부터 오늘에 이르기까지 개혁자들이 없었던 시기는 없었다.

---

90) H. Küng, 178.
91) H. Küng, 178.

때로는 모세와 여호수아가, 때로는 왕들이나 선지자들이, 때로는 바울과 베드로가, 때로는 바실리우스와 프란시스와 루터와 칼빈과 쯔빙글리 등이, 때로는 경건주의자들이 그 이후로도 수많은 교회가, 수많은 사람들이 개혁을 부르짖었고 개혁을 실천하였다. 그것은 무엇을 의미하는가. 이스라엘과 교회의 역사 이래로 영웅적 개혁자들과 변혁가들과 혁명가들이 오고갔다는 말이 되기도 하지만, 모든 공동체는 타락과 부패 속에 있었다는 말도 된다. 교회는 개혁공동체이기도 했지만, 개혁의 대상이기도 했다. 그러므로 하나님의 백성인 교회는 언제나 하나님과 사람 앞에서 두려움과 떨림으로 자신의 존재와 삶과 사명을 되돌아보아야 한다.

이미 본 대로 교회는 사람이고 공동체이며 모임이다.[92] 그러면 틀림없이 "교회의 제도와 조직과 건물은 불필요한 것인가, 성경은 이것들을 불필요한 것으로 여기고 있는가"하는 질문이 생길 것이다. 그러나 이 질문은 불필요한 질문이다. 첫째, 성경은 교회의 제도와 조직을 이미 인정하고 있기 때문이다. 초기 교회인 〈사도행전〉의 교회 모습을 보면 이미 나눔과 봉사와 헌금과 예배와 성례전이라는 제도가 있었고, 사도와 집사라는 교직 제도가 있었다. 〈사도행전〉 20장 28절을 보면 "성령이 그들 가운데 여러분을 감독자로 삼고 하나님이 자기 피로 사신 교회를 보살피게 하셨느니라"고 말하고 있다. 이미 이때 사도와 집사와 감독이 있었음을 알 수 있다. 그리고 성경에는 구체적으로 감독자, 혹은 집사와 장로가 어떤 자격을 갖추어야 하는지도 규정하고 있다. 둘째, 성경에 나타난 교직 제도는 교인 수가 증가하고 또한 교회 내에 이단과 다른 이론이 증가하면서 예수의 가르침에 따라 이들을 교회의 유익을 위하여 교훈하고, 권고하며, 다스리고, 때로는 징계해야 할 필요성이 있었기 때문에 생긴 것이라는 것을 염두에 두어야 할 것이다. 셋째, 건물에 대해서 신약 성경은 명확한 입장을 드러내지 않는다. 하나님의 집이나 성전으로 교회를 언급할 때

---

92) 이 단락과 다음 단락은 필자의 『길 위의 하나님』, 조위웍스, 2014, 406-408에서 가져온 것이다.

에도 그것은 구체적 건물을 의미하지 않는다. 중앙 중심, 혹은 건물 중심의 예배처소의 개념은 구약에 집중적으로 등장한다. 그러나 구약의 성전 역시 건물로서의 의미가 아닌 하나님의 현존 장소로서, 하나님께 드려지는 예배의 장소로서의 의미가 강했지 건물 자체에 의미를 둔 것은 아니었다. 바울시대로 넘어오면서 교회는 대부분 가정교회이거나 회당에 모이는 모임이었다. 당시의 그리스도인들은 종말론적 신앙을 가지고 있었고, 그 수가 많지 않은 상황이었기 때문에 건물의 필요성 여부는 그들의 중심 문제가 될 수 없었다. 그러나 교회를 모임이나 집회로 생각했던 바울과 당시의 가정교회가 의도적으로 건물을 짓지 않았으니 오늘날도 건물이 필요 없다고 한다면 그것은 바울의 교회개념을 넘어서는 생각일 것이다. 예배공간이나 건축에 관한 문제는 필요성이나 목회철학에 따라 결정할 일이다.

오늘날 하나님의 말씀을 전하고 교육하기 위하여 많은 훈련을 받아 전문적 식견과 지식과 영성을 갖춘 교직자가 필요한 시대임은 두말할 필요가 없다. 그리고 예배와 성례전의 집행과 교회 행정을 위하여 더 많이 훈련된, 참된 목회자가 필요한 시대가 되었다는 것도 더 말할 필요가 없다. 더구나 오늘날은 사회 경제적으로, 문화적으로 매우 복잡한 시대가 되었다. 단순히 교회가 말로 하는 복음 전도에 힘쓰던 시대는 지났다. 전도가 여전히 필요하고 중요하지만 이제는 방법을 달리해야 하는 시대가 된 것이다. 나아가서 이제는 교인들이나 사회를 위한 복지 제도도 필요하고, 교인들의 문제를 보다 체계적으로 치료할 수 있는 상담도 필요하며, 또한 환경 문제 등과 같은 사회 문제에도 신경을 써야 하며, 시대와 사람들과 소통해야 하고, 사람들의 예술문화적 욕구까지 충족시켜야 하는 시대가 되고 말았다. 뿐만 아니라 정보화 시대, 감성의 시대, 포스트모던 사회 속에서 어떻게 하면 복음을 잘 전달할 수 있을까 하는 고민이 진정으로 필요한 시대가 되었다. 이런 복잡한 사회 속에서 진정으로 교회의 사명을 잘 감당하기 위해서는 다양하고 적절한 교직과 제도와 프로그램과 공간이 필요한 시대가 되었음을 반드시 염두에 두어야 한다. 이런 문제에 적절하게 대처하지 못했을 때 교회는 위기에 빠지고 쇠퇴하게 될 것이다.

위의 언급들에 근거하여 정리하자면, 지역 교회자체가 하나님의 섭리와 의지에 근거하는, 하나님의 신비로운 도구이며, 십자가에 달리시고 부활하시며 승천하신 예수 그리스도에 토대를 두고 있는 공동체임을 의미한다. 교회는 성령을 통하여 생겨났고 성령으로 말미암아 생명력을 유지하고 있으며 보존되고 있다. 그러므로 교회는 삼위일체 하나님과의 관계성 속에서 존재한다. 그리고 신약의 교회는 종말론적 공동체였고 교회가 존재한다는 것 자체가 종말의 현존을 드러내 보여주는 현상이다. 이미 본대로 성경은 교회에 대한 언급들이 매우 자주, 그리고 다양하게 등장한다. 이 용어들은 많은 신학적 함의를 담고 있어서 각각의 용어마다 매우 깊은 연구가 필요하다. 그러나 이 글에서는 교회를 하나님, 그리스도, 성령과 관련하여 다루고자 한다. 이것은 신약성경이 하나님의 교회, 그리스도의 교회, 성령의 전으로 설명하고 있는 것에 따른 것이다.

3. 하나님과 교회

1) 하나님의 교회

신약은 하나님과 교회의 깊은 연관성을 의미 있게 생각한다. 하나님의 백성, 하나님의 집, 하나님의 성전, 하나님의 교회 등의 표현들이 바로 그것이다. 하나님이라는 용어가 직접적으로 언급되어 있지 않아도 하나님의 교회나 하나님의 선택된 자를 의미하는 표현들이 적지 않게 나타난다. 우선 관련 구절을 인용한다. 바울은 고린도 전서 1장 2절에서 "고린도에 있는 하나님의 교회"를 "그리스도 예수 안에서 거룩하여지고 성도라 부르심을 받은 자들과 또 각처에서 우리의 주 곧 그들과 우리의 주 되신 예수 그리스도의 이름을 부르는 모든 자들"로 정의하고 있다. 여기서도 하나님의 교회는 고린도에 있는 가시적 현실교회이다. 이 교회는 거룩하고 부름 받은 무리들이며, 그리스도의 이름을 부르는 자들이다. 그들의 거룩성과 선택은 바로 예수 그리스도에 기초한다. 그리고 고린도 전서 10장 32절은 하나님의 교회에 거치는 자가 되지 말 것을, 11장 22절은 성찬 식사의 과정에서 일어나는 고린도 교인들의 분열은 하나님의 교회를 업신여기는 것임을, 11장 16절은 하나님의 교회 안에 있는 관례에 관한 논쟁을, 15장 9절은 하나님의 교회를 핍박했던 자신의 과거를 (cf.갈 1:13) 각각 말하고 있다. 데살로니가 전서 2장 14절은 "유대에 있는 하나님의 교회들"의 고난을 소개하고 있다. 이 칭호들은 "부활절 이후에 존재하게 된 초기 공동체의 자기칭호"[93]이며, "교회의 종말론적 자기 이해"[94]이다.

하나님의 교회와 관련하여 우리는 무엇을 발견할 수 있는가? 첫째, 일반적으로 신약의 에클레시아가 가시적 역사적 지역교회를 지칭하고 있음은 이미 언급하였다. 그것은 하나님의 교회라고 할 때도 마찬가지다. 던(James Dunn)은 바울이 인식한 하나님의 교회는 "특정한 장소나 지역에 있는 교회"[95]였음을 잘 지적하였다. 둘째, 초대교회의 하나님의 교회는 가정교회였다.[96] 성전도 없었고 제의도 없었다. 다만 공동식사를 나누고 예배를 위해 정기적으로 가정에 모였을 뿐이다.[97] 그것은 당시의 교회가 건축이나 제도나 조직을 터부시했기 때문이 아니라, 출발점에 선 교회가 큰 장소를 필요로 할 만큼 대형구성원들을 가지고 있지 않았기 때문이다. 바울은 의도적으로 가정에서 작은 교회를 추구하면서 오늘날의 가족과 같은 분위기의 교회를 의도한

---

93) Roloff, EDNT, 412.
94) Roloff, EDNT, 412.
95) James Dunn, The Theology of Paul the Apostle, 박문제 역, 『바울신학』 크리스챤다이제스트, 2003, 722.
96) Dunn, 723.
97) Dunn, 731.

것은 아니었다. 그에게는 큰 장소든 가정이든 공회당이든 장소가 중요하지 않았다. 어느 곳이든 그리스도의 이름으로 모이는 공동체 형성이 훨씬 더 중요했다. 그러나 분명한 것은 그 작은 가정 공동체들이 당시 "북동 지중해 지역에서의 기독교의 발전"에 중요한 역할을 감당했다는 점이다.[98] 그러므로 오늘날 교회 역시 교회의 역동성과 하나 됨이 중요한 것이지 장소나 건물 여하에 하나님의 교회가 좌우되는 것은 아니다. 셋째, 하나님의 교회는 "교회의 종말론적 자기 이해"[99]를 지칭하는 용어였다. 넷째, 바울이 본 하나님의 교회는 언제나 모임과 집회에 관련된 표현이었다. 바울은 "그리스도인들이 교회로서 함께 모여서 교회가 된다고 생각했다. 바울에게 신자들은 고립된 개개인들로서는 하나님의 교회 역할을 할 수 없었다. 신자들이 예배를 위하여 서로를 붙들어 주기 위하여 함께 모일 때에야 비로소 그들은 하나님의 회중 역할을 할 수 있었다."[100] 다섯째, 하나님의 교회는 그리스도라는 터 위에 세워진 공동체다. 신약의 하나님의 교회는 주체가 하나님이라고 해서 그리스도와 관계가 없다는 말은 전혀 아니다. 하나님은 그리스도를 통한 하나님의 구원드라마를 완성해 나가시며 그리스도의 몸으로서의 교회를 도구로 하기 때문이다.

2) 하나님의 성전/집

하나님의 교회라는 말과 함께 신약이 하나님과 관련하여 사용하고 있는 용어들이 하나님의 성전, 집, 밭이라는 용어들이다.

하나님의 성전과 우상이 어찌 일치가 되리요 우리는 살아 계신 하나님의 성전이라 이와 같이 하나님께서 이르시되 내가 그들 가운데 거하며 두루 행하여 나는 그들의 하나님이 되고 그들은 나의 백성이 되리라 (고후 6: 16). 우리는 하나님의 동역자들이요

---

98) Dunn, 724.
99) Roloff, EDNT, 412.
100) Dunn, 725.

너희는 하나님의 밭[101]이요 하나님의 집이니라 (…) 너희는 너희가 하나님의 성전인 것과 하나님의 성령이 너희 안에 계시는 것을 알지 못하느냐. 누구든지 하나님의 성전을 더럽히면 하나님이 그 사람을 멸하시리라 하나님의 성전은 거룩하니 너희도 그러하니라 (고전 3: 9, 16-17).

그러므로 이제부터 너희는 외인도 아니요 나그네도 아니요 오직 성도들과 동일한 시민이요 하나님의 권속이라 너희는 사도들과 선지자들의 터 위에 세우심을 입은 자라 그리스도 예수께서 친히 모퉁잇돌이 되셨느니라. 그의 안에서 건물마다 서로 연결하여 주 안에서 성전이 되어 가고 너희도 성령 안에서 하나님이 거하실 처소가 되기 위하여 그리스도 예수 안에서 함께 지어져 가느니라 (엡 2:19-22)

사람에게는 버린 바가 되었으나 하나님께는 택하심을 입은 보배로운 산 돌이신 예수께 나아가 너희도 산 돌 같이 신령한 집으로 세워지고 예수 그리스도로 말미암아 하나님이 기쁘게 받으실 신령한 제사를 드릴 거룩한 제사장이 될지니라. (…) 그러나 너희는 택하신 족속이요 왕 같은 제사장들이요 거룩한 나라요 그의 소유가 된 백성이니 이는 너희를 어두운 데서 불러내어 그의 기이한 빛에 들어가게 하신 이의 아름다운 덕을 선포하게 하려 하심이라. 너희가 전에는 백성이 아니더니 이제는 하나님의 백성이요 전에는 긍휼을 얻지 못하였더니 이제는 긍휼을 얻은 자니라 (벧전 2: 4-5, 9-10).

하나님의 성전으로서의 교회는 "매개체로서의 성전이 아니라 개인과 공동체 속에 하나님이 직접 거하신다는 것"[102]을 의미한다. 전통적으로 성전은 하나님께로 나아가는 매개체였다. 이스라엘 백성들은 성전에서 제사장들을 통하여 하나님에게로 다가갈 수 있었다. 그러나 바울은 다름 아닌 "우리가, 너희가" 하나님의 성전이라고 지칭한다. 우리가 하나님이 거하시는 곳이며 우리가

---

101) Kraus, Das Volk Gottes, 173: "하나님의 밭은 여하튼 하나님의 백성(역사적으로나 종말론적으로), 특히 그의 선택된 자들과의 하나님의 특별하고도 염려하시는 관계를 의미한다."
102) James Dunn, 『바울신학』, 728. Kraus, Das Volk Gottes, 171은 하나님의 영의 내주하심으로 해석하고 있다.

하나님과 직접 만나게 되는 장소이다. 그러므로 교회에는 결코 이제 구약적 의미의 제사장이 필요치 않음을 바울은 보여주었다.[103] 이것은 결국 바울이 "복음을 위한 모든 사역과 섬김을 제사장적 직무, 어떤 특별한 제사장 계층이 아닌 모든 신자들이 참여할 수 있는 직무"[104]로 보았음을 의미한다. 그리고 "너희들이 혹은 우리들이 하나님의 성전"이라는 것은 곧 제의적 정결예식이 더 이상 필요 없음을 의미하며, 아울러 성과 속의 차별 같은 것이 존재하지 않음을 의미한다. 그것은 부정함을 제거해야 하나님의 성소로 들어갈 수 있음을 의미하던 제의 의식이 필요 없음을 의미한다.[105] 그러므로 바울은 너희 몸을 거룩한 산제사로 드리라고 요구했던 것이다. 이것을 던(Dunn)은 매우 적절하게 지적해 주었다. 그의 해석은 오늘을 사는 우리에게도 매우 의미 있는 진술이라고 생각하여 인용해본다. "바울은 신자들의 몸을 실제로 제단 위에 제물로 바쳐야 할 것을 요구하고 있는 것이 아니다. 우리는 바울이 인간의 육체적 실존의 성격, 인간 사회의 유형적 성격, 몸을 지닌 존재들이 서로와 교통하는 수단으로서의 몸을 염두에 두었다고 보아야 한다. 그러므로 바울이 요구하는 것은 몸을 지닌 사람만이 가능한 유형적 관계들 속에서, 그리고 일상생활의 관계들 속에서 자기 자신을 제물로 드리라는 것이다. 달리 말하면, 바울은 일상생활과의 분리를 특징으로 하는 제의 언어를 취하여 그 관계를 역전시킨다. 일상으로부터 구별되어 희생제사가 드려지는 곳이 거룩한 곳이라면, 바울은 사실상 거룩한 곳을 저잣거리로 바꾸어 놓는다. 그는 일상의 일들을 거룩하게 함으로써 성소를 세속화한다."[106]

3) 하나님의 백성으로서의 이스라엘과 교회

103) Dunn, 『바울신학』, 728-9.
104) Dunn, 730.
105) Dunn, 730-731.
106) Dunn, 727.

이미 앞에서 하나님의 백성인 이스라엘에 대해 이야기 하였다. 이스라엘과 교회는 둘 다 계약 공동체로서 하나님의 백성이며 메시아적 공동체이며 하나님의 구속사의 도구이다. 이 모든 개념들은 교회와 이스라엘의 연속성을 의미한다. 바울은 이것을 잘 인식하고 있었다. 바울은 이스라엘에 적용되었던 계약(언약) 공식을 교회에 적용한다. "하나님의 성전과 우상이 어찌 일치가 되리요 우리는 살아 계신 하나님의 성전이라 이와 같이 하나님께서 이르시되 내가 그들 가운데 거하며 두루 행하여 나는 그들의 하나님이 되고 그들은 나의 백성이 되리라(고후 6:16). 또 바울은 고전 10장 서두에서 애굽에서 구원받은 조상(옛 이스라엘)들의 이야기를 소개한다. "출애굽과 광야의 순례길에서 하나님의 백성인 이스라엘을 구원하시고 보존하신 사건은 교회공동체의 상황과 유사함을 바울은 지적하였다. 그렇다면 교회에 속하는 것은 곧 유비적으로 구약의 하나님의 백성에 속하는 것으로 이해할 수 있을 것이다."[107] 그러나 육을 따라 난 옛 백성인 이스라엘은 결국 유기되고 말았다(고전 10:18). 예수 그리스도는 그의 십자가의 피로 새 계약 백성인 교회공동체를 기초하셨다 (고전11:25). 로마서에서도 구약을 인용하며 이것을 잘 드러내고 있다. "호세아의 글에도 이르기를 내가 내 백성 아닌 자를 내 백성이라, 사랑하지 아니한 자를 사랑한 자라 부르리라. 너희는 내 백성이 아니라 한 그 곳에서 그들이 살아 계신 하나님의 아들이라 일컬음을 받으리라 함과 같으니라" (롬 9:25-26). 그러므로 하나님의 교회는 바울에게 있어서 "역사적 이스라엘과 불연속적이라기보다는 연속적이다."[108] 간단히 말하자면, 하나님의 백성으로서의 교회는 선택된 공동체다. 이것은 전형적으로 구약의 선택과 계약 공동체로서의 하나님의 백성의 연속선상에 있는 사상으로서 신약의 교회에 그대로 적용되고 있다. 바울은 데살로니가교회를 향하여 선택된 공동체, 부름 받은 공동체로 호

---

107) Kraus, Das Volk Gottes, 187.
108) Dunn, 725.

칭하고 있다(1:4, 2:12 4:7, 5:23f). 중요한 것은 데살로니가에 나타난 바울의
교회관은 이방공동체의 부르심과 선택에 관한 것이다. "복음을 통한 이방인의
선택은 종말론적 하나님의 백성으로의 선택이다."[109]

그러나 교회와 이스라엘이 구분이나 차별 없이 연속성과 동일성만을 가지
고 있는 공동체는 아니다. 한스 큉은 이스라엘과 구분되는 교회의 특성을 다
음과 같이 지적하였다.[110] a. 교회가 세례공동체였다면 이스라엘은 하나님의
백성으로서의 할례공동체였다. 이들이 하나님의 백성으로서의 신분을 확인할
수 있는 하나의 예식은 곧 할례였다. 그러나 기독교 공동체는 세례공동체였
다. 그들은 예수의 이름으로 세례를 베풀었다. 그것은 "하나님의 지배를 지향
하는 회개와 정화의 세례"[111]였으며, "새로운 공동체에 들어오는 입교식"[112]
이었다, b. 교회가 예배공동체였다면 이스라엘은 성전공동체였다. 최초의 기
독교 공동체는 하나님과 부활하신 예수 그리스도를 예배의 대상으로 삼는 예
배 공동체였다. 이들은 성전 중심에서 가정, 지역 공동체 중심의 예배로 변화
해 나갔다. c. 교회가 성만찬 공동체이었다면 이스라엘은 유월절 공동체였다.
기독교 교회공동체는 예수의 마지막 만찬에 근거한 성만찬 공동체였다. 그 만
찬은 예수의 죽으심을 회상하고, 예수의 메시아 되심을 고백하며 하나님의 나
라를 기다리는 종말론적 만찬이었다. "제자들을 구별하셨던 주님을 회상하고,
장차 영광중에 오실 분을 기다리는 만찬으로서의 공동만찬은 (…)마지막 때의
백성이라는 의식을 항상 새롭게 인식시켜 주었다. 유대의 유월절 만찬이 (…)
서서히 이방인 기독교인들 사이에서 자취를 감춘 반면 공동체의 종말론적 만
찬은 계속 존재했다."[113] d. 중요한 차이는 교회가 주로 이방인 공동체였다면

109) Kraus, Das Volk Gottes, 130
110) H. Küng, Die Kirche, 정지련 역, 『교회』, 한들, 2007, 143ff. 김균진, 『기독교조직신학』 IV,
    연세대학교출판부, 1993, 65ff 참조.
111) Küng, 146.
112) Küng, 146.
113) Küng, 147.

이스라엘은 전형적인 선택된 유대공동체였다. 기독교 공동체를 결정적으로 유대 공동체인 이스라엘과 분리시킨 사건은 바로 이방인 공동체의 형성이다. 그리스도의 복음이 예루살렘을 넘어 여타의 이방지역으로 선포되었다. 성전의 파괴와 유대그리스도인들에 대한 박해로 인해 이방 기독교공동체가 급속히 가속화 되었다. 여기서 필자가 동일성 보다 차이를 지적한 것은 단순히 둘 사이의 차이만을 지적하기 위한 것은 아니다. 구약의 공동체인 이스라엘과 신약의 공동체인 교회 사이의 차이는 모순이나 대립이 아니라 시대적 상황과 청중들의 변화에 따른 교회론의 변화나 발전으로, 시대 시대마다 드러나시는 하나님의 구원사적 단계로 해석할 수 있음을 드러내기 위함이다.

4) 하나님의 백성으로서의 교회의 의미

그렇다면 하나님의 백성으로서의 교회는 어떤 함의를 갖는가. 첫째, 교회가 하나님의 백성이라는 명제는[114], 교회는 하나님의 은총과 계약의 행위에 의해 선택된 하나님의 선택된 모임(coetus electorum)이다. 이것은 우리가 교회가 되었다는 것이 전적으로 하나님의 은혜임을 의미하는 것이다. 사실상 교회 현장에서 우리가 교회로 선택되고 부름 받은 것이 얼마나 감격스러운 하나님의 주도적 사건인지를 인지하지 못하는 경우가 종종 있다. 이것을 인지시킬 필요가 있다.

둘째, 교회가 하나님의 백성이라는 명제는, 교회는 당연히 하나님의 소유임을 의미한다. 교회는 결코 인간의 소유가 아니다. 교회 안에 분열과 파벌이 있다는 말은 곧 어느 누군가가 교회의 주인이 되고 교회를 내 것으로 소유하고자 하는 시도가 있음을 의미한다. 교회는 전적으로 하나님의 백성, 하나님의 소유라는 것을 인식한다면, 교회를 단순히 사람의 공동체로 이해하려는 시도는 줄어들 것이다.

---

114) 이에 대해서는 김균진, 『기독교조직신학』 IV, 76ff. H. Küng, 위의 책, 169ff 참조.

셋째, 교회가 하나님의 백성이라는 명제는, 교회는 하나님의 부르심을 받아 선택된 백성들의 모임이므로 교회의 존재 근거, 삶의 근거, 사명의 근거는 바로 하나님의 부르심의 은혜를 인식하고 실천하는 것을 의미한다. 하나님의 부르심은 구원이며 사랑이며 소명의 확인이다. 이스라엘을 "나의 백성"이라고 칭하신 하나님은 이스라엘을 애굽의 종 되었던 땅에서 인도하여 낸 구원의 하나님이다. 그러므로 교회 안에서는 하나님의 구원과 사랑과 소명이 언제나 선포와 사건을 통해 경험되어야 한다. 교회 안에는 언제나 하나님의 구원과 사랑의 감격이 체험되어야 하며 하나님의 구원과 사랑과 은혜에 대한 응답과 감사와 찬양이 있어야 한다. 우리가 교회로 부름 받았다는 것, 어찌 감격스럽지 않고, 어찌 찬양하지 않을 수 있겠는가.

넷째, 교회가 하나님의 백성이라는 명제는, 교회는 거룩한 공동체임을 의미한다. 하나님의 선택은 곧 구별을 의미하며 이 구별은 거룩성을 의미한다. 그리고 교회의 거룩성은 교회의 교회다움을 의미할 것이다. 그러나 거룩은 궁극적으로 교회 자체의 노력으로 가능해지는 것이 아니다. 궁극적으로 교회의 거룩은 은혜이다. 그것은 하나님의 거룩한 부르심과 그리스도의 십자가의 피와 성령의 거룩하게 하심의 은혜로 가능해지기 때문이다. 그러므로 하나님의 백성으로서 교회는 하나님의 구별된 공동체로서 거룩한 삶을 살아내기 위해서는 항상 교회를 부르시고, 교회의 터전이 되시고, 교회를 세우시고 거룩하게 하시는 삼위일체 하나님의 은총을 간구하며 의지해야 할 것이다.

다섯째, 교회가 하나님의 백성이라는 명제는, 교회는 출애굽의 백성임을 의미한다. 이스라엘은 하나님의 백성으로서 애굽의 억압과 사슬에서 해방된 해방의 공동체였다. 그들은 하나님께서 그들에게 어떻게 행하였는지를 보았다. 하나님은 시내산 계약을 통하여 이스라엘이 출애굽의 해방공동체임을 상기시키고 그들과 계약을 맺으신다(출19:3ff). 교회 역시 하나님의 은혜에 의하여 억압과 죄로부터 구원받은 구원의 공동체이며 해방된 공동체이다. 그러므로 교회는 하나님과 메시야의 해방의 능력과 희망을 선포해야한다. 교회는 피조물과 인간의 해방의 생명의 운동을 시작하여야 하며 예수 그리스도를 피조물과 인간의 해방자로 선포해야 한다. 몰트만의 말을 빌린다면, "교회는 해방된 자의 공동체요, 회개해 오는 자의 공동체요, 희망하는 자의 공동체이다. 그들의 공동체는 세계에서의 자유의 부름의 확장에 봉사하며, 새로운 공동체로서 희망의 사회적 형태 자체가 되어야 한다."[115]

여섯째, 교회가 하나님의 백성이라는 명제는, 교회는 역사 속에 실재하는, 그리고 하나님 나라를 향해 순례하는 공동체임을 의미한다. 이스라엘은 출애굽 이후 가나안을 향한 광야 백성이었다. 교회는 어떤가. 교회는 결국 하나님 나라를 향한 순례의 길을 걷고 있는 광야교회다. 이것은 현실의 교회이며 실재하는 교회이다. 완성된 교회가 아니라 도상의 교회이다. 큉의 말을 인용하고자 한다. "교회가 정말 하나님의 백성이라면, 교회는 결코 지상의 공간과 세속의 시간 너머에 존재하는 정적이며 초역사적인 실재가 될 수 없다 (…) 교회는 본질적으로 도상에 있으며, 순례의 길 위에 존재한다. 항상 새로운 지평을 바라보지 않고 항상 새로운 모습으로 나타나지 않는 교회는 자신의 과제를 잊게 된다. 교회는 방황하는 하나님의 백성으로서 항상 역사적인 실재로 나타난다. 교회는 옛계약 백성의 역사를 받아들여 이 역사를 계승하고 새로운 계약 속에서 성취시킨다. 교회는 동시에 불완전한 시대를 통해 궁극적인 완성, 즉 종말론적인 하나님의 나라를 향해 나아간다."[116]

일곱째, 교회가 하나님의 백성이라는 명제는, 앞에서도 말했듯이, 교회는 하나님과의 계약을 맺은 공동체라는 것을 의미한다. 하나님께서 이스라엘을 선택하시고 그들을 애굽에서 부르실 때의 일차적인 목적은 바로 하나님께 예배와 경배를 드리기 위함이었다. 하나님께 경배한다는 것은 곧 이스라엘은 그

115) J. Moltmann, Kirche in der Kraft des Geistes, 박봉랑 외 4인 옮김, 『성령의 능력 안에 있는 교회』, 한국신학연구소, 1984, 100.
116) H. Küng, 위의 책, 177.

의 백성이 되고 하나님은 이스라엘의 하나님이 되는 계약을 의미하였다. 우상 숭배는 바로 이 계약의 파기를 의미하였고, 하나님이 가장 원치 않는 행위였다. 새 이스라엘인 교회는 하나님의 계약백성들이다. 교회는 어떤 다른 우상이 아닌 오로지 하나님만 섬겨야 하며 하나님의 계약백성으로서의 의무와 책임을 다해야 한다.

여덟째, 교회가 하나님의 백성이라는 명제는, 교회는 섬김의 공동체임을 의미한다. 교회는 하나님의 백성이며 하나님의 소유이므로 하나님만 섬기는 것은 당연한 것이다. 우선적으로 교회는 삼위일체 하나님께 봉사하고 그를 섬겨야한다. 그리고 교회는 이웃을 향한 섬김의 공동체이다. 하나님을 섬기고 사랑하는 것이 이웃을 향한 섬김과 사랑으로 나타나야 한다. "교회는 타자를 위해 존재할 때만 교회다"라는 본회퍼의 말을 상기해보자. 교회는 하나님의 용서와 사랑과 은혜를 전달해야 할 뿐 아니라 구체적으로 가난한자들과 억눌린 자들을 위하여 섬기고 봉사하여야 한다. 뿐만 아니라 교회는 하나님의 피조물인 창조세계를 돌보는 섬김의 사역을 감당해야 한다. 오늘날 엄청난 자연이 파괴되고 있으며 그로 인한 심각한 위기가 다가오고 있다. 이 자연이 단순히 천연자원이 아니라 하나님의 피조물임을 알고 섬겨야 한다. 물론 섬긴다는 것은 신처럼 섬기라는 것이 아니라 아끼고 보존해야 함을 의미한다.

아홉째, 교회가 하나님의 백성이라는 명제는, "교회는 이스라엘 백성과 연속성을 가지며 이스라엘의 신앙 속에 있었던 메시야적 희망과 기다림을 계승한다는 것을 뜻한다."[117] 두 공동체 모두 하나님의 백성이기 때문이다. 이스라엘은 하나님의 약속을 담지하고 있는 공동체였으며, 교회는 새 이스라엘로서 역시 하나님의 약속, 하나님과의 계약 속에 있는 공동체이다. 이처럼 하나님의 백성으로서 이스라엘과 교회는 계약 공동체라는, 하나님의 약속을 기다리고 있는 희망의 공동체라는 의미에서 연속성을 갖는다. 예수 그리스도의 초

---

117) 김균진, 『기독교조직신학』 IV, 연세대학교출판부, 2002, 81.

림으로 메시야적 약속의 성취를 이미 맛본 교회는 여전히 오늘날에도 성만찬과 예배와 대림절의 축제를 통하여 메시야적 희망과 약속을 상기하며, 오고 있는 하나님 나라를 선포하고, 메시야적 희망 속에 종말 유보의 시대를 살아간다.

하나님의 백성으로서 교회라는 정의와 그 신학적, 실천적 함의를 생각해 볼 때 과연 한국교회의 모습은 어떠한가? 한국교회는 각각의 교회를 하나님의 교회로 인정하고 있는가? 아니면 내 소유라고 생각하는가? 교회 안에서의 차별의 문제는 어떻게 볼 것인가? 교회는 하나님의 구원에 대한 감사와 감격이 있는가? 교회는 구별된 삶을 살아가고 있는가 아니면 세속화되고 있는가? 교회는 자기만의 아성에 사로잡혀 있는가? 섬김의 삶을 살고 있는가?

4. 그리스도와 교회

그리스도와 교회와의 관계는 매우 밀접한 관계임을 우리는 잘 알고 있다. 예수 그리스도는 "주는 그리스도시요 살아계신 하나님의 아들"이라 고백하는 베드로를 향하여 "내 교회"를 세우겠다고 선언하시고, 교회를 핍박하는 사울(바울)을 향해 왜 "나"를 핍박하느냐고 말씀하셨다. 이미 예수 그리스도께서 자신을 교회와 연결시켰으며, 지상에 존재하는 교회를 "내 교회"로 동일시했다. 그리고 성경은 그리스도와 교회와의 관계를 머리와 몸의 관계로 진술하고 있다. 이 모든 것은 그리스도와 교회가 얼마나 밀접히 연결되어 있는지를 말해준다. 이것을 큉은 두 가지로 설명한다. 첫째는 "그리스도는 교회에 현존하신다"[118]는 것이다. "그리스도는 교회 없이 존재하지 않으며, 교회 또한 그리스도 없이 존재하지 않는다 (…) 그는 인격으로서 교회 안에서 활동하시며, 교회 또한 그리스도를 통해, 그리스도 안에서, 그리스도를 지향하면서 존재한

---

118) Küng, Kirche, 333.

다."[119] 둘째는, 그럼에도 불구하고 "그리스도는 교회 속에서 해소되지 않는다."[120] 그는 또 하나의 교회가 아니라 언제나 교회의 주로, 머리로 존재하신다.[121] 일부의 신학자는 교회와 그리스도를 동일시하여 교회를 신격화하고, 그리스도를 교회로 해소시키는 우를 범하기도 하였다. 이것은 기본적으로 성경적 교회론은 아니다. 이러한 기본적인 생각을 염두에 두면서 그리스도와 교회에 연관된 문제를 논하고자 한다.

1) 교회의 토대로서 그리스도

그리스도와 교회는 밀접한 관계다. 성경이 말하는 대로 교회는 그리스도의 교회이며, 머리이신 그리스도의 몸이며, 그리스도의 신부일 뿐만 아니라 그리스도의 고난에 참여해야 하는 공동체이기 때문이다. 이미 마태는 예수 그리스도의 교회로 선언하였다. "또 내가 네게 이르노니 너는 베드로라 내가 이 반석 위에 내 교회를 세우리니 음부의 권세가 이기지 못하리라"(마 16:18) 바울 역시 "그리스도의 모든 교회" (롬16:16), "그리스도 안에 있는 유대의 교회들"(갈 1:22)이라고 표현하였으며, 고린도전서 3장 9-11은 그리스도를 건축물의 터에 비유하고 있으며,[122] 에베소 기자는 그리스도를 모퉁이 돌에 비유하였다.[123] 위 구절들에 의하면 교회의 기초는 예수 그리스도이다. 예수 그리스

---

119) Küng, Kirche, 333.
120) Küng, Kirche, 335.
121) Küng, Kirche, 335f.
122) "우리는 하나님의 동역자들이요 너희는 하나님의 밭이요 하나님의 집이니라 내게 주신 하나님의 은혜를 따라 내가 지혜로운 건축자와 같이 터를 닦아 두매 다른 이가 그 위에 세우나 그러나 각각 어떻게 그 위에 세울까를 조심할지니라 이 닦아 둔 것 외에 능히 다른 터를 닦아 둘 자가 없으니 이 터는 곧 예수 그리스도라."
123) "그러므로 이제부터 너희는 외인도 아니요 나그네도 아니요 오직 성도들과 동일한 시민이요 하나님의 권속이라 너희는 사도들과 선지자들의 터 위에 세우심을 입은 자라 그리스도 예수께서 친히 모퉁잇돌이 되셨느니라 그의 안에서 건물마다 서로 연결하여 주 안에서 성전이 되어 가고 너희도 성령 안에서 하나님이 거하실 처소가 되기 위하여 그리스도 예수 안에서 함께 지어져 가느니라 (엡 2: 19-22)

도가 직접 가시적 교회를 세운적은 없다. 그러나 예수 그리스도 자신이, 그리고 12제자 공동체를 세웠다는 자체가 이미 교회의 기초를 세웠다고 볼 수 있다. 사도들이 지역 교회를 세우면서도 그리스도의 말씀과 사역, 그리스도의 십자가와 부활에 기초하였다. 마태는 "주는 그리스도시요 살아계신 하나님의 아들"이라는 고백의 터 위에 예수의 교회가 세워질 것임을 선언하였다. 몰트만은 다음과 같이 말한다. "교회의 기원을 묻는다면 성령강림절과 〈성령의 부어주심〉으로부터 부활절과 사도의 소명의 환상에로 이끌려간다. 부활절은 명백히 십자가를 지시한다. 그러므로 이 질문의 틀에서 교회의 기원을 십자가에 달린 분에게서 보는 것이 정당하다. (…) 갈보리 산에서의 그리스도의 옆구리 상처에서 발생한 교회는 성령 강림절의 불에 단련되었으며, 강물처럼 흘러가며, 불길처럼 타오른다."[124] 그러므로 그는 "그리스도는 그의 교회의 기초요 희망"[125]이라고 고백하였다. 이것은 그리스도 없이는 교회는 존재할 수 없다는 것을 의미한다. 교회가 그리스도의 교회라면 "교회를 교회의 진리에로 이끄는 이는 그리스도다. 참된 교회는 그리스도께서 현재 계신 곳에 있다." 우리는 참된 교회가 무엇이냐 하는 질문을 교회의 가시적 속성들에 관한 교리로부터 해결해내고, 교회를 교회답게 만들고 교회를 진리에로 인도하는 사건을 지시함으로써 그 질문에 답변한다. 〈사건은 교회는 (…)곳에 있다〉는 표현 방식으로 일어난다. 이 표현은 교회는 교회라는 개념 속에 해소될 수 없는 사건이라는 것을 지시한다. 오히려 교회의 개념은 교회를 그 개념을 넘어서서 살아 있는 존재로 만드는 사건을 지시해야 한다. 우리는 그리스도의 현재하심의 사건을 찾아내기 위하여 교회의 개념으로부터 출발할 수 없고 교회를 발견하기 위하여 그리스도의 현재하심의 사건으로부터 출발해야 한다. 이 의미에서 우리는 "그리스도가 계신 곳, 거기에 교회가 있다"라는 명제로부터 출발한다

---

124) J. Moltmann, Kirche in der Kraft des Geistes, 박봉랑외 옮김,『성령의 능력 안에 있는 교회 』, 한국신학연구소, 2007, 101. (Moltmann, Kirche로 약칭함)
125) Moltmann, Kirche, 16.

교회가 무엇인가를 논하는 교회론은 성경적으로, 신학적으로는 철저히 그리스도론에 기초한다. 즉 교회를 묻는 것은 교회 자체를 묻는 것이 아니라 그리스도에 대해 묻는 것이다.127) 교회의 정체성과 자리는 다름 아닌 그리스도 안에 있기 때문이다. 그리스도론은 교회론의 기초이며 토대이고 교회론은 그리스도론의 확장이며 적용이다.

2) 그리스도의 몸으로서의 교회

신약에는 그리스도의 몸으로서의 교회에 대한 생각이 매우 많이 담겨있다. 우선 그 성경구절을 인용해보고자 한다.

우리가 한 몸에 많은 지체를 가졌으나 모든 지체가 같은 기능을 가진 것이 아니니 이와 같이 우리 많은 사람이 그리스도 안에서 한 몸이 되어 서로 지체가 되었느니라. 우리에게 주신 은혜대로 받은 은사가 각각 다르니 혹 예언이면 믿음의 분수대로, 혹 섬기는 일이면 섬기는 일로, 혹 가르치는 자면 가르치는 일로, 혹 위로하는 자면 위로하는 일로, 구제하는 자는 성실함으로, 다스리는 자는 부지런함으로, 긍휼을 베푸는 자는 즐거움으로 할 것이니라(롬 12: 4-8)

우리의 아름다운 지체는 그럴 필요가 없느니라 오직 하나님이 몸을 고르게 하여 부족한 지체에게 귀중함을 더하사 몸 가운데서 분쟁이 없고 오직 여러 지체가 서로 같이 돌보게 하셨느니라. 만일 한 지체가 고통을 받으면 모든 지체가 함께 고통을 받고 한 지체가 영광을 얻으면 모든 지체가 함께 즐거워하느니라 너희는 그리스도의 몸이요 지체의 각 부분이라(고전 12: 24-27)

---

126) Moltmann, Kirche, 182.
127) Moltmann, Kirche, 182.

(1) 카리스마적(은사) 공동체로서의 교회

은사는 여러 가지나 성령은 같고 직분은 여러 가지나 주는 같으며 또 사역은 여러 가지나 모든 것을 모든 사람 가운데서 이루시는 하나님은 같으니 각 사람에게 성령을 나타내심은 유익하게 하려 하심이라 어떤 사람에게는 성령으로 말미암아 지혜의 말씀을, 어떤 사람에게는 같은 성령을 따라 지식의 말씀을 다른 사람에게는 같은 성령으로 믿음을, 어떤 사람에게는 한 성령으로 병 고치는 은사를 어떤 사람에게는 능력 행함을, 어떤 사람에게는 예언함을, 어떤 사람에게는 영들 분별함을, 다른 사람에게는 각종 방언 말함을, 어떤 사람에게는 방언들 통역함을 주시나니 이 모든 일은 같은 한 성령이 행하사 그의 뜻대로 각 사람에게 나누어 주시는 것이니라 (고전 12:4-11).

그리스도의 몸으로서의 교회는 곧 카리스마(은사) 공동체를 의미한다. 위에 언급한 성경구절들은 이를 잘 보여준다. 은사는 "주어진 그 무엇, 하나님의 은혜로운 행위의 결과 또한 표현이라는 성격을 지니고 있다."[128] 우리는 종종 교회 현장에서 신비한 것, 기적과 같은 것을 드러내는 것만이 성령의 은사라고 생각하는 경향이 있다. 그러나 성경은 그렇게 말하지 않는다. 비범하고도 특수한 은사도 존재하지만 일상적인, 평범하다고 생각되는 은사도 존재한다. 그래서 큉은 "카리스마는 오히려 교회의 삶 속에 나타나는 일상적인 현상들"[129]이라고 정의한다. 그 중에서 사랑이야말로 가장 위대한 은사이며, 카리스마 중에서 "가장 평범하고 가장 일상적인 것"이라는 것이다. 왜냐하면 방언이나 예언이나 산을 옮길만한 믿음도, 모든 구제와 순교도 사랑이 없다면 아무것도 아니기 때문이다 (고전 13장). 또 하나 유념할 것은 성령의 은사는 매우 다양하게 나타난다는 점이다. 그래서 큉은 a. 사도, 예언자, 교사, 전도자 등과 같은 선포의 카리스마(은사), b. 집사, 구호자, 간호자 등의 보조적 봉사의 카리스마, c. 관리자, 감독, 목자 등의 지도력의 카리스마로 구분하였

---

128) Dunn, 745.
129) Küng, Kirche, 256.

78

다.[130] 이 은사는 특별한 사명을 가진 자들에게만, 특별한 은혜를 체험한 이들에게만 주어지는 것이 아니다. 다음 구절들은 이를 잘 말해준다. "나는 모든 사람이 나와 같기를 원하노라 그러나 각각 하나님께 받은 자기의 은사가 있으니 이 사람은 이러하고 저 사람은 저러하니라"(고전 7:7) "오직 주께서 각 사람에게 나눠 주신 대로 하나님이 각 사람을 부르신 그대로 행하라 내가 모든 교회에서 이와 같이 명하노라"(고전 7:17). 그리고 모든 사람에게 동일한 은사가 주어지는 것도 아니다. 그러므로 그리스도인들은 하나님이 성령을 통하여 각자에게 주신 은사들을 섬김과 봉사를 위해, 교회의 하나됨과 풍성함을 위해 사용해야 할 것이며, 교회는 교회 안에 있는 교인들의 다양한 은사들을 적절하게 사용하도록 해야 할 것이다. 교회는 하나님이 주신 은사의 다양성, 직분의 다양성, 사역의 다양성을 잘 발휘하도록 하여 그리스도가 더욱 영광 받도록 해야 할 것이다.

은사는 다양성을 의미하기도 하지만 통일성과 하나됨을 의미하기도 한다. 다양한 기능이지만 한 몸을 이루고 있기 때문이다. 달리 말해, 이것은 "지체들의 상호 의존성에 대한 현실적인 인식 없이는 공동체의 효과적인 통일성은 불가능하다는 것을 보여 주는 것이다."[131] 쉽게 말해 교회를 다양하게 하며, 또한 하나 되게 하는 것, 이것이 바로 하나님의 은사이다. 교회는 바로 이러한 은사 공동체이다. 이것을 슈트렉케(Georg Strecker) 다음과 같이 설명하고 있다. "교회는 다양성을 지닌 공동체이다. 이 다양성은 결코 대립이나 분열이 아니다. 몸의 이미지는 결국 교회는 많은 지체를 가진 한 몸임을 의미한다. 지체들의 다양성은 공동체 구성원들의 다양한 출신과 다양한 기능을 지칭한다. 그러나 또한 한 몸이라는 것은 지체들이 서로 의존해야 하며 서로를 위해 존재해야 하며 서로 돌보아야 한다는 것을 의미한다. 왜냐하면 한 지체는 다른 지

---

130) Küng, Kirche, 258.
131) Dunn, 741.

체가 넘겨받을 수 없는 특별한 임무를 띠고 있기 때문이다. (…) 그러므로 몸으로서의 교회는 모든 지체들이 함께 작동해야 완전히 기능할 수 있는 유기체이다."132) 여기서 또 하나 중요한 것은, 바울이 단순히 교회를 몸이라고 표현하지 않고 〈그리스도의 몸〉이라는 표현을 사용했다는 점이다. 바로 여기에 교회가 다른 유기적 공동체와 다른 점이 있다. "기독교 공동체의 독특성과 통일성은 그리스도와의 연합을 통해 주어진다. 교회는 공통의 시간적 시작, 그리고 모든 공통의 근거, 즉 그리스도 사건으로부터 살아간다."133) 달리 말해 교회공동체의 하나됨은 교회가 그리스도의 몸이기 때문에 가능하다. "그러므로 교회의 분열은 곧 그리스도의 몸의 분열을 의미한다. 달리 말해 그것은 곧 그리스도의 몸을 찢는 것이 된다."134)

(2) 성령, 세례와 만찬, 그리고 그리스도의 몸

고린도전서 6장 11절과 로마서에서는 바울의 〈그리스도 안에서의 세례〉의 신학을 전개한다. 그리고 고전 12장 12-13절은 세례를 다시 그리스도의 몸인 교회와 연결시킨다. "몸은 하나인데 많은 지체가 있고 몸의 지체가 많으나 한 몸임과 같이 그리스도도 그러하니라 우리가 유대인이나 헬라인이나 종이나 자유인이나 다 한 성령으로 세례를 받아 한 몸이 되었고 또 다 한 성령을 마시게 하셨느니라." 그러므로 교회는 그리스도의 몸이며 그리스도와 연합하여 있는데, 이것은 성령을 통한 세례에 의해서다. "세례 받은 자들은 세례를 통하여 그리스도의 몸의 지체가 되며 새로운 생명의 교제로 들어가게 된다."135) "바울은 개별 그리스도인뿐만 아니라 그리스도의 교회공동체 역시 복음

---

132) Georg Strecker, Theologie des Neuen Testaments, (Berlin:De Gruyter, 1995) 196.

133) Georg Strecker, 197.

134) Georg Strecker, 197.

135) P. Stuhlmacher, Biblische Theologie des Neuen Testaments, Bd 1, Grundlegung von Jesus zu Paulus, Göttingen: Vandenhoeck & Ruprecht, 1997, 353-4 (이하 Stuhlmacher, BTN 으로 약칭) .

을 통하여 그리고 세례에서 역사하시는 성령에 의해 전적으로 규정된다고 생각한다."[136] 바울에 의하면 성령은 "복음을 듣고 순종함으로 그리고 세례가운데서 받을 수 있는 그리스도의 영이다."[137] "성령은 믿음을 가능케 하며, 그리스도를 고백하게 하고 하나님을 인식하게 하며 기도와 하나님 찬양을 가능케하는 능력이다."[138] 또한 "성령은 새로운 변화의 능력이며 규범이다. 그리스도인들은 그리스도를 통하여 변화에 놓이게 된다. 그리고 그리스도인들은 일상의 세상 속에서 자신의 몸을 산제사로 드림으로써 변화에 힘써야 한다."[139] 그리고 "성령은 교회 공동체에 생기를 불어넣는다."[140] "바울은 고린도전서 12장에서 처음으로 다양한 성령의 은사를 언급한다. 바울에 따르면 성령의 은사는 하나님의 은총의 능력이며 개성화로 교회공동체에서 작용한다. 성령의 은사들은 교회의 교제의 삶과 증언의 삶을 구성하며 그리스도의 몸 안에 있는 모든 지체에게 독특한 각각의 위치를 부여한다."[141]

그리스도의 몸의 교회론은 성만찬론과 연결되어 있다. 이것은 교회는 어떻게 그리스도의 몸에 참여하는가라는 물음과 연관되어 있다. 바울은 다음과 같이 말한다. "우리가 축복하는 바 축복의 잔은 그리스도의 피에 참여함이 아니며 우리가 떼는 떡은 그리스도의 몸에 참여함이 아니냐. 떡이 하나요 많은 우리가 한 몸이니 이는 우리가 다 한 떡에 참여함이라 (고전 10:16-7). 참여는 이미 구분을 전제한다. 그러므로 그리스도의 몸으로서의 교회는 그리스도의 몸의 본질적 연장이나 확대가 아니라 기능적 참여적 의미의 하나됨을 의미한다. 성령으로 말미암은 세례를 통하여 교회는 그리스도와 연합하여 그리스도의 몸으로 수용되고, 주의 만찬에 참여하므로 또한 교회가 그리스도의 몸에

---

136) Stuhlmacher, BTN, 355.
137) Stuhlmacher, BTN, 355.
138) Stuhlmacher, BTN, 355.
139) Stuhlmacher, BTN, 355.
140) Stuhmacher, BTN, 356.
141) Stuhlmacher, BTN, 356.

참여하며 교회는 그리스도께 속하여 있음을 확인하게 되는 것이다.[142] "세례가 성령에 의한 일회적인 중생사건이라면, 반복되는 만찬은 믿는 자들로 하여금 은혜의 상태에 지속적으로 머물게 하며 그리스도의 한 몸에 항상 새롭게 연결시키는 사건이다."[143] 그러나 그것이 결코 "불멸의 구원의 수단이 되거나 죽음을 거슬러 항상 예수 그리스도 안에서 살 수 있다는 것을 의미하지도 않는다. 그것은 그리스도 복음의 실재 상징적 압축이지, 주의 영이나 은총이 물질적으로 보증되는 예식이 결코 아니다. 세례와 만찬에서 십자가에 달리시고 부활하신 그리스도가 유대인들과 이방인들에게 선물로 주어진다."[144] 이처럼 그리스도의 몸과 성례(세례와 만찬)는 이만큼 밀접하게 연관되어 있다. 세례와 만찬을 통해 그리스도의 몸에 참여하며, 그럼으로써 주어지는 은총이 성령을 통하여 교회에 매개되는 것이다.

(3) 우주적 그리스도의 몸으로서의 교회

골로새서와 에베소서는 나름대로 매우 독특한 교회론을 전개한다. 이 서신들은 개교회에 대한 언급보다 교회의 본질에 대한 근본적 서술을 그 특징으로 하고 있다.[145] 그리고 "이 서신들은 그리스도론과 교회론을 가장 밀접하게 연결시키는 서신들이다. 그래서 교회에 대한 모든 진술들은 그리스도에 대한 진술이 되고 있다. 전승사적으로 이 교회론은 바울의 그리스도의 몸으로서의 교회 개념을 수용하면서 결국 존재론으로, 그리고 구원사로 확장시키고 있다."[146] 우선 관련구절을 인용하고자 한다.

---

142) Stuhlmacher, BTN, 359.

143) Stuhlmacher, BTN, 364.

144) Stuhlmacher, BTN, 370.

145) Roloff, EDNT, 414.

146) Roloff, EDNT, 414.

그는 보이지 아니하는 하나님의 형상이시요 모든 피조물보다 먼저 나신 이시니 만물이 그에게서 창조되되 하늘과 땅에서 보이는 것들과 보이지 않는 것들과 혹은 왕권들이나 주권들이나 통치자들이나 권세들이나 만물이 다 그로 말미암고 그를 위하여 창조되었고 또한 그가 만물보다 먼저 계시고 만물이 그 안에 함께 섰느니라 그는 몸인 교회의 머리시라 그가 근본이시요 죽은 자들 가운데서 먼저 나신 이시니 이는 친히 만물의 으뜸이 되려 하심이요 아버지께서는 모든 충만으로 예수 안에 거하게 하시고 그의 십자가의 피로 화평을 이루사 만물 곧 땅에 있는 것들이나 하늘에 있는 것들이 그로 말미암아 자기와 화목하게 되기를 기뻐하심이라 (골 1: 15-20)

이 본문에 의하면 그리스도는 보이지 않는 하나님의 형상이며, 모든 피조물이 창조되기 이전부터 존재했던 선재적 존재이며, 창조의 중보자, 보존자, 화해자이다. 교회는 바로 그러한 예수 그리스도의 몸이며, 그는 교회의 머리이다. 이것은 세계를 통치하시는 그리스도의 주되심이 현재적으로, 그리고 가시적으로 교회 안에서 실현되고 있음을 의미한다.[147] "그분의 몸에 대한 머리되심은 자기 백성에 대한 그리스도의 지배와 더불어 생명과 능력을 얻기 위하여 그분에게 모든 구성원들이 의존하고 있다는 사실을 가리킨다. (…) 그리스도의 몸으로서의 교회는 그분의 내 주하시는 임재와 그분의 부활하신 생명으로 말미암아 생명력을 얻는다."[148] "몸인 교회의 머리이신 그분은 부활하신 그리스도"[149]이시다.

또 만물을 그의 발아래에 복종하게 하시고 그를 만물 위에 교회의 머리로 삼으셨느니라. 교회는 그의 몸이니 만물 안에서 만물을 충만하게 하시는 이의 충만함이니라 (엡 1: 22-23).

---

147) Roloff, EDNT, 414.
148) Andrew T. Lincoln, Word Biblical Commentary Vol. 42, Ephesians, 배용덕 옮김,『에베소서』, 솔로몬, 2006, 144
149) WBC,『에베소서』, 144.

에베소서는 교회에 관한 서신이라 할 만큼 발전된 교회론이 등장한다. 그리스도는 몸인 교회를 통하여 세상을 다스리시며 세계의 주가 되신다. 교회는, 그리스도가 하나님과 교회의 중보자이듯, 그리스도와 세계 사이의 중개자이다.[150) 그닐카는 이것을 다음과 같이 설명한다. "그리스도는 어디서나 만물을 충만하게 해 주는 분이며, 따라서 그는 매개체로서 그의 플레로마인 교회를 위해 이바지 한다. 교회를 몸으로 보는 역동적이고 유기체적인 이해는 플레로마를 통해 강화되며 내면적인 방향을 취하게 된다. 이러한 이해에 배경을 이루는 것은 선교확장과정이 아니라 그리스도가 하나님의 중개자인 것처럼 교회도 이 세상에 구원과 평화를 전하는 중재자로서 등장하는 과정이다."[151) 그리고 "몸의 관념은 그리스도인들의 상호 연관뿐만 아니라 그들에게 공통되는 그리스도와의 연합"[152)을 의미한다. 여기서의 몸은 헬라철학에서처럼 만물이 아니다. 교회에 적용되고 있다.[153) 다시 말하자면 교회는 그리스도의 몸이요, 그리스도는 교회의 머리이다. 이것은 "교회가 그리스도의 구원을 계속 가져다주고 그리스도의 평화를 계속 이루어 마침내 세상에 넘치게 한다는 것을 의미한다. 몸으로서의 교회는 항상 머리로서의 그리스도에게 의존한다. 머리가 없으면 몸은 생장이 중지되어 죽어버리게 된다."[154)

나아가서 에베소서 저자는 "역사 속에서 교회의 미래를 진지하게 생각하고 있으며, 교회의 하나 됨에 대한 필요성과 하나 됨과 성숙을 이루는 데 있어서 사도들. 선지자들. 복음 전하는 자들. 목사들. 교사들의 위치를 강조한다 (4:1-16)."[155) 특히 "에베소서는 교회의 통일성에 대해 지대한 관심을 기울이

---

150) Joachim Gnilka, Der Ephserbrief, Herders theologischer Kommentar zum Neuen Testament, 강원돈 역, 국제성서주석 38 『에베소서』, 178.
151) 위의 책, 183.
152) 위의 책, 173.
153) 위의 책, 175.
154) 위의 책, 185.

고 있다. 저자는 교회에 대해 교회가 이미 소유하고 있는 통일성을 유지하라고 권면하고 있으며, 또한 저자는 교회가 다양성 안에서 통일성의 조화를 이루기 위한 핵심적인 요소가 사랑이라는 것을 강조하고 있다(4:1-16)."[156) 그러나 "에베소서는 교회의 통일성에 대해서만 관심을 가지고 있는 것이 아니다. 아울러 이 편지는 교회의 거룩에 대해서도 강조한다. 신자들은 거룩하고 흠이 없는 사람이 되도록 부르심을 받았다(1:4). 그들은 주 안에서 거룩한 성전이 되어 가고 있다(2:21), 그들은 거룩으로 특징지어지는 새 인간성을 입고 있다(4:24). 모든 종류의 부도덕은 그들의 과거의 삶에 속해 있으며(4:17-19), 또한 '성도'와 거룩한 자들의 삶에 너무나도 어울리지 않으므로 그들은 그 이름이라도 불러서는 안 되는 것이다 (5:3-14). 그리스도의 희생적 죽음의 목적은 자신의 신부인 교회를 거룩하게 하기 위함인데, 주님은 이 교회를 티나 주름 잡힌 것이 없이 거룩하고 흠이 없게 하여 자기 앞에 영광스러운 것으로 세우시기 위해 물로 씻어 말씀으로 깨끗하게 하신 것을 그의 백성들이 깨닫도록 하는 것이다."[157)

골로새서와 에베소서 교회론의 또 하나의 특징은 성장의 개념이 등장한다는 점이다. "머리를 붙들지 아니하는지라 온 몸이 머리로 말미암아 마디와 힘줄로 공급함을 받고 연합하여 하나님이 자라게 하시므로 자라느니라"(골 2:19). 교회는 머리이신 그리스도를 통하여 하나님에 의해 보존되며 성장하게 된다. 골로새서에 나타난 성장의 목표는 하나님을 아는 것이다. 그러므로 교회는 하나님을 아는 것, 하나님과의 인격적 관계에 성장해야 한다. "주께 합당하게 행하여 범사에 기쁘시게 하고 모든 선한 일에 열매를 맺게 하시며 하나님을 아는 것에 자라게 하시고"(골1:10). 에베소서 역시 성장의 개념이 등장한다. "우리가 다 하나님의 아들을 믿는 것과 아는 일에 하나가 되어 온전한 사

---

155) WBC, 『에베소서』 84.
156) WBC, 『에베소서』 84.
157) WBC, 『에베소서』 84.

람을 이루어 그리스도의 장성한 분량이 충만한 데까지 이르리니 이는 우리가 이제부터 어린 아이가 되지 아니하여 사람의 속임수와 간사한 유혹에 빠져 온갖 교훈의 풍조에 밀려 요동하지 않게 하려 함이라 오직 사랑 안에서 참된 것을 하여 범사에 그에게까지 자랄지라 그는 머리니 곧 그리스도라 그에게서 온 몸이 각 마디를 통하여 도움을 받음으로 연결되고 결합되어 각 지체의 분량대로 역사하여 그 몸을 자라게 하며 사랑 안에서 스스로 세우느니라"(엡 4:13-16). 이 본문에서 알 수 있듯이 교회는 하나님의 아들을 믿는 것과 아는 일에 하나가 되어야 한다.[158] 그리고 그에게까지 자라야 한다. 그리스도가 "교회성장의 근원이며 목표"[159]가 되는 것이다. 바르트가 말한 대로, 교회는 "주님에 의해서 자라나고, 또한 주님에게 이르기까지 자라나는 것이다. 그래서 공동체는 그 공동체 고유의 성장을 이루어 내는 것이다. 그분의 실제적인 현존의 힘으로!"[160] 여기서 우리는 다음의 질문들을 진지하게 성찰해보아야 한다. 얼마만큼 하나님의 아들을 아는 것과 믿는 것에 전력하고 있는가? 우리는 과연 그리스도의 몸으로서 성장하고 있는가? 어떠한 성장을 추구하고 있으며, 성장의 근원과 목표를 어디에 두고 있는가?

3) 교회는 그리스도의 몸이라는 명제의 의미

퍼거슨은 그의 책에서 교회가 그리스도의 몸이라는 명제가 주는 의미를 다음과 같이 정리한다.[161] 첫째, "그리스도가 존재하는 곳에, 그리스도가 설교되고 고백되는 곳에, 그가 일하시고 순종 받는 곳에 교회가 존재한다." "그

---

158) 바르트는 "하나님의 아들을 믿는 것과 아는 것"을 신앙과 인식이라는 두 단어로 병렬시키지 않고 신앙의 인식으로 해석하고 있다. KD, IV/2, 858

159) Küng, Kirche, 328.

160) KD, IV/2, 914.

161) 이하의 8 가지의 의미는 E. Ferguson, The Church of Christ. A Biblical Ecclesiology for Today, Grand Rapids: Eerdmans, 1996, 102-3을 번역 정리한 것임(이하 ferguson으로 약칭함).

리스도는 교회의 창조적인 힘이요 지탱하는 힘이다." 둘째, "역으로 말하자면 그리스도가 교회에 현존하신다." "그리스도는 그의 백성과 밀접하게 연대되어 있어서 그들은 그들의 공동의 삶에 그리스도께서 현존하심을 확신하게 된다." 셋째, "그리스도는 교회보다 더 크시다. 그는 교회에 제한되어 있지 않다. 그는 어느 한 교회가 존재하는 곳에만 반드시 존재하는 것은 아니다. 그리스도는 없어서는 안 될 유일한 부분(part)이다. 실로 그는 전체이다." 넷째, "그리스도는 교회의 중심적 실재이다. 교회는 그리스도로부터 생명을 얻는 사람들로 구성되어 있다. 그리스도의 사람들은 그에게서 의미를 발견하고 그리스도 때문에 존재한다." 다섯째, "그리스도 밖에는 구원이 없다." 여섯째, "교회는 하나의 백성, 특별한 백성, 즉 그리스도안에서 구원과 구속함을 받은 하나님의 백성 그 이상도 이하도 아니다." 일곱째, "교회는 그리스도에게 순종함으로 발전한다. 교회는 항상 그리스도에게 속해있으며 만물 안에서 그렇다." 여덟째, "오로지 한 몸만 있다. 그 몸 안에서 하나 되어야 하며 무질서가 없어야 한다. 그리고 공감적 관심과 상호 돌봄이 있어야 한다." 아홉째, "그의 백성은 이 세상 안에서의 그리스도의 현존을 대리한다. 교회는 이 세상에서 그리스도의 사역을 계속해 나간다. 몸의 다양한 기능들은 하나됨에 기여하는 다양성을 의미한다. 각 구성원들은 전체의 성장에 기여해야 한다." 열 번째, "몸의 이미지는 사회적 연대와 집단의 우선성을 강조한다. 각 지체로 시작해서는 인간의 몸을 제대로 이해할 수 없듯이 개별 그리스도인들로 시작해서는 교회를 이해할 수 없다. 이 몸의 이미지는 교회의 공동체적 성격을 환기시키는 성경의 다른 본문과 일치한다."

　　퍼거슨의 주장에 이어, 교회가 그리스도의 몸이라는 명제가 주는 몇 가지 의미를 첨언하고자 한다. 첫째, "그리스도와 교회가 머리와 몸으로 묘사되는 것은 양자의 분리될 수 없음을 말하는 것이다."[162] 그리스도와 교회는 하나

---

162) H. Küng, Kirche, 328.

다. 그러나 그것은 교회는 그리스도와 관계적, 참여적, 기능적(사역) 의미에서 하나임을 의미하는 것이지, 존재론적인 의미에서 하나가 아니다. 다만 교회는 그리스도와의 관계 속에서 결코 단절하거나 분리될 수 없는 하나이며, 성만찬을 통하여 그리스도에 참여하며 교제한다는 점에서 분리할 수 없는 하나이며, 이 세상 속에서 그리스도를 대신하여 그리스도의 사역을 대신하며 또 그의 하나님 나라의 사역을 계속해 나간다는 점에서 교회는 그리스도의 몸이며 그리스도와 하나이다. 고대 교부들뿐만 아니라 종교개혁자들의 교회론에 교회는 그리스도의 몸이라는 명제가 등장한다. 종교개혁 이후의 신앙고백서들에서도 교회를 그리스도의 몸으로 고백하고 있다. 현대의 신학자들도 마찬가지다. 그것은 성경의 내용에 따랐기 때문이다. 그런데 교회의 역사 속에서 〈몸의 교회론〉이 확장되어 교회를 "연장된 예수 그리스도"(Christus prolongatus), "전체적 예수 그리스도" (totus Christus)로 보는 이론이 등장하게 되었다.163) 머리 없이는 몸이 있을 수 없으며 또한 역으로 몸이 없이는 머리가 있을 수 없다는 생각에서 나온 교회론이다. 교회를 예수 그리스도의 신비적인 몸, 그리스도와의 신비적 연합체로 주장하는 이론, 즉 교회를 제 2의 그리스도, 그리스도의 또 하나의 인격체로 보는 교회론이다. 이것은 주로 제2 바티칸 공의회 이전의 가톨릭 그리스도론으로서 가톨릭학자인 벨라르멘에 의하여 주장되었다.164) 이에 대해 몰트만은 인간들의 모임인 교회와 예수 그리스도 사이의 존재론적, 신비적 연속성을 주장함으로 인하여 둘 사이의 질적 차이를 무시해버리거나, 그리스도가 교회로 해소되어버릴 위험이 있다고 비판한다.165)

교회를 연장된 그리스도로서 보는 이 모델에서 사람들은 나사렛예수 안에서의 말씀의 화육으로부터 사고하며, 또 교회를 화육의 계속으로 이해한다. 이 경우에 말씀이 육

---

163) J. Moltmann, Kirche, 2007(신판3쇄), 113ff 참조.
164) Moltmann, Kirche, 113.
165) Moltmann, Kirche, 114.

이 된 것과 그리스도가 그의 교회 안에 성령을 통하여 거주하는 것 사이의 필연적 구별은 성취되기가 어렵다. 화육이 예수 안에서의 성령의 거주로 환원되든지, 혹은 성령의 거주는 로고스의 계속되는 화육으로 이해되어야 할 것이다. 두 경우에 교회에 대한 그리스도의 이질성, 그의 사명과 그의 죽음과 그의 희망의 이질성[구분]은 희미하게 된다. 교회에 대한 그리스도의 비판적인, 해방하는 관계로부터 머리가 몸에 대해 갖는 긍정적이고 연속적인, 또는 유기체적인 관계가 생긴다. 이것으로서 그의 교회에 대한 그리스도의 자유가 모호하게 된다. 마지막으로 이 관념들에서 성령론과 그리스도론이 매우 긴밀한 관계로 상대방에로 이전하고 상대방에서 해소되므로 그것들의 삼위일체론적 차이와 공통성이 더 이상 드러날 수 없게 된다. 영의 독자적인 업적은 그리스도의 업적에 종속된다.[166)]

연장된 그리스도로서의 교회의 위험성에 대한 비판은 몰트만뿐만이 아니다. 한스 큉도 이를 신랄하게 비판하였다. 이런 교회론에서는 "교회가 그리스도와 동일시되며, 교회의 주와 머리로서의 그리스도가 현재의 그리스도로 자처하는 교회 뒤로 후퇴하고", "그 자리에 교회가 들어서기"[167)] 때문이다. 뿐만 아니라 "교회는 자율적으로 그리스도의 대리자가 되며, 이로써 그리스도를 쓸모없게 만들기"[168)] 때문이다. 이런 "교회는 자기 자신의 주가 되며, 주를 더이상 필요로 하지 않는다. 교회는 존속하는 그리스도로서 자신에 대해 책임적이 되며 자신의 인간적인 지시를 그리스도의 지리로 만들고 인간의 계명을 하나님의 계명으로 만든다. 이러한 교회는 자신을 조롱거리로 만든다."[169)]

둘째, 교회가 그리스도의 몸이라는 것은, 그리스도의 이름을 부르는 모든 교회들이 그리스도 안에서 하나 되어야 함을 의미한다. 전 세계교회와 모든 개교회들이 그리스도를 머리로 삼고 살아가고 있는 한 몸이다. 각 그리스도의

166) 위의 책, 115.
167) Küng, Kirche, 339.
168) Küng, Kirche, 339.
169) Küng, Kirche, 340.

지체들이 분열되어 싸운다면 참된 교회의 모습이 아니라 찢겨진 그리스도의 몸일 뿐이다. 그리스도의 몸인 교회는 그러므로 서로 돕고 도움을 받으며 섬기고, 또 성찬을 나누면서 모든 교회 구성원들이 서로 하나된 공동체임을 확인해야 한다. 모두 다 그리스도의 몸이기 때문이다. 셋째, 교회가 그리스도의 몸이라고 할 때 그것은 이미 몸에는 많은 각각의 기능을 맡은 기관들이 있으며 이 기관들이 서로 유기적으로 연결되어 있는 말이다. 나아가 교회와 교회가, 개교회와 전체교회가 유기적으로 연관되어 있음을 의미한다. 넷째, 교회가 그리스도의 몸이라는 것은, 언제나 교회의 머리는 그리스도여야 한다는 것을 의미한다. 몸은 기능적으로 머리의 명령을 따를 수밖에 없다. 그리스도의 몸으로서의 교회는 머리이신 그리스도에 순종하며 복종해야 한다.[170] 교회는 그리스도의 삶과 정신을 따르며, 그것을 구현하는 공동체다. 그러므로 교회는 그리스도의 사랑과 희생과 삶을 닮아가야 하며, 그리스도의 남은 고난을 직접 채우며, 그리스도께서 가신 고난의 길을 함께 걷도록 격려해야 하며, 그리스도의 모습을 사회 속에 드러내야 한다.

4) 그리스도의 인격과 교회

여기서는 그리스도론과 교회론의 관계에 대해 다른 측면에서 논의해보고자 한다. 지금까지 본대로 교회론은 그리스도론의 터전위에 세워져 있고, 그리스도론은 교회론으로 확장된다. 이것은 이미 그리스도가 교회를 "내 교회"(마 16:18)로 선언한데서 잘 드러난다. 여기서는 그리스도의 인격과 교회에 집중하여 이것이 갖는 신학적 의미를 살펴보고자 한다. 이를 위하여 몰트만이 지적한 그리스도의 세 가지 인격 개념을 가져오고자 한다. 그것은 신적, 종말론적, 사회적 측면에서 본 그리스도의 인격을 의미한다. 필자는 이에 동의하면서 여기에 그리스도의 우주적 인격을 첨가하고자 한다. 성급하게 결론을 말

---

170) Küng, Kirche, 328.

하자면 그리스도의 인격이 이처럼 신적, 사회적, 종말론적, 우주적 차원을 갖
듯이 그의 몸인 교회 역시 신적, 사회적, 종말론적, 우주적 차원을 갖는다고
말해야 할 것이다. 이것은 사실상 교회의 인격과 정체성을 새롭게 정립하는데
매우 중요한 신학적 토대가 될 것이다.

　몰트만은 예수의 인격을 이야기하면서 세 가지 차원을[171] 이야기 하고 있
다.[172] 첫째는 "종말론적 인격"[173]이다. 예수는 "이스라엘의 메시야"이며, "모
든 민족들의 사람의 아들"이며, 장차 이 땅에 올, "창조의 지혜"이다.[174] 그는
인격으로 오신 "하나님 나라이며 모든 피조물의 새창조의 시작이다. 그는 세
계의 희망의 담지자이다."[175] 신자들은 예수를 통하여 그리고 예수 안에서
"메시야적 인간"을 발견할 것이다. 이것을 몰트만은 예수의 종말론적 인격이
라 부른다.[176] 이와 마찬가지로, 그리스도의 몸인 교회는 그리스도의 하나님
나라의 사역에 동참해야 하며 이 세계를 향한 그리스도의 희망의 담지자이며
하나님의 희망을 완성하는 하나님의 도구가 되어야 할 것이다. 이것을 우리는
교회의 종말론적 인격이라 부를 수 있을 것이다.

　둘째, 몰트만은 하나님과의 관계성에서 예수 그리스도의 인격의 의미를
발견하려 한다. 몰트만이 주장하듯, 그는 하나님을 사랑하는 아버지라고 불렀
으며 그러므로 그는 아버지의 아들이다.[177] 그는 아들로서 아버지 안에 거하
며 아버지는 아들인 예수 안에 온전히 거하시며, 바로 이 관계를 예수는 자기

---

171) J. Moltmann, Der Weg Jesu Christi: Messianische Christologie, 김균진, 김명용 옮김, 『예수
　　그리스도의 길: 메시아적 차원의 그리스도론』, 서울:대한기독교서회, 1990, 219(이하 WJC로
　　약칭함)
172) 이하의 그리스도의 세 가지 인격에 관한 글은 김도훈, "몰트만의 그리스도론의 방법론적 특
　　성", 『장신논단』 Vol 21. 2004, 232-233에서 가져옴.
173) WJC, 219.
174) WJC, 219.
175) WJC, 219.
176) WJC, 219.
177) WJC, 219.

를 따르는 자들에게 개방하며 그 관계에 참여하도록 하신다.[178] 이것을 몰트만은 "신학적 인격"이라고 부른다.[179] 그러므로 그리스도의 교회는 하나님과의 관계성 속에서 그의 정체성이 무엇인지 고백해야 하며 하나님의 백성으로서 이 땅에서 그의 정체성과 거룩성을 회복해야 할 것이다.

셋째, 몰트만이 예수에게서 발견하는 인격의 또 하나의 차원은 바로 사회적 차원이다.[180] 몰트만 신학의 특징은 "사회적"이라는 데 있다. 사회적이라는 말은 사귐, 나눔, 대표 및 대리, 관계성 등을 의미한다. 그는 이미 "삼위일체와 하나님의 나라"에서 아버지와 아들과 성령의 사귐과 관계를 강조하는 사회적 삼위일체론을 전개하였다.[181] 이와 마찬가지로 그는 그리스도론에서 예수의 사회적 인격을 제시하고자 한다. 그에 따르면, 예수의 삶은 단순히 하나님과의 관계만을 추구하는 그런 삶이 아니었다. 그는 가난한 자들과 병든 자들과 민중들과 여자들과 이스라엘과 관계와 사귐을 갖고 살았으며, 이 관계 속에서 그는 복음을 선포하였고, 이 관계와 사귐을 통하여 그는 자신이 메시야임을 분명하게 드러내었다.[182] 이러한 자들과의 사귐과 관계없는 예수의 삶은 가능하지도, 이해할 수도 없을 만큼 예수와 그들의 관계는 매우 중요하였다. 이것을 특이하게도 몰트만은 예수의 "사회적 인격"이라고 부른다.[183] 그는 예수의 사회적 인격을 강조하여 그의 그리스도론을 사귐과 관계의 그리스도론, 즉 "사회적 그리스도론"[184]을 주장한다. 몰트만에 의하면 지금까지의 그리스도론은 예수의 인격을 생각할 때 종말론적 인격과 신학적 인격 이 두 가지만을 생각하였다는 것이다.[185] 다시 말하자면 전통적 그리스도론은 예수

---

178) WJC, 219.
179) WJC, 219.
180) WJC. 219.
181) J. Moltmann, Trinität und Reich Gottes, 김균진 역, 『삼위일체와 하나님의 나라』, 대한기독교출판사, 1982.
182) WJC, 111, 219.
183) WJC, 111, 214ff.
184) WJC, 111.

를 종말론적 메시야라는 관점에서 보거나, 아니면 하나님과의 관계성 속에서 그의 인격을 파악하여 하나님과 동일본질이라는 관점에서 예수를 이해하고자 하였다는 것이다. 이러한 일방적 주장을 극복하고 온전한 그리스도론을 이루기 위하여 예수의 사회적 인격을 회복해야 한다고 주장한다. 그래서 그는 사도신경이나 니케아 신조의 고백 중 "동정녀 마리아에게서 나시고 (…) 고난을 받으사"라는 것으로는 부족하다고 본다. 사도신경은 예수의 탄생에서 바로 예수의 고난으로 넘어가, 예수의 공생애 사역을 전혀 고백하고 있지 않기 때문이다. 신앙고백서들이나 신학교과서들에는 예수의 공생애의 사역과 가르침에 대한 성찰이 거의 나타나지 않는다. 이것은 아마 예수의 공생애의 신학적 의미가 약하다고 생각했기 때문일 것이다. 그러나 우리는 예수의 공생애 사역이 매우 중요한 의미를 갖는다는 것을 유념해야 할 것이다. 가난한자, 억눌린자, 병든자, 소외된자들을 치료하시며, 사랑하시며, 해방시키시고 회복시키신, 그리스도의 메시아적 사역은 우리의 신앙과 신학과 삶에 매우 중요하기 때문이다. 그러므로 우리는 예수 그리스도를 통전적으로 이해하고 받아들일 필요가 있다. 그래서 몰트만은 예수의 탄생과 십자가 사이에 예수의 사회적 인격을 잘 드러내는 그의 공생애에 대한 다음과 같은 고백을 첨가하는 것이 타당할 것이라고 본다. "세례 요한에게 세례를 받으시고 성령으로 충만하셔서 그는 가난한 사람들에게 하나님의 나라를 선포하시고 병든 사람들을 고치시며 쫓겨난 사람들을 받아들이시고 이스라엘을 모든 백성들을 위하여 일으키시며 모든 백성을 불쌍히 여기셨다."[186]

주목할 것은 예수의 공생애에서만 몰트만이 주장한 "사회적 그리스도론"이 나타나는 것은 아니라는 점이다. 그의 묵시사상적 고난인 그의 십자가에서도 잘 나타난다. 왜냐하면 몰트만에 의하면 예수의 죽음은 개인의 사적인 죽

---

185) WJC, 220.
186) WJC, 220.

음이 아니라 "죄인들의 형제로서, 공동체의 머리로서, 우주의 지혜로서" 죽은 죽음이기 때문이다.[187] 이것을 몰트만은 "대표인격", 혹은 "집단인격"[188]이라 부른다. 따라서 그리스도의 몸인 교회는 당연히 사회적 차원의 사명을 갖는다. 교회는 성령으로 충만하여 가난한 자들에게 하나님 나라를 선포해야 하며, 병든 사람들을 치유하며 소외된 자들의 친구가 되는 그리스도를 선포해야 할 것이다.

넷째, 그리스도는 우주적 인격을 가지고 있다.[189] 피조물과의 관계성 속에서 예수는 누구인가를 밝히는 것, 이것이 바로 그리스도의 우주적 차원의 인격이다. 몰트만은 그리스도의 우주적 인격을 직접적으로 주장하지는 않았다. 그러나 사실상, 그의 글은 충분히 그리스도의 우주적 인격을 잘 담고 있다. 몰트만의 그리스도론의 특징 중의 하나가 바로 우주적 그리스도론(Kosmische Christologie)의 성격을 보이기 때문이다. 우주적 그리스도론은 그리스도의 성육신, 십자가, 부활, 화해를 인간과 역사에만 국한시키지 않고 전 창조에로 확대시키는 그리스도론이다. 다시 말해서 자연 피조물을 그리스도와 연결시켜 이해하고자 하는 방법이다.[190] 지금까지 그리스도의 사역과 인격은 인간과 역사에만 국한되어 왔다. 바르트나 불트만과 같은 현대 신학자들을 그리스도를 통한 하나님의 구원의 약속을 인간에게만 적용시켰다. 쉽게 말하면 인간만이 예수 그리스도의 사역의 대상이라는 말이다. 이에 반하여 몰

---

187) WJC, 111.
188) WJC, 111.
189) 김도훈, "몰트만 그리스도론의 방법론 특성", 『장신논단』 21집, 2004, 226-229을 발췌하여 수록함
190) 우주적 그리스도에 대하여, Cf. J. Moltmann. Gott in der Schöpfung: Ökologische Schöpfungslehre, München 1985, 106f; T. Söding, "Die Welt als Schöpfung in Christus. Der Beitrag des Kolosserbriefes zum interreligiösen Dialog", in: Religionspädagogische Beiträge, 31, 1993, 20-37; W. Beinert, Christus und der Kosmos, Perspektiven zu einer Theologie der Schöpfung. Freiburg 1974; V. Rossi, "Christian Ecology is Cosmic Christology", Epiphany Journal, Winter 1988, 52-62; L. Wilkinson, "Cosmic Christology and the Christian's Role in Creation", Christian Scholar's Review, 1981, Vol. 11 N.1, 18-40.

트만은 인간중심적 그리스도론을 넘어서서 인간과 역사뿐만 아니라 전 창조, 온 피조물과도 관계를 가지시는 "더 크신 그리스도"[191]를 추구한다. 그렇다면 몰트만이 "더 크신 그리스도", 내지는 우주적 그리스도론을 말하려는 이유는 무엇인가? 그것은 바로 성경에 나타난 그리스도론의 재발견이기도 하지만, 외부적으로는 오늘날의 환경위기 때문이다.

기술 문명은 자연을 지배하는 모든 영역에서 비교할 수 없는 진보를 이룩해 냈다. 이에 따르는 위기는 무엇인가? 자연을 인식하고 지배하는데 모든 관심을 기울였던 자연과학기술문명은 결국 환경파괴라는 부작용을 만들어 냈다. "점점 더 늘 어가는 자연환경의 파괴, 점점 더 확대되는 식물류와 동물류의 멸종, 다시 회복할 수 없는 지하 에너지의 착취, 유독성 쓰레기와 폐기 가스로 인한 땅과 물과 공기의 오염, 이 생태계의 위기는 인간이 자연에 대한 힘을 얻으면서 생성되었다. (…) 기술문명의 계속적인 진보는 점점 더 큰 환경의 재난을 초래할 것이며, 마지막에는 보편적인 생태계의 죽음, 땅의 조직의 붕괴가 남을 뿐이다."[192] 이런 상황을 인식하고 있는 몰트만은 이렇게 묻는다. "오늘 죽어가고 있는 자연과 우리에게 그리스도는 본래 누구인가?"[193] 이에 대한 그리스도론적 대답을 바로 생태학적 그리스도론이라고 부른다. 사실상 "에베소서와 골로새서의 우주적 그리스도론은 근대 서구의 신학을 통하여 멸시받았다. 인간학적 그리스도론은 역사라고 하는 근대의 파라다임에 적합하였으며 원하지 않게 근대의 자연 파괴의 요인이 되었다. 왜냐하면 근대의 신학은 구원을 영혼의 열락이냐 인간 실존의 본래성으로 위축시킴으로써 무의식적으로 자연을 인간으로 말미암아 회복될 수 없는 착취를 당하도록 하였기 때문이다. 그러나 자연 세계의 치명적인 생태학적 재난을 차츰 의식하게 됨으로써 역사라고 하는 근대의 파라다임이 지닌 한계가 인식되고 있으며 고대 우

---

191) WJC 383ff.
192) WJC, 106f.
193) WJC, 106.

주적 그리스도론과 그것의 물질적 구원론의 지혜를 다시 질문하게 되었다
."194)

지금까지 본대로, 그리스도가 창조의 중보자, 화해자, 구원자라면 그의 몸
인 교회는 당연히 그리스도와 세계와의 관계를 깊이 묵상하고 실천해야 한다.
그리스도의 교회는 기독론에 근거하여 자연이해를 새롭게 하고, 자연과 새로
운 관계를 가져야 하며, 피조물은 그리스도와의 관계 속에서 중요한 가치를
지님을 인식하고 피조물의 치유에 힘써야 할 것이다. 이것이 그리스도의 몸인
교회의 우주적 차원의 인격의 의미다.

5. 성령과 교회: 성령의 전으로서의 교회

1) 교회의 생성과 성령

개혁파 정통주의 신학자 레이든은 교회를 "하나님의 말씀과 성령을 통해
세상으로부터 이 신앙과 성결로 부름받은"195) 공동체로 정의한다. 개혁파 정
통주의 학자인 하이데거 역시 "교회는 하나님이 말씀과 성령을 통하여 죄의
상태에서 영원한 영광을 받는 은혜의 상태로 부르신 선택되고 소명되고 신앙
하는 사람들의 회집 또는 집결체"196)로 규정한다. 이 모든 언급에서 필자가
주목하는 것은 바로 성령과 교회의 관계다.197) 간단히 말하면 교회는 성령의
부르심으로 만들어진 공동체라는 것이다. 성경은 성령 안에서 지어져 가는 하

194) WJC, 380.
195) H. Heppe, RD, 930
196) H. Heppe, RD, 930.
197) 이 항목과 다음의 항목에서 필자가 서술하고자 하는 것은 교회와의 연관성이다. 이 책의 주
제가 교회론이기 때문이다. 엄격히 말해서 성령은 교회와만 관련되어 있는 존재는 아니다. 하
나님과 그리스도, 인간 자연 세상 문화 등 모든 영역과 연관하여 성령을 논할 수 있다. 생명의
영이라고 말할 때도 그 생명은 모든 피조물의 생명으로 확장시킬 수 있다. 코이노니아 역시 마
찬가지다. 성령의 코이노니아는 매우 포괄적으로 논할 수 있다. 그러나 앞에서 그리스도를 교
회와만 연관시켰듯이 여기서도 성령을 교회로 제한하여 서술하고자 한다.

나님의 거주 처소로 교회를 말한다. "그의 안에서 건물마다 서로 연결하여 주 안에서 성전이 되어 가고 너희도 성령 안에서 하나님이 거하실 처소가 되기 위하여 그리스도 예수 안에서 함께 지어져 가느니라." (엡2:21-22) 교회는 성령 안에서 함께 지어져 간다. 이것은 오순절 사건으로 잘 증명된다. 오순절 사건은 제도적 가시적 교회를 만들어 내었다. 물론 당연히 교회의 토대는 예수 그리스도다. 그의 피와 그에 대한 선포의 토대 위에서 교회는 만들어졌다. 그러나 가시적 교회가 구체적으로 만들어진 것은 오순절 성령 사건 이후다. 오순절 성령사건은 요엘서에 예언된 하나님의 종말적 약속의 성취다. 오순절에 임한 성령은 "부활하신 주님을 증거하는 이 사역을 자신의 주목적으로 삼고 계시며, 회개하고 주님의 이름으로 세계를 받는 모든 자들에게 선물로 임하게 되었다. 이의 결과로, 하나님이 새로이 창조하신 종말의 때의 새 백성 곧 교회가 탄생하게 된다."[198] 즉, 오순절 성령세례를 경험한 제자들은 "함께 모여 하나님을 경배하고 교제하며 세례를 베풀고, 모든 소유들을 공유하게 되는 새로운 믿음의 공동체를 형성하게"[199] 되었다. 이후의 사도행전의 성령세례 사건도 마찬가지다. 복음이 예루살렘에서 사마리아로 건너가게 되고 거기에도 성령이 임하게 되었고 결국 사마리아 교회공동체들이 생겨나게 되었다.[200] 성령의 역사는 에베소, 안디옥에서도 일어나고 거기에도 역시 교회가 만들어졌다.[201]

여기서 언급고자 하는 것은 교회생성과 삼위일체 하나님과의 관계다. 성령에 의해 교회가 만들어졌다는 말이 오로지 성령만이 교회의 생성에 관여하였다는 의미는 아니다. 이미 앞에서 교회는 하나님의 백성이며, 그 원형이 이미 구약의 하나님의 계약백성인 이스라엘임을 지적하였다. 그러므로 교회는

---

198) 이승현, 『성령』, 킹덤북스, 용인, 2018, 237.
199) 위의 책, 242.
200) 위의 책, 243.
201) 위의 책, 244.

결코 그 형성에 있어서나 보존과 성장에 있어서 하나님을 배제하고 설명이 불가능하다. 그리스도와의 관계에 있어서도 마찬가지다. 교회는 그리스도의 몸이며, 그리스도의 십자가와 부활로부터 생성되었다고 볼 수 있기 때문이다. 마태는 "내가 네게 이르노니 너는 베드로라 내가 이 반석 위에 내 교회를 세우리니 음부의 권세가 이기지 못하리라"(마16:18)고 선언하며 교회를 예수 자신의 말로 "내 교회"라고 표현하였다. 바르트는 교회를 "하나님에 의해 예수 그리스도 안에서 선택받은 공동체"[202]라고 칭하였다. 교회의 시작이라고 말할 수 있는 오순절의 성령임재는 매우 특이한 사건이다. 현장에 있던 모든 제자들은 성령의 놀라운 은사를 경험하였다. 성령의 임재로 그들은 불안과 두려움에서 해방되어 역동적 기쁨의 공동체가 되었다. 회개와 구원의 수의 성장과 기적이 나타났다. 이 모든 것이 성령의 역사임을 그들은 분명히 인식하였다. 그럼에도 그들의 선포는 전적으로 예수 그리스도의 십자가와 부활이며, 이것은 하나님에 의해 일어난 사건임을 고백하는 내용이 전부였다. 왜 그들은 성령의 역사를 통해 교회가 지어져감을 인식했음에도 선포의 핵심은 예수였는가. 그것은 바로 성령의 작용이요, 성령의 역사였기 때문이다. 즉 그 성령은 다름 아닌 그리스도의 영이시기 때문이다. 성령은 그리스도의 객관적 부활사건에 교회공동체로 하여금 주관적으로 참여하게 하시는 영이시다. 동시에 성령은, 하나님께서 일으키신 그리스도의 부활사건을 증언하려 하나님이 보내신 증언자이시다. 그러므로 그리스도의 부활 없이 교회는 존재할 수 없으며, 성령의 임재 없이 교회가 가능할 수 없으며, 하나님의 선택과 부르심없이 교회는 만들어질 수 없다. 그리스도 안에서의 하나님의 선택이 교회의 근원이며, 예수 그리스도의 부활이 교회의 터전이며, 성령의 현존이 예수 그리스도의 몸인 교회를 역사적-지상적으로 현존케 하는 능력이시다. 그러므로 하나님이 그리스도 안에서 성령을 통하여 교회를 세우셨다고 말하는 것이 적절할 것

---

202) K. Barth, KD II/2, 황정욱 옮김, 『교회교의학』 II/2, 대한기독교서회, 2007, 214.

이다.

2) 생명의 영의 현존과 교회의 생명의 선교

교회는 성령에 의하여 만들어진 공동체일 뿐만 아니라 성령께서 거하시는 곳이다. 그러므로 성경은 "너희는 너희가 하나님의 성전인 것과 하나님의 성령이 너희 안에 계시는 것을 알지 못하느냐" (고전3:16), "너희 몸은 너희가 하나님께로부터 받은 바 너희 가운데 계신 성령의 전인 줄을 알지 못하느냐 너희는 너희 자신의 것이 아니라 값으로 산 것이 되었으니 그런즉 너희 몸으로 하나님께 영광을 돌리라" (고전 6: 19-20)라고 말한다. 분명한 것은 교회는 구원받은 사람들의 모임이다. 그러므로 성령의 내주는 하나님의 백성인 교회 공동체에 거하시며, 그들을 보호하시며 양육하시며 그들을 인도하신다는 것을 의미한다.[203] 웨스트민스터 신앙고백서는 성령론 항목에서 다음과 같이 고백한다. "성령이 내재함으로써 모든 신자는 먼저 머리이신 그리스도에게 강하게 결합이 되며 그리스도의 몸이신 교회 안에서 서로 연합이 된다. 그는 그의 교역자들을 부르고 그들의 거룩한 일을 위하여 기름을 부어 주신다. 그리고 그들의 특수한 일을 위하여 교회 안에서의 모든 다른 직책을 위한 자격을 준다. 또한 그의 회원에게 여러 가지 은사와 은총을 부여해 준다. 그에 의해서 교회는 보존되고 증가되고 성결케 되어, 마지막에는 하나님 앞에서 완전히 거룩하게 된다."(34조 4항)

한국교회는 성령이라는 말을 주로 성령충만이나 성령의 은사와 연관시킨

---

203) K. Barth, KD IV/2, 최종호 옮김, 『교회교의학』 IV/2, 대한기독교서회, 2012, 934: "성령은 공동체를 자라나게 하고 살아가게 하면서 공동체를 보존시키고 있다." 바르트는 화해론에서 교회의 보존을 길게 설명하고 있다. 교회는 내적 위기를 겪는데 이 위기에도 불구하고 교회는 결코 쓰러지지 않고 보존된다. 예수 그리스도가 쓰러지지 않기 때문이며, 교회는 예수 그리스도의 몸이며, 그분의 "지상적-역사적 실존형식"이기 때문이다(KD IV/2, 936). 교회가 어려운 위기 속에서도 불안해지지 말아야 할 이유는 "이 세상에 실존하는 공동체가 불안해 할 이유가 없어서가 아니라, 이 불안해 할 이유를 전적으로 극복할 반대이유가 있기 때문에, 즉 그 분이 이 세상을 극복하였음으로 인해(요16:33)"(KD IV/2, 937)서다.

다. 성령의 임재를 단순히 어떤 감정의 충만이나 기분의 상승 상태로 생각하기도 한다. 그러나 성령의 사역은 매우 다양하다. 그는 자유와 해방과 중생의 영이며, 기쁨과 희망의 영이며, 공의와 칭의와 심판과 성화의 영이며, 사랑과 평화와 화해의 영이며, 위로와 회복의 영이며, 창조와 새창조의 영이다. 하나님의 영이며, 그리스도의 영이다. 그러나 가장 일반적인 성령에 대한 호칭은 생명의 영이시다. 교회가 성령의 전이라는 개념은 이러한 영이 교회공동체 안에 거하신다는 의미다. 이와 관련한 몇 가지 함의를 생각해보고자 한다.

성령은 인간 뿐 아니라 모든 만물에 생명을 주시는 분이시다. 쉽게 말하면 생명을 살리는 영이다. 그는 주님이시고 생명의 부여자이며 (Symbolum Nicaeno-Constatinopolitanum: credo (…) in Spíritum Sanctum, Dóminum et vivificántem) 생명의 근원이시다. 중세 여성 신비주의자인 빙엔의 힐데가드 (Hildegard von Bingen)는 생명의 영에 대해 이렇게 노래한다. "성령은 살리는 생명이시요, 만물을 움직이시는 자와 모든 피조물의 근원이시다. 성령은 더러운 만물을 깨끗케 하시며, 성령은 죄악을 제거하시며, 성령은 상처에 기름을 발라 주신다. 성령은 빛나는 생명이시요, 찬양을 받기에 족하시며, 만물을 깨우시고 다시 일으키신다."[204] 생명의 영, 살리는 영에 대한 이러한 이해는 다름 아닌 성경에서 나온 것이다. "내가 또 내 영을 너희 속에 두어 너희가 살아나게 하고 내가 또 너희를 너희 고국 땅에 두리니 나 여호와가 이 일을 말하고 이룬 줄을 너희가 알리라 여호와의 말씀이니라" (겔37:14) "주께서 주신즉 그들이 받으며 주께서 손을 펴신즉 그들이 좋은 것으로 만족하다가 주께서 낯을 숨기신 즉 그들이 떨고 주께서 그들의 호흡을 거두신즉 그들은 죽어 먼지로 돌아가나이다 주의 영을 보내어 그들을 창조하사 지면을 새롭게 하시나이다."(시 104:28-30) 에스겔 구절에서 우리가 주목할 것은 하나님의 영의 공

---

204) J. Moltmann, Die Quelle des Lebens, Der heilige Geist und die Theologie des Lebens, 이신건 옮김, 『생명의 샘』, 대한기독교서회, 2000, 77에서 재인용.

동체적 사역이다. 우리는 대체로 성령의 사역을 개인에게 국한시키는 경향이 있다. 개인의 성화, 개인의 칭의, 개인의 중생 등과 같이 말이다. 그러나 성령은 개인에게만 역사하시는 영이 아니다. 하나님은 그의 영을 그의 백성에 두어 그들을 회복하시고 살아나게 하신다.[205] 신약에서의 하나님의 백성은 교회다. 성령은 교회를 살리시며 회복시키시는 영이다. 교회의 아픔과 상처를 치유하시며 위로하신다. 그가 교회에 거하시지 않고 교회를 외면하신다면 교회는 먼지로 돌아갈 뿐이다. 교회는 성령으로 말미암아 존속하며, 끊임없이 생명을 보장받는다. 그러므로 하나님의 영의 공동체인 교회는 생명의 공동체이며 생명의 영의 사역을 이 땅에서 이루어 나가는 공동체이다. 성령의 사역에 참여하는 그리스도인들과 교회는 진심으로 생명을 사랑하시는 하나님의 영의 생명보존의 사역에 동참하여야 한다.

이것을 우리는 교회의 생명의 선교라고 말할 수 있을 것이다. 물론 생명의 선교의 주체는 성령이시다. 그 이유는 "성령은 생명의 샘이기 때문이고, 이 세상 안으로 생명, 온전한 생명, 충만한 생명, 상처받지 않고 파괴되지 않는 영원한 생명을 가져오기 때문이다."[206] 또한 "하나님의 영이 이 세계 안으로 그리스도를 보내기 때문이고, 그리스도가 인격으로 온 부활과 생명이기 때문이다."[207] 동시에 "그리스도와 함께 파괴될 수 없는 생명이 밝히 드러났으며, 그리스도를 이 세계로 보낸 생명의 영은 부활의 능력이 되어 우리에게 새로운 생명을 가져오기 때문이다."[208] "여기서 죽음을 이기는 생명의 기쁨과 영원한

---

205) "내가 너희를 여러 나라 가운데에서 인도하여 내고 여러 민족 가운데에서 모아 데리고 고국 땅에 들어가서 맑은 물을 너희에게 뿌려서 너희로 정결하게 하되 곧 너희 모든 더러운 것에서와 모든 우상 숭배에서 너희를 정결하게 할 것이며 또 새 영을 너희 속에 두고 새 마음을 너희에게 주되 너희 육신에서 굳은 마음을 제거하고 부드러운 마음을 줄 것이며 또 내 영을 너희 속에 두어 너희로 내 율례를 행하게 하리니 너희가 내 규례를 지켜 행할지라 내가 너희 조상들에게 준 땅에서 너희가 거주하면서 내 백성이 되고 나는 너희 하나님이 되리라" (겔 36: 24-28)
206) Moltmann, 『생명의 샘』, 34.
207) 위의 책, 34.
208) 위의 책, 34.

생명의 능력이 체험된다."[209] 하지만 여기서 언급하고자 하는 것은 성령의 선교는 교회의 선교를 통해 성취되고 구현된다는 점이다. 하나님이 만들어 가시는 하나님의 나라가 교회와 분리되어 있지 않듯이 말이다. 누가는 "주를 섬겨 금식할 때에 성령이 이르시되 내가 불러 시키는 일을 위하여 바나바와 사울을 따로 세우라 하시니 이에 금식하며 기도하고 두 사람에게 안수하여 보내니라 두 사람이 성령의 보내심을 받아 실루기아에 내려가 거기서 배 타고 구브로에 가서"(행13:2-4)라고 성령의 파송과 교회의 응답을 생생히 기록하고 있다. 성령은 영원한 생명과 예수 그리스도의 부활의 선포를 위해 우리를 교회로 부르시고, 세상으로 보내시는 분이시다. 그러므로 사도행전은 곧 교회의 선교에 대한 기록이기도 하다. 성령은 자신의 생명의 사역을 위하여 교회를 부르시고 파송하셨기 때문이다.[210] 성령의 임재 공동체로서 교회는 이와 같은 성령의 생명의 선교에 참여해야 한다. 부활과 생명으로 오신 예수 그리스도의 삶에 참여하며 그를 선포하며 그의 증인이 되어야 한다. "애통하는 자를 위로하는 일, 병든자를 고치는 일, 나그네를 영접하는 일과 죄인을 용서하는 일, 즉 위협받고 상처받는 생명을 파괴의 세력으로부터 건져내는 일"[211]과 같은 생명의 복음을 전하고 실천하는 일에 힘써야 한다. 또한 "생명을 다시 끔찍이 존중

---

209) 위의 책, 34.
210) 바르트는 "성령과 기독교 공동체의 파송"에 대해 다음과 같은 명제로 정리한다. "성령은 살아계신 주님이신 예수 그리스도를 밝게 비추는 힘이다. 그 힘으로 그리스도는 자신에 의해서 부름을 받은 공동체에게, 곧 자신의 몸에, 더 자세히 말하면 자신의 고유한 현세적-역사적 실존 형식에, 자기는 자신의 예언자적인 말씀과 그와 더불어 그리스도 안에서 일어난 인간 세상 전체에 대한, 아니 모든 피조물에 대한 소명을 우선적으로 진술하는 일을 위임했다는 것을 인정한다. 성령은 이러한 일을, 자신의 백성인 부름 받은 공동체를 모든 백성들 가운데 보냄으로써 이루신다: 즉 부름 받은 공동체가 자신들의 편에서는 그리스도를 모든 사람들 앞에서 고백하고, 기독교 공동체 모두는 예수 그리스도에게로 부름을 받았고, 그래서 모든 세상에 예수 그리스도 안에서 체결된 하나님과 인간 사이의 계약이 자신들의 역사의 처음과 마지막 의미라는 것과 그 의미에 대한 미래적 계시는 지금 여기에 이미 실제적으로 살아있는 그들 공동체의 커다란 희망이라는 것을 널리 알리도록 위임함으로써 이루신다." (KD, IV/3, § 72 명제문장, 김재진, 『칼바르트 신학해부』, 한들, 1998, 382에서 인용).
211) Moltmann, 36.

하고 사랑함으로써, (…) 죽음과 또 죽음을 퍼뜨리는 모든 세력들에게 대항"212)할 수 있어야 한다. 교회는 "생명이 있는 곳, 폭력과 죽음이 생명을 위협하는 곳, 삶의 용기가 상실되어 삶이 위축된 곳이라면, 그 어디서나 생명의 선교를"213) 시작해야 한다.

3) 위로와 기쁨의 영과 교회

교회의 영이신 성령은 교회를 잉태하고 교회 안에 거하시며 교회를 양육하시며 살리시고 보호하는 영이라면, 우리는 성령을 "교회의 어머니"로 비유할 수 있을 것이다. 몰트만에 의하면 성령의 경험은 태어남 혹은 다시 태어남의 경험이다. 이것은 성령을 어머니 상으로 표현할 수 있다는 것이다.214) "신자들이 성령으로 말미암아 '새로 태어난다'면 성령은 하나님 자녀들의 '어머니'이며, (…) 성령이 '위로자'라면, 그는 '어머니가 위로하는' 것처럼 위로한다."215) 이것은 "언어적으로 볼 때 히브리적인 야웨의 루아흐의 면모와 일치한다."216) 이사야 61장 1-4절은 이를 잘 말해준다. "주 여호와의 영이 내게 내리셨으니 이는 여호와께서 내게 기름을 부으사 가난한 자에게 아름다운 소식을 전하게 하려 하심이라 나를 보내사 마음이 상한 자를 고치며 포로 된 자에게 자유를, 갇힌 자에게 놓임을 선포하며 여호와의 은혜의 해와 우리 하나님의 보복의 날을 선포하여 모든 슬픈 자를 위로하되 무릇 시온에서 슬퍼하는 자에

---

212) Moltmann, 36.
213) 위의 책, 37.
214) J. Moltmann, Der Geist des Lebens, 김균진 옮김, 『생명의 영』, 몰트만선집 5, 대한기독교서회, 2017, 244.
215) Moltmann, 『생명의 영』, 244. J. Moltmann, In der Geschichte des dreieinigen Gottes, 이신건 옮김, 『삼위일체와 하나님의 역사』, 대한기독교서회, 1998, 141: "1. 그는 요한복음 14장 26절을 이사야 66장 13절을 다음과 같이 해석한다: 성령은 어머니가 위로하듯이 너희를 위로할 보혜사, 약속된 위로자이다. 2. '새로 태어나는' 자만이 하나님의 나라를 볼 수 있을 것이다. 인간은 영으로부터 새로 태어난다.(요 3:3-6). 그러므로 신자들은 '영의 자녀들'이다. 영은 그들의 '어머니'다."
216) Moltmann, 『생명의 영』, 245.

게 화관을 주어 그 재를 대신하며 기쁨의 기름으로 그 슬픔을 대신하며 찬송의 옷으로 그 근심을 대신하시고 그들이 의의 나무 곧 여호와께서 심으신 그 영광을 나타낼 자라 일컬음을 받게 하려 하심이라." 이 본문에 의하면, 하나님의 영은 "마음 상한 자를 고치며" "슬픈 자를 위로하고" "기쁨의 기름으로 그 슬픔을 대신하며" "찬송의 옷으로 그 근심을 대신하게" 하시는 기쁨과 위로와 치료의 영이시다. 하나님의 백성과 함께하시는 하나님의 영은 새로운 하나님의 백성인 교회를 위로하며 기쁨의 공동체로 만드신다.

그런데 지금의 교회는 기쁨의 사람들인가. 하나님 나라를 향하여 가는 순례공동체인 하나님의 백성은 순전한 행복 공동체인가. 여전히 교회는 위기 속에 있고, 분열 속에 있고, 아픔과 상처 속에 있고, 기쁨을 상실한 공동체인 것처럼 느껴진다. 세속과 물질의 위협이, 우상의 위협이, 불안과 절망의 광야의 위협이, 하나님의 침묵의 무게가 하나님의 백성을 주저 않게 하고 뒤돌아가게 한다. 가나안은 아직도 먼데. 그러나 분명한 것은 하나님의 영은 하나님의 백성과 항상 함께 걸으며, 함께 슬퍼하며 함께, 하나님의 순례의 백성이 하나님 나라를 향하여 가도록 인도한다는 사실이다. 성령은 신실하신 하나님의 영이시며, 몸인 교회의 머리가 되시는 그리스도의 영이기 때문이다. 그러므로 교회는 믿음과 사랑과 소망의공동체이며 기쁨과 위로의 공동체이다. 교회 안에서 하나님의 영으로부터 오는 위로와 기쁨을 체험할 수 있어야 한다. 동시에 성령의 전인 교회는 상하고 찢긴 사회와 세상에 위로를 줄 수 있어야 하며, 치료하고 회복케 하는 하나님의 영을 경험할 수 있게 해야 한다. 한마디로 말하자면 교회는 세상을 위로하고 치유하고 감싸 안는 어머니의 모습을 보일 수 있어야 한다. 이것이 성령의 전으로서의 교회의 한 모습이다.

4) 생명의 영과 교회의 영적, 양적 성장

생명과 살아있음은 곧 성장을 의미한다. 이미 말한 대로 생명의 영, 살리는 영이 함께하는 공동체는 살아있는 유기체적 공동체이며 곧 성장하는 공동체를 의미한다. 바르트의 주장대로, "성장이란 살아 있다고 하는 생명의 진정한 표현이자 생명의 실행이며 생명의 신호이기도 하다. 이 힘은 공동체가 내주하는 생명의 힘이다. (…) 예수는 공동체에 내주하고 내재하는 살아 있는 힘이다. 이 힘 속에서 공동체는 자라나고 있고, 이 힘 속에서 공동체로 살아가기도 한다."217) 앞에서도 언급하였으나, 성장과 성숙에 관한 성경 구절을 다시한 번 인용하고자 한다. "그의 안에서 건물마다 서로 연결하여 주 안에서 성전이 되어 가고 너희도 성령 안에서 하나님이 거하실 처소가 되기 위하여 그리스도 예수 안에서 함께 지어져 가느니라." (엡2:21-22) 이 구절에서 특히 주목하고 싶은 표현은 "성전이 되어가고"와 "함께 지어져간다"는 단어다. 이것은 하나님의 집 혹은 처소로 완성 되어감을 의미한다. 지어져 간다는 것은 성장의 의미를 포함하고 있다. 칼빈도 이 구절을 성장의 개념으로 해석하고 있다. "바울이 에베소 사람에게 한 맨 그리스도의 터 위에 세워진 이상 그리스도를 믿는 신앙으로 더욱 더 성장하여 하나님께서 복음을 통해 세계 도처에 세우시는 새 성전의 일부가 되라고 권면한 말씀"218)이라는 것이다. 에베소서 4장15절은 "오직 사랑 안에서 참된 것을 하여 범사에 그에게까지 자랄지라 그는 머리니 곧 그리스도라"고 표현한다. 그리스도의 교회는 성령 안에서 그리스도에게까지 자라가게 된다는 것이다. 갈라디아서 5장 22절은 성령의 열매를 언급하고 있다. 이것은 "성장에 대한 사고를 암시한다."219) 열매는 갑작스러운 결과가 아니라 성장과정의 최종 단계이다. 그러므로 성령의 열매는 "영적 성장의 지속적인 과정"220)이다. 그 영적성장은 "성령에게 습관적으로, 전적으로 우리 자신을 복종시키고, 성령의 인도를 받으며, 매일 매시간 성령 안에서 행

---

217) K. Barth, KD IV/2, 최종호 옮김, 『교회교의학』 IV/2, 대한기독교서회, 2012, 899-900.
218) J. Calvin, 『신약성서 주해』, Vol. 9, 성서교재간행사, 306
219) A. Hoekema, Saved by Grace, 이용중 옮김, 『개혁주의 구원론』, 부흥과개혁사, 2012, 67
220) 위의 책, 67.

하며 살아가는 것을 의미한다. 그렇게 할 때 이 모든 미덕[아홉 가지 열매]이 우리 안에서 함께 자라나게 될 것이다."221) 여기서 중요한 것은 바로 이 영적 성장이 그리스도인 개개인에게만 해당되는 말이 아니라는 점이다. 성령의 공동체 전체가 추구해야 할 목표이기도 하다. 교회는 그리스도의 삶에 참여하는 공동체가 되어야 하며, 성령 안에서 살아가야 하며, 성령의 열매를 맺어가야한다. 그리고 이 성장은 시간적으로 종말론적 과정이므로 교회는 하나님 나라를 지향하는 성장의 과정을 걸어야 한다.

여기서 우리는 부가적으로 영적성장이 아닌 양적 성장에 대해서 생각해보고자 한다. 특이하게도 사도행전의 저자인 누가는 교회의 수적, 외적 확장에 상당한 관심을 보인다.222) 누가는 "신약성서의 제자들 중에서 유일하게도 공동체의 숫자적 증가에 대해 확실한 관심을 보이고 있는 유일한 기자"223)다. 이러한 누가의 관심을 바르트는 정확히 지적해내고 있다.

이러한 성장과 성장의 힘을 특별히 최선을 다해 강조해주고 있는 곳은 사도행전이다. (…) 사도행전 2:41에 의하면 대략 3000명의 사람들이 베드로가 행한 오순절 설교를 계기로 해서 회개하여 공동체 속에 숫자적으로 더해지고, 그리하여 그들이 말씀을 받아들여 세례를 받게 되었다. 또한 사도행전 2:47은 공동체가 즐거이 하나님을 찬양하게

---

221) 위의 책, 67.
222) "그 말을 받은 사람들은 세례를 받으매 이 날에 신도의 수가 삼천이나 더하더라" (행2: 41) 사도행전은 오순절 사건의 결과를 다음과 같이 보고하고 있다. "날마다 마음을 같이하여 성전에 모이기를 힘쓰고 집에서 떡을 떼며 기쁨과 순전한 마음으로 음식을 먹고 하나님을 찬미하며 또 온 백성에게 칭송을 받으니 주께서 구원 받는 사람을 날마다 더하게 하시니라"(행 2:46-47) "말씀을 들은 사람 중에 믿는 자가 많으니 남자의 수가 약 오천이나 되었더라"(행 4:4). "하나님의 말씀이 점점 왕성하여 예루살렘에 있는 제자의 수가 더 심히 많아지고 허다한 제사장의 무리도 이 도에 복종하니라"(행6:7). "그리하여 온 유대와 갈릴리와 사마리아 교회가 평안하여 든든히 서 가고 주를 경외함과 성령의 위로로 진행하여 수가 더 많아지니라"(행9:31) "주의 손이 그들과 함께 하시매 수많은 사람들이 믿고 주께 돌아오더라"(행11:21). "바나바는 착한 사람이요 성령과 믿음이 충만한 사람이라 이에 큰 무리가 주께 더하여지더라"(행11:24). "이에 여러 교회가 믿음이 더 굳건해지고 수가 날마다 늘어가니라" (행16:5).
223) KD IV/2, 894.

되니 그 결과로 주께서 날마다 그러한 구원받은 자를 더해 주심을 보고하고 있다. 그래서 사도행전 4:4에 의하면 말씀을 듣고 신앙을 받아들이게 된 사람들의 숫자가 5,000명으로 껑충 뛰어 오르게 되고, 사도행전 6:1에 가서는 공동체의 무리가 급증되었던 나머지 공동체 내의 제도적인 문제가 발생하게 되었음과 이를 위하여 스데반과 그의 동료들이 나서야 할 판국이 도래했음을 보도하고 있다. 그리하여 사도행전 6:7로 넘어오게 되면서, 제자들의 숫자가 늘어나게 되었음을 보이는가하면 급기야는 제자들이 박해를 받게 되는 상황에까지 와서 스데반이 그리스도교의 첫 순교자로서 쓰러지게 됨을 증언하고 있다. 사도행전 6:7에서 표현되고 있는 괄목할 만한 구절은 '하나님의 말씀이 점점 왕성하여 제자의 수가 더 심히 많아지고'이다. 이렇게 말씀이 자란다는 말씀은 사도행전 12:24에서 또 나타나면서, 사도행전 19:20에 가서는 급기야 말씀이 힘을 얻고 있다고 표현되고 있으니, 그 뜻은 그러한 능력 있는 말씀의 증거가 점점 더 많이 증가되는 사람의 숫자를 획득하고 있다는 의미였다. 그와 같은 맥락에서 사도행전 16:5에서도 소아시아에서 공동체의 신앙이 굳건해져서 그 공동체의 숫자가 날마다 증가되고 있다고 말하고 있다.[224]

물론 여기서의 핵심은 양적 성장 그 자체에 있지 않다. 양적 성장은 성령의 역사의 결과일 뿐이다. 그래서 사도행전은 한결같이 "교회를 수적으로 성장시키기 위하여" 성령 충만을 간구했다거나 노력했다고 말하지 않고, 성령의 역사의 결과로 주어졌다고만 말하고 있다. 그러므로 교회는 오로지 복음과 그리스도를 증언하는 일과 하나님 나라를 선포하는 일을 목표로 해야 한다.[225] 바르트의 말대로, "교회는 많은 그리스도인의 소집이라는 양적인 문제보다는, 어떻게 해야 지금 진정한 그리스도인으로 만들 것이며, 또한 어떻게 해야 미래의 진정한 그리스도인들이 될 수 있도록 할 것인가에 대한 문제가 교회의 관건이 되어야 할 것이다. 더 나아가 그리스도인들의 질적인 측면을 고양함을 교회의 큰 과제로 삼고, 그러한 방향으로 움직이며 증진해 나가야 할 것이다.

224) KD IV/2, 891-2. 이외에도, KD, IV/2, 888, 899.
225) KD, IV/2, 893.

그러나 질적인 것과 양적인 것에 앞서, 그 양자보다 더 우선적인 것은 교회가 그 모임 자체의 목적대로 성실히 자신의 고유의 임무를 수행해 나아가야 하는 것이다."[226] 그럼에도 잊지 말아야 할 것은 사도행전이 결코 교회의 양적 성 장을 부정적으로 바라보지 않는다는 점이다. 누가가 교회의 수적 확장을 반복 적으로 언급하고 있는 것은 "공동체가 자라나고 늘어나야 하는 것이 그만큼 중요했기"[227] 때문이다.

5) 성령의 코이노니아와 교회

사도신경은 "성도의 교제" (communio sanctorum)를 믿는다(credo)고 고 백하고 있으며, 하이델베르크 신앙고백서는 55항에서 성도의 교제를 다루고 있고,[228] 웨스트민스터 신앙고백서도 26장에서 성도의 교제를 길게 다루고 있다.[229] 에큐메니칼 운동에서도 코이노니아를 핵심 화두로 삼았다.[230] 가톨

---

226) KD, IV/2, 894.
227) KD, IV/2, 892.
228) "첫째, 믿는 사람은 누구나 다 주 그리스도와 그의 모든 보화와 선물을 나눠 받을 것을 믿는 다. 둘째, 각자가 그 선물을 언제나 기쁨으로 다른 지체의 유익과 구원을 위하여 써야 할 것임 을 생각해야 한다는 말이다." (이장식, 『기독교신조사』, 1권, 114)
229) 웨스트민스터 신앙고백서 26장(성도의 교제에 관하여)을 소개하면 다음과 같다. 분량 상 성 경구절은 생략하였다. "1. 성령과 믿음으로써 머리가 되시는 예수 그리스도에 결합이 된 모든 성도는 그리스도의 은총과 고난과 죽음의 부활과 영광 안에서 그와 교제를 가진다. 그리고 성 도들끼리는 사랑으로 서로 결합이 되어 있어서 각자가 받은 은사와 은총을 나눈다. 그들은 내 적으로나 외적으로나 사적으로나 공적으로 상호간의 선을 이루기 위한 의무를 행해야 한다. 2. 공적으로 성도의 생활을 하겠다고 공포한 성도는 하나님께 대한 예배에 있어서 거룩한 교 제와 교통을 지속할 의무가 있다. 또한 상호간에 덕을 세우는 것에 도움이 될 수 있는 다른 영적 봉사를 해야 한다. 그리고 물질적으로도 각자의 능력과 필요성에 의해서 서로 도와야 한다. 하 나님이 부여해 주신 이 교제는 어느 곳에서든지 주 예수의 이름을 부르는 모든 사람에게까지 확장되어야 한다. 3. 성도들이 그리스도와 더불어 가지는 이 교제는 그들로 하여금 그리스도 의 신성의 본체에 참여할 수 있다든가 어떤 면으로나 그리스도와 동일하다는 것을 의미하는 것은 절대로 아니다. 이것을 인정한다면 그는 불경건하거나 하나님을 욕하는 것을 스스로 증 명하게 되는 것이다. 또는 성도가 서로 가지는 이 교제는 각자가 소유하는 감투나 소유를 탈취 하거나 깨뜨리지는 않는다."(대한예수교장로회 헌법 교리 편에서 인용)
230) 제5차 신앙과 직제 세계대회 문서, "코이노니아와 교회일치 운동", 『기독교사상』 37(8), 1993, 80-130 (이하 "신앙과직제문서"로 약칭함). 로마 가톨릭과 오순절 운동 사이의 연합 운

릭의 제 2바티칸 공의회 문서의 중심 주제 역시 "코이노니아로서의 교회"다.[231] 신학적으로 코이노니아는 성령에 귀속시킨다. 코이노니아를 성령의 코이노니아로 부르는 이유가 여기에 있다. 성령의 경험은 곧 코이노니아 경험이기 때문이다.[232] "성령은 그의 사귐 [코이노니아] 속에서 분명히 자기 자신을 내어 준다. 그는 스스로 신자들과의 사귐 속에 등장하며 그들을 자기의 사귐 속으로 받아들인다."[233] 몰트만은 이것을 성령의 "사귐의 능력"[234]이라 부른다. 한 마디로 말하면, 성령은 코이노니아의 영이다. 성령의 코이노니아는 이미 성경에 잘 증언되어 있다. 사도행전의 교회는 성령강림 이후 서로 교제하고 떡을 떼는 공동체적 사귐의 모습을 보여준다. 이것은 결코 우연이 아니다. 세속적 동기 때문도, 이스라엘 해방이라는 정치적 동기 때문도, 집단적 공동체 생활을 갈망한 때문도 아니다. 사도들의 계획과 의도로 인한 것도 아니다. 모이기를 두려하던 이들이 코이노니아 공동체로 거듭난 것은 전적으로 성령의 역사일 뿐이다. 직접적인 언급은 없지만 사도행전의 교회의 코이노니아는 코이노니아 영의 임재 때문임은 분명하다.[235] 성령의 코이노니아라는 직접적인 표현은 삼위일체적 축도형식에 나타난다.[236] 이 축도 공식에서 은혜는 그리스도에게, 사랑은 하나님께, 코이노니아는 성령에 귀속되고 있다. 빌립보서 역시 직접적으로 성령의 교제를 언급하고 있다.[237] 그러므로 코이노

동 보고서, "Perspectives on Koinonia, Pneuma" The Journal of the Society for Pentecostal Studies, Vol 12, No.2 1990, 117-142.

231) P. Neuner, "The Church as Koinonia: A Central Theme of Vatican II", The Way, 30 no 3 Jul 1990, p 176-187.

232) J. Moltmann, Der Geist des Lebens. Eine Ganzheitliche Pneumatologie, 김균진 옮김, 『생명의 영』, 몰트만선집 5, 대한기독교서회, 2017, 333).

233) 위의 책, 333.

234) 위의 책, 333.

235) "그들이 사도의 가르침을 받아 서로 교제하고 떡을 떼며 오로지 기도하기를 힘쓰니라"(행 2:42).

236) "주 예수 그리스도의 은혜와 하나님의 사랑과 성령의 교통하심이 너희 무리와 함께 있을지어다" (고후13:13).

니아는 성령론의 핵심개념이다.

또한 성령의 코이노니아는 교회론의 핵심 개념이기도 하다. 그래서 교회를 "성령의 친교로서의 교회"[238], "그리스도 안에 있는 성령에 의한 교제"[239]로 정의한다. 또한 "코이노니아는 교회의 본질이며, 교회의 일치를 지키는 원리이고 동력이다. 교회는 하나님이 인간을 그리스와의 코이노니아로 부르심으로써 창조되었고, 그 교회 안에서 선포와 고백 그리고 성례전을 통하여 이 그리스도와의 코이노니아가 반복되며, 또 그를 통하여 교인들 상호간의 코이노니아가 이루어지는 장소이기 때문이다. 그러므로 교회는 코이노니아의 산물이자 동시에 코이노니아가 실제로 일어나는 장이다."[240] 따라서 코이노니아는 교회론적 성령론, 성령론적 교회론을 전개하는 데 매우 중요한 개념이라고 할 수 있다. 그러면 여기서 제기되는 질문은 바로 기본적인 질문, 코이노니아란 무엇인가, 성경은 코이노니아를 어떻게 설명하고 있는가 하는 것이다. 성경은 코이노니아에 대해 적지 않은 기록을 남기고 있는데, 일반적으로 참여, 사귐, 연합과 일치, 나눔 등의 의미를 가지고 있다. 이제 신약의 코이노니아 개념과 그 신학적 함의에 대해 좀 더 구체적으로 살펴보기로 한다.

첫째, 코이노니아는 성령을 통한 연합과 일치, 즉 하나 됨을 의미한다. 바울은 그리스도 안에서 하나될 것을, 다양한 지체들이 서로 도우며 하나될 것을, 인종과 사회적 신분과 성적 차별을 떠나 모든 신자들이 한 몸을 이룰 것을

---

237) "그러므로 그리스도 안에 무슨 권면이나 사랑의 무슨 위로나 성령의 무슨 교제나 긍휼이나 자비가 있거든 마음을 같이하여 같은 사랑을 가지고 뜻을 합하며 한마음을 품어 아무 일에든지 다툼이나 허영으로 하지 말고 오직 겸손한 마음으로 각각 자기보다 남을 낫게 여기고 각각 자기 일을 돌볼뿐더러 또한 각각 다른 사람들의 일을 돌보아 나의 기쁨을 충만하게 하라"(빌 2:1-4).

238) E.G. Jay, 『교회론의 역사』, 34

239) D. Migliore, Faith Seeking Understanding, 신옥수 백충현 옮김, 『기독교 조직신학 개론』, 새물결플러스, 2012, 433.

240) 조경철, "코이노니아의 성서적 이해. 사도바울의 이해를 중심으로", 『기독교사상』 37(8), 1993, 32-46, 32.

요청한다.[241] 로마의 신분사회에서 모든 사람의 하나됨, 한 몸 됨의 강조는 가히 혁명적 메시지라 아니 할 수 없을 것이다. 바울이 이렇게 교회의 하나됨을 강조한 것은 교회는 성령의 공동체이기 때문이다. 성령은 교회 안에서 역사하시는 코이노니아의 영이며, 하나 되게 하는 영이며, 하나로 묶는 사랑의 끈이다. 성령의 임재에는 차별과 배제가 없다.[242] 하나님의 영은 모든 육체에 부어졌다.(행 2:17-18) 약자나 힘없는 자들에게도, 남종이나 여종들에게도, 희망이 없는 자들에게도 동일하게 하나님의 영은 임했다.[243] "생명을 충만히 누리지 못하는 젊은이들과 이제는 충만한 생명에 참여하지 못하는 늙은이들이" 생명의 영을 체험하였다.[244] "성령 안에서 여자들과 남자들의 새로운 메시아적 공동체가 동등한 은사와 평등한 권리를 갖고 '장래 일을 말할 것이다.'"[245] 몰트만의 말대로, "하나님의 영은 사회적 차별을 존중하지 않고 오히려 이를 철폐한다. 그리스도교 안에서 일어난 영적 각성 운동들은 모두 이러한 성령체험의 사회 혁명적 요소들을 깨닫고 확산시켰다."[246] "코이노니아의 원동력으로서 성령은 아직도 분열 상태에 있는 사람들에게 온전한 사귐의 일치를 위한

---

241) "형제들아 내가 우리 주 예수 그리스도의 이름으로 너희를 권하노니 모두가 같은 말을 하고 너희 가운데 분쟁이 없이 같은 마음과 같은 뜻으로 온전히 합하라"(고전 1:10) "너희가 다 믿음으로 말미암아 그리스도 예수 안에서 하나님의 아들이 되었으니 누구든지 그리스도와 합하기 위하여 세례를 받은 자는 그리스도로 옷 입었느니라 너희는 유대인이나 헬라인이나 종이나 자유인이나 남자나 여자나 다 그리스도 예수 안에서 하나이니라"(갈3:26-28).

242) "평안의 매는 줄로 성령이 하나 되게 하신 것을 힘써 지키라 몸이 하나요 성령도 한 분이시니 이와 같이 너희가 부르심의 한 소망 안에서 부르심을 받았느니라."(엡 4:3-4) "몸은 하나인데 많은 지체가 있고 몸의 지체가 많으나 한 몸임과 같이 그리스도도 그러하니라 우리가 유대인이나 헬라인이나 종이나 자유인이나 다 한 성령으로 세례를 받아 한 몸이 되었고 또 다 한 성령을 마시게 하셨느니라."(고전12:12-13). J. Moltmann, In der Geschichte des dreieinigen Gottes, 이신건 옮김, 『삼위일체와 하나님의 역사』, 대한기독교서회, 1998, 139: "성령의 사귐 안에서 지배나 종속의 질서가 없는 인간들의 사귐, 사랑에 의해 해방된 남자들과 여자들의 사귐이 이루어진다."

243) J. Moltmann, 『생명의 샘』, 38.

244) 위의 책, 38.

245) 위의 책, 39.

246) 위의 책, 39.

목마름과 배고픔을 경험하게 한다. (…) 일치를 위해서 기도하고 행동하고 투쟁하는 과정에서 성령께서는 아픔 속에 있는 우리를 위로하시고, 우리의 분열 속의 자족 상태를 뒤흔드시고, 나아가서 참회로 이끄시고, 우리의 사귐이 무르익을 때 우리에게 기쁨을 선사하신다."[247] 그러므로 성령의 전으로서 교회는 교회의 하나됨을 방해하는 모든 요소들을 추방하여야 할 것이며 하나님의 형상인 인간을 억압하고, 하나님의 피조물인 자연을 착취하는 모든 사회적 요소들에 저항해야 할 것이다.

오늘날 교회의 현실은 어떤가. 교회 안에서의 다양한 충돌과 갈등이 존재한다. 교회와 교회 사이에도 인종과 성별, 연령과, 문화 피부색에 따라 분열되어 있고,[248] 교회는 정치적 요인과 문화 종교적 요인과 신학의 차이 때문에 나뉘어져 있다.[249] 때로는 여러 이유로 분열을 합리화하기도 한다.[250] 그러나 교회안의 분열과, 교회와 교회 사이의 분열을 우리는 어떤 이유로도 정당화해서는 안 된다. 분열에 앞장선 자들도 잘못이거니와 막지 못한 것도 잘못이다. 그러므로 "분열을 지양하는 첫 번째 발걸음은 교회의 주이신 하나님과 형제 앞에서 죄를 고백하고 용서를 구하는 것이 되어야 한다."[251] 둘째는 교회의 여러 다양한 현실을 인정하는데서 시작하여 하나됨을 추구하는 방향으로 나아가야 한다. 현실교회에는 예배 형식의 다양성, 신앙형태의 다양성, 정치조직과 질서의 다양성이 존재한다. "신약성서의 관점에서 보면, 하나의 교회의 상이한 역사적 형태들이 존재한다. 이러한 상이한 형태들은 모두 적절한 것이다. 그들은 모두 하나의 교회를 상이한 관점에서 상이하게 형성한 형태들이다. 이러한 상이한 교회들이 서로를 인정하는 한, 교회들이 다른 교회 내에서

247) 신앙과 직제문서, 91-2.
248) 신앙과 직제문서, 89.
249) H. Küng, 교회, 396-399.
250) 위의 책, 402-406.
251) 위의 책, 407.

도 동일한 하나의 교회를 인식하는 한, 교회들이 교회 공동체, 특히 예배와 성만찬 공동체를 함께 유지하는 한, 교회들이 서로 돕고 협력하며 곤궁과 박해에 공동의 보조를 취하는 한, 교회의 다양성이 문제될 것은 아무것도 없다."[252] 큉의 말대로 상이성이 문제가 아니라 배타적 상이성이 문제다.[253] 그러나 다양성의 인정이 진리를 넘어서는 것, 예수 그리스도를 넘어서는 것이어서는 안 된다. 교회의 코이노니아의 규범은 예수 그리스도의 은혜와 하나님의 사랑과 성령의 교제여야 한다. 지금까지 에큐메니칼 운동은 교회의 코이노니아를 위한 요소들을 찾으려 노력을 기울여 왔다. "사도적 신앙의 공동 고백, 세례의 상호인정, 성만찬을 함께 나눔, 교역 제도의 상호인정과 화해, 선교와 봉사에서 공동 증언, 그리고 가르침과 의사결정에서 공동 협의 구조들"[254]이 그러한 것들이다. 정리하자면, 성령의 전으로서의 교회는 교회 안에서의 하나 됨을 추구해야 하며, 교회와 교회의 연합과 일치를 추구해야 하며, 세상 속에서 사랑과 평화의 끈이 되어야 한다. 이를 위하여 코이노니아의 영이신 성령의 도우심을 구해야 할 것이다.

둘째, 코이노니아는 삼위일체 하나님의 사귐을 전제로 하며, 삼위일체 하나님에의 참여를 의미한다.[255] 삼위일체 하나님의 본질은 나눔과 사랑과 교류다. 이것을 우리는 사귐(코이노니아)의 삼위일체론이라 부를 수 있을 것이다. 삼위일체 하나님은 인격들의 "영원한 페리코레시스",[256] 즉 "영원한 신적 삶의 순환"[257]으로 존재하며 하나가 된다. "아버지는 아들 안에서 존재하고 아들은 아버지 안에, 아버지와 아들은 성령 안에 존재한다. 이들은 너무도 깊

252) 위의 책, 393.
253) 위의 책, 394.
254) 신앙과 직제문서, 128.
255) "우리가 보고 들은 바를 너희에게도 전함은 너희로 우리와 사귐이 있게 하려 함이니 우리의 사귐은 아버지와 그의 아들 예수 그리스도와 더불어 누림이라" (요일 1:3).
256) J. Moltmann, Trinität und Reich Gottes, 김균진 옮김, 『삼위일체와 하나님의 나라』, 대한기독교서회, 1982, 211.
257) 위의 책, 211.

이 서로 상대방 안에서 살며 영원한 사랑의 힘으로 거하기 때문에 하나이다
."258) 이러한 "영원한 신적인 삶의 순환은 영원한 사랑 속에 있는 세 가지 다
른 인격들의 사귐과 단일성을 통하여 완전해진다."259) 우리는 이 사귐과 단일
성을 코이노니아라 부른다. 그런데 성경은 코이노니아를 성령에 귀속시키고
있다. "주 예수 그리스도의 은혜와 하나님의 사랑과 성령의 교통하심이 너희
무리와 함께 있을지어다"(고후13:13). 이것을 몰트만은 다음과 같이 해석한
다. "하나님의 아들 그리스도는 은혜의 원천이요 아버지 하나님은 사랑의 하
나님이라 불리는 반면, 사귐이 성령 자신의 본질로 표현된다. 성령은 자기 자
신과의 사귐을 회복할 뿐 아니라, 그 스스로 아버지와 아들과의 사귐으로부터
나오며, 그 속에서 그가 신자들에게 등장하는 사귐은 아버지와 다들과의 사귐
에 상응하며, 이러한 점에서 그것은 삼위일체적 사귐이다. 삼위일체 하나님은
아버지와 아들과 성령의 하나됨 속에서 열려 있고 초대하는, 모든 창조가 그
속에서 자기의 공간을 발견하는 사귐이다."260)

그러므로 교회의 사귐은 우선적으로 삼위일체 하나님과의 사귐을 의미하
며, 그 사귐은 바로 삼위일체 하나님의 사귐에 교회 공동체와 인간들을 초대
하는 성령의 역사임을 의미한다. 따라서 코이노니아는 인간의 행위이기 이전
에 하나님의 행위이다.261) 그러나 코이노니아의 하나님은 자신의 폐쇄된 공
간 안에 머무르지 않고 사랑의 사귐을 나눌 인간을 하나님의 형상대로 만드시
고 인간에게 오셔서 사귐의 관계를 만드셨다. 그리고 하나님의 형상의 집합체
인 그리스도인들을 교회로 부르셔서 교회로 하여금 "하나님의 삼위일체적 삶
에 참여"262)할 수 있는 사귐의 능력을 선물로 교회에 주셨다.263) 그리스도인

---

258) 위의 책, 211.
259) 위의 책, 211.
260) J. Moltmann, 『생명의 영』, 335
261) Betty J. Lillie "Koinonia in the New Testament: integral dynamic of the Christian life,"
    Proceedings, 28 2008, p 55-66, 65.
262) 신앙과 직제문서, 30항, 96.

114

들과 교회가 하나님의 사귐에 참여할 수 있는 것은 이처럼 하나님의 사랑과 그리스도의 은혜와 성령의 교통하심에 기인한 것이다.

셋째, 코이노니아는 그리스도에 참여하는 것, 즉 그리스도와의 교제(코이노니아)를 의미한다. 요한 일서 1:3 절은 "우리의 사귐은 (…) 예수 그리스도와 더불어 누림"이라고 말한다. 바울은 "예수 그리스도 우리 주와 더불어 교제"(고전 1:9)를 언급한다. 그렇다면 그리스도와의 교제, 주와 더불어 교제는 구체적으로 무엇을 의미하는가? 그리스도에 참여한다는 것은 첫째, 피와 떡을 나누는 성만찬을 통해 그리스도의 몸에 참여하는 것을 의미한다. 바울은 "우리가 축복하는 바 축복의 잔은 그리스도의 피에 참여함(코이노니아)이 아니며 우리가 떼는 떡은 그리스도의 몸에 참여함(코이노니아)이 아니냐 떡이 하나요 많은 우리가 한 몸이니 이는 우리가 다 한 떡에 참여함이라"(고전10:16-17)라고 말한다. 성령의 코이노니아의 능력으로 성만찬을 통해 그리스도의 몸에 참여하는 교회는 새 계약의 종말론적 공동체가 된다.

그리스도에 참여한다는 것은 둘째, 그리스도의 고난과 부활에 참여하는 것을 의미한다. "내가 그리스도와 그 부활의 권능과 그 고난에 참여함을 알고자 하여 그의 죽으심을 본받아 어떻게 해서든지 죽은 자 가운데서 부활에 이르려 하노니"(빌3:10-11). 이 본문에서 바울은 "모든 신자들이 그리스도 안에 들어가 그리스도와 결합되어 죽음과 부활을 비롯한 그의 생애의 모든 사건을 그와 함께 나눈다"[264]는 생각을 표현하고 있다. "그리스도인은 그리스도와 함께 죽었다가 부활해서, 지금은 그리스도의 부활한 생명의 능력 안에서 살고 있다"[265]는 것이다. 그러나 바울의 의도는 단지 현재의 그리스도인의 삶에 참여하는 것만을 의미하지 않는다. 미래적 종말도 함께 포함하고 있다. "모든 갈

---

263) D. Migliore, 『기독교조직신학개론』, 436-7도 이와 유사하게 말한다.
264) G. Hawthorne, WBC 43 Philippians, 채천석 옮김, WBC 성경주석 『빌립보서』, 솔로몬, 1999, 288.
265) 위의 책, 289.

등이 해결되고, 모든 불법이 영원히 바로 잡히게 될 미래의 부활에 대한 소망"[266]도 아울러 표현하고 있다. 그러므로 그리스도의 고난에 참여하는 것은 그리스도인들과 교회의 소망이며, 그리스도의 위로에 참여하는 것이며,[267] "그의 영광을 나타내실 때에 (…) 즐거워하고 기뻐하게 하려 함이다."(벧전 4:13). 현재의 교회는 도상의 존재다. 완성된 영광의 상태에 있는 공동체가 아니라 하나님 나라를 향한 순례의 공동체다. 순례의 도상에서 그리스도의 십자가, 그리스도를 위한 십자가는 당연한 실존이다. 그리스도의 십자가를 비켜가는 교회는 교회가 아니다. 교회의 교회됨은 그리스도의 고난에 참여함에 있다. 그리스도인과 교회는 이것을 기뻐할 일이다. 그것은 그리스도의 부활에 참여하는 것이며, 그의 영광에 참여하는 것이기 때문이다. 그러나 그리스도의 고난에 참여하는 것은 교회 홀로의 힘으로는 불가능하다. 그리스도의 고난에 참여하며 부활의 소망을 갖게 하는 성령의 능력 안에서만 가능하다.

넷째, 코이노니아는 교회의 교제와 섬김과 나눔을 의미한다. 이것은 단순히 인간의 세속적 친교와 사귐을 의미하지 않는다. 교회의 교제는 철저히 삼위일체 하나님의 사귐에 근거한다. 성령의 코이노니아의 능력으로 그리스도와 교제하며, 삼위일체 하나님의 사귐과 사랑의 성품에 참여하는 교회 공동체는 서로간의 교제와 나눔과 섬김에 힘써야 한다. 섬김과 나눔의 구체적 행위 중 하나가 신약에서는 연보의 행위로 나타나고 있다. 바울은 그의 서신 여러 곳에서 나눔과 섬김의 행위인 연보(koinonia)를 매우 중요하게 언급하고 있다. 단순히 가난한 자들과 예루살렘 교회를 돕는 그 이상의 의미를 가지고 있다.[268] 바울은 연보를 "기독교회를 이루고 있는 양 날개인 유대인들과 이방인

---

266) 위의 책, 289.
267) "너희를 위한 우리의 소망이 견고함은 너희가 고난에 참여하는 자가 된 것 같이 위로에도 그러할 줄을 앎이라"(고후1:7).
268) "마게도냐와 아가야 사람들이 예루살렘 성도 중 가난한 자들을 위하여 기쁘게 얼마를 연보하였음이라 저희가 기뻐서 하였거니와 또한 저희는 그들에게 빚진 자니 만일 이방인들이 그들의 영적인 것을 나눠 가졌으면 육적인 것으로 그들을 섬기는 것이 마땅하니라" (롬 15:26-27).

들이 하나가 되었다는 것을 보여 주는 강력한 방식"269)으로 생각했다. 뿐만 아니라 그는 "공동체의 화합과 뿔뿔이 흩어진 회중들의 통일된 정체성을 위해 불가결한 책무로"270), 그리고 "그리스도 안에서 널리 퍼진 교회들의 일치"271) 행위로 보았다. 뿐만 아니라, 바울은 연보 행위에 신학적 의미를 담았다. 그것은 "같은 그리스도인 사이의 상호 섬김의 행위였을 뿐만 아니라 구원사의 연속성과 그것으로부터 이익을 얻는 사람들의 서로의 상호 의존성을 표현하려는 시도"272)였기 때문이다. 또한 "그의 전도를 통해서 믿은 자들에게 그들이 받은 모든 유익들이 메시아 신앙에 대한 이스라엘의 소망 덕분임을 깨달아서 그들에 대하여 감사하는 마음을 가져야 한다는 것을 일깨우기 위한 것"273)이 었기 때문이다. 슈툴마허(P. Stuhlmacher) 역시 바울의 모금행위를 단순한 도움의 의미가 아닌 신학적 의미를 담은 행위로 해석하고 있다. 그에 따르면, 바울에게 있어서 연보의 "의무를 이행하는 것은 단지 자비함과 이웃 사랑의 문제 그 이상이다. 헌금 안에서 또 헌금과 함께 이방인은 이사야 2장 3절과 미가 4장 2절에 약속된 것처럼, 분명하게 시온으로 향하게 되며, 그리고 그들과 함께 열방의 보물들도 그 하나님의 도성으로 다시 흘러 들어올 것이다."274) 이

"성도를 위하는 연보에 관하여는 내가 갈라디아 교회들에게 명한 것 같이 너희도 그렇게 하라"(고전16:1). "형제들아 하나님께서 마게도냐 교회들에게 주신 은혜를 우리가 너희에게 알리노니 환난의 많은 시련 가운데서 그들의 넘치는 기쁨과 극심한 가난이 그들의 풍성한 연보를 넘치도록 하게 하였느니라 내가 증언하노니 그들이 힘대로 할 뿐 아니라 힘에 지나도록 자원하여 이 은혜와 성도 섬기는 일에 참여함에 대하여 우리에게 간절히 구하니 우리가 바라던 것 뿐 아니라 그들이 먼저 자신을 주께 드리고 또 하나님의 뜻을 따라 우리에게 주었도다"(고후 8:1-5). "이 직무로 증거를 삼아 너희가 그리스도의 복음을 진실히 믿고 복종하는 것과 그들과 모든 사람을 섬기는 너희의 후한 연보로 말미암아 하나님께 영광을 돌리고" (고후9:13).

269) R. P. Martin, WBC Vol. 40. 2 Corinthians, 김철 옮김, 『WBC 성경주석, 고린도후서』, 솔로몬, 2007, 521.
270) J. Dunn, WBC Vol.38B, Romans 9-16, 김철 옮김, 『WBC 성경주석, 로마서(하)』, 솔로몬, 2005, 585.
271) 위의 책, 584.
272) 위의 책, 584.
273) R.Martin, 『고린도후서』, 521.
274) P. Stuhlmacher, Der Brief an die Römer, 장흥길 옮김, 『로마서주석』 장로회신학대학교 출

처럼 교회의 나눔과 섬김은 단순히 가난한 자들을 물질적으로 돕는 것으로만 그치지 않는다. 코이노니아의 삶은 구제하는 것, 위로하는 것, 여러 은사를 함께 나누는 것, 긍휼을 베풀며 성도의 쓸 것을 공급하고 손 대접하는 것, 마음을 같이 하고 서로 섬기는 것, 화목하게 지내는 것과 같은 것들을 포함한다.[275]

여기서 마무리하려 한다. 성령의 인격과 역사에 대해서 충분히 언급하지 못했으나, 정리해보면, 성령은 창조와 자유와 해방과 공의와 정의[276]의 영이시다. 그는 하나님의 영이자 예수 그리스도의 영이다. 그리고 성령은 예수를 증거하는 영이며 비전과 사랑과 관계와 사귐의 영이며 위로와 치료의 영이다. 또한 칭의의 영이며 성화의 영이시다. 그러므로 성령에 사로잡힌 교회는 이

판부, 2002, 401.

275) 이것을 로마서는 다음과 같이 서술한다. "우리가 한 몸에 많은 지체를 가졌으나 모든 지체가 같은 기능을 가진 것이 아니니 이와 같이 우리 많은 사람이 그리스도 안에서 한 몸이 되어 서로 지체가 되었느니라 우리에게 주신 은혜대로 받은 은사가 각각 다르니 혹 예언이면 믿음의 분수대로, 혹 섬기는 일이면 섬기는 일로, 혹 가르치는 자면 가르치는 일로, 혹 위로하는 자면 위로하는 일로, 구제하는 자는 성실함으로, 다스리는 자는 부지런함으로, 긍휼을 베푸는 자는 즐거움으로 할 것이니라 사랑에는 거짓이 없나니 악을 미워하고 선에 속하라 형제를 사랑하여 서로 우애하고 존경하기를 서로 먼저 하며 부지런하여 게으르지 말고 열심을 품고 주를 섬기라 소망 중에 즐거워하며 환난 중에 참으며 기도에 항상 힘쓰며 성도들의 쓸 것을 공급하며 손 대접하기를 힘쓰라 너희를 박해하는 자를 축복하라 축복하고 저주하지 말라 즐거워하는 자들과 함께 즐거워하고 우는 자들과 함께 울라 서로 마음을 같이하며 높은 데 마음을 두지 말고 도리어 낮은 데 처하며 스스로 지혜 있는 체 하지 말라 아무에게도 악을 악으로 갚지 말고 모든 사람 앞에서 선한 일을 도모하라 할 수 있거든 너희로서는 모든 사람과 더불어 화목하라." (롬12:4-18)

276) "그의 위에 여호와의 영 곧 지혜와 총명의 영이요 모략과 재능의 영이요 지식과 여호와를 경외하는 영이 강림하시리니 그가 여호와를 경외함으로 즐거움을 삼을 것이며 그의 눈에 보이는 대로 심판하지 아니하며 그의 귀에 들리는 대로 판단하지 아니하며 공의로 가난한 자를 심판하며 정직으로 세상의 겸손한 자를 판단할 것이며 그의 입의 막대기로 세상을 치며 그의 입술의 기운으로 악인을 죽일 것이며 공의로 그의 허리띠를 삼으며 성실로 그의 몸의 띠를 삼으리라."(사 11:2-5) "내가 붙드는 나의 종, 내 마음에 기뻐하는 자 곧 내가 택한 사람을 보라 내가 나의 영을 그에게 주었은즉 그가 이방에 정의를 베풀리라 그는 외치지 아니하며 목소리를 높이지 아니하며 그 소리를 거리에 들리게 하지 아니하며 상한 갈대를 꺾지 아니하며 꺼져가는 등불을 끄지 아니하고 진실로 정의를 시행할 것이며 그는 쇠하지 아니하며 낙담하지 아니하고 세상에 정의를 세우기에 이르리니 섬들이 그 교훈을 앙망하리라."(사42:1-4)

세상에서 중생과 새 창조의 삶을 살아가는 공동체이며 자유와 해방의 기쁨을 누리며 살아가는 공동체다. 교회는 이 세상 속에서 예수를 증거하는 공동체이며 평화와 사랑을 실천하며, 불의의 세계 속에서 공의를 존귀히 여기는 공동체다. 교회는 성령에 의하여 만들어졌으며 성령의 임재해 계시는 곳이므로, 언제나 성령의 역사를 드러내는 공동체이어야 한다는 것을 의미한다. 그러므로 교회에서는 성령이 계시는 섬김과 사귐과 나눔이 있어야 하며, 성령이 함께 하시는 예배가 드려져야 한다. 교회는 성령의 선교와 명령에 봉사해야 하고, 성령의 위로하심에 따라 사랑과 위로가 넘치는 공동체가 되어야 한다. 연합과 일치를 위해 노력해야 하며, 화해와 용서의 신비를 교회 안팎으로 충만케 해야 하며, 진리와 진실에의 용기를 가질 수 있어야 한다. 나아가서 교회는 온 우주만물을 향하신 성령의 치유하심과, 사랑하심과, 생명의 수여자 되심을 인정하고 피조물을 향하신 하나님의 영에 사역에 참여해야 할 것이다.

6. 성경적 교회론의 통일성과 다양성[277]

지금까지 말한 것은 간단히 정리하자면, 성경이 말하는 교회는 하나님의 백성이요, 그리스도의 몸이며 성령의 공동체이다. 좀 더 정확하게 묘사한다면, "교회가 하나님의 백성이라면 그것은 그리스도 안에 있는 하나님의 백성이요, 교회가 성령의 공동체라면 그 성령은 부활하신 그리스도의 선물이다."[278] 하나님의 백성인 교회는 그리스도의 터 위에 세워져 있으며, 그리스도의 몸이며, 성령의 전이다. 또한 그리스도의 몸인 교회는 하나님의 부르심의 선택된 백성이며, 성령에 이끌리어 하나님 나라를 향하여 가는 도상의 존재이

---

277) 김도훈, "모성적 목양 교회론(materna ecclesia pastoralis)의 모색", 『교회와 신학』, 80집 (2016), 195에서 가져옴.
278) Everett Ferguson, The Church of Christ : A Biblical Ecclesiology for Today, Grand Rapids: Eerdmans, 1996,72.

다. 그리고 성령의 전으로서의 교회는 동시에 하나님의 백성이며, 그리스도의 몸이다. 그러므로 교회는 삼위일체 하나님의 공동체이며, 하나님 나라의 도구이며, 순례자적 공동체이다. 따라서 신약성경의 교회론이 모든 교회론의 규범이 되는 것은 분명하다. 그러나 성경의 교회론이 매우 다양하고 발전적 흐름을 보여준다는 사실도 기억할 필요가 있다.[279] 그것은 성경의 교회론이 충돌하거나 모순되고 있음을 의미하는 것이 아니라, 저작환경과 청중 혹은 교인들의 상황, 교회를 이해하는 관점과 강조점, 교회에 대한 증언의 초점과 경험 등이 다양하고 다르다는 것을 의미한다. 그렇다면 교회론의 다양성과 발전은 결국 무엇을 의미하는가? 큉의 말로 이에 대신하고자 한다. "시대와 교회 그리고 교회의 자기 이해의 변화 속에서 신약성서의 실제적인 교회, 그러나 이미 변화의 과정 속에 있었고 다양하게 세분화되었던 신약성서의 교회를 숙고해 본다는 것은 (…) 역사적으로 사고하는 신학, 즉 그 어떠한 시대에도 집착하지 않고 다만 살아계신 종말론적 하나님의 말씀, 교회의 토대가 되었고 또한 지금도 그 토대가 되고 있는 예수 그리스도의 복음에만 사로잡혀 있는 신학의 의무라고 할 수 있다. (…) 자신의 본질에 충실하려는 교회는 자신의 과거에 얽매여 있어서는 안 된다. 교회는 오히려 항상 변화하는 세계, 과거가 아니라 현재 속에 살고 있는 교회 속에서 자신의 사명을 완수하기 위해서 끊임없이 자신을 변화시켜야 한다."[280]

---

279) H. Küng, Kirche, 20-29. TRE, 203-218. Mysterium Salutis, 207.
280) H. Küng, 28-29.

제3장 교회론의 역사적 변천

1. 교회론의 역사적 변천[281)

여기서는 교회론의 변천과정을 다루고자 한다. 우선 교회의 역사와 신조나 신앙고백서들에 나타난 교회론의 변천사를 개관하려고 한다. 이것은 단순히 교회론이 어떻게 변화되어 왔는가에 주목하려는 의도가 아니다. 시대 상황이나 변화에 따라 유지, 보완, 수정되어온 교회론을 고찰하면서 오늘날에 필요한 현대교회론이 무엇인가를 숙고하게 하려는 의도다.

쿵의 표현대로, "의식하든 않든 간에, 항상 변하는 실제적인 교회의 형태뿐 아니라 교회상을 신학적으로 표현한 교회론 또한 변한다."[282) 교회론의 역사가 이를 증명한다.[283) 사도들에 의해 시작된 교회는 급속도로 성장하기 시작하였고 교인수의 확대로 다양한 제도들이 생겨나 기능과 역할을 분담하여 제도적 교회의 기틀이 마련되기 시작하였다. 초기 교회가 이것을 잘 보여준다. 하지만 초기 교부들의 시대에는 교회론이 핵심 주제는 아니었다. 그들의 주 관심은 그리스도론과 삼위일체론의 정립이었다. 그들이 믿고 고백하는 예수가 누구인지 밝히는 것이 다급한 문제였고, 또한 로마제국의 세력 하에서

---

281) 이 항목은 김도훈, "모성적 목양교회론", 『교회와 신학』, 80집, (2016, 2) 196-200에 있는 부분을 확대 보완한 것이다.

282) H. Küng, Kirche, 7.

283) 교회론의 변천사에 대해, TRE, 218-277. H. Fries, "Wandel de Kirchenbildes und dogmengeschichtliche Entfaltung", Mysterium Salutis, 223-285. A. MacGrath, Christian Theology, 김홍기, 이형기, 임승안, 이양호 역, 『역사 속의 신학. 기독교신학개론』, 서울: 대한기독교서회, 1998, 601-629. E. G. Jay, The Church, 주재용 역, 『교회론의 역사』, 대한기독교출판사, 1986(Jay로 약칭함). 김균진, 『기독교조직신학』 IV, 연세대학교출판부, 1993. 8-19. G. H. Phölmann, Abriss der Dogmatik, 이신건 역, 『교의학』, 신앙과 지성사, 2012, 447-484 등을 참조하여 서술하였음.

극심한 핍박을 받던 조직이었기 때문이다.[284] 이때의 교회는 "지중해 연안의 여러 국가들에 널리 퍼져 있는 수많은 집회의 형태로 존재하였다. 대체적으로 살펴볼 때, 교회들은 독립적인 그룹의 성격을 띠고, 각기의 개성을 발전시켜 가르침, 예배의 형식, 관습 등에 있어 상당한 다양성을 보이고 있었다."[285]

초기 교회는 내적, 외적인 문제에 봉착하면서 점차 교회에 대한 이론을 확립하고 다양한 제도들을 만들어 가기 시작하였다. 그럼에도 공통점은 분명히 있었다. 그것은, 제이(E. G. Jay)가 지적하는 대로, 대체로 신약의 교회론적 요소들이었다. 예를 들어 새로운 이스라엘로서의 교회, 그리스도의 몸으로서의 교회, 그리스도의 신부로서의 교회, 하나님의 건축물로서의 교회, 성령이 거하시는 성전으로서의 교회 등이 그것이었다.[286] 맥그라스에 의하면, 초기 교회에 비교적 광범위하게 인정받던 교회론의 내용은 다음과 같은 것이다. "1. 교회는 영적인 집단으로서, 하나님의 백성으로서의 이스라엘을 대체한 것이다. 2. 모든 그리스도인들은 그들의 상이한 기원과 배경에도 불구하고 그리스도 안에서 하나가 되었다. 3. 교회는 참된 그리스도교의 가르침을 간직한 저장소이다. 4. 교회는 온 세상에 있는 신자들을 모으는데, 이는 그들이 신앙과 거룩함 속에서 성장하도록 하기 위한 것이다."[287]

클레멘트(clement of rome) 이후, 오리게네스, 이그나티우스(Ignatius of antioch), 이레니우스, 터툴리아누스, 키프리아누스, 어거스틴 등의 교부들을 거치면서 다양한 교회론이 등장하고, 또한 여러 형태로 교회론이 변화를 겪기 시작하였다. 이 고대교회의 시기에는 교회의 본질을 "믿는 자들의 공동체"라고 정의하면서도, 사회의 변화나 교회의 변화에 따라 교회론도 변화되기 시작

---

284) A. McGrath, Christian Theology, 김홍기 외 옮김, 『역사 속의 신학』, 대한기독교서회, 1998, 602
285) Jay, 41.
286) Jay, 42-43.
287) McGrath, Christian Theology, 602.

하였다. 사도들의 정신을 이어간다는 의미보다 제도적 계승권을 주장하는 사도계승권(successio apostolica)이라는 이론이 생겨났다. 사실 고대교회 시대는 외부적 박해뿐 아니라 노바티안과의 투쟁과 같은 내부의 분열도 심각하였다. 이와 더불어 교회제도성이나 성직제도를 더욱 공고히 하는 경향이 일어나게 되었다. 이를 반영한 것이 키프리아누스의 "감독과 함께 있지 아니하면 교회안에 있지 않다", (si quius cum episcopo nonsit, in ecclesia non esse), "교회밖에는 구원이 없다"(salus extra ecclesiam non est), "어머니로서의 교회를 갖지 않은 사람은 아버지로서의 하나님을 가질 수 없다" (habere (…) non potest deum patrem, qui non habet ecclesiam matrem)는 주장들이다.[288] 이러한 키프리아누스의 교회론은 "전 중세를 통해 서구사상을 지배했던 교회에 대한 교리의 근간이 되었다."[289] 사실상 그의 교회론은 그가 경험한 교회의 분열에 대한 반작용이기도 했다. 당시 교회를 분쟁 속으로 몰아넣은 사건은 교회박해사건이었다. 박해 속에서 일반 그리스도인들뿐만 아니라 성직자들 사이에서도 배교자들이 나타나기 시작하였다. 박해가 끝나자 교회는 배교자들을 어떻게 처리할 것인가에 대한 문제로 충돌하였다. 키프리아누스가 감독으로 있었던 카르타고 교회 역시 논쟁에 휘말리고 말았다. "일부는 변절자들을 특별한 처벌 없이 받아들일 것을 주장했고, 일부는 배신자는 추방시킨다는 고대교회법을 강력하게 적용시켜야 한다고 주장했다."[290] 이에 키프리아누스는 회의를 열고, 변절했던 성직자들의 복귀는 불허하되, 진심으로 회개하는 일반 그리스도인들은 일정 징계 후 용서할 것을 결의하였다. 이에 노바티아누스를 비롯한 엄격주의자들은 "타락했던 자들을 받아들였거나 혹은 받아들이려고 하는 교회는 거룩의 표징을 더럽혔기 때문에 더 이상 교회일 수 없

---

288) 키프리아누스의 라틴어 주장들은 김균진, 『기독교조직신학』 IV, 연세대출판부, 1993, 10에서 인용.
289) Jay, 82.
290) Jay, 82.

다고 주장했다."291) 그리고 그들은 키프리아누스를 반대하고 새로운 감독을 선출하였다. 교회는 분열될 수밖에 없었다. 이런 상황 속에서 키프리아누스가 감독직의 중요성과 교회의 단합을 강조한 것은 당연한 일이었다.

4세기의 교회는 도나투스주의자들과의 분쟁으로 또 한 번의 혼돈 속으로 휩쓸려 들어갔다. 로마 황제의 교회에 대한 박해 때문이었다. 노바티안들처럼 도나투스주의자들도 배교자 감독들의 타락을 용납할 수 없다고 보았으며, 그들의 베푸는 성례전은 무효한 것으로 생각했다. 그래서 그들은 그들만의 교회를 세우고 가톨릭교회에서 그들의 교회로 개종하도록 하고 개종자들을 대상으로 다시 세례를 베풀었다.292) 이에 아우구스티누스는 이 세상의 교회는 죄인과 의인으로 이뤄져 있다는 혼합된 몸(corpus permixtum)라는 개념을 제시하면서 그리스도인들의 죄성을 강조하였고, 박해 시 배교하여 타락하는 것보다 교회를 분열시키는 것이 훨씬 더 심각한 죄라고 가르쳤다.293) 그리고 그는 북아프리카의 감독 오프타투스의 견해를 받아들여 다음과 같이 주장하였다. 첫째, "교회의 성례전은 그 정당성이 목회자의 자격 여부에 의해 경정되는 것이 아니라 하나님에게서 나오는 것이다."294) 둘째, "교회의 거룩함은 그 구성원의 도덕적 성격에 의존하는 것이 아니라 하나님이 부여하시는 것이다."295) 셋째, "보편성과 일치는 진정한 교회의 중요한 표징이다."296) 그리고 그는 기본적으로 교회의 일치, 그리스도의 몸으로서의 교회, 성령의 친교, 교회의 네 가지 표지, 어머니로서의 교회 등의 생각을 누구보다 먼저 적절히 피력했던 교부였다.297) 4세기 이후의 또 하나의 중요한 변화는 기독교가 공인되고 국교

291) Jay, 82-83.
292) Jay, 100-101.
293) McGrath, Christian Theology, 606-607
294) Jay, 102.
295) Jay, 102.
296) Jay, 102.
297) Jay, 103-111.

로 선포되면서 황제권과 교황권, 국가와 교회간의 관계가 재정립되면서 생기는 변화였다.

중세시대에 이르면서 〈그리스도의 신비적인 몸〉으로서의 교회라는 스콜라주의 교회론이 확립되었다. 초기 스콜라주의는 주로 세례와 만찬의 성례전과 관련하여 〈신비적 그리스도의 몸〉의 교회론을 전개하였다. 그것을 간단이 정리하자면 다음과 같다.[298] a. "만찬은 그리스도의 신비적 몸의 상징이다." b. "만찬은 신비적 몸을 세운다. 그것은 신비적 몸의 생명의 원리이다. 우리는 만찬에서 참된 그리스도의 몸을 받기 때문에, 그리고 신비적 몸의 머리와 연결되기 때문에, 만찬은 구원에 필수적인 성례전에 속한다(…) 교회의 구성원들은 만찬에 참여함으로써 그리스도와 결합되며, 성령의 능력으로 하나됨에 이르기까지 성장해나간다." c. "사제들은 교회의 이름으로 성찬제물을 봉헌한다." d. 세례와 만찬은 그리스도와 그의 신비적인 몸의 지체가 되는 성례전이다. 이러한 생각은 스콜라주의의 절정기에도 마찬가지였다.

중세의 또 하나의 핵심적인 문제는 교황권의 절대화였다. 교황은 교회의 권위와 조직의 절정에 있었고 모든 세속권력까지도 그의 권위 하에 두려 하였다. 교황 그레고리 7세는 로마 교회와 교황의 권한을 확장하는데 주력하였다. 그의 칙령에 의하면, a. 로마교회의 우월성, 로마교회의 보편성, 로마교회의 무오성을 주장하였고, b. 교황은 모든 교회의 권위와 계급들 위에 있는 존재였으며 법을 임의로 무효화시키고 제정할 수 있는 절대적인 권한을 가지고 있었으며, c. 세속국가의 황제위에 있어서 그들을 폐위시킬 수 있음을 천명하였고, d. 교황은 어느 누구의 심판도 받지 아니할 권한을 가지고 있었다.[299] 1215년 라테란공의회는 이 땅에는 하나의 공교회만 있을 뿐이며 이 교회밖에는 결코 구원이 없다는 키프리안적 입장을 공고히 하면서 사제들의 권위를 확

---

298) Josep Finkenzeller, Kirche, IV, TRE, 18, 230-231.
299) Jay, 129.

립하였을 뿐 아니라 교회를 그리스도의 대리자로 선언하였으며, 아우구스티누스와는 달리 성례전의 인효론을 주장하였다.[300] 원문을 인용하자면 다음과 같다. "신도들의 하나의 공동 교회가 있고 이 교회 밖에서는 누구에게도 구원이 없다. 이 교회 안에서는 사제와 희생제물이 바로 예수 그리스도 자신이며, 그의 몸과 피가 떡과 포도주의 외형 아래 있는 제단의 성물 안에 실제로 담겨 있으며, 신적 능력으로 그 떡은 그의 몸으로, 그 포도주는 그의 피로 본질 변화되며, 이렇게 됨으로써 우리의 연합을 이룩하는 것이니, 그가 우리에게서 받은 것을 우리가 그에게서 받는 것이다. 그리고 사제 이외는 아무도 이 성체 성서의 효과를 내게 할 수 없으니, 사제들은 예수 그리스도가 베드로와 그의 계승자들에게 주신 교회의 열쇠의 대권들에 일치되게 올바로 안수 받은 사람들이다."[301]

교황을 하나님의 대리자로, 영적, 세속적 영역의 최종 심판자로 선포한 문서가 바로 1302년 발표된 우남 상탐(Unam Sanctam)이라는 문서이다. 이 문서를 간단히 정리하면,[302] a. "오직 하나의 거룩한 공동의 사도적 교회가 있다는 것과 이 교회 밖에는 구원도 없고 죄의 용서도 없다는 것"(32), b. 교회는 구원의 방주의 모델로 설명할 수 있다는 것(32), c. "교회의 대리자는 베드로와 또 베드로의 계승자들"(32)이라는 것, d. "현세의 세상적 권위는 영적 권위에 순종해야 한다"(33)는 것, e. "최고의 권세는[교황] (…) 사람이 심판할 수 없다"(33)는 것, f. 이 권세는 하나님에 의해 주어진 것이며, "이 권세에 저항하는 사람은 곧 하나님의 작정에 저항하는 사람이 된다는 것"(33), g. "모든 피조물은 구원을 얻기 위해서는 반드시 로마 교황에게 순종해야 한다"(33)는 것 등이다. 이후의 가톨릭교회론도 교회론의 논점이나 시대적 정황에 따라 그리

---

300) 1215년 중세로마가톨릭교리(라테란공의회 문서), 이장식, 『기독교신조사』(1), 컨콜디아, 1979, 28 참조.
301) 이장식, 『기독교신조사』(1), 28.
302) 이장식, 『기독교신조사』(1), 31ff.(이하 본문 안의 숫자는 이 참고문헌의 쪽수를 말한다).

고 학자들에 따라 많이 달랐고, 많은 변화를 거쳤다. 교황권의 확립은 1차 바티칸 공의회에서 절정을 이루었다. 이 공의회는 "그러므로 누구든지 이 교황 성좌에 앉아 베드로를 계승하는 자는 그리스도 자신의 제정에 따라서 온 교회에 대한 베드로의 수위권을 갖는다. (…) 사도의 으뜸인 베드로의 계승자인 로마의 주교는 사도적 수위권을 가지며(…) 로마 주교가 교황좌에서 말할 때, 달리 말하자면 그의 사도적 최고 권위에 근거하여 모든 그리스도인의 목자와 교사로서의 직분을 수행하면서 신앙과 관습에 대한 교의를 전체 교회가 지켜야만 한다.고 결정할 때, 그는 복된 베드로 자신에게 약속된 신적 도움으로 말미암아 오류를 범하지 않는다"[303]고 선언하였다. 교황 무오설을 교리서에 적시함으로써 교황의 절대권을 확보해 주었다. 교회의 본질에 대해서도 가톨릭 교회가 오랫동안 견지해왔던 그리스도의 몸의 교회론을 유지하였다. 하지만 2차 공의회에서는 몇 몇 차이점이 보인다. 제 1 차 바티칸 공의회의 교회론의 "그리스도의 몸"으로서의 교회와 달리, 제2차 바티칸 공의회는 "하나님의 백성 사상"을 그들의 교회론의 중심개념으로 삼았으며,[304] 교황무오설보다는 전체 교회의 무류설에 더 강조를 두었다. 하지만 교황무오설을 포기한 것은 아니었다. 그리고 이전과는 달리 교회일치운동에 대한 선언이 방대하게 들어 있다는 점, 타종교와의 대화를 열어놓았다는 점 등이 변화된 점이다.

종교개혁은 교회론에 있어서 또 "하나의 전환점"[305]을 이룬 사건이었다. 중세 가톨릭과 다른 종교개혁자들의 교회론은, 푈만의 말을 빌려 말한다면, 교회와 국가의 구분, 복음이 순수하게 전파되고 성례전이 올바르게 집행되는 것을 의미하는 참된 교회의 표지, 참된 영적 친교로서의 교회의 불가시성, 불가시적 가시적 교회의 구분 및 연속성 담보, 교황과 공의회의 유오류성, 인간

---

303) 제 1차 바티칸 공의회, Rochus Leonhadt, Grundinformation Dogmatik, 장경노 옮김, 『조직 신학연구 방법론』, CLC, 2018,639-640에서 재인용.
304) H. Küng, Kirche, 14-5.
305) Phölmann, 451.

의 법에 속한 성직계급(섬김을 위한 계급)을 핵심으로 하는 교회론이다.306)

바빙크 역시 "로마교의 교회개념과 원리적으로 다른 교회개념은 16세기 종교 개혁에 의해 비로소 발생했다"307)고 본다. 가톨릭에 저항하고자 했던 대표적 교회론은 당연히 루터와 칼빈의 교회론이었다. 루터는 "믿음으로만의 칭의"에 대한 생각을 굳게 가지고 있었다. 이 교리는 당연히 그의 교회론에 직접적으로 영향을 주었다.308) 그가 가톨릭 교회의 여러 제도들, 미사, 성만찬, 수도사, 연옥, 교황제도 등을 신랄하게 비판하고,309) 교회를 "성도들의 교제"310), "말씀의 피조물"311), "신자들의 회합"312), "하나님께서 은총을 그리스도 안에서 계속 베푸시며 의롭게 하는 믿음으로 응답하는 장소"313) "복음이 올바르게 가르쳐지고 성례전이 올바르게 집행되는 장소"314)로 본 것은 당연한 귀결이었다.315) 칼빈은 기독교강요 4권에서 아주 체계적으로, 그리고 방대하게 교회론을 다뤘다.316) 4권의 제목은 "하나님께서 우리를 그리스도의 공동체로 인도 하시며 우리를 그 안에 있게 하시려는 외적인 은혜의 수단"이며, 그 안에서 교회와 성례전 등을 다루고 있다. 퀸(U. Kühn)의 요약을 빌리자면, 칼빈은 첫째, 교회론을 예정론에 뿌리를 두고 있으며, 둘째, 가시적 불가시적 교회를 구

---

306) Phölmann, 451.

307) H. Bavink, Gereformeerde Dogmatiek, 박태현 역, 『개혁교의학』, 부흥과개혁사, 2011, 337.

308) Jay, 192.

309) 루터의 슈말칼트 신조 참조.

310) Bavink, 337.

311) TRE, 262.

312) Jay, 192.

313) Jay, 193.

314) Jay, 193.

315) 상세한 것은 TRE, 262f. MacGrath, 608f. Jay, 191-200. H. T. Kerr, Kompendium der Theologie, 김영한 편역, 『루터신학개요』, 대한예수교장로회 총회출판국, 1991, 175-221 참조.

316) Otto Weber, Die Treue Gottes in der Geschichte der Kirche. 김영재 역. 『칼빈의 교회관』. 서울: 도서출판 풍만, 1995 참조.

분하고 가시적 교회 안에 거짓교회와 참된 교회로 구성되어 있다고 주장하였으며, 셋째, 목자, 교사, 장로, 집사의 네 가지 직제를 말하면서 목자의 직제가 가장 중요한 직책임을 말하며, 넷째, 성도들의 삶의 변화가 중요한데 이에 대한 양육의 책임은 장로에게 있다고 보았다.[317] 이러한 성도의 양육과 관련하여 칼빈은 아우구스티누스처럼 교회를 어머니로 지칭하였다.[318]

개신교정통주의는 대체로 루터와 칼빈의 교회론을 계승했다. 특히 개혁교회는 칼빈의 신학사상에 근거하여 교회론을 이어갔다. 그러나 이후의 계몽주의나 경건주의, 그리고 자유주의는 각 각 자기 시대의 시대정신이나 상황에 적합한 교회론을 전개하였다. 자유주의를 극복하고 했던 20세기의 학자들에게도 학자들의 상황과 신학에 따라 교회론의 변화가 일어났다. 20세기 이후 독일 신학자들의 교회론의 논점은 퀸(U. Kühn)의 관점에 따라 다음과 같이 정리할 수 있을 것이다. a. "좀 더 좁혀진 세상 속에서, 그리고 지속되는 세속화에 직면하여 교회의 선교적 차원에 대한 성찰이 분명한 강조점을 얻게 되었다."[319] b. 또 다른 한편으로는 국가교회 (Volkskirche), 그리고 그 안에서 발견될 수 있는 다양한 흐름들이 지적되었다.[320] c. 에큐메니칼 교회론이 등장하였다.[321]

20세기 후반에서 21세기 초까지 신학과 교회의 무대 위에는 다양한 교회론들이 등장하였다. 메시야적 교회론,[322] 친교교회론,[323] 삼위일체론적 교회

---

317) TRE, 265.

318) Jay, 202f.

319) TRE, 275.

320) TRE, 276.

321) TRE, 276.

322) J. Moltmann, Kirche in der Kraft des Geistes. 박봉랑 외 4인 역. 『성령의 능력 안에 있는 교회: 메시야적 교회론』. 서울: 한국신학연구소, 1984.

323) John D. Zizioulas, Being as Communion: Studies in Personhood and the Church, 이세형, 정애성 역, 『친교로서의 존재』, 삼원서원, 2012. Christoph Schwöbel, "Kirche als Communio", Wilfred Härle, Reiner Preul, Kirche, Marburger Jahrbuch Theologie VIII, N.G. Elwert Verlag Marburg, 11-46

론,324) 은사적 교회론,325) 복음주의 교회론326), 생태학적 교회론,327) 실천적-
예언자적 교회론328), 예전적 교회론329), 선교적 교회론330), 일상의 교회론331)
등이다. 에큐메니칼 교회론, 해방교회론, 블랙 교회론, 여성교회론, 그리고 각
교파에 따른 교회론 등도 교회론의 다양성에 일조하였다.332) 이 모든 것들이
오늘날의 상황과 정신과 교파적정체성을 반영하여 태동하고 지속되어 온 교
회론들이다. 또한 포스트모던이라는 사조가 등장함에 따라 이에 대응하려는
교회론이 등장하였다.333) 대표적인 교회론이 이머징 교회론334)이다. 뿐만 아

324) Miroslav Volf, After our Likeness : The Church as the Image of the Trinity. Grand Rapids, Mich. : William B. Eerdmans, 1997.
325) Hans Küng, Die Kirche. 정지련 역.『교회』서울: 한들, 2007.
326) Mark Husbands, Treier Danial J. The Community Of The Word: Toward An Evangelical Ecclesiology. InterVarsity Pres, 2005. John G. Stackhouse, Jr. Evangelical Ecclesiology: Reality or Illusion?. BakerAcademic 2003.
327) 김도훈,『생태신학과 생태영성』, 장로회신학대학교출판부, 299-345.
328) N. Healy, Church, World, and the Christian life : Practical-Prophetic Ecclesiology. Cambridge: Cambridge University Press, 2000.
329) Gordon W. Lathrop, Holy People: A Liturgical Ecclesiology. Minneappolis: Minneapolis, 1999.
330) Craig Van Gelder, The Essence of the Church. 최동규 역.『선교하는 교회 만들기: 지역교회를 향한 도전』. 서울: 베다니 출판사, 2003. Michael Frost and Alan Hirsch. The Shaping of Things to Come. 지성근 역.『새로운 교회가 온다』. 서울: 한국기독학생회출판부, 2009. Craig van Gelder, Dwight J. Zscheile, The Missional Church in Perspective. Mapping Trends and Shaping the Conversation, Baker Academic, 2011. A. J. Roxburgh, M S. Boren, Introducing Missional Church, Baker Books, 2009.
331) T. Chester, S. Timmis, Everyday Church, 신대현 역,『일상교회』, IVP, 김도훈, "하나님 나라, 삶, 문화:이머징 교회의 일상신학과 일상실천", 제10회소망신학포럼, 2009. 5.29
332) G. Mannion, Lewis S. Mudge (ed.), The Routledge Companion to the Christian Church, New York and London: Louledge, 2010. Veli-Matti Kärkkäinen, An Introduction to Ecclesiology, Downers Grove, Illinois: InterVarsity Press, 2002
333) Brian D. McLaren, The church on the other side : doing ministry in the postmodern matrix. 이순영 역.『저 건너편의 교회』. 서울 : 낮은울타리, 2002. Leonard Sweet, Aqua church.『모던 시대의 교회는 가라: 포스트모던 시대의 교회 리더쉽 기술』. 김영래 역. 서울: 좋은씨앗, 2004. Leonard Sweet, Post-modern pilgrims : first century passion for the 21st century world. 김영래 역.『영성과 감성을 하나로 묶는 미래교회』. 서울: 좋은씨앗, 2002. Leonard Sweet, Carpe manana. 김영래 역.『미래 크리스천』. 서울: 좋은씨앗, 2005. Leonard Sweet, The church of the perfect storm. Nashville : Abingdon Press, 2008. Leonard Sweet,

니라 오늘날의 인터넷 혹은 디지털 세계, 나아가서 소셜네크워크서비스를 이용하거나 대응하기 위하여 네트워크 교회론,335) 가상교회론336) 등이 대안교회론으로 나타나기 시작하였다. 마케팅 기법을 교회에 도입하려는 시도에 대한 신학적 성찰337), 대중문화를 적극 반영하여 대중 문화적 형태를 가진 교회운동,338) 이외의 극단적 교회 형태의 흐름339)들이 시도되었다.

The Gospel According to Starbucks: Living with a Grande Passion. 이지혜 역.『교회, 스타벅스에 가다』. 서울: 국제제자훈련원, 2008. Carl A. Raschke, Globochrist. The Great Commission Takes a Postmodern Turn. Grand Rapids, Baker Academic, 2008. Carl Raschke, Next Reformation: Why Evangelicals must Embrace Postmodernity. Grand Rapids: Baker Academic, 2004. Gerard Mannion, Ecclesiology and postmodernity : questions for the church in our time. Collegeville, Minn. : Liturgical Press, 2007.

334) Steven Taylor, The Out of Bounds Church. 성석환 역.『교회의 경계를 넘어 다시 교회로-포스트모던 문화와 이머징 처치 이야기』. 서울: 예영커뮤니케이션, 2008. Eddie Gibbs, Ryan k. Bolger. Emerging churches. 김도훈 역.『이머징 교회』. 서울: 쿰란출판사, 2008. Dan Kimball, The Emerging Church. 윤인숙 역.『시대를 리드하는 교회』. 서울: 이레서원, 2007. Ian Mobsby, Emerging and Fresh Expressions of Church. Moot Community Publishing, 2008. Robert Webber, Listening to the beliefs of emerging churches : five perspectives. Grand Rapids, Mich. : Zondervan, 2007.

335) Dwight I. Friesen, Thy Kingdom Connected : What the Church can Learn from Facebook, the Internet, and other Networks. Grand Rapids, MI: Baker Books, 2009. Jesse Rice, The Church of Facebook : how the Hyperconnected are Redefining Community. Colorado Springs, Colo.: David C. Cook, 2009. Walter P. Wilson, The Internet Church: The local Church can't be just local anymore. Thomas Nelson Publishers, 2004.

336) Douglas Estes, SimChurch : being the church in the virtual world. Grand Rapids, Mich. : Zondervan, 2009. Jean-Nicolas Basin/Cottin Jerome, Virtual Christianity. Potential and Challenge for the Churches, Geneva: WCC publications, 2004. Julie Anne Lytle, "Virtual Incarnations: An Exploration of Internet-Mediated Interaction as Manifestation of the Divine" Religious Education, Vol. 105 No 4 (2010), 395-412.

337) John Joseph Considine. Marketing your church : concepts and strategies. Kansas City : Sheed & Ward, 1995. Mara Einstein, Brands of faith : marketing religion in a commercial age. New York : Routledge, 2008. Philip D. Kenneson, Selling out the church : the dangers of church marketing. Nashville: Abingdon Press, 1997. Peter Metz, Marketing your church to the community. Nashville : Abingdon Press, 2007. Richard Raising, Church marketing 101.『교회 마케팅101』. 오수현 역. 인천: 올리브북스, 2007,

338) Efrem Smith, Phil Jackson, The Hip-Hop Church: Connecting with the Movement, IVP, 2006.

339) Elmer Towns, 11 innovations in the local church : how today`s leaders can learn, discern and move into the future. Ventura, Calif. : Regal Book, 2007.

2. 현재의 루터교와 로마가톨릭 사이의 일치 운동에 대하여-개신교적 관점에서

　최근의 교회사적 사건 중의 하나는 루터교와 로마가톨릭 사이의 대화일 것이다. 중세이후 개신교와 가톨릭 사이는 적대적 관계였다. 긴 세월 전쟁까지 치렀다. 정죄와 파면으로 대결했던 시대도 있었다. 닫혀 있던 로마가톨릭의 대화의 문이 열린 것은 제 2 차 바티칸 공의회가 그 시작일 것이다. 그 공의회는 에큐메니칼 운동에 관한 교령을 발표하였다. 그 이전의 공의회, 특히 트리엔트 공의회의 결의와는 아주 다른 결정을 시도한 한 것이다. 바티칸 공의회 문서는 〈일치에 관한 교령〉에서 갈라져 나간 그리스도인들과 공동체들을 "형제적 존경과 사랑으로 끌어안아야 하며"(1,3), "주님 안의 형제로 인정한다"(1,3)고 선언하고 있다. 왜냐하면, a. 그들도 "그리스도를 믿고 올바로 세례를 받은 이들은 비록 완전하지는 않더라도 어느 정도 가톨릭 교회와 친교를 이루고 있으며"(1,3) b. "세례 때에 믿음으로 의화된 그들은 그리스도와 한 몸을 이루고 마땅히 그리스도인이라는 이름을 가지기"(1,3) 때문이다. 또한 c. "이 갈라진 교회들과 공동체들이 비록 결함은 있겠지만 구원의 신비 안에서 결코 무의미하거나 무가치한 것은 아니요, (…) 그리스도의 성령께서 그 교회들과 공동체들을 구원의 수단으로 사용하시기를 거절하지 않으시고, 그 수단의 힘이 가톨릭교회에 맡겨진 충만한 은총과 진리 자체에서 나오기 때문이다" (1장, 3). d. "때로는 피를 흘리기까지 그리스도를 증언하는 다른 이들의 삶에서 그리스도의 부요와 힘찬 활동을 인정하는 것은 마땅하고 구원에 도움이 되는 일이다. 하느님께서는 언제나 놀라운 분이시고 놀라운 일을 하시기 때문이다"(1,4). e. "또한 갈라진 형제들 안에서 성령의 은총으로 이루어지는 것은 무엇이나 다 우리 자신의 발전에도 이바지할 수 있음을 결코 지나쳐 버려서는 안 된다. 참으로 그리스도교적인 것이라면 결코 신앙의 참된 보화와 대립될 수 없으며, 오히려 언제나 그리스도의 신비와 교회의 신비를 더욱더 완전히 실현

132

하는 데에 이바지할 수 있다"(1,4)고 보았기 때문이다.[340] 그래서 가톨릭은 일치 운동을 어떻게 해야 하는지, 무엇에 주의해야하는지에 대한 지침들을 길게 서술해 놓았다. 그 중 일부만 소개하면 다음과 같다.

"일치 운동"은 교회의 여러 가지 필요와 시대의 요청에 따라 그리스도인들의 일치를 증진하도록 일으키고 조직하는 활동과 사업으로 이해된다. 먼저, 갈라진 형제들의 상황을 공정하고 진실하게 반영하지 못하여 그들과 상호 관계를 더욱 어렵게 만드는 말과 판단과 행동을 삼가는 모든 노력을 말한다. 그다음에는, 여러 교회나 공동체의 그리스도인들이 신앙심으로 조직한 모임에서 적절한 지식을 갖춘 전문가들이 각각 자기 교파의 교리를 깊이 설명하고 그 특성을 분명하게 제시하는 "대화"를 말한다. 이러한 대화를 통하여 모든 이가 두 교파의 교리와 생활에 관한 더 올바른 인식과 더욱 공정한 평가를 하게 된다. 또한 모든 그리스도인의 양심이 요구하는 대로 공동선을 위한 온갖 일에서 그 교파들이 더욱 폭넓은 협력을 추구하고 또 가능한 곳에서는 함께 모여 한마음으로 기도를 바친다. 마침내 모든 이가 교회에 관한 그리스도의 뜻을 얼마나 충실히 따르고 있는지 스스로 성찰하고, 당연히 요청되는 쇄신과 개혁 활동을 줄기차게 추진하여야 한다(1,4).[341]

그러나 개신교나 루터교와 가톨릭 사이의 일치운동은 "동에서 서가 먼 것 같이" 멀기만 하다. 서로 분리되어 반목하며 지내온 기간이 길어서만은 아니다. 감정의 골보다 더 깊은 것이 신학적인 차이다. 교황제도, 마리아론, 교회론, 미사와 연옥, 성례전 등 수없는 장애물들이 놓여 있다. 루터의 종교개혁의 근저에는 칭의론이 있다고 보이지만, 사실상 루터는 미사나 교황제도나 연옥의 문제를 더 끔찍하게 싫어했다. 루터는 "미사는 교황제도 가운데 가장 무서

---

340) 제2차 바티칸 공의회 문서, 일치교령, 제 1장 3, 4 항, http://maria.catholic.or.kr/dictionary/doctrine/doctrine_view.asp?menu=concil&kid=7&seq=3451
341) http://maria.catholic.or.kr/dictionary/doctrine/doctrine_view.asp?menu=concil&kid=7&seq=3451

운 괴물이다. 이 주요 조항에 대하여 직접 강력하게 도전하는 것이니 이것은 그 밖의 교황의 모든 우상예배 가운데서 가장 중요하며 귀중한 것이다. 그 까닭은 전술한 바와 같이 하나님의 아들, 어린 양만이 해방시킬 수 있음에도 불구하고 이와 같은 공헌물이 있는 미사행위는 이 세상에서나 연옥에서나 사람을 죄에서 구원한다는 생각을 고집하기 때문이다"[342] 라고 슈말칼트 신조에서 밝히고 있다. 심지어 "미사는 온갖 우상숭배가 되는 많은 해충과 독충을 낳았다"[343]라고 말할 정도로 미사제도를 비판하였다. 이처럼 수많은 장애물들이 일치운동에 존재한다. 교리적 관점을 고집하면 일치는 난망이다. 그것을 가톨릭도 정확히 알고 있다. 그래서 〈일치에 관한 교령〉에서 일치 운동의 어려움을 솔직하게 피력하였다. "분명히 그들과 가톨릭 교회 사이에는 교리나 때로는 규율 문제에서 또는 교회의 조직과 관련하여 여러 가지 차이가 있어, 완전한 교회 일치에 적지 않은 장애가, 때로는 중대한 장애가 가로놓여 있지만, 일치 운동은 바로 그러한 장애를 극복하려고 노력한다." (1장, 3).

분명한 것은 제 2 차 바티칸 공의회 이후 로마 가톨릭은 교회의 일치운동의 교리적 기틀을 마련하고 WCC 대회에 참여하는 등 많은 변화를 보였다는 점이다. 마침내 1999년, 〈칭의/의화에 관한 루터교와 가톨릭 사이의 공동선언문〉을 발표하기에 이르렀다. 많은 신학적 비판이 있었지만 일치운동이라는 관점에서만 보면 많은 진전을 보인 것이다. 이 선언문은 루터교와 가톨릭 사이의 공동선언의 취지를 다음과 같이 밝히고 있다. "이 합동 선언문은 대화에 바탕을 두고 서명하게 되는 루터교 교회들과 로마 가톨릭 교회가 그리스도에 대한 신앙을 통하여 하느님의 은총으로 이루어지는 의화(義化)에 대한 공동이해를 이제 정식화할 수 있게 되었음을 보여 주려는 취지를 지닌다. 이 선언문이, 양 교회가 의화에 관하여 가르치는 모든 것을 포함하고 있지는 않지만,

342) 이장식, 『기독교신조사』 (1), 83.
343) 위의 책, 85.

의화 교리의 기초 진리들에 대한 일치를 담고 있고, 그것을 해설하는 데 여전히 존재하는 상위성들이 더 이상 교리상의 정죄 이유가 되지 않는다는 것을 보여 준다" (5항). 또한 2013년에는, 2017년 루터의 종교개혁 500주년을 기대하면서 〈갈등에서 사귐으로〉[344]라는 보고서를 만들기도 하였다. 그 보고서의 서론 첫 항은 이렇게 되어 있다.

오늘날 루터교회와 가톨릭 그리스도인들은 서로를 이해하고 존중하며, 함께 협력을 증진시킨 것에 대해 기뻐하고 있다. 이들은 자신들을 분열시키는 것보다 일치시키는 것이 더 많다는 사실을 인정하게 되었다. 즉 삼위일체 하느님께 대한 공동의 믿음과 예수 그리스도 안에서 드러난 하나님의 계시는 물론 칭의/의화 교리의 근본 진리들이 어느 무엇보다 중요하다는 점을 인정한 것이다(1).

그리고 이 보고서 마지막 장에는 교회 일치의 다섯 가지 원칙이 서술되어 있다.

제1원칙: 가톨릭과 루터교 신자들은 비록 서로의 차이를 더 쉽게 확인하고 경험하게 되더라도 공통점을 지키고 강화하기 위하여 늘 분열이 아니라 일치의 관점에서 시작하여야 한다. 제2원칙: 루터교와 가톨릭 신자들은 만남과 서로 신앙의 증인이 되어 줌으로 지속적으로 변화되어야 한다. 제3원칙 가톨릭과 루터교 신자들은 가시적 일치를 찾고, 구체적인 단계로 그 의미를 발전시키며, 그 목적을 추구하기 위한 노력을 늘 새롭게 기울여야 한다. 제4원칙: 루터교와 가톨릭 신자들이 함께 우리 시대를 위한 예수 그리스도의 복음의 힘을 다시 찾아야 한다. 제 5원칙: 가톨릭과 루터교 신자들은 함께 복음 선포와 세상에 대한 봉사로 하느님의 자비를 증언해야 한다 (제6장, 교회일치의 다섯 가지 원칙).

---

344) 루터교 세계연맹/로마교황청 그리스도인일치촉진평의회, 『갈등에서 사귐으로. 루터교회와 로마 가톨릭교회의 공동위원회보고서』, 한국그리스도교신앙과 직제위원회, 2017. ()안의 숫자는 문서의 항을 의미한다.

이 모든 것들이 일치를 위한 매우 중요한 원칙이며 첫걸음임에는 틀림없다. 그러나 이런 노력과 시도에 일말의 의심이 없는 것은 아니다. 바티칸 공의회 이후에 가톨릭은 2000년에 〈주 예수〉345), 2007년에 교황청 신앙교리서 문서인 〈교회에 대한 교리의 일부 측면에 관한 몇 가지 물음들에 대한 답변〉346)을 발표하였다. 둘 다 다시 과거로 돌아간 듯한 내용을 담고 있다. 개신교회를 교회로 인정하지 않는 문서다. 과연 가톨릭에 대화의 의지가 있는지 그 진정성을 의심할 수밖에 없다. 그런데 그 뿌리는 이 문서 자체 있는 것이 아니다. 일치를 위한 교령을 담고 있는 제2바티칸 문서에 있다. 일치를 위한 교령을 발표하는 바티칸 문서에 이미 대화를 방해하는 듯한 내용이 들어 있는 것은 가톨릭으로서는 당연한 일이었겠지만, 다른 한편으로는 아이러니다. 아래의 내용을 보면 대화와 일치는 갈라진 형제들이 가톨릭으로 돌아와야 하는 것으로 되어 있다. 가톨릭 종교만이 완전한 구원수단을 갖고 있고, 가톨릭만이 모든 보화를 가지고 있기 때문이다. 물론 개신교나 가톨릭에 속하지 않은 교회를 바라보는 시선이 2차 바티칸 공의회 이전보다는 개선된 것이 사실이다. 그러나 로마가톨릭만이 유일한 교회라는 생각은 바뀌지 않았다. 그러므로 그들이 말하는 일치는 가톨릭으로의 일치다.

그러나 우리에게서 갈라진 형제들은 개인이든 그들의 공동체이든 교회이든 예수 그리스도께서 모든 이가 한 몸을 이루고 새 생명으로 다시 태어나 함께 살아가도록 그들에게 베푸시고자 하신 저 일치, 성경과 교회의 거룩한 전통이 천명한 저 일치를 누리지

345) "Dominus Iesus:On the Unicity and Salvific Universality of Jesus Christ and the Church" http://www.vatican.va/roman_curia/congregations/cfaith/documents/rc_con_cfaith_doc_20000806_dominus-iesus_en.html

346) "Response to some Questions regarding Certain Aspects of the Doctrine on the Church" http://www.cbck.or.kr/book/book_list6.asp?p_code=k5160&seq=401741&page=10&KPope=&KBunryu=&key=&kword=

못하고 있다. 구원의 보편적 수단인, 그리스도의 가톨릭교회를 통해서만 구원 수단이 완전한 충만함에 이를 수 있기 때문이다. 주님께서는 베드로가 앞장서는 한 사도단에 신약의 모든 보화를 맡기셨다고 우리는 믿는다. 그것은 그리스도의 한 몸을 지상에 세우시려는 것이었으며, 어느 모로든 이미 하느님 백성에 소속된 모든 이는 그 몸에 완전히 합체되어야 한다. 하느님의 백성은 지상 순례를 계속하는 동안 비록 그 지체들 안에서 죄로 상처를 입고 있다 하더라도, 그리스도 안에서 자라나며, 하느님의 신비로운 계약에 따라 천상 예루살렘에서 영원한 영광을 충만히 받아 누릴 때까지 하느님의 온유한 인도를 받는다(일치에 관한 교령 1장, 3).

이것이 바로 그리스도의 유일한 교회이며, 우리는 신경에서 하나이고 거룩하고 보편되며 사도로부터 이어 오는 교회라고 고백한다. 우리 구세주께서는 부활하신 뒤에 베드로에게 교회의 사목을 맡기셨고(요한 21,17 참조), 베드로와 다른 사도들에게 교회의 전파와 통치를 위임하셨으며(마태 28,18 이하 참조), 교회를 영원히 진리의 기둥과 터전으로 세우셨다(1티모 3,15 참조). 이 교회는 이 세상에 설립되고 조직된 사회로서 베드로의 후계자와 그와 친교를 이루는 주교들이 다스리고 있는 가톨릭 교회 안에 존재한다. 그 조직 밖에서도 성화와 진리의 많은 요소가 발견되지만, 그 요소들은 그리스도 교회의 고유한 선물로서 보편적 일치를 재촉하고 있다 (2차바티칸 공의회 교회헌장, 1장, 8).

이 가톨릭 문서를 볼 때 진정한 대등한 일치를 추구하고 있느냐는 질문 앞에서 우리는 의문을 가질 수밖에 없다. 다시 〈주예수 dominus Jesus〉 등의 문서로 돌아가 보자. 이 두 문서는 문서의 의도가 어디에 있든 상관없이 일치를 위한 대화를 방해하는 문서다. 이 문서들에는 2차 바티칸의 입장을 따라 가톨릭교회가 유일한 그리스도의 교회이며 개신교 교회는 결함이 있는, 교회가 아닌 교회적 공동체(communitates ecclesiasticae)라는 내용이 담겨 있다. 후자의 문서(2007년 문서) 역시 전자와 동일한 견해를 담고 있다. 2007년 문서는 교회에 관한 질문에 답하는 문서다. 첫 번째 질문이 "제 2 차 바티칸 공의회는 교회에 관한 이전 교리를 바꾸었는가"이고, "제 2 차 바티칸 공의회는 교회에 관한 가톨릭 교리를 바꾸지 않았고 그러한 의도도 없었으며, 오히려 이를 발전, 심화시키고 더욱 완전하게 설명하였다"가 그 답이다. 이런 상황을 직시해 보면, 발표하는 교황청의 기관이 다르긴 하지만 한 쪽에서는 루터교와 가톨릭 사이의 공동선언문을 발표하고, 500주년을 기념하기 위한 대화가 진행되고 있었고, 다른 한편으로는 개신교회들을 교회로 인정하지 않고 가톨릭만 유일한 교회로 보는 문서를 발표하고 있었던 것이다.

이 문서들을 통해 루터와 가톨릭의 충돌의 이유가 단지 칭의/의화론에만 있는 것이 아님을 알 수 있다. 교회를 어떻게 보느냐, 상대방을 교회로 인정하느냐의 교회론에도 있다. 필자는 칭의론에 관한 논의만 시도할 것이 아니라 그보다 먼저 교회론에 관한 토론이 선행되어야 한다고 본다. 물론 교회론은 칭의론보다 더 합의하기 어려운 주제다. 그러나 서로 존중하고 대화하려면 서로 서로를 인정할 필요가 있다고 생각한다. 개신교도 가톨릭을 비난하는 일이 없어야 하겠지만 가톨릭도 개신교를 교회로 인정할 필요가 있다. 다시 말해 가톨릭은 개신교 교회를 가톨릭 교회와 동일한 그리스도의 교회로 인정할 필요가 있다. 단지 가톨릭적 의미의 사도적 계승권에 속하지 않으므로 교회가 아니라 교회적 공동체(ecclesial communities)라고 부르는 것은 수용하기 어렵다. 참고로 2007년 문서의 두 번째 물음, "그리스도의 교회가 가톨릭 교회 안에 존재한다는 것을 어떻게 이해해야 하는가?"에 대한 답변을 소개하겠다.

그리스도께서는 단 하나의 교회를 "이 땅 위에 세우시고 그것을 가시적 집단인 동시에 영적인 공동체로 제정하셨기에, 이 교회는 처음부터 수 세기 동안 언제나 존재해 왔고 앞으로도 존재할 것이며 그 안에서만 그리스도께서 몸소 제정하신 모든 요소를 찾아볼 수 있다. 이것이 바로 그리스도의 유일한 교회이며, 우리는 신경에서 하나이고 거룩하고 보편되며 사도로부터 이어 오는 교회라고 고백한다. (…) 이 교회는 이 세상에 설립되고 조직된 사회로서 베드로의 후계자와 그와 친교를 이루는 주교들이 다스리고 있는 가톨릭교회 안에 존재한다. (…) 가톨릭 교리에 따라, 가톨릭교회와 아직 온전한 친교를 이루지 않은 교회들과 교회 공동체들(ecclesial communities) 안에도 성화와 진리의 요소들이 있는 만큼, 그리스도의 교회는 그들 안에도 '현존하고 활동한다'(adesse et operari)고 올바르게 말할 수 있다. 그러나 '존재한다'(subsistit)는 표현은 가톨릭교회에만 쓸 수 있다. 이 표현은 우리가 신경에서 고백하는("하나인" 교회를 믿나이다) 일치를 가리키며, 이 "하나인" 교회는 가톨릭교회 안에 존재하기 때문이다.

2007년 문서는 "공의회 문헌과 공의회 이후 교도권 문서들이 16세기 종교개혁에서 생겨난 그리스도교 공동체들에게 '교회'(Ecclesia)라는 명칭을 쓰지 않는 이유는 무엇인가" 라는 다섯 번째 물음에 대해서도 다음과 같이 답하고 있다.

가톨릭 교리에 따르면, 이 공동체들은 성품성사에서 사도 계승을 보존하고 있지 않으므로 교회를 이루는 본질적인 요소가 결여되어 있다. 이러한 교회 공동체들은 특히 직무 사제직이 없는 까닭에 성찬 신비의 참되고 완전한 실체를 보존하고 있지 않으므로 가톨릭 교리에 따라 고유한 의미에서 '교회들'이라고 불릴 수 없다.

물론 교회론에 대한 대화가 쉬운 문제는 아니라는 것을 인정하지만, 대화와 일치 시도의 진정성을 의심받지 않으려면 언젠가는 반드시 해결해야 할 문제일 것이다. 또한 가톨릭과 루터교 사이의 대화를 위해 해결해야할 과제는 교회론의 문제만은 아니다. 가톨릭 학자인 한스 큉은 종교개혁 500주년 강연에서 가톨릭교회 리더들에게 다음 네 가지의 실질적인 종교개혁을 요청하였다. 마틴 루터의 복권, 종교개혁시대에 일어난 모든 출교선언의 폐기, 개신교와 성공회의 성직에 대한 인정, 상호성만찬 참여 환영이 그것이다.[347] 이것은

---

347) https://www.ncronline.org/news/500-years-after-reformation-end-schism (2019.1월 26일

모두 중요한 문제들이다. 복잡하지만 결단에 따라서는 의외로 간단한 문제이다. 이런 문제가 여전히 대화의 장애물로 작동하는 상황에서 본질적인 일치와 화해를 이룬다는 것은 요원한 일이다. 무엇보다 중요한 것은 신학적으로 서로를 대등하게 교회로 인정하는 일부터 시행할 일이다.

3. 신조에 나타난 교회론의 변천[348)

교회 공동체의 고백이 바로 신조 혹은 신앙고백서이다. 신앙고백서들에 나타난 교회론을 살펴보는 것은 매우 중요하다. 그것은 교회의 시대적 자기고백, 자기 이해이기 때문이다. 이 작업에서 염두에 두고자 하는 것은 신조에 나타난 교회의 신학적 의미를 분석 및 해석하려는 것이 아니라 다만 역사적으로 사용된 신조들 속에서 교회공동체가 교회를 어떻게 고백했었는가, 즉 어떻게 신조의 역사에 따라 어떻게 교회론이 변천되어 왔는가를 찾아내려는 것이다. 오늘날 널리 사용되고 있는 신앙고백서인 사도신경의 교회론은 교회에 대한 중요한 고백을 하고 있다. 즉 거룩한 공교회(sanctam ecclesiam catholicam)와 "성도의 교제"를 믿는다는 내용이다. 니케아-콘스탄티노플 신조는 사도신경의 내용보다 좀 더 상세하게 언급하고 있는 것을 발견할 수 있다. 그것은 오늘날 교회의 표지로 인정되고 있는 교회의 네 가지 특성, 하나됨, 거룩함, 보편성, 사도성(credo in unam, sanctam, catholicam et apostolicam ecclesiam)을 포함하고 있다.[349)

사도신경이나 니케아 신조에 교회에 대한 언급이 있기는 하나 상세한 고

접속)
348) 이 항목은 김도훈, 〈모성적 목양교회론〉, 『교회와 신학』, 80집, (2016, 2) 200-204에 있는 부분을 확대 보완한 것이다.
349) 사도신경이나 니케아-콘스탄티노플 신조가 고백하듯 교회가 신앙의 대상인가 하는 문제는 교회론의 성격에서 다뤘다.

140

백이나 진술은 나타나지 않는다. 위의 언급들이 전부다. 그 이유는 신조들을 선포할 당시의 고대교회는 대부분 기독론이나 삼위일체에 관심이 집중되어 있었기 때문이다. 이후에 작성된 신조들에도 교회에 대한 진술은 그리 많이 등장하지 않는다. 교회에 대한 진술이나 항이 등장하는 신앙고백서는 종교개혁이후에 집중적으로 나타난다. 아우구스부르크 신앙고백(1530), 슈말칼트 신조(1537), 프랑스신앙고백(1559), 스코틀랜드 신앙고백(1560), 제2스위스 신앙고백(1561), 하이델베르크요리문답(1563), 웨스트민스터신앙고백(1648) 등이 그것이다. 이 고백서들은 대체로 종교개혁자들의 신학전통을 수용하여 가톨릭의 신학과 제도와 실천을 비판하며 자신의 정체성을 드러낸다. 아우구스부르크 신앙고백서는 교회를 "복음이 순수하게 선포되고 그 복음에 일치되게 성례전이 거행되는 모든 신자들의 회합"350)으로 정의하고 있다. 슈말칼텐 신조는 루터의 신학을 반영하며 루터의 서명이 수록되어 있는 신조로서 가톨릭교회에 대해 매우 비판적 입장을 견지하고 있는 신조이다. 그에 의하면 교회란 거룩한 신도이며, 교회의 거룩성은 예식이나 예복에 있는 것이 아니라 "하나님의 말씀과 올바른 신앙"에 있다.351) 하이델베르크 요리문답은 특이하게, 그리고 간단하게 교회론을 성령론 항에서 다룬다. 교회는 "영원한 생명으로 선택된 무리"352)며, 이 무리(교회)를 하나님의 아들이 성령과 말씀을 통하여 세상 첫날부터 마지막 날까지 지키며 보호하실 것353)이라는 내용이다.

1536년에 선포된 제1 스위스 신앙고백서는 비교적 교회에 대한 길게 진술한다. 교회의 본질354), 하나님의 말씀의 사역자와 교회의 역할, 교회의 권능, 교회의 직분선거, 교회의 목자와 머리, 교회의 직책, 성례전 등355)에 대해 비

---

350) 이장식,『기독교신조사』(1), 38.
351) 이장식, 102.
352) 이장식, 114.
353) 이장식, 114.
354) 이장식, 134.
355) 이장식, 134-139.

교적 상세히 언급하고 있다. 그러나 기본적 내용은 다른 종교개혁 신조들과 크게 다르지 않다. 스코틀랜드 신앙고백서는 비교적 상세하게 교회론을 다룬다.356) 정리하자면 다음과 같다. a. "하나님에 의해 택함을 받은 하나님의 무리와 집단"(27)인 하나의 교회가 있음을 믿는다. b. "그리스도가 유일한 머리요, 교회는 그의 몸이요 신부다."(27) c. 교회는 보편적이다. "교회는 모든 시대와 지역과 국민과 방언을 가진 택함을 받은 사람들을 포함"(27)하며, "그들은 다 같이 성령의 성화를 통하여 성부와 성자와 더불어 교제하고 공동체를 형성하고 있기 때문이다."(27) d. 그러므로 "이 교회 밖에는 생명이나 영원한 복락은 없다."(27) e. "무슨 종교를 믿든 공평과 정의에 따라 살면 다 구원을 받는 다는 사람들의 모독"(27)을 거부한다. "그리스도 예수가 없이는 생명이나 구원이 없기 때문이다."(27) f. "이 교회는 불가견적이다. 하나님만 아신다. 하나님은 자기가 택한 사람들을 아시고 택함을 받은 사람 가운데 이미 세상을 떠난 사람, 즉 승리적 교회와 현재 살면서 죄와 사탄에 대항하여 싸우는 사람들과 지금 이후로 살 사람들까지 포함한다."357) g. 참 교회와 거짓 교회를 구분할 수 있는 표적은 "하나님의 말씀을 참되게 전하는 것"과 "그리스도 예수의 예전을 정당하게 시행하는 것"과 "교회훈련을 정직하게 집행하는 것"이다.358)

제2 스위스 신앙고백서는 교회뿐 아니라 교역자들에 대한 신학적, 실천적 조항을 담고 있다는 점에서, 그리고 교회 안에서의 무질서에 대해, 불화와 싸움에 대해, 교회의 일치에 대해 중요한 통찰을 담고 있다는 점에서 다른 신앙고백서와는 차별성을 보이는 고백서이다. 요약하면 다음과 같다.359) a. "교회는 이 세상에서 불러냄을 받아 모인 신자들의 모임", 즉 "말씀과 성령에 의하

---

356) 대한예수교장로회총회교육부, 『신앙고백집』, 1979. 27-29 (이하 신앙고백집으로 약칭, 이하의 숫자는 신앙고백집의 쪽수를 의미함)
357) 신앙고백집, 27.
358) 신앙고백집, 29.
359) 신앙고백집, 120-139.

142

여 구주 그리스도 안에서 참 하나님을 옳게 알고 옳게 예배하고 봉사하는 사람들의 친교"[360]이다. b. "교회는 항상 존재했으며 또한 언제든지 존재할 것이다. 하나님은 처음부터 사람을 구원케 하시고 진리에 대한 지석을 가지게 하시기 때문에 언제든지 교회가 있었고 현재도 있으며 또한 세상 끝 날까지 교회가 있는 것이 필요하다."[361] c. 교회는 "어느 시기와 장소에 국한 된 것이 아니기 때문"[362]에 우주적, 보편적 성격을 갖는다. d. 교회는 그 형식에 있어서 "투쟁하는 교회와 승리의 교회"[363]로 구분할 수 있다. e. 교회는 "살아계시는 하나님의 성전"이며, "신부와 처녀", "양의 무리"로 비유할 수 있으며,[364] 그리스도의 몸으로, 그러므로 "교회의 머리는 그리스도"로 규정할 수 있을 것이다.[365] f. "교회는 바위이신 그리스도 위에 머물러 있는 한, 예언자와 사도들의 기초 위에 있는 한 과오를 범하지 않는다."[366] g. 참 교회의 표적은 말씀의 바른 선포, 바른 신앙생활이며, 그리스도가 제정하고 사도들이 전해준 성례전에 바르게 참여하는 것이다.[367] h. 하나님의 교회, 즉 그리스도의 교회 밖에는 구원이 없다.[368] i. 그러나 현실적으로 한 가지 인정할 것은 "교회 안에 있는 모든 사람들이 다 교인은 아니다."[369] j. "하나님은 교회를 건설하는데 교역자를 사용" 하시므로 "교역을 무시해서는 안 된다."[370]

웨스트민스터 신앙고백서는 제25장에서 교회론을 다루고 있다. 개혁신학적 신앙고백서 답게 교회론에서 우선적으로 가견적 교회와 불가견적 교회를

---

360) 신앙고백집, 120.
361) 신앙고백집, 120.
362) 신앙고백집, 121.
363) 신앙고백집, 121.
364) 신앙고백집, 122.
365) 신앙고백집, 123.
366) 신앙고백집, 122.
367) 신앙고백집, 125.
368) 신앙고백집, 126.
369) 신앙고백집, 127.
370) 신앙고백집, 128f.

구분하면서 시작하고 있다. a. "보편적이고 우주적인 교회는 불가견적이다. 이 교회는 과거나 현재나 미래에 있어서 머리 되시는 그리스도를 중심하여 모이는 택함을 받은 모든 사람들로 말미암아 구성된다. 그것은 그리스도의 신부요, 그의 몸이며 만물 안에서 만물을 충만케 하시는 자 중의 충만이시다."371) b. "가견적 교회도 복음 아래 있는 보편적이요 우주적인 교회이다. 이 교회는 율법시대와 같이 한 민족에게만 국한된 것이 아니라 전 세계를 통하여 참 종교를 신봉하는 모든 사람들로 구성된다."372) c. "주 예수 그리스도는 교회의 유일의 머리가 되신다. 따라서 어떤 사람이 자기가 그리스도의 대리자요 교회의 머리라고 주장하는 것은 비성서적이요 사실 근거가 없는 말이다."373)

대한예수교장로회 통합측 총회는 〈사도신경〉, 〈요리문답〉, 〈웨스트민스터신앙고백〉, 〈12신조〉, 〈대한예수교장로회 신앙고백서〉, 〈21세기 대한예수교장로회 신앙고백서〉를 기본 고백서로 승인하고 있다. 〈대한예수교장로회 신앙고백서〉는 선교 백주년을 기념하며 발표된 고백서로서 당시 한국교회가 직면한 현실적인 문제들에 대응하면서 발표한 문서다. 그 문서의 서문에는 이렇게 기록되어 있다. "그간 우리 교회는 초대교회 때부터 모든 교회가 공통적으로 사용하고 있는 사도신조와 종교개혁의 근본 신앙을 담고 있는 웨스트민스터 신앙고백서와 요리문답서와 12신조 등을 채택하여 신앙의 표준으로 삼아왔다. 그러나 오늘날 우리 한국교회는 그 외형적 성장 이면에 여러 가지 문제들을 또한 가지고 있다. 그 문제들을 해결함으로 우리 교회가 더 든든한 기반 위에서 계속적인 성장을 기하게 하는 것이 이 시점에 선 우리들의 사명일 것이다."374) 그리고 21세기 문서는 전통적으로 고백해온 교회론의 핵심내용을 인정하면서 친교와 일치라는 에큐메니칼적 정신을 추가적으로 담고 있다.

---

371) 신앙고백집, 207.
372) 신앙고백집, 208.
373) 신앙고백집, 209.
374) 대한예수교장로회 신앙고백서 서문

그리고 한국교회가 당면한 오늘의 절실한 문제들을 염두에 두면서 이 땅에서 하나님 나라의 성취의 도구라는 관점에서 교회를 설명함으로써 세상에서의 교회의 역할과 사명을 강조한 공적 교회론을 지향함과 동시에, 복음전도와 하나님의 선교를 강조하는 통전적 교회론을 포함하고 있다.[375] 21세기 문서의 서문은 이것을 잘 말하고 있다. 길지만 인용해보고자 한다.

> 1990년대에 접어들면서 세계는 급변하고 있다. 공산 동구권의 붕괴와 구 소비엘 연방체제의 해체 이후, 인류 공동체는 급격한 지구화(globalization)의 과정 속에 말려들고 있으며, 남북한은 화해와 교류의 급류를 타고 있다. 시장경제 원리(신자유주의)의 지구화와 기술과학의 지구화, 특히 지식정보화와 정보기술 (information technology)의 혁명 및 인간복제를 포함한 생명공학의 발달과 사이버세계의 확산으로, 북반구와 남반구는 그 어느 때 보다도 삶의 질에 있어서 괴리와 소외와 경제적, 문화적, 종교적 정체성 위기를 경험하고 있다. 나아가서 우리는 자연환경을 파괴하고 있고, 여기에 더하여 공동체를 해체시키는 개인주의, 보편적이고 객관적인 사도적 신앙내용을 거부하는 상대주의와 다원주의, 그리고 사유화되고 감성적 경험을 중요시하는 다원화 종교와 같은 "후기 근대주의"(post-modernism)의 부정적인 가치들에 직면하고 있다. 우리 한국교회는 이상과 같은 세계사적 도전과 이 시대의 징조들을 바로 읽고, 우리의 신앙과 신학의 방향을 가늠해야 할 것이다. 선교 제2세기에 돌입하고 있으며, 한국 장로교회가 복음전도와 하나님의 선교를 위하여 하나를 지향하고 있는 상황에서, 우리 대한예수교장로회는 우리 자신의 정체성을 확실히 하면서 다른 장로교회들과의 일치 운동은 물론, 다른 교회들과도 일치 연합하는 운동에 적극 참여하여 이 시대가 요구하는 복음전도와 하나님의 선교(missio Dei)에 정진해야 할 것이다.

지금까지 우리는 성경에 나타난 다양한 교회론과 교회역사와 상황의 변화로 인해 나타나는 교회론의 변천을 살펴보았다. 교회론에 대한 통일된 견해도

---

375) 21세기 대한예수교장로회 신앙고백서 제7장.

분명 존재하지만 매우 다양한 관점도 존재한다. 여기에 구체적으로 언급하지는 않았지만 개별 신학자들, 개별 교단들까지 살펴본다면 더 다양한 교회론이 존재한다고 말할 수 있을 것이다. 그러므로 교회론의 역사는 교회에 대한 이해가 어떻게 변했는지를 볼 수 있는 교회론의 변천사이다. 신앙고백서에 나타난 교회론도 마찬가지다. 결국 그것은 개인이나 교회 공동체의 교회론이 결국 시대적 상황과 적절히 맞물려 있음을 의미한다. 즉, 교회론에 대한 고대교회나 고대 신조들의 고백은 고대의 당시의 교회적 상황을 반영한 것이고 오늘의 고백은 오늘의 현실적 문제를 반영하고 있다는 말이다. 고대교회가 당시의 신학적 문제에 집중했다면, 개혁교회의 교회론은 종교개혁 당시의 교회적 상황인 가톨릭교회와의 투쟁을 반영했으며, 오늘날의 문서는 오늘의 상황에 대한 대응을 고백한 것이다. 이것은 교회에 대한 이해는 결코 교회가 직면한 여러 현실과 무관하지 않다는 결론이 도출된다는 의미다. 그래서 큉은 "교회의 본질은 플라톤적인 불변의 이데아의 세계에 있는 것이 아니라 오직 교회의 역사 속에서만 발견될 수 있다. 실제적인 교회는 역사를 '갖고' 있을 뿐만 아니라 역사가 될 때에만 실존한다. 불변의 형이상학적, 존재론적 체계로서의 교회'론'은 존재하지 않는다. 교회론은 항상 교회사, 교리사, 신학사의 맥락 속에서 역사적으로 한정된 이론으로만 존재한다. 교회론은 역사적 제약을 받고 있다. 이러한 사실에서 예외 되는 교회론은 존재하지 않는다. 이러한 역사적 제약성으로 인해 특정한 교회론적 유형과 형태가 생겨난다. (···) 교회론이 항상 새로운 구체적인 역사적 장소와 항상 변하는 언어 및 정신적 분위기, 그리고 항상 새로운 교회와 세계의 역사적 상황 속에서 전개된다는 사실에 있다. 교회론에 동기와 목적을 부여해 주는 역사적 상황의 변화는 (···) 우리에게 항상 새로운 구상과 형상, 그리고 자유로운 결단을 요구한다. 교회론은 필연적으로 교회와 더불어 지속적인 변화에 예속되기 때문에 항상 새롭게 시도되어야 한다"376)

---

376) Küng, 16-17

라고 적절히 주장한다.

　그렇다면 오늘에 필요하다고 생각되는 오늘의 교회론은 무엇인가? 그것은 오늘의 문제를 어떻게 파악하고 있느냐와 관계가 있다. 필자는 어떤 학자들의 교회론보다 주제 접근적 교회론이 더 중요하다고 생각한다. 그것이 바로 모성적 목양 교회론, 성육신적 문화 교회론, 미래세대 교회론, 일상의 교회론, 생태학적 교회론, 긍정교회론 등이다. 그러나 이것이 전부는 아니다. 성경의 생각들을 다양하게 오늘 이 시대에 적용한, 그래서 오늘의 상황에 적절한 교회론들이 더 다양하게 나타나기를 기원한다. 그러나 유념할 것은 교회론이 변화되었다고 해서 교회의 본질, 교회의 형식, 교회의 권위, 교회의 제도와 질서 등 과거의 것이 조금도 남아 있지 않다는 말도 아니며, 교회론이 시대에 따라 변해왔으므로 과거의 교회론이 지금 전혀 유효하지 않다는 말도, 그러므로 전통적 교회론을 무시해야 한다는 말도 결코 아니다. 과거와 오늘의 교회론에 여전히 가장 기본적인 교회의 의미, 하나님의 백성, 그리스도의 몸, 성령의 피조물과 같은 본질적인 요소는 남아 있으며, 다만 그것이 시대에 따라 어떻게 표현되고 있으며, 그것에 가장 적합한 제도와 질서는 무엇이며, 그것을 여전히 유지하기 위해서 무엇을 과제와 사명으로 삼아야 하는가 하는 문제에 있어서만 다를 뿐이다.

제2부

—

포스트모던과 디지털시대의
현대 교회론과 새로운 교회 운동

제4장 선교적 교회론
― 프로스트와 허쉬의 선교적 성육신적 상황적 관계적 교회론

1. 선교적 교회론의 오해와 이해[1]

오늘날 이 시대에 필요한 교회론은 무엇인가? 이전과는 전혀 다른 시기라
고 진단되는 이 시기에 어떤 교회론이 필요할 것인가? 서구는 지금 포스트모
던 시대, 포스트기독교시대를 맞이하고 있다. 서구에서 교회는 중심에서 주변
부로 밀려나고 있다. 교회의 위기 시대라고 말한다. 이 위기의 원인은 무엇인
가? 프로그램이나 이벤트가 없기 때문인가? 아니다. 지금의 교회는 시대의 패
러다임이 전환되고 있는 이 시점에도 과거의 교회론을 가지고 있기 때문이다.
물론 과거의 교회론이 틀렸거나 비성서적이라는 말이 아니다. 성서가 가지고
있는 교회의 정의들을 오늘에 맞게 재 정의하는 작업이 필요한데도, 오늘의
위기 상황을 염두에 두면서 적절한 대안을 마련해야 하는데도 불구하고 그런
작업이 더디거나 이뤄지고 있지 않다는 말이다. 이런 상황 속에서 오늘의 시
대와 문화의 변화를 깊이 인식하고 이 시대의 교회론을 새롭게 전개한 〈선교
적 교회론〉을 주목해보는 것은 당연한 일일 것이다. 여기서 필자는 프로스트
(M. Frost)와 허쉬(A. Hirsh)의 『새로운 교회가 온다』[2]라는 책을 중심으로 서
술하고자 한다. 필자가 보기에 그들은 오늘날에 필요한 교회론적 특성을 누구
보다 잘 드러내 보여 주었다고 생각하기 때문이다. 그들은 "그리스도인들이
교회를 하고(doing), 교회가 되는(being) 지금까지의 방식을 바꿀 것을 주장

---

1) 출처, 김도훈, "이머징 교회의 교회론에 대한 연구", 장신논단 제36 호 (2010, 2), 9~41을 수정,
보완한 것이다.

2) M. Frost/A. Hirsh, The Shaping of Things to come, 지상근 역, 『새로운 교회가 온다』, IVP,
2009, (이하 ST로 약함).

한다."3) 그러나 그들이 이런 주장을 하는 것은 그들의 말대로 기존의 "교회가 낡은 신학을 가졌다는 자유주의적 비평 때문도 아니요 단지 유행을 좇아 반제도주의를 따르기 때문"4) 아니다. 그들은 성경을 믿으며 기독교의 핵심 교리를 고수하고 있다.5) 그들이 전통적인 교회론을 이 시대에 맞는 선교적 교회론으로 바꾸고 싶어 하는 동기는 다음의 글에 잘 나타나 있다. "우리는 새롭고 문화적으로 다양한 선교적 공동체를 개척하는 것이 선교적 상황가운데서 자기 정체성을 인식한 교회가 가야할 최선의 길이라고 믿는다. (…) 전략의 초점이 이제는 부흥에서 선교로, 다른 말로 해서, 내부인에서 외부인으로 바뀌어야 한다고 믿는다. 이렇게 할 때 교회는 진짜 본질을 발견하고 그 목적을 성취할 수 있을 것이다."6)

사실상 선교적 교회론은 한국교회에 많이 소개되어 있다. 그럼에도 프로스트와 허쉬의 교회론을 소개하기 전에 선교적 교회론의 신학적 동기와 내용을 간단히 언급하려고 한다. 선교적 교회론은 어느 날 갑작스럽게 만들어진 것이 아니다. 여러 상황과 신학이 발전하면서 선교적 교회론이 등장하게 되었다. 이에 혹자들은 도대체 선교적 교회론이 무엇인가에 대한 질문을 던지기 시작하였고, 그것을 정의하는 많은 연구와 저술들이 나타나게 되었다. 록스버그(Alan J. Roxburgh)와 스캇 보렌(M. Scott Boren)은 『선교적 교회 입문』7)에서 선교적 교회론의 정의의 어려움을 토로하면서 그것은 무엇이 아닌가에 대해 먼저 길게 설명하고 있다. 그의 부정적 설명을 소개하면 다음과 같다. 첫째, "선교적 교회는 다문화(cross-cultural) 선교를 강조하는 교회를 설명하는 용어가 아니다."8) 선교적 교회론이 말하는 선교는 전통적 의미의 선교개념이

---

3) ST, 9.
4) ST, 10.
5) ST, 10.
6) ST, 11.
7) A. J. Roxburgh/M.Scott Boren, Introducing the Missional Church: What It is, Why It Matters, How to Become One, Grand Rapids, MI: Baker Books, 2009 (이하 IMC로 약칭함).

아니며, 다문화 속의 선교도 아니다. 일정 부분 중복될 수는 있으나 동일하지는 않다.[9] 둘째, "선교적 교회는 외부활동에 초점을 맞춘 아웃리치 프로그램을 활용하는 교회를 설명하는 이름이 아니다."[10] "선교적 교회가 성육신적으로 이웃과 공동체에 들어가거나 거주하는 것은 사실이나 선교적 교회의 초점이 교회밖에 있는 사람들을 목양한 프로그램을 세우는데 있는 것은 아니다."[11] 셋째, "선교적 교회는 교회성장이나 효율적 목회를 위한 이름이 아니다."[12] 선교적 교회는 사람들을 교회건물에 오게 하려는 교회는 아니기 때문이다.[13] 넷째, "선교적 교회는 효과적으로 전도하는 교회를 지칭하는 용어도 아니다. (…) 선교적 교회는 비그리스도인들과 연관되어 있으며 그들을 하나님 나라에 들어가게 하려는 것은 맞지만, 구원을 사적이고 개인주의적인 회개에 제한시키려는 환원주의적 견해는 선교적이라고 부를 수 없다."[14] 다섯째, "선교적 교회는 교회의 생존을 위한 비전과 목적을 가진 미션 선언문을 가지고 있는 교회를 지칭하는 용어가 아니다."[15] 비전선언서가 잘못된 것은 아니지만 선교적 교회가 "선교적"이라고 할 때의 바로 그 의미는 아니다.[16] 여섯째, "선교적 교회는 낡고 유행지난 교회형태를 바꿔 폭넓은 문화에 적합한 교회임을 보여주려는 방식이 아니다."[17] 일곱째, "선교적 교회는 교회됨의 원시적 형태 혹은 고대교회적 형태를 지칭하는 용어가 아니다."[18] 여덟째, "선교적이라는 말은 전통적 교회에 관심없는 사람들에게 도달하기 위한 새로운 포맷의

8) IMC, 31.
9) IMC, 31.
10) IMC, 31.
11) IMC, 31.
12) IMC, 32.
13) IMC, 32.
14) IMC, 32.
15) IMC, 32.
16) IMC, 33.
17) IMC, 33.
18) IMC, 33.

교회를 지칭하는 용어가 아니다."[19] "오늘날 많은 교회형태들이 있다. 이머전트, 창조적, 유연한, 단순한, 포스트모던한 교회 등이 그들이다. 그러나 그러한 교회들은 끌어오기식 교회 형태일 뿐이다. 촛불, 긴의자, 예술, 미로, 대화적 설교 등은 비전통적 교회들이 수용하고 있는 교회의 창조적 형식이긴 하나 그것들이 반드시 선교적 삶을 구성하는 것은 아니다. 선교적이라는 것은 포스트모던적 끌어오기 식(postmodern attractional) 이상이다."[20]

이런 설명은 사실상 많은 혼란을 준다. 이것도 저것도 아니라면 도대체 무엇인가? 모던적도 포스트모던적도, 전도도 교회성장도, 문화연계적도 적대적도 아니라면 선교적 교회는 무엇인가? 선교적 교회가 무엇인지에 대답을 어떻게 만들어낼지 매우 궁금해진다. 록스버그와 보렌이 긍정적으로 설명하는 내용을 탐색해보자. 그들이 말하는 선교적 교회의 핵심은 세 축이다. 상황과 복음과 교회다. 첫째는 서구적 상황이 변하여 서방이 이제 선교현장이라는 것이고[21], 복음의 핵심은 하나님의 선교이며[22], 세상을 향한 하나님의 꿈의 표적(sign)이요 증인이요 전조라고 교회를 이해하는 것[23]이다. 반 겔더(Craig Van Gelder)와 샤일리(Dwight J. Zscheile)는 선교적 교회가 주장하는 네 가지 공통적 주제를 다음과 같이 예시한다. 첫째는 "하나님은 교회를 세상으로 보내시는 곧 선교하시는 하나님이시다."[24] 둘째는, "세상에서 이뤄지는 하나님의 선교는 하나님의 통치(나라)와 관련이 있다."[25] 셋째는 "선교적 교회는 기독교국가 이후의 포스트모던하고 세계화된 상황에 참여하기 위해 보내심을 받은 성육신적 사역이다."[26] 넷째는 "선교적 교회의 내적 삶은 선교에 참여하는

19) IMC, 33
20) IMC, 34.
21) IMC, 75ff.
22) IMC, 91ff.
23) IMC, 102ff.
24) Craig Van Gelder/Dwight J. Zscheile, The Missional Church in Perspective, 최동규 옮김,『선교적 교회론의 동향과 발전』, CLC, 2015,28.
25) 위의 책, 28.

제자로 살아가는 모든 신자에게 초점을 맞춘다."27) 이러한 생각을 담은 선교
적 교회는 그 이전의 신학적 개념들에 영향을 받아 형성된 것들이다. 그것은
바로 선교학과 교회론의 연결, 삼위일체론적 선교학, 하나님의 선교, 하나님
나라, 교회의 선교적 본질, 성경읽기의 선교적 해석 등의 주제들이다.28) 이러
한 강조는 프로스트와 허쉬에게서도 잘 드러난다. 선교적 교회론은 오늘날의
매우 중요한 선교적, 교회론적 흐름이 되었고, 미국 호주 영국 등지에서 등장
하여 빠르게 성장하고 있는 이미징 교회들의 신학적 토대가 되고 있다. 이런
흐름과 상황을 고려할 때 프로스트와 허쉬의 선교적 교회론을 세밀히 살펴보
는 것은 오늘날 이 시대 한국교회를 위해서도 매우 유익한 작업이 될 것이다.

2. 프로스트와 허쉬의 선교적 교회론

1) 선교적 교회론

우리의 대화상대인 프로스트와 허쉬는 "성경적 신앙의 핵심에 있는 사도
적 상상력을 일깨우고 우리가 사는 시대 속에서 담대한 선교적 참여에 나서도
록 하나님이 백성을 격려하는 것"29)을 그들의 교회론의 목표로 삼는다. 그들
에 의하면, 교회의 선교는 "문화적 상황 속에서 복음을 살아내는 것"30)이다.
그들의 관점에 의하면 교회는 제도적이라기보다는 선교적이다. 이것이 의미
하는 바는 "교회는 교회가 받은 사명으로 정의되어야 한다. 즉 복음을 구체적
인 문화 상황으로 들고 들어가 육화해야 한다"31)는 것이다. 이것을 그들은
"선교적 교회론"이라 부른다. 그들이 선교적 교회론을 전개하게 된 현실적 이

26) 위의 책, 28.
27) 위의 책, 28.
28) 위의 책, 32-35.
29) ST, 9
30) ST, 9.
31) ST, 14.

유는 바로 급속도로 쇠퇴하고 있는 서구교회의 경험 때문이다. 달리 말해, 그들은 "선교사로서 우리는 서구 문화 속에서 교회가 점점 적실성을 잃어 가는 현실을 보며 뼛속 깊이 아픔을"[32] 느꼈기 때문이다. 최근 "서구 사회에서는 포스트모더니즘의 도래로 경험적이고 행동주의적인 형태의 종교적, 신비적 경험에 대한 기대"[33]가 생겨났는데, 기존의 교회들은 이러한 기대를 충족시켜 줄 수 없다는 현실 때문에 선교적 교회론이 생겨난 것이다. 다시 말하자면, "예술적 감수성을 지녔고 정치적으로는 전복적이고 행동 지향적이며, 신비적인 신앙공동체를 찾는 이들이 현대의 전통적인 교회를 선택할 가능성은 점점 더 없어 보인다"[34]는 이유에서다.

선교적 교회론이 극복하고자 하는 것은 무엇보다도 크리스텐덤이라는 메타내러티브다. "메타내러티브란 모든 문화, 모든 시대의 모든 사람들에게 적용할 수 있는 진리를 내포한다고 주장하는, 전체를 아우르는 이야기를 말한다."[35] 지금까지 서구사회는 기독교의 토대 위에 건설된 크리스텐덤이었다. 그러나 이제 그 신념과 가치는 더 이상 유효하지 않게 되었다. 그런데도 교회는 여전히 크리스텐덤이 교회 자신을 이해하는 잣대가 되고 있다. 그들의 분석에 의하면 결국 "역동적이고 혁명적이며 사회적이고 영적인 운동이었던 기독교가 구조와 사제 조직과 성례식을 갖춘 종교제도가 되어 버린 것이다."[36] 문제는 무엇인가? "최근 서구문화는 많은 역사가들에게 후기 기독교 시대라 불릴 정도가 되었다. 공공연한 비기독교적 표현으로 말하자면 사회는 크리스텐덤을 극복하였다. 그렇지만 서구 교회내부에서는 상황이 좀 다르다. 이해의 패러다임으로서 혹은 메타내러티브로서 크리스텐덤은 여전히 교회 안에서 현

---

32) ST, 14.
33) ST. 23.
34) ST. 23.
35) ST. 27.
36) ST, 27.

존하는 신학적, 선교학적, 교회론적 이해에 과도한 영향력을 행사하고 있다. 여전히 우리는 교회와 그 사명을 크리스텐덤 차원에서 생각한다. 실제로는 크리스텐덤 이후라는 상황에 있으면서도 서구 교회는 여전히 그 주된 부분에서는 크리스텐덤 방식으로 움직이고 있다. 우리 상상 속에서는 콘스탄티누스 대제가 여전히 황제인 것이다."[37] 프로스트와 허쉬에 의하면 교회의 실패는 바로 이 크리스텐덤 패러다임 때문이며,[38] 이에 상응하는 "근대성과 계몽주의의 이상과 놀아났기 때문"[39]이다. 그는 존 드레인의 말을 빌려 이렇게 말한다. "근대성은 지난 2천 년간 교회를 황폐하게 한 어떤 적이나 박해자보다 더 큰 파괴력을 교회에 행사했다."[40] 교회가 "그들이 속한 상황 가운데서 전도하고 문화를 변화시키는 복음의 공동체를 세우는데 실패했기 때문에 (…) 패러다임을 약간만 바꾸어 거대하게 변하는 서구 교회의 선교적 상황에 맞추려는 식의 시도로는 안 된다"[41]고 그들은 생각한다.

집스와 볼저 역시 오늘날의 후기기독교 사회를 잘 지적해 주었다.[42] "AD 313년 로마황제 콘스탄틴의 개종 이후 거의 20세기 중반에 이르기까지 교회는 서구 사회의 중심이었다. 이 긴 기간을 기독교시대라고 부른다. 교회는 이 기간 동안 핵심적인 사회기관으로서 안정과 안전을 제공해 주었다."[43] "1950년대 이후 서구 사회는 기독교 사회에서 후기기독교 (post- christendom) 사회로 변화되었다. 이 시대의 전형적인 특징은 다원주의와 급진적 상대주의이다."[44] 후기 기독교 시대는 "종교를 사회학적, 심리학적 의미에서만 이해할

---

37) ST, 28-29.
38) ST, 37.
39) ST, 37.
40) ST, 37
41) ST, 37.
42) Eddie Gibbs/Ryan Bolger, Emerging Churches. Creating Christian Community in Postmodern Cultures, Baker Academic, 2005, 15-23 (이하 Gibbs로 약함, 괄호의 숫자는 이 책의 쪽수를 의미한다).
43) Gibbs, 17.

뿐이다. 하나님의 계시와 절대적 진리에 대한 어떤 주장도 무시된다.”[45] 교회와 기독교는 사회의 중심이 아니라 주변으로 밀려나게 되었다.[46] 레너드 스윗은 이 “종교적 폭풍”을 “후기기독교시대의 허리케인”[47]이라고 부른다. 서구는 해체되고 있으며 기독교는 서구에서 죽어가고 있다는 것이다.[48] 스윗의 주장에 의하면 2025년에는 기독교인의 삼분의 이가 남미와 아프리카와 아시아에 살 것이라고 진단한다.[49] 그에 의하면 서구에서 기독교는 더 이상 사회를 유지시키는 시멘트가 아니며, 더 이상 문화의 공동배경이나 접착제가 아니다. 남아 있다 해도 쓸모없는 겉치레일 뿐이라고 진단하고 있다.[50] 사실상 이러한 진단이 지금 미국에서 일어나고 있는 현상에 대한 적절한 분석인가 하는 것은 논란이 있을 수 있으나 기독교가 쇠퇴하고 있으며 그 중심적 역할을 상실했다는 것을 잘 지적해주는 말일 것이다.

그러므로 오늘날의 교회가 생존하기 위해서는 과거의 교회 패러다임이 아닌 새로운 선교적 패러다임을 가져야 한다는 것이다. 이러한 새로운 선교적 패러다임에 대한 시도가 선교적 교회론이다. 프로스트와 허쉬는 다음과 같이

---

44) Gibbs, 17.
45) Gibbs, 17.
46) Gibbs, 18. 그의 분석에 의하면 교회의 주변화를 가속화시키고 문화적 변화는 “첫째, 모던 사회에서 포스트모던으로 변하는 한 복판에 서있다는 것, 둘째, 서구화에서 지구화에로의 변화 속에 잠겨 있다는 것, 셋째, 프린트 문화에서 전자에 근거한 문화로 변화되는, 정보혁명을 겪고 있는 것, 넷째, 국가경제나 산업경제에서 국제경제, 정보에 기초한 경제, 소비자 중심의 경제로 바뀌고 있는 것에서 알 수 있듯이, 경제적 생산방식의 극적 변화의 한 가운데 있다는 것, 다섯째, 생물학적 인간 이해에 있어서 의미 있는 진보를 이뤄내기 시작했다는 것, 여섯째, 여러 세기 동안 경험하지 못했던, 과학과 종교의 수렴현상을 보고 있다는 것”(Gibbs, 18)이다.
47) Leonard Sweet, The Church at the Perfect Storm, Abingdon, 2008, 14 (이하 Sweet, Storm로 약칭함).
48) Sweet, Storm, 169. 그는 Stuart Murray, Post-Christendom, Paternoster, 2004, 20의 글을 다음과 같이 요약하여 인용하고 있다. “후기기독교는 다음과 같은 변화를 포함한다: 중심에서 주변으로, 다수에서 소수로, 영구정착민에서 임시체류자로, 특권에서 다원성으로, 통제에서 증언으로, 유지에서 선교로, 제도에서 운동으로.”
49) Sweet, Storm, 14.
50) Sweet, Storm, 15.

말한다. "'선교적 교회는 하나님은 우리로 하여금 현재의 문화적 상황에서 어떤 존재가 되고 무엇을 하라고 부르시는가'라고 자문한다. 선교적 교회는 하나님 나라를 위해 상황을 변화시키고자 상황에 맞게 자신의 모습을 갖추기에 문화적 상황은 핵심적인 주제가 된다. 그 정의상 선교적 교회는 항상 외부 지향적으로 보이며 항상 변화하며 (문화가 끊임없이 변화하듯) 항상 하나님의 말씀에 충실하다."[51] 그러면서 동시에 그들은 선교적 교회의 원리를 다음과 같이 정리하여 소개한다.

> 1. 교회론적 측면에서 선교적 교회는 사람들을 끌어 모으려 하지 않고 성육신적이고 자 한다. 성육신적이라 함은 불신자들이 복음을 만나려면 반드시 와야 하는 거룩한 장소를 따로 만들지 않는다는 의미다. 오히려 선교적 교회는 흩어져서 그리스도를 모르는 사람들에게 그리스도가 되기 위해 사회의 틈과 갈라진 곳에 스며든다. 2. 선교적 교회는 영성의 측면에서 이원론적이 아니라 메시야적이다. 즉 그리스-로마 제국의 세계관이 아닌 메시야 예수의 세계관을 채택한다. 세상을 거룩한(종교적) 것과 속된(비종교적) 것으로 나누어 보지 않고 그리스도처럼 세상과 그 안에 있는 하나님의 처소를 통합적으로 본다. 3. 선교적 교회는 리더십 형태의 측면에서 계급적이라기보다는 사도적인 형태를 채택한다. 사도적이라 함은 에베소서 6장에서 바울이 자세히 묘사한 5중 모델을 인정하는 리더십 형태를 말한다. 이것은 전통적 교회의 삼가형식계층구조를 버리고, 현재 일반적으로 중요시되는 목양 및 가르치는 은사 외에도 전도와 사도직과 예언의 은사를 자유롭게 인정하는 성경적이고 수평적 리더십의 공동체이다.[52]

그렇다면 프로스트와 허쉬가 말하는 선교적 교회는 무엇이 아닌가? 우선 선교적 교회가 되기 위해서 극복해야 하는 것은 "끌어모으기식, 이원론적, 계층적"[53]이라는 세 가지 교회의 존재방식과 사역의 방식이다. "끌어모으기 식"

---

51) ST, 25.
52) ST, 33-34.
53) ST, 45ff.

이란 교회를 세우고 교회가 사회의 중심이 되며, 적절한 프로그램을 제공한다면 사람들이 몰려올 것이라고 생각하는 방식을 의미한다. 그래서 그들은 사람들이 교회에 오지 않는 것은 교회가 제공하는 결과물에 만족하지 못하기 때문이라고 생각하고 교회 안에서 제공하는 프로그램만을 개선하려고 노력한다.[54] 그러나 진정한 선교적 교회는 "교회가 지역사회에서 영예로운 자리를 차지하지 않는다는 것을 인식하며, 교회는 그 선교적 명령에 순응하여 자기 자신을 벗어나 소금과 빛이 되어 지역사회 속으로 나아가야 한다는 것을 인정한다."[55] 두 번째 비판하는 교회의 존재방식은 "성스러운 것과 세속적인 것, 거룩한 것과 거룩하지 않은 것, 안과 밖을 분리하는"[56] 방식이다. "선교적 교회는 본질상 그 속한 지역 사회 속에서 유기적으로 존재하기 때문에, 총체적인 삶으로서의 영성을 선택하기 위해 서구 기독교의 이원론적 세계관을 포기해야만 한다."[57] 세 번째 선교적 교회가 극복해야 할 또 하나의 교회의 방식은 계층적인 방식이다. 계층적이란 "과도하게 종교적이고 관료적이며 아래로부터의 의제를 중심으로 구성되는 것이 아니라 위로부터 행사되는 리더십에 의존"[58]하는 방식을 의미한다.

그렇다면 대안은 무엇인가? "선교적 교회는 끌어오려 하기보다 성육신적이 될 것이다. 자신의 종교적인 영역을 떠나서 교회에 가지 않는 사람들과 편안히 지내면서 문화 속으로 빛처럼 소금처럼 스며드는 것이다. 그것은 침투하는 변혁적 공동체가 될 것이다. 두 번째로 선교적 교회는 이원론적이 아니라 메시아적 영성을 받아들일 것이다. 이것은 메시아가 하셨던 것처럼 문화와 세상에 참여하는 영성이다. 그리고 세 번째로 선교적 교회는 전통적이고 위계적

---

54) ST, 46.
55) ST, 46.
56) ST, 47. Eddie Gibbs/Ryan Bolger, Emerging Churches. 106.
57) ST, 49.
58) ST, 49.

인 리더십 모델이 아니라 사도적 리더십 형태를 발전시킬 것이다."[59]

2) 성육신적 교회론

"성육신"이라는 용어는 선교적 교회론이 가장 선호하는 용어 중의 하나이
며, 성육신 사건은 선교적 교회에 있어서 중요한 신학적 기반이 되는 사건이
다. 그들은 문화와 복음과의 관계, 교회와 문화와의 관계를 분석하면서 성경
의 성육신 사건에 의존하고 있다. 다시 말하자면 교회는 그리스도가 육신을
입고 이 땅에 오셔서 세상과 문화에 참여한 것처럼 교회도 문화에 참여해야
한다는 것이다. 프로스트와 허쉬에 따르자면, 성육신은 "하나님과 인간 사이
의 화목과 그에 따르는 연합을 위해 하나님이 우리 세계와 삶과 실재의 심층
부로 들어오시려고 스스로 취하신 숭고한 사랑과 겸손의 행위"[60]를 의미한
다. 이것이 갖는 신학적 의미는 무엇이겠는가? 첫째는 하나님이 인간이 되심
으로 인간들을 포용하시며 사랑하실 뿐만 아니라 인간이 되심으로 인간의 조
건들까지도 조건 없이 경험하셨음을 의미하는 "동일시"의 행동을 포함하며[61],
둘째는 우리의 공간 가운데 구체적으로 오셔서 우리의 구체적 사회적 상황에
실제로 참여하시고 구체적인 인간들과 관계를 가지심을 의미하는 "지역
성"(locality)을 포함하며[62], 셋째는 예수 안에서 인류와 직접적이고도 인격적
인 만남을 추구하심을 의미하는 "함께 거하시는 초월자"(the Beyond-in-the-midst)
의 의미를 담고 있고[63], 마지막으로, 예수의 인격 속에서 하나님은 "인간의 형
상을 지닌 하나님"[64]이시며, 예수 그리스도를 통하여 하나님이 누구신지를 인
식할 수 있게 하는 사건이 성육신 사건이다.[65]

---

59) ST, 67.
60) ST, 75.
61) ST, 76.
62) ST, 76-77.
63) ST, 77.
64) ST, 78.

이들이 이처럼 성육신을 강조하는 이유는, 성육신 즉 기독론적 기초가 "교회의 삶과 선교에 엄청난 의미를 가져다 줄 것"[66)]이며, 그들의 "선교의 방식을 규정하고 변화"[67)]시키기 때문이다. 그렇다면 성육신 사건이 그들의 선교적 교회에 어떤 의미를 가져다 줄 것인가? 첫째, "성육신은 어떤 그룹의 사람들에게 의미와 역사 감각을 제고하는 고유한 문화적 틀을 해치지 않고 복음이 진짜로 그들의 것이 될 수 있게 하는 선교적 수단을 제공해 준다."[68)] 다른 말로 하자면 "성육신적 기준이 모든 다양한 상황에 처한 교회들에게 문화적 표현의 지침"[69)]이 된다. 둘째, "성육신적 선교는 복음의 진리를 타협하지 않고 가능한 모든 방식으로 그들과 동일시해야 함을 의미한다."[70)] 셋째, "성육신적 선교는 한 그룹의 사람들 가운데서 현실적이고 영속적으로 성육신적 동참을 실천하는 것이다."[71)] 부언하자면 예수께서 구체적인 현실 속에 내부자로 들어오셔서 그들의 삶과 리듬을 경험하셨듯이 성육신적 교회는 접근하고자 하는 그룹의 구체적인 현실 속에 지속적으로 참여해야 한다.[72)] 넷째로, "상황과 관련된 선교적 자세의 측면에서 성육신적 선교는 데려오기보다 보내는 추진력을 의미한다. (…) 성육신은 제자들이 살게 될 다양한 상황 속에서 철저하게 구체화 될 수 있도록 하기 위한 모종의 보냄을 내포한다."[73)] 다섯째, "성육신적 선교란 복음을 성육신적으로 합당한 방식으로 구체화하여, 사람들이 자신의 문화(의미체계)와 삶 속에서 예수님을 경험하게 하는 일을 의미한다."[74)]

---

65) ST, 78.
66) ST, 78.
67) ST, 78.
68) ST, 79.
69) ST, 79.
70) ST, 79.
71) ST, 81.
72) ST, 82.
73) ST, 82.
74) ST, 83.

선교적 교회는 이미 앞에서 지적한대로 소위 "끌어 모으기식"의 교회가 아니라 관계와 우정과 친밀함의 망을 통하여 그들의 삶과 문화와 현장으로 들어가 그들의 삶과 경험을 함께 나누는 교회를 말한다.[75] 프로스트와 허쉬에 의하면 끌어 모으기식 교회가 경계구조라면 선교적-성육신적 교회는 중심구조이다.[76] 경계구조는 교회에 속한 사람들과 교회에 속하지 아니한 사람들 사이에 경계를 긋는 것이다. 경계구조에서의 전도는 사람들을 종교적인 영역으로 데리고 오는데 강조점을 둔다. 이에 반하여 중심구조는 "누가 속했는지 아닌지를 결정하는 경계를 긋기 보다는 그 핵심가치로 규정되고 사람들이 안에 있는지 밖에 있는지가 아니라 그 중심에서 얼마나 가까이 있는지 멀리 있는지를 본다. 그런 의미에서 모든 사람이 안에 있으며 누구도 바깥에 있지 않다. 비록 어떤 사람은 중심에 가까이 있고 어떤 사람은 멀리 있지만, 모두가 넓은 의미에서 공동체의 잠재적인 일원이다."[77] 그래서 프로스트와 허쉬의 성육신적 교회론은 "그리스도인인가 비그리스도인인가"로 구분하지 않고 "그리스도인인가 미그리스도인인가"[78]로 구분한다. 이것을 프로스트와 허쉬의 구분에 따라 도표로 그려보자면 다음과 같다.

경계구조와 중심구조[79]

경계구조의 접근	중심구조의 접근
복음전하는 사람은 하나님에 대해 특별한 지식을 가지 전문가이며 잃어버린 영혼은 반드시 구원하기 위해 데려와야 한다.	각 사람은 인생의 전문가이며 진리를 찾는데 하나님이 주신 능력을 가지고 있다. 복음 전도는 이 점을 존중한다.
'잃어버린' 영혼은 성품에 흠이 있으며 죄가	각 사람이 다 하나님의 형상으로 지음 받은

---

75) ST, 85ff.
76) ST, 96ff.
77) ST, 97.
78) ST, 98.
79) ST, 102.

많다.	고귀하고 가치롭고 하나님의 사람을 받는 존재다.
잃어버린 영혼과 구원받은 사람으로 단순하게 경계를 만들며, 죄인을 '고치려'하거나 우리처럼 만들려 한다.	사람들을 추구자로 보며, 구하고 찾고 두드리도록 자극한다. 우리가 모든 것을 안다고 생각하지 않는다.
목표는 그들을 데려와서 교회에 등록하고 신앙을 고백하여 우리 팀의 일원이 되도록 하는 것이다.	목표는 그리스도를 발견하는 과정에 있으며 개인 안에서 진리추구가 진전 되도록 한다.
'회심'이라 불리는 대격변이 사람 속에서 일어난다.	회심은 그리스도에 대한 신앙을 고백하는 것으로 시작하거나 끝나는 것이 아니라 한 사람의 인생에서 성령의 먼저 행하시는 은혜로 시작하여 일생동안의 회개를 통해 계속되는 하나님의 나라가 임하는 일종의 과정이다.
그리스도인들은 모든 진리를 알며 소유하고 있다.	우리는 인생이나 하나님에 관해 모든 것을 알지 못한다. 겸손과 경외가 있을 뿐이다.

그렇다면 이런 생각을 반영한 그들의 선교적-성육신적 교회는 구체적으로 어떤 제도와 모습을 가지고 있는가?

끌어모으기식 교회와 성육신적 교회의 제도적 차이[80]

끄집어냄/한 회심자/성장모델	성육신적/재생산모델
교회문화	선교문화
우선적 초점	우선적 초점
개인회심자들	그룹의 회심, 예를들면 가족,관계망
신자들의 영역, 예를들면 교회예배	불신자들의 영역
그리스도인들을 찾아 예배에 오게함	평화의 사람을 찾음
교회에서 시작	가정에서 시작
큰 모임-예배	작은 모임-셀교제
성경은 학문적인 지식정보로 가르침	성경은 적용을 위해 가르침
프로그램을 만들고 건물을 세움	리더들을 세움

---

80) ST, 139.

리더십	리더십
목사혹은 독불장군	사도/협력팀
초빙된 전문목회자	토착적인 새신자가 리더가 됨
청중의 리더	새로운 리더를 구비하고 재생산하는 자
재정	재정
교회개척자들에게 사용됨	교회개척자들은 복수의 직업을 가짐
과도한 재정적 투자	최소한의 재정적 투자
자원을 밖에서 끌어옴	자원은 지역에서 얻음
구조	구조
교회의필요	공동체의 필요
목회자 중심/지향/의존	평신도 중심/지향/의존
완만한 성장을 지향(정체로 이어짐)	급속한 재생산을 지향

3) 상황적 교회론

성육신적 교회론은 상황적 교회론으로 유도한다. 성육신 사건은 구체적 문화적 상황 속으로의 참여를 의미하기 때문이다. 그들이 이미 밝힌 대로 교회의 선교는 "문화적 상황 속에서 복음을 살아내는 것"[81]이며, "복음을 구체적인 문화 상황으로 들고 들어가 육화해야"[82] 하는 것이기 때문이다. 그러나 복음은 위로부터 온 것이기 때문에 엄격한 의미에서 그것은 상황과 결코 동일하지 않다. 복음은 본질적인 것이며 문화는 비본질적인 것이다. 복음은 변할 수 없는 것이며, 문화는 변할 수 있는 것이다. 그렇다면 문화와 복음, 교회와 복음은 상호대립적이거나 무관계한 것인가? 결코 그럴 수 없다. 문화는 모든 삶의 총체이기 때문이다. 다시 말하자면 인간의 삶의 과정 자체가 문화적 옷을 입고 있기 때문이다. 우리는 문화를 제거할 수 없으며, 반드시 제거할 필요가 있는 것도 아니다. 그러므로 교회는 문화를 제거하려 할 것이 아니라 "비판적 상황화"의 과정을 거쳐 문화를 사용해야 한다. 문화라는 소통구조 없이 복

---

81) ST, 9.
82) ST, 14.

음은 전달되지 않기 때문이다. 그들의 말을 직접 인용해 보고자 한다.

핵심은 확실히 붙들되 그 표현에서는 과감하게 실험하라. 선교적-성육신적 교회는 혁신과 실험과 창의성에 전적으로 열려 있다. 그것은 성격상, 교회라는 것을 어떤 문화에서든지 똑같은 햄버거를 파는 맥도날드와 같이 교회의 새로운 체인점을 여는 일로 보지 않는다. 성육신적 공동체로서 교회는 속한 곳의 풍미와 맛과 색감을 반영하며, 자신의 속한 곳의 문화에 민감하며 열린 분위기와 공동체적 정신을 계발하는 데 관심을 갖는다. 선교적 공동체로서 교회는 복음의 진리를 포기하거나 그 의미를 희석하지 않도록 조심한다. 이것을 비판적 상황화라고 한다.[83]

쉽게 말하면, 비판적 상황화란 "복음의 본질을 변화시키지 않으면서 나의 복음 전달 방식을 적응시키는 것"[84]이며, 더 간단히 말하자면 "본질적인 것들은 고수하고 비본질적인 것들은 바꾸는 것"을 의미한다.[85] 프로스트와 허쉬는 "선교적 성육신적 교회는 특정한 문화적 상황에 민감하고 영향을 끼칠 수 있도록 자신의 언어와 예배와 상징과 의식과 공동체적 생활을 상황화해야 한다"[86]고 말한다. 달리 말하자면 이것은 "자신들이 속한 지역 공동체의 언어와 필요와 생활 양식과 세계관을 이해하는 것을 말하며 복음을 타협하지 않고도 실천방식을 적절히 바꾸는 것을 의미한다."[87] 하지만 상황화는 프로스트와 허쉬에 따르면 첫째, "복음의 핵심이 모든 문화와 시대에 유효"[88]하며, 둘째,

---

83) ST, 152.
84) T. Keller, Advancing the Gospel into 21st Century, Justin Taylor, An Emerging Church Primer, http://www.9marks.org/CC/article/0,,PTID314526%7CCHID598016%7CCIID2249226,00. html 에서 재인용.
85) 위의 글. Aubrey Malphurs, A New Kind of Church. Understanding Models of Ministry for the 21st Century, Baker Books, 2007, 50-52는 하나님의 말씀으로서의 성서의 영감, 삼위일체 하나님, 그리스도의 신성과 대속적 죽음, 그리스도의 몸의 부활, 그리스도의 육체적 재림을 본질적인 것으로, 교회의 정치제도, 세례의 방식, 성만찬의 효과, 교회에서의 여성의 역할, 영적 은사에 대한 입장, 예배모임 시간과 장소, 교회의 제도들을 비본질적인 것으로 보았다.
86) ST, 154.
87) ST, 161.

"복음이 소통되고 이해되기 위해서는 특정한 시간의 문화적 형태의 옷을 입어야 한다는 것"[89]을 인정하는 것을 전제로 한다. 이런 관점에서 상황화라는 말을 다시 한 번 정의해 보자면, 상황화란 "변함없는 복음의 메시지가 특수하고 상대적인 인간적 상황과 상호 작용하는 역동적 과정"[90]이다.

그렇다면 왜 상황화가 필요한가? 프로스트와 허쉬는 그의 글에서 "왜 상황화인가?"라는 질문을 던지면서[91], 그 이유로 몇 가지를 제시한다. 첫째는, 예수 "그리스도가 그렇게 하셨기" 때문이고[92], 둘째는 "초대 그리스도인들이 그렇게 했기 때문이며"[93], 셋째는, "통하기 때문", 즉 기독교의 메시지를 효과적으로 전달할 수 있기 때문이고[94], 넷째는, "복음과 상황은 떼려야 뗄 수 없기 때문이다."[95] 복음은 복음의 목적을 이루기 위하여서는 상황을 필요로 한다. 프로스트와 허쉬가 말한대로 "복음은 자신의 문화적 맥락 바깥에서는 진리에 도달할 수 없는, 인간을 위한 좋은 소식이다."[96] 지금까지 말한 것을 종합하자면 선교적 교회론은 포스트모던 상황 속에서 복음의 정체성을 상실하지 않으면서 말씀의 성육화에 근거하여 하나님의 선교에 참여하는 것을 과제로 하는 교회론이다. 상황적, 선교적, 성육신적이라는 개념들이 서로 밀접히 연관되어 있는 교회론이다.

4) 관계적-공동체 교회론

프로스트와 허쉬는 관계와 교제를 강조한다. 그러나 몇몇이 모여서 참여

---

88) ST, 157.
89) ST, 157.
90) ST, 157.
91) ST, 159.
92) ST, 159-160.
93) ST, 160-161.
94) ST, 162-163.
95) ST, 163-164.
96) ST, 163.

가 일어나고 교제가 있다고 해서 그것을 교회라고 그들은 말하지 않는다. 심지어 선교적 목적을 위해서 모였다 하더라도 그것을 교회로 보지 않는다.[97] 그렇다면 그들이 말하는 교회란 무엇인가? 그들은 신약성서가 사용한 "에클레시아"의 의미를 수용한다. 그들에게 있어서 신약성서의 에클레시아란 "하나님이 택하신 모임", "정식으로 구성된 하나님의 백성의 모임"[98]이다. 그리고 그들은 교회의 원형을 사도행적 2장의 초대교회에서 찾아낸다. 사도행전의 초대교회는 "하나님과의 관계와 서로의 관계, 그리고 세상과의 관계를 촉진하기 위해 동등하고도 균형 잡힌 헌신을 하는데 관심"[99]을 가진 교회였다. 프로스트와 허쉬는 초대 교회가 가지고 있던 세 가지 관계를 눈여겨보았다. a. 하나님과 그리스도와의 관계를 의미하는 하나님의 말씀과 예배[100], b. 서로의 관계를 의미하는 학습(가르침과 배움)과 교제[101], c. 세상과의 관계를 의미하는 섬김과 복음 나눔[102] 이 세 가지를 교회의 주요소로 파악하였다.

3. 선교적 교회론과 이머징 교회

프로스트와 허쉬의 주장과 유사한 이머징 교회의 교회론을 언급하고 마무리하고자 한다. 록스버그와 보렌은 이머징 교회와 선교적 교회는 다른 형식의 교회라고 말하지만, 프로스트와 허쉬의 교회론이나 선교적 교회론이 이머징 교회의 교회론과 큰 차이는 보이지 않는다. 그래서 그들을 이머징 교회론의 대표적 신학자로도 분류할 수 있을 것이다. 이머징 교회론도 교회를 "선교적 공동체"로 정의하기 때문이다.[103] 그래서 해밋(John Hammett)의 지적대로,

---

97) ST, 145-146.
98) ST, 146.
99) ST, 147.
100) ST, 148.
101) ST, 149.
102) ST, 150.

"많은 사람들은 실제적으로 '선교적'이라는 말과 '이머징'이라는 말을 서로 바꿔서 사용하기도 한다."104) 프로스트와 허쉬는 "이머징 선교적 교회"(the emerging missional church)라는 말을 사용하면서 "이머징 교회들이 선교적 타당성을 지니고 있음"을 그의 책에서 심도 있게 설명하고 있다.105) 맥로린 (Brian McLaughlin)도 이머징 교회의 교회론을 선교적 교회론으로 특징화하고 있다.106) 대표적 이머징 교회인 "솔로몬의 횃불"(Solomon' Porch)교회는 "통합적이고 선교적인 기독교 공동체"라는 문구로 교회의 홈페이지를 시작하고 있으며,107) 캘리포니아 산타크르주에 있는 빈티지 페이쓰 처치(Vintage

---

103) 선교적 교회론의 일반적 특징은 다음과 같으며, 이 특성들은 이머징 교회의 특징과 아주 유사하다. a. "하나님은 교회를 세상으로 파송하시는 선교사 하나님이다." b. "세상 안에서의 하나님의 선교는 하나님의 통치와 연관이 되어 있다." c. "선교적 교회는 포스트모던적, 후기 기독교적, 글로벌한 상황에 참여하도록 보냄 받은 성육신적 목회이다." d. "선교적 교회의 내적 삶은 선교에 참여하는 제자로서 살아가는 모든 신자에 초점을 맞춘다."Craig Van Gelder/Dwight J. Zscheile, The Missional Church in Perspective, Baker Acdemic 2011, 4.

104) John Hammett, "The Church according to Emergent/Emerging Church", W. D. Henard/A. W. Greenway (ed.), *Evangelicals Engaging Emergent. A Discussion of the Emergent Church Movement,* B&H Publishing Group, Tennessee, 2009, 229.
http://missionalnetworkweb.com/index.cfm?blogCastCall& filter=Missional%20Church 역시 선교적 교회론을 언급하고 있는데 이머징 교회의 특성과 거의 차이가 없다. 인용하면 다음과 같다. "A Missional Church is defined as a biblically faithful, culturally appropriate, reproducing community of Christ-followers who abandon themselves and are sent by God into the harvest to fulfill His mission among all people. The following attributes help define or describe a missional church: They are passionate about the Mission of God and see North America as a mission field. They are contextually appropriate. They are Biblically faithful. They seek intimacy with the Father through spiritual disciplines like worship, prayer and fasting. They enlist, equip and send believers to live "incarnationally" in the harvest. They value cooperation and collaboration with others to advance the Kingdom of God. They value life and community transformation. They are relationally connected to the unchurched and proclaim the gospel in word and deed. They value church planting as a means of fulfilling the Great Commission."

105) ST, 12f.

106) Brian McLaughlin, "The Ecclesiology of the Emerging Church Movement", Reformed Review, Vol. 61. Nr. 3, 2008. 101-118, 105ff.

107) http://www.solomonsporch.com/

Faith Church)도 비전선언에서 그들의 독특성은 "선교적" 공동체에 있다고 선언한다.[108] 미국의 이머징 교회의 지도자들의 모임인 에머전트 빌리지(Emergent Village)도 그들의 핵심적 언어를 "선교적"이라고 소개하고 있다.[109] 이머징 교회를 연구한 에디 깁스도 이머징 교회의 하나님의 선교(missio dei)에 주목하면서 이머징 교회의 선교방식은 "우리에게 오라"라는 선교방식이라기 보다는 "가라"는 동기부여라고 말한다.[110] 그는 "이머징 교회들에서는 교회의 방향이 구심력(흘러 들어가는)에서 원심력(흘러 나가는) 방향으로 변하였다. 이번에는 이것은 강조점의 변화를 가져왔다. 강조점의 변화란 군중들을 교회로 끌어 들이는 것으로부터, 교회의 핵심기능인 그리스도 추종자들을 준비시키고, 파송하며, 번성케 하는 것으로의 변화를 말한다"[111]고 지적하고 있다. 앤드류 존스는 다음과 같이 주장한다. "이머징 교회들은 선교적이어야 한다. 선교적이라는 말을 나는 다음과 같이 이해한다. 즉 그것은 이머징 교회가 새로운 문화 속에서 구원하는 예언자적 영향력을 실현하는 것을 의미한다. 교회는 하나님 나라를 따른다. 마태의 집에서, 루디아의 집에서, 브리스길라와 아굴라의 집에서 교회가 일어난 것처럼, 교회는 우리의 집에서보다

---

108) http://www.vintagechurch.org/about/vision/missional. "Being "missional" simply means being outward and others-focused, with the goal of expressing and sharing the love of Jesus. Jesus told His followers not to remove themselves from the world and create an isolated Christian sub-culture. Rather, He taught His followers to be engaged in the world with people (John 17:15). The church was not created for itself, but was created to worship God and to spread His love to others. We each were created for a missional purpose. Therefore, we won't have a specific "missions department" because the whole church itself is a mission. Jesus clearly told the church to "go and make disciples" (Matthew 28:18-20). For us today, this command is not exclusive to overseas missions alone (which we support wholeheartedly since global missions is extremely important) but is foremost to be lived out in our own communities, families, and day to day lives (Colossians 4:5-6). http://www.vintagechurch.org/about/vision/missional"

109) http://www.emergentvillage.com/about/. "Missional": Because we believe that the call of the gospel is an outward, apostolic call into the world.

110) Gibbs, 80ff.

111) Gibbs, 81.

는 그들의 집에서 일어난다. 그 방향은 언제나 원심적이다. 밖으로 나아가 필요한 곳에 화해와 축복을 가져다준다. 우리는, 자신을 위해 한 백성, 한 신부를 모으시는 하나님에 참여하여, 하나님의 '가라'는 명령의 강으로 뛰어든 백성이다."112) 이러한 지적도 역시 선교는 결국 "오라"의 구조가 아닌 "가라"의 구조임을, 즉 끌어모으기 식이 아니라 그들에게 다가가서 그들을 섬기고 그들에게 하나님 나라의 삶을 보여주면서 그리스도에게로 돌아오게 하는 성육신적 의미임을 드러내고 있다.

교회를 관계적 교회로 정의하는 데서도 이머징 교회와 프로스트/허쉬의 선교적 교회의 유사성이 드러난다. 이머징 지도자인 카렌 워드(Karen Ward)는 관계적 교회 이해를 다음과 같이 설명한다. "교회는 건물이나 전략이나 프로그램이 아니다. 교회는 성부, 성자, 성령 하나님 안에 있는 관계이며, 그리고 그분들과 함께 하는 관계이며, 그리고 그분들 아래 있는 관계이다. 교회가 된다는 것은 바로 삼위일체 하나님께 참여하는 것이며, 하나님의 신적인 삶에 참여하는 것이다. 하나님은 모든 관계의 근원이시기 때문에, 교회를 관계에 집중시키는 것이 철저히 그리스도인이 되는 것이다."113) 해밋(John Hammett)은 이머징 교회의 특징은 "공동체로서의 교회"114)에 대한 생각에 있다고 지적한다. 깁스와 볼저 역시 이머징 교회는 "교회는 매주 예배가 시행되는 장소인가? 아니면 관계들의 네트웍인가"115)라는 물음을 그들의 교회를 정의함에 있어서 핵심적인 질문으로 삼는다고 해석하면서 이머징 교회가 가진 공동체적 특성을 강조한다.116) 깁스와 볼저는 교회의 원형이라고 할 수 있는 일세기의

---

112) Gibbs, 81에서 재인용.

113) Gibbs, 67.

114) John Hammett, "The Church according to Emergent/Emerging Church", W. D. Henard/A. W. Greenway (ed.), Evangelicals Engaging Emergent. A Discussion of the Emergent Church Movement, B&H Publishing Group, Tennessee, 2009, 225ff.

115) Gibbs, 158.

116) Gibbs, 146ff.

교회의 예를 들어 관계적-공동체적 교회를 소개한다. "일세기 그리스도인들은 아마도 '어디로 교회가니?' 라는 질문에 상당히 당황했을 것이다. 왜냐하면 교회는 자신이 속해 있는 사람들의 네트워크였기 때문이다. 교회는 일주일에 한 두 번의 회합이 아니었다. 삶의 모든 면과 연관된 활동들을 포함하는, 지속적인 상호관계의 공동체였다. 그 공동체는 정체성과 안전성을 제공해주는 한 무리들의 사람들을 지원하였다."117) 위에서 소개한 빈티지 페이쓰 처치의 핵심 신앙고백에서 킴볼은 교회를 공동체로 정의한다. 그에 의하면 교회는 "예수를 고백하는 사람들로 이뤄진 공동체"이며, "하나님의 영의 능력을 받아 이 땅에서 이뤄지는 하나님의 선교의 일부인 사람들"의 공동체이다. 교회는 "하나의 글로벌 공동체", 그러므로 "교회는 자신을 위해 존재하는 것이 아니라 다른 사람들을 섬기기 위해 존재하는 예배자들의 공동체이다."118) 솔로몬의 포치교회 역시 공동체를 강조하기는 마찬가지다. 그 교회는 "예수의 방식으로 하나님의 꿈과 사랑을 추구하는 공동체"이며, "이 모든 세상에서 하나님의 복으로 살아가는 구속적, 변혁적 공동체"를 추구하는 교회이며,119) 통합적, 선교적, 기독교적 공동체이다.120) 그 교회의 선언문에 의하면 공동체란 "다른 사람과 함께 삶을 나눔으로서 그리스도의 글로벌, 역사적 몸의, 살아 숨 쉬는 지역적 표현이 되는 공동체"를 말한다.121) 스티브 테일러는 이머징 교회의 특징을 관계적-공동체적 공동체로 정의하면서 그 근거를 보다 신학적으로 하나님의 몸(성육신), 삼위일체 하나님의 개념에서 가져 온다.122) 지금까지 소개한 관계적 교회론은 이머징 교회 사역자들의 교회에 대한 정의이다. 한마디로 그들의

---

117) Gibbs, 164.

118) http://www.vintagechurch.org/about/theology/core-beliefs/beliefs#church

119) http://www.solomonsporch.com/

120) http://solomonsporch.com/aboutus_page_group/index.html

121) http://solomonsporch.com/aboutus_page_group/index.html

122) Steve Taylor, The Out of Bounds Church? 성석환 역, 『교회의 경계를 넘어 다시 교회로!』 (서울: 예영커뮤니케이션, 2008), 137-151.

교회는 관계적 공동체다. 그러므로 선교적 교회의 교회론과 이머징 교회의 교회론이 매우 유사하며 서로 관계가 있음을 쉽게 인지할 수 있을 것이다.

4. 프로스트와 허쉬의 선교적 교회론 평가

프로스트와 허쉬의 교회론을 간단히 요약하자면 선교적, 성육신적, 상황적, 문화적, 포스트모던적, 관계적 공동체를 추구하는 교회이다. 그런데 사실상 이 모든 용어들은 서로 연결되어 있는 용어들이다. 오늘의 상황, 즉 기독교가 점차 영향력을 상실해 가는 서구 사회의 포스트모던 문화 속에서 선교적 공동체, 일상 속에서 교회되려고 하는 성육신적 교회이다. 쉽게 말하면 "오늘 여기"의 교회론이다. 그들은 이러한 오늘의 교회론을 정립하면서 근거한 성서적, 신학적 바탕이 성육신 사건이다.

여기서 지적하고 싶은 것은, 성경이나 전통 신학이 내포하고 있는 하나님의 백성, 그리스도의 몸, 성령의 전으로서의 교회에 대한 생각이 프로스트와 허쉬의 교회론에는 거의 드러나지 않는다(부정하지는 않으며, 그들의 교회 운동의 전제이긴 하지만)는 점이다. 그러므로 프로스트와 허쉬를 포함한 선교적 교회론에는 전통적 교회론이 가지고 있던 삼위일체 하나님과의 관계성 속에서 교회의 본질을 파악하는 교회의 수직적 측면의 약화를 초래할 가능성이 내포되어 있다. 교회는 문화기관이나 사회사업기관이 아니며, 사교단체는 더더욱 아니다. 교회의 본질적 정체성은 삼위일체 하나님과의 관계 속에서 드러나야 한다. 진부한 말이지만 수직적, 수평적 교회는 교회의 동시적, 공동의 전제이지 어느 하나가 무시되어서는 안 된다. 물론 그들이 교회를 단순히 문화기관이나 사업기관으로 정의하는 것은 결코 아니다. 그렇게 되려고도 하지 않는다. 그들의 교회론은 철저히 하나님의 선교와 예수 그리스도의 사역에 근거하는 선교 공동체론이다. 그러나 그들의 강조점이 상황과 문화에 있음이 분명하기 때문에, 위에서 지적한 인상을 줄 여지는 분명히 있다고 생각한다. 또 하나 지적할 수 있는 약점은 기독론, 좀 더 좁혀서 말한다면, 예수론에 집중하고 있다는 것 때문에 나오는 약점이다. 기독론에 근거해 있다고 해서 그것이 약점이 될 수는 없다. 그럼에도 불구하고 기독론에 집중한 나머지 교회와 성령의 관계가 매우 약화되어 있다는 점이다. 성령과 성화를 논하고 있는 전통적 성령론과의 대화가 시도되었더라면 더욱 풍성한 교회론이 되었을 것이다.

이제 그들의 교회론의 내용들을 한국교회와 연관하여 논의해보고자 한다. 첫째로 그들의 교회론은 "문화에 대응하는"[123] 교회론이다. 여기서 우선적으로 필자가 주목하고자 하는 것은 프로스트와 허쉬의 교회론이 문화적 교회론이라는 점이다. 교회는 결코 문화를 벗어날 수 없으므로 오늘날의 문화를 적극적으로 사용할 필요가 있다. 문화가 모두 선한 것은 아니지만, 문화는 모두 타락한 것이라는 인식으로는 교회의 위기를 극복하기 어렵다. 문화는 교회의 선교 대상이며, 동시에 선교의 도구이다. 이런 상황 속에서 선교적 문화적 교회론의 시도는 한국교회를 위해 매우 시급히 연구해야 할 문제이고, 이런 면에서 많은 연구가 이뤄진 프로스트나 이머징 교회의 선교적 교회론을 좀 더 연구해 보는 것도 유익할 것이다.

둘째, 교회와 세상의 관계성을 강조하는 선교적 교회론은 오늘날의 포스트모던 문화적 상황에 대응하기 위한 교회론이기 때문에, 우리는 그들의 교회론을 이 시대 속에서의 사명이나 과제에 충실한 실천적, 실용적, 기능적 교회론으로 평가할 수 있을 것이다. 이러한 교회론은 한국교회를 향하여 매우 중요한 의미를 포함할 수 있을 것이다. 교회가 단순히 자기정체성을 세상과 구분되는 존재로만 정의한다면, 따라서 세상 안에서의 교회의 기능과 과제를 무시하도록 하는 경향의 교회론이라면, 그래서 교회는 마치 성과 속을 분리한 채로 수도원적으로만 존재한다는 생각을 합리화시켜주는 부정적 의미의 수도

---

123) John Hammett, 위의 책, 233.

원적 교회론이라면, 그러한 교회는 성서적으로도 충실하지 못한 교회일 뿐만 아니라 미그리스도인들의 복음화도 이뤄내지 못하는 교회일 것이다. 한국교회가 만일 세상과의 연계를 주장하며 그에 걸맞는 프로그램들을 기획하고자 한다면 선교적 교회론의 주장이 한국교회 교회론의 토대를 세우는데 매우 유용할 것이다.

셋째, 허쉬와 프로스트의 교회론은 관계적-공동체적 교회론의 특성을 가지고 있다. 그들은 대체로 기성교회가 개인주의에 물들어 공동체적인 삶을 포기했다고 생각하고 그들은 공동체 운동을 강조한다. 그리고 합리성의 강조, 몸과 정신의 이분법적 사고, 개인주의의 강조로 공동체성을 상실한 모던 교회를 비판한다. 그러므로 그들의 교회론은 개인주의의 경향성을 가진 교회에 대한 대안이 될 것이다. 오늘 이 시대의 젊은이들은 개인주의적인 것 같지만 오히려 공동체적인 사고를 가진 세대이다. 그들은 가족의 범위를 단순히 친가족의 범위로 제한하지 않는 세대이다. 그들은 오프라인에서 만난 적인 없는 사람들과도 그들의 공동체에서는 친구로 맺어지는 세대다. 교회가 개인주의적이 된다면 공동체적 특성을 포함하고 있는 포스트모던 세대에 더 이상 호소력을 갖지 못한 것이다. 그러므로 교회의 자기정체성을 결코 상실하지 않으면서도 세상 사람들과 함께 어울려 가는 공동체를 만들어야 한다. 프로스트와 허쉬의 선교적 교회론의 공헌이 바로 이점에 있다.

제5장 모성적 목양 교회론(materna ecclesia pastoralis)

1. 21세기 교회론?[124]

오늘날의 이 시대를 포스트모던 시대라고 정의하는 것조차 새삼스러울 정도로, 포스트모던 정신이 현대의 모든 것을 지배하고 있음을 많은 연구들이 지적하였다. 이 시대의 포스트모던적 흐름을 역행할 수 없다면 교회는 어떤 교회론을 추구해야 하는가? 포스트모던에 대응하는 교회론은 무엇인가? 오늘날의 청소년 세대들은 교회에 대해 매우 왜곡된 상을 가지고 있다. 그래서 그들은 교회에 출석하지 않는다. 교회가 배타적이며, 차별적이며, 독단적이고, 지나치게 윤리적이라고 생각한다. 쉽게 말하면 교회의 이미지의 추락이다. 교회의 위기는 다음세대만의 위기는 아니다. 총체적 위기다. 그렇다면 이에 대한 적절한 교회론, 이러한 왜곡된 생각들을 수정해 줄 수 있는 교회론이 무엇인가?

오늘날 이 시대에 필요한 또 하나의 교회론으로 모성적 목양 교회론을 제시하고자 한다. 교회는 모성으로 목양을 하는 교회여야 한다는 뜻이다. 교회가 지금까지 부성적, 혹은 가부장적 권위를 가지고 목양의 사명을 감당했다. 이것이 꼭 잘못된 모델은 아니다. 다만 이 시대의 시대정신에 부합하지 않은, 수정보완 되어야 하는 모델일 뿐이다. 그래서 필자는 모성적 목양교회론을 제안하려는 것이다. 또 하나 모성적 목양을 제안하려는 이유는 성경적 이유에서다. 성경의 하나님은 목양하시는 목자이시며, 그분의 마음이나 사역의 특성이 곧 모성적이기 때문이다. 여기서 한 가지 주의를 환기시키고 싶은 것은 필자가 모성성을 언급할 때 이것은, 부성성에 대한 모순과 대립의 개념으로 언급

---

124) 출처, 김도훈, "모성적 목양교회론", 『교회와 신학』, 2016, 2월, 45-67을 수정한 글이다.

하는 여성신학적 관점의 시도가 아니라는 점이다. 나중에 보겠지만 하나님과 예수 그리스도와 성령뿐만 아니라 그리고 교회를 어머니나 여성적 지혜로 설명한 사실은 여성신학적 관점이 등장하기 훨씬 이전인 고대교회나 중세신학에 이미 기술되어 있음을 유념할 필요가 있다. 또 하나, 마리아를 하나님의 어머니로 여겼던 테오토코스의 논쟁과도 아무 상관이 없다.

밀리오리는 "예수 그리스도에 대한 모든 이해와 고백은 특정한 상황에서 나온 것이다. 그러므로 모든 기독론은 특정한 필요와 갈망들을 반영하며 그것들을 다룬다. 각각의 상황과 경험을 넘어서지 못한다"[125]고 주장한 바 있다. 이것은 교회론에도 그대로 해당된다. 교회에 대한 고백과 이해는 시대적 상황과 경험에 따라 달라질 수 있다. 바울시대의 교회와 오늘날의 교회가 다르며, 초기 예루살렘교회와 안디옥교회가 다르고, 동방교회와 서방교회가 다르며, 서구교회와 한국교회나 중국교회가 다르기 때문이다. 그러므로 여기서 모성적 목양교회론을 제시한 것은 변하는 21세기에 적합한 또 하나의 교회론을 제시해보려는 것이다.

2. 목양교회론―교회의 본질로서의 목양

오늘날의 중요 교회론의 하나는 이머징 교회론 혹은 선교적 교회론이다. 이들은 다른 이름을 하고 있으나 하나님의 선교에 기초한 동일한 토대를 가진 교회론이다. 이 두 이론은 가난한 자, 소외된 자들과 함께 했던 예수 그리스도의 삶을 이야기하고 공관복음서의 복음을 선호한다. 그들의 교회론의 핵심은 성육신에 있다. 삶과 문화와 일상으로 성육신하여 사람들로 하여금 하나님의 나라를, 예수 그리스도의 삶을 살아낼 수 있도록 하는 것이다. 이러한 생각은

---

125) D. Migliore, Faith Seeking Understanding, Introduction to Christian Theology, 백충현, 신옥수 역, 『기독교조직신학개론』, 새물결플러스, 288.

여러 이유로 이미지가 추락하고 위기를 겪고 있는 한국교회에 중요한 교회론이 되리라 생각한다. 그러나 필자가 느끼는 아쉬움은 선교적 교회론이 교회론의 내용을 다 담을 수 있는가 하는 것이다. 선교적 교회론은 하나님의 선교에 기초한다고 말한 바 있다. 그래서 선교는 교회의 한 기능이 아니라 교회의 본질 그 자체라고 주장한다. 교회는 선교를 수행하는 것이 아니라 근본적으로 선교적이라는 관점을 가지고 있다. 그래서 여기서 묻고자 하는 것은 우선, 교회의 본질이 선교적이라고 말하는 것이 가장 적절한가 하는 것이다. 교회는 모임과 흩어짐의 행동의 측면을 동시에 갖는다. 교회는 단순히 파송받은 존재만이 아니다. 물론 선교적 교회가 파송만 강조하는 것은 아니나 그 용어가 주는 의미는 어쩔 수 없다. 두 번째의 아쉬움은 하나님과 선교라는 용어의 결합이 역사와 우주에 나타난 하나님의 행위를 적절히 표현하는가 하는 것이다. 다시 말해서 성경의 삼위일체 하나님의 사역을 선교라는 용어로 적절히 표현할 수 있는가 하는 문제다. 셋째의 아쉬움은, 교회가 권위적, 배타적, 가부장적이어서 접근하기가 쉽지 않다는 청소년들의 하소연에 적절히 대처할 수 있는 용어인가 하는 것이다. 넷째, "선교적"이라는 용어가 교회의 기능을 다 품을 수 있는가 하는 것이다. 교회의 기능에는 교육과 예배와 친교와 봉사와 설교와 성례전의 집행 등 교회 밖이 아닌 교회 내적인 기능도 포함하고 있는 것이 아닌가. 교회의 모든 기능과 사명을 선교라는 개념으로만 환원할 수 있는가? 다시 한 번 강조하지만, 여기서 필자가 제기하는 것은 내용의 문제가 아니라 용어의 문제이고, 그것이 가지고 있는 함의의 문제이다. 그래서 필자는 모성적-목양 교회론을 그 대안 혹은 보완으로 생각해 보았다.

목양적 교회론이 담고 있는 몇 가지 생각들을 간단히 살펴보려고 한다. 첫째로, 목양적 교회론이 말하는 핵심개념은 선교라기보다 목양이다. 목양은 보내심이나 파송보다는, 문자 그대로, 돌봄, 염려, 목자, 인도와 같은 따뜻하고 긍정적인 함의들을 가지고 있어서 강압과 억압을 싫어하는 오늘의 시대에 더 적합한 개념이 아닌가 한다. 둘째로, 목양은 "하나님의 목양"이다.[126] 슈타이거(Johann Anselm Steiger)는 "첫 목양자, 모든 목양의 원리는 의사로서(출 15:26) 그리고 섭리하심으로써 보존하시는 보존자로서 피조물의 현실의 보존과 영혼의 보존을 마련하시는 영혼(네페쉬)의 창조자, 즉 삼위일체 하나님 자신이다. 그는 모든 위로의 하나님($\theta\epsilon o \varsigma$ $\pi\alpha\sigma\eta\varsigma$ $\pi\alpha\rho\alpha\kappa\lambda\epsilon\sigma\epsilon\omega\varsigma$)이시다. 위로하시는 하나님은 모든 인간의 목양의 근원이시다"[127]라고 말한다. 필자는 그의 관점에 전적으로 동의한다. 성경의 하나님의 행위는 하나님의 선교보다 하나님의 목양에 가깝다. 이스라엘이 유목민이었음을 염두에 둔다면 이스라엘은 하나님을 선교사보다는 목자로 비유하는데 익숙해 있을 것이고, 목양이 하나님의 사역을 더 잘 상징하는 개념이라고 생각했을 것은 당연한 일이다. 하나님은 만물을 창조하시고 생명을 부여하시며 그들의 생명을 보호하시고 돌보시고 인도하시며 양육하시고 치료하신다. 또한 그들의 아픔을 함께 느끼며 그들의 고통에 동참하시며, 고통과 고난을 이길 힘을 주신다. 그의 백성이 위험하고 잘못된 길로 갈 때는 돌아오기를 설득하시고, 구원의 손길을 내밀며, 때로는 책임을 물으시고 심판하시는 하나님이시다. 이것을 전통신학에서는 섭리라고 부른다. 그러나 섭리보다는 목양으로 부르는 것이 이러한 하나님의 행위에 더 상응하는 개념일 것이다. 성경에서 우리는 그것을 쉽게 찾아볼 수 있다. 하나님을 목자로, 그의 백성을 양으로 묘사한다. 에스겔 34장은 그것을 입증하는 전형적인 장이다.[128] 창세기 49:24절[129], 시편 23편과 28:9절[130], 이

---

126) 목자 혹은 목양 메타포에 대해서는 Johann A. Steiger, art. "Seelsorge I", TRE, 31, 7-31, 7. W. A. Van Gemeren, Dictionary of Old Testament Theology & Exegesis vol 3, 727-732. H. Goldstein, art. $\pi o\iota\mu\eta\nu$, Exegetical Dictionary of the New Testament Vol 3, William B. Eerdmans Publishing Company,1993, 126-127. J. Jeremias, art. $\pi o\iota\mu\eta\nu$, $\alpha^\iota\rho\chi\iota\pi o\iota\mu\eta\nu$, $\pi o\iota\mu\alpha\iota\nu\omega$, $\pi o\iota\mu\nu\eta$, $\pi o\iota\mu\nu\iota o\nu$, Theological Dictionary of the New Testament, Vol VI, 485ff 참조함

127) Johann A. Steiger, art. "Seelsorge I", TRE, 31, 7-31, 7.

128) 겔 34:11-16을 인용해본다: "주 여호와께서 이같이 말씀하셨느니라 나 곧 내가 내 양을 찾고 찾되 목자가 양 가운데에 있는 날에 양이 흩어졌으면 그 떼를 찾는 것 같이 내가 내 양을 찾아서 흐리고 캄캄한 날에 그 흩어진 모든 곳에서 그것들을 건져낼지라. 내가 그것들을 만민 가운

사야 40장 11절131), 시편 78:52-3절132), 시편80:1절133), 예레미야 31:10절134)
도 하나님을 목자에 비유하고 있다.

신약성경은 예수 자신을 "선한목자"(o' ποιμην o' καλος, 요 10:11, 14),135)
"너희 영혼의 목자"(벧전 2:25)136)로 지칭하고 있으며, 잃은 양을 찾는 목자에

데에서 끌어내며 여러 백성 가운데에서 모아 그 본토로 데리고 가서 이스라엘 산 위에와 시냇
가에와 그 땅 모든 거주지에서 먹이되 좋은 꼴을 먹이고 그 우리를 이스라엘 높은 산에 두리니
그것들이 그 곳에 있는 좋은 우리에 누워 있으며 이스라엘 산에서 살진 꼴을 먹으리라. 내가
친히 내 양의 목자가 되어 그것들을 누워 있게 할지라 주 여호와의 말씀이니라. 그 잃어버린
자를 내가 찾으며 쫓기는 자를 내가 돌아오게 하며 상한 자를 내가 싸매 주며 병든 자를 내가
강하게 하려니와 살진 자와 강한 자는 내가 없애고 정의대로 그것들을 먹이리라
129) "요셉의 활은 도리어 굳세며 그의 팔은 힘이 있으니 이는 야곱의 전능자 이스라엘의 반석인
　목자의 손을 힘입음이라"
130) 주의 백성을 구원하시며 주의 산업에 복을 주시고 또 그들의 목자가 되시어 영원토록 그들
　을 인도하소서
131) 이사야 40:10-11: "보라 주 여호와께서 장차 강한 자로 임하실 것이요 친히 그의 팔로 다스리
　실 것이라 보라 상급이 그에게 있고 보응이 그의 앞에 있으며, 그는 목자같이 양 떼를 먹이시
　며 어린 양을 그 팔로 모아 품에 안으시며 젖 먹이는 암컷들을 온순히 인도하시리로다."
132) "애굽에서 모든 장자 곧 함의 장막에 있는 그들의 기력의 처음 것을 치셨으나 그가 자기 백
　성은 양 같이 인도하여 내시고 광야에서 양 떼 같이 지도하셨도다. 그들을 안전히 인도하시니
　그들은 두려움이 없었으나 그들의 원수는 바다에 빠졌도다." 시편 95:7: "그는 우리의 하나님
　이시요 우리는 그가 기르시는 백성이며 그의 손이 돌보시는 양이기 때문이라." 시 100:3도 이
　와 유사하다.
133) "요셉을 양 떼 같이 인도하시는 이스라엘의 목자여 귀를 기울이소서. 그룹 사이에 좌정하신
　이여 빛을 비추소서. 에브라임과 베냐민과 므낫세 앞에서 주의 능력을 나타내사 우리를 구원
　하러 오소서. 하나님이여 우리를 돌이키시고 주의 얼굴빛을 비추사 우리가 구원을 얻게 하소
　서.
134) "이방들이여 너희는 여호와의 말씀을 듣고 먼 섬에 전파하여 이르기를 이스라엘을 흩으신
　자가 그를 모으시고 목자가 그 양 떼에게 행함 같이 그를 지키시리로다"
135) 요한복음 10:11-18은 예수 그리스도의 목양적 행동양식을 잘 설명하고 있다. "그는 선한목
　자로서 양떼를 위해 생명을 버릴 각오가 되어 있다. 주인으로서 그는 양들에 대한 책임감을 느
　낀다. 뿐만 아니라 그는 선한목자로서 자기 양들을 알며 양들은 그의 주인을 알고 그를 따라간
　다. 나아가서 목자로서 예수의 책임감은 기독교 공동체만이 아니라 이방인에게로 확장된다.
　한 목자로서 그는 이방인들을 한 양무리로 불러 모아야 한다." H. Goldstein, art. ποιμην,
　Exegetical Dictionary of the New Testament Vol 3, William B. Eerdmans Publishing
　Company,1993, 126-127.
136) 이 칭호는 J. Jeremias, art. ποιμην, α'ρχιποιμην, ποιμαινω, ποιμνη, ποιμνιον, Theological
　Dictionary of the New Testament, Vol VI, 494에 의하면 "자기 백성을 들보시고 지키시는 자"

비유하기도 한다(눅15:4-6). 히브리서 13장 20절은 예수를 "양들의 큰 목자"로, 요한계시록 7장 17절은 "보좌 가운데에 계신 어린 양이 그들의 목자가 되사 생명수 샘으로 인도하시고 하나님께서 그들의 눈에서 모든 눈물을 씻어 주실 것"이라고 말한다. 목자로서 예수 그리스도의 위로함과 인도가 종말론적 약속으로 나타나고 있다. 특히 "요한복음이나 공관복음서에 나타난 예수는 자신을 구약에 약속된 메시야적 목자로 언급하는 자이다."137) 예수는 그의 메시야적 사명을 설명하기 위하여 a. "멸망으로 버려진 흩어진 양들을 다시 모으는 모티프를 사용한다. 모은다는 것은 구원의 시대가 도래했음을 의미하는 이미지다."138) b. 그는 스가랴 13:7의 "목자를 치면 양이 흩어질 것"139)이라는 말씀을 인용하면서, "자신의 죽음과 귀환을 제자들에게 은밀히 이야기하는 비유적 표현을 사용한다."140) 이것은 "예수의 죽음이 종말론적 시련의 시작, 즉 양들의 흩어짐과 대다수의 죽음과 남은 자는 불 가운데 던져지는 시험의 시작이다. 그러나 위기는 기회이다. 왜냐하면 선한목자의 주도 아래 하나님의 백성인 정화된 양 무리를 모으는 행위가 뒤따르기 때문이다."141) c. "예수는 종말론적 심판을 설명하기 위하여 목자와 양의 이미지를 사용한다. 흩어진 양무리를 모으듯, 예수는 온 백성을 인자의 영광의 보좌 둘레에 모을 것이다. 그리고 거기서 심판의 행위가 일어난다. 그것은 비유컨대 양과 염소를 나누는 것이다. 그리고 심판에 뒤이어, 그의 적은(small) 무리를 통치하시는 하나님의 은혜로운 통치가 일어난다."142) 정리하자면 예수 그리스도의 사역과 고난과

를 의미한다.

137) J. Jeremias, 490.

138) J. Jeremias, 492.

139) J. Jeremias, 492. "만군의 여호와가 말하노라 칼아 깨어서 내 목자, 내 짝 된 자를 치라 목자를 치면 양이 흩어지려니와 작은 자들 위에는 내가 내 손을 드리우리라"

140) J. Jeremias, 492. "예수께서 제자들에게 이르시되 너희가 다 나를 버리리라 이는 기록된 바 내가 목자를 치리니 양들이 흩어지리라 하였음이니라. 그러나 내가 살아난 후에 너희보다 먼저 갈릴리로 가리라"(막 14:27-8).

141) J. Jeremias, 493.

죽음, 즉 그의 구원행위는 "양들을 위한 자발적이며 대리적 행위"[143]이며 목양적 관점에서 가장 잘 이해될 수 있다.

셋째로, 교회는 목양적 삼위일체 하나님의 형상이다. 우선 누가 하나님의 형상인가라는 질문을 생각해보자. 필자는 볼프의 견해에 따라[144] 교회공동체를 하나님의 형상으로 지칭해도 무리는 아닐 것이라고 생각한다. 하나님의 형상이 개인에게만 적용되는 것은 아니다. 그 용어는 이미 인류를 포함하는 집단적 성격을 가지고 있기 때문이다. 그러면 무엇이 하나님의 형상의 내용인가? 지금까지는 주로 하나님의 형상을 인간의 심리적, 내면적 속성을 가지고 설명하였다. 그러나 창세기의 하나님의 형상은 인간이 가지고 있는 속성이나 성품이 아니라 오히려 기능, 활동 혹은 사역을 의미한다. "하나님이 이르시되 우리의 형상을 따라 우리의 모양대로 우리가 사람을 만들고 그들로 바다의 물고기와 하늘의 새와 가축과 온 땅과 땅에 기는 모든 것을 다스리게 하자 하시고"(창1:26). 이 본문에서의 하나님의 형상인 인간에게 부여된 일은 "다스림"이다. 이에 대해 브루거만이 가장 본문에 적합하게 주석해 놓았다고 필자는 생각한다. 그에 의하면 다스림은 "동물을 보살피고 돌보며 먹이는 목자의 역할과 관련된다. 또는 정치적이 영역에 적용할 경우 하나님의 형상은 목자와도 같은 왕을 의미한다."[145] 하나님은 인간을 하나님의 형상으로 창조하시고 그들에게 부여하신 것이 번성하고 충만하며, 다스리고 지키라는 목양적 사명이다.

그러므로 하나님의 형상인 교회가 목양적 사명을 갖는 것이 타당하다. 왜냐하면 이미 본대로 성경에는 하나님 자신이 목자로, 하나님의 사역은 목양으

142) J. Jeremias, 493.
143) J. Jeremias, 496f.
144) M. Volf, After Our Likeness. The Church as the Image of the Trinity, Grand Rapids, MI, Wm. B. Erdmans, 1998.
145) W. Brueggemann, Genesis, Interpretation, 강성렬 역, 『창세기. 목회자와 설교자를 위한 주석』, 한국장로교출판사, 2000, 71.

로 기술되어 있기 때문이다. 따라서 목양적 교회론은 하나님과 인간, 하나님과 이스라엘의 관계가 선교와 피선교의 관계가 아니라 목자와 양의 관계로 본다. 성경은 인간, 특히 지도자들, 왕들을 목자로, 일반 대중들을 양떼로 묘사하였다(사 44:28, 겔 34, 렘23:4, 엡 4:11, 벧전 5:2-4). 하나님은 위로하시며, 인도하시며, 양육하시며, 치료하시는 하나님이며, 그 하나님은 목자들인 백성의 지도자들에게 그렇게 할 것을 요구하셨다. 하나님이 목자이시니 우리에게도 목자가 될 것을 요구하신다는 말이다. 그것은 교회도 마찬가지다. 새 이스라엘인 교회는 하나님의 목양의 대상인 하나님의 백성이며, 또한 하나님의 목양을 이 땅에 실현해야 하는 교회는 개인과 사회와 세상과 자연을 목양적으로 섬기는 공동체이다. 그들과 함께 울며 살며 그들을 돌보며 먹이는 것은 교회가 당연히 해야 할 성육신적 목양이다. 그러므로 교회는 하나님의 목양에 참여하며 하나님의 목양을 함께 만들어가는 공동체이다.[146) 여기서 한 가지 주의 할 것은 전통적 교회론이나 목회관에 있어서 목양을 다만 교회내의 활동이나 성직자들의 사역에 국한하여 사용해왔다. 그러나 그것은 좁은 이해이다. 목양은 하나님 나라를 이 땅에 이루기 위한 교회의 모든 행위를 의미한다. 그러므로 교회는 온 세상(피조물을 포함하여)을 섬기고, 돌보고, 치료하며 하나님 나라로 향하는 순례의 길에 함께 하며, 그들의 고난에 함께 참여하는 목양의 과제를 사랑과 희생과 헌신으로 수행해야 할 것이다. 교회의 본질은 목양이다. 그리고 목양적 교회론은 하나님의 목양에 근거한다.

---

146) "그들이 조반 먹은 후에 예수께서 시몬 베드로에게 이르시되 요한의 아들 시몬아 네가 이 사람들보다 나를 더 사랑하느냐 하시니 이르되 주님 그러하나이다 내가 주님을 사랑하는 줄 주님께서 아시나이다 이르시되 내 어린 양을 먹이라 하시고 또 두 번째 이르시되 요한의 아들 시몬아 네가 나를 사랑하느냐 하시니 이르되 주님 그러하나이다 내가 주님을 사랑하는 줄 주님께서 아시나이다 이르시되 내 양을 치라 하시고 세 번째 이르시되 요한의 아들 시몬아 네가 나를 사랑하느냐 하시니 주께서 세 번째 네가 나를 사랑하느냐 하시므로 베드로가 근심하여 이르되 주님 모든 것을 아시오매 내가 주님을 사랑하는 줄을 주님께서 아시나이다 예수께서 이르시되 내 양을 먹이라"(요 21:15-17).

3. 삼위일체 하나님의 형상으로서의 모성적 목양교회론

성경은 성경기자들의 하나님 체험을 기록한 것이다. 그들은 하나님을 창조주로, 구원자로, 섭리하시는 분으로 경험하였다. 그들의 경험한 하나님 경험을 그들은 인간의 언어로 기록해 놓았다. 성경에는 하나님에 대한 직접적 진술도 있지만, 비유와 상징으로, 신인동형론적 메타포로 표현한 부분도 적지 않다. 가장 대표적인 메타포 중의 하나가 바로 아버지 메타포이다.[147] 성경에는 하나님과 이스라엘의 관계가 대부분 아버지와 자녀 혹은 아버지와 아들의 관계로 설정되어 있다.[148] 하지만 그 때의 부성적 하나님은 "낳는다," "위로한다," "양육하다," "인도한다"의 술어를 가지고 있어서, 하나님을 문화적으로 여성적 혹은 모성적 속성을 가진 존재[149]로 해석하는 것에 그리 큰 이의는 없을 것이다. 엄밀히 말해서 하나님 자신은 남성도 여성도, 아버지도, 어머니도 아니다. 하나님에 대한 인간의 경험, 인간의 이해가 모성적이냐 부성적이냐일 뿐이다. 그러므로 하나님의 모성성은 하나님이 어머니라는 말이 아니라 하나님을 모성적 존재로 경험했다는 말이다. 필자는 사실상 삼위일체 하나님을 모성적 존재로 이해해야 더 성경에 근접한 이해라고 본다. 그의 본질은 사랑과 자비와 긍휼과 양육이며, 내재적 삼위일체의 관계 역시 가부장적 명령과 순종의 관계라기보다는 상호 사랑과 헌신과 사귐의 관계이기 때문이다.[150] 전적으로 동의하는 것은 아니지만 믹스(Swanee H. Meeks)가 모성성의 정의를

---

147) Christopher J. H. Wright, art. 'ab, Dictionary of the Old Testament Theology & Exeeis, Vol 1, 219-223.

148) 위의 글, 222

149) Swanee Hunt Meeks, The Motherhood of God: A Symbol for Pastoral Care, Llitt Review 37 no. 3 1980, 27-37, 29.

150) J. Moltmann, In der Geschichte des dreieinigen Gottes, 이신건 옮김, 『삼위일체와 하나님의 역사,』 58-69.

성, 출생, 양육, 인도, 놓아줌, 지속적 결속이라고 정의할 때도 마찬가지다.[151]

여기서 우선 성경에 나타난 하나님의 모성성에 대해 살펴보기로 한다.[152] 성경은 직접적으로 하나님을 모성적 존재로 묘사한다. 대표적인 책이 이사야다.[153] "이사야는 이스라엘과 하나님과의 관계를 어머니와 그의 위로가 필요한 자녀의 관계로 묘사한다. 당시 이스라엘은 포로의 억압과 슬픔 속에서 하나님의 부재를 경험하며 이방 민족들의 조롱거리로 전락한 상황이었다. 이런 상황 속에서 하나님은 자신을 직접 어머니에 비유하며 이스라엘의 회복과 예루살렘의 장래에 대하여 말씀하시며, 하나님의 위로를 직접 선포하신다."[154] 그 구절들에 의하면 하나님은 하나님의 백성들을 낳고, 젖을 먹이시며, 품에 안고 양육하시며, 무릎에 앉아 놀게 하시며, 업어 키우시는, 전형적인 모성적 하나님이다. 그와 연관된 몇 구절들을 인용하면 다음과 같다. "하늘이여 노래하라 땅이여 기뻐하라 산들이여 즐거이 노래하라 여호와께서 그의 백성을 위로하셨은 즉 그의 고난당한 자를 긍휼히 여기실 것임이라 오직 시온이 이르기를 여호와께서 나를 버리시며 주께서 나를 잊으셨다 하였거니와 여인이 어찌 그 젖 먹는 자식을 잊겠으며 자기 태에서 난 아들을 긍휼히 여기지 않겠느냐 그들은 혹시 잊을지라도 나는 너를 잊지 아니할 것이라" (사49:13-15). "너희

---

151) Meeks, The Motherhood of God, 29.
152) 하나님의 모성성에 대한 언급은 졸저, 『생태신학 생태영성』, 장로회신학대학교, 2009, 166-173에서 대부분 가져왔음을 밝힌다.
153) 이외에도 드물지만 하나님을 어머니의 모습으로 묘사하는 곳이 성경에 등장한다. "실로 내가 내 영혼으로 고요하고 평온하게 하기를 젖 뗀 아이가 그의 어머니 품에 있음 같게 하였나니 내 영혼이 젖 뗀 아이와 같도다. 이스라엘아 지금부터 영원까지 여호와를 바랄지어다" (시 131:2-3). 호세아 11:1-4(새번역): "이스라엘이 어린 아이일 때에, 내가 그를 사랑하여 내 아들을 이집트에서 불러냈다. 그러나 내가 부르면 부를수록, 이스라엘은 나에게서 멀리 떠나갔다. 짐승을 잡아서 바알 우상들에게 희생제물로 바치며, 온갖 신상에게 향을 피워서 바쳤지만, 나는 에브라임에게 걸음마를 가르쳐 주었고, 내 품에 안아서 길렀다. 죽을 고비에서 그들을 살려 주었으나, 그들은 그것을 깨닫지 못하였다. 나는 인정의 끈과 사랑의 띠로 그들을 묶어서 업고 다녔으며, 그들의 목에서 멍에를 벗기고 가슴을 헤쳐 젖을 물렸다."
154) 『생태신학 생태영성』 167.

가 젖을 빠는 것 같이 그 위로하는 품에서 만족하겠고 젖을 넉넉히 빤 것 같이 그 영광의 풍성함으로 말미암아 즐거워하리라 여호와께서 이와 같이 말씀하시되 보라 내가 그에게 평강을 강 같이, 그에게 뭇 나라의 영광을 넘치는 시내 같이 주리니 너희가 그 성읍의 젖을 빨 것이며 너희가 옆에 안기며 그 무릎에서 놀 것이라 어머니가 자식을 위로함 같이 내가 너희를 위로할 것인즉 너희가 예루살렘에서 위로를 받으리니"(사 66: 11-13). "야곱의 집이여 이스라엘 집에 남은 모든 자여 내게 들을지어다. 배에서 태어남으로부터 내게 안겼고 태에서 남으로부터 내게 업힌 너희여 너희가 노년에 이르기까지 내가 그리하겠고 백발이 되기까지 내가 너희를 품을 것이라 내가 지었은즉 내가 업을 것이요 내가 품고 구하여 내리라" (사 46:3-4).

이미 앞에서 잠시 언급한대로 기독교 전통은, 주 흐름은 아니지만 그러나 적지 않게, 어머니 메타포를 사용하여 하나님에 대한 생각을 드러냈다.[155] 베른하르드 클레르보 (Bernhard von Clairvaux), 힐데가드 빙엔(Hildegard von Bingen), 하인리히 소이세(Heinrich Seuse), 율리아나 노르비치(Juliana von Norwich)등이 바로 그들이다.[156] 율리아나 노르비치는 다음과 같이 말한다. "삼위일체의 숭고한 능력이 우리의 아버지이며, 삼위일체의 심오한 지혜가 우리의 어머니이며, 삼위일체의 위대한 사랑이 우리의 주님이시라는 것을 나는 보았고 이해하였다 [(…)] 하나님이 우리의 아버지이신 것처럼, 하나님은 우리

---

155) 이 부분도 졸저, 생태신학과 생태영성, 170 이하에서 가져왔다. 여기서 성경이나 기독교전통에서 하나님의 모성성을 위의 책을 언급하여 다뤘으나 다른 결론적 관점을 가지고 있다. 〈생태신학과 생태영성〉에서는 하나님의 여성성, 모성성이 가지는 생태학적 의미를 다루고자 한 것이고, 여기서는 하나님에 대한 모성적 이해가 오늘날의 교회의 목양적 과제에 어떻게 영향을 줄 수 있는가의 관점에서 다뤘다. 달리 말하자면 하나는 하나님의 모성성에 대한 생태학적 관점이고, 또 다른 하나는 교회론적 관점이다.

156) B. Newman, "Die Mütterlichkeit Gottes - Sophia in der mittelalterlichen Mystik," in: V. Wodtke (hg.), Auf den Spuren der Weisheit. Sophia-Wegweiserin für ein neues Gottesbild, Freiburg 1991, 82-101; M.M.Adams, "Julian of Norwich on the Tender Loving Care of Mother Jesus," in: K.J.Clark (hg.), Our Knowledge of God. Essays on Natural and Philosophical Theology, Dordrecht/Boston/ London 1992, 197-213 참조.

의 어머니이시다."[157] 메히틸드(Magdeburg Mechtild)는 "삼위일체는 어머니
치마폭 같다. 그 안에서 아기는 집을 발견하고 어머니 가슴에 머리를 기댄다"
라고 하여 하나님에 대해 감성적 접근을 시도하였다.[158] 뉴만의 연구에 의하
면, 율리아나는 지혜이신 그리스도의 모성성을 다음과 같이 설명하고 있다.
"첫째, 그리스도는 본질적으로 우리의 어머니이시다. 왜냐하면 모든 피조물들
이 영원 전부터 하나님의 의지 안에 존재하고 있었기 때문이다. 둘째, 그리스
도는 성육신하심으로써 인간의 육체와 피를 취하셨고, 그 성육신을 통하여 체
험할 수 있는 방식으로 우리의 어머니가 되신다. 셋째, 그는 우리를 구원하시
는 자비로운 어머니이시다. 왜냐하면 그는 우리를 위해 고난당하셨고, 사랑의
염려로 우리를 돌보시기 때문이다."[159] 안셀름의 기도문에도 유사한 생각이
수록되어 있다. "예수님이시여, 당신은 어머니가 아니십니까? 병아리들을 날
개 아래 품어주는 어미 닭처럼 우리를 품어주는 어머니가 아니십니까? 참으로
당신은 어머니이십니다."[160].

기독교 신학에서 성령이야말로 어머니 혹은 모성적 메타포를 가장 잘 적
용될 수 있는 인격이 아닌가한다.[161] 성경은 성령을 생명의 영으로 묘사한
다.[162] 그는 생명의 근원이며 생명의 유지자이다. 모든 피조물들은 그가 없이
는 존재할 수 없다. 또한 모든 썩어짐의 종노릇하는 피조물들 위해 말할 수 없
는 탄식으로 중보기도하시는 보혜사다. 이것은 성령의 역할이나 사역이 어머
니의 성품과 사역에 잘 상응함을 의미한다. 그러므로 칼빈처럼[163] 성령을, 피

157) B. Newmann, Die Mütterlichkeit Gottes, 95에서 재인용.
158) M. Fox, Original Blessing, 황종렬 역, 원복. 창조신앙의 길라잡이, 분도출판사, 2001, 239에
   서 재인용.
159) B. Newman, Die Mütterlichkeit Gottes, 95. 『생태신학과 생태영성』, 171.
160) M. S. Burrows, "Naming the God. Beyond Names. Wisdom From the Tradition on the
   Old Problem of God-Language", in: Modern Theology 9, Nr. 1, 1993, 44에서 재인용.
161) J. Moltmann, In der Geschichte des dreieinigen Gottes, 이신건 옮김, 『삼위일체와 하나님
   의 역사』, 140f.
162) J. Moltmann, Der Geist des Lebens, 김균진 역, 『생명의 영』, 대한기독교서회, 1992.

조물을 양육하며 보호하며 인도하시는 분으로서 모성적 특성을 가지신 분으로 묘사하는 것이 적절할 것이다. 그 일차적 근거는 성령으로 다시 태어나야 함을, 성령은 다시 태어나게 하는 분임을 말하는 요한복음의 구절이다. 몰트만은 중생, 즉 다시 태어남을 통한 하나님 경험을 생명(삶)의 어머니의 경험에 비유하였다. 그래서 그는 성령을 "삶의 어머니"로 부른다.[164] 몰트만에 의하면, 성령의 경험이 "'태어남'이나 '새로 태어남'으로 파악될 때, 성령은 초기 기독교, 다시 말하여 시리아 지역에 널리 유포되어 있었으나 남성중심의 로마제국에서 사라져버린 한 특이한 상, 공 어머니의 상을 나타낸다. 신자들이 성령으로 말미암아 새로 태어난다면, 성령은 하나님 자녀들의 어머니이며(…) 성령이 위로자(parakletos)라면 그는 어머니가 위로하는 것처럼 위로한다."[165] 그에 의하면 성령의 모성적 요소는 부드러움과 연민(공감)이다. 그래서 고대 동방교회신학자인 메소포타미아의 시므온이나 18세기 경건주의자인 찐쩬도르프는 "성령의 어머니 직분"을 말하기도 하였다.[166]

지금까지 삼위일체 하나님의 모성성을 살펴보았다. 이제 어머니 교회에 대해 간단히 서술하고자 한다. 고대교회 전통[167]과 개혁교회 전통은 어머니로서의 교회상[168]을 말하였다. 키프리안[169]이나 어거스틴[170]은 교회를 어머

---

163) J. Calvin, Institutio, I, 12, 14: "성령은 어디에나 현존하며 하늘과 땅에 있는 모든 것들을 유지하고 양육하며 생동케 한다."

164) Moltmann, 『생명의 영』, 213.

165) Moltmann, 『생명의 영』, 214.

166) Moltmann, 『생명의 영』, 216f 참조.

167) 이에 대하여 정용석, "어머니 교회(MATER ECCLESIA):초대 교부들의 교회론에 대한 여성신학적 재조명", 『여성신학논집』 2, 1998. 83-117, 특히 94ff. E. G. Jay, The Church, 주재용 역, 『교회론의 역사』, 대한기독교출판사, 1986, 110. H. Maris, The Church as Our Mother. Her Identity and Mission, 독립개신교회 신학교 편, 『우리의 어머니 교회. 교회의 정체성과 사명』, 성약출판사. 2013, 115f.

168) 이에 대해서는 최윤배, 『깔뱅신학 입문』, 장로회신학대학교출판부, 2012, 384ff. H. Maris, The Church as Our Mother. 117ff.

169) 키프리안의 말은 다음과 같다. "만약 당신이 교회를 당신의 어머니로서 가지지 않는다면, 당신은 하나님을 당신의 아버지로서 가질 수 없다. 최윤배, 『깔뱅신학 입문』, 385에서 재인용.

니로 불렀다. 그 전통을 이어 칼빈 역시 교회를 어머니로 말한다. "하나님께서는 이 교회의 품속으로 자녀들을 모으시기를 기뻐하셨는데, 이는 그들이 유아와 아동일 동안 교회의 도움과 봉사로 양육받을 뿐만 아니라 어머니와 같은 교회의 보호와 지도를 받아 성인이 되고, 드디어 믿음의 목적지에 도달하게 하시려는 것이다."[171] "어머니가 우리를 잉태하고 낳으며, 젖을 먹여 기르고, 우리가 이 육신을 벗고 천사같이 될 때까지 보호하고, 지도해 주지 않는다면 우리는 생명으로 들어갈 길이 없기 때문이다. 연약한 우리는 일평생 교회에서 배우는 자로서 지내는 동안 이 학교에서 떠나는 허락을 받을 수가 없다. 그 뿐만 아니라 교회의 품을 떠나서는 죄의 용서나 구원을 받을 수가 없는데 이것은 이사야와 요엘이 말한 것과 같다."[172] 이와 같이 어머니 교회는 칼빈의 교회론의 핵심 논점 중에 하나다. 이 모든 것을 정리해볼 때 하나님의 모성성과 교회의 모성성은 서로 잘 상응하는 관점이라고 볼 수 있다.

지금까지 21세기에는 삼위일체 하나님의 형상으로 교회는 모성적 목양교회가 되어야 함을 간단하게 전개해보았다. 정리한다면, 교회는 목양을 하면서 모성적 방식으로 세상을 돌보고 치료하고 또 양육하고 하나님 나라의 순례의 길에 동행해야 한다. 영성가인 매튜 폭스는 오늘날의 교회를 "부권주의의 치명적인 손아귀에 꼼짝없이 붙들려" "죽어가는 어머니 교회"[173]로 표현하고 있다. 그는 과격하게도 20세기 말의 교회의 표상을 a. "아주 아주 늙은 할머니", b. "거대하고 부권주의적인 죽어가는 공룡", c. "불타는 건물", d. "거의 배타적으로 아버지 교회가 되고 싶은 유혹에 넘어간 어머니 교회" 이 네 가지로 지적하고 있다.[174] 마음 아픈 지적이다. 어머니 교회는 다시 건강하게 살아나야

---

170) 어거스틴 역시 키프리안과 거의 동일한 주장을 한다. E.G.Jay, 『교회론의 역사』, 110 참조.

171) J. Calvin, 『기독교강요』 IV, i 1, 최윤배, 『칼뱅신학 입문』, 385에서 재인용.

172) J. Calvin, 『기독교강요』 IV. i 4, 최윤배, 위의 책, 386에서 재인용.

173) M. Fox, The Coming of Cosmic Christ. The Healing Mother Earth and the Birth of a Global Renaissance, 송형만 역, 『우주 그리스도의 도래』, 분도출판사, 2002, 48.

174) M. Fox, The Coming of Cosmic Christ. 49.

한다. 한국교회는 다시 목양적 교회로, 모성적 교회로 회복되어야 한다. 달리 말해 한국교회는 모성적 목양을 회복해야 한다. 그럴 때 한국교회는 다시 한 번 희망을 품을 수 있게 될 것이다.

제6장 포스트모던 시대의 성육신적 문화 교회론
— 복음과 문화의 관계에 있어서 〈문화 안의 그리스도〉 유형

1. 왜 문화를 연구해야 하는가?[175]

이 장에서는 앞에서 다룬 선교적 교회론과 포스트모던 문화의 현실을 고려하면서 좀 더 상세히 발전시키고자 한다. 달리 말해서 포스트모던 문화에 직면한 한국 교회는 진정 어떤 교회론을 전개해야 하는가 하는 물음에 집중하려는 것이다. 그렇게 하기 위해서는 먼저 포스트모던 문화에 대한 설명이 있어야 할 것이며, 그 다음으로 그 문화에 대한 교회의 대응방식을 논하는 순서이어야 할 것이다. 하지만, 왜 문화 자체를 연구해야 하는지를 언급하는 것이 필요하리라고 생각하여 서론 부분에서 간단히 언급하고 다음 문제로 넘어가려한다. 다시 한 번 진지하게 질문해 보자. 오늘날 왜 우리는 문화를 연구해야 하는가? 깁스와 볼저에 의거하여 그 이유를 정리해본다.[176]

첫째, "문화 이해는 좋은 선교에 항상 필수적이었기 때문이다."[177] 선교의 첫째 조건은 아마 문화에 대한 이해일지 모른다. 마치 바울이 그랬듯이 말이다. 그렇게 해야 적절한 방식으로 선교전략을 수립할 수 있으며 효과적인 선교가 이루어질 것이다. 그러나 필자가 더욱 중요하게 생각하는 것은, 선교라고 할 때 단순히 외국 혹은 어떤 지역의 선교만을 의미해서는 안 된다는 점이다. 오늘날의 청소년의 현장 속에서 그리스도의 복음을 들고 가는 것, 그들의

---

175) 출처, 김도훈, "문화 안의 그리스도", 『한국기독교 신학논총』, vol.61 (2009. 1), 219~242와 김도훈, "다음세대-미래 목회 모델 연구: 이머징 교회를 중심하여," 명성목우회 편, 『당신은 주님의 큰 머슴입니다』 (서울 : 명성목우회, 2008), 86-159의 일부를 수정 편집 보완한 것임

176) Eddie Gibbs/Ryan Bolger, Emerging Churches. Creating Christian Community in Postmodern Cultures, Baker Academic, 2005. (이하 Gibbs로 약칭한다).

177) Gibbs, 17.

문화에 뛰어드는 것도 선교다. 달리 말하자면 문화가 또 하나의 선교의 장이라는 말이다. 그러므로 그들을 얻기 위해서는 그들의 문화를 철저히 이해할 필요가 있다. 그래서 깁스와 볼저는 다음과 같이 말한다. "우리는 지금 문화혁명의 한가운데 있음을 교회는 인정해야 한다. 19세기 교회형태로는 21세기 문화에 더 이상 통합 수 없다는 것을 교회는 인정해야 한다. 교회가 문화를 이해하는 방식이 변해야 한다. 이것은 교회가 21세기 변화된 목회환경에 잘 대처하기 위해서다. 교회는 포스트모던 세계 속에 있는 근대적 제도이다. 종종 이 사실을 간과해버린다. 교회가 21세기에 살아남으려면, 포스트모던적 문화 속에서 복음을 구체화해 나가야 한다."[178]

둘째, "기본적인 소통 방식이 서구에서는 변했기 때문이다."[179] 이와 관련한 깁스와 볼저의 의미 있는 진술을 소개한다. "진정한 선교는 문화의 언어를 이해할 것을 요구한다. 불행히도 교회는 새로운 커뮤니케이션 기술들을 재빨리 수용하지 않았다. 이런 기술들은 결코 일시적 유행이 아니다. 그것들은 오늘날 사람들이 자기들의 세계를 어떻게 구성하고 있는가를 드러내는 핵심이다. 교회는 아마 이 부분에서 문화와 조화를 이루지 못하고 있는지도 모른다. 종교개혁자들은 인쇄술의 시대에 적절하게 복음을 적용시켰다. 그러나 이미지 시대인 우리시대에 복음을 적절하게 적응시키는 새로운 종교개혁은 지금까지 없었다. 문화는 언어뿐만 아니라 소리와 시각적 이미지와 체험으로 그 언어가 구성되어 있는데, 교회는 여전히 그 문화에다가 일방적이고 추상적이며, 말로 전하는 메시지만을 전달하고 있는 것이다. 의미 있는 활동이 되기 위해서는 활동과 예식과 이야기를 통한 청(sound), 시(sight), 각(touch)의 융합의 형태를 띠어야 한다. 현재의 설교 패턴과 방식은 그 영향력이 점차 감소하고 있다. 목회자들은 문화에 의해 들려지는, 언어의 포괄적인 성격을 이해해

---

178) Gibbs, 17.
179) Gibbs, 20.

야 한다."180) 그렇다. 다음세대, 즉 이머징 세대는 단순히 말로서만 소통하지 않는다. 여러 방식으로, 다감적으로 소통한다. 만일 교회가 다음세대와의 다양한 소통방식을 만들어 내지 못한다면 미래 교회는 생존을 염려해야 할 것이다.

셋째, 젊은 세대는 오늘날의 교회가 가지고 있는 문화와 다를 수 있기 때문이다.181) 젊은 세대들과 연결된 단어들은 "신비, 시각, 제의, 감각, 아름다움"182) 등이다. 그래서 그들은 종교개혁 이전의 교회와 예배에 참여한다.183) 젊은이들을 분석하고 그들의 문화에 부응하려는 "새로운 형태의 교회는 향과 초와 기도예식을 사용하여 신비롭고도 경이로운 분위기를 되살려놓은 교회들이다."184) 교회가 살아남으려면 젊은이들의 문화를 이해해야 한다. 교회 지도자들은 예식과 오감을 사용하여 기독교메시지를 전달하려고 노력해야 할 것이다.185) 이외에도 깁스와 볼저는 다른 이유도 함께 제시한다. 근본적으로 기독교인이라면 문화 속으로 오신 예수 그리스도의 성육신을 진지하게 취급해야 하기 때문이며186), 또한 서구에서는 "기독교와 모던 문화가 급격히 쇠퇴하고 있기 때문이다."187) 아울러 "서구는 거대한 문화변동의 한 가운데 처해있고"188), 따라서 교회마저도 쇠락해가고 있기 때문이다.189) 또 하나 중요한 것은 "현재 교회가 가지고 있는 대다수의 제도와 예식들이 지금은 더 이상 존재하지 않는 사회에 적응하여 만들어진 문화이기 때문이다."190). 그리고 "새로

---

180) Gibbs, 20.
181) Gibbs, 21f.
182) Gibbs, 21.
183) Gibbs, 21f.
184) Gibbs, 22.
185) Gibbs, 22.
186) Gibbs, 16.
187) Gibbs, 17.
188) Gibbs, 18.
189) Gibbs, 19.
190) Gibbs, 19.

운 문화는 새로운 제도적 구조를 요구하기 때문이며", "현재의 베이비부머 세대들은 모던 교회에 만족하는 마지막 세대이기 때문이다."[191] 현재는 영성의 시대라 할 만큼 영성에 대한 요구가 점증하지만 유감스럽게도 그 영성들은 기독교적 영성이 아니라 타종교의 영성인 경우가 많기 때문이며[192], "많은 그리스도인들이 그들의 부모의 종교를 따르는 시대도 더 이상 아니기 때문이다."[193] 이런 이유로 오늘의 문화, 오늘의 젊은 세대들의 문화를 깊이 연구할 필요가 있다.

맬퍼스 역시 문화 연구가 교회의 지도자들에게, 그리고 교회에 왜 중요한지를 설명하고 있다. 그의 연구는 깁스나 볼저의 연구보다 좀 더 원리적이라고 할 수 있지만 설득력이 있다고 생각되어 소개한다. 그가 말하는, 문화 이해가 중요한 이유는 첫째, "문화가 우리의 삶과 모든 우리의 신념들을 형성하고 그것들에 영향을 주기 때문이며", 둘째로, "우리의 문화적 전제들이 우리의 신학의 발전과 성경에 관해 우리가 믿고 있는 것들에 영향을 주기 때문이고," 셋째는 "우리의 문화가 우리가 교회에서 목회하는 방식에 영향을 주기 때문일 뿐만 아니라", 넷째, "문화는 그리스도에게로 이끌려고 하는 다른 사람들을 더잘 이해할 수 있게 하기 때문이다."[194]

2. 모던문화에서 포스트모던 문화로의 전환

오늘 우리는 디지털 혁명의 시대에 살고 있다. 젊은 세대들은 디지털 네이티브다. 디지털에 태어나서 디지털에 젖어있는 세대들이다. 그들에게 교회는

---

191) Gibbs, 20.
192) Gibbs, 22.
193) Gibbs, 23.
194) Aubrey Malphurs, A New Kind of Church: Understanding Models of Ministry for the 21st Century (MI : Baker Books, 2007), 96-97.

어떻게 접근해야 하는가. 여전히 아날로그 문화를 고수하고 있지는 않은가. 만일 그렇다면, 그것은 교회가 젊은이들을 얻을 수 없음을 의미하며, 새로운 선교의 기회를 기회가 아닌 시련으로 만드는 것이다. 사상적으로도 마찬가지다. 지금의 젊은이들은 포스트모던 사상으로 물들어가고 있다. 한국의 젊은 세대들이 전적으로 포스트모던 문화에 젖어있는가는 논란의 여지가 있을 수 있다. 그러나 분명한 것은 오늘날의 문화는 뉴욕과 서울이 그리 다르지 않다는 점이다. 그러므로 포스트모더니즘을 이해하지 않고 그들을 얻을 수 있는 쉬운 방법은 없을 것이다. 그들은 지금 포스트모더니티의 물에서 헤엄치고 있으며, 포스트모더니티의 렌즈를 통해 세상을 본다. 우리는 기억해야 한다. 그들은 의식적이든 무의식적이든 포스트모더니즘이라는 새로운 인식론을 가지고 있다는 것을.[195]

일상의 삶과 일상의 문화에 지금 현재 거대한 변화가 일어나고 있다. 맥라렌의 말대로 변화 정도가 아니라 전환이 일어나고 있다는 것이다. 그에 따르면 변화는 언제나 현존한다. 거의 모든 세대들이 자신의 세대를 변화의 세대라고 한다. 그러나 변화와 전환이 동일한 것은 아니다. 모든 시대는 변화의 시대이지만 모든 시대가 전환의 시대는 아닌 것이다.[196] 그는 이 시대의 교회와 그리스도인들이 전환의 시점에 서있다고 진단한다. 마치 종교개혁자들이 역사적 전환의 시점에 서 있었듯이[197] 이 시대의 그리스도인들도 새로워져야할 변화의 시점, 전환의 시점에 와 있다고 주장한다. 시대가 전환하는 이 시점에 종교개혁자들이 격랑의 파고의 위험에 직면했던 것처럼 오늘 이 시대의 그리스도인들도 변화와 전환의 위험을 무릅써야 한다. 그의 주장에 의하면 전환

195) Ed Stetzer, Planting New Churches in a Postmodern Age (Broadman & Holman Publishers, 2003),115 (이하 Stetzer로 약칭함).

196) Brian McLaren, A New Kind of Christian, 김선일 역, 『새로운 그리스도인이 온다』, IVP, 2008, 98-99

197) McLaren, A New Kind of Christian, 100.

이 힘들고 위험하지만, 과거의 자신의 입장을 고수하며 변화를 거부하는 것이
더 위험하다. 그는 현상유지도, 무슨 일이 일어나든지 그냥 내버려 두고 흐름
에 묻혀 가는 것도 위험하기는 마찬가지라고 판단한다.[198] 깁스와 볼저의 주
장도 오늘 이시대의 엄청난 변화의 핵심을 모던 사회에서 포스트모던 사회로
의 전환이라고 생각한다. 그들에 의하면 "이 변화는 모더니티가 소유하고 있
는 주요 주장들에 대한 도전을 의미한다. 모더니티의 주장이란 질서의 추구,
전통의 상실, 서로 다른 현실 영역의 분리 등이다. 다른 현실 영역의 분리는,
모든 면에서 성과 속을 분리하는 것에서 잘 나타난다. 교회는 종종 모더니티
의 편에 서서, 모든 견해에 반하는 기획을 옹호하곤 하였다. 기독교와 모더니
티에 대한 도전의 충격은 교회에, 목회의 성격에, 포스트모던 시대의 선교에
중요한 의미를 던져주고 있다. 그리고 이러한 도전의 충격들은, 다음세대의
지도자들이 이러한 새로운 도전에 어떻게 대처할 것인가에 깊이 생각하도록
하고 있다. 이에 대응하여, 교회는 도전의 의미를 부인할 수도 있을 것이며,
방어선을 세워 교회가 이방인으로 규정하는 모든 것에 저항할 수도 있을 것이
다. 아니면 위험을 무릅쓰고 계속 선교를 감행할 수도 있을 것이다."[199]

모던에서 포스트모던 시대로의 전환, 오늘날의 급격한 문화적 변동, 이것
은 마치 은유적으로 표현하자면, 육지 풍경에서 "항상 변화하는 물결과 표면
을 지닌 바다의 풍경"[200]으로의 변화이다. 교회가 포스트모던 바다에서 살아
남고 성공적으로 항해하기 위해서는 포스트모더니즘의 특성을 알아야 할 것이
다. 그러므로 여기서는 모더니즘과 포스트모더니즘의 특징을 먼저 살피려
고 한다. 사실상 모더니즘과 포스트모더즘에 대한 연구는 수없이 진행되고 소
개되어 왔다. 그럼에도 불구하고 여기에 다시 한 번 설명하고자하는 것은 교

---

198) McLaren, A New Kind of Christian, 102.
199) Gibbs, 18.
200) Leonard Sweet, Aquachurch, 김영래 역, 『모던 시대의 교회는 가라. 포스트모던 시대의 교
회리더십기술』, 좋은씨앗, 2007, 37.

회는 상황에 전혀 관계없이 서 있을 수 없다는 것, 교회는 모더니즘의 사상의 영향 속에서 성경해석과 제도와 교리를 만들어 내었으면서도 그것이 마치 절대적인 것인 양 생각하고 있다는 것을 지적하기 위한 것, 그래서 다음세대를 위해서는 진정으로 포스트모더니즘을 이해하지 않으면 안 된다는 것을 말하기 위함이다. 깁스와 볼저는 포스트모던 문화를 이해해야 할 이유로서 선교, 영성, 제도, 문화, 철학, 커뮤니케이션 등 모던 것에서 포스트모던으로의 패러다임 전환이 일어나고 있기 때문임을 적절히 지적하였다.201)

여기서 필자가 주장하고 싶은 것은 교회가 포스트모더니즘을 흡수하여 그들처럼 되자는 말은 아니다. 레너드 스윗은 "크리스천들은 포스트모던 세계관을 포용해서는 안 된다. 포스트모더니티에 적응해서도 안 된다"202)고 말한다. 스테쳐(Ed Stetzer) 역시 "교회는 포스트모던인들에게 다가가고 싶어하며, 또 그들에게 다가가야 한다. 그러나 교회는 포스트모더니즘을 수용해서는 안 된다. (…) 그 사상의 전제가 때로는 복음과 반대될 수가 있다. 우리는 시대에 편승하여 움직일 수 없고 강한 분별없이 포스트모더니티를 수용해서는 안 된다"203)고 말한다. 그러나 포스트모더니즘을 이해해보려는 노력도 없이 무조건 배척해서도 안 된다. 전쟁에서 이기는 방법은 간단하다. 적을 잘 아는 것이다. 전략과 전술이 훌륭하고 무기가 탁월하고 해서 반드시 이기는 것은 아니다. 적을 알지 못하는 수단들은 별로 효과적이지 못하다. 이것은 사상과 문화와의 전쟁에서도 마찬가지다. 그러므로 교회는 이머징 세대의 사고와 행동양식과 배경들을 잘 이해하고 그에 적절한 대안을 마련할 필요가 있다. 거듭 말하지만 포스트모더니즘과 오늘의 문화를 이해하는 것은 마치 적을 아는 것과 마찬가지다. 지금의 교회를 지탱해주거나 영향을 준 교회 밖 문화는 점점 사

---

201) Gibbs, 15-26.
202) Leonard Sweet, Postmodern Pilgrims, 김영래 역, 『영성과 감성을 하나로 묶는 미래교회』, 좋은씨앗, 2002, 18.
203) Stetzer, 113.

라져가고 있는데, 젊은이들은 전혀 다른 문화와 생활방식 속에서 살아가고 있는데, 여전히 교회는 그런 문화와 사상이 여전히 세상을 지배하고 있는 것처럼 생각하고, 행동하고, 선교하고, 소통하고, 설교하며, 예배하려고 시도한다면, 심지어 그들을 과거의 옛 가치관이나 문화로 되돌이키려고 한다면 젊은이들과 교회의 간격은 점점 멀어질 수밖에 없을 것이다.

이러한 상황을 맥라렌은 그의 책에서 잘 지적하였다.[204] 스콧 스미스의 분석에 의하면, 맥라렌은 모던 시대를 정복과 통제의 시대, 기계의 시대, 분석의 시대, 세속과학의 시대, 절대적 객관성 갈망의 시대, 비판적 시대, 근대적 민족국가의 시대, 개인주의 시대, 개신교와 제도적 종교의 시대, 소비주의 시대로 특징짓고 있다.[205] 이런 사상들이 교회에 영향을 주어, 교회나 그리스도인들 역시 모더니티와 유사한 생각을 하고 유사한 태도를 가지며 심지어 유사한 용어들을 사용했다는 것이다.[206] 예를 들어, 하나님을 통제하시는 하나님으로 생각하였고, 복음을 마치 십자군처럼 군사적 침투로 생각하였으며, 신비를 교회에서 제거하였고, 그리스도인의 삶을 교리체계나 지식의 전달로 환원해 버린 것이 그것들이라는 것이다.[207] 물론 모더니즘이 다 나쁜 것이 아니듯 포스트모더니즘도 다 좋은 것이 아니며, 모더니즘이 다 좋은 것이 아니듯, 포스트모더니즘도 다 나쁜 것이 아니다. 그러므로 우리는 모더니스트가 되어서는 안 되듯, 포스트모더니스트가 되어서도 안 된다. 다만 우리는 다음 세대의 사상과 문화를 이해하고 그들에게 그리스도를 심어줄 수 있는 최선의 방식을 찾아야 할 것이다.

---

204) Brian McLaren, A New Kind of Christian, 김선일 역, 『새로운 그리스도인이 온다』, IVP, 2008. 맥라렌의 모던에서 포스트모던에로의 이행과 교회에 대한 영향을 잘 서술해준 책, R. Scott Smith, Truth & The New Kind of Christian. The Emerging Effects of Postmodernism in the Church, Wheaton, Crossway Books, 2005, 50-66.
205) Scott Smith, 위의 책, 52-53. McLaren, A New Kind of Christian, 58-62.
206) Scott Smith, 위의 책, 54ff.
207) McLaren, A New Kind of Christian, 70ff. Scott Smith, 55f.

교회의 대응을 모색하기 전에 모더니즘에 대한 설명을 여러 학자들의 입을 빌려 언급하고 지나가려 한다. 첫째, 에릭슨은 모더니즘의 특성을 1). 자연주의(실재는 관찰되거나 증명될 수 있는 것에 국한한다), 2). 인본주의(인간이 우주의 중심이다), 3). 과학적 방법(지식은 본질적으로 선한 것이며 획득할 수 있는 것이다), 4). 환원주의(인간은 고도로 발전된 동물이다), 5). 진보(지식은 선한 것이기 때문에 지식의 획득은 진보를 낳는다), 6). 자연(창조주가 아닌 진화가 사람과 삶의 발전에 책임진다), 7). 확실성(지식은 객관적이기 때문에 우리는 무언가를 확실하게 인식할 수 있다), 8). 결정론(특정 원인 때문에 어떤 사건이 일어났다고 보는 신념), 9). 개인주의(각 개인의 우월성, 진리를 인식할 수 있는 능력), 10). 반권위주의(개개인이 진리의 최종 심판자)로 이해하였다.208) 둘째, 웨버는 모더니즘의 패러다임을 넓게 1). "개인의 궁극적 자율성을 보장하고자 하는 개인주의", 2). "실재를 탐구하고 이해하기 위하여 이성의 능력에 대한 강한 확신을 특징으로 하는 합리주의", 3). "개개인들은 이성의 사용을 통하여 객관적 진리에 도달할 수 있다고 하는 사실주의(factualism)"로 정의한다.209) 셋째, 킴볼은 모더니즘을 1). 과학, 기술을 강조하고, 2). 모든 지식은 선하고 확실하다고 하는 신념을 강조하며, 3). 단하나의 절대적 도덕기준을 강조하고, 4). 개인주의의 가치를 강조하며, 5). 사고와 학습과 신념은 체계적이고 논리적으로 확정되어야 함을 강조하는 세계관과 문화라고 서술한다.210) 좀 더 간단하게 말하자면 모더니즘은 인식이나 이해나 권위를 이성, 과학, 논리에 의존하는 세계관이다.211) 넷째, 깁스는 모던적 세

---

208) Millard Erickson, "Postmodernizing the Faith: Evangelical Responses to the Challenge of Postmodernism," E. Stetzer, Planting New Churches, 118에서 재인용.

209) Robert Webber, Ancient/Future Faith. Rethinking Evangelism for a Modern World, Baker Books, 1999, 18 (이하 Webber, Ancient/Future Faith)

210) Dan Kimball, Emerging Church, 윤인숙 역, 『시대를 리드하는 교회』, 이레서원, 2007, 63 (이하 Kimball로 약함.

211) Kimball, 57.

계관을 1). 중앙집권적 계층, 2). 예측 가능한 세계, 장기적 전략과 목표설정, 3). 현재를 관리하고 미래를 맞을 인간능력에 대한 자신감, 4). 중앙주도적인 변화로 설명한다.[212] 다섯째, 존스(Tony Jones)는 근대적 가치를 합리적, 과학적, 획일적, 배타적, 자아중심적, 개인주의적, 기능적, 산업적, 지역적, 파편적(compartmentalized), 관련적(relevant)으로 정의한다.[213]

지금까지 모더니즘의 특징을 언급하였다. 그렇다면 포스트모더니즘은 어떤가? 첫째, 에릭슨은 포스트모더니즘의 특성을 1). 개인적 객관성의 부인, 2). 지식의 불확실성, 3). 모든 것을 포괄하는 설명의 종말, 4). 지식의 선함에 대한 부정, 5). 진보의 거부, 6). 공동체에 근거한 지식의 우월성, 7). 객관적 탐구에 대한 불신[214]으로 파악한다. 둘째, 웨버는 포스트모더니즘의 패러다임의 특징을 우선 1). 주객분열의 극복, 2). 절대의 포기, 상호공생적 관계, 3). 관계의 그물망으로 된 세계, 최근의 과학에 의존(우주를 묶어주는 단 하나의 통합요소가 없다는 과학의 결론), 다원주의, 4). 언어의 권위 공격, 텍스트의 해체, 메타담론의 부정, 보편적 진리의 부인, 5). 기계론적 세계관의 부인, 역동적 세계관인정, 6). 이원론에서 전체론으로 이행(상대성이론 양자역학의 결과), 7). 경험의 우선성, 참여를 통한 지식, 시각적인 것의 영향, 직관 및 상상의 재발견 등[215]으로 파악한 뒤에 그는 다시 도표를 통해 포스트모더니즘의 특징을 설명하고 있다. 그에 따르면, 과학적 포스트모더니즘은 1). 자기 조직적, 2). 비선형적, 3). 창조적, 개방적, 4). 양자론, 카오스이론 등을 그 특징으로 하며, 종교적 포스트모더니즘은 1). 범재신론, 2). 창조중심의 영성, 3). 탈가부장적, 4). 재각성을 특징으로 하고, 포스트모더니즘적 세계관은 1). 생태

---

212) Eddie Gibbs, Church Next. Quantum Changes in Christian Ministry, 임신희 역, 『넥스트 처치. 미래목회의 9가지 트렌드』, 교회성장연구소, 2003, 30.

213) R. Scott Smith, Truth and the New Kind of Christian, Wheaton: Il. Crossway Books, 2005, 67-69에서 인용.

214) Stetzer, 120.

215) Webber, Ancient/Future Faith, 21-24.

적, 2). 통전성, 상호연결성, 3). 상호관계를 가지는 반(semi)자율성, 4). 엔트로피의 원리, 5). 우주론적 지향, 6). 비극적 낙관주의를 그 특징으로 한다.216) 셋째, 킴볼은 포스트모더니즘을 다음과 같이 정의한다. "모더니티 너머의 것을 추구하는 새롭게 등장한 발전단계의 세계관 및 문화. 단 하나의 우주적 세계관이란 없다고 주장한다. 따라서 진리는 절대적이지 않으며 모더니즘에서 수용한 많은 특징들이 이전처럼 가치나 영향력을 갖지 않는다."217) 그는 또한 1)자기 결정적 다원론적 인식론, 2). 개인이 경험적 신앙이해, 3). 인터넷 등의 매체를 통한 즉각적인 의사소통, 4). 권위에 대한 의심, 다양한 성경해석 등을 포스트모더니즘의 특징으로 지적한다.218) 넷째, 깁스는 포스트모던의 특징을 1). 분산된 네트워크, 2). 계획 즉시 실행이라는 신속한 반응을 요구하는 예측 불가능한 세계, 3). 현재에 대한 불안감, 미래에 대한 비관주의와 편집증, 4)주변에서 시작된 변화로 파악한다.219) 다섯째, 토니 존스는 경험적, 영성적, 다원적, 상대적, 이타적, 공동적, 창조적, 환경적, 지구적, 전체적, 진정성있는 가치들을 포스트모던적 가치로 인정한다.220)

이제 포스트모더니즘의 영향에 대해 논할 차례다. 포스트모더니즘은 1930년대 이후 근대적인 틀과 사고방식에서 벗어나려는 작가와 건축가들에 의해 시작되었다.221) 킴볼에 의하면, 인간의 이성과 합리성이 모든 인식의 기준이 되는 사고틀에서 벗어나기 시작하면서 포스트모던 철학이 형성되기 시작하였고, 순차적으로 문학 미술 건축 음악 영화 예술 등에 영향을 주었으며, 1980 년대를 지나면서 포스트모더니즘의 영향은 대중문화 속으로 스며들기 시작하였다는 것이다.222) 그는 포스트모더니즘이 이제는 일상생활로 번지고

---

216) Webber, Ancient/Future Faith, 36.
217) Kimball, 63.
218) Kimball, 57.
219) Eddie Gibbs, Church Next, 30.
220) R. Scott Smith, Truth and the New Kind of Christian, 67-69에서 인용.
221) 이하의 포스트모더니즘에 대한 서술은 Kimball, 61이하를 참조함.

있음을 염려하고 있다. 킴볼의 말을 인용해본다. "우리는 이제 일상생활에서 포스트모더니즘을 경험하고 있다. 포스트모던적 가치관은 학교, TV쇼, 영화, 광고, 잡지, 패션으로 급속도로 확산되고 있다. 이 가치관은 우리가 세상, 인간의 성, 종교, 영적 영역을 바라보는 방식에 변화를 일으켰다. 기술과 인터넷으로 야기된 통신 및 매체의 폭발적 증가는 이 과정을 가속화시키고 있다. (…) 이제 포스트모더니즘을 수용한 부모들이 다른 사람들을 가르치고 아이들을 양육함에 따라 포스트모던 문화의 확산은 가속화되고 있다."223) 에스티스 역시 시대의 흐름을 바꾸어 놓은(을), 피할 수 없는 두 가지 큰 급류를 기하급수적인 기술의 성장과 포스트모더니즘으로 지적하고 있다.224) 지금까지 필자는 포스트모던 사상과 운동과 문화를 설명하면서, 그것이 전 세계적으로 얼마나 확산되어가고 있는가, 얼마나 많은 젊은 세대들에게 영향을 주고 있는가를 간단히 소개하려 하였다.

문제는 포스트모던 사상과 문화가 교회에는 아무런 영향이 없는가 하는 것이다. 당연히 교회에도 영향을 주고 있다. 왜냐하면 교회의 젊은이들은 학교에서나 대중문화를 통해서나 부모를 통해서 포스트모던의 영향을 많든 적든 이미 받았기 때문이다. 그래서 이미 다원론적이고 대중적 기독교가 유행하고 있다.225) 킴볼의 말대로 "포스트모더니즘을 믿든 믿지 않든, 무슨 일이 일어나고 있다."226) 이런 흐름을 저항하고 거스르는 것은 불가능해 보인다. 삶과 사고에 아주 깊이 들어와 있기 때문이다. 이것을 킴볼은 다음과 같이 외치고 있다. "눈을 열고 감각을 일깨울 때, 우리는 주변 곳곳에 퍼져 있는 포스트모더니즘의 영향력을 실감하기 시작한다. 잡지 표지와 광고 사진을 보라. TV

222) Kimball, 62-66.
223) Kimball, 66.
224) D. Estes, SimChurch : Being the Church in the Virtual World (Grand Rapids, Mich. : Zondervan, 2009), 26.
225) Kimball, Emerging Church, 67.
226) 위의 책, 69.

광고 문구가 어떻게 되어 있는지, 또 얼마나 시각적인지 보라. TV 시트콤과 영화에서 나누는 대화와 음악 가사에 귀 기울여 보라. 패션을 주의 깊게 관찰해 보라. 대중 작가들이 무엇에 대해 글을 쓰고 있는지 알아보라. 교육 방법에서 일어나고 있는 변화를 생각해 보라. 이 모든 흐름을 볼 때, 이머징 교회에 미치는 영향은 믿어지지 않을 정도이다. 앞으로는 이보다 더 심화될 것이다."[227] 킴볼은 "당연히 이머징 세대가 성장함에 따라 포스트모더니즘이 영적인 신념에도 영향을 미치기 시작했다. (…) 영적인 경계도 모호해져서 영적인 상대주의가 전형이 되어 가고 있으며, 그 결과는 훨씬 심각하다"[228]고 탄식한다. 킴볼에 의하면 그 실례가 "성적, 다원론적, 대중적 기독교"[229]라는 것이다. 대중 연예인들이 자신의 노래와 이미지와 활동이 성경에 위배되는데도 공공연히 기독교적 정체성을 드러내는 수상소감을 말하고, 타종교나 자연숭배 사상을 받아들이는 등 혼합주의적 영성을 가지면서도 전혀 그것이 모순적이라고 생각하지 않고 지극히 정상적이고 자연스러운 일이라고 생각한다는 것이다.[230]

그래서 많은 학자들과 목회자들과 연구가들은 교회가 포스트모더니즘과 포스트모던 문화에 시급히 대처해야 한다고 요구하였다. 웨버도 다음과 같이 주장한다. "현재 서구 사회는 모던 세계에서 포스트모던 세계로의 전환 중에 있다. 과학과 철학과 통신 -사람의 모든 영역- 에서의 새로운 혁명이 새로운 가치관을 갖도록 우리를 변화시키고 있다. 과학이 말하는 대로 우리는 팽창하는 우주에 살고 있으며 철학이 말하는 대로 우리는 모든 것들과의 연관성속에 살아가고 있으며, 우리는 점차 시각적이며 상징적 수단을 통하여 의사소통하고 있다. 이러한 변화들은 결국 새로운 문화를 낳고 있으며, 기독교에 대한 이

---

227) 위의 책, 70.
228) 위의 책, 67.
229) 위의 책, 67.
230) 위의 책, 67-68.

해와 전달 방식에 새로운 질문을 제기하고 있다."231) 스테쳐는 "포스트모던인들은 어디에 있는가"232)라고 물으면서 그 질문에 대해 다음과 같이 답변한다. "포스트모더니즘은 20세기 후반 급속도로 퍼져나갔다. 그것은 대중매체의 지배철학이 되었기 때문이다. 30대나 그 이하의 대부분의 성인들은 MTV에서 도덕성을 배우며 TV 대담 프로그램에서 결혼을 이해하고, 시트콤에서 관계에 대해 배우며 자라난 세대들이다. 포스트모던인들은 어디에나 있다. 그러므로 포스트모던 교회도 어디에나 있어야 한다."233) 그는 이어 한 교회개척자의 말을 빌려 "포스트모더니티는 우리 시대의 사람들이 헤엄치고 있는 물이요, 세상을 바라보는 렌즈이다. 그들은 의도적이든 무의도적이든 새로운 인식론을 수용하였다. 그러므로 우리는 복음이 드러날 수 있는 이 문화의 구속적 창을 찾아야 하는 도전을 받고 있다"234)고 말한다. 오늘의 시대가 포스트모던 사회라는 생각은 철학자들만의 인식이 아니다. 다음세대 청년지도자, 목회자, 교회미래학자 역시도 이 시대를 포스트모던 사회로 규정하고 다음세대의 흐름인 포스트모던 문화에 대처할 것을 주장해왔다.

이것은 단지 일부 미래지향적 서구교회의 지도자들만의 고민이 아닐 것이다. 오늘날 한국을 사는 우리들의 고민이기도 하다. 변하지 않는 복음을 어떻게 오늘의 현대 문화 속에 전달할 수 있을까? 오늘의 현대 문화와 문명에 익숙해 있고, 반기독교적 시대를 사는 젊은 세대들에게 어떻게 접근해야 그들이 복음을 거부감 없이 수용할 수 있을까? 급변하는 사회, 젊은 세대들의 문화의 물결을 생각하며 동시에 교회의 미래를 생각한다면 불안이 앞서는 것도 무리는 아닐 것이다. 그러므로 복음과 문화의 관계에 대해 깊이 연구하는 것은 오

---

231) Robert Webber, Ancient-Future Faith: Rethinking Evangelism for a Modern World (Grand Rapids, Mich. : Baker Books, 1999), 15.
232) Ed Stetzer, Planting New Churches in a Postmodern Age (Broadman & Holman Publishers, 2003), 132.
233) 위의 책, 133.
234) 위의 책, 115.

늘날 한국교회를 위해 매우 의미 있는 일일 것이다. 따라서 이글은 새로운 문화 수용 유형을 연구하는 것을 그 목표로 한다. 이 유형은 〈문화 안에 있는 그리스도〉 유형이다.

3. 문화 안에 있는 그리스도: 포스트모던 문화에 대한 성육신적 대응

스티브 테일러(Steve Taylor)는 그의 책 『교회의 경계를 넘어 다시 교회로』[235] 라는 책에서, 1968년 만들어진 영화, 셰익스피어 원작 제파렐리 감독의 영화 '로미오와 줄리엣'과, 동일 원작을 토대로 30년 후 만들어진 루어만 감독의 영화 '로미오와 줄리엣'을 비교하면서 시대의 변화를 읽고자 한다. 영화이야기를 상세히 말할 수 없지만 그가 전하고자 하는 것은 이 두 영화를 비교해보면 "시대가 변했다"는 것, 바로 그것이다. "두 감독, 두 문화, 그리고 하나의 원전! 두 영화는 수세기 동안 그 시대의 상황에 맞게 수정되면서 한 이야기를 이야기하고 있다. 그러나 한 원전의 서로 다른 버전인 이 두 영화 속에는 그 영화들이 만들어졌던 시대의 시작을 알리는 상물들이 반영되어 있다. 단지 그 시대의 문화적 장신구들이 아니다. 명심하라. 그 영화들은 그 시대 문화들의 본질적인 요소들을 담고 있다."[236] 스티브가 말하고자 하는 변화된 문화적 공기, 즉 오늘날의 문화는 무엇인가? 그것은 바로 포스트모던 문화이다. 포스트모던 문화는 숨 쉬는 공기와 같아서 의식하든 의식하지 못하든 우리를 감싸고 있다는 것이다. 동시에 그는 이 포스트모던 문화의 특징을 다음 네 가지로 설

---

235) Steve Taylor, The Out of Bounds Church? 성석환 역, 『교회의 경계를 넘어 다시 교회로!』 (서울: 예영커뮤니케이션, 2008). 이하 steve로 약칭하며, 본문의 ( )안의 숫자는 이 책의 쪽수를 의미함.

236) Steve, 29. 이곳에서 Steve는 제라드 켈리의 말을 인용하여 그리스도인들에게 메시지를 던져주고자 한다. "루어만은 진정 많은 그리스도인들이 깨닫지 못한 점, 즉 이야기를 바꿀 필요 없이 다만 그 설정만 바꾸면 된다는 사실을 이해하고 있었기 때문이었다. (⋯). 모든 힘과 영향력은 원전, 원래의 텍스트에 있는 것이다. 우리는 다만 그것을 자유롭게 놓아주는 법을 배워야 한다."(29)

명한다. 첫째, 가속편집의 파편화 (fragmentation of fast/cutting), 둘째, 개인의 선택과 결정이 강조되는 즉흥적 라이프스타일, 셋째, 부족주의(tribalism), 넷째, 소수인종과 주변부 문화의 득세가 그것이다.[237] 필자는 스티브의 연구에 따라 포스트모던 문화의 특징을 차례로 소개하고자 한다.

첫째, 스티브에 의하면, 가속편집은 "한 이미지와 다른 이미지 사이를 빠르게 편집하는 영화제작 용어"[238]인데 영상제작이나 뉴스보도 등에서 텍스트와 이미지를 빠르게 편집하여 속도감을 느끼도록 하는 것이다.[239] 그런데 중요한 것은 가속편집은 단순히 겉으로 들어난 기술일 뿐이고 그 이면에는 오늘의 문화를 지배하는 포스트모던적 사상이 들어 있다는 것이다. 스티브는 오늘날의 포스트모던 학자들에게서 그 배경을 찾는다. 그가 첫 번째로 인용하고 있는 사상가는 바로 리오타르이다. 그가 말한 포스트모던의 특징은 "거대서사에 대한 불신"[240]이다. 거대서사에 대한 불신이란 무엇인가? 스티브는 다음과 설명한다. "우리의 모든 것을 이해할 수 있을 것이라고 여겨졌던 거대한 이야기, 즉 모든 것의 답을 제공해 주는 하나의 이야기가 존재한다는 사실을 더 이상 신뢰하지 않게 되었다는 것이다. 우리의 사고는 매우 사사화된(privatized) 이야기들로 파편화되었다."[241] 이것은 어쩌면 데리다의 해체주의와 상통할 수 있다. 포스트모더니즘은 현실을 바라보는 서구적 방식에 의문을 제기하여 언어나 철학이나 합리성뿐만 아니라 심지어 종교의 보편성까지도 주관적으로 만들어 버렸다.[242] 그래서 이제는 하나의 답이 아니라 여러 답인 시대, 즉 "관점, 사상, 신념의 모자이크"[243]라고 할 수 있는 시대가 되었다. 그러므로 우리

---

237) Steve, 29.

238) Steve, 30.

239) Steve, 32-34.

240) Jean-Francois Lyotard, The Postmodern Condition, Steve, 31에서 재인용.

241) Steve, 31.

242) Steve, 33.

243) Steve, 34.

는 끊임없이 선택을 해야 한다. "이 이미지에서 저 이미지로, 이 사상에서 저 사상으로"[244] 빠르게 이동할 수 있는 시대가 된 것이다.

둘째, 스티브가 지적한, 이 시대 새로 등장한 포스트모던 문화는 바로 "즉흥적 라이프 스타일"이다.[245]. 그에 따르면, 젊은이들에게 "직업, 가정, 가족, 친구 등 어느 것 하나도 영원한 것은 없다. 핸드폰과 노트북 그리고 PDA 세대에게는 사무용 책상이 사이버 데스크로, 지상통신이 위성통신으로 대체되었다. (…) 포스트모던 산업은 속도, 혁신, 그리고 독립적 작업에 가치를 둔다."[246] 스티브에 의하면 즉흥적 삶의 도구는 인터넷이다. 인터넷은 외부의 제도와 규칙으로부터 개인을 자유롭게 하며, 인터넷이라는 도구는 개인들에게 무한한 가능성들을 열어주고, 채팅이나 카페 등을 만들어 자신만의 정체성을 만들어 가는 라이프 스타일을 영위할 수도 있다는 것이다.[247] 즉흥적 라이프 스타일의 대표적인 곳은 쇼핑몰이다. 그곳에서 개인들은 여러 가지 정체성을 의미하는 장신구들을 폭넓게 선택할 수 있고, 쇼핑몰에서의 선택뿐만 아니라, 몸의 문신이나 피어싱 등과 같은 상징물, 커피를 마시는 것과 같은 개인의 경험적 행위, 종교의 영역으로 간주되던 영성의 영역에서도 각자의 정체성을 만들어 가며, 각자의 라이프 스타일을 만들어 갈 수 있다.[248] 이것을 스티브는 "우리가 세상을 보는 방식, 그리고 삶의 경험 속에서 발견되는 자연스러운 문화적 결과물"[249]로 생각한다. 이것이 "교회에는 좋은 소식일 수도 있고 나쁜 소식일수도 있다. 좋은 소식이라 함은 영성에 대한 갈망이 아직 사라지지 않았다는 점이다. 반면 나쁜 소식이라 할 수 있는 것은 기독교의 전통적인 전달 방식들이 더 이상 이 변화하는 문화 속에 사는 사람들에게 호소력을 갖지 못

---

244) Steve, 34.
245) Steve, 34-39.
246) Steve, 34.
247) Steve, 35-36.
248) Steve, 36-38.
249) Steve, 38.

한다는 것이다."250)

셋째, 스티브가 말하는 포스트모던 문화의 또 하나의 특징은 부족주의이다. 부족주의란 새로운 형태의 공동체를 의미한다. 이전에는 거대담론이 서로를 연결시키고 묶어주던 역할을 했다. 그러나 포스트모던 시대라는 파편화 시대에 소속감을 제공해주던 거대 담론은 사라졌지만 작은 공동체들이 새롭게 등장하여 소속감이나 삶의 의미를 제공하는 하나의 도구가 되고 있다고 그는 지적한다.251). 그가 예를 제시하는 것이 웹블로그 같은 것이다. 이 안에서 그들은 서로 대화하고, 새로운 소속감을 찾으며, 공동의 목적을 찾고, 전혀 동질적이지 않은 사람들 사이에서 관계성을 만들어 간다.252)

넷째, 스티브는 포스트모던 문화의 또 하나의 특징을 소수인종의 약진으로 보고 있다253) 이것은 달리 말하자면 주변부의 문화와 그 지역문화의 다양성을 드러내고 증진시키며 연결하는 것을 의미한다. 사실상 전 세계는 하나다. 서로 연결되어 있으며 영향을 주고받는다. 주변은 단순히 주변으로 남아 있는 것이 아니라 주변부가 중심지역과 융합되어 그 영향력을 확대한다254). 이러한 현상의 부작용에도 불구하고 우리는 이제 서로 밀접한 관계 속에서 함께하는 세상에서 살고 있다. 스티브는 이런 현상이 때로는 긍정적인 영향을 가질 수 있으나 부작용도 함께 유의해야 한다고 역설한다. 그가 보는 부작용은 우선 "지구화시대의 패배자들"255)의 등장이다. 익히 알 듯이 기술의 발달

---

250) Steve, 39.
251) steve, 40.
252) Steve, 39-41. 스티브는 제라드 켈리의 사이버 사랑방에 대한 경험을 소개한다: 사이버 사랑방은 "정기적으로 이메일을 주고받는 모임이었는데, 세 개 대륙에 흩어져 있던 친구들은 그곳을 통해 활발하게 교제했고 때로는 얼굴을 대면하여 만났다. 우리는 전과 달리 솔직하고 숨김 없이 대화할 수 있었다(…). 내 인생에 있어서 중요한 과도기였던 시점에 그 사이버 사랑방은 내게 진정한 제자도를 알게 해 준 모임이었고 내가 출석했던 가장 유용한 교회였다."(40)
253) Steve, 41-45.
254) Steve, 43.
255) Steve, 43.

로 기술이나 기술로 인해 초래된 영향이 전 세계적으로 급속히 확산되지만 거기에는 늘 소외된 자들이 나타나게 마련이다. 항상 문화적 정의가 실현되는 것은 아니다. 여기에 어른거리는 것이 바로, 스티브가 지적하듯이, "근본주의의 그림자"[256]이다. 그러므로 그는 몇 가지 유의할 점을 소개한다. "오늘날과 같이 파편화된 세상에서는 단순한 흑백논리가 외부의 힘에 의하여 자신들의 권리를 박탈당했다고 느끼는 이들을 흥분시킬 수 있기"[257] 때문이다. 또 하나 유의해야 할 것은 "주변부 문화의 부흥을 빌미로 부추겨지는 상업화"[258]다. "포스트모더니즘의 상업화 전략은 '비서구 지역의 개인과 사회에게 삶의 의미를 부여하던 모든 것을 파괴한다(…) 서구인의 눈에 비서구 문화를 유색인 종의 특이한 멋에 불과하거나 아무런 상징도 없는 어떤 것으로 비치기 일쑤이다.' 서구 문화는 고대 문화와 다른 지역의 다양한 문화를 공동화시키는 방식으로, 약자들을 상업논리로 장악하고 주변부를 침략하는 것이 아니겠는가."[259]

이런 포스트모던 문화가 과연 교회와 어떤 연관을 가질 수 있겠는가? 이것은 다름 아닌 복음과 문화와의 관계, 그리스도와 문화의 관계에 관한 물음이다. 스티브는 이에 대해 우선적으로 그 관계를 부정적으로 정의한다. 그에 의하면, "문화로부터 고립되거나 우리 시대의 문화가 소통하는 방식을 무시하는 것도 비성경적인 것"이며, 또 다른 한편으로 "문화와 동일해지는 것도 비성경적"이라는 것이라는 것이다.[260] 복음과 문화의 관계는 양자택일의 문제도, 복음의 문화 순응과 문화 저항 중 어느 하나를 선택해야 하는 문제도 아니다.[261] "분명한 정체성을 가지고 복음과 문화를 변혁적으로 리믹싱"[262]해야

---

256) Steve, 44.
257) Steve, 44.
258) Steve, 44.
259) Steve, 44.
260) Steve, 194-5.
261) Steve, 194.

하는 것이다. 스티브는 복음과 문화의 관계를 성육신의 관점으로 이해한다. "말씀이 육신이 되어 오신 예수님은 문화의 한가운데에서 사셨고 사랑하였다. 그는 그를 따르는 이들에게 아주 익숙한 문화적 도구들을 일상적으로 사용하셨다. (…) 오늘날 우리의 임무는 포스트모던 환경에 맞게 육신화된 예수님을 만나는 것이다. 하나님의 성육신 사건은 하나님이 만드신 이 세계로부터 그 샘플을 추출하라고 요청한다. 이것이 신흥교회가 늘 성찰해야 할 선교적 사명이다(…). 이것은 문화 속에(in) 형상화된 그리스도를 받아들이는 것이다. 전복과 저항을 허용하면서도 이미지를 통해 그 표현들이 상호 연관되어 있음을 실제적으로 알리려는 선교적 노력인 것이다."263)

스윗은 스티브와 마찬가지로 "문화 안에 있는 그리스도"264)라는 성육신적 모델을 제시하고 있다. 그의 논의는 니버(H. Richard Niebuhr)의 "그리스도와 문화"가 제시한 다섯 가지 유형의 평가로부터 출발한다. 스윗은 니버의 그리스도와 문화의 관계에 대한 유형 분석의 영향력을 인정하면서도 다른 한편으로는 그를 비판하면서 그의 유형을 넘어서려고 한다.265) 그의 니버 비판의 결

---

262) Steve, 194.

263) Steve, 182-3.

264) Lenard Sweet, Aqua Church, 김영래 역, 『모던 시대의 교회는 가라. 포스트모던 시대의 교회리더십 기술』, (서울: 좋은씨앗, 2007), 103 (이하 Aqua).

265) F. Matthews-Green/Erwin Raphael McManus, The Church in Emerging Church, 김미연 역, 『세상을 정복하는 기독교 문화』, 이레서원, 2008의 서문에서 Leonard Sweet은 니버(H. Richard Niebuhr)의 문제점을 세 가지로 지적한다. 첫째, 기독교는 모더니티나 포스트모더니티가 아닌 그 이전 시대에 태동한 것인데, 니버가 문화의 적대자, 문화의 관용, 문화의 변혁, 문화의 선택, 문화의 강화 등 다섯 가지 유형으로 분류하고 문화의 변혁을 가장 우위에 둔 것은 현대적인 내지는 편향적인 시각 때문이었다는 것이다. 둘째, 니버는 문화의 변화를 점증적인 것으로 이해했는데, 이것은 오늘날의 문화의 변혁의 급격한 패러다임 변화를 예상하지 못했다는 것이다. 그래서 포스트모던 환경에서는 그의 분석과 분류가 만족스럽지 못하다는 것이다. 셋째, 현재 서구에서 진행되고 있는 포스트기독 시대에 대한 상황을 전혀 예측하지 못했기 때문에 그의 분석이 오늘날에는 적절치 않다는 것이다 (위의 책, 14-16). 신학은 상황적일 수밖에 없음에도 불구하고 스윗이 니버를 그의 시대의 관점에서 보지 않고 오늘날의 포스트모던 관점에서 거슬러서 평가한 것은 적절한 평가가 아니라는 비판을 면할 수 없을 것이다. 그럼에도 불구하고 오늘날에도 니버의 책이 영향을 주고 있는 상황을 전제한다면 스윗의 비판은 나

론은 "교회는 오늘날 니버의 책이 쓰여졌을 때 보다 더욱 절실하게 문화의 신학(theology of Culture)이 필요한 시대라고 진단한다.[266] 그렇다면 그가 말하는 "이 시대에 맞는 교회의 대응은 무엇인가?"[267] 이에 대답하기 전에 그는 문화에 대해 교회가 취하고 있는 잘못된 태도를 비판한다. 첫째로 그는 반문화적 대응을 반대한다.[268] 반문화적 분위기는 교회 내에 늘 상존해 있다. 이런 교회의 반문화적 대응에 대해 그는 "다른 모든 인간적인 접촉으로부터 단절되지 않는다면, 성공적으로 반문화주의자가 되는 것은 현실적으로 불가능하다. 당신은 세상 어느 곳에선가에서는 생활해야 한다. 복음은 어떤 문화 속에서라도 육화되어야 한다"[269]라고 대응한다. 둘째, 그는 문화지향적 대응에도 반대한다.[270] 문화지향적 대응이란 반문화적 대응과 반대되는 반응이다. "교회가 문화의 연장이 되는 것, 그래서 교회의 독특성을 상실하는 것"[271]을 의미한다. 이런 태도는 "시민종교와 신앙종교의 동일화", "특정하위문화와 교회의 동일화"를 낳는다.[272] 이에 대해 스윗은 "교회와 그 교회가 살아가는 시대 사이에는 기본적으로 불일치가 존재한다"[273]는 말로 그의 생각을 드러낸다. 셋째로, 대안문화적인 대응 역시 그는 적절한 방식으로 보지 않는다.[274] 대안문화적 대응이란 교회의 문화와 세속문화를 구분하여, 대안이 될 수 있는 삶의 길과 문화독법을 가르쳐 주고 자신과 문화가 맞지 않는다면 배제하는 해석의 틀을 제공하는 대응을 의미한다.[275] 대안문화적 교회들은 문화와 그리

름대로 타당성을 가지고 있다.
266) Aqua, 103.
267) Aqua, 104.
268) Aqua, 105ff.
269) Aqua, 105-6.
270) Aqua, 107f.
271) Aqua, 107.
272) Aqua, 108.
273) Aqua, 107-8.
274) Aqua, 109f.
275) Aqua, 109.

스도 사이에 벽을 만들고, "의도적으로 세상으로부터 벗어나 있으려 하며, 그에 대한 신학적 근거들을 찾으려는" 교회들이다.276) 이에 대해 스윗은 인간은 당대의 "정치적, 경제적, 과학적, 기술적, 예술적 영향들을 초월하지 못하며", 예수 자신도 이런 것을 초월하라고 가르친 적이 없으며 교회는 오히려 세상 안에서, 세상을 향해서 "구속의 기관"이 되어야 한다고 강조한다.277)

그가 제시하는 문화에 대한 진정한 대응은 "성육신적 대응"이다.278) 이것은 성육신 교리의 상황화 혹은 성육신 교리의 문화적 적용이라고 할 수 있을 것이다. 성육신 교리는 이 세계와 문화에 대한 인정이다. 그래서 스윗은 성육신을, 스티브와 아주 유사하게, 문화 속에 오신 그리스도로 재해석한다. "예수님은 포괄적이고 문화 중립적인 양식으로 옷을 입으시거나 당시의 사람들과 동떨어진 의복을 입지 않으셨다. 그분은 자신이 살던 시대의 통상적인 옷을 입었다. 그분은 자신이 살았던 시대의 언어로 말했으며, 철저히 1 세기의 문화적 공간 안에서 거주하셨다."279) 뿐만 아니라 스윗은 예수 자신이 "제자들이 성육신적인 방법을 따르고 실행하도록 문화적인 원리들을 설명하셨다"280)는 것이다. 스윗은 바울 역시 예수의 문화대응 원리를 따라 성육신적 문화 대응의 태도를 갖고 있다고 본다. 그래서 바울이 그의 서신에서 "복음을 문화 안에서 상황화하라고 교회에 권고하고 있다는 것"281)이다. 그는 "하나님은 문화를 통해 모든 민족들과 모든 세대에 역사하신다. 중간에 어떤 매개를 거치지 않는 복음은 없다"282)고 단정한다. "성육신 모델은 시대의 조화를 고려하나 시대의 새로운 정신을 창조한다. 이것은 그저 시대정신을 붙잡지 않고, 새로

---

276) Aqua, 110
277) Aqua, 110.
278) Aqua, 111ff.
279) Aqua, 111.
280) Aqua, 111-2.
281) Aqua, 112.
282) Aqua, 113.

운 정신을 창조하도록 돕는다. 이것은 문화와 접촉하나 그것에 동조하지는 않는다. (…) 포스트모던 시대의 성육신적인 교회는 문화의 모든 과학기술적인 발전을 이용하여 기꺼이 그 세계에 복음을 더 효과적으로 증거하는"283) 과제를 갖는다. 이것을 그는 "교회의 문화화"284)라고 한다. 그가 원하는 것은 정체성과 적합성의 긴장이다. 어느 하나를 상실해서는 안 된다고 주장한다. 그럼에도 불구하고 전체적으로 그는 적응과 적합화에 더 초점을 두고 있다는 느낌을 준다. 교회의 복음화 혹은 "복음의 문화화"285)를 강조할 때 당연히 제기될 수 있는 질문은 단순히 적응이어야 하는가, 복음의 순결성을 상실할 위험은 없는가 하는 것이다. 그래서 그는 분명히 교회가 가지고 있는 "기독교적 경험을 문화로 통합하여" 이 기독교적 경험으로 하여금 "그 문화에 생명을 불어넣고, 바르게 수정하고, 혁신시키는 힘이 되게"할 필요가 있다고 주장한다.286)

문제는 방법론의 문제다. 정체성을 상실하지 않으면서 복음을 문화화하는 방법이 무엇인가? 그는 다음과 같이 방법을 제시한다. "신뢰, 이식, 추진력 더하기를 잊지 말고 실행하라. 신앙의 전통을 신뢰하고, 그것을 이식하여 추진력을 더하는데 도움이 되는 실질적인 목표를 주의 깊게 세우는 작업을 하라. 그리하여 신앙의 전통이 신선하고 삶을 변화시키는 방식으로 문화에 영향을 주도록 하라."287) 이 방법이 새롭거나 획기적이거나 충격적인 방법은 아니다. 그럼에도 시도해볼 수 있는 하나의 방법인 것은 분명하다. 실제로, 일부의 서구 교회는 고대교회의 예배형식, 교회내부 장식, 아이콘, 음악, 미술, 예식들과 같은 고대의 교회의 전통들을 가져와서 오늘의 포스트모던 문화 상황 속에서 적절하게 적용시킨다. 이것이 실재로 감성적 성향의 젊은이들의 문화에 상응

---

283) Aqua, 114.
284) Aqua, 115.
285) Aqua, 114.
286) Aqua, 115.
287) Aqua, 121.

하면서 그런 교회는 성장하는 젊은 교회가 되고 있다.

깁스(Eddie Gibbs)와 볼저(Ryan Bolger)도 문화에 대한 성육신적 접근을 시도한다. 그들은 서구 기독교가 지금 처해 있는 암울한 상황을 먼저 점검한다. 이미 앞에서 언급한대로, 서구에서 진행되고 있는 '모던 사회에서 포스트 모던 사회로의 변화' 때문에 교회는 점점 주변화 되어가고 있으며, 기독교적 영성이 아닌 다른 영성에 대한 수요는 점점 많아지는 위기 속에서 그들이 제시하는 것 역시 복음이 문화 속에 성육해야 한다는 복음의 문화화이다. 그들은 스윗과 마찬가지로 "문화 안에 있는 그리스도"의 모델의 신학적, 성서적 근거는 바로 예수 그리스도의 성육신 사건에 있다고 본다. 그의 말을 인용해본다. "자신을 그리스도인이라 부르는 사람들은 예수 그리스도의 성육신을 진지하게 생각해 보아야 한다. 그는 우리의 문화와 제도들을 취하였다. 그는 우리들 중의 하나가 되었다. 그는 다양한 문화 속에 있었던 유대인들의 삶에 동참하였다. 사람들은 그에게 접근할 수 있었다. '말씀이 육신이 되어 우리 가운데 거하시매'('거하시매'는 문자적으로 '천막을 치다'라는 의미이다 요 1:14). 예수가 그랬던 것처럼, 우리도 우리시대의 각각의 문화에 젖어들어야 한다. 예수가 그랬던 것처럼 우리도 비평적으로 문화를 분석해야 한다. 그러나 분석평가는 문화적 맥락을 떠나서 이루어지기 보다는 오히려 문화적 맥락 안에서 이루어져야 한다."[288] 팀 콘더 역시 "문화 안에 있는 그리스도"를 성육신적 관점에서 다음과 같이 묘사한다. 성육신에서 "하나님은 인간의 육체의 연약성, 부적절성, 유한성뿐만 아니라 특정문화와 특정시간의 연약성과 부적절성과 한계를 취하셨다. 예수는 그 지방 음식을 먹었고, 그 지역 언어를 사용하셨고, 백성들의 노래를 불렀고, 그들의 춤을 추었다. 그는 그의 스토리를 구성하기 위하여, 그리고 그가 약속한 영원한 하나님 나라의 그림에 감동을 불러일으키기

---

288) Eddie Gibbs/Ryan K. Bolger, Emerging Churches. Creating Christian Community in Postmodern Cultures, (Grand Rapids: Baker Academic, 2005), 16

위하여 문화의 사상형식과 기대들을 사용하였다."[289] 이러한 모든 진술들은 그리스도와 문화의 관계를 언급한다. 이미 예수 그리스도께서 문화 안에 문화의 옷을 입고 오신 것처럼, 오늘날의 교회 역시 문화로부터의 독립이나 소외나 대립이 아니라 문화 속에서 그리스도를 전달해야 한다는 것을 의미한다.

4. 문화적 교회론과 한국교회

지금까지 말한 것을 요약하자면, 첫째, 시대는 끊임없이 변하고 있다는 것, 둘째, 오늘 이 시대는 포스트기독교, 포스트모더니즘의 시대라는 것, 셋째, 포스트모더니즘에 대응하여 문화와 복음의 관계를 새롭게 정립해야 한다는 것, 넷째, 문화와 복음과의 관계는 결코 대립이나 무관심이나 아닌 복음의 문화화 및 상황화라는 것, 다섯째, 문화를 적극적으로 선교의 도구로 사용하면서도 문화에 흡수되어서는 안 된다는 것, 여섯째, 그 신학적 근거는 성육신에 있다는 것, 일곱째, 그러므로 복음과 문화의 관계를 "문화 안에 있는 그리스도"로 유형화할 수 있다는 것이다.

이 부분에서 우리는 문화적 교회론을 모색하면서 다음 몇 가지 점을 주의해야 한다. 첫째, 우선적으로 주의할 점은 비판의 대상이 오로지 기성교회만이어서는 안 된다는 점이다. 미국의 일부 교회에서는 이러한 문화운동을 시작하면서 기존교회의 문화적 대응을 비판하고 교회의 조직과 예배를 해체하려하였다. 그들의 눈에 기성교회는 이미 지나간 모더니즘의 패러다임에 사로잡혀 있는 교회로 보였기 때문이다. 지금 이 시대가 완전하게 포스트모더니즘 사회로 접어들었는가는 논란의 여지가 있을 수 있지만 그럼에도 포스트모던적 문화현상을 보이는 것은 대체로 사실이다. 그들이 이 시대의 문화적 현상

---

289) T. Conder, The Church in Transition: The Journey of Existing Churches into the Emerging Culture (Grand Rapids: Zondervan, 2006), 52.

을 꿰뚫고 적절한 대응을 한 것은 사실이라 해도 그들의 대응만이 반드시 옳은 것은 아니다. 거듭 말하지만, 포스트모더니즘이 다 옳은 것이 아니듯, 모더니즘이 다 잘못된 것은 아니기 때문이다. 교회의 문화적 대응은 다양할 수 있다.

둘째, "문화 안에 있는 그리스도"가 복음과 문화의 동일성이나, 복음의 문화 예속성을 의미해서는 안 된다. 성육신 사건은 단순히 신적 존재의 육신화, 그리스도의 인간됨만을 의미하지 않기 때문이다. 그분은 이 세상에 오셔서 당시의 문화의 옷을 입었으나 그 문화에 예속되거나 아무런 개혁 없이 문화와 자신을 동일시 한 것은 아니었다. 그 분은 문화 속에서 문화를 개혁하며 하나님 나라의 문화로 만들려고 했기 때문이다. 문화는 선교의 도구이기도 하지만 선교의 대상이기도 하다는 사실을 잊지 않아야 할 것이다. 보다 중요한 것은 복음 자체의 능력이다. 젊은이들에게 접근하기 위하여 젊은이들의 문화를 이용해야 하는 것은 분명하나, 더욱 분명한 것은 문화에 대한 신뢰나 확신보다 복음의 능력에 대한 확신을 가져야 한다는 것이다.

셋째, 위와 관련하여 좀 더 논의해 볼 문제는 문화에 대한 성육신적 대응의 문제이다. 이것은 복음과 문화의 관계에 있어서 문화를 긍정했다는 점에서, 복음과 문화의 대립이 아닌 성육신적 관계를 인정했다는 점에서 오늘 이 시대에 적절한 시도가 아닌가 한다. 그러나 구체적으로 성육신적 대응이란 무엇이며, 교회현장에 성육신적 대응을 실제로 적용하고자 할 때 과연 어떻게 해야 하는 것인가 하는 문제가 남는다. 그들이 말하는 성육신 대응이란 단순하게 말한다면 "문화를 샘플링"하는 것, 문화적 도구를 이용하는 것으로 말할 수 있을 것이다. 필자는 이것을 매우 좋은 시도라고 판단한다. 그러나 샘플링과 이용의 기준과 판단이 모호해질 수 있는 위험성을 동시에 염두에 두어야할 것이다. 쉽게 말하자면 혼합주의적 문화영성을 경계해야 한다는 말이다. "복음의 문화화"도 필요하지만 "문화의 복음화"도 필요하다. 복음의 문화화가 문화의 옷을 입은 복음이라면, 문화의 복음화는 문화를 향한 교회의 변혁적 선교를 의미한다. 그러므로 복음과 문화의 동일성이나, 복음의 문화 예속성을 경계해야 한다. 문화는 선교의 도구이기도 하면서 선교의 대상이기도 하다는 사실을 잊지 않아야 할 것이다. 보다 중요한 것은 복음 자체의 능력이다. 젊은 이들에게 접근하기 위하여 젊은이들의 문화를 이용해야 하는 것은 절실히 필요하지만, 더욱 필요한 것은 문화에 대한 신뢰나 확신보다 복음의 능력에 대한 확신이다.

넷째, 교회는 문화적 정의(justice)에 힘써야 한다. 스티브가 분석하고 있듯이, "오늘의 문화가 우리의 전 지구를 향해 그 영향력을 넓히고 있지만, 모든 사람이 공평하게 대우받고 있다고 느끼지 못한다."[290] 그러므로 교회는 문화적 약자에 대한 디아코니아가 필요한 시점임을 기억해야한다.

정리하자면, 오늘 이시대의 문화를 볼 눈을 가지고 있다는 것은 문화적 교회론의 장점이다. 문화 대립적 교회는 혹시 있을 수 있으나 문화 독립적 교회는 존재할 수 없다. 교회의 실천과 제도는 결코 문화의 옷을 벗을 수 없다. 그런 적도 없다. 복음자체는, 예수 그리스도 자체는 문화 초월적이지만 복음을 전달하는 것은 전달되는 문화의 세계관이나 그 문화의 관심이나 전달 수단에 영향을 받지 않을 수가 없다.[291] 문화적 교회론은 이 문제를 진지하게 고려할 것을 요구한다. 문화적 교회론, 혹은 선교적 교회론은 우리로 하여금 우리가 지금 문화 변혁기에 살고 있어서 새로운 방식의 목회와 새로운 방식의 선교와 예배가 필요하다는 것을 절실하게 일깨워 주고 있다. 스티브는 그의 책의 결론을 다음과 같은 말로 맺는다. 이것을 인용하는 이유는 이 장의 마무리로서도 유용하기 때문이다. "우리는 지금 문화적 단층선에 서 있다. 우리가 사는 세상은 기술적으로 하나로 연결되어 있으면서도 파편화된 곳이다. 우리의 임

---

290) Steve, 44.
291) Conder, 52-3.

무는 이 시대를 그리스도인으로 살아가야 한다는 것과 예수님을 따라 미래를 향해 나아가야 한다는 것이다. 우리는 뒤로 돌아갈 수 없다. 또 임무를 포기할 수도 없다. 우리가 할 수 있는 일이란, 우리 문화 속에서 움직이시는 하나님께 반응하는 존재로 서 있는 것 외에는 없다. 그리고 하나님의 그 움직임은 우리가 루어만의 세상을 향한 영적 여행을 확장시키는 DJ로서의 역할을 확신에 차 감당할 수 있도록 초청한다."[292]

　한국교회는 문화를 분석하고 목회에 적극적으로 활용할 수 있도록 하는 문화 전문가를 길러내야 한다. 방송, 소셜네트웍 등 대중 매체들이 기독교를 폄하하는 것은 한국만의 현상이 아니다. 전 세계적인 현상이다. 한국교회가 젊은이들의 문화를 이해하지 못하고, 여전히 과거의 문화적 시각으로 오늘의 세대를 바라보면서, 왜 그들은 우리처럼 하지 않는가라고 한탄한다면, 한국교회는 매우 위험한 상황에 직면하게 될 것이다. 기억해야 한다. 과거의 문화의 패러다임으로는 오늘날 디지털, 인터넷, 포스트모던, 언택트 문화의 격랑 속에 살아남기가 힘들다는 것을. 이제는 교회가 문화를 이해하는 방식을 바꾸어 문화에 대한 성육신적 모델을 모색해야 할 때가 지나가고 있다는 것을.

---

292) Steve, 212.

제7장 가상교회론(Virtual Ecclesiology)
― 가상세계 속에서의 교회됨의 의미

1. 현대의 키워드, 가상현실[293]

이 장은 가상교회론의 가능성을 탐색하고 평가하는 것을 목적으로 한다. 왜 하필 가상교회론인가? 단순히 학문적 목적 때문은 아니다. 필자는 늘 급격한 변화를 겪고 있는 디지털 시대에 다음세대를 염려하며 어떻게 한국의 미래 교회의 생존을 모색할 것인가를 고민해왔다. 이 글은 바로 그런 차원의 글이다. 다시 말하자면 한국교회에 단순히 새롭게 비치는 교회론이기 때문에 연구하는 것이 아니라 목회적 염려와 걱정으로 이 글을 쓰고 있는 것이다. 에스티스가 지적한대로, 급격한 문화적 변동에 주저하고 망설이다 시간을 낭비하고 시대의 물결에 휩쓸려 뒤쫓아 가기에 급급하여 젊은 세대들을 다 잃어버리고 후회할 것 같은 그런 염려와 불안 말이다. 이 글의 대상은 가상교회이지만 넓게는 인터넷 문화, 디지털 문화, 소셜네트워크 문화 전반에 대한 환기를 또 하나의 의도로 담고 있다.

가상교회에 대한 논의를 구체적으로 시작하기 전에 먼저 가상교회를 지탱시켜주는 가상공간 혹은 가상현실에 대해 먼저 살펴보는 것이 마땅할 것이다. 지금까지 인식되어온 공간은 주로 물리적 공간이었다. 그러나 21세기에 접어들면서 가상공간이라는 공간이 추가되었다. 이 가상공간은 컴퓨터 혹은 인터넷 상의 인공공간이다.[294] 좀 더 구체적으로 설명하자면, 가상공간 혹은 가상현실(버츄얼 현실)이란 "어떤 특정한 환경이나 상황을 컴퓨터로 만들어서, 그

---

293) 출처, 김도훈, "가상세계 속에서의 교회됨의 의미:더글라스 에스티스의 가상교회론에 대한 연구", 『장신논단』, 45-4, 2013. 12. 142-168을 일부 수정한 것이다.

294) 한숭홍, 21세기의 가상교회, 장신논단 14호, 1998, 635ff.

것을 사용하는 사람이 마치 실제 주변 상황·환경과 상호작용을 하고 있는 것처럼 만들어 주는 인간-컴퓨터 사이의 인터페이스를 말한다."295) 그렇다고 해서 그것이 반지의 제왕과 같은 영화에 나타나는 허구적 세계(fictional world)도, 신화나 동화에 나오는 상상의 세계(imaginary world)도, 기술을 통해 현실세계를 보충해주는 증강세계(augmented world)도 아니다.296) 버츄얼 현실은 "일정형태의 기술적 수단을 통하여 만들어진 사이버공간에서 일어나는 현실"297)이다. 그것은 현실세계와는 여러 면에서 다른 세계이지만 성격상 "현실세계만큼이나 현실적인 세계"298)이다.

위키페디아 사전은 버츄얼 세계를 다음과 같이 정의한다. "버츄얼 세상은 모든 버츄얼 공동체 형태 중에서 가장 상호작용이 뛰어난 공동체이다. 이런 공동체 유형의 사람들은 아바타로서 컴퓨터를 토대로 한 세상 속에서 살아가면서 서로 연결과 접속을 추구한다. 유저들은 자신의 아바타들을 창조하고 그들의 삶을 통제하며 3-D 버츄얼 세계 속에 있는 다른 캐릭터들과의 상호교류를 통제한다. 버츄얼 세계는 유저들로 하여금 버츄얼 공간에서 상상적 삶을 만들고 영위할 수 있는 기회를 제공한다. 가상공간 안에 있는 캐릭터들은 서로 대화할 수 있고 현실 속에서 가질 수 있는 것과 동일한 관계들을 가질 수 있다."299) 여기서 추론할 수 있듯이 "이 가상세계의 공동체는 실제의 현실 공동체와 아주 유사하다고 볼 수 있다. 비록 유저들은 동일한 장소에 있지 않다 할지라도 캐릭터들은 물리적으로 동일한 장소에 있기 때문이다. 캐릭터들이 디지털이라는 것을 제외하고는 실재에 매우 가까운 공동체인 것이다."300) 가

---

295) http://100.naver.com/100.nhn?docid=240692.
296) Douglas C. Estes, SimChurch. Being the Church in the Virtual World, Grand Rapids: Zondervan, 2009. 22-24 (이하에서는 estes로 약칭한다).
297) estes, 22.
298) estes, 24.
299) http://en.wikipedia.org/wiki/Virtual_community.
300) http://en.wikipedia.org/wiki/Virtual_community.

상공동체는 지금 여러 형태로 나타나 있다. 예컨대 WELL, MUDs, BBS, Usnet, IRC 형태가 그것이다. 가상공동체는 크게 두 형태로 나눌 수 있다. 하나는 현실 삶과 연결된 가상공동체이고 또 하나는 가상정체성에 토대를 둔 공동체이다. 전자가 WELL이라면 후자는 TV 시리즈인 스타 트렉과 같은 형태이다.301) 문제는 이제 가상공간이나 가상현실을 버리거나 무시할 수 없는 상황에 와 있다는 점이다. 그 이유를 바쟁은 다음과 같이 이야기 하고 있다. 첫째로, 가상성(virtuality)은 "우리가 얼마동안 경험하고 살아온 현실의 대부분을 차지하고 있기 때문이다."302) 둘째로, "인터넷의 버츄얼 세상을 우리는 현실의 대체품으로 생각할 수 없고, 오히려 그 세상은 현실에 더 심오한 깊이를 제공하며, 현실을 강화하고 증폭하며, 확대하기 때문이다." 303) 한 가지 첨가한다면 이제 교인들이 성향이 그렇게 변해가고 있다는 점이다. 미국교회는 홀로그램을 사용하여 멀티사이트 처치를 운용하는 것을 진지하게 고려하는 교회도 있으며 가상교회로 운영되는 교회도 많다.304)

그러면 이제 논의를 가상교회로 옮겨보기로 하자. 가상교회란 간단하게 말해서 가상공간에 있는 교회, 가상현실 속의 교회를 말한다. 가상교회는 단지 현실교회의 홈페이지나 블로그를 의미하는 것이 아니다. 현실교회 예배를 TV로 중계하는 것과도 물론 다르다.305) 도시의 어느 거리에 있는 교회가 아닌 디지털 세계, 버츄얼 공간 안에 있는 교회다. 에스티스가 말한 대로 그것은 "오늘날 새로운 하나님의 백성의 공동체"306)다. "그 교회는 벽돌과 모르타르의 실제 세계 속의 교회가 아니라 IP 주소와 경험의 공유로 이뤄진 버츄얼 세

---

301) Andrew M. Lord, Virtual Communities and Mission, ERT 26:3, 2002, 199f.
302) Jean-Nicolas Bazin/ Jerome Cottin, Virtual Christianity. Potential and Challenge for the Churches, WCC publications, 2004, 3 (이하는 Virtual Christianity로 약칭함).
303) Virtual Christianity, 3.
304) https://www.christiantoday.co.kr/view.htm?id=207080. estes, 19f.
305) estes, 25f 참조
306) estes, 17.

게에 있는 교회이다. 이런 형태의 교회는 여태껏 세상이 경험해보지 못한 교회이다. 그것은 사회적 장벽을 무너뜨리고, 전 세계의 신자들을 결합하며 과부의 작은 정성의 헌금으로 하나님 나라를 세울 수 있는 힘을 가진 교회이다. 그것은 완전히 다른 형태의 교회이다."[307]

교회론의 역사를 살펴보면 사실상 교회의 정의나 사명이나 기능 등이 시대의 흐름에 따라 변화되어 왔다. 그럼에도 불구하고 변하지 않고 남아 있었던 것은 교회의 현존 장소였다. 가상세계가 아닌 오프라인 교회였다. 그러나 가상교회의 등장으로 인하여 교회의 존재하는 장소, 교회의 지역성의 의미가 근본적으로 달라진 것이다. 이것이 현실이다. 즉, 가상현실도 현실이라는 말이다. 다만 오프라인 공간이 아닌 사이버 내지 디지털 공간에 있는 현실이다. 문제는, 한숭홍의 고민대로, 가상현실이 많은 질문을 우리에게 던져 놓았다는 점이다. 가상현실이 "인간의 일상생활과 분리될 수 없는 실체로 존재하는 한, 이미 종교는 신의 섭리영역과 종교적 체험문제를 재고해야 하는 문제에 봉착하여 고민할 수밖에 없을 것이다. 가상공간에서의 신의 존재를 어떻게 설명하며, 어떻게 신학화할 것인가는 근본적이고 본질적인 문제가 현대 종교의 고민일 수밖에 없다"[308]는 것이다. 이것만이 아니다. 가상교회의 존재는 가상교회의 필요성에 대한 질문을 넘어, 교회의 본질이 무엇이며 예배는 어떻게 드리며 어떻게 성례전을 시행하는가 하는 문제를 야기하고 있다.

전통적 교회론의 고민과 염려에 비례하여 가상교회론의 시도 또한 활발해지고 있다.[309] 이에 대한 대표적인 학자가 바로 더글라스 에스티스(Douglas

---

307) estes, 17f. 실제로 가상공간인 Secondlife.com에는 가상도시가 형성되어 있으며 가상교회도 존재하고 있다. 여러 가상교회 중 알려진 가상교회로서는 LifeChurch.tv와 Church of Fools 등이 있으며 에스티스의 증언에 의하면 수 백 개의 가상교회가 만들어져 있다. 이에 대해 estes, 21f와 virtual incarnations, 403ff 참조.

308) 한숭홍, "21세기의 가상교회", 『장신논단』 14호, 1998, 638. 이와 관련한 좋은 논문, 문영빈, "뉴미디어, 종교체험, 예배: 가상체험의 매체신학적 조명," 『기독교교육정보』, 25집, 227-260 참조. 본 글은 가상현실과 관련된 신학적, 종교적 문제 전반을 다루는 것이 아니라 가상교회에 대한 신학적 반성, 즉 좁게는 가상교회론(virtual ecclesiology)에 대한 평가이다.

Estes)이다.[310] 여기서의 필자의 목적은 에스티스의 가상교회론을 평가하는 데 있다. 그의 가상교회론은 이미 전 세계적으로 수없이 등장하고 있는 가상교회의 현실에 대한 신학적 성찰이다. 앞에서도 말한 대로 가상교회의 등장은 많은 교회론적 문제를 제기하고 있다. 그러므로 이 시점에서 가상교회론을 살펴보고 평가하는 것은 매우 가치 있는 일일 것이다. 그의 가상교회론은 단편적인 연구가 아닌 매우 체계적인 연구이며, 또한 가상교회에 대한 거의 모든 질문들에 대한 대응을 담고 있다. 가상교회에 대한 교회의 인식, 가상교회의 필요성 등을 먼저 논하면서 그의 가상교회론을 평가하려고 한다. 필자는 다른 글에서 다음과 같은 질문을 한 바 있다. 즉 "버츄얼 교회에 속한 교인들, 버츄얼 세계의 아바타들 역시도 하나님의 백성이며, 그리스도의 몸이라고 할 수 있는가? 세례와 성만찬은 어떻게 시행해야 하는가? 가상세계의 교제를 성도의 교제에 포함시킬 수 있는가? 버츄얼 선교와 버츄얼 교회의 사명은 무엇이며 어떻게 가능하는가?"[311] 에스티스의 가상교회론을 평가하면서 이 문제들

---

309) 가상현실 및 가상교회론의 시도와 그에 대한 신학적 평가들은 다음의 글들을 참조할 것. 한 숭홍, "21세기의 가상교회", 『장신논단』,1998. 627-672. 고원석, "현대 미디어철학의 관점과 기독교교육의 과제", 『장신논단』, 41호, 291-314. 김영한, "가상공간에 대한 신학적 진단", 『목회와 신학』104호, 1998, 2. 임성빈, "사이버교회, 그 장단점을 살핀다." 『목회와 신학』, 104호 1998,2. 문영빈, "뉴미디어, 종교체험, 예배: 가상체험의 매체신학적 조명", 『기독교교육정보』, 25집, 227-260. Kam Ming Wong, Christians outside the Church: An Ecclesiological Critique of Virtual Church, HeyJ, 2008, 49, 822-840. Julie Anne Lytle, "Virtual Incarnations: An Exploration of Internet-Mediated Interaction as Manifestation of the Divine," Religious Education, 105, 4, 395-412. R. Kruschwitz(ed), Virtual Lives, Waco, TX, Baylor University, 2011. A. M. Lord, "Virtual Communities and Mission", Evangelical Review of Theology, 26 권 3호, 2002, 196-207. Holly Reed, "Can the Church be the Church Online? Defining a Virtual Ecclesiology for Computer-Mediated Communities," November 2007, National Communication Association 2007.

310) Douglas C. Estes, SimChurch. Being the Church in the Virtual World, Grand Rapids: Zondervan, 2009. SimChurch는 컴퓨터 가상현실 게임인 SimCity에서 유래한 듯하다. Simcity 는 가상공간 안에서 도시를 건설해 나가는 게임이다.

311) 졸고, "다음세대 신학: 사회변화와 다음세대를 위한 교회와 신학의 과제", 『장신논단』, 제 39 집 서울: 장로회신학대학교, 2010, 165f.

에 대하여 함께 고찰해보기로 한다. 원컨대 이제 가상교회론에 대한 활발한 논의가 일어나 한국교회가 미래 가상시대에 철저히 대비할 수 있기를 바란다.

2. 가상현실 및 가상교회에 대한 이해

오늘의 문화, 특히 컴퓨터, 디지털 혹 사이버 문화는 그 변화의 추이를 추적하기가 매우 어려울 만큼 급속도의 변화를 드러내고 있다. 문화의 변동은 부정적이든 긍정적이든 교회에 많은 영향을 미친다. 그러나 오늘의 교회의 현실은 새로운 문화, 특히 버츄얼 문화를 수용하거나 긍정적으로 반응하는 것을 망설이는 경우가 많다. 그 이유는 문화적 도구들은 타락했다는 의식이 교회 내에 팽배하기 때문이기도 하지만[312] 젊은 세대의 선교에 문화적 도구의 중요성을 인식하지 못한 때문이기도 하다. 새로운 기술을 사용함에 있어서 불안과 두려움을 갖는 것은 당연하다. 더구나 교회의 역사에 있어서 한 번도 경험해보지 못한 가상교회의 도입이나 수용은 더 말할 것도 없다. 가상교회의 도입은 마치 "옛 문화와 새로운 문화의 도입에 대한 갈등이며, 전통과 혁신에 대한 대립처럼 보이기도 하며, 고급문화와 대중문화, 모던문화와 포스트모던 문화 사이의 대립"으로 해석될 수도 있기 때문이다.[313] 여기에는 "기존권위의 상실, 통제의 어려움, 신앙의 엘리트주의와 같은 것들"이 함께 어우러져 있기 때문이기도 하고, 보다 근본적으로는 교회가 지금까지 가지고 있던 전통적 교회론에 있어서의 변화의 패러다임의 간극이 너무나 크다는 것 때문이기도 할 것이다.[314]

---

312) http://www.christiantoday.co.kr/view.htm?id=244846.
313) H. Reed, "A Hermeneutics of Imagination:Developing a Virtual Ecclesiology for the Postmodern Church" http://www.scribd.com/doc/14640888/Virtual-Eclssiology-and-Postmodern-Church-Holly-Reed#, 요약문.
314) 위의 글.

이런 망설임 때문에 교회는 변화의 흐름이나 속도에 뒤처져 세상과 더욱 간격이 커지고 있는 현실이다. 이것은 교회에 청소년들의 인식에서 증명할 수 있다. 물론 미국의 통계이긴 하지만 이미 바나 연구소는 청소년들의 교회의 출석을 미루는 이유를 교회와 사회의 문화적 차이 때문임을 지적하였다.315) 바쟁은 버츄얼 문화에 대한 교회의 이런 망설임으로 인한 위험을 다음과 같이 평가하고 있다. "버츄얼 세계에 대한 모험을 거부하는 것은 미래와 진보와 역사의 발전행진을 거부하는 것이 될 것이다. (…) 버츄얼 세계의 기술들에 직면하기를 거절하는 것은 교회를 주변으로 밀려나게 하는 것이며, 교회의 역할과 사명에 대한 의심을 증가시킬 것이다. 그러므로 우리는 영적 현실과 버츄얼 현실이 서로 만나도록 하는 길 외에는 다른 길이 없으며, 그 만남이 조화로운 만남이 되도록 하는데 모험을 해야 할 것이다."316)

가상교회에 대한 한국교회의 인식은 매우 조심스럽다고 할 수 있다. "사이버·가상 교회, 교회 본질적 모습 왜곡. 치리의 궁극적 실현 어려워,"317) 이 문구는 가상교회에 대한 한국교회의 인식을 단적으로 드러내는 기독교 신문 기사의 제목이다. 구체적으로 그들이 지적하는 문제는 대체적으로 다음과 같은 것이다. 첫째는, "사이버교회라는 말이 과연 교회의 개념에 부합하지 않으므로 사이버교회라는 용어를 사용해서는 안 된다." 둘째, "정보통신 기술을 주로 한 사이버 교회의 운영은 교회의 본질적 모습의 왜곡을 가져온다." 셋째, "사이버 공동체는 하나님의 말씀을 교육받고 그에 근거한 교제를 할 수 있지만, 오프라인 모임이 없는 한 진정한 의미의 세례와 성찬을 행할 수 없기 때문"이다. 넷째, "성도들의 교제가 중요한 부분을 차지하는 정통적 교회의 역할

---

315) 이런 이유로 졸고, "다음세대 신학 - 사회변화와 다음세대를 위한 교회와 신학의 과제",『장신논단』39, 2010, 143-171의 마지막 부분에서 다음세대를 위한 버츄얼 교회론의 정립이 필요함을 간략하게 제기한 바 있다. 그 후속작업으로 이 장이 작성되었으며 필요에 따라 순서를 바꾸어 여기에 싣는다.

316) VC 1.

317) http://www.igoodnews.net/news/articleView.html?idxno=7852

과 부분을 사이버 공간에서의 교회가 채우지 못할 뿐 아니라 교회의 본질적 모습을 왜곡한다." 다섯째, "익명성과 위장 가능성이 큰 웹상으로 치리의 궁극적 실현은 어렵다"는 것이다.[318] 그러나 사회의 지배적 인터넷 문화를 지나치게 부정적으로 보는 것은 아니어서 한편으로는 다행이다. "기존의 현실교회 공동체의 교육기능을 돕거나 교회와 성도의 교제를 지원하고 보충하는 수단"으로 사용할 것을 권한다.[319] 필자도 이러한 비판에 포함된 의도를 이해하며 한국교회의 염려에 동감한다. 그리고 가상교회에 동일한 질문을 던지고 싶다. 실제로 이런 문제들이 가상교회에 집중적으로 제기되었고, 그들도 문제를 충분히 인지하고 있다. 그리고 이에 대해 답변을 나름대로 제시하고 있다. 이제 예배의 신학적 문제뿐만 아니라 교회의 본질과 정체성에 관한 문제들을 에스티스의 대응에 따라 함께 연구하고 평가해 보기로 한다.

3. 가상교회의 정체성에 대한 성서적 근거

위에서 이미 지적한대로 가상교회의 가장 껄끄러운 문제는 아마 가상교회를 교회라고 말할 수 있겠는가 하는 비판일 것이다. 이에 대해 에스티스는 가장 기본적인 질문이라고 할 수 있는 "가상교회가 예수 그리스도의 교회에 대한 실제적이고도 진정성 있으며 타당한 표현인가"[320]라는 물음으로 시작한다. 여기에는 가상교회가 실재하는 현실교회인가, 진정 그리스도의 교회라고 할 수 있는가, 가상교회에도 그리스도의 교회라는 명칭을 부여할 수 있는가라는 물음들이 포함되어 있다.

가상교회의 실재성 및 현실성에 대해 에스티스는 가상교회의 체험에 대한 이야기를 하면서 자신의 경험으로는 가상교회 경험이 매우 실제적인 경험이

---

318) 이상 다섯 가지의 비판은 http://www.igoodnews.net/news/articleView.html?idxno=7852
319) http://www.igoodnews.net/news/articleView.html?idxno=7852
320) estes, 33.

었다고 고백한다.321) 사실상 가상현실은 앞에서도 말한 대로 상상이나 허구의 세계가 아니다. 오프라인에서 일어나는 실제의 상황이 컴퓨터를 매개로 한 사이버 공간에서 일어날 뿐이다. 쉽게 말하면 "현실 세계의 한 면이나 확장"322)이다. 인간이 실제로 살아가는 또 다른 영역의 모습이다. 그러므로 가상 세계를 일어날 수 없는 상상의 세계처럼 생각해서는 안 된다. 가상교회도 마찬가지다. 가상교회에서는 전혀 다른 현실이 나타나는 것이 아니라 실제 현실교회의 동일한 모습이 가상공간에서 입체적으로 재현되는 것이다. 그러므로 에스티스는 가상교회를 놀라울 정도로 현실적인 교회로 생각하고 있는 것이다.

그러나 실상 우리가 가상교회를 현실적인 교회로 인정하기가 어려운 이유가 무엇일까? 그것은 신학적인 이유도 있겠지만, 에스티스가 지적하는 대로, 그런 형태의 교회가 익숙하지 않은 이유도 있을 것이다.323) 현재의 교회는 사도시대의 교회는 물론이고 고대 교회나 중세교회와도 다른 모습이다. "교회의 개념은 근본적으로 어느 특정시대의 교회의 형태에 영향을 받는다"324)는 한스 큉의 말대로 교회는 많은 다른 형태를 띠어 왔고, 그에 따라 교회의 개념도 달라졌었다. 가톨릭교회의 제도로서의 교회개념은 교회의 형태와 조직에 영향을 받은 것임은 두말할 필요도 없을 것이다. 이런 교회의 변화 속에서 에스티스가 말하고자 하는 것은 가상교회를 이제 교회의 한 형태로 수용하고 그에 적절한 교회의 개념을 찾을 필요가 있다는 것이다. 이쯤해서 다시 한 번 질문해보자. 가상교회는 진정한 하나님의 참된 교회인가?

에스티스는 신약성경에 나타난 에클레시아라는 단어에 주목한다. 그에 의하면, 그것은 모임을 의미하는 단어인데, 대부분 지역교회(local church)를 지

---

321) estes, 33.
322) estes, 35.
323) estes, 35.
324) Hans Küng, The Church, Estes, Simchurch, 35에서 재인용.

칭할 때 사용되고 있음을 지적한다.[325] 즉 에클레시아는 모임과 지역성을 포함하고 있는 단어인 것이다. 이에 착안하여 가상교회는 "하나님 나라를 세우라고 부름 받은, 예수 그리스도를 고백하는 사람들이 정기적으로 모이는 장소"[326]이다. 좀 더 구체적으로 말하자면, "가상공간, 인공의 공간에 모이는 믿음의 백성"[327]을 지칭한다. 에스티가 정의한 가상교회는 실제 현실교회의 정의와 크게 다를 바가 없다. 다만 "가상공간"이라는 용어만 첨가되어 있을 뿐이다.[328] 그러므로 에스티스는 가상교회에는 교회의 가장 기본적인 의미인 "모임"이 존재하지 않는다는 비판을 인정하지 않는다. 현실교회가 한 지역에 모이듯이, 가상교회는 가상공간에 모일뿐이라는 것이다. 즉 가상공간이 교회의 모임의 장소이며 지역이라는 것이다.

이 모임, 지역성에 대한 근거를 에스티스는 성경에서 가져온다. 복음서의 기독교공동체와 사도행전의 초기 예루살렘교회와 서신서에 나타난 교회가 그것이다.[329] 그의 정의에 의하면, "교회는 단순한 제자들의 모임이 아니라, 예수의 이름으로, 예수의 권위 아래 모인 공동체"[330]를 의미한다. 다시 말하면 진정한 교회가 되기 위해서는 "그리스도를 위해, 그리스도의 임재와 함께 모여야 한다."[331] 이것은 가상교회에도 동일하게 적용된다. 가상교회도 진정한 교회가 되기 위해서는 그리스도를 위해 그리스도의 이름으로 모여야 한다는 것이다. 또한 에스티스가 가상교회의 근거로 삼고자 하는 본문은 요한복음 4

---

325) estes, 37.
326) estes, 37.
327) estes, 37.
328) estes, 37. 에스티스는 일반적으로 교회를 "하나님 나라의 건설을 과제로 하는, 의미 있는 교제에 머무르는, 하나님의 백성의 지역모임"(37)으로 정의할 수 있으므로, 이 정의에 가상(virtually)이라는 한 단어만 첨가한다면 가상교회를 정의하는 것이 될 수 있다는 것이다. 그래서 그는 가상교회를 "하나님 나라의 건설을 과제로 하는, 의미 있는 교제에 머무르는, 하나님의 백성의 가상(virtually) 지역모임"(37)으로 정의한다.
329) estes, 41.
330) estes, 41.
331) estes, 42.

장의 수가성 우물가의 사마리아여인의 대화 장면이다. 에스티스에 의하면 이 본문은, 첫째, "참된 예배는 결코 어떤 특정 장소에 매여 있지 않다는 것"[332], 둘째, "참된 예배는 특정장소가 아니라 영의 현존에 있다는 것"[333]을 드러내 주는 본문이므로 "요한복음 4장이야말로 가상교회의 가능성과 타당성에 대한 강력한 논증"[334]이라고 그는 주장한다. 나아가 사도행전의 예루살렘교회가 보여준 친밀한 공동체, 즉 일상의 코이노니아 공동체 역시 가상교회가 현실교회와 공유할 수 있는 특성이라고 에스티스는 본다.[335]

사실상 우리가 가상교회에 던질 수 있는 중요한 질문은 교회의 가장 기본적인 정의인 하나님의 백성, 그리스도의 몸이라는 의미를 가상교회에도 사용할 수 있는가, 다시 말해 가상교회를 전형적인 교회의 본질과 성격인 하나님의 백성, 혹은 그리스도의 몸으로 칭할 수 있겠는가 하는 것이다. 에스티스는 이 역시도 분명 가능하다고 역설한다. 그러한 명칭들이 결코 가상교회의 진정성을 반박하거나 부인하지 않으며, 가상교회의 의미와 양립가능하다고 주장한다.[336] 에스티스는 모인다는 것의 의미에 대해서도 해명한다. "모이기를 힘쓰라"는 히브리서 10:25은 "단순한 근대교회의 집회를 의미하는 것이 아니라", "연합하여 하나님의 계획을 기다리라"는 의미로 해석한다.[337] 일부의 사람들은 이 구절을 가상교회를 반대하는 구절로 사용하였으나 에스티스는 오히려 "평균적 현실 교회보다는 가상교회에 더 잘 어울리는 말씀"[338]이라고 본다. 왜냐하면 "가상교회는 얼마나 자주 얼마나 오래 모일 것인지에 대해 거의 제약이 없기 때문이다."[339]

---

332) estes, 42.
333) estes, 43.
334) estes, 43.
335) estes, 43-44.
336) estes, 44.
337) estes, 45.
338) estes, 45.
339) estes, 45.

가상교회에 제기할 수 있는 또 하나의 질문은 비육체적 현존에 관한 물음이다. 즉 마음으로만 함께 하는 교회, 즉 실제의 몸은 오프라인 밖에 있고 아바타가 대신하여 가상공간에 참여하는 교회가 진정한 교회인가 하는 문제이다. 이 문제에 답변할 수 있는 성경적 근거를 에스티스는 바울의 글에서 가져오고 있다.[340] 그가 인용하는 구절은 다음 두 구절이다. "이는 내가 육신으로는 떠나 있으나 심령으로는 너희와 함께 있어 너희가 질서 있게 행함과 그리스도를 믿는 너희 믿음이 굳건한 것을 기쁘게 봄이라" (골 2:5) "내가 실로 몸으로는 떠나 있으나 영으로는 함께 있어서 거기 있는 것 같이 이런 일 행한 자를 이미 판단하였노라 주 예수의 이름으로 너희가 내 영과 함께 모여서 우리 주 예수의 능력으로 이런 자를 사탄에게 내주었으니 이는 육신은 멸하고 영은 주 예수의 날에 구원을 받게 하려 함이라" (고전 5:3-5). 이 두 구절은 공히 육신은 떠나 있으나 마음으로는 함께 있다는 내용을 가지고 있다. 에스티스의 해석에 의하면, 이것은 "어떤 형이상학적이나 뉴에이지와 같은 현상"[341]을 말하는 것은 아니라, "비록 바울이 지리적으로 육체적으로는 함께 있지 못하지만 수신 지역의 성도들과 연합하여 교회훈련과 예배에 함께 있음을 선언한 것이다. 즉 바울은 멀리 떨어져 있으나 이미 수신지역의 교회들의 일부분이 되어 있음을 의도한 것이다."[342] 그러므로 "바울은 지리나 공간이 교회에 대한 참여를 제한할 만한 요소는 아니라고 본 것 같다"[343]고 추론한 에스티스는 이에 따라 가상교회를 배제할 근거가 거의 없다고 결론내리고 있다.[344]

---

340) estes, 45.
341) estes, 45.
342) estes, 45-6.
343) estes, 46.
344) estes 46. 에스티스는 여기서 Paul S. Minear의 말을 인용하여 자신의 주장을 뒷받침하려 한다. "교회의 경계를 정확하게 그으려는 많은 근대인들에게, 이것은 신약성서가 말하는 교회에 대한 곤혹스러운 특징이다. 교회는 교리적, 제도적 기준으로 분할할 수 없는 신적 신비이다." P. Minear, Images of the Church in the New Testament, Estes, 46에서 재인용.

4. 가상교회의 정체성과 유효성에 대한 신학적 근거

에스티스는 가상교회의 신학적 근거를 마련하기 위하여 교회의 전통에 나타난 교회론에 의존한다. 그는 우선 이그나티우스, 폴리캅, 이레네우스, 터툴리안, 오리겐, 키프리안 등 고대 교부들의 교회론이 담고 있는 핵심내용을 정리한다.345) 그에 따르면 교부들은 "어떤 장소나 제도나 물리적 집회보다 오히려 영적 모임에 초점을 두었으며, 교회를 참된 교리와 영성, 사도적 권위의 장소로 생각했다"346)는 것이다. 에스티스가 교부들의 신학에 이어 의존하고자 하는 전거가 바로 고대교회의 신조들이다. 우리가 이미 알고 있듯이, 사도신경은 거룩한 공교회를, 니케아 신조는 하나의 거룩하고 보편적이며 사도적인 교회를 믿는다고 고백하고 있다. 문제는 이러한 교회의 특성들이 가상교회를 인정할 만한 근거가 되느냐 하는 것이다. 에스티스는 불가능하지 않다고 생각한다. "이런 표지들 중에 어떤 것도 가상교회의 타당성을 무효화시킬만한 것이 없다는 것이다. 왜냐하면 가상교회 역시 다른 교회들과 연합할 수 있고, 성도들의 거룩을 추구할 수 있으며, 하나님의 온전하신 뜻을 드러낼 수 있어서 보편적이라고 할 수 있으며, 세상으로 보내지는 것이 그들의 의도이므로 사도적이라고 할 수 있기 때문이다."347)

---

345) estes, 48ff.

346) estes, 48.

347) estes, 49. 가상교회 중 하나인 The Anglican Cathedral of Second Life는 다음과 같은 목표를 가지고 있다. "Our vision is to build an Anglican Church in Second Life, which is grounded in worship and prayer, seeking to be a bridge between our rich Anglican heritage and contemporary society, gives those involved in Second Life an opportunity to explore or deepen their faith in God, who loves them and seeks a relationship with them, encourages Christians from different countries and theological persuasions to work together to the glory of God, is a community which welcomes and serves others, and is known for its love and care, is recognised as an integral part of the worldwide Anglican Communion." http://slangcath.wordpress.com/the-vision/ 또한 core value를 설명하는 항목에서 다음과 같이 진술하고 있다. " (…) The Apostles' Creed, as

에스티스는 고대교부들 이후에 나타난 중세교회의 교회론을 비판적으로 고찰한다. 중세의 교회는 "제국교회를 모델로 삼아 고도로 제도화된 조직"[348]으로 변모했기 때문이다. 그는 이들을 비판하고 고대교부들의 교회론을 이어받은 개혁자들의 교회론을 높이 평가한다.[349] 그에 의하면 루터나 칼빈의 교회론은 복음이 순수하게 선포되고 성례전이 바르게 집행되는, 성도들의 모임으로서의 교회라는 개념을 가지고 있었다.[350] 그는 현대신학에서도 그가 원하는 교회론을 찾아내고 있다. 현대 가톨릭 신학은 교회를 코이노니아나 성만찬 공동체로, 뉴비긴은 선교적 공동체로 보고 있음을 잘 지적하고 있다.[351] 이어 에스티스는 칼 바르트와 한스 큉과 독립교회의 사상가인 릭 워렌에게서 가상교회의 의미와 상응할 수 있는 신학적 교회론을 찾아내려 애쓴다.[352] 바르트가 교회를 "말씀과 성령에 인도함 받으며, 세상으로 보냄 받은 하나님의 공동체"[353], 따라서 "공간적, 지리적 경계에 의해 한계지어지지 않는 하나님의 백성"[354]으로 정의한 것이야말로 가상교회와 잘 어울리는 정의라는 것이다. 릭워렌의 교회론도 가상교회론에 잘 어울리기는 마찬가지다. 워렌이 제시한 교회의 다섯 가지의 목적, 즉 전도, 예배, 제자도, 교제, 목회는 가상교회의 목적과 일치한다고 본다.[355]

---

the Baptismal Symbol; and the Nicene Creed, as the sufficient statement of the Christian faith. (…) The Historic Episcopate, locally adapted in the methods of its administration to the varying needs of the nations and peoples called of God into the Unity of His Church." http://slangcath.wordpress.com/the-vision/our-core-values/ 이 가상교회의 비전이나 핵심가치들을 살펴볼 때 에스티스의 주장을 어느 정도 인정할 수 있을 것이다.

348) estes, 49.
349) estes, 50.
350) estes, 50.
351) estes, 50f.
352) estes, 51f.
353) estes, 51.
354) estes, 51.
355) estes, 51.

지금까지 에스티스가 제시하는 가상교회의 성서적, 신학적 근거를 살펴보았다. 그는 "성경에서든, 교회 역사에서든 가상교회의 타당성에 반대되는 증거를 거의 찾지 못했다"[356]고 결론 내린다. 그리고 이어 그는 "이 문제를 실재 현실 교회 대 가상 세계 교회라는 대립구도로 볼 것이 아니고 (…) 같은 주, 같은 성령, 같은 복음, 같은 신앙을 소유하고 있는, 그리스도의 몸으로서의 교회의 다양한 지체 중 하나로 볼 것"[357]을 제안한다.

5. 현실 공동체로서의 가상교회공동체

가상교회에 대한 또 하나의 비판은 가상교회의 구성원들 사이의 친교와 교제가 가능하냐 하는 것이다. 이것이 "가상교회에 대한 비판 중 가장 심각한 것"[358]이라고 에스티스는 보고 있다. 일반적으로 "한 공동체가 연합하여 참된 교회가 되기 위해서는 육체적 현존 (physical presence)이 필요하다"[359]고 생각하기 때문이다. 결국 그것은, "가상교인들이 가상세계에서 거룩한 입맞춤으로 서로 인사하는 것이 어떻게 가능한가"[360]하는 질문이다. 에스티스에 따르면, 이것은 단순한 인사방법에 관한 물음이 아니라 "실제적이며 진정한 친교와 공동체"[361]에 관한 물음이다. 이에 대해서도 에스티스는 매우 긍정적인 답변을 제시한다. 그에 의하면 "오히려 많은 연구들은 가상교회에서 현실공동체를 경험할 뿐만 아니라, 심지어 실제 세계의 교회에서보다 가상교회에서 훨씬 더 많은 공동체감을 느낀다"[362]는 것이다. 하지만 공동체감을 느낀다고 해서

---

356) estes, 53.
357) estes, 53.
358) estes, 57.
359) estes, 57.
360) estes, 57.
361) estes, 57.
362) estes, 59.

공동체감이 형성되는 것은 아니다. 좀 더 상세한 설명이 필요함은 당연한 지적이다. 이와 관련하여 에스티스는 세 가지 관점에서 설명을 이어나간다. 첫째, 가상현실에서 진정한 관계가 형성되는가? 둘째, 현존(presence)을 어떻게 이해할 것인가? 셋째, 가상교회의 지역성(locality)을 어떻게 설명할 것인가?

일반적으로 가상공동체를 익명성의 세계라고 보는 경향이 있다. 에스티스도 인정하듯, 어떤 면에서는 익명성의 세계임이 분명하다.363) 오프라인에 있는 아바타의 조정자가 드러나지 않기 때문이다. 부정적으로 가상공간을 인식하는 사람들은 익명성을 무관계성으로 인식한다. 오프라인에서 관계를 잘 맺지 못하는 일군의 사람들이 익명성에 의존하여 가상공간에서 활동한다는 것이다. 에스티스는 어느 정도 그것을 인정한다.364) 분명히 오프라인에서의 관계는 아니기 때문이다. 그러나 우리가 가상공간에서의 관계를 반드시 오프라인의 실제적 관계라는 관점에서만 이해할 필요는 없다. 가상공간에서의 관계도 관계이기 때문이다. 그러므로 에스티스는 가상공간이 무관계성의 공간이라는 주장에 동의하지 않는다. 무관계성이 지배적이라면 공동체라고 불리기 어렵고, 교회공동체라고 불리기는 더더욱 어렵기 때문이다. 그래서 오히려 에스티스는 가상공간에서 실질적인 관계가 더 잘 이뤄질 수 있음을 적극 변호한다. 오프라인에서 관계를 회피할 수밖에 없는 사람들도 가상공간에서는 타인들과 보다 더 적극적으로 관계를 맺고 활동하는 경우가 많다.365) 예를 들어 "질병적으로 수줍음을 타거나, 사회적 공포증이 있거나 투렛 증후군이 있거나, 성이나 인종차별의 문제로 고민하는 사람들"366)이 이런 경우다. 이들은 "일상의 현실세계에서 다른 사람들과 관계를 가지고 살아가는 것이 쉽지 않다. 교회가 이들에게 다가 가려고 해도 그것은 쉽지 않다"367). 그런데 이들은

---

363) estes, 59.
364) estes, 59.
365) estes, 59.
366) estes, 196.

가상공간에서 적극적인 관계공동체를 형성하며 살아가는 경우가 많다. 그 이
유는 바로 익명성의 보장 때문이다.[368] 실제 세계에서 주변인으로 살 수밖에
없는 이들이 가상세계에서는 더 이상 주변인으로 살 필요가 없다. 가상세계에
서는 아무도 그를 인종이나 성이나 습관이나 성격에 의해 차별하지 않기 때문
이다.[369]

　　이제 두 번째 문제, 현존성의 문제를 언급하기로 한다. 가상교회를 비판하
는 사람들이 비판하는 문제가 바로, 가상현실이나 가상교회에 육체적으로 현
존하지 않고 아바타가 대신하여 참여하는 것이, 혹은 마음으로만 참여하는 것
이 과연 진정한 참여이고 진정한 "있음"이냐 하는 것이다. 이에 대해 에스티스
는 그런 질문자체가 성서적인 질문이라기보다는 데카르트적 사고에 근거한
질문이라고 주장한다.[370] 에스티스에 의하면 서구사회는 실재 세계와 상호
교류할 수 있는 것은 몸일 뿐이고 영혼이나 정신은 현실세계와 관계할 수 없
는 것이라는 데카르트의 몸과 정신의 이원론의 영향 때문에 마음의 지각을 다
만 상상이라고 생각하고 육체가 현존해야 한 진정한 "거기에 있음"이라고 판
단하게 되었다는 것이다.[371] 즉 물리적 실험에 의해 입증될 수 있는 것이 곧
실재하는 것이며, 마음이나 마음의 눈으로 지각하는 것은 상상(imaginary)이
라고 생각하게 되었다[372]. 이런 영향 때문에 "서구인들은 현존이나 있음을 생
각할 때 그것은 곧 물리적 활동(시공간에 실재하고 환경과 그것과의 관계가
인식 될 때)만을 생각한다"[373]는 것이다. 에스티스에 의하면 이것은 당연히
성서적 사고가 아니다. 가상교회를 반대하는 사람들은 성서적 렌즈에 의거하

---

367) estes, 196.
368) estes, 59.
369) estes, 197.
370) estes, 60-64.
371) estes, 60f.
372) estes, 61.
373) estes, 62.

여 반대하는 것이 아니라 데카르트적 사고에 근거하여 가상교회를 반대한다고 에스티스는 한탄한다.[374] 만일 "우리가 성서가 아닌 이러한 근대적 사고에 근거한다면 기도의 삶, 전화 통화나 온라인 게임, 우주에 있는 우주 비행사를 보는 것은 실재가 아닌 상상의(imaginary) 경험에 불과할 것이다."[375]

그렇다면 에스티스가 주장하는 "교회에 와 있다는 것"은 무엇인가? 그는 이것을 좀 더 구체적으로 설명하기 위하여 몇 가지 예를 든다. "주일날 예배에 와서 예배 시간 내내 오후에 있을 달라스 카우보이 축구경기만 생각한다면, 내가 있는 것인가? 대형교회에 가서 중간층에 앉아 LCD TV화면으로 목사를 보고 있다면, 내가 거기에 있는 것인가? 예배시간에 육아실에서 봉사하면서 유선으로 연결된 스피커로 나오는 목사의 설교를 듣는다면, 나는 있는 것인가? 내가 다리가 부러져 주일아침 병원에서 목사의 설교를 위해 기도하고 라디오를 통해 설교를 듣는다면 나는 거기에 있는 것인가? 다리가 부러져 병원에 입원해 있으면서 노트북으로 세컨라이프에 로그인하여 성공회 예배에 참석한다면 나는 거기에 있는 것인가?"[376] 과연 어떤 답을 줄 수 있을 것인가? 에스티스가 비판한 근대철학에 근거한다면 첫 번째의 경우는 확실히 교회에 와 있다고 할 수 있다. 나머지는 교회에 현존하지 않거나 애매모호한 상황이다. 그러나 에스티스가 주장하는 논리에 의한다면, 마음으로 있든 육체로 있든 "모두 교회에 있다"는 긍정의 답변을 할 수 있다.[377] 결국 가상교회에 있다는 것도 "있음"의 실재적 경험이므로 가상교회 역시 진정한 교회공동체라고 할 수 있다는 것이 에스티스의 논리다.

---

374) estes, 62.

375) estes, 62.

376) estes, 62-63.

377) estes, 63. 여기서 에스티스는 다음의 성경구절을 제시하고 있다. 이미 언급하였으나 다시 한 번 인용해 본다. "이는 내가 육신으로는 떠나 있으나 심령으로는 너희와 함께 있어 너희가 질서 있게 행함과 그리스도를 믿는 너희 믿음이 굳건한 것을 기쁘게 봄이라" (골2:5). 고후 5:5-6, 12:2-3도 근거 구절이다. 나아가 그는 영적 현존의 의미의 근거를 제시해줄 본문으로 요 17:20-26, 마28:20, 계 1:10, 고후 12:2-3, 출 12:32, 민23-24을 제시하고 있다.

이를 논증하기 위해 에스티스는 "원격현전" (telepresence)[378]이라는 용어를 가져온다. 그것은 현대 통신기술, 특히 컴퓨터를 매개로 한 통신기술로 나타난 새로운 현존방식이다. 간단히 말하자면 공간적으로 지리적으로 멀리 떨어져 있음에도 어떤 장소에 실재 있는 것처럼 경험할 수 있는 기술방식이다. 에스티스는 이 개념의 출현을 매우 반긴다. 설명하기가 쉽지 않았던 하나님의 현존방식을 쉽게 설명할 수 있기 때문이다.[379] 그에 의하면 "원격현전의 개념은 많은 신학적 관심을 일으키기 시작했다. 왜냐하면 우리는 서구 교양인들에게 잘 전달해줄 수 있을 것 같은, 교회 안에 현존하시는 하나님의 현존을 영적 원격현전의 한 유형으로 간주할 수 있을 것이기 때문이다."[380] 따라서 그는 "가상세계는 21세기를 위한 현존과 공동체를 재발견할 수 있는 기회를 우리에게 제공하고 있다"[381]고 기뻐하며, 가상교회가 진정한 공동체가 될 수 있음을 주장한다. 그의 말을 인용하기로 한다. "우리와, 그리고 다른 사람들이 가상세계에 같은 장소에 와서 함께 있다면, 우리는 현실공동체를 만들 수 있다. 이 현실 공동체는 현실 교회의 가능성을 허용한다. (…) 우리가 아바타를 사용하든 채팅방을 사용하든 홀로그래픽 가상실재를 사용하든 그것은 문제가 아니다. 중요한 것은, 예배와 친교와 제자됨과 목회와 전도를 목적으로 하나님의 주권아래 우리가 현재 공동체로 하나 되어 있다는 점이다."[382]

---

378) "공간적으로 떨어져 있는 장소 또는 가상의 장소를 신체적으로 경험하는 것. 통신 회선으로 컴퓨터를 원격지와 연결하여, 가상 현실 공간 중에서 통신을 통한 상호 작용으로 신체적으로 가 있지 않은 다른 장소에서 존재할 수 있게 하는 것이다. 우주 공간이나 깊은 바다 속과 같이 인간이 접근하기 어려운 위험한 장소에서 경험하거나 행동하는 기술이라고 할 수 있는데, 원격 현장감을 가능하게 하는 데에는 인간의 감각 기능을 모방한 장치의 개발도 중요하다. 인간의 감각을 신체의 한계를 넘어 확대함으로써 인간과 기계와의 교감(synergy)에 의해 인간 능력을 변혁시킬 수도 있다고 보고 있다."

(http://terms.naver.com/entry.nhn?docId=844829&cid=209&categoryId=209.)

379) estes, 63.

380) estes, 63f.

381) estes, 64.

382) estes, 65.

236

가상교회가 진정한 공동체인가 라는 물음과 연관되어 있는 또 하나의 문제가 바로 지역성(local)의 문제이다. 에스티스는 가상교회는 당연히 지역 교회라고 주장한다.[383] 과연 그러한가? 그 근거는 무엇인가? 일반적으로 지역적이라고 할 때, 어떤 지리적 한 장소에 속하거나 한 장소에 존재하는 것을 의미한다. 에스티스는 지리적 의미의 지역성을 약화시킨다. 그리고 가상교회의 지역성의 의미를 재정의한다. 그에 의하면 가상교회의 지역성은 지리적 속성 때문이 아니다. "하나님을 함께 추구하는 한 장소에 속하여 있는 특별한 그룹"[384]이라는 특성 때문이다. 그는 그 근거로 다시 요한복음 4장을 가져온다. "예수는 지리적 장소에 묶여 있는 신학으로부터 하나님의 백성을 해방시켰다"[385]는 것이다. 에스티스는 이와 관련하여 칼빈의 글을 인상적으로 인용하며 동의한다. 다음은 그가 인용한 칼빈의 글이다. "하나님 나라는 어떤 공간적 위치에 제한되어 있거나 어떤 경계에 의해 한계 지워져 있는 나라가 아니다. 따라서 그리스도는 그가 원하시는 어느 곳에서든지, 하늘에서든지, 땅에서든지 그의 능력을 행하시는데 방해받지 아니한다. 그는 그의 현존을 능력과 강함에서 나타내신다. 그는 항상 그의 백성가운데 계신다. 그리고 그들에게 생명을 불어넣으시며, 그들 안에 사시면서 그들을 유지하시고, 그들에게 힘을 주시며, 그들을 활력 있게 하시며, 그들을 해로부터 지키신다. 마치 그가 몸으로 현존하시는 것처럼."[386]. 그에 의하면 "교회를 교회되게 하는 것은 성지나 성전이나 모스크나 측지선 돔이 아니라, 교회의 보편성이나 적응력이다. 교회는 하나님이 문화나 이념에 근거해서 만든 기관으로 창조하신 것이 아니라 백성과 교류하시는 하나님의 영에 의해 살아가는 유기체로 창조하셨기 때문에 교회이다. (⋯) 교회는 사람들이 존재할 수 있는 곳은 어디든지 존재할 수 있

---

383) estes, 65.
384) estes, 68.
385) estes, 68.
386) Calvin, Inst. iv, 17,18. estes, 109에서 재인용.

다."387) 이런 근거로 에스티스는 가상교회를 교회로 인정한다. 그에 따르면 가상교회는 "인공적 공간에 존재하는 지역적 몸"388)이다. 지금까지 말한 것을 에스티스의 용어로 정리하자면 가상교회는 "원격현전의 하나님의 백성"(telepresent people of God)이다.389)

6. 가상교회의 성례전 시행의 문제

종교개혁자들은 교회의 중요한 표지로서 말씀의 바른 선포와 성례전의 바른 시행을 언급하였다. 말씀과 성례전은 그만큼 교회의 중요한 기능이자 본질이기 때문이다. 가상교회의 교회됨 혹은 정체성과 관련하여 핵심문제도 바로 이 말씀의 선포와 성례전의 시행과 관련이 있다. "기술력의 한계나 가상교인들의 집중력의 한계"390)로 인하여 설교나 찬양이나 영성훈련에 많은 문제를 보일 수 있으나391) 이것들보다 더 심각한 문제는 성례전의 문제이다. 즉, 가상공간에서 아바타들과 함께 성례전을 도대체 어떻게 시행할 것인가의 문제다. 그래서 가상교회를 비판하는 쪽은 늘 성례전의 문제를 주목해왔다. 한승홍도 가상교회의 문제점을 열거하면서 특히 성례전 시행에 관한 물음을 집중적으로 제기하고 있다. "설교문제보다 더 심각한 것은 성례의식과 그 의미전환의 문제이다. 가상교회는 어떻게 세례를 주며, 어떻게 떡과 포도주를 분병, 분잔할 것인가?(…) 세례를 가상체험으로 대체한다거나, 성만찬을 인터넷에 떠오른 떡과 포도주를 먹고 마신 가상현실 체험으로 대체할 수는 없을 것이다 (…) 결국 가상교회는 성례전은 거듭남, 성결됨 등과 아무런 관계가 없는 불요

---

387) estes, 108.
388) estes, 69.
389) estes, 55.
390) estes, 110
391) estes, 110-114.

불급의 행사정도로 인정할 것이다. 이렇게 진행하며, 점점 가상교회는 성례전을 배제한, 사실상 부정해 버린 교회로 새로운 교회유형을 만들어 갈 것이다. 이것은 전통적인 교회의 성례전적 의미를 혁신적으로 해석한 후 그 의미와 실체성을 부정해 버리는 신학의 혁명이 될 것이다. (…)만일 가상교회가 성례전에 사이버 신학적 의미를 부여하며, 그것을 집행하려 한다면, 그 의식을 어떻게 거행할 수 있을 것인가? 어떤 형식으로든지 가상교회가 거행하는 성례전을 우리는 전통적인 교회의 성례전으로 받아들일 수 있는가? 성례전을 거행하지 않는 교회, 성례의식이 배제된 예배, 그것은 신학적으로 크게 문제될 것이다."392)

사실상 성례전의 문제는 단순히 가상교회만의 문제는 아니다. 전통적인 현실교회 역시 성례전을 바르게 시행하고 있는가, 성례전을 진지하게 생각하고 있는가, 아니면 다만 불요불급한 하나의 예식으로 생각하는 것은 아닌가에 대해서는 현실교회도 확실하게 긍정하지는 못할 것이다. 하지만 현실교회의 성례전이 문제가 있다고 해서 가상교회의 성만찬의 문제가 면제되는 것은 아니다. 가상교회가 교회라면 성례전은 반드시, 그것도 바르게, 또한 신학적으로 문제없이 시행되어야 한다. 그러나 많은 비판과 지적 때문에, 혹은 신학적인 이유 때문에 자발적으로 일부의 가상교회에서는 성례전을 시행하지 않는 교회들이 있다.393) 그러나 전혀 성례전을 시행하지 않는다면 틀림없이 교회로서의 유효성을 의심받게 될 것이다.

---

392) 한숭홍, 21세기의 가상교회, 651f.
393) 다음은 성례전에 대한 Anglican Cathedral of Second Life 가상교회의 입장이다. "In essence, our position at this point is that we do not believe it is possible to practice the Dominical Sacraments of Holy Communion or Baptism in a virtual context because of what is considered to be the necessity for a real, physical and personal interaction and relationship expressed in and through the sacraments. In the Sacraments we do something personal, human and physical in which through our direct, real and personal relationship with others in the Church – the physical Body of Christ – the Holy Spirit of God gives us the gift of himself." http://slangcath.wordpress.com/the-vision/sacraments –on-epiphany-island.

그러면 가상교회는 어떻게 성례전을 시행할 수 있겠는가? 우선적으로 에스티스가 소개 평가하고 있는 가상교회의 성만찬 시행 방식을 살펴볼 필요가 있다. 첫째는 몇 몇 교회들이 취하고 있는 "상징적 가상성만찬"(symbolic virtual communion)이다.394) 이것은 우선 "성만찬에 대한 성경본문을 낭독하고 성만찬의 상징들을 묵상함으로써 시행하거나 웹사이트 상에서 읽고 묵상한 다음 개인적으로 식사를 시행하는 방법이다."395) 에스티스에 의하면, 이 방법은 가장 간단하고 편리한 방법이며 기술력을 많이 요하지 않아 많이 시행되고 있는 방식이나, 전통적인 실제 성만찬과 아주 달라 문제가 될 수 있고, 가식적이 될 수 있으며, 집례자의 부재나 자격 없는 집례자 때문에 성만찬의 유효성이 문제 될 수 있다.396)

둘째의 방식은 "아바타를 매개로 하는 가상 성만찬"(avatar-mediated virtual communion)이다.397) 이것은 나를 대리하는 아바타나 이에 준하는 가상수단을 통해 직접 가상의 성만찬에 참여하는 것이다. 내가 직접 육체적으로 식사에 참여하는 것은 아니나 나의 아바타에게 봉헌된 떡과 포도주에 참여하도록 지시하는 것이므로 직접참여와 같은 효과를 얻을 수 있다.398) 전 세계의 교인들이 부담 없이 참여 할 수 있으며, 자격을 갖춘 가상 집례자에 의해 시행될 수 있다는 장점이 있다.399) 그러나 에스티스가 잘 지적하듯이, 이것도 첫 번째 방식과 마찬가지로 공동체가 함께 나눌 물질적인 요소가 부족하다는 단점이 있다. 실질적인 떡과 포도주가 나눠지지 않으므로 성만찬을 소홀히 할 염려가 있을 뿐만 아니라 마음의 예식으로만 전락할 수 있는 위험성이 도사리고 있다.400)

---

394) estes, 118.
395) estes, 118.
396) estes, 118.
397) estes, 119f.
398) estes, 119.
399) estes, 119.

세 번째는 확장된 성만찬(extensional virtual communion)의 시행이다.[401] 이것은 "가상교인들에게 실제로 어떤 방식으로든 실제의 빵과 잔을 미리 준비하여 배분하였다가 가상의 인터넷 성만찬 집례시 함께 참여하는 방식이다."[402] 다른 방식과 유사하지만 가상공간이 아닌 "사람들이 어디서 예배드리든 실재 공동체 안에서 성만찬에 참여하고, 실재의 성물을 받는다"[403]는 장점이 있다. 에스티스는 이러한 확장된 성만찬의 실례를 고대 교회 역사에서 가져온다. 고대 교회는 아픈 사람들, 외출이 어려운 자들, 임종직전의 사람들에게 가정이나 요양장소에서 성만찬을 베풀었으며, 키프리안, 순교자 저스틴, 카르타고의 비숍, 터툴리안 등의 교부들도 이러한 확장된 성만찬 시행을 인정했다고 에스티스는 주장하면서 가상교회의 확장된 성만찬을 잘못되었다고만 볼 수 없다는 견해를 견지하고 있다.[404] 그러나 확장된 가상 성만찬에 대한 반대도 분명히 존재한다는 것을 그는 또한 인정한다. 고대교회의 확장된 성만찬과 가상교회의 건강한 사람들을 위한 확장된 성만찬을 단순 비교할 수 없다는 것, 성만찬을 소홀히 할 염려가 있다는 것, 가상교인이 극소수일 경우는 가능하지만 전 세계의 교인이 가상교회에 등록하고 성만찬에 참여한다면 실제적인 떡과 잔의 배분문제가 크게 대두될 수 있다는 것, 자신의 성물을 준비하는 사람들에 대한 전통간의 이해차이가 있을 수 있다는 것, 떡과 잔 대신에 콜라나 과자 등 다른 것으로 대체해서 진행하려 할 수도 있다는 것 등이다.[405]

넷째 방식은 외부 실제 교회에 위탁하여 시행하는 방법(outsourced virtual communion)이다.[406] 한 가상교회가 단독으로 가상 성만찬을 시행하

---

400) estes, 119-120.
401) estes, 120-122.
402) estes, 120.
403) estes, 121.
404) estes, 121.
405) estes, 121-122.
406) estes, 122f.

지 않고 실제의 현실교회와 연합하여 성만찬을 시행하는 방법이다.407) 에스티스가 지적하는 대로 이 방법은 성만찬의 가상성을 제거한다는 점에서, 그리고 성만찬을 소중하게 생각하게 할 수 있다는 점에서, 실질적인 육체적 성만찬이 될 수 있다는 점에서 많은 유익을 가진다.408) 그러나 이것도 단점은 있다. 가상교인들을 일일이 현실교회와 연결해야 하는 문제가 있다. 전 세계적인 가상 교인분포를 가지고 있거나, 현실교회가 이방인들에게 성만찬을 베풀기를 거절하거나, 같은 교단의 교회를 찾기가 어려울 경우 큰 난관에 봉착할 가능성이 많다.409) 더구나 다른 신앙 제공자에게 성만찬을 위탁한다는 것은 별로 건전해 보이지 않는다는 단점도 존재한다.410) 에스티스는 가상교회가 시행할 수 있는 성만찬 유형을 소개하면서 장단점을 잘 지적하였다. 그는 어느 방식을 선호하는지 분명하게 밝히지 않고 있다. 다만 가상교회가 진정한 교회가 되려면 어떤 방식으로든 성만찬을 시행해야 한다는 것이다.411) 에스티스는 현대인들에게 익숙한 성만찬도 초대교인들은 매우 낯설게 느낄 것이라는 것을 지적하면서 가상교회는 전통적 교회나 현실교회가 익숙지 않게 여길지라도 성만찬 시행을 두려워하지 말 것을 권고하고 있다.412)

이제 세례의 문제를 언급하기로 하자. 세례 역시 성례전에 속하는 것으로서 가상교회든 아니든 매우 중요한 예식임에 틀림없다. 에스티스는 가상교회 역시 세례라는 성례식을 반드시 시행해야 한다고 강조한다. 그에 따르면 세례는 물로 씻음이라는 행위보다 그리스도의 구속적 죽음, 죄의 회개, 그리스도와 성도와의 연합의 의미를 강조해야 한다고 주장한다.413) 여기서 우리의 문

---

407) estes, 122.
408) estes, 122.
409) estes, 123.
410) estes, 123.
411) estes, 123.
412) estes, 123.
413) estes, 125.

제는 가상세례가 성경적 근거를 가지고 있는가 하는 것이다. 에스티스에 따르면 성경에는 세례에 대한 구체적인 물리적 장소적 규정이나 조건이 없고, 다만 세례의 영적 측면과 세례가 주는 신자들에 대한 의미를 훨씬 더 강조하고 있으므로 가상세례를 시행치 못할 이유가 없다고 본다.414)

그렇다면 가상교회에서 실시할 수 있는 세례유형은 어떤 것일까? 에스티스는 성만찬과 동일하게 네 개의 유형을 제시하고 있다. 첫째는 "상징적 가상세례"로서, "세례에 관한 성경을 낭독하고 세례의 상징들을 묵상하면서 시행하는 방법"이다.415) 그러나 이것은 "물에 잠김과 같은 육체적 경험을 무시할 수 있고, 상상의 (imaginary) 공동체들을 자극할 염려가 있으며, 자기세례를 유도할 위험성이 있다."416) 둘째는 "아바타를 매개로 하는 가상세례"로서, "가상미디어 속에서 리더 아바타가 수세자 아바타에게 세례를 베푸는 방식", 즉 "가상교회의 아바타 집례자가 개종자 아바타를 만나 성부와 성자와 성령의 이름으로 인공의 물에 잠기게 하는 방식"이다417) "세례를 실행할 때 교회는 모든 아바타 교인들을 초대할 수 있으며", "실재 원격현전의 공동체의 상황 속에서 세례를 베풀고, 유자격 목회자에게 세례를 받을 수 있다는 것" 외에도, "실제의 현실상황과는 상관없이 세례를 베풀 수 있으며", "위험지역에서 실제 세례를 받고 개종을 선언했을 때 오는 박해와 살해의 위협과 위험을 가상세례는 막을 수 있다"는 장점이 있다.418) 셋째의 방식은 "확장된 가상세례"이다.419) "가상교회는 새로운 신자에게 자격을 갖춘 목회자와의 원격현전(telepresent) 경험을 통하여, 실제 물을 사용하여 세례를 줄 수 있다."420) 이 방식의 장점은

414) estes, 125-126.
415) estes, 126.
416) estes, 126.
417) estes, 126.
418) estes, 126-127.
419) estes, 127-128.
420) estes, 127.

사람들이 "인공 성수가 아닌 실제 물로 세례를 받을 수 있다"[421]데 있다. 그러나 컴퓨터 접속이 가능하나 그리스도인들이 많지 않은 지역에서는 세례를 도와 줄 사람이 없다는 점, 세례를 도와 준 사람의 자격에 시비가 있을 수 있다는 점, 자기 스스로 자신에게 세례를 주는 느낌을 받을 수 있다는 점이 단점으로 작용할 수 있다.[422] 네 번째 방식은 "외부 위탁 방식의 세례"로서, "한 가상교회가 실제 현실 교회를 접촉하여 현실 교회에서 가상교회 소속 회심자들에게 세례를 주는 방식"이다.[423] "이 방식은 세례는 단 한 번의 사건이므로 이 방식 가장 좋은 세례 방식으로 느껴질 수 있다."[424] 그러나 "자신의 교회에서 세례를 줄 수 없다면 진정한 교회인가 라는 물음이 제기될 수 있는 단점이 있다."[425]

에스티스는 성례전과 관련된 가상교회의 장점과 약점을 잘 알고 있다. 이러한 것들은 현실교회들이 잘 보완해 줄 수 있다고 본다. 그에 의하면 현실교회와 가상교회는 대립적이거나 모순적 공동체가 아니며, 서로 대체할 수 있는 기관도 아니고, 다만 전체 교회의 일부분이다.[426] 가상교회라고 해서 가상현실 속에서 모든 것이 이뤄지는 것도 아니며, 현실교회라고 해서 빌딩건물 안에서 모든 것을 해낼 수 있는 것도 아니다.[427] 앞으로 기술의 발전은 지속될 것이고, "하나님의 백성들도, 실제 현실교회, 가상세계, 증강현실 어딘가에 머무르게 될 것이다."[428] 에스티스는 이런 현실은 예배와 성례전과 교회의 전통적 제도에 많은 물음을 제기할 것이라고 전망한다.[429]

---

421) estes, 127.
422) estes, 128
423) estes, 128.
424) estes, 128.
425) estes, 128.
426) estes, 130.
427) estes, 130.
428) estes, 131.
429) estes, 131.

7. 가상현실 시대의 사도적 디제라티(digerati)를 기다리며

지금까지 에스티스의 심처치(SimChurch)를 중심으로 가상교회론의 가능성을 살펴보았다. 오늘날의 가상현실 속에서 교회됨의 의미를 누구보다도 상세히 언급해 주었다. 그의 주장을 간단히 정리하자면, 가상교회도 분명한 가상공간이라는 지역성에 기초한, 그리고 성서적 근거를 가진 참된 교회공동체라는 것이다. 그에 의하면 가상교회 역시 하나님의 영광을 목적으로 하며 가상공간 속에서의 예배와 교육과 성례전과 목회가 이뤄지는 원격현전의 하나님의 백성이라는 것이다. 이 가상교회는 단순히 성도의 인터넷 교제나 기성교회의 확장으로 이뤄진 교회가 아니다. 철저히 선교적 교회이다. 선교의 현장이 다만 가상공간일 뿐이다. 기존의 전통적 교회가 접근할 수 없는 이들을 위해 "사도적 디제라티"(apostolic digerati)를 양성할 것을 에스티스는 제안한다.[430] 그리고 가상교회를 교회로 인정하고 현실교회와 협력하여 하나님 나라를 세워갈 것을 희망한다.

그러나 에스티스도 지적했듯이 가상교회라고 해서 장점만 있는 것이 아니다. 많은 단점들이 있다. 가상교회는 이들이 진정으로 가상공간에 만들어진 임의적 공동체가 아니라 진정한 하나님의 백성임을 성서적, 신학적으로 좀 더 체계화할 필요가 있다. 이미 지적된 성만찬의 문제나 치리의 문제들도 해결해야 한다. 에스티스가 지적한 문제점인 고립주의와 개인주의, 끼리끼리 모이는 부족주의, 현실적 실제 교회와의 관계 등도 해결해야 할 문제이다. 또한 파생적으로 발생하는 윤리적인 문제들, 예배의 진정성의 문제, 가상공간에 왜곡된 목적으로 세워진 이단성 교회 등도 해결해야 한다.

하지만 이러한 문제가 있다고 해서 가상교회를 제거하려고 해서는 안 된다. 위에서 지적된 문제는 가상교회에만 제기되는 문제가 아니라 현실교회에

---

430) estes, 225.

제기되는 문제이기도 하다. 현실교회는 전혀 문제가 없으며 가상교회는 심각한 문제를 않고 있다는 무의식적 생각도 가상교회의 문제를 해결하는데 도움이 되지 않는다. 가상교회 안에서 그러한 문제를 인식하고 끊임없이 해결하려고 하는 노력을 좀 더 지켜 볼 필요가 있다.

우리는 어떻게 접근할 것인가? 가상세계 안에 이미 많은 독립적인 교회들이 세워져 있고 많은 교인들을 확보하고 있는 것이 현실이다. 바쟁은 이렇게 제안한다. "교회는 실질적이고 실용적인 접근방법을 취해야 한다. 기독교 메시지가 사회와 미디어에 설명되는 것을 담보하려면 새로운 기술들을 사용해야 한다. 교회는 메시지를 가능한 한 많은 사람들에게 도달되게 하려면 메시지 자체가 들리고 또 보여야 한다. 이것은 교회가 교인들만의 그룹에서 벗어나서 감당해야할 그 어떤 것이다. 마치 종교개혁이 새로운 인쇄술을 사용하여 메시지를 전달한 것처럼, 우리는 오늘날 마찬가지로 우리시대의 새로운 기술들을 이용해야 한다. 인터넷은 복음전도의 잠재적 도구다."431)

이렇게 질문해보자. "가상교회는 복음을 모든 사람들에게 열어 놓을 수 있을까? 가상교회는 우리들에게 교회됨의 의미를 어떻게 말할 수 있을까?"432) 에스티스에 따르면, 교회는 역사적으로 세 번의 요동이 있었다. 첫째는 1세기의 교회요 둘째는 16세기 종교개혁의 물결이었다.433) "세 번째 물결은 바로 21세기의 교회다. 교회는 새로운 세계로 진입하고 있다. 컴퓨터를 매개로한 통신, 글로벌리즘, 예상된 인구 붐 등이 교회로 하여금 교회됨의 새로운 의미를 추구하게 하고 있다. 이 새로운 방식 중의 하나가 바로 가상교회이며 다가올 여러 세기 동안의 교회가 되는 방식에 영향을 줄 것이다."434) 가상교회가 바로 그러한 영향을 제공할 수 있다면 교회된다는 의미는 과연 무엇일까? 한

---

431) Jean-Nicolas Bazin, Jerome Cottin, Virtual Christianity, 4-5.
432) estes, 221.
433) estes, 222.
434) estes, 222.

번쯤 상상해보아야 한다. 그의 지적대로, 오늘날의 인터넷 기술이 앞으로도 동일할 것이라고 착각해서는 안 된다. 십년 전과 비교한다면 모든 기술은 상상할 수 없을 정도의 발전을 가져왔다. 그렇다면 십년, 이십년 후엔 어떻게 될 것인가?[435] 상상하기가 쉽지 않지만 에스티스는 두 가지를 확신하고 있다. "첫째는 가상현실이 매우 달라져 있을 것이고, 둘째는 교회가 미래의 가상현실 속에 의미 있는 요소가 되려한다면 지금 즉시 시작해야 한다는 것이다."[436]

가상교회의 많은 문제점에도 불구하고, 에스티스는 앞으로 교회됨의 의미에 엄청난 변화가 일어날 것이고, 가상교회와 현실 교회 사이의 구분이 없어져서 모두 하나의 교회로 인정될 것임을 예견하고 있다[437] 이때를 대비해서 사도적 디제라티(digerati)를 세워야 한다고 요청한다. 그의 호소를 인용하면서 이 주제를 마무리 하고자 한다.

현재 전 세계에 디지털 혁명 이후에 때어난, 농경사회와 산업사회를 결코 기억하지 못하는 젊은이들이 많습니다. 그들은 오로지 디지털 사회만 알 뿐입니다. 교회는 이런 사람들을 발굴해야 합니다. 가상세계에 참여하려는 교회 목회자들과 지도자들과 기꺼이 파트너가 되려는 새로운 전사, 사도적 디지털지식인을 양육해야 합니다. 사도적 디제라티는 단순히 기술에만 관심이 있는 사람이 아닙니다. 그들은 기술혁신의 재능과 사도의 마음을 하나님으로부터 받은 자들입니다. 과거 시대의 교회가 예배공간을 위하여 석공과 건축가들과 예술가들이 필요했던 것처럼, 오늘날의 교회는 새로운 사람들을 위한 새로운 형태의 교회를 세우기 위하여 코더(coder)와 퓨처리스트(futurist)들이 필요할 것입니다. 그 사람이 바로 당신이라면, 지금이 바로 그때입니다. 가상세계가 바로 그곳입니다. 가상세계에 도달하기 위하여 교회는 하나님께 구해야 합니다. 새로운 세대를 위하여, 새로운 교회하는 방식을 위하여 새로운 사도들을 보내달라고 말입니다.

나는 다른 대화의 일부가 되려고 이 책을 쓴 것이 아닙니다. 사람이 더 많고, 돈과 명

---

435) estes, 222.
436) estes, 223.
437) estes, 224.

예가 더 많아서 내 목회방식이 당신의 방식보다 더 낫다고 주장하기 위해 이 책을 쓴 것도 아닙니다. 다른 사람의 교회관을 깨뜨리기 위해서도 아닙니다. 나의 단 하나의 목적과 희망은 사람들로 하여금 가상세계에 거주하는 사람들에 투자하도록 하는데 있습니다. (…) 가상세계는 새로운 선교의 장입니다. 우리는 이 낯선 땅에 장막을 치고 그들의 언어를 배우도록 하나님으로부터 부름 받았습니다. 하나님의 사랑을 나누도록 말입니다.[438]

---

438) estes, 225-226.

제8장 긍정교회론— 행복, 기쁨, 플러리싱 (flourishing), 그리고 교회

1. 긍정교회론?[439]

인간의 보편적 갈망은 무엇일까? 그 중 하나가 행복추구일 것이다. 최근 들어 주관적인 삶의 한 요소인 행복과 기쁨을 과학적으로 탐구하고자 하는 학문분야가 등장하였다. 긍정심리학이 그것이다. 긍정심리학이 행복과학이라는 또 다른 이름을 갖고 있는 이유가 여기에 있다. 필자는 행복이라는 주제에 관심을 갖고 연구하던 중 긍정심리학을 만나게 되었고, 신학과의 대화가 매우 활발하게 진행되고 있음을 알게 되었다.[440] 이런 학제간의 대화 상황을 접하

---

[439] 출처, 김도훈, "행복, 기쁨, 플러리싱(flourishing), 그리고 교회 - 신학과 긍정심리학과의 대화에 기반한 긍정교회론의 시도", 『선교와 신학』, 장로회신학대학교 세계선교연구원, 42집, 2017년 6월, 71-99.

[440] 중요한 긍정심리학과 신학의 대화 프로젝트들의 일부를 소개하면 다음과 같다. 첫째는 〈행복추구〉 프로젝트이다. 이 프로젝트는 템플턴 재단의 후원으로 에모리 대학의 Center For the Study of Law & Religion가 주관한 연구 프로젝트, 둘째는 시카고 대학의 〈덕, 행복, 그리고 삶의 의미, Virtue, Happiness & the Meaning of Life〉라는 프로젝트, 셋째는 홍콩대학의 〈하나됨, 덕, 그리고 인간의 행복에 대한 동, 서양의 개념, Eastern and Western Conceptions of Oneness, Virtue, and Human Happiness〉 프로젝트, 넷째는 미국 세인트루이스 대학의 〈행복과 웰빙: 간학문적 통합연구, Happiness and Well-Being: Integrating Research Across the Disciplines〉 프로젝트, 다섯째는 캐나다의 St. Paul 대학의 〈상담, 심리치료, 영성〉 학부에서 주관한 〈긍정심리학과 영성: 기쁨을 통한 치유, Positive Psychology and Spirituality: Healing through Pleasure〉 프로젝트, 여섯째는 호주 St. Peter's College의 〈신앙 안에서의 풍요로움: 긍정심리학과 신학, Flourishing in Faith: Positive Psychology and Theology〉이라는 주제의 국제 컨퍼런스, 마지막으로는 예일대학의 신앙과 문화 센터(Yale Center For Faith & Culture)의 4개의 프로젝트, 즉 〈하나님과 인간의 플러리싱 God & Human Flourishing〉, 〈기쁨의 신학과 좋은 삶, Theology of Joy & the Good Life〉, 〈살 가치가 있는 삶 Life Worth Living〉, 〈청소년 신앙과 플러리싱 Adolescent Faith & Flourishing〉 프로젝트들이 그것이다.
목회신학이나 목회상담 분야 혹은 영성학과 같은 신학의 분야와 긍정심리학의 대화에 대해서는 다음의 문서들 참조. Matthias Beier, "Always Look at the Bright Side of Life?: Positive Psychology, Psychoanalysis, and Pastoral Theology," *The Journal of Pastoral Theology,* (2), Winter 2014, 3-1-3-35. Simon Kwan, "Interrogating 'Hope':The Pastoral Theology of Hope

면서 필자에게는 많은 질문들이 생겨났다. 세상의 학문이 행복을 말하는데 신학은 왜 행복을 말하지 않는가, 기독교야말로 진정한 기쁨의 종교이며 복음은 근본적으로 기쁜 소식이 아닌가, 기쁨이라는 단어와 기뻐하라는 명령이 성경에 수없이 등장하는데 왜 현재의 신학은 이 주제들에 무관심하거나 이것들을 신학적 논의에서 배제하였는가, 그들의 행복과 신학이 말하는 기쁨은 과연 동일한 것인가 하는 질문들이었다. 이 글의 동인은 바로 이러한 도전들이다.

필자는 행복과 기쁨에 대해 타학문과의 대화와 상관없이 독자적인 신학적 연구가 충분히 가능함을 분명히 인정한다. 후에 이 문제를 다루려고 한다. 각

---

and Positive Psychology", *IJPT*, 2010, vol. 14, pp. 47-67. Karen Scheib, "All shall be Well: Flourishing and Wellbeing in Positive Psychology and Feminist Narrative Pastoral Theology," *The Journal of Pastoral Theology* 24(2), winter 2014, 1-17. Alfred R. Brunsdon, "A three musketeering approach to pastoral care: Reflections on Collaboration between pastoral care, narrative therapy and positive psychology". *Verbum et Ecclesia* 35 (1) (2014), 1-9. Christopher Kaczor, "Positive Psychology and Pastoral Practice," http://www. hprweb.com/2012/04/positive-psychology-and-pastoral-practice. Chr. Kaczor, *The Gospel of Happiness: Rediscover Your Faith Through Spiritual Practice and Positive Psychology*, Penguin Random House, 2015.
조직신학 분야와 긍정심리학의 대화에 대해서는 다음의 문헌들 참조. Ellen T. Charry, God and the Art of Happiness. Grand Rapids: Eerdmans, 2010. M. Volf, and Crisp, Justin E., ed. Joy and Human Flourishing: Essays on Theology, Culture and the Good Life. Augsburg: Augsburg Fortress Pub, 2015. Ellen T. Charry, T. "On Happiness" Anglican Theological Review 86, 1 (Winter, 2004), 19-33. Ellen T. Charry, "God and the art of happiness" Theology Today 68(3) (2011), 238-252. David N. Entwistle and Stephen K. Moroney, "Integrative Perspectives on Human Flourishing: The Imago Dei and Positive Psychology" Journal of Psychology and Theology vol.39 no.4 (2011), 295-303. Charles H. Hackney, "Possibilities for a Christian Positive Psychology" Journal of Psychology and Theology vol.35 no.3 (2007), 211-221. M. Elizabeth Lewis Hall, Richard Langer, and Jason McMartin "The Role of Suffering in Human Flourishing: Contributions from Positive Psychology, Theology, and Philosophy" Journal of Psychology and Theology vol.38 No.2 Nadia Marais, "Graced? A Critical Analysis of Salvation in Serene Jones that Portrays Human Flourishing as Open to Relation, Beautiful and Healed" Journal of Theology for Southern Africa 151 (March 2015), 74-95. Nadia Marais, "Happy? A critical analysis of salvation in Ellen Charry that portrays human flourishing as healing, beauty and pleasure" Verbum et Ecclesia 36(1) (2015), 1-10.

주에서 충분히 소개하였듯이, 이 글은 긍정심리학과 신학 사이의 대화가 지금 신학계에 등장하여 토론되고 있는 신학적 상황을 염두에 둔 글임을 다시 한 번 분명히 밝힌다. 다시 한 번 말하자면, 이 글은 행복과 기쁨, 그리고 플러리싱 라이프라는 주제를 접촉점으로 신학과 긍정심리학의 대화를 정리하고, 그 것을 교회론과 연결하여 긍정교회론 (positive ecclesiology)을 모색하는 것을 목표로 한다. 긍정교회론이란 개인과 공동체의 행복과 기쁨을 배양하고 그들로 하여금 플러리싱한 삶을 살게 하는 것이 오늘날 이 시대의 교회의 과제와 역할임을 드러내려는 교회론이다. 그러므로 긍정교회론을 좀 더 좁혀서 행복교회론, 기쁨의 교회론 혹은 플러리싱 교회론으로 칭할 수도 있을 것이다. 하지만 이 짧은 글로 긍정교회론이 온전히 들어났다고 보기는 어렵다. 다만 이 작업이 하나의 자극이 되어 이런 방향의 글들이 많이 나타나기를 원할 뿐이다.

긍정교회론은 필자가 시도하는 긍정신학(positive theology, theologia positiva)의 하부분야다. 긍정신학은 신학의 긍정적인 측면들, 창조, 부활, 감사, 용서, 화해, 행복, 기쁨, 복, 번성 등을 연구하며, 전통적 교리와 신학을 긍정적 차원으로 해석하여 기독교를 슬픈 종교나 죽음의 종교가 아닌 기쁨과 감격과 은혜와 위로의 종교로 복원하고자 하는 시도이다. 주지하듯이 기독교를 슬픔의 종교가 아닌 기쁨의 종교로, 하나님을 기뻐하시는 하나님으로 규정하려는 시도는 필자만의 시도는 아니다. 긍정신학이라는 용어를 사용하지 않았을 뿐이지 이미 다양한 분야의 신학자들이 긍정신학의 내용을 담은 글들을 발표하였다. 조직신학자인 몰트만은 기독교를 기쁨의 종교로 정의하였고,[441] 볼프 또한 〈예일대학교 신앙과 문화 센터〉의 책임자로서 "기쁨의 신학과 플러리싱 라이프"에 대한 연구를 주관하였으며 나름대로 기쁨의 신학을 심도 있

---

441) J. Moltmann, "Christianity: A Religion of Joy", Miroslav Volf, Justin E. Crisp (ed.) Joy and Human Flourishing: Essays on Theology, Culture and the Good Life. Augsburg: Augsburg Fortress Pub, 2015, 1-15.

게 제시하였다.442). 이러한 수많은 연구들을 살펴볼 때 긍정신학 혹은 긍정의 신학은 결코 무시할 수 없는 최근 신학의 동향 중의 하나임에는 분명하다. 이 글은 바로 이러한 시도들의 연장선상에 있다. 결국 필자의 긍정교회론은 이러한 긍정신학의 성격을 수용하여 교회의 성격을 기쁨과 행복 공동체로 정의하고, 교회를 행복한 삶, 플러리싱한 삶을 함양하고 훈련하는 〈긍정적 기관〉으로 규정하려는 교회론이다.

이 글의 키워드는 행복, 기쁨, 플러리싱 라이프이다. 이 키워드에 대한 간단한 설명이 필요할 것이다. "행복이란 만족에서 강렬한 기쁨에 이르기까지의 긍정적 혹은 유쾌한 정서로 한계 지어지는 정신적, 정서적 웰빙 상태이다."443) 때로는 행복을 "단순한 감성이라기보다 좋은 삶(good life), 풍성한 삶(flourishing life)을 사는 것"444)으로 정의하기도 한다. 이런 의미의 행복이라면 윤리적 함의를 담고 있는 헬라 철학의 유다이모니아(eudaimonia)의 개념에 잘 상응한다. 최근의 긍정심리학에서는 행복이라는 말보다는 플러리싱이나 웰빙이라는 용어를 더 선호한다.445) 이때의 플러리싱은 "최적의 인간의 기능"을 의미하며 그것은 일반적으로 좋음(goodness), 생산성(generativity), 성장(growth), 회복력(resilience)의 네 요소를 포함한다. 긍정심리학자인 프레드릭슨에 의하면 좋음(goodness)은 행복과 만족과 효과적 성과(effective performance)를 포함하며, 생산성은 미래세대를 위한 더 나은 삶을 만드는 것이며, 성장은 개인자산과 사회적 자산의 사용을 의미하며, 회복력은 어려움을 겪은 이후의 생존과 성장 능력을 말한다.446) 그러면 기쁨이란 무엇인가? 그것

---

442) M. Volf, "The Crown of the Good Life: A Hypothesis," Miroslav Volf, Justin E. Crisp (ed.) Joy and Human Flourishing: Essays on Theology, Culture and the Good Life. Augsburg: Augsburg Fortress Pub, 2015, 127-135.

443) https://en.wikipedia.org/wiki/Happiness (2017년 4월 29일 접속)

444) https://en.wikipedia.org/wiki/Happiness (2017년 4월 29일 접속)

445) M. Seligman, Flourish: A Visionary New Understanding of Happiness and Well-being 우문식, 윤상운 역, 『플로리시: 웰빙과 행복에 대한 새로운 이해』, 물푸레, 2011.

446) https://en.wikipedia.org/wiki/Positive_psychology (4월 29일 접속)

의 사전적 정의는 "특별히 좋은 것이나 만족을 주는 어떤 것에 의해 야기되는 큰 즐거움이나 행복의 감성"[447]이다. 또한 "기쁨은 유쾌한 관찰이나 그에 대한 기억에 반응하는 정서이며, 기쁨의 반응의 이유는 보통 어떤 기대나 욕구가 충족되었기 때문이다."[448] 행복과 기쁨, 플러리싱은 정의 상 차이가 있으나 공통적인 요소나 부분도 적지 않다. 이 용어들은 서로 분리되어 독립적으로 사용하는 개념도, 그렇다고 하나의 개념으로 환원할 수 있는 용어도 아니다. 기독교적 행복관과 반드시 일치하는 것도 아니다. 그러므로 이 글에서는 이 용어들을 때로는 구분하여 때로는 혼용하여 사용하였다.

이 장을 진행하면서 우선 긍정심리학이란 무엇이며 긍정심리학의 관심사와 행복한 삶 또는 플러싱한 삶의 요소가 무엇인지 간단히 소개할 것이다. 다음으로 긍정심리학의 여러 주제 중의 하나인 종교와 영성에 대한 긍정심리학의 입장이 무엇인지 정리하려 한다. 그 다음 항에서는 주 관심사인 긍정교회론을 다루며 마지막으로 교회와 긍정심리학의 과제를 제안함으로 이 장을 마무리하고자 한다.

2. 긍정심리학적 관점에서의 행복과 플러리싱의 구성요인으로 영성과 종교

긍정심리학이 종교와 영성을 어떻게 다루고 있는지를 살펴보기 전에 먼저 긍정심리학이 어떤 학문인지, 그것의 핵심 관심사는 무엇인지, 인간의 웰빙, 즉 플러리싱한 삶을 결정하는 요인이 무엇인지 간단하게 언급하려한다. 이에 대해서는 긍정심리학의 창시자인 셀리그만의 말을 인용하는 것이 적절할 것이다.

---

447) Mary Clark Moschella, "Elements of Joy in Lived Practices of Care", Miroslav Volf, Justin E. Crisp (ed.) Joy and Human Flourishing: Essays on Theology, Culture and the Good Life. Augsburg: Augsburg Fortress Pub, 2015, 99에서 재인용.
448) https://en.wikipedia.org/wiki/Joy (2017.4.29.일 접속)

긍정심리학은 개인이나 공동체를 번성하게 하는 강점들과 덕목들을 과학적으로 연구하는 학문이다. 이 분야는, 사람들은 의미 있고 성취적인 삶을 영위하고 자신 안에 있는 가장 좋은 것들을 배양하고 사랑의 경험과 일과 놀이를 강화하기를 원할 것이라는 신념에 기초해 있다. 긍정심리학은 세 가지 핵심 관심사가 있는데 긍정적 정서와 개인의 긍정적 특성과 긍정적 제도들이다. 긍정적 정서에는 과거에 대한 만족, 현재의 행복, 미래에 대한 희망에 대한 연구가 포함된다. 긍정적 특징은 사랑과 노동, 용서, 자비, 회복력, 창조성, 호기심, 성실성, 자기인식, 온유함, 자기 통제, 지혜와 같은 강점과 덕목들에 대한 연구로 구성된다. 긍정적 제도를 이해하는 것은 정의, 책임, 예의, 돌봄, 양육, 직업윤리, 리더십, 팀웍, 목적, 관용과 같은, 더 나은 공동체를 만들기 위한 인간의 강점에 대한 연구를 의미한다. 긍정심리학의 목표는, 어린아이들의 풍요로운 삶을 가능케 하는 가족과 학교, 만족과 높은 생산성을 가져오는 직장, 시민 참여를 격려하는 공동체들, 환자들의 강점을 밝히고 길러주는 치료사들, 긍정심리학의 교육, 긍정심리학의 대안을 제도와 공동체에 전파하는 것을 후원하는 학문을 형성하는 것이다."449)

셀리그만의 이 말에 긍정심리학의 모든 핵심이 담겨 있다. 하지만 그는 긍정적 정서, 몰입, 긍정적인 관계, 삶의 의미, 성취의 다섯 가지를 웰빙 요소로 언급450)하면서도 종교나 영성에 대해서는 진지하게 다루지 않았다. 그러나 최근 종교와 영성을 긍정심리학의 중요한 주제로 다룬 학자들이 점차 많아지고 있다. 피터슨(C, Peterson)은 쾌락과 긍정경험, 행복, 긍정적 사고, 성격강점, 가치, 홍미와 능력과 성취, 건강, 긍정적인 대인관계, 긍정기관 등을 긍정심리학의 주요 주제로 다루면서 교회를 다루기도 하였다.451) 콤튼(William

449) http://ppc.sas.upenn.edu/our-mission 2017. 3. 15일 접속,
450) Martin Seligman, Authentic Happiness: Using the New Positive Psychology to Realize Your Potential for Lasting Fulfillment, 김인자, 우문식 역,『긍정심리학』, 물푸레, 2011. 특히 Martin Seligman, Flourish: A Visionary New Understanding of Happiness and Well-being 우문식, 윤상운 역,『플로리시:웰빙과 행복에 대한 새로운 이해』, 물푸레, 2011.
451) Christopher Peterson, A Primer in Positive Psychology, 문용린 김인자 백수현 역,『긍정심

Compton)과 호프만 (E. Hoffman)은 기분과 정서, 여가, 몰입, 명상, 최고의 성과, 사랑, 건강, 창조성, 미적 예술적 감각, 회복탄력성, 지혜, 성격, 종교 및 영성, 긍정적 제도들이 좋은 삶, 행복한 삶, 인간의 웰빙을 좌우한다고 보았다.[452] 이 목록에서 알 수 있듯이, 그들은 종교와 영성을 의미 있는 요소로 취급하였다. 그들이 이렇게 종교와 영성을 학문적 연구의 대상으로 삼는 것은 종교와 영성이 육체적 정신적 건강을 강화시키고, 삶을 행복하게 하고 좋은 삶(good life)을 살게 하며, 삶을 의미 있게 하고, 고난과 질병과 죽음 등을 대하는 다른 방식을 가지고 있음을 그들은 알기 때문이다.

여기서 한 단계 더 깊은 질문을 던져보자. 종교나 영성이 건강과 행복과 플러리싱한 삶, 의미있는 삶을 영위하는데 어떤 방식으로 영향을 미치는가? 어떤 방식으로, 어떻게 해서 무엇 때문에 삶에 의미를 부여하는가? 콤튼과 호프만은 여러 연구들을 검토한 결과 다음 여섯 가지 요소로 이 문제에 답하고 있다. 첫째, "종교는 사회적 지원을 제공하기"[453] 때문이다. "일반적으로 사회적 지원이 스트레스나 면역체계에 긍정적 영향을 준다는 것을 전제한다면 종교 공동체가 육체적 건강에 중요한 요소가 될 수 있다. 비슷한 마음을 가진 개인들이 모여 있는 한 공동체 안에서 신앙생활을 한다는 것이 만족한 삶의 근원이 될 것임은 분명하다. 더구나 다른 사회적 지원체계와 달리 종교적으로 파생된 사회적 지원은 지원관계의 궁극적 근원, 즉 지원이 하나님으로부터 온다는 신념으로까지 확대되기 때문이다."[454] 둘째, "종교는 건강한 삶의 스타일을 갖도록" 하기 때문이다.[455] 셋째, "종교는 인격통합을 증진"[456]시키기

리학』 프라이머, 물푸레, 2010.
452) William C. Compton, Edward Hoffman, Positive Psychology: The Science of Happiness and Flourishing, Wadsworth, 2013 (이하 compton & hoffman으로 약칭함)
453) compton & hoffman, 233.
454) compton & hoffman, 233. 이런 그의 주장은 A. Bergan & J.T. McConatha, "Religiosity and Life Satisfaction", Activities, Adaptaion, and Aging, 2000, Vol 24 (3), 23-34. D.G. Myers, "The Funds, Friends, and Faith of Happy People," American Psychologist, 2000, Vol 55(1), 56-67의 연구에 근거한 것이다.

때문이다. 넷째, "종교는 생산성(generativity)과 이타주의를 증진"시키기 때문이다.[457] 다섯째, 종교는 스트레스나 삶의 어려움에 대한 자기 나름의 독특한 대처방안을 제시하기 때문이다.[458] "종교는 예기치 못하거나 원치 않는 스트레스 요인에 희망을 줄 수 있고, 그 이유를 설명해 줄 수 있으며, 그들의 삶을 더 넓은 틀에서 보도록 도우며, 새로운 목적과 의미를 만들어 내줄 수 있다."[459] 여섯째, "종교는 삶의 의미와 목적의식을 제공해 주기" 때문이다.[460] 의미의식과 목적의식이 인간의 주관적 웰빙에 기여하는 것은 사실이다. 이 의미에 대한 생각은 결국 삶의 궁극적, 최종적 의미를 묻게 되는데 이것은 종교에 가장 특징적인 생각이다.[461]

이제 좀 더 구체적으로 영성과 종교의 영향의 실례들을 설명해보고자 한다. 첫째로, 영성이나 종교가 건강에 끼치는 영향을 살펴볼 필요가 있다. 피터슨은 "종교적인 믿음이 문제를 해결하고 심지어 신체적인 병까지 피할 수 있도록 도울 수 있다"[462]고 주장한다. 콤튼(William Compton)과 호프만(Edward Hoffman)도 많은 연구 결과들을 토대로 종교성이 건강에 긍정적 영향을 강하게 미친다는 것을 인정하고 있다. 종교적 신념에 따라 치료를 거부하거나 의술을 무시하여 건강에 해를 끼치는 경우도 있으나 정상적인 종교 내에서는 종교성이 어떤 경우도 건강에 해를 끼친다는 증거는 없다는 것이다.[463] 다 소개할 수는 없으나 믿음과 감사와 기도가 건강에 얼마나 영향을

---

455) compton & hoffman, 233.
456) compton & hoffman, 233.
457) compton & hoffman, 233.
458) compton & hoffman, 233.
459) compton & hoffman, 233.
460) compton & hoffman, 234.
461) compton & hoffman, 234
462) peterson, 522.
463) compton & Hoffman, 230-231, 권석만, 『긍정심리학: 행복의 과학적 탐구』, 학지사, 2008, 461.

끼치는가 하는 연구는 적지 않다.

둘째로, 인간의 행복한 삶이나 플러리싱한 삶에 지대한 영향을 끼치는 의미추구에 관련된 논의들을 좀 더 살펴볼 필요가 있다. 사실상 인간은 의미를 추구하는 존재이다. "인생의 의미와 목적의식은 우리 삶의 방향을 제시해 줄 뿐만 아니라 우리 삶이 소중하다는 가치감을 제공해 준다."[464] 이차 대전을 경험한 프랭클이 삶의 의미에 대해 강조하며 의미요법을[465] 제안한 이후, 삶의 의미에 대한 과학적 연구가 점증하기 시작하였다. 그 연구들은 한결같이, 삶에는 의미나 목적이 있다고 믿는 사람들이 더 행복하거나, 일반적으로 더 웰빙한 삶을 살거나, 삶의 만족을 누리거나, 삶을 보다 더 잘 통제하며, 각자의 일에 더 몰두하고 있다는 느낌을 갖는다는 사실을 증명하고 있다.[466] 그들에게서는 우울이나 불안, 일중독, 자살 충동, 약물 남용 등 부정적 측면이 덜 발견되었다[467]는 것이다. 주목할 것은, 보다 더 중요한 것에 헌신하거나 세속적인 관심사를 초월하는 이상에 헌신하는 사람들은 다른 사람들에 비해 더 높은 수준의 의미 의식을 보여주었다는 점이다.[468] 이 의식은 대체로 종교인들이거나 순교자들에게서 더 높게 나타난다.

그렇다면 의미가 창조될 수 있는 방법은 무엇인가? 어떤 요소와 특성이 나타날 때 더 많은 의미를 발견하게 되는가? 무엇이 의미 있는 삶을 제공하는가? 이에 대해 콤튼과 호프만은 다음 여섯 가지를 제시한다. a. "더 위대한 조화와 일관성과 동질감이다. 자기 정체성이나 삶의 목표에 보다 더 위대한 조화와 일관성과 동질감이 있을 때 보다 더 큰 의미가 만들어진다. 종교적 태도는 바

---

464) 권석만, 446.

465) V. Frankl, Men's Search for Meaning, 이시형 역, 『죽음의 수용소에서』, 청아, 2012. 동저자, The Will to Meaning : Foundations and Applications of Logotherapy, 이시형 역, 『삶의 의미를 찾아서』, 청아, 2005.

466) Shane J. Lopez & C.R. Snyder, The Oxford Handbook of Positive Psychology, 2nd. New York: Oxford Universty Press, 2011, 680 (이하 lopez & snyder로 약칭함).

467) lopez & snyder, 680.

468) lopez & snyder, 680.

로 삶의 이질적인 요소들을 일관된 방향으로 끌고 갈 수 있을 것이다."[469] b. "이웃에 봉사하거나 가치 있는 명분에 자신을 헌신하는 것" 역시 삶에 의미를 부여하는 데 기여할 것이다. 이것은 종교인들의 특징이기도 하다.[470] c. 새로운 것을 만들어내는 창조성은 삶에 중요성을 부여해 줌으로써 삶을 다른 방식으로 경험하게 한다.[471] d. "삶을 가능한 한 충만히 그리고 깊게 사는 것"이 삶의 의미를 만들어 내는 데 중요하다.[472] e. 고난 역시 삶의 의미를 만들어 낼 수 있는데, 고난을 당한 사람들은 고난을 극복함으로써 오히려 자신의 삶을 재평가하고 변화된 삶을 살게 된다.[473] 고난은 자신감을 고양시키기도 하며 인간관계를 강화시키는 기회가 되고 삶의 철학을 바꾸는 계기가 될 수 있으며, 영적 성숙의 자극제가 되기도 한다.[474] f. 종교체험 같은 것이 삶의 의미를 증진시키기도 한다.[475]

셋째로, 영성과 성스러운 감성이라는 주제로 넘어가보기로 하자. 앞에서 간단히 언급했지만, 이러한 현상들은 삶의 의미를 부여하거나 행복한 삶을 영위하는데 매우 중요한 기능을 한다. 사실상 종교나 영성을 연구하지 않고 긍정심리학이 행복이나 삶의 의미를 논한다는 것은 적절치 못하다. 전 세계의 대부분의 인구가 신을 믿거나 종교를 가지고 있는 현실을 생각한다면 더더욱 그렇다. 그러나 학문적 현실은 반드시 그렇지 않다. 로페즈와 슈나이더의 주장에 따르면, "20세기 초반의 심리학자들은 영성을 무시하거나, 영성을 병적 현상으로 보거나, 영성을 영성 그 이면에 놓여있는 보다 더 근본적인 심리적, 사회적, 생리적 기능으로 환원할 수 있는 하나의 과정으로 보는 경향이 있었

---

469) compton & hoffman, 234.
470) compton & hoffman, 235.
471) compton & hoffman, 235.
472) compton & hoffman, 235.
473) compton & hoffman, 235.
474) compton & hoffman, 235.
475) compton & hoffman, 236.

다."476) 그런데 최근 심리학 연구 경향이 변하기 시작하여 영성에 대한 연구가 급증하기 시작했다. 로페즈와 슈나이더에 따르면 그 이유는 세 가지다.477) 첫째는 "90%의 미국인이 하나님을 믿고 기도하며, 84%의 미국인이 종교가 그들에게 매우 또는 상당히 중요하다고 생각하고 있다는 현실을 보여준 2004년 갤럽 조사에 의거하여 영성이 하나의 문화적 팩트(cultural fact)"478)라는 사실을 연구자들은 깨달았기 때문이다. 둘째는 "실증적 연구들이 영성을 수많은 인간 기능의 많은 면들과 연계시켜 주었기"479) 때문이다. 셋째는 "미국 심리학회가 종교성을 문화적 다양성의 변수로 정의했기 때문이다."480) 로페즈와 슈나이더는 심리학이 영성을 다뤄야 하는 이유와 동기를 다음과 같이 고백한다.

심리학자들과 사회과학자들은 영성이 인간의 기능에 수많은 중요한 함의를 가지고 있음을 배우기 시작하고 있다. 하지만 영성에 대한 연구는 이제 시작일 뿐이다. 연구자들은 영성을 다만 '멀찍이'서 연구하는 경향이 있다. 그래서 주로 직접적이 아닌 먼 척도들을 포함하는 개괄적 연구들을 의존한다. 가령 개인이 얼마나 자주 교회 가며 몇 번이나 기도하는가와 같은 척도나 영성과 종교성에 대한 자가 평가 같은 척도들에 의존한다. 이 과정을 보다 더 깊이 이해하기 위하여, 우리는 보다 직접적으로 보다 더 가까이에서, 즉 영성 지향적 사람들을 직접 사귀고, 그들의 세계관과 가치관과 관계를 익히며, 그들의 제도와 환경에 참여하여 관찰하며, 특별한 영성 자료와 방법을 보다 더 상세히 조사하는 것을 통해 연구해야 한다. 영성공동체와 심리학 사이의 긴장과 반감과 오해의 역사를 생각해 볼 때 직접적이고 자세한 연구가 어려울지 모른다. 그러나 해야 한다. 할 만한 가치도 있다. 영성에 대한 연구는 삶의 무시된 차원을 이해하고 또 사람들이 자신들의 웰빙을 강화하는 것을 돕기 위한 노력에 좋은 전망을 주기 때문이다.481)

---

476) lopez & snyder, 611.
477) lopez & snyder, 611.
478) lopez & snyder, 611.
479) lopez & snyder, 611.
480) lopez & snyder, 611.

실질적으로 영성생활이 인간의 삶과 별개가 아니다. 일상의 삶처럼 영성생활 자체도 인간 실존의 일부이다. 이것은 부인할 수 없으며 부인해서도 안 된다. 그러므로 "심리학이 영성의 세계관과 방법과 가치들을 심리학의 그것들과 이어줌으로써 많은 것을 얻을 수 있을 것이다. 이것을 인식한 사회과학자들이나 정신건강 전문인들 사이에서는 심리영성적 (psycho-spiritual) 대안들을 발전시켜 영성적 자료들을 임상실천에 통합하려는 실험들이 시도되고 있다. 또한 종교전승에 뿌리를 두고 있는 일군의 가치들, 구인(construct)에 대한 연구가 시작되고 있으며, 이러한 영성과 관련된 주제들을 예방, 교육, 치료 대안에 응용하기 시작하였다."[482]

뿐만 아니라 성스러운 감성, 즉 종교적 감성인 감사나 용서, 자비와 공감, 겸손, 경외감, 신비감, 회심에 대한 연구도 많아지고 있다.[483] 이런 연구의 결과들은 영성이 얼마나 인간의 웰빙에 도움이 되는가를 보여주고 있다. "이 모든 성스러운 감성들이 사람들 사이에 긍정적 커넥션을 만들어내고 우리의 최고의 가치와 잠재력을 드러나게 하기"[484] 때문이다. 예를 들어, 감사하는 사람들이 훨씬 덜 우울감을 보이고 스트레스도 덜 받았으며 역으로 더 행복한 삶을 갖는 경향을 보인다는 것이다.[485] 감사가 "세상에서 긍정적인 것으로 삶의 방향을 돌리도록 하고", "사회적 관계를 유지하고 강화하며", "삶의 만족도를 높인다"는 증거도 많이 등장하고 있다.[486] 그래서 "결혼과 가족치료 상담사들은 정서적 친밀감과 유대감을 강화하는 방편으로 사랑하는 사람에게 매일 감사를 표현하는 훈련을 권고하고 있다."[487] 용서도 삶의 질을 높이는데

---

481) lopez & snyder, 616.
482) lopez & snyder, 617.
483) compton & hoffman, 236-258.
484) compton & hoffman, 236.
485) compton & hoffman, 237.
486) compton & hoffman, 237.

매우 중요한 행위임은 틀림없다. "용서가 없다면 화, 분노, 상처와 같은 감정들 삶을 갉아 먹을 것이고 적대감이나 복수심만 반복될 것이다."[488] 최근의 심리학은 전형적인 기독교의 핵심 가치인 은혜를 과학적으로 측정하는 방법을 계발하여 은혜 (grace, graciousness)가 얼마나 인간의 웰빙과 정신건강과 삶의 의미부여에 영향을 미치는지를 연구하고 있다. 그 연구는 은혜가 웰빙과 정신강을 증진시키는데 매우 중요한 역할을 할 수 있다는 결론에 도달하고 있다.[489] 인간의 플러리싱과 행복과 육체적 정신적 건강에 영향을 미치는, 여기서 소개하지 못한 이외의 종교적 덕목과 영성적 요소들도 많이 있다.

지금까지 말한 것들을 정리하자면, 주관적 경험, 주관적 정서라고 할 수 있는 종교적 체험과 영성과 덕목들을 긍정심리학이 실험이나 통계적 방법들을 이용하여 과학적으로 입증해 주고 있다는 것으로 요약할 수 있을 것이다. 여기서 언급해야 할 것은 긍정심리학과 종교가 반드시 일치함을 말하려고 한 것도, 종교의 기능이 오로지 육체적 건강과 정신적 안녕에 있다는 것을 증명하려는 것도 아니다. 심리학과 신학 사이에는 여전히 큰 간격이 존재하며 공통분모로 환원할 수 없는 요소들이 있다. 다만 인간의 삶에 종교와 영성이 중요함을 학문적으로 점차 입증해내려는 긍정심리학의 시도에 긍정심리학에나 신학에 주목해야 할 중요한 과제가 있음을 각인시키려는 것이다.

3. 긍정교회론과 긍정적 기관으로서의 교회

여기서의 핵심 주장인 긍정교회론은 기본적으로 성경의 행복과 기쁨, 플

---

487) compton & hoffman, 237.

488) compton & hoffman, 238.

489) Rodger K. Bufford, Amanda M. Blackburn, Timothy A. Sisemore, Rodney L. Bassett "Preliminary Analyses of Three Measures of Grace: Can They be Unified?" Journal of Psychology & Theology, 2 0 1 5 , Vol. 43 , No. 2, 86 - 97.

러싱한 라이프를 추구하며 훈련하고 실천하는 교회론을 의미한다. 달리 말하자면 행복과 기쁨의 선포와 전파와 교육이 교회의 중요한 하나의 사명과 과제로 삼는 교회론이다. 이것은 전통적 교회론의 기본 정의인 하나님의 백성, 그리스도의 몸, 성령의 전으로서의 교회와 전혀 충돌하지 않는다. 오히려 교회의 본질과 의미의 확장이라고 할 수 있을 것이다. 성경의 삼위일체 하나님은 기쁨과 행복을 본성으로 하는 하나님이며, 그것을 인간에게 선물로 주고자 하는 하나님이다. 그리고 궁극적으로 플러리싱하며 행복한 기쁨의 나라를 이 땅에서 건설해 나가시는 하나님이시다. 교회는 바로 그러한 하나님의 백성이며, 인간의 행복과 기쁨과 영육간의 온전한 삶을 추구하셨던 예수 그리스도의 몸이며, 기쁨과 위로와 치료의 영이신 성령하나님의 전이자 피조물이다. 이 땅 위에 있는 삼위일체 하나님의 형상이자, 하나님 나라를 향해 가는 종말론적 순례 공동체인 교회는 내적 외적으로 행복과 기쁨, 플러리싱한 삶을 선포하고 실천해나가야 한다. 행복이나 기쁨, 혹은 좋은 삶, 풍요로운 삶을 추구해야 할 과제는 개인의 과제인 동시에 교회공동체의 과제이다 우리는 바울이 부탁한 그리스도의 고난과 부활에 참여하는 것의 기쁨, 하늘의 시민권을 소유하는 기쁨은 개인에게 한 부탁이라기보다는 교회공동체에 요구한 부탁임을 인식할 필요가 있다. 그러므로 매튜스(Charles Mathewes)에 의하면 "교회는 기쁨을 함양하는데 도움을 주는, 공동체적이며 개인적이고, 지적이며 감성적인 구조를 우리에게 주려는 기관"[490]이며, "교회는 예전적으로 구조화된 훈련을 만들어 우리로 하여금 하나님 나라의 시민에 적합하게 되어가도록 훈련하는 곳이다. 사실상 교회는 죄 많은 인간이 그리스도의 몸으로 만들어져가고 삼위일체 하나님의 자기 내어주심에 참여하게 되는 방식이다. 또한 교회는 그리스도의 은혜와 거기서 흘러나오는 기쁨이 어느 기관보다 더 잘 요구되고 기쁨의 수용

---

490) Charles Mathewes, "Toward a Theology of Joy", M. Volf and M. Justin Crisp (ed.) Joy and Human Flourishing: Essays on Theology, Culture and the Good Life. Augsburg: Augsburg Fortress Pub, 2015, 63-95, 68.

이 가장 잘 함양되고, 은혜와 기쁨이 가장 생생하고 명백하게 지속되는 공동체이다."491)

하나님이 선택한 계약 백성인 이스라엘은 하나님 안에서 행복자였다. 하나님이 선택한 새계약 백성인 교회는 삼위일체 하나님 안에서 행복한 공동체여야 한다. 그리고 영원한 플러리싱한 삶과 궁극적 최상의 종말적 행복을 목표하는 이 땅의 순례공동체이어야 한다. 그리고 그것을 예배, 교육, 선포, 선교, 봉사, 친교에서 행복을 실현해나가야 한다. 그리고 그 안에서 궁극적 행복, 영원한 행복을 기대하도록 해야 한다. 이 땅위에 있는 교회는 인간의 곤경스럽고 행복하지 못한 실존을 정확히 이해하고 육체적, 현세적 웰빙 뿐만 아니라, 정신적이며 영적인 행복, 영원한 행복을 실현시켜 나가야 한다. 교회 안에서만이 아니라 세상과 사회에 성육하여 행복과 기쁨을 만들어가는 선교를 감당해야 할 것이다. 진정한 행복을 방해하고 의미있는 삶을 억압하는 인간 개개인의 요소들, 사회구조적인 악, 타락한 문화 등을 변혁시켜 나가야 하며, 나아가 인간의 죄로 인하여 썩어짐의 종노릇하며 진정한 기쁨을 빼앗기고 탄식하는 자연과의 샬롬을 만들어 나가야 한다. 그리고 교회는 현재의 고난과 어려움 속에서도 기독교의 기본가치인 감사와 사랑과 용서와 화해를 연구하고 선포하고 실천해 나가야 한다. 이를 위한 구체적인 방안과 실천은 이 글의 성격을 벗어나므로 여기서 다루지 않겠다. 당연히 유념해야 할 것은 교회가 이 땅에 행복의 유토피아를 만들 수 있는 주체는 아니라는 점이다. 기쁨과 샬롬의 나라를 만들어 가시는 하나님의 사역에 전적으로 참여할 뿐이며 그것을 위한 도구일 뿐이다.

이제 교회는 긍정기관이어야 한다는 관점으로 이 항을 마무리하고자 한다. 이미 언급한 대로 긍정심리학의 관심주제의 세 가지 기둥이 있다면 그것은 긍정적 정서, 개인의 긍정적 특성과 그것을 배양하고 훈련시키는 긍정적

---

491) 위의 글, 68.

기관 혹은 제도이다. 여기서는 긍정적 기관에 대해 이야기하고자 한다. 긍정 기관 혹은 긍정제도란 인간의 긍정적 정서와 측성들, 인간의 강점과 장점들을 연구하고 실천할 수 있는 기관을 의미한다. 달리 말해 정신적이든 육체적이든, 현재적이든 미래적이든 인간의 행복과 플러리싱 라이프를 함양하는데 필요한 기구를 말한다. 여기서 필자가 제안하고자 하는 것은 긍정기관에 교회가 분명 포함되어 연구되어야 한다는 점이다. 이미 본대로, 긍정심리학이 목표로 하고 있는 행복하고 의미 있는 삶, 플러리싱한 라이프, 굿 라이프를 함양하는 중요한 요소 중의 하나가 바로 영성과 종교이다.[492] 더구나 행복의 요소 중 감사, 용서, 사랑, 희망, 영성, 의미 등은 전형적인 종교적 요소이며 가치관이자 덕목이다. 그리고 행복과 기쁨이 기독교 경전의 중요한 내용이며, 긍정심리학이 기독교 신학과 대화할 수 있는 접촉점이 되기도 한다. 그렇다면 긍정심리학이 말하는 긍정적 기관에 교회 혹은 종교기관이 포함되어야 하는 것이 마땅하다. 그런데 실상은 전혀 그렇지 못하다. 긍정심리학의 대표적인 저서들에 긍정적 기관으로 교회나 종교기관이 거의 언급되어 있지 않다. 긍정심리학을 창시한 셀리그만의 저서에도,[493] 로페즈와 슈나이더가 편찬한 방대한 〈옥스퍼드 긍정심리학 사전〉[494]에도, 조셉(Stephen Joseph)이 편집한 〈긍정심리학의 실제〉[495]에도 가족, 학교, 대학, 직장, 법과 정책기관은 언급되어 있지

---

492) compton & Hoffman, 229-258. 권석만, 『긍정심리학: 행복의 과학적 탐구』, 445-472. Shane J. Lopez and C. R. Snyder, ed. The Oxford Handbook of Positive Psychology. 2nd ed. New York: Oxford University Press, 2009, 611-617. Peterson, Chr. A Primer in Positive Psychology. 문용린, 김인자, 백수현 역. 『긍정심리학 프라이머』. 서울: 물푸레, 2010.

493) Seligman, Martin, Authentic Happiness:Using the New Positive Psychology to Realize Your Potential for Lasting Fulfillment, 김인자, 우문식 역, 『긍정심리학』, 물푸레, 2011. 동저자, Flourish: A Visionary New Understanding of Happiness and Well-being 우문식 , 윤상운 역, 『플로리시: 웰빙과 행복에 대한 새로운 이해』, 물푸레, 2011.

494) Shane J. Lopez and C. R. Snyder, ed. The Oxford Handbook of Positive Psychology, 549ff.

495) S. Joseph, Positive Psychology in Practice: Promoting Human Flourishing in Work, Health, Education and Everyday Life, John Wiley & Sons, 2015. 피터슨은 과거 심리학이 종

만 종교와 교회는 거론되어 있지 않다. 심지어는 유교나 도교, 불교, 참선은 언급하면서 기독교와 교회는 언급하지 않는 편파적인 연구들도 존재한다.[496]

이에 반해 긍정심리학자인 피터슨은 긍정적 제도에 좋은 가정, 좋은 학교, 좋은 직장, 좋은 사회와 함께 좋은 종교를 조심스럽게 포함시키고 있다.[497] "믿음에 근거한 조직들이 사회봉사나 지역봉사를 하는데 효과적"[498]임을 확인했기 때문이다. 그래서 그는 긍정적 정서를 발전시키는데 교회와 기독교의 역할이 필요함을 인정한다. 그에 따르면 "미국에서 젊은 사람들이 외적으로 드러내는 신앙심은 반사회적 행동을 예방하는 경향성과 관련이 있다. 예배 참석과 같은 신앙심의 지표에서 높은 점수를 보이는 어린이와 청소년들은 정서 조절 능력이 뛰어났고 공격적인 행동을 덜 했다. 또 한 학교성적이 더 좋았고 마약과 술을 할 가능성이 적으며 성적인 문제를 덜 일으키는 경향이 있었다. 그들은 세상을 좀 더 일관된 것으로 여겼다. 똑같은 결과들이 성인들에게서도 나타난다. 더욱이 성인들 사이의 종교적 개입은 개인적인 행복과 가족의 생활 만족을 예언한다."[499] 그는 또 사회학적 관점에서 연구된 실례를 소개한다. "교회가 사회적 정의와 봉사를 강렬히 추구할수록 각 지역사회에 이익이 되는 다양한 자원들을 제공하는데 명백하게 중요한 역할 수행한다. 이런 교회들은 집회에서 자유 지원제나 다른 형태의 시민 참여와 같은 시민의 의무감을 가르쳐 줄 수 있다. 특히 아프리카계 미국인 교회들은 필요한 사람들에게 교육, 심리적인 상담, 재정적 지원, 주거, 의류, 음식과 같은 다양한 자원들을 제공함으로써 그들의 지역사회내의 생활만족을 증진시키는 중요한 역할을 수행한

교를 다루지 않은 것은 행동주의 심리학이 지배하면서 "종교가 많은 심리학자들에 의해 과학적인 심리학의 알맞은 주제가 되기에는 지나치게 가치의 문제"(peterson, 519)로 여겨졌기 때문이라고 말한다.

496) Shane J. Lopez and C. R. Snyder, ed. The Oxford Handbook of Positive Psychology, 2nd ed. New York: Oxford University Press, 2009.

497) Peterson, 518ff.

498) peterson, 522.

499) peterson, 524.

다."500) 피터슨은 그의 긍정심리학 연구의 마지막 부분에서 행복하고 좋은 삶(good life)의 요소로 "부정적인 감정보다는 긍정적인 감정, 있는 그대로의 삶에 대한 만족, 미래를 향한 희망, 과거에 대한 감사, 장점과 강점의 확인, 무엇인가를 추구하고 실현하는데 있어서 재능과 감정을 활용, 다른 사람들과의 가까운 관계, 집단과 조직에서 의미 있는 활동"501)을 열거한다. 이것은 기본적으로 교회 조직이 기본적으로 가지고 있는 메시지이거나 활동 내용들이다. 그러므로 이러한 요소를 목표로 삼고 지속적으로 활동하는 공동체가 바로 교회이므로 교회를 긍정기관에 포함시키라고 주장하는 것이 무리하거나 과한 주장은 아닐 것이다.

4. 긍정신학과 긍정교회론의 평가와 과제

이 장은 생소한 주제인 행복과 기쁨에 대한 신학적 연구를 자극했다는 점, 최근 유행하고 있는 긍정심리학과 신학의 대화의 가능성을 열어 놓았다는 점, 교회론의 역사에 생소한 행복교회론, 혹은 긍정교회론을 시도하였다는 점, 오늘날 이 시대를 향한 새로운 교회의 역할과 사명을 제시하였다는 점, 긍정심리학이 이제는 교회를 긍정기관으로 인정해야 할 필요성이 있음을 발견한 점, 그리고 이 분야에 새로운 신학적 대화와 토론을 제안하였다는 점이 이 글이 갖는 의의일 것이다. 하지만 이 주제가 오늘날의 신학적 틀에서 보면 크게 생경하여 적지 않은 오해를 불러일으키기도 한다. 행복이나 기쁨을 다루려 할 때 오는 오해는 다음과 같은 것들이다. 첫째, 행복이나 기쁨이 신학적 주제가 아니라는 오해, 둘째, 행복이나 기쁨이 성경의 근본정신이나 복음의 본질을 심각히 훼손한다는 오해, 셋째, 행복이나 기쁨에 대한 논의와 실천에 대한 주

---

500) peterson, 524.
501) peterson, 547.

장이 번영신학의 일종이라는 오해, 넷째, 긍정신학 내지 긍정심리학을 긍정적 사고와 동일시하는 오해, 다섯째, 행복이 공동체나 사회는 무시하고 개인적 삶에만 적용된다는 오해, 여섯째, 행복이 현세적, 물질적일 뿐이라는 오해, 일곱째, 행복이나 기쁨은 고난이나 죄, 그리고 사회구조적인 악과 같은 부정적 측면을 무시한다는 오해 등이다. 여기서는 이에 대해 간단히 다루는 것으로 만족하려한다. 다른 글들에서 보다 더 상세히 밝힐 것이기 때문이다.

첫째, 기쁨이나 행복은 사실상 전형적인 신학적 주제이다.[502] 하나님의 본성이 기쁨이다. 창조는 새창조, 새하늘과 새땅의 약속이며 하나님의 기쁨의 행위이다. 구원과 해방은 하나님의 주권적 선물이며 〈헤아릴 수 없는 기쁨〉이다. 긍정교회론은 일반적으로 말하는 교회와 신학의 목표가 하나님 나라라는 사실을 추호도 부정하지 않는다. 하나님의 나라가 공평과 정의의 하나님의 통치만을 의미하는 것으로는 부족하며, 기뻐하시는 하나님의 궁극적 통치, 영원한 기쁨과 샬롬을 회복하시고자 하는 하나님의 통치를 회복해야 한다고 보는 신학이다. 십자가 역시 단순히 고난과 고행과 슬픔과 예수 장례식을 의미하는 것이 아니라 부활의 기쁨과 희망을 향하여 있다고 믿는 신학이다. 행복에 관한 신학적 논의는 신학 역사의 주요 무대에도 등장한다. 아우구스티누스와 토마스 아퀴나스가 이 무대의 주인공들이다.[503] 그러므로 행복과 기쁨에

---

502) 김도훈, "긍정신학의 최근 연구 동향", 『장신논단』, 51-5, 2019,12, 225-246.

503) Augustinus, De beata vita/Über das Glück: Lateinisch/Deutsch, Reclame, 1982. Thomas Aquinas, The Treatise on Happiness. The Treatise on Human Acts: Summa Theologieae I-II, 1-21, Indianapolis/Cambridge: Hackett Publishing Company, 2016. 또한 Ellen E. Charry, God and the Art of Happiness, Grand Rapids, Eerdmans, 2010, ch 1. Katharine Jefferts Schori, "The Pursuit of Happiness in the Christian Tradition: Goal and Journey", Journal of Law and Religion 29, no. 1 (2014): 57-66. Christopher Beeley, "Christ and Human Flourishing in Patristic Theology", Pro Ecclesia Vol. XXV, No. 2, 126-153. 정원래, "인간은 행복할 수 있는가: 토마스 아퀴나스의 행복론의 관점에서," 「『성경과 신학』제54권 (2010): 151-182. Brent A. Strawn, The Bible and The Pursuit of Happiness: What the Old and New Testaments Teach Us about the Good Life, Oxford University Press, 2012, 11-17, 참조

대한 연구가 신학적 주제가 아니었다거나 앞으로도 될 수 없다고 주장하는 것은 타당한 주장이 아니다.

둘째, 행복이나 기쁨은 성경의 중요한 주제이다.[504] 성경에는 행복과 기쁨이라는 단어가 수없이 등장한다. 누가복음은 기쁨의 복음서라 할 만큼 기쁨을 주제로 하는 책이다. 바울 역시도 기쁨을 지극히 강조하였다. 시편이나 마태복음에도 행복이라는 단어가 자주 등장한다. 복음이 무엇인가. 말 그대로 기쁜 소식이다. 성경은 기쁨의 책이며, 기쁨을 요청하는 책이다. 그러므로 행복이나 기쁨을 어떻게 정의하고 해석하느냐가 문제이지, 기쁨과 행복 말하는 것 자체가 복음을 훼손하는 일은 결코 아니다.

셋째, 행복과 기쁨과 감사와 용서와 위로와 같은 기독교의 긍정적인 측면을 다루는 것을 간단히 말해 긍정신학 혹은 긍정의 신학이라고 한다. 이러한 긍정적인 측면에 대한 신학적 작업은 결코 번영신학이 아니다. 긍정신학은 고난이 없는 기쁨이 아니라 고난을 넘어서는 기쁨을 말하며, 절망이 없는 희망이 아니라 절망 가운데서도 위로부터 오는 희망을 말하고, 십자가 없는 부활을 말하는 것이 아니라 십자가를 극복하고 오는 부활을 말하는 신학이다. 그러므로 행복신학이나 긍정의 신학은 결코 번영신학이 아니다. 번영신학, 기복신앙, 싸구려 은총으로 이어질 것이라는 염려 때문에 행복과 기쁨과 복과 은총을 말하지 못하는 것이야 말로 복음적이 아니다. 사실상 행복이나 기쁨에 관한 신학적 논의에서만 왜곡이 일어나는 것도 아니다. 바른 긍정신학, 바른 복의 신학, 바른 행복과 기쁨의 신학이 필요한 것이지, 왜곡을 염려하여 이 주제들을 무시하는 것은 올바른 신학적 처사가 아니다.

넷째, 흔한 오해 중의 하나는 긍정심리학이나 긍정신학을 한 때 유행했던 노먼 빈센트 필 유의 긍정적 사고와 동일시하는 것이다. 긍정신학이 그러한 긍정적 사고의 유형을 부정하지 않으나 동일하지도 않다. 긍정적으로 생각하

---

504) 김도훈, "기쁨과 행복의 긍정적 삶(생명)의 신학", 『장신논단』 49-4, 2017,12, 143-163.

면 모든 것이 잘된다는 식의 학문은 결코 아니기 때문이다. 한 때 〈긍정의 배신〉이라는 책이 등장하여 인기를 끈 바 있다. 이 책은 〈긍정적 사고의 배신〉이지 〈긍정심리학이나 긍정신학의 배신〉을 다룬 책은 아니다. 이 책의 저자는 전문적인 심리학자가 아니어서 긍정심리학을 판단할 만한 전문적인 식견을 가지고 있지도 않다. 그리고 어떤 한 개인이 부인한다고 하여 학문적 수많은 연구결과가 모조리 부정되는 것도 아니다. 그리고 주목할 것은 〈긍정의 배신〉이 어떤 상황에서도 긍정적으로 생각하면 잘 해결된다는 긍정적 사고를 부정한 것이지, 결코 행복이나 기쁨 자체를 부정하는 책이 아니라는 점이다. 오히려 그것은 진정한 행복을 주제로 한 저술이다. 그러므로 학문적이지 않은 책의 내용을 근거로, 그리고 다른 과녁을 목표로 한 글의 내용을 근거로 긍정심리학이 무너진 것처럼 판단한다면 지나치게 단순한 생각일 것이다. 그리고 긍정신학은 개인의 행복만을 목표로 하지도 않으며, 현세적, 물질적 행복만을 행복이라고 말하지도 않는다. 또한 사회구조적인 악이나 고통 등을 무시하지도 않는다.

　그럼에도 기독교적인 입장에서 긍정심리학을 긍정적으로만 평가할 수 없는 것은 당연하다. 이에 대해서는 모로니와 엔휘슬의 지적으로 대신하려 한다. 필자도 이에 전적으로 동의하기 때문이다. 첫째, 긍정심리학이 가지고 있는 가치관들이 기독교의 가치관과 상당히 유사한 부분이 많으나, 몇몇 가치관들은 기독교의 가치관에 일치하지 않으며 어떤 경우에는 심각한 차이가 있다. 그러므로 긍정심리학의 내용을 무조건 가져오는 것보다 비판적으로 수용하는 것이 유익할 것이다. 둘째 심리학 연구가 보여주는 대로 우리는 우리 자신의 좋음(goodness)이라는 환상에 빠질 수 있다는 점이다. 성경은 우리 자신, 즉 인간적 관점을 그렇게 높게 평가하지 않고 있기 때문이다. 셋째 인간을 지나치게 낙관적으로 봄으로써 인간이 마치 하나님의 위치에 오르는 것이 가능할 것처럼 긍정심리학이 본다는 점이다. 기독교신학에서는 이것은 교만에 속하며 죄의 문제이다. 긍정심리학이 긍정적 가치, 긍정의 힘을 배양하는데 기여한 것은 사실이나 인간의 한계, 인간의 죄성에 대해서도 진지하게 고려해야 할 것이다.505)

이제 마지막으로 긍정심리학의 영성연구를 조사하면서 느낀 소회와, 그리고 교회와 긍정심리학 양 편에 청하는 요구로 이 글을 마치고자 한다. 신학과 긍정심리학의 대화가 폭발적으로 증가하면서 기독교적 관점에서 고마움과 두려움을 동시에 표하고 싶다. 기독교적 가치관과 신념을 과학적으로 입증함으로써, 논리적이나 과학적으로 기독교적 신념을 설명하려는 변증적 시도에 기여할 수 있다는 해 줄 수 있다는 것이 고마운 이유이고, 반대로 과학이 이런 신념들을 입증하고 그들의 기관에서 훈련시킴으로써 앞으로 타긍정기관들이 교회와 종교기관을 대체할 수도 있다는 사실이 필자에게 두려운 이유다. 심리학이 종교의 기능, 기독교 상담과 목회의 기능들을 앗아갈 염려가 있으며, 그래서 제도적 종교는 존립의 위기를 맞을 수도 있다. 그러므로 이에 대한 시급하고도 적절한 대책이 필요하며, 이러한 학문적 분위기에도 생존할 수 있는 교회론과 목회론을 정립해야 할 것이다. 그리고 긍정심리학자들이 신학적 지식이나 훈련 없이 단순히 학문적으로만 접근함으로써, 의식적 무의식적으로 기독교의 교리나 가치관들을 오도하거나 왜곡시킬 염려도 작지 않다. 그러므로 신학자들과 목회자들이 그들의 연구에 적극 참여하여 왜곡된 길로 가지 않도록 조언하고 협력해야 할 것이다.

그리고 또 하나, 긍정심리학에 요청하는 것은 심리학이 기독교적 가치관을 좀 더 깊고 넓게 연구하고, 신학자들과의 대화에 적극적으로 임하고, 긍정기관에 교회도 포함하여 연구하라는 것이다. 그들이 인정하는 대로 서구 사회의 기본정신이 기독교적 세계관이 아닌가. 신의 존재를 믿고 정기적으로 교회

---

505) D. N. Entwistle& Stephen K. Moroney, "Integrative Perspectives on Human Flourishing: Imago dei and Positive Psychology", 301.

활동을 하는 사람들이 여전히 다수로 존재하고 있는 국가가 서구가 아닌가, 서구사회에서 기독교나 교회의 영향력을 배제하고 인간과 사회를 말하는 것이 불가능하지 않겠는가. 동시에 또 요구하는 것은 편견이나 왜곡이 아닌 기독교의 교리나 제도들을 좀 더 깊이 연구하고 자신들의 연구를 진행하는 것이다. 종교 간의 차이를 고려하지 않고, 모든 종교나 영성이 동일한 것처럼 전제하고 연구하는 것은 성급한 일반화의 오류를 범할 수 있다. "연구자들은 본격적으로 연구를 시행하기 전에 종교심리학과 영성에 대해 기본적인 교육을 받아야 한다. 그리고 영성에 대한 자신의 전이해나 태도를 재점검해보아야 한다"[506]는 로페즈와 슈나이더의 권고를 귀담아 들어야 할 것이다.

---

506) lopez & snyder, 616.

제9장 현대의 새로운 교회 운동으로서의 이머징 교회

1. 이머징 교회 "현상"[507]

하나의 "현상"이라고 불릴 만한 교회 운동이 등장하여 많은 복음주의 교회와 기성교회에 영향을 주고 있다. 그 운동이 바로 이머징 교회 운동이다. 새롭게 등장하고 있는 이머징 교회가 얼마나 성장하고 있으며 얼마나 영향을 끼치고 있는가? 타임 시사주간지는 오늘날 가장 영향력 있는 복음주의자들 중의 하나인 맥라렌(Brian McLaren)을 이머징 교회의 유명 지도자로 거명하였다.[508] 오크랜드(Roger Oakland)는 이머징 교회의 시작 배경을 다음과 같이 언급한다. "이머징 교회 운동은 오늘날 리더십네트워크(Leadership Network), 루퍼트 머독(Rupert Murdoch), 조시-베이스 (Jossey-Bass) 출판사, 유스 스페셜티즈(Youth Specialties), 윌로우 크릭 교회, 피터 드러커(Peter Drucker), 릭워렌(Rick Warren), 존더반(Zondervan) 출판사, 그리고 릴리 인도우먼트(Lilly Endowment)의 열정과 후원과 노력이 없었다면 오늘날처럼 되지 못했을 것임에는 거의 의심의 여지가 없다."[509] 이 말은 여러 영향력 있는 기관들

---

507) 출처, 김도훈, "하나님 나라, 삶, 문화:이머징 교회의 일상신학과 일상실천", 2009년 5월 27일, 장로회신학대학교 제 10회 소망포럼 공동과제 발표 일부를 수정 보완함.

508) http://content.time.com/time/specials/packages/article/0,28804,1993235_1993243_1993300,00.html 2005년 2월 7일자 Times 잡지는 맥라렌을 Paradigm Shifter로 소개하였다. "At a mere 48, McLaren, a nondenominational Maryland pastor, qualifies as elder statesman of a movement called the "emerging church." Its disciples, mostly 35 or younger and including mainline Christians and Catholics, have in recent years moved from cyber bulletin boards to pulpits of their own. Their goal: to deconstruct traditional church culture yet remain true to Scripture. A typical emergent church service is likely to include digital imagery and open dialogue." https://en.wikipedia.org/wiki/Brian_McLaren 참조.

509) Roger Oakland, Faith Undone, Lighthouse Trails Publishing, (Silverton: Oregon, 2007), 37-38.

과 인물들과 출판사들의 노력과 후원으로 이머징 교회가 생겨났으며 그래서 지금 상당한 정도로 성장하여 주목받고 있다는 것을 시사한다. 이 운동은 "하나의 저항이 아니라 새로운 대답, 즉 다른 방식으로 그리스도인이 되는 길"을 찾는 운동으로, 때로는 "새로운 종교개혁", "성경을 보는 새로운 방식"으로, 때로는 "미국 모든 교회에 충격을 줄 수 있는 운동으로 평가되기도 한다.510) 긍정적이든 부정적이든 이런 평가들 역시 이머징 교회 운동이 상당한 정도로 확장되어 가고 있음을 반영한다.

이머징 교회의 "현상"을 존슨(Phil Johnson)은 다음과 같이 고백하고 있다. "과거 40년 동안 이머징 교회 운동만큼 빠르게, 그리고 강력하게 복음주의자들의 상상력을 사로잡은 현상이나 흐름을 나는 기억할 수 없다. 다양한 이머징 교회 스타일의 트렌드가 약 20년동안 많든 적든 조용하게 복음주의의 사상과 실천에 스며들었다. '포스트모던 기독교'를 연구하는 인터넷 포럼이 1994년에 벌써 나타나 있었다. (…) 2003년에는 이머전트 대화가 상당한 대중성을 얻고 있었다. 나는 이 모든 현상들을 흥미롭게 지켜보고 있었다. (…) 2004년에 이미 이머징 교회운동은 놀랄 정도로 널리 퍼져 있는 현상이 되었다. (…) 그 후 복음주의 목회자 컨퍼런스가 열렸는데 사람들이 토론하고자 하는 주제는 실제로 이머징 교회에 관한 주제 단 하나인 것처럼 보였다."511) 마크 데빈(Mark Devine)은 "이머징 교회 현상이 수적으로나 영향력에 있어서 지속적으로 증가하고 있다. 특히 청년 복음주의자들에게서 그렇다"512)고 지적한다. 팀 콘더(Tim Conder)는 다음과 같이 말한다. "문화변혁의 시대 한가

510) Oakland, 12.

511) cf. Phil Johnson, "Joyriding on the Downgrade at Breakneck Speed: The Dark Side of Diversity", G. L. W. Johnson/R. N. Gleason(ed.), Reforming or Conforming. Post-Conservative Evangelicals and the Emerging Church, Wheaton, Crossway, 2008, 211-2.

512) cf. Mark Devine, "The Emerging Church: One Movement - Two Streams, Evangelicals Engaging Emergent." William D. Henard/Adam W. Greenway(ed.), A Discussion of the Emergent Church Movement, B&H Publishing Group, Nashville, Tennessee, 2009, 4.

운데서 기독교 공동체의 새로운 형태가 형성되고 있다. 많은 사람들이 그것을 이머징 교회라고 부른다. 그 교회에 대한 컨퍼런스와 출판행렬이 이어지며, 그리고 점점 더 많은 헌신자들이 생기며, 이머징 교회의 모델을 이해하고 복사하려는 호기심 많은 리더들을 자극하고, 점증하는 비판과 관심을 자극하기에 충분할 만큼 이머징 교회는 대중매체미디어에 더 많이 보도되고 있고 더 많은 대중적 주목을 끌고 있다."[513] 미국 풀러 신학교의 깁스와 볼저는 다음과 같이 말한다. "최근의 저서, 현재의 교회의 트랜드에 대한 세미나 주제, 그리고 인터넷의 광범위한 블로그 영역 속에서 이머징 교회에 대한 참고문헌을 풍부하게 찾아볼 수 있다. 관련 자료들이 너무 많아서 이머징 교회 역시, 과거에 일시적으로 관심을 받았다가 사라져버린 많은 교회의 운동들처럼, 그저 최근에 나타난 일시적 유행이 되어버릴 위험에 처해있다."[514] 이머징 교회의 중요 지도자인 킴벌도 자신의 책에서 "인터넷 검색 엔진의 검색 창에 '이머징 교회'와 포스트모던이라는 단어를 입력해 본 적이 있는가?"[515]라고 물으면서, 교회 사이트, 웹진, 토론 모임, 블로그, 신간 서적 등을 검색하느라 몇 시간을 보낸 적이 있음을 고백한다. 그는 이머징 교회에 대한 관심이 "포스트모던 혹은 기독교이후의 환경에서 이머징 세대에게 어떻게 접근해야 하는지에 대한 관심이 높아지고 있음"을 보여주는 현상이라고 결론 내린다.[516] 이 시대의 유명 예배학자인 로버트 웨버(Robert Webber)는 이머징 교회를 미국교회의 문화에 대한 복음주의적 적응현상이라고 분석한다. "이머징 교회는 새로운 복음주의적 정체성을 형성하게 될 것이다. 그 교회는 새로운 통찰력, 새로운 관심, 신학적 적용, 예배, 영성, 목회의 새로운 패턴들을 그 특징으로 한다. 역사는

513) cf. Tim Conder, The Church in Transition. The Journey of Existing Churches into the Emerging Culture, Grand Rapids, Zondervan, 2006, 22(이하 conder로 약함).

514) Gibbs/Bolger, Emerging Churches, 41.

515) Dan Kimball, The Emerging Church, 윤인숙 역,『시대를 리드하는 교회. 새로운 세대를 위한 전통적 기독교』, (서울: 이레서원, 2007), 20(이하 Kimball).

516) Kimball, 20.

지나고 나서야 가장 잘 해석될 수 있기에 나는 '그럴지도 모른다'(may)고 말하는 것이다. 그러나 쉬트라우스와 하우에의 역사 사이클이 맞다면, 그리고 과거와 동일한 궤도로 계속해서 움직인다면 이머징 교회의 리더들은 전통신학과 실용주의 실천의 불행한 균열을 넘어 새로운 그룹의 복음주의자들을 만들어낼 수 있는 발전의 계기를 일으킬 수 있는 좋은 여건에 있다고 보는 것도 무리는 아닐 것이다."[517]

이 모든 평가와 진술들을 종합해볼 때 오늘날에 있어서 이머징 교회는 영미권에 있어서 "하나의 광범위한 현상"[518]임에는 틀림없다. 이 이머징 교회는 한국에도 영향을 주고 있음이 분명하다. 영향력 있는 이머징 교회의 중심인물들인 맥라렌의 책의 대부분이 번역되어 있고, 존스(Tony Jones), 드리스콜(M. Driscoll), 패짓(Doug Pagitt), 테일러(Steven Taylor), 깁스(E. Gibbs), 킴볼(D. Kimball)등과 같은 이머징 교회의 지도자들이거나 이머징 교회 운동 연구자들의 책이 번역되어 있으며, 여러 논문과 기사들이 이머징 교회를 다루고 있고, 최근 들어 맥라렌과 같은 지도자들은 이미 한국에 초청되어 강연을 한바 있다. 이머징 교회운동의 비판서인 카슨 (D. A. Carson)의 책도 번역 출판되어 있다.[519]

---

517) Webber, Listening, 16.
518) Jason Byasse, "Emerging from what, Going Where? Emerging Church and Ancient Christianity", Mark Husband/Jeffrey P. Greenman, Ancient Faith for the Church's Future, (Downers Grove: IVP, 2008), 251.
519) 이머징교회를 깊이 연구한 스콧 맥나이트는 카슨의 이머징교회에 대한 정의와 비판(cf. D. A. Carson, Becoming Conversant with Emerging Church, Grand Rapids, Zodervan, 2005)이 별로 타당하지 않음을 다음과 같이 말하고 있다. 그는 지나치게 토론을 맥라렌이라는 한 사람에게만 집중하고 있으며, 이머징 교회를 판단할 때도 너무 지나치게 이슈를 포스트모더니스트들의 인식론에만 집중하고 있다는 것이다(Scot McKnight, What is the Emerging Church, 2006년 10월 26-27에 열렸던 웨스트민스터신학교 가을 현대적 쟁점 컨퍼런스 발표문, 2쪽). 그에 의하면 이머징교회는 하나의 새롭게 등장하고 있는 교단의 의미를 갖는 "교회"가 아니라 그것은 하나의 운동이고 대화라는 것이다. 그에 의하면 이머징교회 운동은 결코 신학적 흐름이나 조류가 아니다(3쪽). 다시 말하자면 이머징교회는 혁신적 교리 선언문이 교파적 입장이 드러나 있지 않다. 그러므로 그들의 입장을 지나치게 엄격한 신학적 잣대로 그들을 바라보는

이 운동은 "하나의 저항이 아니라 새로운 대답, 즉 다른 방식으로 그리스도인이 되는 길"을 찾는 운동으로, 때로는 "새로운 종교개혁", "성경을 보는 새로운 방식"으로, 때로는 "미국 모든 교회에 충격을 줄 수 있는 운동"으로 간주되는 등 다양하게 평가되고 있다.520) 이런 평가들의 핵심은 바로 "새로운"이라는 말에 있음을 주목해 볼 필요가 있다. 이머징 교회의 사상가인 맥라렌은 오늘날 이 시대는 교회의 모든 것이 새롭게 시작되어야 한다는 것을 다음과 같이 말하고 있다. "우리는 새로운 종교자체가 필요한 것이 아니라 우리 신학의 새로운 틀이 필요하다. 새로운 영이 아니라 새로운 영성이 필요하며 새로운 그리스도가 아니라 새로운 그리스도인이 필요하며, 새로운 교단이 필요한 것이 아니라 모든 교단 내에 새로운 교회들이 필요하다."521) 이머징 교회 목회자인 스티브 테일러(Steve Taylor)도 이머징 교회는 "기존의 신학이나 전통을 고수하려고 하지 않는다. 신흥교회[emerging church]는 하나님께서 새롭게 하시는 터요, 혁신의 공간으로 신학을 바라본다. 이는 이전의 훌륭한 신학과 역사를 우습게 여기려 하는 것이 아니다. 역사적으로 타나난 현상이지만 문화적 변동으로 야기되는 혼란스러움이 사실은 하나님께서 인도하시는 창조적인 혁신의 기회임을 인정하고자 하는 것이다. 신흥교회의 신학적 태도는 하나님의 이 창조적인 힘을 인정하고 그것을 발견하려는 것이다"522)라고 자신의 운동이 새로운 운동임을 역설한다. 이러한 그들의 말에 등장하는 "새로운"이라는 말은 틀림없이 무엇인가를 새롭게 시작하고 있다는 것을 의미한다. 때로는 그들의 새로운 시도 때문에 "신기한 교회의 발명자"라거나 "혁명가"523)

것은 무리가 있을 수밖에 없다. 이머징 교회에 대한 비판적 평가를 위해서 cf. Roger Oakland, Faith Undone, Lighthouse Trails Publishing, (Silverton: Oregon, 2007). R. Scott Smith, Truth & The New Kind of Christian. The Emerging Effects of Postmodernism in the Church, Wheaton, Crossway Books, 2005.

520) Roger Oakland, Faith Undone, Lighthouse Trails Publishing, (Silverton: Oregon, 2007), 12.
521) 위의 책, 11에서 재인용.
522) Steve Taylor, Out of Bounds Church. Learning to Create Community of Faith in Culture of Change, 성석환 역, 『교회의 경계를 넘어 다시 교회로』, 서울: 예영커뮤니케이션, 2008, 85.

라는 말도 듣는다. 무엇보다도 그들에 대한 기성교회의 염려는 포스트모더니즘에 대한 수용적 태도, 오늘의 대중문화에 대한 수용적 태도 때문이다. 밥 휘슬(Bob Whitesel)은 이렇게 말한다. "이머징 유기적 교회에 대한 많은 비판은 그들이 포스트모던 철학과 연관되어 있기 때문에 그들이 은밀히 이교적 신앙을 수용할 수도 있지 않겠는가 하는 염려와 유보에 초점이 맞추어져 있었다. 아주 솔직하게 나도 나의 탐구여정을 착수하기 전에 이들에게서 비정통적 신학의 번식을 발견하는 것이나 아닌가 하는 생각이 있었다."[524] 이머징 교회는 그들을 향한 평가가 적절한 것이든 아니든 평가를 두려워해서는 안 될 것이다. 그들에 대한 많은 비판들은 그들의 새로운 신학이 진정한 기독교적 경계 안에 있는 새로움인지를 검증하는 새로운 운동에 대한 당연한 비판이기 때문이다.

2. 이머징 교회의 정의와 특징

필 존슨은 이머징 교회를 정의하는 것이 매우 어렵다고 하소연한다. 왜냐하면 그 운동은 전형적인 포스트모던 현상이이어서 매우 다양하고 당혹스러울 정도로 무정형이고, 끊임없이 변하고 있기 때문이다.[525] 그는 이머징 교회가 다양성을 보이는 세 가지 동기를 지적한다. 첫째는 이머징 교회가 포스트모던 가치를 수용했기 때문이고, 둘째는 교리에 무관심하기 때문이며,[526] 셋

---

523) Tim Conder, The Church in Transition. The Journey of Existing Churches into the Emerging Culture, Grand Rapids: Zondervan, 2006, 14.

524) Bob Whitesel, Inside the Organic Church. Learning from 12 Emerging Congregations. Nashiville: Abingdon Press, 2006, , xiv.

525) Phil Johnson, 위의 책, 212.

526) 그들이 교리에 무관심한 것은 교리에 대해 무지하거나 교리를 무시해서가 아니라, 교리적 선언보다는 실천과 삶을 더 강조하기 때문이다. Dan Kimball은 신조들을 인정하고 교리적 선언문들을 그들 교회의 선언문에 포함시키고 있는 것을 보면 그들이 일방적으로 전통적 교리를 무시하는 것은 아니다. 킴볼은 "우리는 니케아 신조가 고백한 진리들을 믿는다. 니케아 신조는 AD 4세기에 쓰인 아름

째, 자기방어, 즉 그 운동 안에 있는 개개인이 자기가 선호하는 대로 어떤 것을 거부하거나 주장할 수 있는 특성 때문이라는 것이다.[527] 그는 "불행히도, 이머징 운동은 복음의 진리로 맞서야 할 필요가 있는 포스트모던 문화의 특징들을 정교하게 수용하고 채택하고 있다. 포스트모던 문화를 위해 기독교 메시지를 상황화하는 과정에서 이머징 교회운동은 오히려 포스트모던 가치 시스템을 무비판적으로 수용하고 있다"[528]라고 말한다. 그러나 그의 비판은 일부의 이머징 교회의 지도자들에게 해당될 수는 있으나 모든 이머징 교회 지도자들에게 일괄적으로 해당되는 비판은 아니다. 이머징 교회 운동의 리더들은 개개인에 따라 포스트모던 가치를 적극적으로 수용하는 부류가 있고, 그렇지 않은 부류도 있기 때문이다.

포스트모더니티에 가장 적극적인 이머징 교회의 지도자 중의 하나는 맥라렌이라고 할 수 있는데 그 역시도 많은 고민 중에 선교적 목적을 위하여 이 포스트모더니즘을 수용할 것을 말하고 있다. "모던은 나쁘고 포스트모던은 좋다는게 아니야. 모더니티와 마찬가지로 포스트모더니티에도 악의 씨앗이 있음은 의심할 여지가 없다. (…) 포스트모더니티가 한두 세기만 지나가면 지금 우리에게 드러난 모더니티 못지않은 치명적인 결함들이 분명히 나타날 것이다. 이것은 단지 좋고 나쁘고의 문제가 아니다. 오히려 적합한가, 부적합한가의 문제이다. 특히 그리스도인들이 선교를 하는데 더더욱 적용된다. (…) 바울이 오늘 살아 돌아온다면, 그는 아마도 '모던인들에게는 모던인이 되었고, 포스트모던인들에게는 포스트모던인이 되었노라. 그래서 모든 적합한 수단을 동

다운 신조이다. 그것은 예수의 정체성, 아버지와 성령에 대한 아들의 관계 등에 대한 핵심적 교리를 표현하고 있다"고 말한다. (http://www.vintagechurch.org/about/theology/truths-in-the-nicene-creed). M. Driscoll은 한 때 자신은 방법론적으로는 이머징 교회에 속하며 신학적으로는 개혁교회에 속한다고 말한바 있다. 이머징 교회의 신학에 대해서는 졸고, "창조성과 하나님 나라. 이머징 교회의 신학",『장신논단 33집』, 2009 참조.

527) Phil Johnson, 위의 책, 213-214.
528) Phil Johnson, 위의 책, 217

원해서 나는 사람들로 하여금 그리스도를 발견하도록 도울 수 있다'라고 말할 것 같다."529) 스콧 맥나이트는 이머징 교회의 중요한 특징이 포스트모던적이라는 것에 동의하면서도 그 안에서도 다양성이 있음을 다음과 같이 지적하고 있다. "포스트모던 컨텍스트 안에서 그리스도인으로 산다는 것, 그것은 다른 사람들에게 다른 것들을 의미한다. 어떤 사람들은 포스트모던인들에게(to) 목회할 것이고, 어떤 이들은 포스트모던인들과 함께(with) 목회할 것이고, 또 어떤 사람들은 포스트모던인으로서(as) 목회할 것이다."530) 영국 이머징 교회 지도자인 존스(Andrew Jones) 역시 이머징 교회를 정의하기가 어려운 이유를 "이머징 교회의 실천이나 모델 뒤에 있는 아주 다른 사고구조, 가치시스템, 세계관"531) 탓으로 돌린다. 콘더(Tim Conder)도 이머징 교회들의 스타일, 조직, 신학, 목회실천들이 매우 다양하기 때문에 한마디로 쉽게 정의하기가 어렵다고 말한다.532) 킴볼 역시 이머징 교회에는 한 가지 모델만 있는 것이 아니라고 고백한다. "이머징 교회는 대형교회, 소형교회, 가정교회, 다인종교회, 다문화 교회, 도심교회, 시골교회, 시외교회 등 다양하게 구성될 수 있다"533)는 것이다.

그럼에도 이머징 교회의 운동에 대한 몇 몇 정의를 소개해보기로 한다. 킴볼은 "이머징 교회는 하나의 모델이기보다 사고방식에 가까운 것"534)이라고 정의하면서 모든 것에 있어서 새로운 사고방식을 가질 것을 주문하고 있다.

---

529) Brian McLaren, A New Kind of Christian, 김선일 역, 『새로운 그리스도인이 온다』, IVP, 2008, 69.
530) S. McKnight, "Five Streams of the Emerging Church. Key elements of the most controversial and misunderstood movement in the church today," http://www.christianity today.com/ct/2007/february/11.35.html.
531) Tim Conder, The Church in Transition. the Journey of Existing Churches into the Emerging Culture, Zondervan, 2006, (이하 Conder). 23에서 재인용.
532) Tim Conder, 23
533) Kimball, 22.
534) Kimball, 22.

그는 직접적인 정의보다는 그들이 무엇을 하고자 하는가를 보여줌으로써 이머징 교회를 간접적으로 정의내리고 있다. 그는 특히 대안예배를 강조한다. 다감각적 예배, 예술을 사용한 예배, 전통적 특징의 예배, 경험적인 찬양집회 등을 강조한다. 그리고 이야기 설교 형태를 지지하고 있다.535) 이런 특징을 가진 교회를 일반적으로 이머징 교회라고 할 수 있을 것이다. 그래서 깁스와 볼저도 이머징 교회라는 용어가 처음에는, 그들 교회들의 급속한 수적 증가, 20대들을 유인하는 능력, 대중음악 스타일을 차용한 현대적(contemporary) 예배, 웹사이트와 입소문을 통해 기독교적 하부문화를 활성화시킬 가능성들 때문에 주목을 받아온, 대중적이면서도 청년 지향적 집회에 적용되던 용어였음을 인정한다.536) 하지만 또한 그들은 대안예배의 특징만을 가지고 어떤 교회를 이머징 교회라고 말하는 것도 너무 협소한 정의라는 것을 인정하고 있다. 마크 스칸드렛(Mark Scandrette)은 이렇게 정의한다. "이머징 교회는 좀 더 통합적이고 전체적인 신앙생활에 대한 탐구이다. 신학적 탐구작업이 계속되고 있는데, 하나님나라의 신학, 내적인 삶, 친교/공동체, 정의, 환경보전, 포용성, 영감적 리더십 등의 문제에 좀 더 집중하고 있다. (…) 전체적으로 보자면, 이머징 교회 운동은 통합적 영성에 대한 탐구이다."537) 맥나이트는 "이머징 교회는 포스트모던 문화 안에서 새롭게 등장하고 있는 선교적 공동체이며, 그들이 처한 장소와 시간 속에서 정동 기독교 신앙에 충실하려는 예수의 추종자들로 구성된 선교적 공동체이다"538)라고 정의 하고 있다. 존슨은 "이머징 교회운동은 근본적으로 포스트모더니즘이 제기하고 있는 독특한 도전들에 대처하는 방식으로 교회를 만들고, 또 그런 방식으로 복음 메시지의 틀을 형성하려는

---

535) Kimball의 위의 책 특히 제 2부.

536) Gibs/Bolger, Emerging Churches, 41이하를 참조함.

537) 위의 책, 42에서 재인용.

538) Tony Jones, The New Christians. Dispatches from the Emergentfrontier, Jossey-Bass, San Francisco, 2008, 56에서 재인용 (이하 Jones, The New Christians.로 약함).

의식적인 노력"539)으로 정의한다. 깁스와 볼저는 위의 모든 내용을 포함하는 좀 더 일반적인 용어들을 사용하여 이머징 교회의 특징을 지적하고자 한다. 그들은 "포스트모던 문화 안에서 예수의 길을 실천하는 공동체"540)로 정의하면서 다음 아홉 가지의 실천적인 면들을 이머징 교회의 일반적 특징으로 정의하고 있다. 즉 이머징 교회들은 (1) 예수의 삶을 따라하고, (2) 세속의 영역을 변화시키며, (3) 매우 높은 공동의 삶을 살아야 한다. 이런 세 가지 행동들 때문에 이머징 교회 교회들은 (4) 낯선 이들을 영접하고, (5) 아낌없이 봉사하며, (6) 생산자(프로듀서)로 참여하고, (7) 창조된 존재로서 창조해나가며, (8) 하나의 몸으로서 인도하고, (9) 영성활동에 참여한다.541) 이러한 아홉 가지의 특징은 이머징 교회의 신학, 시스템, 리더십, 영성, 제도, 예배, 디아코니아, 코이노니아, 공동체 운동 등등 모든 것들과 연결되어 있다.

이머징 교회의 특징을 솔로몬포치교회의 비전 선언문을 통해서도 발견할 수 있다. 이 선언문에는 간략하지만 이머징 교회의 기본적인 특징들이 잘 드러나 있다.

하나님의 말씀을 경청하며 하나님께 순종하며, 그리스도인들이 아닌 사람들이 예수의 방법으로 하나님을 따르는 자들이 되며, 교회와 관련이 없는 사람들이 교회의 적극적인 일원이 되며, 모든 삶 속에서 몸과 마음과 혼과 영을 다하여 하나님과 깊이 연결되며, 아름다움과 예술과 창조성이 존중되고 사용되며 창조주 하나님으로부터 온 것으로 이해되며, 문화가 만나지고 포용되며 변혁되며, 기쁨과 흥미와 흥분이 우리의 부분이 되며, 하나님 나라가 현실적인 방식으로 세상에서 확장되고, 하나님에 대한 성서적 이야기가 말해지고 전달되며, 성서적 정의와 자비와 은혜와 사랑과 의가 지배하며, 진리와 정직과 건강의 삶의 한 방식이 되며, 혁신을 귀하게 여기고 하나님의 영광을 위하여

---

539) Phil Johnson, 위의 책, 215.
540) 위의 책, 44.
541) 위의 책, 44-45. 그리고 그들의 책 전체는 바로 이런 구조와 순서로 되어 있다.

기꺼이 위험을 감내하며, 하나님에 대한 예배가 완전하고 생동적이며 실재적이고 하나님께 기쁨이 되며, 믿음과 소망과 사랑이 모든 이의 환경이 되며, 다음 세대의 리더십이 세워지고 리더들이 종이 되며, 모든 사람들이 사역을 위해 준비되며, 하나님의 영이 모든 구조와 시스템을 지배하며, 기독교 공동체가 외부인들에게 매력이 되고 신앙의 질문에 답이 되며, 사람들이 자신의 능력과 은사에 따라 하나님 나라에 참여하며, 전 세계 교회와 연계하여 일하고 그들을 의존하고 그들을 섬기며, 하나님의 길을 배우고 그것을 그들의 삶의 중심으로 삼는 용기를 얻으며, 다른 교회를 존중하고 지원하며 사람들의 목회 비전과 아이디어들이 살아나는 교회를 우리는 꿈꾸고 있습니다.[542]

스콧 맥나이트(Scott McKnight)는 이머징 교회의 특징을 예언적, 혹은 도발적,[543] 포스트모던적, 실천지향적, 후기-복음주의적[544], 정치적[545]으로 규정한다.[546] 미국 복음주의 루터교 목사인 나단 프램바흐(Nathan C. Frambach)는 이머징 교회의 특징을 지적하면서 그들이 무엇이 아닌가, 즉 무엇이 이머징 교회의 특징이 아닌가를 지적함으로써 이머징 교회의 특성을 드러내려 하

542) http://www.solomonsporch.com/aboutus_page_group/ourdreams.html,
543) 이것은 그들이 예언자적 수사를 사용한다는 의미이다. 맥나이트의 지적에 따르면 그들은 구약의 예언자들이나 예수처럼 매우 도발적이고 자극적인 수사를 사용하여 교회의 변화를 추구하려고 한다. 예를 들어 "예수가 지금 온다면 그리스도인들은 그를 싫어하여 다시 그를 죽이려고 음모를 꾸밀 것"이라는 표현이나 "정통(orthodoxy)이라는 말이 이단의 반대말이 아니라 정통실천(orthopraxy)의 반대개념"이라는 수사 등이 그것이다. 각주 546의 S. McKnight의 글 참조.
544) 맥나이트가 이머징 교회를 후기-복음주의라고 칭하는 이유는 우선 복음주의의 제도나 실천에 저항하기 때문이다. 하지만 신학적으로 보면 이머징 교회는 여전히 복음주의적 성격을 더 강하게 가지고 있다. 그럼에도 그들은 조직신학의 체계화방법을 반대하는 경향이 있다. 어떤 체계적인 신학의 성격보다 하나님에 대한 이야기, 혹은 대화라는 신학적 성격을 좋아한다. 또한 그들을 후기복음주의라고 할 수 있는 이유는 복음주의가 가지고 있는 배타주의적 편가르기를 싫어한다는 점이다. 어떤 교파인가 어떤 사조에 속하는가 하는 것에는 관심이 없다. 각주 546의 S. McKnight의 글 참조. 복음주의와 이머징 교회와의 관련성에 대해서는 gibbs, 52-64참조.
545) 정치적이라는 말은 그들이 정치에 개입하기 좋아한다는 말이라기보다는 정치적 의제에 관심을 갖는다는 말이다. 즉 가난하고 소외받는 자들에 관심을 가지며, 환경문제와 여성차별의 문제를 해결하려고 한다. 즉 그들이 관심 갖는 것은 사회정의와 교회의 공공성이다. 각주 546의 S. McKnight의 글 참조.
546) S. McKnight, http://www.christianitytoday.com/ct/2007/february/11.35.html.

였다. 그에 의하면 이머징 교회는 "메가처치 모델도, 교회성장식의 접근방법도, 현대예배(contemporary worship)도, 세대목회도 아니다. 그것은 규범적이 아니다. 다시 말해서 그것은 다른 교회들이 단순히 개조하거나 복제 및 수용하는 법을 이해해야 하는 틀이나 모델이나 공식이 아니다. 이머징 교회는 하나님의 이야기를 붙들고 포스트모던 문화를 향해하려는 충실한 혁신공동체이다."547) 그는, 재능과 예술적 기술적 전문성을 가진 사람들에 의해 팀으로 기획되고 설계되고 인도되는 예배, 공동체의 예배나 삶이나 문화에 대한 지속적인 피드백 과정, 가능한 모든 시간과 공간에서의 예술의 사용, 스토리 텔링과 내러티브설교와 신앙경험 나누기, 자발적 참여에 대한 강조, 떼제음악이나 켈틱 및 그레고리안 찬트나 현대음악 등 다양한 음악을 창작하고 개작하여 사용하기, 삶으로 드리는 예배의 강조와 다양한 시간과 장소에서 모이는 집회의 시행, 유머의 적절하고도 자연스러운 사용, 성경의 충분한 관련 텍스트와 영화나 텔레비전이나 비디오나 문학 등과 같은 대중 문화적 텍스트의 사용, 고통의 다양한 의미를 긍정적으로 수용하기, 교회 자체의 사명선언문을 사용하기보다 니케아신조나 사도신경 등을 신앙선언문으로 사용하기, 이론이나 실천에 있어서의 다양성의 강조, 자유주의나 보수주의 혹은 전통적이나 현대적과 같은 범주로부터 자유하기, 예배와 공동체 삶의 상관성에 대한 강조, 삼위일체론과 그것이 그리스도인의 삶과 실천에 주는 의미의 강조, 고대영성이나 예식을 현대 영성과 예식에 융합시키기, 대화의 강조, 예배나 예식에 온전하고도 적극적인 참여를 가능케 하는 환경을 만들기, 신앙적 질문의 존중, 이웃 되기, 교회의 실천과 생각을 다음세대의 문화적 지역적 환경에 맞추기 등을 이머징 교회의 특징으로 지적하고 있다.548) 앤더슨(Ray Anderson)은 이머징 교회 운동을 선교적, 개혁적("기성교회를 새롭게 하고 신앙의 옛 언어들을 현

547) Nathan Frambach, Emerging Ministry. Being Church Today, Augsburg Fortress, Minneapolis, 2007, 57-58.
548) 위의 책, 59-74.

대적 커뮤니케이션의 새로운 패러다임으로 번역하려 한다"), 성육신적 운동 (문화를 통하여 그들의 메시지를 전달하려 한다)으로, 그리고 하나님 나라의 삶을 강조하는 운동으로 소개하고 있다.549) 팀 콘더는 이머징 교회를 "포스트모던 문화의 가치와 특징들 안에서 복음의 진정한 상황화를 추구하며" "교리체계나 조직의 형식을 고수하기보다 기본적으로 기독교를 삶의 방식으로 꿈꾸고 표현하려는"550) 교회라고 정의한다. 그리고 그는 이머징 교회가 다음의 "삶의 규칙"에 헌신하고 가치를 부여하는 교회임을 주장한다. 1. "복음을 공동체에 표현하고 설명할 것", 2. "현재적 하나님의 나라의 가치를 살아가려는 열정을 가질 것", 3. "신비와 불확실성에 불편해 하지 말 것," 4. "근본적이고도 포용적인 제자도를 요구하는 통전적 영성을 가질 것", 5. "지역 이야기와 상황이 서로 만나는 성서읽기", 6. "예배와 진리추구에 대한 경험적 접근", 7. "하나님의 창조의 아름다움을 존중하고, 인간 안에서 발견되는 창조적 영을 존중하는 목회"가 그것이다.551)

이머징 교회뿐만 아니라 이머전트 교회 운동도 살펴볼 필요가 있다. 1990년대 후반부터 미국에서는 젊은이들을 위한 새로운 목회 패러다임이 등장하기 시작하였다. 그 중심에 영 리더스 네트워크가 (Young Leaders Network, 약칭 YLN)이 있었다. 그들이 주최한 여러 대화와 컨퍼런스의 주제는 포스트모던이었고, 젊은이들의 복음전도를 위해 인식해야 할 것은 세대차가 아니라, 광범위한 문화에 대한 철학적 단절이라는 것이 그 회의의 일치된 견해였다. 그것은 결국 테라 노바 신학 프로젝트(Terra Nova Theological Project)로 변형되었고 후에 이머전트(Emergent) 운동이 되었다.552) 이들은 모두 이머징

---

549) Ray S. Anderson, An Emergent Theology for Emerging Churches, IVP, 2006, 16.
550) Tim Conder, The Curch in Transition. The Journey of Existing Churches into the Emerging Culture, Grand Rapids, Zondervan, 2006, 25.
551) Tim Conder, The Church in Transition, 25.
552) 이머전트들의 기원에 대해서는 Jones, The New Christians. 41-43참조.

교회 운동의 일원이지만 모든 이머징 교회가 이머전트 교회는 아니다. 이머징 교회는 미국뿐 아니라 뉴질랜드, 호주, 영국 등에서 일어나고 있는 운동이지만 이머전트는 미국 이머징 교회운동에 속하며, 위 그룹들에 속하는 일부의 신학자와 목회자들을 지칭한다. 토니 존스는 이머전트 교회는 1. 대체로 근대적(modern) 미국 기독교에 크게 실망한 사람들, 2. 정체성을 분명히 유지하면서도 열려있고, 남을 판단하지 않으며, 포용적인 자세를 열망하는 사람들, 3. 계몽주의자들이 가진 인간의 진보에 대한 낙관주의를 따르지 않으면서, 그리고 역사의 종말을 비극적, 묵시적 대재앙으로 보고자 하는 대다수의 미국 그리스도인들과는 반대로 하나님 나라의 희망을 강조하며, 하나님께서 이미 이 땅에서 시작하신 하나님나라의 사역에 동참하려는 소명을 가진 사람들로 구성되어 있다고 말한다.[553]

그는 그의 책 전체에 걸쳐 이머전트 교회의 특징을 무려 스무 가지나 열거하고 있다. 여기서는 그가 소개하는 그들의 설명 중에서 그들의 특성을 보다 더 잘 드러내는 명제 몇 가지만 언급하고자 한다.[554] 첫째, "이머전트 운동은 기독교의 다양한 교파들 사이의 차이를 별로 중요하게 생각지 않으며, 대신에 모든 기독교 운동의 공헌을 인정하는 온유한 정통주의를 실천하고자 한다."[555]. 둘째, "그들의 운동은 1990년대 후반 포스트모더니즘이 신앙에 어떤 영향을 주었는가에 대한 대화로부터 시작되어 미국뿐만 아니라 전 세계적으로 확산되고 있는 운동이다."[556] 셋째, "이머전트들은 문화의 모든 면에서 활동하시는 하나님의 활동을 발견하며 성과 속의 이분법을 거부한다."[557] 넷째, "이머전트 운동은 건전한 신학적 운동이며, 신학과 실천은 아주 밀접히 연결

---

553) Jones, The New Christians. 70-72.
554) 이하의 요약은 Tony Jones의 The New Christians 전체에 기술된 명제들을 정리한 것이다. ( )안의 숫자는 이 책의 쪽수를 의미한다.
555) Jones, The New Christians, 8.
556) Jones, The New Christians, 41, 52.
557) Jones, The New Christians, 75.

되어 있다고 믿는 운동이다."558) 다섯째, "이머전트들은 신학은 지역적이며 (local), 대화적이며, 잠정적이라고 믿는다. 과거의 신학적 거장들에 충실하기 위하여, 이머전트들은 그들의 신학적 대화를 계속하려는 노력을 기울인다."559) 여섯째, "이머전트들은 그들의 상대적 위치(하나님과 이웃과 역사에 대해)에 대한 인식이 -상대주의적 무관심이 아니라 - 성서적인 겸손을 잉태한다고 믿는 운동이다."560) 일곱째, "이머전트 운동은 하나님과 마찬가지로 진리도 유한한 인간존재에 의해 명확하게 말해질 수 있는 것이 아님을 믿는다."561) 여덟째. 이머전트들은 "하나님은 하나 안에 있는 셋"이라는 삼위일체나 "예수는 참신이시며 참인간"이라는 기독교의 핵심요소들이 가지고 있는 역설을 받아들인다.562) 아홉째, "이머전트들은 희망의 종말론을 고수한다. 즉 희망의 종말론은 예수의 초림 때도 복음이었으며, 재림 때도 복음일 것이다."563) 열 번째, 이머전트들은 교회가 군주적이나 관료적이라기보다 열린 네트워크로 기능해야 하며, 평신도와 성직자의 차별성을 중요하지 않게 생각하며, 교회는 자신의 신앙을 지키기 위하여 새롭게 시작해야 하는 것을 믿는 운동이다.564) 열한 번째, "이머전트들은 결코 자신의 노력이 아니라 하나님의 영이 이 세상의 선에 대해 책임지시며, 인간의 과제는 다만 하나님이 이미 시작하신 일에 참여하는 일임을 믿는 운동이다."565)

이머징 교회의 특성을 이해하려면 2001년에 제정하고 2006년에 수정 선포한 "이머전트 빌리지 가치와 실천들"566)이라는 선언문을 살펴보는 것도 유

---

558) Jones, The New Christians, 105.
559) Jones, The New Christians, 111.
560) Jones, The New Christians, 115.
561) Jones, The New Christians, 153.
562) Jones, The New Christians, 163ff.
563) Jones, The New Christians, 176.
564) Jones, The New Christians, 181ff.
565) Jones, The New Christians, 202.
566) "Emergent Village Values And Practices", Tony Jones, The New Christians. Dispatches

용할 것이다. 그 선언문을 간략히 소개하자면 다음과 같다. 첫째, "예수의 길에서 하나님께 헌신하기"567)이다. "이것은 정의를 사랑하고, 자비를 베풀며, 겸손하게 하나님과 함께 걷는 것을 의미한다."568) 다른 말로 말하자면, "하나님을 사랑하고 이웃(소자나 원수를 포함하여)을 사랑하는 것을 실천하는 것"569)이다. 복음은 바로 예수와 그의 하나님 나라 메시지, 즉 하나님과 인간과 창조와 자신과의 화해를 제공하는 메시지로 이해하는 것을 의미한다.570) 둘째, "모든 형태의 교회에 헌신하기"571)이다. 이것은 "모든 기독교 형제 자매들을 우리와 그들로 구분하지 않고 배타적이거나 엘리트적인 신앙을 갖는 것이 아니라 서로를 포용하는 것을, 그리고 지역교회에 적극적으로, 긍정적으로 참여하는 것을 의미한다."572) 셋째, "하나님의 세계에 헌신하기"573)이다. 이것은 "선교적 삶을 사는 것을 의미한다. 기독교의 신앙은 결코 세상과 분리시킬 수 없다. 세계에 헌신한다는 것은 바로 세상 안에서 그리스도를 따르는 것을 의미한다."574) 나아가서 헌신은 창조세계로까지 확대되어야 한다. 땅과 그 안에 있는 모든 것들을 하나님의 사랑하는 피조물로 이해한다. 창조의 아름다움과 치유와 복을 추구하시는 하나님께 참여하는 것, 이것이 바로 세계에 대한 헌신이다.575) 넷째, "서로에게 헌신하기"576)가 그것이다.

---

from the Emergentfrontier, Jossey-Bass, San Francisco, 2008, 222-226.

567) Jones, The New Christians, 222.
568) Jones, The New Christians, 222.
569) Jones, The New Christians, 222.
570) Jones, The New Christians, 222.
571) Jones, The New Christians, 223.
572) Jones, The New Christians, 224.
573) Jones, The New Christians, 224.
574) Jones, The New Christians, 224.
575) Jones, The New Christians, 224. 그들은 이 가치를 실천하면서 살아가야할 실천 덕목을 여섯 가지로 제시한다. 1. "이웃과 관계를 세워나가며 우리 이웃들과 우리 도시의 유익을 추구하기, 2. 적들과 화해하며 평화를 만들기, 3. 젊은이들을 격려하고 도우며, 어른들을 존경하고 그들로부터 배우기, 4. 하나님의 피조물들을 존중하며 그들을 돕고 치료하기, 5. 성적, 인종적, 민족적, 경제적 등의 경계를 넘어서 우정을 쌓기, 5. 항상 평화와 정의의 이슈에 참여하기"가

콘더는 이머징(이머전트) 교회와 기존의 모던 교회의 특성을 비교해 놓았다. 이것을 통해서도 이머징 교회가 자신들을 어떻게 바라보고 있는지, 그들이 어떤 특징을 가지고 있다고 생각하는지 알 수 있을 것이다.[577]

	기존/모던 교회	이머전트/포스트모던
윤리	개인적/절대적	공동체적/상황적
인식론	추상적/절대적/초월적	경험적/감각적/국지적
신학	체계적/명제적	내러티브/선교적
복음	영원한 구원	이 세상에 현존하는 하나님나라
선교	개인적, 영적 요구에 의해 규정	하나님의 구속적 아젠다에 의해 규정
성서해석	명제적/신학체계에 의존	상황적/내러티브
리더십	직위적/계급적	관계적/평등적
영성 교육	일방적/인식적/개인적	비일방적/통전적/공동체적
공동체 형성의 근거	교리와 신앙고백서에 의해 형성된 경계	윤리적,선교적 헌신에 의해 형성된 경계

지금까지 언급한 특성들을 보아 이머징 교회가 매우 다양한 특징들을 지닌 현대 교회운동임에는 틀림없다. 이머징 교회의 운동의 특징을 범주화하여 정리한다면 좀 더 그 특징들이 일목요연할 수 있으나 그렇게 하지 않은 이유는 우선적으로 이머징 교회 운동의 다양성을 그대로 독자들에게 전달하고 싶기 때문이다. 그럼에도 불구하고 우리의 논의를 위해 필요한 용어들인 "포스트모던 문화", "삶" 혹은 "실천", "하나님 나라", "선교"등이 공통적으로 등장하

그것이다 (225).

576) Jones, The New Christians, 225.

577) Tim Conder, "The Existing Church/Emerging Church Matrix: Collision, Credibility, Missional Collaboration, and Generative Friendship", Doug Pagitt/Tony Jones(ed.), An Emergent Manifesto of Hope, Grand Rapids, Baker Books, 2007, 100.

는 핵심용어임을 눈여겨 볼 필요가 있을 것이다.

3. 이머징 교회 신학의 근본성향

이머징 교회의 새로운 신학, 얼마나 새로운가? 사실상 이머징 교회의 신학을 평가한다는 것은 쉽지 않은 일이다. 왜냐하면 위에서도 지적한대로 등장한지 얼마 되지 않은 운동이어서 그들의 신학이 제대로 정립되지 않았고, 또한 정립되어 있다 하더라도 워낙 다양하게 그 운동이 전개되고 있어서 아주 다양한 신학과 신학자들이 존재하고 있기 때문이다. 그럼에도 성급히 결론을 내려본다면, 이머징 교회 내의 학자들이나 교회마다 약간의 강조점의 차이나 경향의 차이는 있을 수 있으나, 전체적으로 보면 그들 신학의 주 흐름은 기성교회의 교리와 별 차이가 없다는 것이다. 밥 휘슬(Bob Whitesel)은 이머징 교회운동을 접하면서 생기는 염려를 이렇게 표현한 적이 있다. "이머징 유기적 교회에 대한 많은 비판은 그들이 포스트모던 철학과 연관되어 있기 때문에 그들이 은밀히 이교적 신앙을 수용할 수도 있지 않겠는가 하는 염려와 유보에 초점이 맞추어져 있었다. 아주 솔직하게 나도 나의 탐구여정을 착수하기 전에 이들에게서 비정통적 신학의 번식을 발견하는 것이나 아닌가 하는 생각이 있었다."[578] 이머징 교회를 철저히 분석한 이후 그는 "그들이 포스트모던 문화와 교류하면서 정통적이지 않은, 심지어 정상을 벗어난 요소들을 수용한 이머징 교회들이 있는 것은 사실이다. 그런데 놀랍게도, 이머징 교회들의 대다수는 그들이 뿌리박고 있는 교단의 신학과 핵심신앙을 채택하고 있었다"[579]고 고백한다. 그들은 미국 침례교를 포함하여 다양한 교단에 흩어져 있지만, 대

---

578) Bob Whitesel, Inside the Organic Church. Learning from 12 Emerging Congregations. Nashiville: Abingdon Press, 2006, xiii.
579) 위의 책, xiii-xiv.

부분 복음주의에 속한 목회자들이라는 점이 한 원인일 것이다. 예를 들어 버크(John Burke)는 타 종교인에 대한 열정을 가지고, 그들에게 열린 마음을 가지고 접근한다. 그는 이렇게 질문을 던진다. "어떻게 우리가 다양한 종교 문화 속에서 예수를 어떻게 정확하게 다시 드러낼 수 있는가?"[580] 그가 이렇게 주장하는 것은 종교다원주의적 입장에서가 아니라 세상에 그리스도의 복음을 전달하려는 선교적 입장에서다. 그는 수평적 이동을 통해 교회성장을 추구하지 않는다. 교회 밖에 있는 사람들에게 어떻게 접근할 것인가에 깊은 관심을 가지고 있다. 그는 상처받은 세상을 향하고자 하는 성육신적 목회를 추구하고 있다. 그는 성경의 권위와 예수 그리스도의 유일성을 결코 버리지 않는다.[581] 이머징 교회들은 언제나 성경의 권위에 닻을 내려야 하고, 신학은 문화가 제기하는 문제에 답하려고 해야 하지만 문화에 순응하거나 일치되어서는 안 되며, 오히려 문화적 물음 속에서도 진리와 하나님의 계시에 순종해야 함을 그는 역설한다.[582] 그래서 킴볼은 버크에게서 "선교사의 열정"[583]을 발견하였다고 고백한다.

또 하나의 이머징 교회 운동가인 킴볼은 기독교 신앙의 본질적인 것 삼위일체, 성경의 권위[584], 대속, 부활, 재림 등을 믿는다.[585] 그는 자신을 "보수적

---

580) John Burke, "The Emerging Church and Incarnational Theology", Robert Webber, Listening to the Beliefs of Emerging Churches, Grand Rapids: Zondervan, 2007, 53 (이하 Webber, Listening으로 약칭).

581) Webber, Listening, 51-69.

582) Webber, Listening, 54-55. Driscoll은 Burke를 "견고한 복음주의적 하나님의 사람"으로 평가한다 (Webber, Listening, 70). Dan Kimball은 다른 종교를 가진 사람들에 대한 열정을 보이는 Burke를 높이 평가하면서 "신학적으로 보수적인 한 목사가 여전히 다른 신앙의 사람들과 그들의 배경을 높이 평가하고 사랑할 수 있는지, 그러면서도 어떻게 구원의 유일한 길로서의 예수를 붙들 수 있는지를 듣고 감탄하기를 희망한다"고 말한다 (Webber, Listening, 73-74).

583) Webber, Listening, 74.

584) Kimball은 성서에 충실하면서 그러나 동시에 문화에 참여하는, 따라서 문화가 제기하는 신학적 문제를 놓고 씨름하는 지역교회 목사이며 리더로 자신의 역할을 규정하는데 Karen Ward 는 이에 전적으로 동의한다. Webber, Listening, 116.

585) Dan Kimball, "The Emerging Church and Missional Theology", Webber, Listening,

복음주의자"586)라고까지 칭한다. 실례로서 그가 목회하고 있는 산타크루즈 (Santa Cruz, CA)에 위치한 그의 교회(Vintage Faith Church)의 신학선언에 나타난 신학을 분석해보면 그의 정통 신학적 성향을 알 수 있을 것이다.587) 첫째, 그는 이머징 교회의 특성에 맞게 교리보다 삶을 강조하고 있다. 그러나 교리를 부정하는 것은 아니다. "예수는 당시의 종교지도자들을 위선자와 율법 주의자라고 비판하였다. 그들은 교리를 성경에 매우 친숙한 사람들이었고 교리를 잘 아는 사람들이었다. 그러나 그들은 교리를 마음으로 받아들이지 않았고 그들의 삶 속에 반영하지 못하였다. 우리도 교리를 지적으로 이해할 수 있다. 그러나 그것이 우리의 삶에 깊이 영향을 주지 못한다면 그 지식은 쓸모없는 것이다. 예수께서 가장 관심을 가졌던 것은 우리의 삶이 성령에 의하여 변하느냐 아니냐, 우리가 배운 교리가 하나님과 이웃사랑으로 확대되느냐 아니냐의 문제였다. 그러한 변화가 우리 안에 성령의 열매를 맺게 한다."588) 둘째, 그의 신학은 전통적 기독교 교리 전승을 결코 무너뜨리지 않는다. 오히려 전통적 교리를 준수하려는 신념을 보여준다. 그의 말을 인용해본다. "우리는 니

83-105.

586) Webber, Listening, 85. 킴볼이 목회하는 빈티지 교회가 밝힌 자신들만의 특성을 열거하자면 다음과 같다. "1. Vintage Faith Church strives to reflect the ancient roots and values of early Christianity. 2. Vintage Faith Church is about "Being the Church" vs. "Going to Church." 3. Vintage Faith Church is a multi-generational church, comprised of individuals and families. 4. Vintage Faith Church is a holistically designed, family based church. 5. Vintage Faith Church has the arts and creativity in our blood. 6. Vintage Faith Church is missional" (http://www.vintagechurch.org/about/vision). 자신들의 독특성을 밝힌 비전을 살펴보면 거의 전적으로 그들 교회의 제도와 실천에 관한 것이지 신학적인 것이 아니다. 아래에서 밝힐 것이지만 그들의 신학선언은 정통적 교회와 차이가 없다.

587) 아래의 Vintage Faith Church의 홈페이지 여러 인용은 이글을 최초로 작성하던 당시의 사이트주소와 내용이며 현재 이 교회의 주소는 변경되어 아래의 언급된 과거 주소로는 접근이 어려웠다. 주소와 인적구성들은 많이 변경되었으나 여기서 인용한 구체적 내용들은 현재와 크게 달라지지 않아 여러 고려 끝에 그대로 두었다. 현재의 그들의 사명과 신학과 실천에 대해서는 다음의 주소를 참조하는 것이 적절할 것이다. https://www.vintagechurch.org/whatwebelieve

588) http://www.vintagechurch.org/about/theology/limitations-of-a-doctrinal-statement.

케아 신조가 고백한 진리들을 믿는다. 니케아 신조는 AD 4세기에 쓰인 아름다운 신조이다. 그것은 예수의 정체성, 아버지와 성령에 대한 아들의 관계 등에 대한 핵심적 교리를 표현하고 있다."[589] 셋째, 빈티지 교회는 그들의 나름의 신앙고백을 표현하면서 개혁교회의 전통에 따라 성경에 대한 고백을 제일 먼저 위치시키고 있다. 이것은 킴볼이 삶을 강조한다고 해서 결코 기독교 전통을 무시하는 것이 아님을 드러낸다. 그들은 성경의 완전영감을 인정하고, 정통적 관점의 삼위일체 하나님을 고백하며, 그리스도의 동정녀 탄생, 무죄성과 대속적 죽음, 예수를 통한 용서, 예수의 육체적 부활 승천 재림을 인정한다. 또한 그들은 성령을 정통적 관점에서 고백하며, 하나님의 구속사역, 교회의 통일성 보편성을 인정하고, 섬김과 선교의 예배공동체로서의 교회를 주장한다. 그리고 그들은 사후의 삶을 믿으며 천국과 지옥의 실존을 인정한다.[590] 그러나 그는 방어적이고 분열적이며 새로운 신학적 질문을 던지기를 싫어하는 복음주의자가 아니라 열린, 현재의 문화에 열려있는, 새로운 질문에 열려있는 신학자이다.[591]

이머징 교회운동의 한 신학자인 마크 드리스콜(Mark Driscoll)은 철저히 전통적 신앙교리를 가지고 있다.[592] "그는 전통적 개신교 교리인 성서의 권위, 하나님의 삼위일체론적 특성, 대속적 죽음을 방어하기 위하여 성경에 의존한다. 그는 이러한 교회를 가볍게 취급하거나 전통적 사상과는 다른 방식으로 그 교리들을 해석하는 이머징 교회 목회자들이 있다면 그들은 삼위일체 하

---

589) http://www.vintagechurch.org/about/theology/truths-in-the-nicene-creed
590) http://www.vintagechurch.org/about/theology/core-beliefs/beliefs#bible
591) Webber, Listening, 85ff.
592) Mark Driscoll, "The Emerging Church and Biblicist Theology," Webber, Listening, 21-35. cf. http://www.marshillchurch.org/about/what-we-believe. Jason Byassee, "Emerging for What, Going Where? Emerging Churches and Ancient Christianity," Mark Husband/Jeffrey P. Greenman (ed.), Ancient Faith for the Church's Future, (Downers Grove: IVP, 2008), 249-263는 드리스콜을 신근본주의로 비판하고 있다. Dan Kimball은 그를 "Reformed Calvinist"라 부른다 (Webber, 39).

나님에 대한 이야기가 아니라 문화사상에 의하여 그들의 사상이 형성되었다고 생각한다. 마크는 개혁주의적 복음주의 신학의 특수성을 정열적으로 대표하는 목회자이다. (…) 그는 새로운 이머징 세대를 위해 목회하는 신학적 전통주의자이다."593) 이머징 교회의 목회자인 파깃(Doug Pagitt)은 "체화된 신학"594) (embodied theology)을 추구한다. 그는 "물질과 영의 이분법을 비판하면서 이 세상에서 삶과 신앙을 분리하지 말 것을 요구한다. 그는 우리들에게 역동적으로 우리의 이야기에 관계하시는 하나님의 이야기로부터 신학을 구성할 것을 요청한다. 그의 신학은 하나님과 일치하는 삶을 의미하며 세상을 향하신 하나님의 일과 일치하는 삶을 의미한다. 이러한 신학은 글로벌하며 지역적이고, 역사적이며 미래적인 신학, 상황적이고, 참여적인 신학, 성령의 인도함을 받으면서 자신의 삶을 내어주는 신학이다."595) 그의 신학은 "포스트모던 세계 속에서 일어나고 있는 변화에 열린 마음을 가지고 하나님의 이야기에 헌신하고자 하는 신학"이다.596) 또 하나의 이머징 교회의 여성 목회자인 워드(Karen Ward)는 "공동체적 신학"을 전개하고자 한다.597) 그녀는 전통신학과 신학의 실천 사이의 간격을 메우려고 한다. 즉 그녀는 일상과 신학적 사고 사이의 간격을 연결시키려는 신학자이다.598) 지금까지 언급한 이머징 교회 대표적 지도자들의 신학을 살펴보면 결론적으로 각각의 다양성과 차이는 서로 있을지라도 크게는 기독교적 정통 신앙과 신학 안에 있음을 우리는 확인할 수 있다.

593) Webber, Listening, 16.
594) Doug Pagitt, "The Emerging Church and Embodied Theology", Webber, Listening, 117-143.
595) Webber, Listening, 17.
596) Webber, Listening, 18.
597) Webber, Listening, 161ff.
598) Karen Ward, The Emerging Church and Communal Theology, Webber, Listening 18.

4. 이머징 교회의 특징적 신학

이머징 교회의 신학적 특징은 무엇인가? 그들의 특징은 아주 다양하기 때문에 여기서 다 언급하기란 간단치 않다. 그 중에서 전통적 입장을 제외하고 그들만의 특징을 보이는 몇 가지만 지적해보려 한다.[599] 그리고 앞으로의 글에서 이머징 교회의 신학이 많은 부분 드러날 것이다.

1) 창조성의 신학

첫째는 창조성의 신학이다. 이머징 교회의 특징은 창조적 예배에 있다. 그들의 예배나 신앙의 특징은 곧 "비쥬얼 페이스"[600](Visual Faith)이다. 킴볼에 의하면, 그들의 예배장소는 단순히 현대적 구성물이 아니라 성스러운 분위기를 자아내는 거룩의 현장이며, 모든 예술 영역을 동원하여 영성적 경험을 유발할 수 있도록 한다. 그들의 찬양 집회도 단순히 찬양이 아니라 다감각적이고 경험적인 요소를 가지고 있다.[601] 그것은 그들의 이면에 창조성의 신학이 있기 때문이다.[602] 창조성의 신학이란 "하나님의 창조적인 힘을 인정하고 그 것을 발견하려는 것이다."[603] 이머징 교회에 의하면 하나님은 창조적 존재이시다. 하나님의 영은 창조에 적극적으로 개입하여 하나님의 창조성을 드러내시며, 하나님의 공동체를 위한 교회의 모든 창조적 사역에 개입하신다.[604] 아

---

599) 프로스트와 허쉬의 선교적 교회론을 다루면서 이머징 교회와 비교를 시도한 바 있다. 이머징 교회의 신학은 선교적 교회론과 크게 다르지 않으므로 여기서 그것을 반복하지 않고, 그것을 보완할 수 있는 내용만 추가적으로 다뤘다.

600) William A. Dyrness, Visual Faith. Art, Theology, and Worship in Dialogue, Grand Rapids: Baker Academic, 2001.

601) Dan Kimball, Emerging Church, 윤인숙 역, 『시대를 리드하는 교회』 이레서원, 2007, 154-204. Gibbs/Bolger, Emerging Churches, 173ff도 이에 대해 상세히 다루고 있다.

602) Gibbs/Bolger, Emerging Churches, 175ff.

603) Steve Tailor, The Out of Bounds Church. Learning to Create a Community of Faith in a Culture, 성석환 옮김, 『교회의 경계를 넘어 다시 교회로!. 포스트모던 문화와 이머징 처치 이야기』, 예영커뮤니케이션, 2008, 85 (이하 steve로 약칭함).

294

들에게 있어서도 마찬가지다. 테일러는 알렉산더의 클레멘트의 말을 빌려 예수 그리스도의 창조성을 설명한다. "말씀은 새로운 화음에 맞추어 하나님의 이름을 머금은 음악 형식에 따라 노래한다. 그는 온 세상의 교향곡을 완성하기 위해 불협화음의 요소들을 걸러 내시고 아름다운 화음을 만들어 가신다. 그가 오기 전에는 단 한 번도 진실한 음악이 존재하지 않았다."[605] 계속해서 테일러는 예수 그리스도를 하나님의 아이콘, 하나님의 이미지로 설명하면서 서구문화나 신학이 로고스에 너무 집착하여 "이미지의 아름다움, 상상력, 본능적 직관과 같은 다른 가능성들을 잃어버렸다"[606]고 아쉬워한다. 아울러 그는 "하나님을 이미지로 형상화하는 일에 많은 시간을 할애해야 한다"[607]고 주장한다. 그리고 그는 하나님을 "음악가이자 작곡가"[608]로, "디자이너이시자 의상연출가"[609]로, "설계자이시자 건축가"[610]로, "기술자이시자 예술가"[611]로, "놀이하시는 하나님"[612]으로 이미지화하자고 제안한다.

---

604) Steve, 85.

605) Steve, 86.

606) Steve, 86.

607) Steve, 86. Schoenberg는 그의 탁월한 오페라 작품 "모세와 아론"에서 하나님 이미지화의 가능성과 불가능성 사이의 논쟁을 그리고 있다.

608) Steve, 87. "새벽 미명의 합창소리, 매미의 찍찍대는 소리, 갈매기의 울음소리, 파도소리 등 하나님께서 세상을 창조하실 때의 광경을 본 사람이라면 누구나 하나님은 음악가라는 사실을 알게 될 것이다. 하나님은 스바냐 3장 17절에서 기쁨의 노래를 부르시며, 시편 42편 8절에서 평화의 노래를 지으시고, 신명기 31장 19절에서는 고백의 노래를 작곡하신다. (⋯) 창조주 하나님의 마지막 작품은 분명 뮤지컬이 될 것이다. 하나님의 백성들이 자유를 얻고 하나님의 뜻대로 살아가면, 피조물의 세계는 조화를 이루고 나무들이 손뼉을 치며 박자를 맞출 것이다. 하나님의 음악은 합창, 트럼펫, 천둥소리, 하프 등이 함께 연주되는 요한계시록에 와서 마침내 교향곡이 된다."(Steve, 87-88)

609) Steve, 88. "하나님께서는 인간들이 변화되는 상황에 적용하도록 구비시키는 실제적인 사역을 통해 그의 창조성을 드러내시는데, 바로 이런 점에서 그분은 디자이너이시며 의상연출가이시다."(Steve, 89)

610) Steve, 90.

611) Steve, 90f.

612) Steve, 91. "하나님은 기능적으로만 세상을 지으신 것이 아니고, 피조세계가 자신의 이미지를 닮도록 디자인하시고 장식하시기를 원하신다."(Steve, 91-2.) "하나님은 단지 조작적이거나 기능적으로만이 아니라 창조적인 상상력으로 즐겁게 놀이하신다. 그리고 만약 우리 인간이 하

하나님의 창조성은 곧 인간의 창조성의 근거이다. 하나님이 창조적 존재이기 때문에 그의 형상으로 지어진 인간 역시 창조된 창조적 존재이다.[613] 하나님의 창조, 그리고 성육신 사건은 "물질의 선함을 인정"하는 것이며, 하나님이 만드신 "육신을 가진 인간이 하나님의 창조성의 흔적을 지니고 있음을 함축"[614]하는 것이다. 그러므로 테일러는 "자신들만의 독특한 예술행위를 통해 예배를" 드리는 행위가 "자신들에게 새겨져 있는 하나님의 형상을 드러내는 작은 시작이 될 수 있다"[615]고 본다. 심지어 그는 "우리가 하나님을 구체적으로 형상화할 때, 또 공동체를 향해 하나님을 선포할 때, 하나님은 뒤에서 교회와 우리에게 질문을 던지신다. 교회가 진정으로 하나님의 이미지를 드러내고 있는지 물으신다. 그리스도 안에서 인간의 진정한 모습을 찾으려는 이들이 참여하는 교회인지 물으신다. 하나님의 몸, 곧 교회가 진정 하나님의 이미지인지 질문을 던지신다"[616]고 말한다.

2) 하나님 나라의 신학

둘째, 하나님 나라의 신학이다. 이머징 교회는 바울의 메시지보다는 예수의 메시지에, 그 중에서도 하나님 나라의 선포에 더 많은 관심을 갖는다. 포스

나님의 형상으로 지어졌다면, 우리 역시 놀이하도록 부르심을 받는다. 우리는 인간으로서, 이 땅위에서, 그리고 창조적 자아의 충만함 속에서 하나님이 선물을 즐기며 놀이하도록 부르심을 받는다."(Steve, 94). "포스트모던 문화는 우리에게 인간의 존재에 대해 새로운 방식으로 상상할 것을 요구한다. 즉 놀이하기를 권하고 있고, 우리의 상상력을 마음껏 펼치라고 말한다."(Steve, 96).

613) Steve, 96f. 월러스(Sue Wallace) 역시 다음과 같이 유사하게 표현한다. "하나님은 우리를 창조적 존재로, 무언가를 아름답게 만드는 데 그의 파트너로 창조 하셨다. 그것은 역으로 놀라움과 경외감 속에서 다른 사람들을 하나님께로 향하도록 영감을 준다. 그리스도인들이 한 팀이 되어 함께 일할 때, 그들이 함께 창조한 것은 부분의 총합보다 더 낫다"(Gibbs/Bolger, Emerging Churches, 김도훈 옮김, 『이머징 교회』, 쿰란출판사, 2008, 282, 이하 한글번역판은 Gibbs, 이머징 교회로 약칭한다).

614) Steve, 97.

615) Steve, 96.

616) Steve, 98-99.

트모더니즘의 특징 중의 하나는 익히 잘 알려진 대로 메타 담론의 포기이다. 포스트모던적 문화에 대응하려는 이머징 교회는 그러면 기독교적 메타담론을 포기하는가? 깁스와 볼저의 결론에 따르면, 이머징 교회는 모더니즘적 사고의 해체를 주장하면서도 기독교가 원래 가진 메타담론은 쉽게 포기하려 하지 않는다. 이머징 교회가 유지하려는 메타담론은 바로 "하나님의 선교, 하나님 나라, 복음이다."617) 이머징 교회의 모든 실천은 하나님 나라 사상과 연관되어 있다. 그래서 깁스는 "아주 놀랍게도 이머징 교회들은 새로운 패러다임교회/목적이 이끄는 교회/구도자 교회보다 훨씬 더 많이 하나님 나라를 강조한다"618)고 지적하고 있다.

이머징 교회는 바울 서신이 전하는 예수보다 공관복음서가 전하는 예수에 집중하고자 한다. 그들은 톰 라이트(N.T. Wright)의 연구에 주로 의존하여 하나님 나라 개념을 그들의 교회에 적용시키고 있다. 그들에 따르면 복음이란 "예수가 선포하신 하나님 나라의 도래를 의미한다."619) 그들은 "하나님이 오셔서 새로운 삶의 길에, 세상을 구원하는 데 그와 함께 참여하도록 모든 사람을 초대하셨다는 것이 마가복음 서두가 말하고 있는 복음"620)이라고 해석한다. "하나님 나라는 예수께서 계신 곳마다 존재한다. 각 사람들은 하나님의 초대와 치유와 회복을 통하여 하나님 나라를 경험한다. 그리스도의 십자가는 아들과 하늘에 계신 그의 아버지의 희생적 사랑을 최상으로 확증하는 것이요, 뿐만 아니라 하나님이 준비하신 화해의 수단을 확증하신 사건이다. 하나님 나라는 십자가로 나아가는 좁은 길이며, 동시에 예수의 은혜와 능력으로 살기위하여 그리스도와 함께 자신에 대하여 죽은 자들인 그리스도인들이 일생동안 십자가와 함께 걸어가야 할 좁은 길이다."621) 그들의 복음이해의 특징은 바로

---

617) Gibbs, 이머징 교회, 74.
618) Gibbs, 이머징 교회, 76.
619) Gibbs, 이머징 교회, 86.
620) Gibbs, 이머징 교회, 87.

"복음을 단순히 영원한 운명에 대한 개인적 확신을 주는 메시지"로 파악하는 것이 아니라 "죽음 이전의 삶과도 관련된 것"[622], "이 세상에 계신 하나님을 점점 민감하게 느끼는 것"[623], "새로운 삶의 방식으로 살아가라는 초대"[624]로 파악한다. 이렇게 이해한 복음 이해는 그들의 운동에 매우 큰 영향을 주었다. 그들은 단순히 이 땅에서 삶을 도피적으로 이해하지 않고 적극적으로 이 세상에 개입하여 이 땅의 문화에 참여하여 이 땅에서 이루어지는 하나님의 구원활동에 적극 참여할 것을 권고하는 공동체 운동으로 이어진다. 그들의 운동은 다시 말하자면 "하늘을 땅으로 가져오는 것", "사람을 바꾸는 것"[625], "새로운 삶의 방식"[626]과 관련되어 있다.

요약하자면 이머징 교회의 하나님 나라는 지금 여기 이 땅에서 예수 그리스도를 닮아 가는 삶을 의미한다. 하나님 나라의 삶은 단순히 일주일 중 한 번 예배드리는 것으로 끝나는 것이 아니라 매일 매일의 삶 속에 반영되어야 한다. 그래서 그들은 그렇게 살고자 하는 공동체를 만들어 하나님 나라를 이 땅에 실현하고자 한다. 그것을 그들은 선교 공동체라고 부른다. 그들은 그것이야말로 예수가 원하시고, 예수 자신이 직접 세우셨던 공동체임을 확신한다.[627] 그러면 그들이 말하는 "이 땅"이란 무엇인가? 그것은 바로 문화를 포함하는 말이다. "그들은, 하나님의 나라의 모습은 문화에 의존한다고 생각한다. 왜냐하면 복음은 항상 주어진 상황에 응답하는 것이기 때문이다."[628] 그러므로 그들은 "교회 안에 있는 교회"이든, "구도자 교회"이든, "가정교회"이든 교회의 구조와 형식에는 큰 관심이 없다. 다만 그 교회가 하나님 나라의 삶을 사

---

621) Gibbs, 이머징 교회, 87.
622) Gibbs, 이머징 교회, 87.
623) Gibbs, 이머징 교회, 89.
624) Gibbs, 이머징 교회, 91.
625) Gibbs, 이머징 교회, 90.
626) Gibbs, 이머징 교회, 95.
627) Gibbs, 이머징 교회, 93-99.
628) Gibbs, 이머징 교회, 98.

느냐하는 것에 관심을 둘 뿐이다.

그들이 정의하는 하나님 나라, 지금 여기, 이 땅에서 실천하는 하나님 나라의 삶은 그들의 모든 실천과 연관되어 있다. 교회의 정의, 교회의 제도 등에도 하나님 나라와 연관되어 있다. 교회는 이 땅에서 하나님 나라를 선포하신 예수 그리스도의 몸이며, 선교는 하나님 나라를 실현하는 하는 것이다.[629] 낯선 자를 포용하고 영접하며, 이웃들을 섬기는 모든 행위는 이 땅에서 예수께서 선포하신 하나님 나라를 실현해 나가는 것이다.[630] 그들의 예배는 참여자들의 모든 것을 드리면서 참여하는 예배이다. 그들의 모든 집회에서 단순히 소극적 소비자가 아닌 생산자로 참여하고자 하는 행위는 바로 다름 아닌 하나님 나라를 닮으려는 행위이다.[631] 위에서 말한 창조성의 신학 역시 하나님 나라의 역동성과 아름다움에 대한 증언이다.[632] 하나님 나라를 닮으려는 그들의 리더십 역시 다양한 형태로 나타난다.[633] 방대한 그들의 주장을 간략하게 다루었으나 그들의 모든 교회의 삶과 실천은 하나님 나라와 연관되어 있음을 알 수 있다.

3) 문화적 자연신학

이머징 교회가 답변하려고 하는 것 중의 하나는 바로 "문화 속에서 하나님의 흔적을 발견할 수 있으며 문화가 하나님을 매개할 수 있는가"하는 것이다. 21세기 새로운 시대의 문화적 자연신학의 물음이라고 할 수 있다. 그들에게 있어서 성육신은 그들의 문화신학의 근거이다. 그들에 따르면 성육신은 문화를 입고 오신 그리스도이다. 인간이 되신 그는 우리의 문화와 제도들을 취하

---

629) Gibbs, 이머징 교회, 146-190.
630) Gibbs, 이머징 교회, 191-252.
631) Gibbs, 이머징 교회, 253-281.
632) Gibbs, 이머징 교회, 282-311.
633) Gibbs, 이머징 교회, 312-354.

셨다. 그러므로 이안 몹스비(Ian Mobsby)는 그리스도인들은 "팝문화에 나타난, 하나님을 가리키는 기호와 상징들을 밝히고 재정의함으로써 문화의 이런 측면들을" 회복해야 한다고 생각한다.[634] 심지어 그는 "그리스도인들은 우선 어떤 특정한 문화에 몰입해 있을 때에만 하나님의 은총을 확인할 수 있다"[635]고까지 말한다. 그러므로 그는 "사람들은 하나님이 어떻게 특정한 시대에 특정한 문화에 소통하고 계신가 하는 것을 알기 위하여 그 문화의 참여자(insider)가 되어야 한다"[636]고 요청한다. 이머징 교회의 지도자들은 그리스도인들은 현재의 문화 안에 머물러야 하며, 문화 밖에서가 아닌 문화 내부에서 하나님을 드러내 줄 수 있어야 한다고 생각한다. 그들이 그렇게 생각하는 이유는 그래야 "문화가 구원받을 수 있고 세속화가 극복"[637]될 수 있다고 생각하기 때문이다.

5. 이머징 교회에 대한 평가, 그리고 한국교회

앞에서도 말했듯이, 이머징 교회를 정확히 평가한다는 것은 쉽지 않다. 왜냐하면 "이머징 교회운동이 매우 다양해서 이 운동의 어느 한 부분에 해당되는 부분을 비판한다면 그것은 다른 이머징 교회에는 해당되지 않을 수 있기 때문이다."[638] 이머징 교회와 목회자들이 다양한 만큼 신학도 다양할 수 있기 때문이다. 또한 이머징 교회는 지금 그 이름 그대로 떠오르는 운동이기 때문에 정확한 평가가 어렵다. 이머징 교회는 여전히 진행 중이다. 그 운동이 지금 미국 전역에 확산되고 있지만 어떤 방향으로 전개될지, 어떤 방식의 형태가

---

634) Gibbs, 이머징 교회, 127-8, 302.
635) Gibbs, 이머징 교회, 128.
636) Gibbs, 이머징 교회, 128.
637) Gibbs, 이머징 교회, 128.
638) D.A. Carson, Becoming Conversant with the Emerging Church. Understanding a Movement and its Implications, Grand Rapids: Zondervan, 2005, 45.

될 것인지는 예측하기가 쉽지 않다. 이머징 교회의 신학 역시 진행 중이기 때문에 정확한 판단이 어렵다. 그리고 이머징 교회의 신학을 평가하기가 쉽지 않은 또 하나의 이유는 이머징 운동의 시작이 이론에서 출발한 것이 아니라 현장에서 출발하였고, 그 운동의 대표자들이 신학자가 아닌 목회자들이기 때문이다. 그들은 출발부터 새로운 교회 형태, 새로운 예배형식에 주 관심을 가졌지, 새로운 신학에 관심을 가진 것은 아니었다.

그럼에도 현재 전개되어 있는 것만으로도 평가가 불가능한 것은 아니다. 20여년 이상의 시간이 지나면서 이미 그들은 많은 책을 저술하였고, 그들의 생각과 신학은 비교적 많이 축적되어 가고 있기 때문이다. 이런 점들을 전제로 하고 몇 가지를 지적하고자 한다. 첫째, 그들의 신학을 전체적으로 판단해 보자면 위에서 이미 언급한 대로 기독교적 경계 안에 있다는 점이다. 몇 몇 과격한 이머징 교회들을 근거로 일방적으로 모든 이머징 교회의 신학과 제도는 전통밖에 있다고 판단하는 것은 그리 정확한 판단이 아니다. 개신교 신학 및 신학자들 사이에도 다양한 신학자들과 신학이 존재하는 것과 마찬가지다. 대체로 이머징 교회의 신학은 특별하다기보다 그 교단의 뿌리와 신학적 배경을 같이 하는 것으로 보인다. 이머징 교회를 연구한 휘슬(Bob Whitesel)도 이머징 교회의 신학적 경향에 대해 다음과 같이 서술한다. "나는 비정통적 신학이 이머징 유기적 교회에 널리 퍼져있는 것이 아님을 알고 깜짝 놀랐다. 내가 만난 대다수의 이머징 교회 사람들은 정통적인 신학을 가지고 있었으며, (…) 방법론에 있어서 실험적이고 기획적이며, 발명적이지만 그들의 신학은 일반적으로 아주 정통적이고 교단적 뿌리를 가지고 있었다."639)

둘째, 이머징 교회의 운동이나 신학이 진행 중이며, 미완결성에 있다는 자체가 장점일 수도 단점일 수도 있다는 점을 지적해야 할 것이다. 그들의 방향

---

639) Bob Whitesel, Inside the Organic Church. Learning from 12 Emerging Congregations. Nashiville: Abingdon Press, 2006. xiv.

을 예측할 수 없게 되기 때문이다. 그럼에도 불구하고 그들이 지금까지 진행되어 온 과정을 주목한다면 기독교적 경계를 넘지 않으리라는 생각을 가져보지만 그들이 지속적으로 확립해 나가야 할 것은 바로 기독교 경계 안에 있는 신학이다. 그들이 대체로 전통적 교회 운영방식, 문화에 대한 대처 등을 비판하면서 등장하였다. 그렇다고 해서 그것이 기독교 신학의 경계를 넘어서도 된다는 말은 아니다. 카슨의 지적처럼, "그들은 겸손하게 그들을 비판하는 음성에 귀를 기울여야 하며, 지금보다 더 주의 깊게 신학과 성경을 연구하는데 시간을 할애해야 한다."640) 시대를 읽고 문화를 읽어내는 통찰과 기울인 노력만큼이나 건전하고 복음적인 신학의 노선을 이탈하지 않도록 온힘을 쏟아야 하는 과제가 이머징 교회에 주어져 있다 할 것이다.

셋째, 앞에서 저적했듯이 이머징 교회의 지도자들이 대부분 목회자들이라는 점을 유념할 필요가 있다. 그들은 전문적인 신학자가 아니다. 그들의 운동은 대부분 이론에서 실천으로 이동했다기보다 목회현장에서 출발한 운동이다. 이 운동은 목회현장에서 시작되어, 역으로 그들의 실천에 대한 신학적 반성작업으로 이어져간 운동이다. 그러므로 신학이 간과하기 쉬운 교회현장을 가지고 있다는 점에서, 목회와 신학의 연결성을 강조할 수 있다는 점에서, 이머징 교회는 중요한 장점을 가지고 있다. 그럼에도 그들의 약점은 여전히 자신들의 운동에 대한 신학적 성찰이다. 테일러는 그것을 잘 지적하였다. "신흥교회[이머징 교회]는 루어만의 세상에서 또 광범위한 문화적 변화의 단층면에서 태동한다. 신흥교회의 등장은 동시대적이며 포스트모던 선교방법론이 시도되고 있음을 의미하는 것이다. 이론에서 실천으로 옮겨졌다고 말하기 보다는, 신흥교회들은 별 다른 이론이 없이 우선적으로 실행된 경우라고 보는 것이 옳다. 신흥교회는 여전히 지속적인 실천의 장이 필요하지만 이제는 그 신학적 근거를 정립하는 일에도 신경을 기울여야 할 것이다."641) 하지만 신학적

640) Carson, 234.

반성을 진행하는 과정에서, 이론과 실천의 상관성을 상실하고 이성적 논증과 실증적 변증으로 기독교 신앙을 증명하려는 "추상적 신학"의 위험을 피해야 한다는 웨버의 지적도 늘 염두에 두어야 할 것이다.[642]

넷째, 이머징 교회의 핵심적 신학이라고 할 수 있는 하나님 나라의 신학에 대해서도 몇 가지 생각해볼 점들이 있다. 그들의 모든 실천은 하나님 나라의 성격에 기인하며 의존한다. 그들이 하나님 나라를 강조한다는 것은 매우 당연한 일이다. 더구나 하나님 나라의 삶을 지금 여기에서 실현시키고자 하는 것은 매우 중요한 시도이다. 이 땅에서의 삶을 강조하고 이 땅에서의 이웃사랑을 실현시키고자 한 것은 그들이 가진 장점이다. 그럼에도 그들에게 보이는 약점은 그들 장점의 반대면이다. 즉 피안적 하나님 나라, 내세적 삶을 부정하는 것은 아니지만 현세적 하나님 나라에 대한 강조가 모든 것인 것처럼 오해하게 한다는 점이다. 자칫 인간의 힘으로 하나님 나라를 건설할 수 있다는 오해를 받을 수도 있다.

다섯째, 오늘날의 문화를 잘 이해함으로서 오늘날 이시대의 선교와 교회의 사명을 잘 이해하고 수용하게 한다는 점은 이머징 교회의 장점이다. 더구나 오늘날 진행되고 있는 다양한 문화변동을 직시하고 그에 대한 대처를 요구한 것은 시대에 대한 그들의 통찰력이 어떠한지를 잘 보여준다고 할 수 있다. 그러므로 그들은 무엇보다도 젊은이들을 위한 신학에 기여할 수 있는 통찰력들을 가지고 있다. 그러나 그것이 곧 단점이 될 수도 있다. 필자의 느낌으로 일부의 이머징 지도자들이 현대의 문화에 저항하기도 하지만 대체로 그것을 이용하자는 입장이다. 때로는 문화가 모든 것을 해결할 것이라는 인상을 제공하기도 한다. 우리가 원하든 원치 않든, 이미 과거와는 전혀 다른 문화는 시작되었고, 이 문화는 점차 확산되어 가고 있기 때문이다. 만일 우리가 예기치 못

---

641) Steve, 211.
642) Webber, Listening, 200.

한 다양한 문화변동을 무서워하고 두려워하여 문을 걸어 잠근다면 새로운 물결이 우리를 비켜가는 것이 아니라 아마도 우리를 삼킬 것이다. 그러나 한편으로 대중문화는 강한 힘을 가지고 있다는 점도 유념해야 할 것이다. 문화는 복음의 도구가 될 수 있으나 반대의 도구도 될 수 있다. 그것의 흡입력 때문에 문화적 기술에 지나치게 의존하고 몰입한다면 결국 문화의 사용자나 변혁자가 아니라 문화의 노예가 됨을 함께 염두에 두어야 할 것이다.

여섯째, 이머징 교회의 특징은 포스트모더니즘에 대한 그들의 분석과 그 대응방식이다. 그들의 분석을 인정하면서도 동시에 다음과 같은 질문을 던지지 않을 수 없을 것이다. 과연 오늘의 이 시대를 포스트모던적으로만 분석할수 있는가? 그리고 모더니즘적 문화는 무조건 배제되어야 할 것인가? 그들도 인정하는 대로 포스트모던과 모던, 모두가 나쁜 것이거나 모두가 좋은 것은 아닐 것이다. 그럼에도 그들은 기성교회의 신학이나 목회를 모던적인 것으로, 그러므로 배제해야 할 것으로 평가한다. 이미 지나간 모델, 더 이상 변화된 문화 속에서는 효용가치가 없는 모델로 간주한다. 그러나 이러한 태도가 반드시 정당하고 적절한 것은 아니다. 오늘의 문화를 포스트모던적 관점에서만 분석한 것도 오늘의 문화적 다양성이나 지역적 상황을 진지하게 고려한 것인가 하는 질문을 제기할 수밖에 없는 분석이다. 그리고 현대가 포스트모던 문화임을 인정한다 할지라도 과연 그들의 문화 대응 방식만이 포스트모던 시대의 유일한 대응방식인가 하는 질문이 있을 수 있을 것이다.

이제 이머징 교회의 특징이라 할 수 있는 문화선교에 대해서 이야기해보자. 문화 선교, 다시 말하자면 문화를 향한 선교, 문화 속에서의 선교, 문화를 도구로 한 선교, 이 모든 선교는 한국교회에 매우 필요한 시도이다. 사실 필자는 선교는 교회의 하나의 기능이 아니라 모든 것이라고 생각한다. 선교 없는 교회는 존재할 수 없을 것이다. 이것이 이머징 교회가 우리에게 보여줄 수 있는 장점 중의 하나다. 선교의 중요성에도 불구하고 오늘날 한국교회는 어떠한 선교방식을 가지고 있는가 하는 것이다. 여전히 말로 하는 선교, 매우 배타적인 구호(예수천당, 불신지옥과 같은)를 외치는 방식의 선교, 그리고 교회는 공동체적으로 아무 대책이나 대응이 없으면서 개인들에게만 선교의 책임을 부과하는 선교는 오늘날 포스트모던 시대에는 재검토해보아야 할 선교방식일 것이다. 오늘날 젊은 세대들에게, 혹은 광고와 영상과 문화 등 최첨단의 문화기술에 젖어 있는 현대인들에게 모던 식의 혹은 과거식의 선교는 효과도 없을 뿐만 아니라 오히려 교회의 이미지만을 왜곡시킬 뿐이다. 그러므로 이머징 교회가 지향하고 있는 문화적 도구를 이용한 예배와 선교를 분석해 보는 것은 한국교회로서도 매우 중요한 작업일 것이다. 더구나 오늘날은 스윗의 분석대로 감성시대이며, 경험과 이미지와 관계를 중요시하는 시대가 아닌가. 오랫동안 이머징 교회 운동을 관찰하고 또 거기에 참여하였던 콘더의 말을 인용하고 마치고자 한다. "이러한 새로운 문화적 환경 속에서 목회하려는 이머징 교회의 노력을 보면서 나는 깊은 희망을 발견하였다. 나는 이러한 흥미롭고도 새로운 교회공동체의 형태가 이러한 제 2의 장애물을 제거하고 오늘날의 새로운 현실 한복판에서 하나님의 이야기를 발견하고 구현하기 시작하는 것을 보았다. 이런 공동체의 상당수가 내가 섬기고 있는 기성 교회와는 상당히 다른 형태이지만 나는 그들의 표현의 아름다움, 사려깊음, 창조성으로부터 많은 것을 배웠다. 나는 이머징 처치들이 변화의 길을 모색하여 기성교회가 어려운 문화의 변화의 물결을 항해하는 데 도움을 줄 수 있을 것이라고 믿는다."[643]

물론 필자는 이머징 교회에 대한 비판적 검토 없이 무조건적인 -그렇게 되진 않겠지만 - 수입을 경계한다. 그 운동이 시대를 앞서 분석하고 새로운 대응을 제시했다 하더라도 그것은 어디까지나 서구에서 일어난, 그들의 목회 상황과 그들의 시대와 그들의 문화를 분석하여 나타난 운동이라는 것을 염두에 두어야 한다. 하지만 이머징 교회가 이 시대의 변화, 특히 젊은 세대들의 생각과

---

643) Tim Conder, 14.

문화의 변화를 읽어 냈다는 것을 장점으로 본다면, 한국교회는 앞으로의 미래 교회를 만들어 가는데 이머징 교회를 하나의 가능성으로 검토해 볼 필요가 있다. 사실, 한국교회의 다음세대 교회는 어떻게 될 것인가, 한국교회는 이에 대해 제대로 대처하고 있는가를 생각해볼 때 염려가 앞선다. 시대의 변화를 읽을 줄 모르고 모든 새로운 문화를 마치 복음을 왜곡하는 것으로, 복음을 타락시키는 것으로 생각한다면, 한국교회의 미래는 쉽지 않은 항해가 될 것이기 때문이다. 그러므로 한국교회도 이 시대의 변화를 먼저 인식하고 대응을 하려고 한 그들의 시도를 깊이 검토하는 작업이 있어야 하리라고 생각한다. 이것이 이머징 교회가 한국교회에 기여할 수 있는 공헌이 아닌가 한다. 어쩌면 그들의 공헌이 시작되었는지도 모른다. 한국교회에는 그들의 서적들이 매우 많이 번역되고 그들의 신학과 영성과 리더십과 예배 형태들이 소개되고 있다.

한국교회는 루터의 종교개혁 500주년을 맞이하여 다양한 행사들을 가졌다. 그리고 다양한 연구와 학술대회를 가졌다. 여기서 필자는 종교개혁에 대한 이머징 교회의 통찰로부터 얻은 중요한 관점을 제시하고자 한다. 종교개혁자들은 그 당시 상황과 문화 속에서 "성육신적 문화 참여"를 적극적으로 수용했다는 점이다. "종교개혁은 문자시대에 태어났다. 활자 인쇄가 먼저 존재하지 않았다면 종교개혁이 일어나기가 어려웠을 것이다. 개신교 교회 자체는 이미 인쇄문화의 상황을 반영한 것이었다. 그리고 개신교 교회는 인쇄된 서적 주변에 자신의 세계를 구축한 사람들을 위해 만들어진 새로운 형태의 교회였다. 보기에 따라서, 비문자계층들이 복음을 이해하기 위한 유일한 방법이 이미지였듯이, 그것은 흔히 비문자계층에 전쟁을 수행하는 새로운 문자계층이었다."[644] 물론 당시의 일부 종교개혁자들이 상징이나 음악, 예술에 대해 일방적인 생각을 가진 경우도 있었지만 다른 한편으로 그들은 새롭게 등장한 당시의 최첨단 인쇄기술을 사용하여 종교개혁의 목표를 달성하고자 했다. 그들

---

644) Gibbs, 113.

은 새로운 문화를 거부한 것이 아니라 창조적으로 수용하였다. "우리가 종교 개혁으로 돌아가자고 하지만, 이것이 단순히 종교개혁 시대의 문화와 제도와 의식으로 돌아가기를 요청하는 것은 아닐 것이다. 종교개혁 시대로 돌아가는 것은, 문화적 측면에서 보자면, 과거의 중세 문화에서 새로운 문화를 받아들여 선교의 도구로 사용했던 그 정신으로 돌아가는 것이다. 그러므로 오늘의 시대에 문화를 창조적, 변혁적으로 수용하자는 이머징 교회는 포스트모던 시대의 문화적 종교개혁일 것이다."[645] 루터와 칼빈을 기념하면서 단순히 그들의 신학을 연구하는 것으로, 그것도 학문적으로 체계적으로 연구하는 것으로 끝난다면, 그것은 우리의 문화나 감성이나 경험에 호소하지 못하고 모던 문화의 특징적 성격인 머리(이성)에 호소하는, 그래서 별로 반향이 없는 기념을 위한 기념이 되고 말 것이다. 그것은 루터와 칼빈을 살리는 것이 아니라 그들을 다시 문자화하는 것이며, 오늘이 아닌 그들의 시대로 되돌리는 것이며, 그 당시의 문화에 가두는 것이 될 것이다.

마지막으로,[646] 잊지 말아야 할 것은 쇠퇴해가는 교회를 안타깝게 바라보면서 어떻게 하면 말씀으로 돌아갈 수 있을까, 어떻게 하면 교회를 싫어하고, 포스트모던적 탈기독교 시대를 살아가는 사람들에게 복음을 효과적으로 전달할 수 있을 것인가에 대한 고민의 결과가 이머징 교회라는 점이다. 교회 현장을 보라. 그들이 묻는 질문을 여전히 우리도 가지고 있다. 여전히 청소년들은 줄어들고 있으며 기독교의 진리에 별다른 관심이 없는 사람들처럼 보인다. 교회 밖의 반기독교적, 탈전통적, 탈권위적 물결은 점점 더 그 파고가 커가고 있다. 이러한 이머징 문화에 물들어 있는 이머징 세대를 구하기 위하여 교회는 무엇을 해야 하는가? 기존의 전통적 방식으로는 그들에게 접근할 수 없는 상황에서 어떻게 해야 하는가? 이런 물음들을 진지하게 기성교회들은 생각해보

---

645) 졸고, "문화 안에 있는 그리스도", 『한국기독교 신학논총』, vol.61 (2009. 1), 237.
646) 이 장의 이 마지막 단락은 김도훈, "포스트모던 시대의 교회의 창조적 커뮤니케이션: 이머징 교회", 『목회와 신학』, 2008, 6, 53의 결론 부분을 가져온 것임.

아야 한다. 이머징 교회 운동을 이론적으로 신학적으로 비판하기 전에 미래 교회 운명을 진지하게 고민하며, 예수님처럼 살기를 원하며, 삶으로 자신들의 신앙을 보여주고자 하는 그들의 열정을 먼저 보아야 할 것이다. 이머징 교회 운동을 접하면서 한국교회를 향한 새로운 소망을 품어본다. 오늘의 여러 상황에 대한 진지한 반성과 회개를 통하여 새로운, 그러나 바른 교회운동이 등장하기를.

제10장 일상의 공적 신학과 교회
— 하나님 나라, 삶, 문화, 그리고 일상의 그리스도인

1. 서론[647]

이 장에서 특별히 관심 갖는 주제는 신학과 교회가 가져야할 일상과의 관계다.[648] 즉 일상신학과 일상의 교회론이 논의의 대상이다. 이것을 논의로 삼는 이유는 오늘날의 그리스도인들이 교회에서만이 아닌 일상 속에서도, 사적인 영역만이 아닌 공적 영역에서도 진정한 그리스도인으로 살아가고 있는가에 대한 물음 때문이다. 신학과 교회는 일상과 연계되어 있어야 하며 일상 속에서 선교적 신학/교회가 되어야 하며, 일상 속에서 하나님 나라를 추구해야한다. 일상은 늘 반복되는 평범한 삶이어서 신학적 성찰이 되지 못하는 경우가 허다하다. 그러나 조금만 더 깊이 생각해본다면, 일상 역시도 문화와 사고의 표현이므로 일상과 문화는 결코 동떨어져 있는 것이 아니다. 오늘날의 포스트모던 문화나 디지털 기술의 적용, 소셜 네트워크적 삶이 늘 일상 속에서 일어난다. 그러나 오늘의 신학적 현실은 일상에 대한 일상 속에서의 성찰과는 간극이 크다. 일상을 신학화하지 않으며, 일상을 신학의 대상에서 소외시키고 있다. 문화에 대한 신학적 성찰은 연구하면서 문화가 전개되는 일상은 신학의 대상에서 제외한다면 그것은 바른 신학적 태도는 아니다. 일상의 신학은 성과 속, 일상과 주일, 교회와 삶, 교회와 사회, 텍스트와 컨텍스트, 복음과 문화의

---

647) 출처, 김도훈, "하나님 나라, 삶, 문화: 이머징 교회의 일상신학과 일상실천," 2009년 5.27 장로회신학대학교 소망포럼 발표를 수정보완한 것이다.
648) 여기서 일상의 신학과 교회에 대하여 대부분 이머징 교회의 자료들을 중심으로 다뤘으나 이것은 이머징 교회만의 문제는 아니다. 필자는 그들의 입장에 상당 부분 동의하는 면이 있기 때문에 가급적 이머징교회란 단어를 생략하려 하였다. 이머징 교회만이 아니라 일반적 교회의 입장이어야 한다고 볼 수 있기 때문이다.

분리를 거부한다. 이머징 교회와 같은 구미의 일부 교회들이 21세기 포스트모던 종교개혁 운동이라고 불리며 대안 기독교운동이라고까지 평가받는 이유 중의 하나는 그들의 현실 참여적 신학과 실천을 강조하며 하나님 나라를 근거로 교회의 개혁을 부르짖는 새로운 공동체 운동이기 때문이다. 그들은 교리보다 삶을, 이론보다 실천을 강조한다. 구체적으로 말하자면, 그들은 하나님 나라, 문화, 선교, 봉사와 나눔, 예수의 정신과 삶을 강조하며, 대화의 매개와 장으로서 문화를 중시한다. 따라서 문화적, 사회적으로 급변하는 이 시대에, 일상의 신학과 일상의 교회론을 살펴보는 것은 오늘에 적합한 현실참여의 방법과 내용을 모색하고자 하는 한국교회를 위해서 나름의 의미가 있을 것이다.

이 주제를 다루면서 관심 갖는 초점은 세 가지다. 하나님 나라, 오늘 우리의 현실인 삶과 그리고 문화가 그것이다. 교회와 그리스도인의 현실참여란 민주화의 문제, 양극화의 문제, 생태계의 위기문제, 전쟁과 평화의 문제, 글로벌 경제위기의 문제 등과 같은 사회적으로 큰 이슈에만 집중하는 운동은 아니다. 그러한 문제도 결코 무시하지 않지만, 무엇보다도 주일만이 아닌 평일의 일상(everyday)적인 삶 속에서 그리스도인들로서 살아가는 것, 그리스도인됨의 의미를 추구하는 것을 또한 중요하게 생각한다. 그 일상에는 그들이 접하면서 살아가는 일상의 문화도 포함되어 있다. 그 모든 삶의 근저, 즉 그들의 현실참여의 근저에는 하나님 나라가 있다. 그들이 그리스도인들로서 그들의 일상의 삶 속에서 선교적으로 살아가는 것, 문화 속에서 세상을 섬기며 살아가는 것, 이것을 우리는 〈하나님 나라 살아내기〉라고 말할 수 있을 것이다.

제목에서 삶과 문화를 다른 것처럼 나열하였으나 일반적으로 삶과 문화가 크게 다른 것은 아니다. 물론 문화를 어떻게 정의하느냐에 따라 일상과 문화의 관계가 달라지겠지만 여기서는 일상과 문화를 거의 유사한 개념으로, 때로는 일상(everyday)보다 범위가 조금 더 작은 대중문화를 의미하는 것으로 사용하기도 하였다. 교회는 일상적인 삶 속에서 그리스도인으로 살아가는 실천을 주목해야 한다는 의미에서 〈일상의 공적신학〉과 교회라는 제목을 만들어 붙여보았다. 이 제목은 필자의 의도를 잘 드러내 주기도 한다. 그리고 여기서의 일상은 결코 사적 영역만을 의미하지 않는다. 보다 더 넓은 의미, 즉 그리스도인과 교회가 살아가면서 접촉하는 공적 영역까지도 포함한다. 그리고 우리의 논의에 연관성이 있다고 생각하여 "일상의 거룩"이라는 글을 이 장의 마지막에 첨부하였다.

2. 하나님 나라와 선교, 그리고 일상의 공적 그리스도인

이머징 교회가 말하는 선교는 인간의 선교가 아닌 하나님의 선교(missio dei)다. 그것은 이 세상에서 일하시는 하나님의 구속사역에 참여하는 것이며, 피조물의 신음에 참여하는 것이다. 그들은 선교의 개념에 있어서도 결코 성과 속을 분리하거나, 사적 삶과 공적 삶을 구분하여 세상이나 공적인 삶으로부터 하나님 나라나 하나님의 선교의 개념을 분리시키지 않는다. 하나님나라와 선교, 그리고 우리의 일상 및 삶과의 관계를 살펴보기 위하여 관련 목회자나 학자들의 글들을 소개하려고 한다. 맥나이트에 의하면, 이러한 통전적 선교와 삶은 "예수의 사역에서 완전하게 표현되어 있다. 그는 육체와 영과 가족들과 사회에 끊임없이 선을 행하셨다. (…) 그는 창녀와 세리를 부르셨고 절름발이를 걷게 하셨으며 귀머거리의 귀를 열어주셨다. 다른 말로 말하자면 그는 잃어버린 영혼뿐만 아니라 전인간, 그리고 전 사회를 돌보셨다."[649] 레너드 스윗은 선교적이라는 말을 간단히 참여적이라는 말로 정의한다. 달리 말하자면, 선교적이란 "세상에서 예수의 사명에 참여하는 것, 세상을 향한 하나님의 사랑인 복음을 우리 삶과 공동체의 경험 속에 구체화 하는 것"[650]을 의미한다.

---

649) S. McKnight, "Five Streams of the Emerging Church. Key elements of the most controversial and misunderstood movement in the church today", http://www.christianity today.com/ct/2007/february/11.35.html.

매독(Sherry & Geoff Maddock) 부부는 실제로 삶속에서 구원을 실천해 나가는 일상교회(everyday church)를 운영하면서 경험한 결과를 통하여 다음과 같이 구원의 대상과 개념을 다음과 같은 선언문 형식으로 확장시킬 것을 제안한다. "영혼뿐만 아니라, 온 몸도! 온 몸뿐만 아니라 모든 믿는 공동체원도! 모든 믿는 공동체원 뿐만 아니라, 전 인류도! 전 인류뿐만 아니라 하나님의 모든 피조물도!"[651] 이것은 통전적인 일상의 선교론, 일상의 구원론을 잘 보여주는 구호이다. 그들의 경험에 의하면 이런 구원의 관점은 "삶의 일상적인 것들이 하나님 나라에 속하는 것이며, 거룩한 삶의 성례전적 요소(element, 성물)들이 된다는 인식을 길러주었음을" 고백하고 있다.[652] 나아가서 그들은 "선교적 방식으로 우리가 살아갈 때, 다른 친숙한 것들(일상적인 것들)을 마주치는 바로 그곳에서 우리는 가장 친숙하게 하나님을 만날 수 있다"[653]고 고백한다. 이것을 가능케 하는 성서적 근거를 예레미야에서 찾고 있다. 예레미야를 통하여 바벨론 포로에 있는 이스라엘 백성들에게 장기계획을 세우며, 결혼하여 자녀를 가지라는 메시지가 전달된다.[654] 이것을 매독은 단순히 험난한 시대에 이스라엘을 위로하려는 목회적 관점이 아니라 그들이 살고 있는 도시에서 샬롬을 추구하며 살 것을 요구하는 선교적 책임성을 강조하는 메시지로 해석한다.[655] 그래서 그들은 예레미야의 말씀처럼 실제로 세우고(building), 살아가며(living), 가족을 이루고(family), 농사를 지으며(planting), 먹으며(eating), 일하는 일상적인 삶 속에서 선교하며 하나님 나라

---

650) L. Sweet, The Gospel according to Starbucks, 이지혜역, 『교회, 스타벅스에 가다』, 국제제자훈련원 2009, 112.

651) Sherry and Geoff Maddock, "An Ever-Renewed Adventure of Faith. Notes from a Community," Doug Pagitt/Tony Jones(ed.), An Emergent Manifesto of Hope, Grand Rapids, Baker Books, 2007, 83.

652) 위의 책, 83.

653) 위의 책, 83.

654) 위의 책, 83.

655) 위의 책, 83.

를 세우고자 한다.[656] 그들의 일상적 화해의 삶을 몇 가지 예를 들어보면, "이웃들의 모임에 참여하기, 공정무역제품들과 자기 지역에서 생산된 식품 사기, 우리 도시의 사회복지 집회를 후원하기, 지역환경그룹에 참여하기, AIDS 환자에게 음식 나누기, 홈리스 선교, 마약/알코올중독 치료프로그램, 밥퍼운동 등에 자발적으로 참여하기"[657] 등이다. 이들은 이를 위한 영성훈련프로그램을 마련하여 선교적 삶을 위한 훈련을 실시하고 있다. 결국 그들은 일상생활 속에서 "샬롬을 추구할 때 치유를 경험하며 하나님의 구원의 충만함을 경험하게 될 것으로 확신한다."[658]

댄 킴볼도 역시 "선교적"이라는 말을 전통적인 방식과는 다르게 정의하고 있다. 그에 의하면 선교적이란 말은 다음을 의미한다.[659] 1. "교회가 단순히 선교부를 갖는 것을 의미한다기보다 교회가 교회자체를 선교사로 여기는 것, 그리고 우리가 살고 있는 바로 그곳에서 우리를 선교사로 여기는 것을 의미한다." 2. "우리가 우리의 공동체에 보내어지신 예수의 대리자로 여기는 것, 그리고 교회는 행하는 모든 일들을 하나님의 선교(missio dei)에 방향을 맞추는 것을 의미한다." 3. "교회는 주일날만 우리가 가야하는 장소가 아니라 일주일 내내 우리가 되어가는 그 무엇을 의미한다." 4. "예수를 사람들에게 전달하는 것으로 이해하는 것이 아니라 예수가 지금 문화 속에서 활동하고 계시는 것을 깨닫고 그가 하시는 일에 동참하는 것을 의미한다." 5. "세상에 있으면서 문화에 참여하면서도 세상에 물들지 않는 것을 의미한다." 6. "세상 사람들을 전도의 대상으로 보기보다는 세상을 섬기며 그 안에 있는 사람들과 관계를 맺는 것을 의미한다." 7. "기도를 통하여 예수와 성령께 의존하며, 성서에 의존하

---

656) 위의 책, 83-85.
657) 위의 책, 86.
658) 위의 책, 86.
659) Dan Kimball, They like Jesus but not the Church. Insights from emerging Generations, Grand Rapids, Zondervan, 2007, 20.

고, 공동체에 있는 사람들과 서로 서로 의존하는 것을 의미한다." 여기서 주목해야 할 것은 킴볼의 "선교적"이란 말이 담고 있는 핵심내용이다. 그가 사용한 "선교적"이란 말은 전통적 의미의 선교개념과는 다른 개념이기 때문이다. 킴볼이 말하고자 하는 핵심단어들은, 필자가 판단하기에, "우리가 살고 있는 바로 그곳", "일주일 내내", "문화", "세상", "세상을 섬기며 그 안에 있는 사람들과 관계를 맺는 것"과 같은 것이다. 이것은 무엇을 의미하는가? 일상/문화 속에서 그리스도인으로서 세상을 섬기며, 하나님의 선교에 동참하는 것이다. 그러므로 킴볼에 있어서 선교란 모든 곳에서의 그리스도인들의 일상적, 기독교적 삶을 의미한다.

볼저는 "하나님은 고대 이스라엘에서, 예수 안에서 초대 교회 안에서 그리고 교회 역사에 나타난 다양한 운동들 속에서 그의 선교를 드러내셨다. 이것들은 다양한 선교들이 아니라 하나님의 단하나의 선교의 여러 면일 뿐이다. 오늘날의 교회는 하나님의 선교의 대리인이기 전에 선교의 수용자이다. 하나님의 선교는 하나님께 참여하고자 하는 모든 이들에게 열려 있다. (…) 하나님의 선교는 팔레스타인 문화 안에서 전개된 예수의 사역과 비슷하다"[660]라고 말하면서, 하나님의 선교인 하나님 나라 운동을 볼저는 다섯 가지로 정리하고 있다. 첫째, 하나님 나라 운동은 "공공적 운동"[661]이다. "예수의 모든 활동은 사회정치적 상황 속에서 그가 행한 활동이다. (…) 그는 문화를 변혁시키기 위하여 작은사회(microsociety)를 만드셨다. 이 일상공동체(24/7)는 삶의 모든 면과 연관되어 있다. 새로운 형태의 가족으로서 그들은 대안정치, 대안 경제, 대안적 사회구조를 실천하였다. 하나님 나라다운 교회는 공동체원들을 훈련시켜 하나님 나라를 섬기게 해야 한다. 이것을 구현하기 위하여 사랑하고 용

---

660) Ryan Bolger, "Following Jesus into Culture, Emerging Church as Social Movement", Doug Pagitt/Tony Jones(ed.), An Emergent Manifesto of Hope, Grand Rapids, Baker Books, 2007, 133 (이하 Bolger, Following Jesus로 약칭함, 괄호의 숫자는 이책의 쪽수를 의미함).
661) Bolger, Following Jesus, 135.

서하고 섬기고 개방하는 법을 배워야 한다."[662] 둘째, 하나님 나라 운동은 "화해의 운동"[663]이다. 예수는 화해를 위해 이 땅에 오셨다. 그의 오심은 원수 갚음이나 전쟁이 아니라 사랑과 화해와 용서를 위한 것이었다.[664] 그러므로 "교회는 하나님의 통치에 굴복하는 모든 사람들을 포괄하여 새로운 백성으로 만들어 내야 한다."[665] 인종이나 나이나 종족이나 성이나 계급의 차별 없이 모든 사람들이 함께 차별과 의심을 극복하여 문화 안에 있는 분열을 치료해야 한다.[666]. 셋째는 "환대(hospitality)의 운동"[667]이다. 그에 따르면 "예수는 가난한 자들이 해방될 것이며 그들이 부유해지며 그들이 잔치에 참여하며 나눔이 넘쳐흐르는 시대가 올 것임을 선언하심으로서 환대의 사역을 감당하셨으며 그의 제자들에게 베푸는 삶의 대리인이 될 것을 요구하신다"[668]는 것이다. 그러나 "오늘날의 교회는 베푸는 것보다 자기 이익적인 교환이라는 소비자본주의의 모습을 보이고 있다"[669]고 진단한다. 이러한 주고받기의 경제에서 이제는 "줌의 경제의 희년 유형의 관계"[670](Jubilee-type of a gift economy)로 바뀌어야 한다는 것이다. 다시 말하면 교회는 일상적인 삶 속에서 소비문화를 줄이고 또한 소비문화에 억눌려 있는 자들을 해방하며 가난한 사람들, 버려진 자들, 환경을 생각하는 실천과 삶들을 강화하고 지원해야 한다는 것이다.[671] 이렇게 본다면 자본주의 사회에서 볼저가 말하는 교회는 일상적 삶 속에서 진정한 하나님의 디아코니아를 실현하는 공적 공동체임을 엿볼 수 있을 것이다.

---

662) Bolger, Following Jesus, 135.
663) Bolger, Following Jesus, 135.
664) Bolger, Following Jesus, 135.
665) Bolger, Following Jesus, 135.
666) Bolger, Following Jesus, 136.
667) Bolger, Following Jesus, 137.
668) Bolger, Following Jesus, 136.
669) Bolger, Following Jesus, 136.
670) Bolger, Following Jesus, 136.
671) Bolger, Following Jesus, 136.

오늘날 우리 그리스도인들에게 필요한 것은 모든 삶 속에서 그리스도인답게 사는 것이다. 즉 그리스도인들은 일상의 공적신학을 가져야하며 일상의 공적 그리스도인이 되어야 한다. 이것이 볼저가 말하는 교회의 하나님 나라 운동 중 하나다. 넷째는 "자유의 운동"[672]이다. 이것은 지배와 통제의 질서나 리더십을 포기하고 다른 사람들을 동등하게 파트너로 대하는 것을 의미한다.[673] 진정한 하나님 나라다운 교회라면 그 교회는 "지배를 포기하고 낮은 자, 버려진 자, 소리 없는 자의 소리를 들을 수 있어야" 하며, 또 그것을 교회뿐만 아니라 "사회의 모든 영역에 선포해야" 한다.[674] 다섯째, "영성운동"[675]이다. 그들의 영성은 영육의 이분이나 신앙과 삶, 교회와 사회, 주일의 삶과 평일의 삶의 이원론을 강화시키는 세속주의를 거부하며 신앙의 사유화 및 개인화를 극복하며 환경의 파괴를 저지하려는 일상적 영성이다.[676] 이 다섯 가지의 운동을 추구하는 교회를 볼저는 "사회운동"[677]이라는 말로 정의하고 있다.

앤더슨의 하나님 나라 개념도 지금까지 말한 것과 유사하다. 그의 주장에서도 선교와 하나님 나라는 밀접히 연관되어 있다. 그리고 그것은 또한 일상적 삶과도 결코 무관하지 않다. 그가 말하는 하나님 나라는 단순히 죽음 이후의 삶을 말하지 않는다. 앤더슨은 "교회의 선교는 통제할 수 있는 제국이나 왕국을 세우는 것이 아니라 구성원들의 삶을 통하여, 또한 다양한 조직이나 그룹들을 통하여 하나님 나라를 경험하고 표현하는 것이다."[678] 교회의 의도와 방향은 하나님이 사랑하는 세상, 교회가 파송받은 세상 속에서 하나님의 통치에 맞춰져야 한다는 것이다.[679] 다른 말로 하자면 교회는 그 삶을 통하여 하

---

672) Bolger, Following Jesus, 137.
673) Bolger, Following Jesus, 137.
674) Bolger, Following Jesus, 137.
675) Bolger, Following Jesus, 138.
676) Bolger, Following Jesus, 138.
677) Bolger, Following Jesus, 131.
678) Ray. A. Anderson, An Emergent Theology for Emerging Churches, Downers Grove, Il. IVP, 2006, 99.

나님의 나라를 나타내야 한다는 것이다. 이것을 앤더슨은 "하나님 나라 살기"[680](kingdom living)라고 말한다. 그런데 그에게 중요한 것은 바로 그 "하나님 나라 살기"가 거창한 구호나 행위에 있는 것이 아니라 일상의 삶에서 이뤄져야 한다는 것이다. 그는 성경에서 쉽게 찾아낼 수 없는 질문을 던진다. "아담과 이브는 하나님 나라를 경험했는가?"[681] 하는 질문이다. 앤더슨 그 질문에 다음과 같은 답을 상상한다. "바울은, 첫 인간들이 땅의 청지기로 창조된 바로 그 영역, 그리고 그들이 일상적인 삶을 살았던 바로 그 공간이 하나님의 나라였다는 것에 동의했을 것이라"[682]는 것이다. "최초의 인간은 땅의 흙으로 만들어졌고, 땅에 놓였으며, 창조자의 형상이 하나님의 호흡으로 주어졌다. 그들은 땅을 갈고 짐승을 돌보며 생육하고 번성하도록 거기에 놓이게 되었다. 이것이 타락 이전의 첫 인간에게 주어진 과제였다. 이것이 하나님 나라 살아내기이다."[683]

이것이 함의하는 것이 무엇인가? 앤더슨의 해석에 의하면 "첫 인간의 과제, 즉 경작하고 다스리고 번성케하는 것은 곧 육체적 노동과 기본적인 도구 만들기와 일의 분담 및 가정생활을 의미하는 것이었다. 이런 의미에서 첫 인간의 전(total) 환경이 바로 일터였다."[684] 이것은 하나님 나라와 일상의 삶이 결코 분리되어 있지 않다는 것을 의미한다. 여기에는 "성과 속의 구분이나 긴장이 없었다(⋯) 타락이전의 첫 인간이 살았던 일터는 바로 세속 장소였다. 오로지 하나님만이 거룩할 뿐이었다."[685] 그들에게 있어서 "세속적인 일터가 바로 하나님 나라의 영역이었다."[686] 앤더슨은 신약과 구약의 하나님 나라와 일

---

679) 위의 책, 99
680) 위의 책, 101.
681) 위의 책, 102.
682) 위의 책, 102.
683) 위의 책, 102.
684) 위의 책, 102.
685) 위의 책, 103.
686) 위의 책, 103.

제2부 317

터와의 상관성을 논한 후에 다음과 같이 결론을 내린다. "하나님 나라의 관점에서 볼 때 오로지 한 일터만 있다. 그것은 인간이 물질적이며 영적인 존재로서 살아가는 바로 그곳이다. 일터는 원래 세속적 성례전이 되도록 의도되었다. 이것에 의해 인간의 삶이 일상의 성례전이 되었다. 안식일은 그것을 기억하게 하는 절기였다. 하나님은 제 7일에 그의 일을 마치시고 쉬셨다. 인간은 일상의 삶과 일 속에서 하나님의 성례전적 파트너였다. 예수께서 상기시킨 대로 인간이 안식일을 위해서가 아니라 안식일이 인간을 위해 만들어졌다. 즉 인간의 일터를 하나님과의 파트너십 속에서 구속적이고 창조적 과제가 되도록 말이다."[687].

우리는 교회를 우리의 일터와 관계없는 장소로 생각할지도 모른다. 그러나 결코 그렇지 않다. 교회는 "교인들이 일상적으로 살아가는 모든 영역에서 하나님 나라를 추구하는 공동체"[688], "일주일 내내 교회로 살아가는 사람들의 공동체"[689]이며, 따라서 일상의 신학, 혹은 일상 속의 신학은 일상의 선교론이고, 일상 속에 이뤄지는 하나님 나라의 신학이며,[690] "성례전으로서의 일상"[691]을 추구하는 신학이다. 앤더슨의 말을 다시 인용해본다. "교회는 오히려 일터의 한 부분으로서 일터와 직장을 위해 섬기고 하나님과의 협력가운데서 하나님 나라의 제자를 격려할 사명과 부르심을 가지고 있는 공동체다."[692] 이것이 바로, "오늘 우리의 일터가 그리스도인들에게 하나님 나라의 세속적 성례전이 되는 이유이다. 일터에 있는 하나님 나라의 제자들에게 있어서 교회

---

687) 위의 책, 113.
688) Eddie Gibbs/Ryan Bolger, Emerging Churches. Creating Christian Community in Postmodern Cultures, 김도훈 역, 『이머징 교회』, 쿰란출판사, 2008, 71.
689) http://www.vintagechurch.org.
690) Sherry and Geoff Maddock, "An Ever-Renewed Adventure of Faith. Notes from a Community", Doug Pagitt/Tony Jones(ed.), An Emergent Manifesto of Hope, Grand Rapids, Baker Books, 2007, 83.
691) Ray, A. Anderson, An Emergent Theology for Emerging Churches, IVP, 2006, 103.
692) 위의 책, 115.

는 다른 신자들과의 교제의 필요성을 채우고, 하나님의 말씀에 의한 가르침과 안내를 가져올 수 있는 길이며 세속일터에서의 우리의 일상적 삶을 위한 영적 배터리를 충전할 수 있는 길이다."[693]

토니 존스는 "새로운 그리스도인"[694]이라는 제목을 담은 저술을 통하여 이 시대에 적합한 그리스도인의 모습을 그리고자 하다. 먼저 존스의 생각을 정리해보고자 한다. 그는 "새로운 그리스도인"을 "일상의 그리스도인"[695]으로 생각하고, 이머징 교회야말로 이런 사고의 대표적 운동으로 생각하였다. 이머징 교회 운동, 새로운 그리스도인 운동, 일상의 그리스도인 운동은, 그에 의하면, 동일한 의미의 운동으로서 "그리스도인 됨의 의미에 대한 극적 변화의 도래의 한 징표"[696]다. 그는 다른 이머징 교회운동의 리더들처럼, 오늘날의 세계를 포스트모던 세계로 정의한다. 스미스(Scott Smith)는 존스 연구를 통해 이러한 생각을 잘 드러내 주고 있다. 젊은이들에게 있어서는 "지각이 곧 현실"이라고 존스의 판단에 그는 동의한다.[697] 그리스도인들이 사회 속에서 진정한 기독교적 삶을 살아간다면, 이런 포스트모던 문화적 상황이 복음의 진리를 보여주는데 방해물이 되지 않는다고 그는 생각한다.[698] "왜냐하면 우리가 공동체 안에서 기독적인 삶을 살아가는 방식을 통해 복음의 이야기의 진실성을 보여줄 수 있기 때문이다."[699] 그러므로 "그리스도인들에게 있어서 최우선 순위는" "그리스도 밖에 있는 사람들"과 "진정성과 성실성을 가지고 사회 속에

---

693) 위의 책, 116.

694) Tony Jones, The New Christians. Dispatches from the Emergentfrontier, Jossey-Bass, San Francisco, 2008.

695) Jones, The New Christians, XIX.

696) Jones, The New Christians, XVIII.

697) R. Scott Smith, Truth & The New Kind of Christian. The Emerging Effects of Postmodernism in the Church, Wheaton, Crossway Books, 2005, 70. 토니 존스의 입장에 대한 논의를 위해서는 Tony Jones, Postmodern Youth Ministry, Grand Rapids, Zondervan, 2001. Tony Jones, The New Chrsitians 참조.

698) Scott Smith, 70.

699) Scott Smith, 70-71.

서, 일상의 삶 속에서 함께 소통하는 방식으로 살아가는 것, 그래서 우리의 신앙이 사람의 모든 측면에까지 침투해 들어가는 것, 바로 그것이다."[700] 왜냐하면 "예수는 단지 주일 하루 그것도 교회에서만의 주님이 아니라, 모든 삶의 영역을 지배하시는 주님이시기 때문이다."[701] 지금까지 일상의 그리스도인 된다는 것에 대하여 말하려고 하였다. 그것은 한마디로 이 세상에서 일하시는 하나님의 총체적 구원사역에 동참하는 것이다. 이것을 우리는 교회의 일상실천(일상신학) 혹은 공적실천이라고 할 수 있으며 그 신학적 근거는 바로 예수 그리스도의 메시지, 즉 하나님 나라이다.

3. 글로벌 위기, 그리고 하나님 나라와 예수

맥라렌 역시 토니와 마찬가지로 오늘날 이 시대에 "어떻게 새로운 그리스도인이 될 것인가?"를 고민하였다.[702] 맥라렌에게 있어서 새로운 그리스도인이 되는 것이란, 스콧 스미쓰(R. Scott Smith)가 잘 요약하였듯이, 포스트모던 문화 속에서, 첫째, "성경에서 말하는 스토리에 근거하여 우리의 신학을 재 정립하는것," 둘째, "복음을 예수 이야기에 근거시키는 것," 셋째, "신앙의 진리를 추상적 명제가 아닌 이야기 형식으로 풀어내는 것," 넷째, "공동체 속에서 진리를 따라 사는 것," 다섯째, "우리의 삶 속에서 신앙의 진리를 구체화하는 것," 여섯째, 선교는 우리의 삶 속에서 예수를 만난 이야기를 함께 나누는 것, 일곱째, '구성원들이 모두 예수의 진정한 추종자로 살아가는 교회 공동체를 만드는 것"이다.[703] 간단히 말하자면 새로운 그리스도인이 되는 것이란 오늘

---

700) Scott Smith, 71.
701) Scott Smith, 71.
702) Brian McLaren, A New Kind of Christian, 김선일 역, 『새로운 그리스도인이 온다』 IVP, 2008 (McLAren, A New Kind of Christian으로 약칭함).
703) Scott Smith, 65-66.

의 문화 속에서 현대의 사상과 문화에 대응하면서 선교적으로 살아가는 것을 의미한다. 좀 더 쉽게 말하자면, 일주일의 하루, 그것도 교회에서만이 아닌 세상 속에서 신앙을 실천하며 살아가는 것이다. 그래서 그는 하나님 나라를 "세상 전반에서 일어나는 하나님의 역사"[704]와 연관되어 있다고 보았다. 구체적으로 예를 들자면, 하나님 나라는 "환경에 대한 하나님의 관심, 다른 종교인들에 역사하시는 하나님, 가난하고 억압받는 자들과 공감하시는 하나님, 하나님으로부터 예술적인 재능을 부여받아 아름다움과 영광과 진리를 표현하는 예술가"[705]와 연관되어 있는 나라다. 물론 그가 개인 구원이나 수적, 영적 성장을 부인하는 것은 아니다. 그럼에도 그의 초점은 세상에 더 기울어 있다. 그래서 "교회는 세상을 위해 존재한다"[706]고 선언한다. 그러므로 그는 구원을 예수 믿고 천당가는 것으로만, 하나님 나라를 죽어서 가는 나라로만 정의하는 것은 현재와 현실을 도피하는 것으로 받아들인다. 이처럼 개인화되고 소비주의화 된 구원의 개념을 그는 모더니즘의 영향으로 판단하면서 세상과 피조물에까지 그 구원 영역을 넓힐 것을 요구한다.[707] 심지어 그는 하나님 나라에 대한 표현방식도 오늘의 포스트모던 문화를 반영하여 "하나님의 경영", "하나님의 웹 또는 하나님의 네트워크", "하나님의 이야기", "하나님의 모험 또는 하나님의 음악" 등의 용어를 사용할 수 있을 것이라고 조심스럽게 제안한다.[708] 마지막으로 새로운 그리스도인은 영성의 개념도 모던문화의 반영인 개인주의적, 소비주의적 영성을 재해석하여 오늘의 새로운 상황을 반영한 새로운 영성을 가져야 한다고 생각한다. 그에 의하면 모던적 영성이 개인주의적 영성, 개인의 영적 만족을 위한 영성, 죄의식 중심의 영성이었다면, 공적예배나 집단

---

704) McLaren, A New Kind of Christian, 174.
705) 위의 책, 174.
706) 위의 책, 175
707) 위의 책, 256-261.
708) 위의 책, 216-217.

훈련을 통한 공동체적 영성, 선교여행이나 사회봉사를 통한 영성, 수도원 체험의 영성 등을 통해 우리의 영성이 이 시대에 적절한 방식으로 회복되어야 한다고 본다.[709] 더구나 그는 다시 태어난다면 생태학에 투신하고 싶다고 말할 만큼 창조의 영성을 강조한다.[710] 그는 창조의 보존이야 말로 "참으로 영적이며 기독교적인 일이라고 믿기 때문"[711]이다.

맥라렌은 『모든 것이 변해야 한다』[712]라는 최근의 저서에서 "새로운 그리스도인"이 되는 것의 의미를 다시 한 번 상세히 다루고 있다. 그에 의하면 "새로운 그리스도인이 되는 것의 한 의미는 예수의 본질적인 메시지가 무엇인지를 발견하거나 재발견하는 것이다."[713] 그렇다면 그가 정의하는 예수의 본질적인 메시지는 무엇에 관한 것인가? "예수의 메시지는, 일반적으로 생각하듯이, 실제로 천국의 행복한 해안가를 위해 고통스러운 이 땅으로부터 도피하는 것이 아니라, 하나님의 뜻이 하늘에서처럼 이 고통스러운 땅에도 이뤄지는 것에 대한 것이다. 그러므로 새로운 그리스도인이 되는 것에 관심이 있는 사람들은 필연적으로 이 땅을 점점 더 많이 돌보기 시작할 것이며, 이 땅의 가장 중요한 문제가 무엇인지를 더 잘 이해하기를 원할 것이며, 실제로 여기 이 땅에 이루어지는 하나님의 꿈과 좀 더 자주 일치할 수 있는 방법이 무엇인지를 발견해 내기를 원할 것이다."[714] 그의 책은 "이 세상의 가장 큰 문제가 무엇이며"[715], "이 전 지구적 문제에 대해 예수 그리스도는 무엇을 말해야 하는가"[716]에 집중하고 있다. 이미 이 두 질문은 그의 관심과 신학을 알게 해준다.

---

709) 위의 책, 231-244.

710) 위의 책, 235-236.

711) 위의 책, 236.

712) Brian McLaren, Everything Must Change. Jesus, Global Crises, and a Revolution of Hope, Dallas, Thomas Nelson, 2007 (이하 McLaren, Everything, 본문의 숫자는 이 책의 쪽수를 의미함).

713) McLaren, Everything, 4.

714) McLaren, Everything, 4.

715) McLaren, Everything, 11.

그렇다면 맥라렌이 지적하는 전 지구적 위기는 무엇인가? 그는 우선 코펜하겐 컨센서스가 말하는 지구적 문제를 언급한다. 그것은 기아와 영양실조, 기후변화, 갈등, 재정위기, 물과 위생시설, 보조금과 무역장벽, 인구문제, 전염병, 교육, 정부와 부패 등이 그것이다.[717] 이어 그는 세계은행 유럽부총재 리샤르(. F. Rischard)가 열거한 생태계 문제, 인도주의적 문제, 무역과 산업의 규제의 문제 등을 세세히 소개하고 있다.[718] 특이하게도 맥라렌은 새들백 교회의 릭 워렌(Rick Warren)의 『목적이 이끄는 삶』에 나타난 문제를 진지하게 인용한다. 그가 인용한 문제는 영적 공허함, 이기적이고 게으르고 비효율적인 리더십, 가난, 질병, 무지 등이다.[719] 무엇보다 그는 유엔이 제시한 15개의 지구적 도전을 가장 선호한다. 그것을 열거하자면 다음과 같다. 모두를 위한 지속가능한 발전, 충돌 없는 깨끗한 물의 확보, 균형 잡힌 인구성장과 자원, 참된 민주주의, 지구적 장기적 관점의 정책 만들기, 정보와 통신 기술의 지구적 융합. 윤리적 시장경제, 새로운 질병과 미생물의 위협의 감소, 노동의 성격과 제도변화에 따른 결정역량 강화, 인종갈등과 테러와 대량살상무기를 줄일 수 있는 가치의 공유와 새로운 안보전략, 변하는 여성의 지위와 인간적 상황 개선, 국제 범죄조직 근절, 안정적 에너지 수급, 과학기술의 발전 등이다.[720] 이모든 도전과 문제들은 적절히 대처하지 못한다면 "인간의 문명을 건강하지 못하고 평화롭지 못한 방향으로 몰고 가는 시스템"[721]이 된다. 이런 지구의 상황을 맥라렌은 "자살기계"[722]에 비유한다 그에 의하면 "우리의 사회라는 기계는 슈퍼시스템으로서 세 가지 기본 하위시스템으로 구성되어 있다. (…) 그것

---

716) McLaren, Everything, 12.
717) McLaren, Everything, 46.
718) McLaren, Everything, 47.
719) McLaren, Everything, 48.
720) McLaren, Everything, 48-49.
721) McLaren, Everything, 53.
722) McLaren, Everything, 53.

은 우리가 성취하고자 하는 선하고도 합법적인 욕망으로서 번영과 안정과 공평의 욕망이다."[723] 그런데 맥라렌이 지적하듯, "사회를 구성하는 이 세 가지 시스템은 독립적으로 작동하는 것이 아니라 (…) 다른 것들과 연결되어 상호 작용하며 서로를 필요로 한다."[724] 오늘날의 수많은 문제는 바로 이러한 인간의 기본적인 시스템이 정상적으로 작동되지 않아 번영과 안정과 공평의 위기를 불러 오고 있다는 것이 그의 진단이다.

이제 그가 말하는 이 위기를 좀 더 자세히 설명해보려고 한다. 그는 지구적 위기를 네 가지로 정리하고 있다. 위 세 가지에 영성의 위기를 추가한 것이다. 첫째는 "지속가능하지 않은 글로벌 경제, 즉 세계 인구의 약 삼분의 일을 위하여 엄청난 부를 생산하는데 성공했지만 환경의 한계를 존중하는데 실패한 경제에 의해 야기된 환경파괴이다." 이것을 그는 "번영의 위기"(prosperity crisis)라고 부른다.[725] 둘째는 "소수 부유한 계층에 대한 다수의 빈곤층의 시기와 분노와 증오를 불러일으키는 (역으로 부한 자들의 두려움과 불안을 자극하는) 빈익빈 부익부 현상이다." 이것을 그는 "공평의 위기"(equity crisis)라고 부른다.[726] 셋째는 "경제 스펙트럼의 반대계층에 있는 다양한 그룹들 사이에 분노와 두려움을 심화시킴으로써 일어나는 대격동적 전쟁의 위험이다." 그는 이것을 "안정의 위기"(security crisis)라고 부른다.[727] 넷째는 직접적인 지구적 위기라기보다는 "위의 세 가지 지구적 위기를 치유하거나 줄일 수 있는 프레이밍 스토리(framing story)를 제공하지 못하는 세계종교들의 실패이다." 그는 이것을 "영성의 위기"(spirituality crisis)라고 부른다.[728] 여기서 무엇보다 중요한 문제는 네 번째 문제이다. 왜냐하면 "프레이밍 스토리"란 "사람들의

---

723) McLaren, Everything, 55.
724) McLaren, Everything, 57.
725) McLaren, Everything, 5.
726) McLaren, Everything, 5.
727) McLaren, Everything, 5.
728) McLaren, Everything, 5.

삶의 틀거리를 제공해 줌으로써 그들에게 방향과 가치와 비전과 영감을 제공해주는 이야기를 의미하는 것"이며, 또한 "그것은 자기들이 누구인지, 그들이 어디에서 왔는지, 그들이 어디에 있는지, 일의 진행은 어떻게 되는지, 그들은 무엇을 해야 하는지를 말해주는 것"729)이기 때문이다. 그런데 맥라렌은 도대체 어디서 오늘날의 영성의 위기를 극복할 수 있는 프레이밍 스토리를 발견하려고 하는가? 바로 예수의 비전과 메시지에서 그것을 찾아내려 한다. 그에 따르면, 새로운 그리스도인이 되는 것과 새로운 "프레이밍 스토리"를 갖는 것은 동일한 문제다. 우리는 예수의 메시지에서 "희망의 혁명"을, "모든 것을 바꿀 수 있다는 희망"을 발견할 수 있고, "우리는 우리를 위협하는 지구적 위기들을 대면하여 극복할 수 있으며 더 낳은 미래를 위한 씨를 뿌릴 수 있을 것"이라고 그는 역설한다.730) 이제 우리는 맥라렌에게 그러면 예수의 본질적인 메시지가 무엇인지를 물어야 할 것이다. 그가 발견한 예수의 본질적인 메시지는 바로 "하나님 나라"다. 위에서도 잠시 언급한 대로, 그의 눈으로 볼 때, 예수의 하나님 나라는 "죽음 이후에 천국 가는 것으로 이 세상과 이 세상의 문제들로부터 어떻게 도피할까에 초점을 맞추는 것이 아니라 하나님의 뜻이 어떻게 땅과 역사와 현재의 삶 속에 이뤄질 것인가에 초점을 맞추는 것이다. 하나님 나라는 이 땅에 하나님의 꿈이 실현되는 것이며, 하나님의 정의와 평화가 이 땅의 불의와 부조화를 대체하는 것이다."731)

여기서 "프레이밍 스토리", 즉 "예수가 좋은 소식(복음)이라 부른 새로운 프레이밍 스토리"732)는 무엇이며, "오늘의 역사적 사회적 정치적 종교적 상황에 어떻게 적용할 수 있는가"733)에 대한 맥라렌의 답을 들어보고자 한다. 그

729) McLaren, Everything, 5-6.
730) McLaren, Everything, 6.
731) McLaren, Everything, 21. Doug Pagitt, A Christianity Worth Believing. Hope-filled, Open-armed, Alive and Well Faith for the Left out, Left behind, Let down in us all, San Francisco, Jossy-Bass, 2008, 213ff.
732) McLaren, Everything, 77.

는 다음과 같은 질문을 제기하면서 자신의 답을 제시한다. "우리가 처해있는 스토리는 무엇인가?" "예수는 어떤 물음에 답하려고 했는가?" "예수는 위기에 어떻게 대응했는가?" "왜 예수가 중요한가?"[734] 첫째 질문은 "인간의 상황"에 대한 물음이다. 맥라렌에 의하면 인간 상황에 대한 전통적 견해는 다음과 같다. 즉 "하나님은 세상을 완전하게 창조하셨으나 첫 조상인 아담과 이브가 하나님에 의해 요구받은 절대적 완전성을 지키지 않았기 때문에 하나님은 전 우주와 그 안에 있는 모든 것들을 멸하시기로, 그리고 특별히 사함 받은 사람들을 제외하고는 모든 인간들의 영혼들을 영원히 지옥에 멸하시기로 작정하셨다"[735]는 것이다. 그러나 맥라렌은 달리 주장한다. "하나님은 세상을 선하게 창조하셨으나 인간들이 하나님에 저항하여 세상을 악과 불의로 가득하게 만들었다. 하나님은 세상의 아픔으로부터 인간을 구원하시고 치유하시기를 원하셨으나 인간은 목자 없는 양처럼 희망 없이 방황하고 혼란스러워하며 점점 더 방황과 위험으로 빠지고 있다. 그대로 내버려 둔다면 인간 질병과 악으로 급락하게 될 것이다."[736] 둘째 질문으로 넘어가보자.

둘째 질문인 "예수는 어떤 물음에 답할까"는 맥라렌이 생각하기에 아주 "근본적인 물음"이다. 위에서 밝힌 대로 전통적 관점은 인간의 상황이 저주받은 운명에 처해져 있다는 것이므로, 근본적인 물음은 "개인을 어떻게 영원한 지옥의 심판에서 구원할 수 있을까"[737]라는 것이 되는데, 새로운 관점을 갖는다면, 근본적인 물음은 아마도 "우리가 처해있는 이 엉망진창인 상황에 무엇을 해야 할까"[738]가 된다는 것이다.

셋째는 "예수의 메시지"에 관한 물음이다. 맥라렌이 보는 전통적 견해에

---

733) McLaren, Everything, 77.
734) McLaren, Everything, 77-78.
735) McLaren, Everything, 78.
736) McLaren, Everything, 78.
737) McLaren, Everything, 78.
738) McLaren, Everything, 78.

의하면, 위기 대응에 대한 예수의 메시지는 다음과 같은 답이 될 것이다. "죄로 인한 영원한 지옥의 형벌을 피하기를 원한다면, 죄를 회개하고 십자가에 예수 그리스도를 처벌하였으므로 우리를 지옥에 벌하지 않을 것이라는 사실을 믿어야 한다. 이것을 믿기만 하면, 땅이 멸망하고 다른 모든 사람들이 지옥에 처해질 때 너는 천국 갈 것이다."[739] 그렇다면 맥라렌의 견해는 무엇인가? 위기에 대한 예수의 대응은 어떠할 것이라고 맥라렌은 생각하고 있는가? 그가 예수 말인 것처럼 표현한 맥라렌의 생각을 인용하면 다음과 같다. "인간의 방황과 죄에도 불구하고 하나님은 인간을 사랑하신다는 이 복음을 가지고 나는 보냄을 받았다. 하나님은 은혜로 모든 사람 누구나 현재의 길에서 벗어나 새로운 길을 따르도록 초대하신다. 나를 믿고 나의 제자가 되라. 그리하면 너는 변화 받을 것이고 세상의 변화에 참여하게 될 것이다."[740]

넷째는 "예수의 목적"에 관한 물음이다. 전통적 입장의 해답은, 예수의 목적은 인간이 원죄로부터 해방되고 하나님의 진노로부터 해방되도록 돕는 것이 될 것이다.[741] 그러나 새로운 견해에 의하면, "예수는 세상의 구세주로 오셨다. 그것은 인간의 악 때문에 일어나는 지속적인 파괴로부터 세상의 모든 것을 구원하기 위해 오셨음을 의미한다. 그의 삶과 가르침, 그의 고난과 죽음과 부활을 통하여 그는 결코 무너뜨릴 수 없는 은혜와 진리와 희망의 씨앗을 인간의 역사에 심어주셨다. 이 씨앗은 모든 반대에도 불구하고 인간의 악과 불의를 이길 것이며, 이 세상을 하나님이 꿈꾸는 세상으로 끊임없이 변화시킬 것이다. 예수 안에서 하나님의 희망과 진리를 발견한 사람들은 악과 불의로부터 하나님의 변화와 해방의 사역에 참여할 권리를 얻게 된다. 변화의 공동체의 일원으로서 그들은 죽음과 저주의 두려움으로부터의 해방을 경험하게 될 것이다."[742]

---

739) McLaren, Everything, 79.
740) McLaren, Everything, 79.
741) McLaren, Everything, 79.

맥라렌은 이런 전통적 견해를 부정하거나 교리적으로 틀렸다고 말하지 않는다. 다만 오늘날의 지구적 위기의 관점에서 볼 때 오늘날의 인간상황에 대한 답으로서는 다소 부족하다고 볼 뿐이다. 오늘날의 관점에서는 전통적 견해가 다음과 같은 약점을 가질 수 있기 때문이다. 즉, 첫째는 예수 이야기를 오늘의 현실에 대한 해답과 거리가 먼 이야기로 만들며, 둘째는 "역사에 대한 희망이 사라지고 역사의 완전한 파괴와 대체"만 남게 되며, 셋째는 영적인 것과 세속적인 것을 구분하는 이분법에 빠지게 되고, 넷째는 "하나님은 선택된 사람들에만 복을 내리고 그 이외의 사람들에는 저주 외에는 아무것도 주지 않는 하나님으로 만들게 되며", 다섯째는 인간의 죄 때문에 세상을 파멸하고 세상에 분노하시는 하나님으로 만들고, 마지막으로 재래적 관점은 세상은 점점 더 악해지고 그것이 마치 하나님의 뜻인 양 오해하게 할 수 있으며, 세상의 파멸 이후의 구원을 기다리게 만드는 이론이 되기 때문이다.[743]

예수 당시의 통치세력은 로마제국이었다. 그래서 당시의 프레이밍 스토리 즉 당시의 담론은, 로마제국에 순응하는 담론이든 반대하는 혁명적 담론이든, 그 무엇이든 결국 로마제국과 관련된 것이었다. 맥라렌은 예수 당시의 이 프레이밍 스토리를 네 가지로 구분하고 있다. 첫째는 사두개인들이 주로 가지고 있었던, "힘을 합리화하는 제국적 담론 내지 통치담론," 둘째는 "제국의 부정적인 측면을 경험하는 사람들의 상황을 반영하는, 그들을 선동하여 행동하게 하는 담론, 즉 제국주의에 대항하는 담론 즉 혁명적 담론," 셋째는 "공적으로는 제국의 지배적 담론으로 살아가고 사적으로는 또 다른 길들여진 담론에 의해 살아가는, 분리된 방식으로 살아가게 하는 이중적 담론," 넷째는 "제국적 담론도, 혁명적 담론도, 이중적 담론도 거부하고 하위문화에 참여하지 않고 고립적으로 살아가는 것을 합리화하는 소외 담론"이 그것이다.[744]

---

742) McLaren, Everything, 80.
743) McLaren, Everything, 81-82.
744) McLaren, Everything, 90.

이런 담론 속에서 예수는 하나님의 나라, 하나님의 왕국을 선포하였다. 이 것은 이 땅의 어떤 제국의 힘으로 사는 것이 아닌 오로지 하나님의 나라의 담 론으로 사는 것을 의미하였다.[745] 맥라렌은 이것을 다음과 같이 예수의 음성 으로 재구성하였다. "때가 왔다. 모든 것을 재고하라. 극히 새로운 류의 제국 이 왔다. 하나님의 제국이 도래했다. 이 복음을 믿으라. 제국주의적 담론, 혁 명적 담론, 이중적 담론, 소외적 담론 모두 버리라. 어린아이처럼 너의 마음을 열고 사물을 새로운 방식으로 새롭게 바라보라. 나와 내말을 따르라. 그리고 이 새로운 방식의 삶을 시작하라."[746] 그러므로 맥라렌에 따르면, "예수의 하 나님 나라 가르침의 핵심은 모든 면에서 로마제국과 그의 선조들과 계승자들 의 상식을 전복시키는 것이었다."[747] 이것을 정면으로 드러낸 것이 바로 빌라 도와 예수의 대면이다. 맥라렌은 하나님 나라에 대한 빌라도와 예수의 대화를 소개한다. 빌라도의 묻는 말에 예수는 "내 나라는 여기에 속한 것이 아니 다"[748]라는 말로 답한다. 맥라렌에 따르면 예수께서 하신 말씀, "여기에 속하 지 않은 하나님 나라"라는 말은 "이 세계의 정치적 지배에 굴하지 않는 나라, 로마의 검과 창과 십자가형의 위협의 나라가 아닌 나라, 제국의 통치와 폭력 과 계급제도에 의해 다스려지는 나라와는 전혀 다른 나라를 의미한다."[749] 달 리 말해, "이 세상을 초월한 그 어떤 세계라는 의미라기보다 "다른 성격과 다 른 전략의 나라"[750]를 의미한다. 구체적으로 말해서 가이사의 것이 아닌 오로 지 하나님에게 속한 하나님 나라, 하나님의 통치와 주권이 전적으로 미치는 나라를 의미하는 것이다.

맥라렌이 언급한 위기는, 위에 언급한대로, 번영의 위기, 안정의 위기, 공

---

745) McLaren, Everything, 90.
746) McLaren, Everything, 99.
747) McLaren, Everything, 99.
748) McLaren, Everything, 114.
749) McLaren, Everything, 114.
750) McLaren, Everything, 114.

평의 위기다. 이러한 전 지구적 위기 속에서 예수 그리스도의 의미가 무엇인가를 그는 전착해 들어간다. 그리고 이렇게 답한다. "만일 예수가 오늘날 말씀하신다면, 확신컨대 예수는, 우리가 우리의 세계를 위한 새로운 프레이밍 스토리를 상상해내고, 그래서 우리의 자살기계를 창조적이고도 인류애적인 사회로 바꾸는데 도움이 되는 적절하고도 전복적인(subversive) 메타포를 찾아낼 것"751)이다. 그리고는 그는 "예수가 지금 우리의 안정과 공평과 번영의 시스템에 직면했다면 사용했을 법한 메타포"와 "예수가 우리의 본질적 프레이밍 스토리에 도전했을 네 번째 메타포"를 소개한다.752) 첫째, 안정의 위기에 대해 예수는 "하나님의 평화의 저항"(divine peace insurgency)을 이야기 했을 것이다.753) "이 세계가 선하시고 거룩하시고 자비하시며 지혜롭고 공평하신 하나님의 피조물이라면, 그런데 그 세상이 파괴적이고 거룩하지 못하며 무자비하고 폭군적이며 어리석고 기만적인 시스템, 즉 자살기계라 부를 수 있는 시스템에 의해 점령당하고 지배당하고 있다면 예수는 그 지배적 체제를 전복하기 위한 저항을 시작했을 것이다."754) 그리고 "이 세계는 하나님이 바라시는 건강하고 풍요로운 조화의 세계로 회복되었을 것이다."755) 맥라렌은 이 저항은 결코 폭력적인 저항이 아니라 "자비로운 저항, 지혜의 저항, 희망의 저항, 온화한 저항, 용기의 저항, 긍휼의 저항, 신앙의 저항, 평화의 저항"756)이라고 덧붙인다.

둘째, 공평의 위기에 대해 예수는 "하나님의 반테러 운동" (God's unterror movement)을 선언했을 것이다.757) 맥라렌에 의하면 "인간이 하나님의 본래

751) McLaren, Everything, 128.
752) McLaren, Everything, 128.
753) McLaren, Everything, 128.
754) McLaren, Everything, 129.
755) McLaren, Everything, 129.
756) McLaren, Everything, 129.
757) McLaren, Everything, 129.

의 창조적인 담론을 이기적이고 파괴적인 프레이밍 스토리와 맞바꾸게 될 때 사회기계는 자살기계가 된다."758) "이런 잘못된 프레이밍 스토리에 의해 행동하게 될 때 타자에게 고통을 주고 가난하게 하며 불안정하게 할 뿐이다. 상처주고 비인간화하고 다른 사람을 억압하는 방식으로 힘과 자유를 추구하고 사용하게 될 것이다."759) 그렇다면 예수의 메시지는 무엇이며, 예수의 방식은 무엇인가? 맥라렌에 의하면, 예수의 방식은 반테러 행동, 즉 희망의 폭발, 자발적 친절, 격려와 섬김의 운동이며, 폭력적 테러를 중단하고 온유와 격려를 실천하면서 하나님 나라와 하나님의 공평을 추구하는 방식이다.760)

셋째, 번영의 위기에 대해 예수는 "새로운 사랑의 지구경제"(new global love economy)를 선포했을 것이다.761) 맥라렌에 따르면 "신적 저항운동과 반테러 운동은 하나님의 창조적 꿈을 성취할 새로운 사랑경제의 건설을 위한 길을 열어준다."762) 그런데 현재 우리의 번영시스템은 어떤가? 과연 지속 가능하며 공평하고 정당한 시스템인가? 맥라렌은 그렇지 않다고 답변한다. 그에 따르면 현재의 번영시스템은 지속 가능하지 않은, 자기기만의 시스템이며, 인간의 피조적 한계를 인정하지 않는 모던 시대의 시스템일 뿐이다.763) 이런 경제는 정상적이지 않은 자살경제다. 소비와 팽창 지향적 이 경제는 결국 환경오염과 파괴를 불러일으키는 "배설물 공장"일 뿐이다.764) 사회적으로 이런 경제는 결국 욕구, 욕망, 시장, 분열, 불안, 충동만을 만들어 낼뿐이며, 정치적으로는 전쟁의 경제를 건설할 뿐이다.765) 그렇다면 그 대안은 무엇인가. 그것은 바로 맥라렌에 의하면 "하나님의 지구적 사랑경제"766)이다.

---

758) McLaren, Everything, 129.
759) McLaren, Everything, 129.
760) McLaren, Everything, 130.
761) McLaren, Everything, 130.
762) McLaren, Everything, 130.
763) McLaren, Everything, 130.
764) McLaren, Everything, 130.
765) McLaren, Everything, 131.

넷째, 이 모든 위기 속에서 "예수는 그의 대안적 프레이밍 스토리를 한마디로 하나님의 거룩한 에코시스템(God's sacred ecosystem)의 이미지로 요약했을 것이다."[767] "저항이나 반테러나 하나님의 사랑경제의 목표는 우리의 세상을 위한 하나님의 원초적 창조적 꿈, 즉 주고 받음의 역동적 춤, 출산과 죽음, 생산과 재생, 번성과 투쟁, 멸절과 진화가 함께 어울려 상상할 수 없는 아름다움과 고상함과 가능성이 만들어지는 거룩한 에코시스템의 꿈이 실현되는 것을 보는 것이다."[768] "창조주 하나님은 이런 에코 시스템에 살 수 있도록 우리에게 위대한 은사인 자유와 위엄과 창조성을 주셨다. 그러나 우리는 그것을 남용하여 선하고 아름답고 조화로운 세계보다는 추하고 악하고 무질서한 세상을 만들었다."[769] 하나님의 아픔이 되어버린 세상에도 하나님은 그 고통과 추함에 분노로 반응 하지 않으시고 정의와 자비와 진리와 은총으로 대하심으로 인간들에게 새로운 시작을 가능케 하신다.[770] 지금까지 맥라렌이 말하는 오늘의 위기적 상황에 대처할 수 있는 프레이밍 스토리를 소개하였다. 모두다 중요한 메타퍼이며 스토리다. 그럼에도 그는 네 번째, "하나님의 거룩한 에코시스템"을 하나의 중요한 씨앗과 같은 스토리로 본다. 왜냐하면 "그것으로부터 변혁적 프레이밍 스토리가 오늘의 세상에 뿌리 내릴 수 있고 싹이 틀 수 있는 씨앗이 되기"[771] 때문이다.

지금까지의 맥라렌의 주장을 그의 말로 요약하면 다음과 같다.[772] 첫째, "우리는 사회적 시스템, 사회적 기계 안에 살고 있다." 둘째, "그 시스템이 파괴적 프레이밍 스토리에 의해 추동될 때 그 시스템은 자살시스템이 된다." 셋

766) McLaren, Everything, 131.
767) McLaren, Everything, 131.
768) McLaren, Everything, 131.
769) McLaren, Everything, 132.
770) McLaren, Everything, 132.
771) McLaren, Everything, 134.
772) McLaren, Everything, 273-274.

째, "예수는 당대에 작동하고 있던 이런 역학을 간파하고 새로운 대안을 말과 행동으로 제시하였다." 넷째, "예수의 창조적 변혁적 프레이밍 스토리는 옛 프레이밍 스토리를 버리고 새로운 프레이밍 스토리를 신뢰하여 세계를 변화시키도록 초대하였다." 마지막으로 맥라렌은 모든 것을 변화시키기 위하여 우리는 개인적 차원, 공동체 차원, 공적차원, 지구적 차원의 행동으로 나아가야 함을 역설하고 그의 책을 마친다.[773]

4. 일상의 거룩[774]

거룩은 이미지 제고를 위한 것이 아니다. 그리스도인으로서 당연한 삶이다. 그러나 오늘날 교회의 이미지가 추락한 이 마당에 일상의 거룩의 회복은 교회의 이미지 제고 작업에 매우 도움이 되리라고 생각하여 이렇게 제목을 붙여보았다. 여러해 전 대한예수교장로회 총회장 목회서신 말미에 다음과 같은 내용이 실려 있다. "무엇보다 가슴 아픈 현실은 오늘날 우리 한국교회가 교회의 본질적 사명과 역할을 바르게 감당하지 못하므로 사회적 신뢰를 상실해 가고 있다는 것입니다. 오늘 우리 교회는 주님의 말씀에 기초한 사회적 책임과 참여와 봉사에 대한 교회의 본질적 사명을 도외시하고, 이웃과 소통하지 못한 채, 여전히 교회의 벽을 높이 쌓고 있습니다. 총회는 이 대림절에 하나님의 은총으로 교회와 세상이 변화되기를 기원합니다." 가슴 아픈 교회의 현실을 인정하고, 자성을 촉구하는, 이 시대에 필요하고도 적절한 메시지이다. 이 메시지에 이 메시지에 동감하며 우리 모두 마음 깊이 질문해 보자. 교회가 신뢰를 상실한 원인이 무엇인가 하고 말이다. 이 메시지는 신뢰 상실의 원인으로 교회의 사명의 결핍과 소통의 부재를 지적하고 있다. 즉 교회가 이웃 섬김을 다

---

773) McLaren, Everything, 297-301.
774) 김도훈, "일상, 그 거룩함에 대하여", 『성서마당』, 108집(2013,12), 32-40에서 가져온 것임.

하지 못했다는 지적이다. 여기서 질문이 이어진다. 왜 그리스도인들은 교회의 본질적 사명을 도외시 하게 되었는가? 왜 그들은 행동하지 않았는가? 왜 그리스도의 가르침을 무시하고 있는가? 이 질문들에 필자의 마음에는 역시 몇 가지 질문들이 이어 일어난다. 그렇다면, 과연 우리의 마음과 행동을 움직이게 하는 것은 무엇인가? 교회의 가르침들은 이 시대에 적절한 메시지가 되고 있는가? 그리고 혹시나 기독교의 선포의 메시지가 일상으로 스며들지 못하게 하는 그 무엇이 있지 않은가? 행동을 바꾸기 위해서는 그 행동을 지배하는 생각이 달라져야 한다고 나는 믿는다. 그러므로 행동이 변화되기 위해서는 행동을 바꾸려고 할 것이 아니라 생각의 회개가 있어야 한다는 말이다. 다른 말로 말하자면, 신학이 바뀌어야 행동이 바뀐다는 말이다.

1) 거룩(聖)에 대한 오해

한국교회와 그리스도인들의 신뢰회복은 거룩한 삶의 회복에 달려있다. 거룩한 삶을 살기 위해서는 먼저 마음으로 거룩을 품어야 한다. 거룩은 그리스도인의 존재의 방식이며 삶의 방식임을 기억해야 한다. 그런데 과연 거룩의 삶, 혹은 성화의 삶을 우리는 제대로 살아내고 있는가? 아니, 거룩과 성화가 무엇인지 진지하게 생각해 본 적이 있는가? 이 질문에 부끄러울 따름이다. 우리는 성화의 삶을 살기는커녕 거룩이 무엇인지, 성화가 무엇인지도 제대로 알지 못하고 있는 경우가 많기 때문이다. 그러므로 여기서는 먼저 거룩한 삶과 관련된 몇 가지 오해들을 먼저 지적해보려 한다. 첫째로, 거룩을 지나치게 분리의 관점에서 이해하는 경향이 있다. 거룩을 분리와 구별과 선택이라는 관점에서 해석하는 것이 잘못된 것은 아니지만, 삶이나 일상과 결코 유리된 것은 아니다. 거룩은 삶으로부터, 일상으로부터, 현실로부터의 분리가 아니라, 삶과 일상과 현실 속에서의 거룩임을 먼저 인식할 필요가 있다. 그리스도인은 결코 성과 속을 분리시켜 이해해서는 안 된다. 성은 성이고 속은 속이지만, 그 둘 사이가 아무 관계없이 분리된 것은 아니기 때문이다. 그 둘은 상보적이며 상관적이다. 성은 속이 있어야 성이 되며, 속은 성이 있어야 속이 된다. 성은 속을 통해 계시되며, 속이 없는 성은 바르게 인식되지 못한다. 그러므로 거룩은 세속화 되지 않으면서 세속 안에서 그리스도인의 진정한 삶을 사는 것을 의미하며, 탈육체적, 탈세상적 삶이 아니라 오히려 성육신적 삶을 의미한다. 몰트만의 지적대로, 교회는 대체로 영성을 사막의 영성이나 수도원의 영성쯤으로 생각하고, 극기와 절제와 명상과 고행 등 개인적 영성을 보다 더 진정한 영성으로, 그래서 세속의 삶을 버리고 수도하는 자들의 삶을 보다 더 위대한, 영적이고 거룩한 삶을 사는 것으로 생각하곤 하였다.775) 이것은 바람직한 영성이 아니다.

둘째는, 이신칭의 교리는 삶과 상관없다고 생각하는 오해다. 믿음으로 구원받는다는 이신칭의 교리가 매우 중요하며 절대적인 것은 사실이다. 그러나 그것이 삶의 무시를 의미한다면 그것은 잘못된 것이다. 신앙과 실천, 믿음과 행위의 분리는 성경적이 아니다. 가끔 로마서의 핵심을 이신칭의로 요약하여 설교하는 것을 볼 수 있다. 그러나 그것은 바른 생각이 아니다. 로마서는 이신칭의만 말하고 있는 것이 아니다. 로마서의 전반부가 믿음으로 구원받는다는 신조에 강조를 둔다면, 후반부인 12 장부터는 믿는 자들의 거룩한 삶을 다루고 있다. 다시 말해서 로마서의 전반부가 믿음과 은총으로부터 오는 거룩한 존재로의 변화를 담고 있다면, 후반부는 거룩한 존재의 행위인 몸을 거룩한 산제사로 드리는 삶에 대한 강조를 담고 있다. 중요한 것은 전, 후반부가 "그러므로"라는 단어로 연결되어 있다. 인디카티브와 임페라티브, 존재와 당위, 존재와 삶의 연결어인 셈이다. 결론적으로 로마서의 이신칭의 교리는 결코 거룩과 성화와 분리되어 있지 않다. 이것을 한국교회는 가르쳐 주어야 한다. 믿

---

775) J. Moltmann, Der Geist des Lebens, 김균진 옮김, 『생명의 영』, 대한기독교서회, 1992, 118.

음으로 산다는 것이 무엇인지, 거룩한 삶을 살기 위해서는 무엇이 전제되어야 하는지를 깊이 인식할 때 그들의 행동은 변할 것이고, 교회의 이미지는 개선될 것이다.

셋째로, 위와 유사한 내용이지만 또 하나 지적하고 싶은 것은 주일(성)과 평일(속)을 구분하는 이분법에 익숙하여 일상의 삶을 소홀히 여겨온 경향이 있다는 점, 바로 그것이다. 주일은 일반적으로 하나님의 쉬신 안식일로서 모든 세속적인 일로부터의 해방의 날로 생각하여 거룩한 날로 간주하고, 평일은 다시 일상적인 일로 돌아가니 성화의 삶과는 관계없는 자기를 위한 날로 생각한다. 주일은 하나님을 섬기는 날이며, 평일은 자신의 생계를 위한 날로 생각한다. 주일은 영광스러운 예배의 날이며, 평일은 세속적인 날로 생각한다. 주일은 구속의 은총의 날이며, 평일은 어쩔 수 없이 타락한 세상에서 사는 날로 생각한다. 과연 그러한가? 주일과 평일, Sunday와 everyday 사이의 단절이 과연 옳은 생각인가? 반드시 그런 것은 아니다. 모든 날이 하나님의 것이므로 매일 매일의 삶이 거룩한 날의 연장으로 생각해야 한다.

넷째, 교회와 세상의 분리라는 생각도 오늘날의 교회의 신뢰 회복에 도움이 되지 못한다. 물론 교회가 속칭 세속화 되어야 한다는 말이 아니다. 하지만 교회는 세상과 분리되어 홀로 존재할 수 없다. 그래서 본회퍼는 "교회는 그리스도의 지상적 현존"이라고 하지 않았던가. 과거의 교회는 교회를 가시적/불가시적, 승리하는/투쟁하는 교회로 구분하고 천상의 교회 혹은 불가시적 교회만을 이상적으로 생각하고, 교회는 늘 세속과 싸워야 한다는 생각이 지배적이었다. 세상을 타락한 것으로 간주하고 그곳에서 탈출하는 교회만이 참 교회라고 생각했었다. 그런 생각 자체가 잘못된 것은 아니다. 그러나 이런 생각이 문제라고 지적하는 이유는 그것이 가져오는 결과 때문이다. 세상과 분리된 교회를 강조하고 순결한 신부로서의 교회만을 강조한다면, 그것은 교회를 세상과 관계없는, 세상을 출애굽해야 할 공동체로 파악하게끔 하여 세상을 위한 섬김과 봉사를 희생시킬 수 있기 때문이다. 오늘날 교회의 성육신이 필요하다. 낮고 천한 곳으로의 낮아짐이 필요하다. 그럴 때 교회는 신뢰회복의 길을 시작할 수 있을 것이다.

다섯째, 예배와 삶의 분리도 재고해야 할 사고 중의 하나다. 오늘날 그리스도인들의 예배는 삶으로 이어지지 않고 있다. 예배는 단지 축도로서 끝나는 교회 안의 예식이라고 생각하기 때문이다. 예배는 주일날 하나님께 드리는 예식으로 생각하며, 축도로 예배를 닫는다고 생각한다. 그것은 잘못된 생각이다. 예배는 거룩의 행위이고, 축도는 그 거룩의 행위의 끝이 아니다. 축도는 새로운 거룩의 장으로 가는 문이다. 오래전 필자는 미국의 교회들을 탐방한 적이 있었다. 이방인의 눈에 이상하게 비친 것은 소위 성장한다는 몇 몇 교회들의 예배에 축도가 없다는 점이었다. 필자의 눈에는 예배 도중, 축도가 없어 그냥 일어나서 집으로 향해 가는 듯 보였다. 축도가 없는 것이 과연 예배라고 할 수 있겠는가 하는 것이 그때 필자의 마음에 떠오른 고민이었다. 나중에야 확인한 사실은 그들은 축도로 예배를 닫지 않고 예배가 삶으로 이어져야 한다는 신념 때문에 축도를 하지 않았다는 것이다. 시끄럽기까지 했던 그들의 예배가 오히려 거룩한 삶의 시작이며, 삶은 예배의 연장이었던 것이다. 그러나 필자는 이렇게 생각한다. 예배는 거룩의 행위이며, 거룩을 체험하는 장이며, 거룩이 현현하는 의식이라고. 이것을 완성하는 것이 축도라고. 그러나 동시에 그 축도는 그리스도인들을 세상으로 파송하는 축복의 행위이며, "일상의 거룩"의 시작의 행위라고. 베이커는 "성육신적 예배"에 대해 다음과 같이 말하고 있다. "하나님은 일상적 삶 밖에서가 아니라 일상적 삶 속에서 만날 수 있다. 그래서 예배는 두 방향의 움직임을 만들어 낸다. 하나는 현실 세계를 교회 안으로 가져온다. 또 하나는 일상생활 속에서 하나님을 만날 수 있게 한다. 이것은 여타의 삶과는 분리되어 있으며 여타의 삶과는 아무런 관계가 없는 교회의 경험에 대한 직접적인 도전이다."[776]

여섯째, 이 모든 분리의 모순을 극복할 수 있는 사상이 바로 성육신 사상이다. 성육신을 보라. 그것은 세상으로부터의 이탈이나 고립이 아니다. 오히려 성이 속으로 들어오는 사건이며, 초월이 세상과 일상 안에서 초월이 되는 사건이며, 거룩이 세상과 일상 안에서 거룩이 되는 사건이다. 거룩의 성육화이며 초월의 성육화이다. 세상으로부터의 이탈이 진정한 그리스도인의 영성이라면 왜 말씀이 육신이 되어 세상으로 들어왔으며, 왜 예수 그리스도가 인간의 문화와 인간의 언어와 인간의 일상 안에서 하나님 나라를 세우려 했겠는가? 하나님은 인간의 일상을 벗어난 적이 없다. 그는 아브라함의 일상에서 역사하셨으며, 야곱의 험난한 일상을 인정하셨고, 요셉의 일상의 고난을 역설적으로 이용하셨으며, 룻의 일상을 이용하셔서 메시야를 탄생시키셨으며, 다윗의 일상적 달란트를 사용하여 다윗왕조를 세우셨다. 예수 그리스도는 어떤가? 그 역시 인간에 일상에 오셨으며, 일상 속에서 하나님 나라를 선포하셨다. 이 모든 것은 무엇을 의미하겠는가?

2) 일상의 거룩

필자가 제시하고자 하는 것은 바로 "일상의 거룩"이다. 이 말은 문자적으로 여러 의미를 내포하고 있다. 우선 일상이 거룩하다는 의미를 갖는다. 그것은 일상도 하나님이 역사하시는 시간이고, 하나님이 창조하신 하나님의 시간이기 때문이다. 주일이 하나님의 쉬심과 부활과 구원의 은총을 찬양하고, 기다리고, 희망하는 시간으로서의 거룩을 의미한다면, 일상은 하나님의 영을 통한 섭리의 은총 속에서 호흡하고, 노동하고, 삶을 영위한다는 시간으로서의 거룩을 의미한다. 달리 말해 "일상 속의 거룩"은 주일 뿐 아니라 일상 속에서도 거룩과 신비를 느끼고, 일상 속에서 거룩의 현존을 경험하는 것을 의미한

---

776) E. Gibbs, R. Bolger, Emerging Churches: Creating Christian Community in Postmodern Culture, 김도훈 옮김, 『이머징 교회』, 쿰란출판사, 2008, 122에서 재인용.

다. 어떤 경우에도 일상과 거룩의 분리나 단절을 의미하지 않는다. 그런데 왜 하필 일상과 거룩을 연결시키고자 하는 것인가? 이것은 이미 지적한 대로 이 시대의 필요성 때문이다. 모던 시대가 던져준 성속의 분리로는 더 이상 이 시대를 살아남기 어렵기 때문이다. 깁스와 볼저는 이렇게 주장한다. "모던 시대의 특징은 세속 공간에 대한 생각의 탄생 즉, 하나님 없는 영역에 대한 생각의 탄생이다. 이 시기 전에는 모든 문화에 있어서 삶의 모든 영역은 영적이었다. 어떤 실천은 '종교적'이고 어떤 것은 종교적이 아니라는 딱지를 붙이는 것이 불가능했다. 그때는 분리된 영역으로서의 영성은 없었다. 그러나 서구에서 모더니티가 발생함으로 인해 종교와 나머지 삶 사이의 연계성이 깨져버렸다."777) 포스트모던 시대는 이런 분리를 넘어서고자 한다. 반드시 포스트모던적 사상의 시대이기 때문만은 아니지만 오늘날 우리 그리스도인들에게 필요한 것은 모든 삶 속에서 그리스도인답게 사는 것이다. 그것은 곧 일상의 성화이며 일상의 영성이다. 일상 속에서 그리스도인들은 진정한 거룩의 삶을 살아야 하고, 일상 속에서 거룩의 현존을 체험해야 한다. 그리스도인으로 산다는 것, 성화의 삶을 산다는 것, 이것은 이미 지적한 대로 주일날만, 그것도 교회에서만 미소 짓고, 용서하고, 인내하고, 사랑하고, 헌신하고, 감사하고, 기뻐하는 것이 아니다.

이제 다시 거룩을 말하자. 그것도 일상에서의 거룩을 말이다. 추상적 거룩 말고 말이다. 신학과 교회와 그리스도인의 언어는 추상적이고 탈일상적일 경우가 대부분이었다. 성화와 거룩한 삶을 이야기 할 때도 탈일상적이었으며, 복음을 말할 때도 일상과 아무관계가 없고, 그저 현실 도피적, 피안적 하나님 나라 이야기뿐이었다. 그러니 교인들의 삶이 변화할리 없다. 변화하지 않으니 그 화살이 교회로 돌아온다. 다시 한 번 말하지만 이제 일상의 거룩을 말하자. 신학과 교회는 일상과 연계되어 있어야 하며 일상 속에서 선교적 신학/교회가

---

777) 위의 책, 106.

되어야 하며, 일상 속에서 하나님 나라를 추구해야 하며, 일상 속에서 하나님의 이름이 거룩히 여김을 받게 해야 하며 일상 속에서 그리스도인의 삶을 살아야 한다. 이제는 탈일상적 교회를 말하지 말고 일상의 교회를 말하자. 현실 도피적 교회가 아닌 일상 속의 진정한 교회를 말하자. 일상 속에서 "하나되고 거룩하며 보편적이고 사도적인" 교회를 말하자.

제3부
—
한국교회의 현실적-실천적 과제와 대안

제11장 사회변화와 다음세대를 위한 교회와 신학의 과제

1. 다음세대 신학의 필요성[1]

이 장에서 필자는 다음세대를 분석하고, 다음세대를 위한 교회의 신학적 과제를 제시하려 한다. 우리는 먼저 오늘날 교회의 모습, 오늘날 신학의 현실을 냉철하게 들여다 볼 필요가 있다. 그리고 우리 스스로 '앞으로 교회는 어떻게 될 것인가', '급변하는 시대의 젊은 세대들과의 소통을 위해 어떠한 신학이 필요할 것인가 하는 물음을 진지하게 물어야 한다. 오늘날의 교회는 예배형식, 리더십, 문화의 수용에 있어서 젊은 세대들과 많은 갈등을 겪고 있다. 이것은 무엇 때문일까. 많은 원인이 있겠지만, 사회로부터 오는 문화적 사회적 변동을 교회가 수용하지 못하는 것이 그 한 원인이다. 쉽게 말한다면 첨단정보문화를 즐기며, 빠른 영상과 엄청난 대중문화에 익숙해 있는 젊은 세대들이 교회 안에서 느끼는 문화금식의 금단현상을 대부분 참아내지 못하기 때문이다.

다음세대, 즉 밀레이얼 세대를 일부의 학자들은 매우 부정적으로 평가한다.[2] 이것이 과연 올바른 평가인지는 많은 논란이 있다. 그러나 한 가지 분명한 것은 이러한 평가가 그들 자체와 그들의 상황을 객관적으로 분석하여 내린 결론이 아니라 곧 기술문명에 둔하며, 시대의 변화에 눈감은 성인세대의 기준을 적용한 성인들의 평가라는 점이다. 사실 오늘의 젊은 세대들은 베이비 붐

---

1) 출처, 김도훈, "다음세대 신학: 사회변화와 다음세대를 위한 교회와 신학의 과제", 장로회신학대학교 기독교사상과 문화연구원, 『장신논단』, 39, 2010, 143-171과, 김도훈, "다음세대-미래목회 모델 연구: 이머징 교회를 중심하여," 명성목우회 편,『당신은 주님의 큰 머슴입니다』(서울 : 명성목우회, 2008), 86-159의 일부를 편집 보완한 것이다.

2) Don Tapscott, Grown up Digital: how the net generation is changing your world, 이진원 옮김,『디지털 네이티브』(서울: 비즈니스북스, 2009), 26-31.

세대들이 아니며, 전쟁을 경험한 세대도 아니며, 배고픔을 경험한 세대도 아니다. 그들은 부모들의 과보호 속에 자신 있게 자신을 표출하며 다른 세대를 살아온 다른 세대들이다. 그러므로 기성의 잣대를 가지고 다음세대를 평가하는 것은 잘못된 잣대를 들이대는 것이나 마찬가지다. 우리는 그들을 단순히 성인세대의 관점이 아닌 그들의 문화와 상황 속에서 그들을 이해할 필요가 있다. 결국 시대는 변할 것이고, 다음시대는 다음세대들이 주도할 것이다. 성인세대는 이것을 인식하고 그들이 미래세대의 주역으로 성장하는데 도움을 주는 세대가 되어야 할 것이다. 교회도 마찬가지다. 교회는 다음세대를 인식하고 인정해야 한다. 아울러 사회변화 속에서 교회는 앞으로 생존이 쉽지 않을 것이라는 위기의식을 가지고 대안 모색에 힘써야 할 것이다.

다음세대에 대한 교회의 대처를 논하면서 우선적으로 염두에 두어야 할 것은 "다음세대"를 어떻게 정의할 것인가 하는 것이다. X세대, Y세대 Z세대 또는 N세대, V세대, G세대, 밀레니엄세대 등의 분류가 있으나 어디서부터 어디까지를 우리는 다음세대라고 할 것인가에 대한 체계적이고 학문적인 논의가 필요하다. 또 각 세대마다 공통점과 함께 차이점도 존재하기 때문에 일괄적으로 다음세대가 어떤 특징을 갖는다고 말하기가 쉽지 않다. 그러므로 여기서는 사회학적인 세대분석을 시도하기 보다는 청년층 이하의 세대, 좀 더 구체적으로는 "밀레니엄 세대", 즉 디지털 문명에 익숙해 있으며, 사이버 문화의 옷을 자연스럽게 입고, 현대 인터넷 기술, 소셜네트워크를 일상화하여 즐기는 세대를 "다음세대"라는 범주에 포함시켜 글을 진행해 나가고자 한다.

한 세대의 특징을 말할 때는 그 전 세대와의 비교연구가 필요하다. 그리고 어느 한 측면에서만 한 세대의 특징을 파악할 것이 아니라 모든 관점에서의 연구가 필요하다. 그러나 이글에서는 모든 관점으로 확대하기보다 정보기술 혹은 디지털 문화의 관점으로 제한시키고자 한다. 이것이 다른 세대와 다른 가장 큰 특징이라고 생각하기 때문이다. 그러므로 다음 항에서는 노령화, 노동의 변화, 기업의 변화, 종교의 변동, 가족과 사회의 변화 등에 대한 종합적인 트렌드 변화보다는 정보기술의 혁신적 변화에 좀 더 관심을 두어 그들이 직면할 미래 트렌드를 서술하려 한다. 또 한 가지 밝히고자 하는 것은 다음세대를 분석함에 있어서 특별히 한국의 다음세대를 집중연구 대상으로 삼지 않았다는 점이다. 그것은 한국의 다음세대에 대한 학문적이고 구체적인 선행연구들이 부족한 탓도 있지만, 대중 문화적, 인터넷 기술 문화적 관점에서는 한국의 다음세대와 서구의 다음 세대 간의 차이를 발견하기가 그리 쉽지 않기 때문이다. 다음세대를 위한 신학과 목회를 서술함에 있어서 다음세대의 특성, 그들을 둘러싸고 있는 트렌드의 변화, 이에 따른 교회의 변화를 언급한 다음, 신학적 측면에서 어떻게 대처해야하는가를 제안하고자 한다.

2. 다음세대의 분석

다음세대는 어떤 세대인가? 그들의 특성은 무엇인가? 랭카스터와 스틸먼은 "밀레니얼 제너레이션"[3]의 특성을 생생하게 묘사하고 있다. 저자들은 그 세대를 움직이는 요소, 또는 트렌드를 7 가지로 분석하여 제시하였다.[4] 소개하면 다음과 같다. 첫째는 부모라는 요소이다. "밀레니얼 세대는 부모가 가장 아끼는 창조물이자 소중한 피보호자다. 밀레니얼 세대가 대학을 졸업하고 취업을 하면 부모는 이들을 놓아주는 것이 아니라 연장전에 돌입한다. (…) 부모는 단순히 의사결정 과정에 개입하는 것만이 아니라 모든 일을 함께 해 나간

---

3) Lynne Lancaster & David Stillman, The M-Factor: How the Millennial Generation Is Rocking the Workplace, 양유신 옮김, 『밀레니얼 제너레이션』(서울: 더숲, 2010). 이것은 서구 사회의 분석이지만 한국사회도 이에 못지않다. 헬리콥터 맘이라는 용어가 이미 미국뿐 아니라 한국사회에서도 통용되고 있으며 엄마의 정보력이 대학을 좌우한다는 생각도 널리 퍼져 있는 것이 오늘의 현실이다. 어린자녀 뿐만 아니라 대학과 직장의 자녀들에 대한 부모의 보호와 감독과 지도 역시 이미 신문지상에 오르내린지 오래다.
4) 이하의 7가지 분석은 위의 책, 15-8을 참고한 것이며, 이 책의 전체가 이 7가지요소를 설명하는 데 집중되어 있다.

다."5) 두 번째 요소는 권능감이다. 밀레니얼 세대는 칭찬과 격려 속에 자란 세대이기 때문에 성취감이 강하며 능력이 많은 세대이다.6) 셋째는, 의미의 추구이다. 그들은 단순히 일하는 것으로 만족하지 않고 자신의 역할의 의미가 무엇인지 깨닫고 성취하려는 세대이다.7) 넷째는, 삶에 있어서의 높은 성취와 성공에 대한 "높은 기대치"를 가지고 있는 세대이며,8) 다섯째는, 빠른 속도 속에 성장한 컴퓨터 세대이며 멀티테스킹이 가능한 세대이다.9) 여섯째, 밀레니얼 세대를 특징짓는 또 하나의 요소는 소셜 네트워크를 통한 의사소통이다. 이들은 "온라인상에서 정치 종교, 대중문화, 인생에 대해 글을 쓰고 채팅하고, 링크를 주고받거나 메신저로 대화한다."10) 이들의 소셜 네트워크를 통한 의사소통은 삶의 전부가 되었을 정도다. 랭카스터와 스틸먼이 지적하는 마지막 요소는 협력이다. 밀레니얼 세대는 자신의 견해를 솔직히 표현함으로 "협력에 기반한 의사결정을 요구"하는 세대이다.11)

탭스콧은 오늘의 세대, 밀레니얼 세대를 "디지털 네이티브"12)라고 부른다. 이들은 디지털 기술 이전에 태어나 그 기술에 적응하고 익숙해진 세대가 아니다. 처음부터 디지털 환경에서 태어나고 자라 디지털 환경을 자연스럽게 몸으로 체득한 세대이다. 다시 말하자면, 디지털이 그들의 자연스러운 언어라고 할 수 있는 디지털 원어민 세대들이다. 좀 더 구체적으로 언급하자면 다음과 같이 설명할 수 있을 것이다. "디지털 네이티브는 성장 과정에 의해 멀티태

---

5) 위의 책, 15-16.
6) 위의 책, 16.
7) 위의 책, 16.
8) 위의 책, 16-17.
9) 위의 책, 17.
10) 위의 책, 17.
11) 위의 책, 18.
12) Don Tapscott, Grown up Digital: how the net generation is changing your world, 이진원 옮김, 『디지털 네이티브』 서울: 비즈니스북스, 2009(이하 Tapscott, 디지털 네이티브로 약칭함).

스킹(Multitasking)과 병렬처리(Parallel Processing)과 같이 엄청난 양의 정보 속에서도 다양한 일은 동시에 처리할 수가 있다. 또한 휴대전화, 문자 메시지와 인스턴트 메신저 등을 통해 언제나 자신이 원하는 때에 상대방과 의사소통을 주고 받아왔기 때문에 신속한 반응을 추구하여 즉각적인 피드백에도 능숙함을 보인다. 더불어 그들은 최근 Web 2.0기술의 대두로 발달한 소셜 네트워킹 서비스(Social-Networking Service)의 필두에 자리한 블로그(Blog), 트위터(Twitter) 등과 같은 가상의 자기 공간에서도 적극적으로 자신을 드러내고 의견을 주고받는 것에 주저하지 않는, 청중(Audience)이기보다는 주연 배우(Actor)가 되길 원하는 것과 같이 적극적으로 자신을 드러내고 싶어 한다. 마지막으로 그들은 '놀 때 놀고, 일할 때 열심히 일하자'는 놀이와 일의 이분법적 구분을 넘어서서 일상 자체를 놀이나 게임처럼 인식하여 지루하고 따분한 일보다는 도전적이고 재미있을 때 훨씬 더 적극적으로 몰입하는 특성을 보인다."[13] 탭스콧은, 가장 멍청한 세대, 컴퓨터와 인터넷에 중독된 세대, 사교성을 상실한 세대, 수치심이 없는 세대, 헬리콥터 부모를 가진 무목적적인 세대, 불법을 공유하는 세대, 폭력적이며 베풀 줄 모르며 노동윤리가 없으며 자신밖에 모르는 세대라는 넷세대에 대한 부정적 분석[14]을 일축한다. 그리고 그는 이 세대야 말로 가장 유능하고 멀티테스킹한 세대이며, 그들이 이제 성인이 되어 활동하는 세대가 되었으므로 그들에게 배워야 한다고 생각한다.[15] 위에서 말한 대로 그들은 넷으로 무장한 세대이다. 넷을 자연스럽게 마치 그들의 언어처럼 사용할 수 아는 세대이다. 미래가 첨단정보사회, 넷혁명의 시대로 변화한다고 생각한다면 그들보다 더 유능한 세대는 없을 것이다.[16] 그렇다면

---

13) 위키백과, 〈디지털 네이티브〉 항에서 인용. https://ko.wikipedia.org/wiki/%EB%94%94%EC% A7%80%ED%84%B8_%EB%84%A4%EC%9D%B4%ED%8B%B0%EB%B8%8C
14) Tapscott, 『디지털 네이티브』, 26-32.
15) Tapscott, 『디지털 네이티브』, 23f, 37f,40ff.
16) Tapscott, 『디지털 네이티브』, 34.

탭스콧이 주장하는 그들의 특징은 무엇인가? 그들은 자유를 원하고, 개인화하는 것을 좋아하며, 기업의 성실성과 정직함을 중요하게 여기는 특성을 가지고 있으며, 일이나 교육이나 사회생활 속에서 엔터테인먼트와 놀이를 원하며, 협업과 관계를 중시하고, 속도를 요구하며, 혁신을 주도하는 세대이다.[17]

해밋과 피어스(Hammet/Pierce)는 밀레니얼 세대를 오로지 긍정적으로만 보기보다 긍정과 부정의 양면으로 분석하려고 한다.[18] 그들의 분석에 의하면, 다음세대 혹은 모자익(mosaic) 세대라고 불리는 밀레니얼 세대는 기술과 번영의 시대에 태어나, 부모에 의해서보다 제도적인 환경에서 양육되고 생방송 리포트와 웹, 다문화 사회 속에 성장한 세대들이다.[19] 그들은 "대학과 배우자와 이력과 직업과 경제와 환경과 건강에 불안해하는 세대이며", 그러나 다른 한편으로는 "변화를 수용할 줄 알고, 다문화적이고 글로벌한 세계를 받아들일 준비가 되어 있으며, 대단히 유동적이며 다른 사람들의 의견을 존중하는" 세대이다.[20] 그들은 "영성적이나 종교적이지는 않고, 진리를 추구하나 모든 종교를 동등한 가치가 있는 것으로 생각하여 진리를 스스로 결정하려고 하는 세대이다."[21] 또한 그들은 "가족의 의미를 다시 정의하고자 하며", "혼자보다는 그룹으로 활동하고자 하는 세대이며", "물질주의적이어서 가장 좋은 것을 원하며", "미디어 소비자인 그들은 아이팟으로 상징되는 세대이며", 또한 그 미디어에 의해 다시 깊이 영향을 받는 세대이다.[22]

교육행정전문가, 미래학자, 컨설턴트인 게리 맥스(Gary Max) 역시 밀레니얼 세대에 대하여 위의 분석과 유사한 분석을 제시하고 있다.[23] 그에 의하

---

17) Tapscott, 『디지털 네이티브』, 82-86.
18) E. H. Hammett and J. R. Pierce, Reaching People under 40, While Keeping People over 60: Being Church for all Generations (St Louis: Chalice Press, 2007), 42-43.
19) 위의 책, 42.
20) 위의 책, 42.
21) 위의 책, 43.
22) 위의 책, 43. 지금까지 언급한 것은 해밋과 피어스의 분석이며 필자가 완전히 동의하는 내용은 아니다.

면 밀레니얼 세대는 "자신감있고, 사교적이며, 도덕적이고, 세상을 잘 알며, 낙관적이며, 다양성을 수용하며, 시민정신을 가지고 있는 세대"[24)]이다. 또한 그 세대는 "다문화사회를 경험한 세대이며", 그들은 "새로운 세계의 질서의 출현을 보아온 세대들이다."[25)] "베를린 장벽이 무너지고 소련연방이 붕괴되면서 정치적 경계 안에서 일어난 충돌이 문화적 문명적 변화의 시작을 가져왔다는 것을 심각하게 바라보았던 세대들이며," 전 세계에서 일어나고 있는 폭력과 테러(911)에 충격을 받았던 세대들이다.[26)] 뿐만 아니라 이미 지적한대로 "초고속의 인터넷과 위성통신이 그들의 일상적 삶의 일부인 세대들이다."[27)] 그들은 또한 개인적 정체성을 중요하게 생각하여 피어싱, 문신, 독특한 옷차림, 모노그램의 가방 등을 통해 자신의 정체성을 드러내는 세대이다.[28)] 그러나 그들은 사회적 이슈에 무관심한 세대가 결코 아니며, 정의, 공정성, 환경, 인종차별, 테러, 전쟁, 건강 등 사회의 전반적인 문제에 관심을 가지고 있는 세대이다.[29)]

사라 커닝햄에 의하면 20대는 가족의 범위를 확대하여 친구와 지인들까지 포함하는 친밀그룹까지를 가족으로 재정의하며, 어느 한 사상이나 제도나 일을 이분법적으로 판단하지 않으며, 엄청나게 빠른 속도로 발전해가는 정보화 기술로 인하여 전혀 다른 의사소통 방식과 결속감을 가지고 있고, 배금주의적 성공기준을 갖고 있지 않으며, 즉각적인 만족이나 자발적인 참여를 즐기는 세대이며, 진솔한 삶의 이야기에 더 감동하며, 생각보다 옳고 그름에 대한 가치

23) Gary Marx, An Overview of Sixteen Trends, Their Profound Impact on Our Future: Implications for Students, Education, Communities, and the Whole of Society (Educational Research Service, 2006), 126ff.
24) 위의 책, 127.
25) 위의 책, 127.
26) 위의 책, 127.
27) 위의 책, 127.
28) 위의 책, 128.
29) 앞의 책, 128.

관이 분명할 때가 많으며, 때로는 극단적인 이상주의자이기도 하며, 그들은 나름대로 공동체를 소중히 여기면서도 다양성을 추구하는 세대이며, 타자를 돕고자 하는 마음이 강한 이타주의자들이기도 하고, 쉽게 형식적인 서약을 싫어하면서도 그들만의 방식으로 충성심을 보이는 세대이다.[30] 지금까지 분석한 서구의 다음세대 분석이 결코 서구만의 분석으로 끝나지 않을 것이다. 그들을 그렇게 만든 사회적 변화나 경향이 한국사회와 교회에도 영향을 주고 있고, 앞으로도 지속적으로 줄 것이기 때문이다.

한국의 밀레니엄 세대는 88 올림픽을 전후로 태어난 세대로서 부모의 관심과 사교육, 조기유학, 영어열풍 등으로 많은 장점과 강점을 지닌 세대이다.[31] 이들은 열등감이 없고, 자신감과 긍정 마인드의 소유자들이며, 국가적 자신감과 아울러 세계도전 욕구를 가진 세대이다.[32] 물론 이러한 분석들이 전부는 아니다. 긍정적 분석뿐만 아니라 88만원 세대 혹은 개인주의적, 현실주의적 성향을 가진 세대라는 이름도 그들의 한 이름이다.[33] 지금까지는 대체로 사회적, 문화적 변화 좀 더 구체적으로 말하자면 인터넷문화와 같은 기술혁명의 관점에서 다음세대를 분석했지만 사상적 측면에서 분석해 볼 필요도 있다. 다시 말하자면 그들이 지금 과거의 사상적 특성과는 어떤 차이를 보이느냐 하는 것이다. 대체로 많은 연구가들은 다음세대에 끼친 대중문화나 기술, 그리고 가치관이나 세계관 이면에 스며들어 있는 포스트모더니즘을 중요한 요소로 지적하는데 주저함이 없다.[34] 심지어 에스테스는 교회 이후의 교

---

30) Sarah Raymond Cunningham, Dear church : letters from a disillusioned generation, 박혜원 옮김, 『친애하는 교회씨에게』(서울: 쌤엔파커스, 2008), 42-65.

31) http://news.chosun.com/site/data/html_dir/2010/01/01/2010010100095.html

32) http://news.chosun.com/site/data/html_dir/2010/03/02/2010030200075.html

33) http://news.chosun.com/site/data/html_dir/2010/03/02/2010030200075.html

34) 주로 이들은 이머징 교회의 운동가들이나 교회의 미래학자들이다. B. McLaren, D. Pagitt, D. Kimball, Tony Jones, 들이다. 이와 관련해서는 여기서는 상세히 다루지 않는다. E. H. Hammett and J. R. Pierce, Reaching People under 40, While Keeping People over 60: Being Church for all Generations (St Louis: Chalice Press, 2007), 62: "이런 젊은 세대들의 행

회(post-church church)를 이끌어갈 버츄얼 혁명, 기술혁명의 사상적 토대는 포스트모더니즘이라고 단호하게 지적한다.[35]

3. 다음세대가 직면한(할) 시대적 변화 트렌드

지금까지는 기성세대와는 다른 특징을 보이는 다음세대의 특징이 무엇인가를 살펴보았다. 이제는 그들이 겪고 있고, 그들이 경험해야할 사상적, 사회적, 문화적 트렌드의 변화를 살펴보려고 한다. 그 이유는 다음세대의 양육과 선교를 위하여는 그들의 공통적 특성을 인식해야할 뿐만 아니라 그들의 사회적 경제적, 문화적 변화 트렌드에 적절하게 대처해야 하기 때문이다. 그런 의미에서 앞으로 시대가 어떻게 변할 것인가를 잠시 생각해보고자 한다. 롤프 옌센(Rolf Jensen)은 미래세대가 겪는 미래를 "꿈을 먹는 사회", "경험과 감성을 사는 시대", "이미지와 이야기를 사고파는 시대"가 될 것임을 예견하였다.[36] 다니엘 핑크(Daniel Pink)는 하이컨셉-하이터치의 시대의 도래를 내다보고 있다. 산업화시대는 물론이고 정보화의 시대를 넘어 사회는 지금 제 3막 하이컨셉의 드라마, 즉 개념과 감성의 드라마를 연출하고 있다는 것이다.[37]

김상훈은 경제경영트렌드, 소비트렌드, 사회트렌드, 문화트렌드, 기술트렌드를 다양하게 분석하여 제시하고 있다.[38] 그것을 그는 "앞으로 3년 세계 트렌드. 세계를 뒤흔드는 45가지 혁신 키워드"[39]라고 칭한다. 앞으로 3년이

동은 여러모로 포스트모던적 사고를 반영한다."

35) D. Estes, SimChurch : Being the Church in the Virtual World. Grand Rapids, Mich. : Zondervan, 2009, 26.

36) Rolf Jensen, The Dream Society: How the Coming Shift Information to Imagination will Transform your Business, 서정환 옮김,『드림 소사이어티 :꿈과 감성을 파는 사회』(서울: 리드리드 출판사, 2005).

37) Daniel Pink, A Whole New Mind, 김명철 옮김,『새로운 미래가 온다』(서울: 한국경제신문, 2006).

38) 김상훈, 비즈트렌드 연구회,『앞으로 3년 세계 트렌드』(서울 : 한즈미디어, 2009).

라면 그것은 먼 미래가 아니다. 실상 그가 제시하고 있는 많은 미래 트렌드들이 지금 시작되고 있는 트렌드들이다. 그러므로 이것은 그전과 다른 생소한 미래의 변화가 이미 우리의 사회와 문화 속에 스며들어 있음을 의미한다. 부정할 수 없는 변화의 트렌드를 부정한다는 것은 곧 사회와의 점점 더 많은 고립을 의미한다. 어떻게 보면 교회의 중요한 과제는 시대의 트렌드를 분석하고 대안을 세우는 것일지도 모른다. 이것은 예배와 목회와 설교와 행정과 전도와 교육 등 모든 영역에서의 변화가 필요하다는 것을 의미하기 때문이다. 그가 제시하고 있는 한국사회의 미래 트렌드를 몇 가지 만 언급하고자 한다. 그는 우선 소비트렌드로서 "나를 위해 소비한다는 에고소비", "감성과 이성의 조화로운 소비인 하이브리드 소비", "메가몰의 전성시대", "디지털 네이티브", "실버경제와 우머노믹스", 그리고 "착한소비"를 지적하고, 사회트렌드로서 "글로벌 청년실업", "일과 놀이의 무경계를 말하는 웨저와 레이버테인먼트 현상", "다문화 시대"[40], "대안교육"의 시대를, 문화트렌드로서 "아시안 컬처코드", "무화소비의 개인화 고급문화의 대중화", "드라마를 통한 문화확산", "리얼리티 TV 쇼"의 확산, "미디어 컨버전스와 새로운 미디어 소비"를, 기술트렌드로서 "TV의 진화", 첨단 "검색엔진"[41], 새로운 "이동통신기술", "로봇의 시대",

---

39) 위 책은 바로 이 문구를 이 책의 부제로 삼고 있다.

40) 다문화 시대에 문화지능(cultural intelligence)을 개발할 필요가 있다. 문화지능이란 새로운 문화, 나와 다른 문화에 효과적으로 적응하는 능력이다. 이에 대해서는 다음의 책들을 참조할 것. Brooks Peterson, Cultural Intelligence, 현대경제 연구원, 이영훈, 백수진 옮김, 『문화지능: 글로벌 시대의 경쟁력』(서울: 청림출판사, 2006)., D. A. Livermore, Cultural Intelligence. Improving Your CQ to Engage Our Multicultural World, (Grand Rapids: Baker Academic, 2009). 이 문화 지능은 타민족이나 타시대의 문화에 대한 이해에만 적용되는 것이 아니라 세대간의 문화에 대한 이해에도 적용될 수 있다는 것이 필자의 생각이다. 한국사회가 다문화 사회로 접어들면서 그들의 문화를 이해하는 것이 중요하며, 또한 경제적인 측면에서도 타문화에 대한 이해가 경제적 손실을 줄이고 더 많은 이득을 가져올 수 있는 것은 분명하다. 그러나 여기서 멈추기보다 문화의 개념을 좀 더 확대시켜, 오늘의 인터넷, 컴퓨터, 고도의 정보통신의 발전, 사회의 급격한 변화 때문에 드러나는 세대간의 다양한 문화에 대해서도 문화지능의 관점에서 발전시킬 필요가 있다고 생각한다.

41) Ken Auletta, Googled: The End of the World As we Know it, 김우열 옮김, 『구글드: 우리가

"일상에 스며든 가상공간" 등을 지적한다.[42] 이런 트렌드들을 언급하면서 그는 이 트렌드 속에 숨겨진 새로운 기회를 발견해 낼 것을 권고한다.[43]

깁스는 서구교회에 영향을 줄 수 있는 다섯 가지의 메가트렌드를 열거하고 있다. 모더니티에서 포스트모더니티로의 변화, 산업사회에서 정보화시대로의 변화, 기독교국가에서 탈기독교국가적 상황으로의 변화, 생산자주도권시대에서 소비자 시대로의 변화, 종교적 정체성을 추구하던 시대에서 영성적 탐구의 시대로의 변화가 그것이다.[44] 코울(Neil Cole)은 독특하게도 "21세기의 변화는 1-2세기의 변화와 매우 유사하다"[45]고 분석하면서 변화의 트렌드를 다음 6가지로 열거하고 있다. 미국이라는 단 하나의 슈퍼파워, 영어라는 단 하나의 글로벌 무역언어, 기술의 진보로 인한 글로벌 커뮤니티의 형성, 상대주의적 철학, 이교도적이며 오컬트적 활동들의 증가,[46] 성적문란, 성도착, 약물중독 현상의 증가, 그럼에도 불구하고 태동하는 희망의 징조[47]가 그것이다.[48] 이런 분석들은 어떻게 보면 앞으로 일어날 메가트렌드라기 보다는 이미 서구사회에서 일어나고 현재의 트렌드라고 볼 수 있을 것이다. 이런 것들은 교회에 깊은 영향을 주었고, 또 앞으로도 지속적으로 다음세대에 영향을

알던 세상의 종말』(서울: 타임비즈, 2010). 많은 사람들은 인간이 구글을 만들어 사용하고 있다고 생각하나 켄 올레타는 그런 생각을 뒤집는다. 오히려 인간이 구글되고 있다는 것이다. 그는 구글 때문에 일어나는 "우리가 알던 세상의 종말"을 외치고 있다.

42) 김상훈, 위의 책의 목차를 참조하라.

43) 김상훈, 위의 책, 14.

44) Eddie Gibbs, ChurchMorph : how megatrends are reshaping Christian communities (Grand Rapids, MI. : Baker Academic, 2009), 19-31.

45) Neil Cole, Church 3.0. Upgrades for the future of the Church (San Francisco: Jossey-Bass, 2010), 16.

46) Cole 에 따르면 Wicca, witchcraft, occult worship, paganism이 젊은 층들 사이에 급속도로 증가하고 있다. 뿐만 아니라 뱀파이어, goths, 마술, Dungeons & Dragons 등이 더 이상 소설에만 등장하는 것이 아니라 서구사회의 하부문화가 되어, 점차 삶의 일부가 되어가고 있다. 위의 책, 20.

47) Cole은 이것을 C.S. Lewis의 나니아 연대기에 나오는 사자 이름인 Aslan에 비유하고 있다.

48) Neil Cole, Church 3.0. 15-22.

줄 것이다. 로베르토(J. Roberto)는 변하는 시대에 교회에 영향을 줄 수 있는 열세 가지의 트렌드를 말하고 있다. 교회의 예배나 훈련에의 참여 저조, 종교적 무관련 층의 증가, 영성을 추구하면서도 종교에 대한 관심은 감소, 기독교 정체성에 대한 개인주의의 영향, 사회적 문화적 종교적 다양성의 증가, 다문화 가정의 신앙방식, 잘 조직되지 않은 삶의 단계들, 베이비붐 세대와는 다른 신앙과 영성의 등장, 가정생활의 구조와 패턴의 변화, 새로운 방식의 양육시스템, 노년층의 증가, 디지털 세상에서 살아가기 등이다.[49]

4. 사회변화와 교회 변화

지금까지는 젊은 세대들이 겪고 있고 겪어야 할 시대의 변화 트렌드를 언급했다면, 이제는 이 변화들이 교회에 어떻게 영향을 주었는지, 다시 말하자면 교회가 시대의 변화에 어떻게 대응하였는지를 간단히 살펴보고자 한다. 시대적 변화에 대해 교회는 다양한 태도를 보여 왔다. 아무리 교회가 반문화적 태도를 보수하려고 한다 하더라도, 교회는 사회나 문화의 변동에 상응하여 크든 작든, 의도하든 의도하지 않든, 의식하고 있든 그렇지 않든 간에 변해온 것은 사실이다. 로버트 웨버는 사회학자인 쉬트라우스(W. Strauss)와 하우에(N. Howe)의 연구 의존하여, 미국에서 나타나고 있는 사회의 변화의 리듬을 제시하면서 교회와 연관시키고 있다. 그에 의하면 성장, 성숙, 쇠퇴, 해체의 역사의 계절적 순환을 사회나 역사도 겪을 수밖에 없으며, 시대의 전환기마다 교회도 문화에 대응하면서 다양한 형태의 신앙과 실천을 만들어왔다는 것이다.[50] 에스티스(D. Estes)는 오늘날의 교회는 역사상 겪었던 가장 흥미 있는

---

49) J. Roberto, Thirteen trends and forces affecting the future of faith formation in a changing Church and world, https://static1.squarespace.com/static/57d21ca0f5e231551 c69ac3f/t/ 587d2a9f8419c228b246a894/1484597920414/Thirteen+Trends.pdf
50) Robert Webber(ed.), Listening to Beliefs of Emerging Churches (Zondervan, 2007) 10ff (이

세 번째 시대를 맞이하고 있다고 말한다. 위에서도 언급했듯이 그에 의하면 교회는 세 번의 큰 변화를 겪었다. 첫째는 바로 로마의 문화와 접촉했던 제 1 세기의 교회이고, 두 번째 시기는 인쇄문화와 유럽정신의 계몽에 영향을 받았던 16세기이며, 세 번째는 바로 바로 21세기이다. 21세기란, 컴퓨터를 수단으로 한 의사소통의 발전, 세계화 등으로 인한 새로운 교회 운동과 변화를 야기한 오늘의 시대를 의미한다.[51] 사실상 교회의 역사를 보면, 교회자체가 의식하던 의식하지 않던 문화에 따라, 교회의 제도나 예배형식이나 신학이나 영성에 많은 변화가 있었다. 초대교회와 오늘의 교회형식이 다름은 분명하다. 또한 서구의 교회와 동양의 교회가 분명히 다르다.

그렇다면 시대의 변화 트렌드에 교회는 어떻게 변하고 있으며 어떻게 대응해왔으며, 어떻게 대응해야 할 것인가? 이에 대해 긍정적, 부정적 분석들이 많이 등장하고 있다. 해밋과 피어스(Hammett/Pierce)는 "오늘날 미국의 문화적 현실은 관계를 맺지 않는 것, 조직들에 가입하여 어떤 그룹과 자신을 동일시하지 않는 것, 자신은 영적이며 기도한다고 말하면서도 교회는 꼭 갈필요가 없다고 말하는 것, 사람의 어떤 분야에 개인적 선호도가 분명하다는 것"[52]을 그 특징으로 한다고 분석한다. 그리고 이어서 그는 다음과 같이 말한다. "그렇다 우리는 변화하는 세계에 살고 있다. 그리고 교회는 변하지 않는 복음의 진리를 지속적으로 확산시키기 위하여 변하든지 아니면 죽든지 할 것이다."[53]

톰 라이너는 사회변동으로 인한 교회변화에 대해 다음과 같이 정리하고 있다.[54] 1. 종말신앙에 관한 책이나 영화의 유행, 테러공격이나 위협으로 인

하 Webber, Listening).

51) D. Estes, SimChurch : Being the Church in the Virtual World (Grand Rapids, Mich. : Zondervan, 2009), 222.

52) E. H. Hammett and J. R. Pierce, Reaching People under 40, While Keeping People over 60: Being Church for all Generations (St Louis: Chalice Press, 2007), 57.

53) 위의 책, 57.

54) T. Rainer, "Top 10 Predictions for the Church by 2010", Hammett/Pierce, Reaching People under 40 57-58에서 발췌 재인용 (이하의 숫자는 이 책의 쪽수를 의미한다.).

한 세계적 악에 대한 인식 때문에 "영적 전쟁에 관한 관심이 증가할 것이다"[55]
2. "5만교회 이상이 2010까지는 문을 닫을 것이다. (…) 성인 세대들이 세상을
떠나거나 교회를 재정적으로 더 이상 운영할 능력이 없거나 교회를 지키려는
열심을 내지 않는다면, 젊은 세대들은 더 쉽게 교회 문을 닫고 말 것이다."[56]
3. 새로운 교회가 나타난다 하더라도 "출석 300명 이하의 교회가 증가할 것이
다." 새로운 교회들은 작은 교회형태를 지향할 것이기 때문이다. 특히 젊은 세
대들은 대형교회를 원하지 않으며 그들이 원하는 것은 친밀감이 넘치는 공동
체이기 때문이다.[57] 4. "젊은 세대 그리스도인은 수적으로 소수일 것이나 그
들의 열정으로 인하여 영향력 있는 그리스도인이 될 것이다."[58] 5. 젊은 세대
는 단순히 교회 가는 것에 만족하지 않고 교리적 확신, 삶과 신앙의 일치를 추
구할 것이다.[59] 6. "교인은 지속적으로 감소할 것이나 교회 출석은 안정화되
어 갈 것이다."[60] 7. "교인 중에서 목회자가 나오는 경향이 증가할 것이다." 지
금까지 추세를 보면, "신학교에서 훈련을 받은 목회자보다 그들의 공동체 안
에서 헌신적인 평신도를 선택하여 목회자로 삼는 경우가 많아졌다." "교회들
이 목회자의 교육이나 경험보다 공동체와의 관계와 헌신을 더 높이 평가하고
있다."[61] 8. "어린이와 젊은이들을 대상으로 한 전도가 증가할 것이다. 대부분
의 그리스도인들은 성인이 되기 전에 그리스도를 따르기로 결단한 경우가 대
부분이기 때문이다. 이런 추세가 교회 안팎에서 나타나고 있는데, 방학성경학
교와 같은 이벤트나 어린이와 십대들을 위한 건물과 공간이 증가하고 있는 것
을 보아 알 수 있다."[62] 이들의 예측이 한국적 상황이나 현 시점에 정확히 일

55) Hammett/Pierce, 57.
56) Hammett/Pierce, 57.
57) Hammett/Pierce, 57-58.
58) Hammett/Pierce, 58.
59) Hammett/Pierce, 58.
60) Hammett/Pierce, 58.
61) Hammett/Pierce, 58.
62) Hammett/Pierce, 58.

치하는 분석은 아니나 상당부분 참고할만한 지적이다.

켈리(Brandon Kelley)는 2019년 1월 미래교회의 변화에 대하여 몇 가지를 예측하였다. 그가 그렇게 미래교회의 변화를 예측한 것은 이미 시작된 과거와 현재의 변화에 근거한 것이다. 그러면 그가 본 이미 시작된 교회의 변화는 무엇인가? 첫째는 대형교회뿐만 아니라 모든 크기의 교회가 "멀티사이트(multi-site) 교회 캠퍼스를 갖는 경향이 폭발적으로 증가"하였다는 것, 둘째는 "교회개척과 개척 네트웍이 점점 증가하고 있다는 것", 셋째는 "전화번호부가 주요 광고 기회가 되고 있다는 것", 넷째는 "사람들과 소통하는 방식으로 소셜 미디어를 기본 방식으로 채택하고 있다는 것", 다섯째, "청소년 목회 방식이 급격하게 변하고 있다는 것", 여섯째, 최근 "이중 직업을 가진 목사들이 점점 일반화 되어 가고 있다는 것"이다.[63] 그러면 그가 예측하고 있는 미래교회의 변화는 무엇인가? 몇 가지만 소개하려 한다. "설교와 교육이 훨씬 더 중요해지고 있으며", "청소년 목회가 대처에 따라 몇 교회들에게는 위기로, 몇 교회들에게는 부흥으로 다가온다는 것"이다.[64] 디지털 전략과 소통에 대한 강조, 리더 훈련, 체험적 기회, 현실과 선교에로의 가족에서의 유대 이동 등을 증진시키는 것이 필요할 것이다.[65] 그는 이어 미래교회는 가상현실에 직면할 것이라고 예측한다.[66] 우리의 주변은 가상현실을 예측이 아니라 현실로 경험하고 있다.

캐리 뉴호프(Carey Nieuwhof)는 2018년에 교회가 직면한/할 교회의 트렌드를 다음과 같이 지적하였다. 첫째는 지정된 장소와 시간에 교회에 오는 것만을 생각한다면 그 교회는 쇠퇴할 것이므로 새로운 전략을 만들어야 한다는

---

63) Brnadon Kelley, "Future Church: 10 Predictions for the Next 10 Years" (Jan. 1. 2019), https://ministrytech.com/growth/future-church-prediction (2019년 2월 3일 접속).
64) 위의 글.
65) 위의 글.
66) 위의 글 7항.

것, 둘째, "디지털이 현실이 될 것이라는 것", 셋째, 과학 기술의 발전으로 인해 "고정된 지역과는 독립적인 교회 흐름이 형성된다는 것" ("원격세례, 원격 집회, 작은 집회와 다른 연결이 교회의 뉴노멀이 된다"), 넷째, "팝업처치 (pop-up church)가 더욱 보편화된다는 것", 즉, "팝업 레스토랑, 팝업 스토어 등이 나타나고 있듯이, 하룻밤이나 한 달, 혹은 한 시즌 동안만 열리는 팝업교회가 등장하게 될 것이라는 것", 다섯째, 이성에 호소하는 교육보다 마음에 말하는 설교가 많ㄴ아진다는 것, 여섯째, 아무리 인터넷이 발전했다하더라도 교회에서는 "다운로드 할 수 없는 경험들을 갈망하게 될 것", 일곱째, "팀목회가 일인 리더를 대체하는 경향"이 있다는 것 등이다.[67] 이러한 트렌드들은 물론 미국교회의 것들이다. 그러나 동일한 디지털 문화권에서 살아가는 우리의 다음세대의 문화이며 트렌드라 해도 과언이 아닐 것이다. 이런 흐름과 문화와 사상들이 이미 교회에 많은 영향을 주었고 앞으로도 지속적으로 영향을 끼칠 것이다.

실제로 오늘날의 많은 사회변화에 대응하여 다양한 교회의 형태들이 등장하고 있다. 필자가 여기서 무엇보다도 지적하고 싶은 것은 오늘날의 디지털문화와 소셜네트워크, 대중문화와 인터넷 혹은 사이버 공간에 대한 교회적 대응들이 다양하게 나타나고 있다는 점이다. 이것은 대중문화나 인터넷 문화가 교회를 변동시키고 있다는 증거이기도 하다. 프리젠(D. Friesen)은 인터넷과 페이스북과 그리고 다른 네트워크로부터 교회는 무엇을 배울 수 있는가에 집중하여 연구하고 있다.[68] 특히 에스티스의 연구는 흥미로우면서도 앞선 연구로 인하여 우리를 당혹케한다. 그의 연구의 제목부터가 "심처치"(SimChurch)이다.[69] 그는 버츄얼(virtual) 세계에서의 교회되기를 추구한다. 그는 "오늘날

---

67) https://careynieuwhof.com/7-disruptive-church-trends-that-will-rule-2018/
68) Dwight J. Friesen, Thy Kingdom Connected : What the Church can Learn from Facebook, the Internet, and other Networks (Grand Rapids, MI: Baker Books, 2009).
69) D. Estes, SimChurch : being the church in the virtual world (Grand Rapids, Mich. :

하나님의 백성의 새로운 공동체가 시작되었다"[70], "버츄얼 교회가 일어나고
있다"[71]는 도전적인 문장으로 그의 연구를 시작한다. 그는, 버츄얼 교회는 교
회의 리얼한, 진정한, 타당한 형태인가, 그것은 실제로 작동하고 있으며 교회
를 재충전할 수 있는가, 아바타가 하나님을 알 수 있으며, 버츄얼 성만찬이라
는 것이 과연 타당한 것인가, 버츄얼 교회는 윤리적인 문제들, 죄의 문제들을
어떻게 대응할 것인가, 기존의 교회와 어떤 관계를 가질 것인가, 버츄얼 캠퍼
스, 인터넷 캠퍼스는 어떻게 가능하며 그 요소는 무엇인가, 버츄얼 교회는 과
연 선교적 교회이며 어떤 목회유형이 타당한가, 그 교회는 공동체를 세울 수
있으며 또한 그에 따르는 위험성은 무엇인가, 그것이 말하는 교회는 무엇이며
복음을 모은 사람들에게 열어 놓을 수 있는가 라는 질문을 스스로 물으며 스
스로 답변하고자 한다. 또한 그는 "사이버 지향적 교회(Cyber-driven Church),
성육신적 아바타, 위키워십(WikiWorship), 바이럴 목회(viral ministry), 소셜
네크워크 교회(social-network church), 하나님의 텔레임재적(telepresent) 백
성"을 차례로 설명하면서 위 질문에 답변하고자 한다.[72]

5. 다음세대-미래세대가 바라보는 현실교회

우리는 앞장에서 다음세대가 직면한 문화와 사상과 환경에 대하여 서술하
였다. 여기서는 젊은 세대가 교회를 향해 갖는 태도와 입장을 소개하고 다음
세대를 위한 목회 모델을 소개하려 한다. 미국의 교회 컨설팅 그룹인 바나 그
룹 (Barna Group)은 2007년 9월에 미국의 젊은이들의 기독교에 대한 의식을

    Zondervan, 2009).

70) 위의 책, 17.

71) 위의 책, 12.

72) D. Estes, SimChurch : being the church in the virtual world (Grand Rapids, Mich. :
    Zondervan, 2009). 이에 대하여는 "가상교회론" 장에서 부분적으로 이미 다뤘다.

조사하여 발표한 적이 있다. "새로운 세대는 기독교에 대해 회의와 절망을 드러내고 있다"[73]라는 제목의 연구조사였다. 이 연구는 지금의 젊은 세대들이 (16세에서 29세까지의) 부모의 세대나 그 이전의 세대가 20대였을 때보다 기독교에 대한 비판의 수위가 훨씬 높아졌다는 것을 보여주고 있다. 바나 그룹의 조사에 의하면 10년 전에는 교회밖에 있는 사람들(젊은이들을 포함하여)의 대다수가 사회에서의 기독교의 역할에 대해 호의적인 감정을 가지고 있었으나 현재는 10대말에서 20대의 비그리스도인 젊은이들의 16%만이 기독교에 좋은 인상을 가지고 있다는 것이다. 젊은이들이 가장 혹독하게 비판하고 있는 대상이 복음주의자들이다. 젊은 층의 3%만이 복음주의자들에 호의를 표하고 있을 뿐이다. 이전의 베이비붐 세대(25%)에 비하면 8분의 1에도 채 미치지 못하는 숫자이다. 이 연구보고서에 의하면 복음주의자들의 91%가 미국인들이 점점 더 기독교에 대해 적대적이고 부정적이 되어가고 있다는 것을 인식하고 있다. 이런 적대감 때문에 목회하기가 전보다 훨씬 어려워졌다는 인식도 많아지고 있다고 한다. 젊은 비그리스도인들이 공통적으로 지적하는 교회의 부정적인 모습은 "남을 정죄한다"가 87%, "위선적이다"가 85%, "시대에 뒤떨어졌다"가 78%, "정치에 지나치게 개입한다"가 75%이다. 이런 모습들은 비그리스도인들이 교회에 대하여 가지는 공통적인 생각이다. 그런데 더욱 더 심각하게 생각해야 할 것은 교회에 속한 청년들도 이런 생각을 공유하고 있다는 점이다. 이런 부정적인 인식은 무엇 때문인가? 이 조사보고서는 혹독한 미디어비평, 교인들의 비기독교적인 행동, 교회에 대한 부정적 경험, 사회 위기 가운데서 드러난 비효율적인 기독교리더십 등의 요소들이 결합하여 이런 부정적인 인식이 생겼다고 보고한다.[74]

---

73) https://www.barna.com/research/a-new-generation-expresses-its-skepticism-and-frustration-with-christianity/연구발표 제목은 "A New Generation Expresses its Skepticism and Frustration with Christianity"이다.

74) 다음의 사이트를 전체적으로 참조하여 인용하였음을 밝힌다. https://www.barna.com/research/

맬퍼스(Aubrey Malphurs)는 "21세기 목회모델"이라고 생각하는 "새로운 종류의 교회"를 제안한다.[75] 오늘날의 많은 교회의 건강이나 성장이나 개척이나 마케팅 관련 저서들은 "급변하는 시대에 교회는 무엇을 해야 하는가"라는 질문에서 시작한다. 필자 역시 이 질문은 오늘 이 시대에 반드시 물어야 할 질문이라고 생각된다. 변하지 않으면 안 되기 때문이다. 맬퍼스 역시 이 질문에 대해 〈교회가 변해야 한다〉는, 당연한 답변을 설명하기 위하여 무던 애를 쓰고 있다. 그의 분석을 우선 따라가 보고자 한다. 그는 "왜 미국교인들은 교회에 출석하지 않는가?"[76] 라는 질문으로 시작한다. 그에 의하면 답은 간단하다. 그의 연구에 의하면, 첫째, 사람들이 교회에 다니지 않는 이유는 이제는 사람들의 사고가 달라졌기 때문이다.[77] 그들은 교회 다니지 않아도 되는 상황을 맞이하게 되었고, 교회 다니지 않아도 된다는 사고방식을 소유하게 되었기 때문이다. 다시 말하자면 오늘날의 사람들은 그 전과는 다르게 사고한다는 것이다. 여기서 "오늘날"은 어떤 의미인가? 맬퍼스에 의하면, "오늘날"은 사람들이 다문화, 다종교의 틀 속에 살아가고 있는 시대가 되었다는 것을 의미한다. 전 세계의 구석구석의 뉴스가 전 세계 곳곳으로 퍼져 나간다. 인터넷이나 다른 전파 매체들이 전 세계의 수많은 종교들을 드러내는 다종교의 시대다.[78] 또한 "오늘은" 모더니즘의 시대를 넘어 포스트모더니즘적으로 사고하고 행동하는 시대가 왔음을 의미한다. 이런 시대에 과거 모더니즘 패러다임의 교회들이 전하는 메시지는 오늘날의 사람들에게 맞지 않다는 것이다.[79]

두 번째 이유는, "신앙이 더 이상 교회와 결합되어 있지 않다"[80]는 것이

a-new-generation-expresses-its-skepticism-and-frustration-with-christianity
75) Aubrey Malphurs, A New Kind of Church, Understanding Models of Ministry for the 21st Century, Baker Books, 2007.(이하 Mal).
76) Mal, 30.
77) Mal, 30.
78) Mal, 31.
79) Mal, 31.
80) Mal, 31.

다. 1990년 갤럽 조사에 따르면 "미국의 교인들이나 비교인들의 상당수가 교회나 회당과는 독립하여 자신들의 종교적 신념을 성취해야 한다"[81]고 생각하고 있다. 심지어 기독교 신앙 공동체에 속하지 않고도 좋은 그리스도인이 될 수 있다고 생각하고 있다는 것이다.[82] 갤럽 조사는 성직자들에 대한 흥미로운 연구를 발표했다. 1985년에 67%이던 성직자신뢰지수가 약 10년 후에 그 수치는 54%로로 떨어졌다는 것이다. 통계에 따르면 젊은 세대들의 경향은 성직자들을 별로 신뢰하지 않는다는 점이다.[83] 물론 외국의 통계이지만 한국의 경향도 별반 다를 바 없으리라고 생각한다. 물론 성직자의 신뢰도만이 교회출석을 좌우하는 것은 아니다. 어쨌든 갤럽 조사에 따르면, "교회출석하지 않는 많은 사람들은 교회출석이 별로 중요하지 않다고 생각해서 출석하지 않았고, 34%의 사람들은 너무 바빠서 출석하지 못한다고 답변했다. 또 상당수의 사람들은 자기들의 영적인 문제를 다른 곳에서 찾는다고 답했다. 왜냐하면 교회는 자기들이 묻지 않은 질문에 답하려하기 때문이라는 것이다."[84] 미국의 베이비붐 세대는 윗세대들에 끌려 교회에 출석하였으나 지금세대들은 아예 출석할 이유를 찾지 못하고 있다.[85] 맬퍼스의 말대로 "우리에게 좋은 것이 너희들에게도 좋은 것이야," 혹은 "우리는 늘 그렇게 해왔어"라는 말은 젊은 세대들에게는 아무런 소용이 없다.[86] 더구나 심각한 것은 젊은 세대들이 영성이 없다기보다 다른 영성을 찾고 있다는 점이다. 조지 바나(George Barna)의 연구에 따르면, 미국에서 "이 천 만 명 이상의 성인들이 교회에서 탈퇴했는데, 그들이 영성의 문제에 대한 관심을 잃어버려서이거나 아니면 하나님으로부터 이탈해서가 아니라 오히려 그들의 삶 속에서 하나님에 대하여 더 많은 것을

---

81) Mal, 31에서 재인용.
82) Mal, 31.
83) Mal, 31.
84) Mal, 31f.
85) Mal, 32.
86) Mal, 32.

원하기 때문이다. 이 사람들은 교회에 출석하는 것에는 별 관심이 없고 교회가 되는 것(being the church)에 더 많은 관심이 있는 신자들이다. 2005년에 미국 성인의 약 3분의 2가 지역 교회를 신앙의 기본 장소로 하여 신앙생활을 해 나왔지만, 2025년에는 지역교회가 현재의 '시장 몫'의 반 정도를 다른 신앙 형태에 빼앗길 것이라고 전망한다."[87]

사람들이 더 이상 교회에 출석하지 않는 세 번째 이유를 맬퍼스는 "주일 아침"에 대한 성격규정의 차이로 생각한다.[88] 다시 말하자면 맬퍼스의 보고대로, "주일 아침이 이제는 그들에게 더 이상 성스러운 날이 아니라는 것이다. 미국에서 교회 출석이 최고에 이르렀던 1950년대 말에는 교회출석이 교인들의 의무였다. 주일날 아침에 중산층들이 하는 일이 교회 가는 일이었다. 이때의 미국문화는 교회문화였다."[89] 심지어 "몇 몇 도시들은 청교도법(blue law)이 있어서 주일날 일하는 것이나 사고파는 것을 금하였다."[90] 이것은 미국만이 아니라 기독교가 처음 한국에 유입되었을 때 있었던 안식일 법이었다. "그러나 점차 변하여 주일날을 거룩한 날로 여기지 않게 되었고 청교도법은 폐지되었다. 스포츠나 영화 등이 거룩한 주일의 적이 되었고, 주일을 대체하기 시작하였다."[91]

그러나 사람들이 다르게 생각하고, 더 이상 사람들의 신앙이 교회에 종속되어 있지 않으며, 주일 아침이 더 이상 거룩한 날이 아니라는 것만으로는 교회출석률 저조 현상을 다 설명할 수 없음은 분명하다. 맬퍼스는 그 이유가 보다 근본적으로 교회에 있음을 지적한다. 그가 지적하는 교회의 오류는 우선 교회는 변화에 너무 느리다는 것이다.[92] 그의 분석에 의하면 몇 몇 교회를 방

---

87) Mal, 33.
88) Mal, 33.
89) Mal, 33.
90) Mal, 33.
91) Mal, 33f.
92) Mal, 35.

문해 보면 마치 시대를 거슬러 올라가는 느낌이라는 것이다. 젊은이들은 직장 속에서 엄청난 변화를 겪는데 이들이 교회에 갔을 때는 변화가 일어나지 않아 마치 공룡들이 활동하고 있는 "쥬라식 파크"에 와 있는 듯한 느낌을 가질 수 있다는 것이다.[93] 또 하나의 교회의 오류는 "기회를 적절히 이용하지 못한다"는 것이다.[94] 그에 의하면 911테러 사건, 미래에 대한 불안, 카트리나, AIDS 등등은 교회가 이용할 수 있는 좋은 기회임에도 교회는 이런 사회의 문제들을 적절히 이용하지 못하였다는 것이다.[95] 그가 제시하는 세 번째 교회의 잘못은 전도 하지 않는다는 것,[96] 네 번째는 재능 있는 리더들을 키우지 않는다는 것이다.[97] 이런 분석이 의미 있는 분석임에도 불구하고 여전히 단순한 분석인 듯하다. 오늘날 떠오르고 있는 이머징 세대에 대한 분석, 그들이 왜 교회에 출석하지 않는지에 대한 분석, 그들의 문화에 대한 진지한 분석이 매우 절실하다.

20대 때 목회자 자녀이면서도 교회에 대한 환멸을 경험했던 커닝햄(Sarah Raymond Cunningham)의 생각을 듣는 것도 유익할 것이다. 그녀는 교회의 부정적인 모습을 직접적으로 경험하고 환멸을 느끼다가 다시 교회에 돌아와 "교회를 사랑하자"는 메시지를 전달하고 있다. 그녀가 분석하는 젊은이, 아니 그 자신이 직접 느끼고 가지고 있었던 젊은이들의 특성은 무엇인가? 그녀는 '교회에 대한 환멸 내지는 의심'을 20대의 특성으로 지목한다.[98] 그에 의하면 20대는 가족의 범위를 확대하여 친구와 지인들까지 포함하는 친밀그룹까지를 가족으로 재정의하며, 어느 한 사상이나 제도나 일에 이분법이 존재하지 않으

93) Mal, 35.
94) Mal, 37f.
95) Mal, 37.
96) Mal, 40-42.
97) Mal, 42-43.
98) Sarah Raymond Cunningham, Dear Church, 박혜원 역, 『친애하는 교회씨에게』, 쌤앤파커스, 2008.

며 엄청나게 빠른 속도로 발전해가는 정보화기술로 인하여 전혀 다른 의사소통 방식과 결속감을 가지고 있고, 배금주의적 성공기준을 갖고 있지 않으며, 즉각적인 만족이나 자발적인 참여를 즐기는 세대이며, 진솔한 삶의 이야기에 더 감동하며, 생각보다 옳고 그름에 대한 가치관이 분명할 때가 많으며, 극단적인 이상주의자이기도 하며, 그들은 나름대로 공동체를 소중히 여기면서도 다양성을 추구하는 세대이기도 하다.[99]

문제는 이들 세대에 대한 분석이 아니라 이들의 특성을 고려하여 어떻게 그들에게 다가갈 것이냐 하는 것이다. 이런 문제들을 고려하지 않고 그들에게 다가간다면 그들은 아마도 교회에 대한 환멸과 의심의 눈초리를 여전히 거두지 않게 될 것이다. 또 하나 중요한 것은 이들을 분석함에 있어서 지나치게 한 면만을 들여다보아서는 안 된다. 예를 들어 경제적으로만 분석하거나 유행 패턴으로만 그들을 분석하는 것은 좋은 전략이 아니다. 그것은 그들의 일부일지는 몰라도 전부는 아니다. 스테쳐가 말한대로 "좀 더 깊은 문제, 이면의 가치들, 사상과정, 한 문화나 사람집단의 사상들을" 총체적으로 고려해야 한다.[100] 지금까지 다음세대의 특성, 사회와 문화의 미래 혹은 현재의 변화트렌드, 그것이 교회에 미치는 영향과 교회의 대처, 젊은 세대의 교회인식 등을 분석 소개하였다. 이 분석 자료들이 최근의 것은 아니어서 현실 교회, 혹은 젊은 세대들의 생각을 정확히 반영하고 있는가 하는 문제는 있으나 이런 분석들이 앞으로의 교회의 변화, 사회의 변화 트렌드에 적절한 대응이 필요함을 인식하게 해주는 것임은 분명하다. 이것은 또한 교회의 제도적 실천적 대응에 앞서 교회는 무엇보다도 이런 관점에서의 신학적 정립이 필요함을 아울러 일깨워준다고 할 수 있을 것이다.

---

99) 위의 책, 42ff.
100) Ed Stetzer, Planting New Churches in a Postmodern Age, Broadman & Holman Publishers, 2003, 112 (이하 Stetzer로 약함)

6. 다음세대를 위한 신학의 원리와 과제

다음세대를 위해 어떤 신학을 정립해야 하는가? 그리고 교회는 무엇을 해야 하는가? 이것은 매우 중요한 문제이며 시급한 문제이다. 이미 언급한 다음세대의 특성을 염두에 두면서 먼저 다음세대 신학의 원리를 몇 가지 제시해보고자 한다. 우선, 신학은 젊은 세대들이 직면하고 있는 오늘의 복합적인 문화적 상황을 염두에 두어야 한다(상황적 문화신학). 둘째, 이 문화적 상황 속에 들어가 그들의 문화를 창조적으로 수용하고(복음의 문화화), 그들의 문화적 물음에 답변해야 하며, 그들의 문화를 기독교적으로 변혁시킬 필요가 있다(문화의 복음화). 셋째, 배타성을 싫어하는 젊은 세대를 염두에 둔다면, 복음의 보편성과 따뜻함을 강조해야 하며, 복음의 정체성을 상실하지 않으면서 열린 신학을 추구해야 할 것이다. 넷째, 젊은 세대는 교리보다는 삶과 실천에 관심을 특성을 보이기 때문에 신학의 실천적 성격과 의미를 강조해야하며, 신학과 교회, 신앙과 실천의 간격을 줄이기 위해 교회는 노력해야 한다(신학의 실천화). 다섯째, 무엇보다도 젊은 세대들은 거창한 구호나 운동보다도 일상 속의 영성을 추구하는 경향이 있기 때문에 신학은 이제 일상에 구체적인 관심을 기울여야 한다(신학의 일상화). 여섯째, 포스트모던 시대는 스윗이 지적한대로 경험, 참여, 이미지, 관계의 시대이므로 신학이 이런 상황에 구체적인 관심을 갖고 경험적이며, 참여적이며, 이미지적이며, 관계적인 방향의 신학을 발전시켜 나가야 한다. 일곱째, 포스트모던 젊은 세대는 이성이나 합리성보다 신비와 불합리를 보다 더 쉽게 인정하는 세대이므로 전통신학이 가지고 있는 신비신학을 오늘의 현실에 적합하게 회복시켜야 할 것이다. 여덟째, 포스트모던 시대는 명제적 설교나 명제적 진리를 말하는 것보다도 이야기 방식의 설교와 신학을 선호하는 경향이 있으므로 신학은 스토리텔링적 성격을 회복해야 한다. 아홉째, 신학은 전통적 신학이 가지고 있던 타락-구속의 신학적 도식과 함께 창조-축복도식을 회복해야 하며, 아울러 하나님의 형상의 개념을 관계성이나 책임성의 의미에서 만이 아니라 창조성(creativity)의 관점에서 재해석하는 현대적 인간론을 개발하야 한다. 열번째, 젊은 세대들이 건전한 놀이와 엔터테인먼트를 향유하며, 그 안에서 진정한 기독교적 의미를 추구하도록 하는 진정한 놀이의 신학(Theology of Play)을 보완해야 할 것이다. 열한 번째, 기독교신학의 핵심이라고 할 수 있는 그리스도론을 논하고자 할 때, 전통적인 기독론 논쟁 등과 관련된 교리적 측면의 그리스도론보다 젊은 세대들과 쉽게 접촉점을 만들 수 있는 예수론을 언급하는 것이 더 유용할 것이다. 열두 번째, 경험적, 관계적, 역동적 젊은 세대들을 위한 경험적, 관계적, 역동적 성령론이 필요하다. 열세 번째, 현대의 젊은 세대들은 오늘날의 과학적 세계관과 합리적 대화를 추구하는 경향이 있으므로 기독교 진리를 합리적으로 설명하려는 시도가 필요하다.

이제 마지막으로 다음 세대와 소통을 위하여 몇 가지 추가적 과제를 간단히 제시하고 이 글을 마치고자 한다. 첫째는, 포스트모더니즘과 포스트모던 문화에 대한 신학적 대처이다. 젊은 세대들은 모던적이라기보다는 포스트모던적이다. 그들의 문화는, 위에서 지적한대로, 포스트모더니즘, 포스트모더니티를 배경으로 하고 있다. 레너드 스윗이 지적한대로 포스트모던 문화가 경험적, 관계적, 이미지적, 참여적 특성을 가지고 있다면 이에 적절한 신학적 대안을 마련하여 젊은 세대들과의 접촉점을 만들어야 할 것이다. 둘째는 포스트모더니즘에 상응할 수 있는 기독교적 전통을 드러내어 세상과 소통하는 것이 좋을 것이다. 기독교 전통 안에는 포스트모더니스트가 되지 않으면서도 포스트모더니즘과 대화할 수 있는 풍부한 전통들이 있다. 이것들을 되살려 오늘의 젊은 세대들과 대화하는 것이 필요하다. 셋째는 문화적 상황신학의 정립이다. 지금까지 상황신학은 종교적 토착화, 지역적 토착화의 성격을 가지고 있었다. 즉 어떻게 하면 복음이 아시아적, 타종교적, 타문화적 상황 속에서 뿌리를 내리고 자라날 수 있을 것인가에 집중하였다. 그래서 지역의 문화나 종교와의 대화에 관심을 가졌다. 그러나 이제 다음세대를 얻기 위해서는 다음세대의 문화와 상황과의 대화와 접목이 필요하다. 필자가 의도하는 젊은 세대들의 문화와 상황이란 오늘날의 정보통신기술의 발달이나 인터넷문화, 가상현실의 상황들을 수용하여 형성된 문화를 말한다. 따라서 신학은 단순히 지역적인 상황이 아닌 젊은 세대의 문화적 상황 속에 성육신적으로 뛰어들어 그들과 접촉하며 대화하는 문화적 상황신학을 시도해 보는 것이 바람직 할 것이다. 넷째, 젊은 세대는 교리나 추상적 이야기보다는 삶과 실천에 관심을 보이는 특성을 지니고 있으므로 신학의 실천적 성격과 실천적 의미를 강조해야하며, 신학과 교회, 신앙과 실천의 간격을 줄이기 위해 교회는 노력해야 한다. 다섯째, 신학의 성격을 변화시키는 작업을 시도하는 것도 젊은 세대들을 얻기 위해 중요할 것이다. 가령 신학의 스토리텔링적 성격을 회복한다든지, 감성적, 오감적, 시적 신학을 전개해 본다든지 하는 것이 젊은 세대들에게 다가가기 훨씬 쉬울 것이다. 지금까지 신학은 로고스적이고, 아카데믹한 측면들이 강했다고 할 수 있다. 굳이 색깔로 표현한다면 대체로 어둠침침한 색깔의 신학이 아니었을까. 해밋과 피어스(Hammett/Pierce)는 젊은 세대들의 언어인 새로운 언어에 대한 저항을 교회 정체의 한 이유로 지적하였다.[101] 교회는 다음세대들에게 다가가고 그들을 얻기 위해서는 교회 안에 나타나는 새로운 언어 즉 젊은 세대들이 사용하고 있는 언어, 그들의 문화, 사회적 변화 등을 이해해야 하며, 그에 대한 적절한 목회적, 실천적 대처가 필요하다. 그래서 제안해보는 것이, 감성적 언어로, 시적인 언어로, 일상의 언어로, 긍정적 언어로 젊은 세대들을 위한 신학을 만들어 보는 것은 어떨까, 하는 것이다. 하나님도 자신의 이야기를 전하기 위해 자신의 청중들에게 오감적인 방법을 사용하지 않았는가. 신학은 교회의 위기적 상황을 인식하고, 복음의 정체성을 상실하지 않으면서도 다음세

---

101) Hammett, 83f. 그에 따르면 "언어는 40대 이하의 세대와 의사소통을 위한 열쇠이다.

대에 접근할 수 있는 다양한 신학과 실천들을 시도해야 할 것이다.

　이런 원리와 과제를 바탕으로 필자는 다음세대를 위해 버츄얼 신학(Virtual Theology), 성육신적-상황적 문화신학(Incarnational- Contextual Cultural Theology), 관계적-공동체적 신학(Connect-Community Theology), 일상의 신학(Everyday Theology), 경험적 감성신학(Experiential-Emotional Theology), 이야기신학(Narrative. Theology), 기독교적 변증신학(Christian Apologetical Theology) 등을 제안한다. 그리고 이러한 신학들은 이 책의 곳곳에서 다뤄졌다. 버츄얼 신학은 〈가상교회론〉에서, 성육신적 상황 신학과 감성신학은 〈선교적 교회론〉과 〈이머징 교회론〉에서, 일상의 신학은 〈일상의 공적신학과 교회〉에서, 포스트모던에 대한 대안은 〈문화교회론〉에서, 다음세대를 위한 이론적, 실천적 측면은 〈이머징 교회 운동〉과 바로 다음 장의 〈다음세대/미래세대를 위한 목회모델〉에서, 변증적 관점에서 기독교 진리의 합리적 설명의 필요성에 대해서는 서론과 마지막 장의 〈교회의 변증적 과제〉에서 다뤘다.

제12장 다음세대 · 미래교회를 위한 새로운 목회 모델

1. 이머징 교회(Emerging Church)의 모델[102]

1) 깁스와 볼저(E. Gibbs/R. Bolger)의 이머징 교회의 모델

Gibbs와 Bolger는(이하 깁스로 통칭) 그의 방대하고도 심층적인 연구를 통해서[103] 이머징 교회의 신학과 실천들을 잘 풀어내고 있다. 이머징 교회의 실천과 그 이면을 흐르고 있는 신학적 동기와 원리들을 설명하려고 한다. 첫째, 이머징 교회들의 실천 이면을 흐르는 신학은 하나님의 선교(missio dei)이다.[104] 그들은 선교를 그들의 일, 혹은 교회의 일로 보는 것에서 탈피하여 그들은 선교를 하나님의 일로 하나님의 선교에 동참하는 것으로 생각한다. 전통적 교회의 선교개념은 "가서 데려오는 것"이다.[105] 그러나 그들에게 있어서 선교는 하나님의 선교다. 그들에 의하면 하나님의 선교란 인간의 일에 하나님이 참여하는 것이 아니라 하나님이 하시는 일, 즉 인간이 "이 세상에서의 하나님의 구원활동에 온전히 참여하는 것"[106]이다. 그들에게 있어서 선교는 교회의 하나의 기능이 아니다. 그들의 전부이며 중심이다. 그들의 정체성을 형성하는 사명이다.

둘째, 그들에게 또 하나의 중요한 개념은 바로 하나님 나라이다.[107] 그들의 공동체 운동, 그들의 선교, 그들의 삶 등 그들의 모든 것의 이면에 흐르는

---

102) 김도훈, "다음세대-미래 목회 모델 연구: 이머징 교회를 중심하여," 명성목우회 편, 『당신은 주님의 큰 머슴입니다』(서울 : 명성목우회, 2008), 86-159를 수정 보완한 것이다.
103) Eddie Gibbs/Ryan Bolger, Emerging Churches. Creating Christian Community in Postmodern Cultures, Baker Academic, 2005 (이하 Gibbs/Bolger로 약함).
104) Gibbs, 50ff.
105) Gibbs, 50.
106) Gibbs, 50.
107) Gibbs, 53ff.

개념이 바로 하나님 나라이다. 그들이 강조하는 것은 현재적 하나님 나라이며 예수 그리스도의 인격과 사역으로 나타나는 나라다.[108] 깁스의 말을 인용해 보자. "하나님 나라는 예수 그리스도가 현존하는 곳에 존재한다. 각 사람들은 하나님의 초대와 치유와 회복을 통하여 하나님 나라를 경험한다. 그리스도의 십자가는 하나님이 준비하신 화해수단일 뿐만 아니라 아들과 아버지의 헌신 적 사랑의 최상의 표현이다. 하나님 나라는 십자가를 향한 길이며, 그리스도 인들이 일생동안 십자가와 함께 걸어야할 길이다."[109] 이것이 그들이 말하는 복음이다. 예수가 선포한 복음은 죽어서 가는 하나님 나라라기보다는 이 땅에 서 예수 그리스도와 함께 새로운 삶의 길을 걷는 것이다.[110] 이처럼 그들의 하나님 나라 개념의 특징은 바로 지금 여기를 강조한다는 점이다. 그리고 보 다 더 공동체적이다. 그의 말을 직접 인용해본다. "예수는 복음을 선포하셨는 데, 그 복음은 그의 청중들이 새로운 삶의 방식을 예수와 함께 하도록 초대하 는 복음이다. 예수는 개인 구원의 메시지를 선포하기보다는 그의 제자들에게 세상을 구원하시는 하나님의 구원에 참여하도록 했다. 이머징 교회는 복음에 대한 이런 이해를 수용하였다."[111] 정리하자면 이머징 교회는 하나님 나라의 복음을 강조했고, 그 하나님 나라는 현재적이며, 일상의 삶에 대한 강조하였 다. 나아가서 이머징 교회가 또 하나 강조하는 것은 "하나님 나라의 복음은 모 든 교회형식을 초월한다"[112]는 것이다. 이러한 주장의 근거는 예수의 삶에 있 다. 예수는 이 땅에서 교회를 세우려하지 않고 하나님 나라를 추구했다는 것 이다. 이처럼 이머징 교회는 기존의 바울서신에 근거하여 구원의 교리를 강조 한 전통적 교회들과는 달리 공관복음서의 예수의 삶과 선포에 집중하였다. 물

---

108) Gibbs, 54.
109) Gibbs, 54.
110) Gibbs, 56.
111) Gibbs, 56.
112) Gibba, 59.

론 그들이 바울서신의 교리를 부정한 것이 아니다. 다만 강조점을 예수에게로 옮긴 것이다. 이머징 교회가 예수의 하나님 나라에 강조점을 두었다는 것은 다음의 깁스의 말에 드러나 있다. "이머징 교회들은 무엇보다도 먼저 하나님 나라를 추구한다. 그들은 교회 그 자체를 시작하려고 하지 않는다. 하나님 나라를 구현하는 공동체를 양육하려고 한다. 하나의 공동체가 분명하게 하나의 교회가 될 것인지 아닌지는 그들의 목적이 아니다. 하나님 나라를 드러내는 것이 우선이다. 하나님 나라 활동의 핵심적인 요소는 그 공동체가 그 지역 상황을 반영할 것이라는 점과 따라서 그 공동체의 형태는 매우 다양하다는 점이다."113)

셋째, 무엇보다도 그들은 예수의 공생애에서 보여주셨던 섬김과 나눔의 삶을 강조한다. "예수는 주린 자들에게 먹을 것을 주셨고, 버림받은 자들을 영접하셨으며, 죄인들에게 용서를 선포하셨고, 문둥병자들을 치료하셨으며, 부정한 자들에게 '깨끗하다'고 선언하셨으며, 가난한 자들에게 기쁜 소식을 주셨다."114) 그들이 강조하는 그리스도론은 '아래로부터의 그리스도론' 혹은 '예수론'이다. "예수는 그의 청중들에게 새로운 삶의 방식으로 그에게 동참할 수 있는 복음을 선포하였다. 단순히 개인 구원의 메시지 그 이상이었다. 예수는 그를 따르는 자들에게 세상을 구원하시는 하나님의 구원에 참여할 것을 요청하셨다. 이머징 교회들은 이러한 회복된 복음이해를 수용하였다. 그래서 그것은 새로운 신앙을 가진 그리스도인들이나, 별로 새롭지 않은 신앙을 가진 그리스도인들을 훈련시키는 방법을 극적으로 바꾸어 놓았다."115)

넷째, 그들은 영과 육, 정신과 물질, 성(sacred)과 속(secular)의 이원론을 극복하고자 한다.116) 그들에게는 특히 성의 공간과 속의 영역이 따로 존재하

---

113) Gibbs, 61.
114) Gibbs, 118.
115) Gibbs, 56.
116) Gibbs, 66ff.

지 않는다. 모든 것이 하나님께 드려진다면 그것은 성의 영역이다. 그들의 영성은 모든 삶을 포괄하는 영성이다.[117] 또한 그들은 문화에 적극적으로 참여하고자 하며 그것들을 예배에 적극적으로 사용하고자 한다.[118] 그리고 그들의 예배는 교회에서 드리는 예배만이 아니라 삶으로 드리는 예배를 강조한다. 그들의 예배는 삶의 모습 그대로를 하나님께 드리는 것이다.[119] 그들은 심지어 대중문화 속에서도 하나님의 흔적을 발견하려고 애쓴다.[120] 그들이 이렇게 모든 삶의 모든 요소들과 신앙생활을 통합시키고자 하는 이유는 무엇인가? 처음에 말한 대로 그들은 성과 속의 이분법을 인정하지 않기 때문이다. 성은 종교와 교회와 신앙의 영역이며, 속은 세상의 영역이라고 하는 구분, 그래서 세속 영역을 국가나 사회에 넘겨주고 교회는 오로지 영적인 일에만 관여한다는 생각, 신앙과 삶은 다르다고 하는 생각, 이런 것들은 원래 기독교적 사고가 아니라 모더니즘의 사고라고 이머징 교회는 생각한다.[121] "이머징 교회들은 일방성, 인쇄문화, 조직화, 가시적인 것/불가시적인 것의 이원론, 몸/정신의 이원론을 극복하고 동시에 사회의 모든 영역에서 통합적 삶의 영성을 창조함으로써, 세속성을 끝내려고"[122] 노력하고 있다.

다섯째, 영성의 강조이다.[123] 깁스에 의하면, 이머징 교회의 영성은 현실 도피적 영성이 아니라 삶으로 보여주는 영성이다. 그들의 영성은 성과 속을 구분하는 영성이 아니라 성속을 통합하는 통합적 삶의 영성이다. 그들이 말하는 "통합적 영성은 예수 그리스도를 믿는 믿음에 그 뿌리를 두고 있는 영성이며, 하나님 없는 영역이 있을 수 있다는 생각을 믿지 않는 영성이다."[124] 동시

---

117) Gibbs, 71f.
118) Gibbs, 75.
119) Gibbs, 75f.
120) Gibbs, 78f.
121) Gibbs, 66.
122) Gbbs, 88.
123) 이머징 교회의 상세한 영성이해를 위해서는 Gibbs/Bolger, Emerging Churches, 217-234 참조.
124) Gibbs, 72.

에 하나님의 초월성과 내재성을 동시에 수용하는 영성이다.[125] 이머징 교회는 철저히 모던적 영성을 반대한다. 모더니즘적 영성은 이분법적이기 때문이다. 그들이 비판하는 모더니티의 영성은 하나님은 초월자인 동시에 내재자인 분이 아니라 초월자이거나 아니면 내재자인 하나님이었다. 그러나 이머징 교회는 이런 이분법을 선호하지 않는다. 하나님은 초월자이시며 동시에 내재자이시기 때문이다. 그러므로 이러한 하나님의 속성을 예배에 적용할 때 이머징 교회는 다음과 같이 말한다. "초월에만 집중하는 예배는, 사람들이 함께 안고 살아가는 문제들과 모순들을 무시하는 것으로 끝나버릴 수 있으며 또한 나아가서 그것들을 부인하는 결과들을 가져올 수 있다. 그러나 동시에 피조물 안에만 계시는 하나님만을 인정하는 것은 성경 안에 나타난 하나님의 또 다른 속성들, 하나님의 타자성, 하나님의 초월성을 무시하는 것이다."[126]

이머징 교회의 영성의 주요 뿌리는 1980년대와 1990년대 초에 영국에서 있었던 "카리스마 운동의 제3의 물결"과 "고대의 영성"이다.[127] 특히 이머징 교회 영성의 특징은 포스트모던 문화의 이해와 사용을 강조하면서도 고대 교부들과 중세성인들, 켈틱 영성, 수도원 영성 등 과거에서 많은 것들을 빌려오고 있다는 점이다.[128] 그들의 영성의 또 하나의 특징은 집단적 영성의 강조이다.[129] 대체로 영성은 개인적인 영성에만 국한 되어 이해되는 경우가 많았으나 그들은 영성훈련의 사유화 내지 내재화를 거부하고 있다. 또한 이머징 교회는 예전을 즐겨 사용한다.[130] 고대의 예식들, 기도문, 그들은 예전을 "금지하고 통제하는 속박이 아니라, 영양분을 제공하고 자극하는 풍부한 자원"[131]

---

125) Gibbs, 72f.
126) Gibbs, 73.
127) Gibbs, 220.
128) Gibbs, 220f.
129) Gibbs, 223.
130) Gibbs, 224.
131) Gibbs, 224.

으로 생각하기 때문이다. 그만큼 이머징 교회는 고대교회의 전통을 소중하게 생각했고, 그것이야말로 포스트모던에 물든 젊은이들에게 호소력있는 예전과 예식이라고 생각했다. 이머징 교회의 이러한 운동은 깁스와 볼저의 다음의 말에 잘 드러난다. "교회의 예전과 고대기도문의 발견은 심한 문화적 격변기에 뿌리 내려야 할 욕구를 반영한다. 그것은 또한 다양한 형태로 헌신을 표현하고 싶은 욕구를 의미한다. 말은 단순히 생각의 논리적 연속을 표현하는 데만 사용되는 것이 아니라, 분위기를 만들기 위하여 사용된다. (⋯) 때로는, 민감하게 그리고 열린 마음으로, 말씀을 경청할 수 있도록, 마음을 이완시켜주는 음악이 동반되기도 한다. 예전 전통은 또한 예술적 표현의 가치를 인정하는 것과도 연관되어 있다. 이머징 교회들은 근대의 특징이었던 철저한 합리주의에 반대하여 신비를 인식하고, 그들의 이해를 넘어가는 문제를 다룰 때는 모호함으로 만족할 수밖에 없다는 것을 인정한다. 강단보다 주님의 식탁에 대한 강조가 중심적이다. 주님의 식탁은 환대와 포용을 강조하기 때문이다."[132]

이머징 교회의 리서치를 통해 깁스와 볼저가 발견한 이머징 영성의 또 하나의 특징은 공동체적 혹은 집단적 영성이다. 깁스는 이머징 교회의 집단적 영성이 곧 수도원 영성의 회복을 의미한다고 보았다.[133] 실제로 이머징 교회는 고대교회의 수도원 운동을 이어받으려 하였고, 이와 연계된 영성의 훈련을 위하여 공동체적 삶을 발전시키기도 하였다. 깁스에 의하면 "수도원 영성은 매일의 영성 훈련과 상호 책임의 실천을 통하여 공동체를 촉진해준다. 이머징 교회들은 켈틱 선교공동체라는 개념을 부활시키고 있다. 그 과정에서 이머징 교회들은 그들의 집단적 삶에 대한 헌신을 보여주고 있다. 그것은 그들의 집단적 삶에 참여하려는 사람들에 대한 환영이다. 그것을 통하여 사회가 복음의 변혁적 능력을 보고 체험할 수 있을 것이다."[134] 하지만 그들이 집단영성, 즉

132) Gibbs, 226-227.
133) Gibbs, 227f.
134) Gibbs, 227.

공동체의 영성을 중시한다고 해서 개인의 영성을 소홀히 한 것은 아니다. 그들은 개인의 영성도 강조한다.[135] 다만 개인 영성의 개념이 다를 뿐이다. 그들이 말하는 개인 영성은 단순히 순수한 개인적, 내면적, 사유화된 영성을 의미하지 않는다. 삶 전체로 드리는 예배와 영성을 의미한다. 이러한 생각은 오늘날 우리에게 있어서 그다지 새로운 것이거나 독창적인 것은 아니다. 그러나 미국 전통적 교회의 상황에서는 쉽지 않은 영성개념의 전환이라고 아니할 수 없을 것이다. 이러한 영성 개념으로 그들은 많은 혼합주의니, 신비주의니 하는 비판을 받았기 때문이다. 그러나 삶으로의 예배나 영성은 오늘날 절실히 필요한 영성이 아닌가 한다. 이에 대해 이머징 교회의 지도자들의 몇몇 진술을 인용하고자 한다. "내가 생각건대 우리 대부분에 있어서 예배는 삶의 방식이다. 우리는 켈틱 영성에 깊이 영향을 받아왔다. 켈틱 영성은 모든 것이 기도라는 마음을 갖게 한다. 우리에게 있어서 교회는 예식 이상이다."[136] "나는 로마서 12장의 예배를 믿는다. 입술로 드리는 찬양은 예배의 본래모습이 아니다. 오히려 삶을 하나님께 드릴 때 그것을 예배라고 한다. 그것이 우리가 하나님께 예배드리는 방식이다. 교회 안에 있는 사람들의 삶의 이야기들 속에서 선한 것들을 발견할 수 있다."[137] 그러므로 그들은 주일과 나머지 날을 분리시키지 않으려고 한다. 일주일 매일의 삶 전체가 예배이고 영성적 삶이다. 그래서 그들의 영성을 깁스는 "온 삶의 신앙(whole life faith)"[138]이라 부른다. 그러므로 일상의 문화 속에서 자신의 영성을 실현시켜나가고 또 영성실천에 문화적 요소를 도입하는 것은 그들에게 있어서 아주 자연스러운 일이다.

여섯째, 앞에서도 잠시 언급한 대로, 이머징 교회는 공동체를 강조한다.[139] 그들에게 있어서 공동체는 곧 하나님 나라를 구현하는 것이다. 이머징

---

135) Gibbs, 230.
136) Gibbs, 231.
137) Gibbs, 231.
138) Gibbs, 231.

교회들은 무엇보다도 먼저 하나님 나라를 추구한다. 교회는 그 다음이다. 달리 말해 하나님 나라가 교회를 만든다고 본다.[140] 그들에 의하면, "교회는 하나님의 선교의 대리자이기 이전에 그 선교의 산물이다. 교회는 세상으로 보냄받아 하나님 나라를 증언하기 위해 불러냄(out)을 받았고, 동시에 함께(together) 부름받은 사람들로 구성된다."[141] 이머징 교회가 이처럼 하나님 나라를 강조하는 것은 앞에서 본 것처럼 그리스도인의 삶을 재정의하고자 하는 것이며, 또한 동시에 교회를 재정의 하고자 하는 시도이다. 그들은 예수 그리스도의 삶과 사역에 근거한 공동체적 관점에서 교회를 정의한다. 그래서 그들에 의하면, 교회는 "기구가 아니라 가족이며"[142], "하나의 장소가 아니라 사람이며, 모임이 아니라 공동체이며"[143], "상호책임성의 장소이며"[144], "집회를 만들어내는 관계이며"[145], "선교운동"[146]이다.

집스와 볼저의 연구에 따라 교회는 하나님 나라의 공동체라는 이머징 교회의 관점을 다시 설명한다면, 다음과 같이 말할 수 있을 것이다. 이머징 교회는 하나님 나라를 구현하는 공동체를 양육하려고 한다. 하나님 나라 활동의 핵심적인 요소는 그 공동체가 그 지역 상황을 반영할 것이라는 점과 따라서 그 공동체의 형태는 매우 다양하다는 점이다. 그들은 공동체를 형성해 나가기 위해서 관계를 강조한다. 마치 가족과도 같은 관계이다.[147] 그것은 삼위일체 하나님과의 관계에 근거한다. 그들은 이러한 친밀한 가족 공동체를 유지하기 위하여 소규모 공동체를 지향한다.[148] 그리고 그 공동체의 본질과 목표는 선

---

139) Gibbs, 89-115.
140) Gibbs, 91.
141) Gibbs, 91.
142) Gibbs, 97.
143) Gibbs, 99.
144) Gibbs, 105.
145) Gibbs, 106.
146) Gibbs, 107.
147) Gibbs, 97.

교이다.[149] 그들의 특징은 일상 삶에서의 관계를 중시하기 때문에 그들의 소규모 관계 그룹에는 비기독교인들도 들어와 있다는 점이다. 그들은 그리스도인, 비그리스도인 상관없이 친밀한 관계를 맺고 유지하면서 그리스도인들은 비그리스도인들에게 삶으로 그리스도의 삶을 보여준다. 이런 방식이 매우 효과적인 전도방식이라고 그들은 생각한다. 그들의 말을 직접 들어보자. "우리가 관계를 형성해 나갈 때, 교회에 다니지 않는 사람들은 우리로부터 복음을 얻는다. 복음은 개인에서 개인으로 퍼져나가는(이것은 어떤 것을 전달하는 가장 효과적인 수단이다) 거룩한 바이러스이기 때문이다. 우리는 그리스도를 운반하는 자들이다. 다름 아닌 바로 우리의 몸으로, 우리는, 우리의 세상 안에서, 그리고 우리의 세상을 위하여, 그리스도의 삶과 죽음과 부활을 전달하고 있는 것이다."[150] 깁스와 볼저는 이머징 교회의 공동체적 관점을 다음과 같이 정리 요약한다. "교회는 사람이고, 공동체이고, 리듬이고, 삶의 방식이고, 이세상에서 그리스도를 따르는 사람들과의 연결방식이다. 이 공동체들은 작고, 선교적이며, 각 개인들이 참여할 공간을 내준다. 이머징 교회들은 친밀한 공동체를 형성한다. 그들은 하나의 공동체로서 살아가는 삶을 통하여 모든 영역의 문화 속에서 예수의 길을 실천한다."[151]

일곱째, 이머징 교회의 또 하나의 중요한 특징은 포용성 혹은 환대 목회다.[152] 그것은 아웃사이더, 혹은 자신과 다른 사람들을 교회의 모든 활동 속에 포용하는 것이다. 그들의 "포용의 목회는 서로 다른 사람들을 포용하는 것이다."[153] 그들이 이런 관점을 가지고 있는 것은 전적으로 예수 그리스도의 포용의 정신을 그들의 신앙과 실천의 핵심으로 삼았기 때문이다.[154] "고대 이

---

148) Gibbs, 109ff.
149) Gibbs, 107.
150) Gibbs, 109.
151) Gibbs, 115.
152) Gibbs, 117ff.
153) Gibbs, 122.

스라엘에서는 각종 율법과 제도를 통하여 정체성을 유지하고자 하였고, 그들의 정체성 밖에 있는 자들을 분리하였다. 이방인과 죄인과 억눌린 자들과 가난한 자들과 병자들을 분리하고 무시하였다."[155] 그러나 예수는 이들을 포용하였고 환대하였으며, 이들에게도 하나님의 용서와 은혜가 주어졌으며, 하나님 나라에 포함되었다.[156] 이머징 교회의 포용적 목회는 예배뿐만 아니라 성만찬에도 해당된다. 그들은 성만찬을 예배의 중심에 놓고 성만찬에 모두가 참여하게 하며, 공동의 식사를 통해 교회가 하나님의 백성됨을 확인한다.[157] 그리고 그들은 겸손한 섬김과 포용을 삶 속에서 실천하고자 한다. 그들은 삶으로, 하나님 나라의 복음에 헌신하는 공동체를 만듦으로써 복음을 변증하려 하며,[158] 복음을 전달하고 소통하는 방식은 세일즈맨보다는 종의 자세를 강조하고[159], 삶의 변화를 통하여 그리스도의 은총을 느끼도록 한다.[160]

여덟째, 이머징 교회의 중요한 특징과 강조점이 있다면 그것은 "생산자로서의 참여의 추구"[161]이다. 이머징 교회가 참여를 강조하는 신학적 이유는 복음의 성육신적 의미, 하나님 나라의 삶에 있다. "복음은 세계를 구원하시는 하나님에게 온전히 참여하는 것을 가능하게 한다. 기독교 예배와 관련하여, 온전한 참여란 우리가 가진 모든 것을 하나님께 가져오는 것을 의미한다. 우리는 우리의 세계를, 우리의 상황을, 우리의 물질을 하나님께 제물로 드린다. 다른 말로 하면, 예배란 삶으로부터의 도피나 겉치레가 아니다. 그것은 세속과 거룩함의 분리가 아니다. 세속과 거룩함의 결합이야말로 복음이 성육신적이라는 사실을 우리가 확신할 수 있는 오직 한 길이다. 참여적, 토착적 예배에

---

154) Gibbs, 117.
155) Gibbs, 118.
156) Gibbs, 118.
157) Gibbs, 119.
158) Gibbs, 124.
159) Gibbs, 128.
160) Gibbs, 129f.
161) Gibbs, 155-172.

대해 이머징 교회가 제공하는 통찰력은 모더니티의 견고한 성/속의 분리를 거부한다. (…) 이머징 교회들의 최고 우선순위는 하나님 나라이다. 하나님 나라의 한 가지 중요한 측면은 모두가 주님의 식탁에 함께 앉는다는 것이다. 내부자들뿐만 아니라 소외된 자들도 않는다. 사회의 모든 구성층들이 식탁으로 나온다. 그리고 그들은 그들에게 베푸시는 하나님의 관대하심에 참여한다."162)

이런 관점에서 이머징 교회는 마케팅 교회나 소비자형 교회를 비판한다.163) 이들 유형의 교회는 복음을 단지 하나의 소비하는 상품정도로, 패스트푸드점에서 물건을 시켜 집으로 가져가는 형태로 전락시킬 뿐 진정한 복음에의 참여를 불가능하게 만들기 때문이다.164) 이들 교회는 회중은 단순히 관객이거나 심하게 말하면 구경꾼일 뿐이다. 그들은 교회의 일부 엘리트 팀들에 의해 기획되고 퍼포먼스되는 것을 즐기고 소비하고 돌아가는 소비자에 불과할 뿐이다.165) 하지만 이머징 교회에서의 "회중들은 예배의 수용자가 아니라 기여자다."166) 모든 교인들이 함께 참여하는 예배를 기획하여 시행하고자 한다. 온전한 참여를 만들기 위하여 이머징 교회가 가지고 있는 몇 가지 원리들로, 1. 공동체를 소비자에서 생산자로 바꾸어 능동적인 참여를 격려하기,167) 2. 예배에 책임적으로 참여하여 자신의 은사대로 자신을 예배에서 표현하기,168) 3. 모든 구성원들의 참여를 격려하기 위하여 공동체를 소그룹으로 나누어 운영하기169), 4. 기도제목과 간증 등 모든 사람들에게 자신들의 이야기를 나눌 기회를 제공하기170), 5. 모든 개개인들이 예배 순서에 참여하고 예배

---

162) Gibbs, 155.
163) Gibbs, 157f.
164) Gibbs, 157.
165) Gibbs, 158.
166) Gibbs, 158.
167) Gibbs, 159f.
168) Gibbs, 160f.
169) Gibbs, 162f.

를 관리하며 예배에 자신의 은사를 드리기[171], 6. 서로간의 활동과 서로간의 대화를 격려하기[172], 7. 공동체에 의한 기획에 참여하기[173], 8. 예배에 모든 세대를 포함하기[174], 9. 소그룹이 전체 예배를 주관하기[175], 10. 예배뿐만 아니라 타인에 대해 봉사할 때도 자신의 은사들을 제공하고 나누기[176], 11. 예배에 있어서 하나님의 초월성과 내재성을 느끼게 하기[177] 등을 언급할 수 있을 것이다.

아홉째, 그들은 참여 뿐 아니라 창조성을 강조한다.[178] 이머징 교회의 창조성의 신학은 하나님의 형상으로서의 모든 인간은 창조성을 가지고 있다는 주장이다. 그에 따르면 인간은 창조된 존재이며 동시에 창조하는 인간이다. 그리고 그 창조성은 하나님에게 참여하는 것이다.[179] 그리고 그 창조성은 예배에서 발휘되어야 한다. 하나님을 향해 드려지는 예술을 만드는 것은 그 자체가 예배이다.[180] 예배와 예식에 있어서 그들의 참여는 창조적 참여이며 참여적 창조이다. 깁스의 말을 빌려 창조성에 대해 좀 더 상세히 언급해보자면, "이머징 교회의 맥락 속에서 창조성은 단순히 인간 정신의 표현이거나 개인의 자아의 표현이 아니다. 오히려 그것은 우리가 하나님의 형상으로 만들어졌다는 사실을 증거하는 것이다. 창조성은, 놀랄 정도로 다양하고 풍부한 하나님의 은사를 발산하는 것을 의미한다. 창조성이 정말로 예배(worshipful)가 되려면, 예술가 개인이나 팀의 인격(persona)이나 재능을 넘어서 그들의 창조성

---

170) Gibbs, 163.
171) Gibbs, 164f
172) Gibbs, 165f.
173) Gibbs, 166.
174) Gibbs, 167.
175) Gibbs, 167f.
176) Gibbs, 169f.
177) Gibbs, 170.
178) Gibbs, 173-190.
179) Gibbs, 179f.
180) Gibbs, 177f.

을 발휘할 수 있게 하신 분으로 나아가야 한다. 이것은 예술가들이 자신의 재능들을 그리스도가 다스리도록 하는 것을 의미하며, 자신을 드러내거나 청중의 갈채를 끌어내기 보다는 하나님께 영광을 돌리기 위해 자신들의 은사를 사용하는 것을 의미한다."[181]

　　예배나 공동체 예식에 있어서 창조적이 되기 위해서 깁스와 볼저의 이머징 모델이 제시하는 원칙은 다음과 같다. 1. 창조적인 분위기를 만들어야하며[182], 2. 외부의 힘을 빌릴 것이 아니라 자신들의 은사를 직접적으로 드려야하며[183], 3. 자신을 진술하게 표현해야 하며[184], 4. 예배나 예식이 식상해지지 않도록 하나님 나라 놀이에 참여하듯이 밝은 마음의 놀이를 포함해야 하며[185], 5. 너무 자주 창조적 예배를 시행하여 에너지가 소진되지 않도록 하여 창조적 예배가 지속가능하도록 해야 하며[186], 6. 예술이나 고대의 전통적인 예전을 적절히 사용해야 하며[187], 7. 대중문화나 다양한 매체들이나 기술들을 통하여 예배를 쉽게 접근할 수 있도록 대중화시킬 필요가 있으며[188], 8. 창조적인 예배를 드린다고 해서 결코 삶의 문제를 회피해서는 안 된다.[189] 정리하자면, "우리는 하나님의 피조물로서 창조한다. 그리하여 우리는 예배를 하나의 선물로서 하나님께 돌려 드린다. 이머징 교회들은 상상력이 번성할 수 있는 공간을 만든다. 예배는 중요하기 때문에 모든 사람들이 자기가 가진 모든 것, 자신의 세계에서 나온 모든 물질들을 드려야 한다. 기쁨이 넘치는, 이러한 예배 집회는 피조물들이 그의 창조자를 향하여 느끼는 사랑을 반영한다.

---

181) Gibbs, 179.
182) Gibbs, 179.
183) Gibbs, 181.
184) Gibbs, 181f.
185) Gibbs, 182.
186) Gibbs, 183.
187) Gibbs, 183f.
188) Gibbs, 184f.
189) Gibbs, 186.

(…) 모든 사람이 참여하는 창조적 예배 행위는, 일견 일상적으로 보이는 것을 가지고 하나님이 하실 수 있는 것에 대한 증거로, 사회에 제시된다. 예배는 사회 공동체를 향한 신앙공동체의 증언의 한 요소인데, 예배는 하나님이 소외된 인간성을 회복하시며 그 과정에서 하나님께서 아름다움과 창조적 에너지를 제공하신다는 증언이다. 교회 예배를 보면, 일상화와 무기력 때문에 지루함이 발생한다. 창조적 공동체에 속하는 사람들은 그들 안에, 그들 가운데 계시는 성령의 현존으로 말미암아 재충전된다."[190]

깁스는 이머징 교회의 특징을 1. 예수의 삶을 따라하기, 2. 세속공간을 변화시키기, 3. 삶의 방식으로서 공동체에 대한 헌신, 4. 낯선자 영접하기, 5. 관대한 마음으로 봉사하기, 6. 생산자로서 참여하기, 7. 창조된 존재로서 창조하기, 8. 몸으로 인도하기, 9. 영성활동에 참여하기 등 아홉 가지로 분류하였다.[191] 이곳에서는 그 모든 것을 상세히 다루지 못하였다. 하지만 이머징 교회가 무엇을 추구하는 교회인지는 어느 정도 설명되었으리라 생각한다. 그들은 모더니즘적 교회론을 거부하고 포스트모던 시대, 다음 세대를 위해 나름대로의 새로운 교회를 시작하려한다. 그들은 전통적 교리와 신학을 따르면서도 설교나 예배형식, 영성, 리더십, 등에 있어서는 오늘의 이머징 세대들에게 근접시키려고 한다. 그들에 의하면 나눔과 영성과 삶과 예전 등을 강조하면서도 그것을 오늘의 문화 속에서 새롭게 정의하고 새롭게 실천해 나가려고 한다. 그러한 실천들은 개인화된 영성을 넘어서 역사적 교회, 과거 현재 미래의 교회와의 결합으로 나아간다. 포스트모던 시대의 쓰나미 앞에서 교회는 이머징 교회로부터 많은 것을 배울 수 있으리라 생각한다.

---

190) Gibbs, 189-190.
191) Gibbs, 45.

2) 킴볼(D. Kimball)의 이머징 교회 모델

이제 이머징 교회의 대표적인 목회자인 킴볼의 모델로 넘어가 보기로 한다. 그의 저서 『이머징 교회』의 부제는 "새로운 세대를 위한 빈티지(Vintage) 기독교"다.[192] 그는 캘리포니아의 산타 크루즈에서 개척한 그의 교회 이름에도 Vintage라는 용어를 사용하였다. 그의 교회는 기존의 교회와는 상당히 다른 예배형식을 가지고 있다. 그는 포스트모던 문화를 깊이 인식하고 있으며 젊은 세대들을 위한 목회에 깊은 관심을 가지고 있다. 킴볼의 주장을 따라가면서 그가 제시한 대안을 소개해보기로 한다.[193] 우선 "모든 사람이 같은 방식으로 학습하고, 친근감을 느끼고, 사고할 거라고 생각할 수 없기 때문에" "새로운 시각과 다른 사역 방식으로 이머징 세대에게 접근해야 한다"[194]는 것이다. 둘째는, 지금 이 순간이 "그들이 알고 있는 유일한 세상"이기 때문에 "이머징 세대가 믿는 것에 대해 책망할 수 없다"[195]는 것이다. 그들은 "다원주의 시각으로 영적인 영역을 바라볼 것"이고, "합리적인 요소보다는 신비롭고 경험적인 요소"를 더 중요시하며, 성에 대한 시각도 "훨씬 개방적이며 관용적일 것"이고, "기독교를 부정적인 종교"로 생각하는 세대이다.[196] 셋째는 킴볼에 의하면, "우리는 포스트모던 세대가 하루 아침에 자라서 근대적인 사람이 되기를 기대해서는 안 된다. 그것은 연령이나 음악적 취향의 문제가 아니라 사고방식의 문제이다. 이것은 포스트모더니즘의 영향을 받은 어떤 사람이 그리스도인이라 해도 보다 포스트모던적 방식으로 하나님을 예배하고 싶어 할 수

---

192) 이 부분은 Dan Kimball, The Emerging Church. Vintage Christianity for New Generations, 윤인숙 역, 『시대를 리드하는 교회』, 이레서원, 2007 (이하 Kimball로 약함, 괄호 안에 나타난 숫자는 이 책의 쪽수를 의미한다)을 요약 및 정리하였다. 그러므로 각주를 상세히 처리하려고 하지 않았다. 상세한 것은 그의 책을 직접 참조한다면 더 많은 도움을 얻을 수 있을 것이다.
193) Kimball, 79.
194) 위의 책, 79.
195) 위의 책, 79.
196) 위의 책, 79.

있다는 것을 의미한다. 이 사람은 다른 방식으로 학습하고, 교회건물에 대한 다른 미적 기준을 가지고 있으며, 사역의 가치관을 다른 기준으로 평가할 지도 모른다."197) 그렇다. 지금 떠오르고 있는 세대는 지금까지의 세대와는 다른 세대일 것이다. 그들은 포스트모던에 물든 세대이다. 우리가 포스트모던을 싫어하든 좋아하든 상관없이 그들은 포스트모던 세대이다. 그러므로 우리는 포스트모던 문화를 이해하지 않을 수 없으며 이런 이해 속에서 그들에게 다가가야 할 것이다. 깁스의 말대로 이러한 급격한 변화의 시기에 교회가 올바른 방향으로 나아가기 위해서는 "미래에 대한 분명한 비전을 가져야 한다(…) 모던, 그리고 포스트모던한 문화적 배경에서 작용하고 있는 시스템이 서로 다르다는 것을 이해해야 한다."198) "그렇게 함으로써 포스트모던 환경에서의 선교와 목회에 대한 도전들에 대응할 통찰력을 찾으며, 성경을 새로운 시각으로 읽을 수 있을 것이다. 기독교지도자들은 성경과 문화를 모두 능숙하게 해석할 수 있어야 하며, 포스트모던적인 문제들에 성경적인 통찰력을 적용할 수 있어야 한다."199) 여기서는 킴볼이 주장하는 이머징 교회의 실천 몇 가지만을 소개하려고 한다.

(1) 예배

킴볼은 찬양집회, 좀 더 정확하게 말하자면 구도자 중심의 예배, 혹은 구도자 중심의 찬양에 대한 고민으로부터 그의 이야기를 시작한다. 그가 경험한 훌륭한 교회의 찬양집회는 잘 진행되고 있었음에도 불구하고 젊은이들이 거의 눈에 띄지 않았다는 것을 지적한다.200) 물론 그가 구도자 찬양집회를 부정하는 것은 아니다. 오히려 그는 그 집회를 긍정적으로, 하나님의 도구로 인정

---

197) 위의 책, 79.
198) Gibbs, Church Next, 41.
199) 위의 책, 39.
200) Kimball, 125.

한다. 그가 문제 삼는 것은 다만 기존의 집회에 젊은이들이 없었다는 것이다. 다음 세대, 이머징 세대에 접근하는 것이 그의 관심이었기 때문이다.[201]

교회는 이머징 세대, 즉 다음 세대를 위한 목회를 포기해서는 안 된다. 그들을 포기한다는 것은 교회가 곧 존재하지 않음을 의미하기 때문이다. 교회가 매력적으로 보이고 오고싶은 곳으로 만들기 위해서는 다양한 방법과 대안이 필요하며 이를 깊이 연구할 필요가 있다. 이러한 고민을 동일하게 나누고 있는 킴볼은 다음 몇 가지 방안을 제시하고 있다. 첫째는, "교회에서 특정 연령대를 겨냥한 아웃리치 예배를 신설하는 것"[202]이다. 이것은 한 교회에서 특정 연령의 예배시간대를 신설하여 젊은이들이 그 예배로 오게 하는 것인데, 킴볼의 경험에 의하면 이런 방식은 대체로 성공적이지 못했다는 것이다. 왜냐하면 그 연령대가 지나서 30대 이상이 되었을 때 기존의 다른 성인예배에 오기 싫어할 뿐만 아니라, 와서도 예배 스타일이 다르기 때문에 적응이 쉽지 않을 수 있기 때문이다.[203] 이것을 해결하기 위해서는 아마도 처음부터 성인예배를 다양한 형식으로 드리는 것이 좋을 것이다. 예를 들어 1부는 명상 예배, 2부는 전통예배, 3부는 현대예배, 4부는 또 다른 예배로 기획해보는 것이다. 실제로 이렇게 시행하는 교회들이 미국이나 한국에 여럿 있으며 이들의 교회를 연구해보는 것도 미래세대를 위해 매우 중요할 작업일 것이다. 둘째는, "새로운 가치관과 다른 방법의 찬양집회를 신설하되 하나의 교회로 남는 방법"[204]이다. 이머징 세대를 위한 예배를 위해서는 이 방법도 유용한 방법 중의 하나라고 킴볼은 생각한다. 이 방법은 기존 교인과는 전혀 다른 가치관과 사고방식을 가진 사람들을 위한 예배를 신설하는 방안이다. 교회 안에 전혀 다른 교회를 신설하는 것이다. 이를 위해서는 리더십이나 영성, 제도, 가치관 등의 많은 변

---

201) 위의 책, 125.
202) 위의 책, 131.
203) 위의 책, 132.
204) 위의 책, 132.

화와 노력이 필요할 것이다.205) 셋째는, "현재의 청소년 및 대학 사역을 재기 획하는 방법"206)이다. 이것도 하나의 좋은 방안이 될 수 있으나 늘 장기적인 안목이 필요하며, 지속적인 관찰과 변화가 필요하다. 그리고 시간이 지남에 따라 다른 요소도 점차 이들에 맞추어 변화되어야 한다.207) 넷째는, "이머징 문화에 접근하기 위한 새로운 교회를 개척하는 방법"208)이다. 이것은 한 "교회가 가치관을 바꾸는 것도 원하지 않으며, 현재의 교회에 새로운 예배를 신설하는데도 문제가 있을 때," 새로운 세대에 접근하기 위하여 "새로운 문화와 철학을 가진 자매 교회를 개척"209)하는 방법이다. 이외에도 많은 방법들이 있을 것이다. 무엇보다 중요한 것은 이머징 세대에 관한 목회가 중요하다는 것을 인식하는 것이다.

이제 킴볼이 제시하는 다음세대 예배의 특징과 기획을 필자 나름대로 정리해보고자 한다. a). "전통적인(vintage) 예배란 예배의 원형으로 돌아가는 것"이며, 곧 그것은 철저히 하나님을 예배하는 것이다 (140f). b). 하나님의 임재를 경험하는 진정한 예배를 드려야 한다 (143). c). 다양한 예배 방법이 필요하다(146f). d). "전문성이나 탁월성보다는 예술적 요소와 신비감을 경험"(148)하는 유기적 전통적(Vintage) 예배 방식(149)을 이머징 세대는 더 원한다.210) e). 이머징 세대가 원하는 새로운 전통적 예배는 청각, 시각, 후각, 촉각을 통합시킬 수 있는 다감각적이어야 한다 (154ff).211) 예배 시간에 예술

---

205) 위의 책, 133.
206) 위의 책, 133.
207) 위의 책, 133.
208) 위의 책, 134.
209) 위의 책, 134.
210) 셀리 모겐슬러를 인용한 그의 구체적 지침은 다음과 같다. 여기와 아래의 지침들은 킴볼의 저서 『시대를 리드하는 교회』에 나온 것이다. "예술의 역사적, 계시적 본질, 즉 시각적, 운율적, 서술적, 음악적 요소, 춤 그리고 이 모든 요소가 골고루 배합된 형태를 받아들여야 한다. 인쇄기가 등장하기 이전과 같이 모든 요소(당시 지하 납골당 벽, 스테인드글라스 창문, 조각품, 수난극, 챈트-성가, 모테트-무반주 다성 성가곡, 칸타타)에 성경 이야기를 담으라." (151 난외주).

386

이나 드라마 등, 오감을 사용하여 하나님의 현존을 느낄 수 있도록 하는 것이 포스트모던 세대에는 더 적절한 예배가 될 것이다.[212] f). 이머징 세대는 현대적 교회보다 성스러움이 느껴질 수 있는 고전적 교회를 더 원한다(160-170). 촛불이나 켈트 십자가, 조명 천, 예술작품 등을 사용하여 성스러운 장소라는 것을 느낄 수 있도록 해야 한다.[213] g). 예배에서 초월적이고 신비적인 경험

---

211) 킴볼이 말하는 예배 지침이다. 모든 감각을 사용하여 예배해야 하며, 이는 이미 성경이 증언하는 방식이라고 말한다. 성경에는 다감각적 가르침 즉, 실물교육, 이적, 권능(불기둥, 구름기둥) 진흙을 바르심 등을 포함한다. 후각: 예배에서 향료를 사용하였다(출25:6, 말1:11, 계8:4). 공중의 연기와 화염, 연기 냄새, 포도주, 떡, 음식의 냄새, 향이 가득한 금대접 등. 촉각: 안수(행6:6), 손뼉(시47:1), 세례시 물을 만지고, 성만찬시 떡을 만졌다. 땅의 진동, 면류관을 던짐, 땅에 엎드림 등. 미각: 성만찬에서 떡과 포도주를 맛보았다. 입에 닿은 숯, 어린 양의 혼인잔치. 청각: 온갖 종류의 악기가 동원되었고(시150) 찬양과 성경의 가르침이 있었다. 우레, 나팔 소리, 하나님의 음성, 스랍들의 찬양 등. 시각: 색깔, 질감, 모양이 구체적으로 기술된 성막과 성전에서 시각적인 아름다움은 소중하였다. 번개, 영광의 구름, 연기, 떡, 잔, 무지개, 네 생물, 장면들이 그것이다(155f).
212) 그럼에도 킴볼은 감각적 예배, 경험을 강조하는 예배를 기획할 때 주의할 점을 잊지 않는다. "경험을 지나치게 강조한 나머지, 사람들에게 감정과 정서로만 반응하도록 가르칠 우려가 있다. 경험이나 설교나 다감각적인 경험을 통하여 사람들의 감정을 조작하는 것이 목적이 아니다. 우리에게는 분별력이 필요하다. 나는 이머징 교회가 다감각적 예배와 가르침을 더 많이 사용할수록 성경을 더 깊이 있게 연구하고 더 많이 활용해야 한다고 믿는다. 이머징 세대의 지도자들인 우리는 예배를 드릴 때 성경을 사용하여 인도하고 가르쳐야 한다. 그렇게 해야 예수님을 밀쳐 두는 일 없이, 찬양집회의 중심에 모시게 될 것이다."(158)
213) 예배 공간배치에 대해 킴볼을 다음과 같이 구체적인 방안을 제시한다. 심미적 요소와 환경의 중요성: 이머징 세대들은 최신식 건물보다 유럽의 고딕양식의 성당들에 더욱 매력을 느낀다. 이머징 문화의 눈으로 교회 건물을 살펴보고 꾸미라. 예1) 검정 커튼으로 회중석 가장자리를 아치형으로 두른다. 벨벳과 주단으로 탁자를 싸고, 장식적인 배경막을 치며, 탁자 위에는 켈트 십자가와 양초를 늘어놓는다. 직물, 조명, 천, 특수 재료를 사용하여 예배실을 꾸미라. 예2) 미니애폴리스의 이머징 교회인 솔로몬 포치 교회(Solomon's Porch)에서는 예배실로 가는 연결 복도의 벽과 천장에 있는 예술작품을 통하여 강렬한 메시지를 접할 수 있다. 이머징 문화의 어두움은 영적인 것을 상징한다. 예배 시작 시 앞 쪽의 찬양대를 곡이 바뀔 때 뒤쪽에 배치하여 공연의 인상을 주거나 시선이 집중되지 않도록 한다. 영적인 느낌이 전달되도록 목재 십자가를 배치한다. 전시하는 그림에도 기독교의 장면과 상징을 담으며, 파워포인트 슬라이드로 고대미술, 스테인드글라스, 기독교 상징물 등을 표현하라. 진지한, 영적임, 소박함, 평온함, 묵상을 상징하는 양초를 사용하라. 낮은 강단으로 상하위계적인 리더십을 피하고, 둥글게 배치한 좌석으로 서로를 볼 수 있게 하여 공동체 의식을 고취하라. 즉 예배 참석자들로 하여금 무대와 청중, 혹은 관객의 느낌이 들지 않게 하라. (161-169).

이 이루어져야 한다. 킴볼의 경험에 의하면 젊은 세대는 진정으로 어떤 음악회나 퍼포먼스보다 예배 속에서 하나님을 만나고자 한다는 것을 기억해야함을 역설한다(172-4). 떠들썩한 찬양예배가 다 나쁜 것은 아니지만 때로는 침묵 속에서 하나님의 음성을 들을 수 있도록 하는 시간도 필요하다(174). 그러므로 심각한 것이 반드시 지루한 것만은 아니다 (173). h. 경험적인 예배를 위해 무엇보다 중요한 것은 성만찬이다 (194ff). "성찬은 공동체의 신앙을 고백하는 가장 아름답고 핵심적인 방법 중 하나"(194)이기 때문이다.214) 이외에도 예배에 있어서 헌금, 기도, 성경읽기 등을 매우 소중하게 생각하며 진정으로 하나님과의 만남을 느끼도록 기획한다.(192,197, 198f).

킴볼은 구도자 중심의 예배(근대교회의 예배)와는 다른 이머징 세대를 위한 예배(이머징 교회의 예배)를 다음과 같이 정리해 놓았다.215) 이것은 물론 미국 교회의 상황을 반영한 것으로 구도자 중심의 예배에서 이머징 예배로 넘

---

214) 킴볼은 그의 교회에서 시행했던 성찬예식을 다음과 같이 묘사한다. "시각적인 효과의 중요성을 염두에 두어, 우리는 각 탁자 뒤로 커다란 나무 십자가를 놓고, 탁자를 벨벳 헝겊으로 감싸고 한쪽에 촛불을 켜둔다. 그날의 설교 주제에 맞게 탁자위에 성경구절이나 그 이외 상징물 혹은 소도구를 올려 놓곤 한다. 사람들에게 앞으로 나와 일렬로 서라고 하는 대신에, 헌금을 걷을 때와 같이 설교후 25-30분간의 찬양 시간 중 원하는 때에 앞으로 나와 성찬에 참여하게 한다. (…) 성찬은 우리가 떡이나 주스 혹은 포도주를 먹고 마시고 만지고 냄새맡는 동안, 다감적으로 예수님을 기억하게 해준다."(195). "우리는 사람들에게 기도하고 마음을 준비하고 죄를 고백할 시간을 주며, 준비가 되었을 때에 앞으로 나오라고 한다(…) 성찬 예배의 요소하나 하나가 예수님을 맨 첫 자리에 모시게 해준다. 이러한 저녁시간의 거룩함 때문에 우리는 언제나 강단위에 십자가 외에는 모든 것을 치워버린다. (…) 십자가에 못 박힌 예수님이 부활하셨다는 사실을 상기시켜 주는 빈 십자가에 집중하게 한다."(196)

215) 포스트모던 시대를 맞이하여 이머징 워십을 비판적으로 한국 상황에 맞춰 적용시키려한 논문, 주승중, 유재원, 21세기 한국교회 예배를 위한 영성, 장로회신학대학교 소망포럼 편집위원회 편, 21세기 기독교영성과 교회, 2008, 19-138 참조. 이 논문에서 제시된 21세기 한국교회 예배를 위한 방향성은 다음과 같다. 참여적 영성을 개발하는 예배, 하나님의 임재를 강조하는 영성이 있는 예배, 공동체 영성을 지향하는 예배, 이미지와 상징을 추구하는 영성이 있는 예배, 생활양식을 회복하는 영성으로서의 예배, 성례전을 통한 기쁨과 잔치의 영성을 회복하는 예배, 교회력과 성서일과를 통한 영성의 훈련이 있는 예배, 전통과 현대의 문화의 조화를 추구하는 영성이 있는 예배. 필자는 그들의 방향성에 전적으로 동의하며 이에 대한 실제적인 예배모범들이 만들어져 다음세대를 부흥시키는 예배의 부흥운동이 일어나기를 기대해본다.

어가는 변화를 설명한 것이다. 그럼에도 한국교회도 이제 새롭게 도입해볼 수 있는 요소도 분명히 있다고 생각하여 소개해본다.

〈찬양예배 방법에서의 가치관의 변화〉[216]

근대교회(구도자 중심)	이머징 교회(구도자 중심 이후)
설교, 찬양, 프로그램 등이 예배 참석자에게 제공되는 찬양 '예배'	설교, 찬양 등이 포함된 찬양 '집회'
교회에 대하여 좋지 않거나 지루한 경험을 가진 사람들을 겨냥한 예배	이전에 교회에 나가 본 경험이 없는 사람들을 겨냥한 집회
예배 참석자가 이해하기 쉬운 현대식 예배	경험적이고 영적이며 신비로운 집회
교호의 정형성을 탈피하려함	그리스도인의 정형성을 탈피하려함
스테인드글라스를 치우고 영상화면으로 대체함	영상화면위에 스테인드글라스를 되가져옴
너무 종교적으로 보이지 않도록 예배 장소에서 십자가 및 기타 상징물을 치움	영적인 경외감을 높이기 위해 예배 장소에 십자가와 기타 상징물을 되가져옴
예배 참석자들이 안락한 극장식 의자에 않아 강단을 볼 수 있도록 예배 장소를 배치함	거실이나 커피 전문점의 느낌이 들게 꾸미고 공동체성이 부각되도록 예배장소를 배치함
환한 조명과 활기찬 성전을 중시함	영적 분위기가 감도는 어두움을 중시함
예배의 핵심은 설교임	집회의 핵심은 전인적인 경험임
설교자와 찬양인도자가 예배를 인도함	설교자와 찬양인도자가 집회에 참여하는 식으로 인도함
현대식 조명 장치에 맞는 근대의 기술을 사용함	집회를 전통적 특성과 신비로움을 경험하는 장고로 바라봄(기술도 사용함)
점차 많은 사람들을 수용하기 위해 기획된 예배	점차 많은 사람들을 수용하기 위해 기획된 집회이지만 여러 개의 소그룹이 모인 교회가 하나가 되는 시간으로 바라보게 함

---

216) Kimball, 『시대를 리드하는 교회』, 130.

(2) 설교

오늘의 세대는 성경의 내용에 대하여 거의 알지 못하는 포스트모던적 이머징 세대다. 그들을 향하여 설교할 때 어떤 방법을 사용해야 하며 어떤 원칙을 가져야 하겠는가? 오늘날의 세대는 성경의 내용은커녕 성경의 기초적 용어조차도 아주 생소한 세대다. 다른 종교의 경전과 무엇이 다른지, 고대 근동 신화의 편집이 아닌지, 수많은 전쟁과 아픔이 성경으로 인한 것은 아닌지 묻는 세대다.217) 교회의 고민은 바로 이들 세대들에게 어떻게 설교하는 것이 효과적인가 하는 것이다. 킴볼은 설교의 중요성을 결코 간과하지 않는다. 오히려 이머징 세대에는 하나님의 말씀을 "낭독하고 설교하고 가르치는 일을 강화해야" 한다고 주장한다 (208). 다만 청중이 달라졌으므로, 즉 그들의 문화와 세계관이 달라졌으므로 그들에게 설교하는 방식에는 변화가 있어야 한다고 말한다.(208). 그렇다면 그가 제시하는 설교의 방법론적 원칙은 무엇인가? 나름대로 정리하여 간략히 언급하자면 다음과 같다. a. "다른 세계관에는 다른 출발점이 필요하다"(211). b. 설교자들은 청중들에게 먼저 신뢰를 얻어라 (212). c. 모든 사람이 동일한 전제를 가지고 있다고 생각하지 말라(213). d. "하나님과 인간에 관한 스토리를 반복적으로 말하라." (213) e. "성경 용어를 분석하고 복원하고 재정의하라." (214). f. 하나님의 신비를 느끼게 하고, "인간 중심이 아닌 하나님 중심의 설교를 하라." (214). g. "사람들의 지성이나 영적 깊이에 대한 욕구를 무시하지 말라" (215). h. 설교시간이 짧을 필요는 없다. (215). i. "성경본문의 전문을 사용하라."(215).

킴볼은 설교자의 자세를 매우 중요하게 생각한다. 설교자는 "설교의 대상이 누구이든 간에, 그들의 영적 성향, 세계관, 삶의 주요 관심사를 파악해야" 하고 (218), "교회가 가지고 있는 질문과 문제점이 무엇인지 알기 위해 여론에 귀를 기울여야 한다."(218) 그리고 예수님의 제자됨과 삼위일체 하나님을 설

---

217) Kimball, 위의 책, 206f.

교하고 가르쳐야 하며, 예수만이 하나님께 이르는 유일한 길임을 정기적으로 가르치며, 성문제나 결혼과 가정의 의미를 성경에 근거하여 반복적으로 가르쳐야 하고, 지옥의 존재, 성경의 신뢰성, 죄와 하나님의 긍휼에 대해 기도와 온유한 마음으로 설교해야 한다.(218-221). 킴볼은 특히 이야기를 강조한다. 그에 의하면 "이머징 문화의 사람들은 성경이야기를 모르기 때문에, 설교자들은 다시금 이야기꾼이 되어야 한다"[218]는 것이다. 그는 모겐슬러의 말을 인용한다. "우리의 전통적인 예배 의식은 단순한 예배 방식이 아니라 이 웅대한 이야기를 전달하는 체계였다. 처음부터 끝까지 예배자들은 이 이야기를 노래하고 창화하고 응답식으로 읊었다. 즉 무에서 창조하시는 하나님, 인내로 백성을 돌보시는 분, 우리와 같이 사람이 되신 분, 구속하시며, 완성의 때에 온 우주를 회복시킬 분에 관한 이야기다. 판에 박힌 옛날 식 설교방법 - 주제별 교훈적 예배 기획 - 으로 돌아가기 전에 가장 중요한 주제, 즉 창조자, 구원자, 죄를 씻어 주는 분인 하나님의 사역과 역사 가운데 임재하심을 재정립해야 할 것이다."[219] 사실상 이야기는 매우 중요하다. 특히 포스트모던 시대는 더욱 그렇다. 미래학자 롤프 옌센은 '드림 소사이어티'(Dream Society)[220]라는 책에서 미래는 '이야기'의 시대가 될 것으로 예측하였다. 가치관이나 세계관 혹은 진리를 논리적 문장으로 설득하기 보다는 이야기로 풀어내는 것이 훨씬 힘이 있다는 것이다. 오늘날의 이머징 세대에 성경을 현대적 이야기로 풀어낸다면 오히려 그들을 감동시킬 것이고 흥미를 유발하여 진리로 좀 더 가까이 다가가게 할 것이다.

킴볼의 주장에 흥미로운 점은 "무언의 설교"이다.[221] '무언의 설교'라고 해

---

218) Kimball, 206.

219) Sally Morgenthaller, Kimball, 207에서 재인용.

220) Rolf Jensen, The Dream Society: How the Coming Shift Information to Imagination will Transform your Business, 서정환 옮김, 『드림 소사이어티』, 리드리드 출판사, 2005.

221) Kimball, 시대를 리드하는 교회, 223ff.

서 말로 하는 설교의 필요성을 배제하는 것은 결코 아니다. 이머징 세대와 의사소통을 할 때 진리를 전달하는 방법을 말에만 의존해서는 안 된다는 것이다.(224) 킴볼에 의하면 이머징 세대의 문화는 단순히 활자나 일방적 언어의 문화라기보다는 시각적인 문화이며, 경험적이며 쌍방교류적인 문화다. 그래서 그는 영상이나 미술, 음악, 인터넷을 보조 수단으로 사용하여 3차원적인 설교를 시도하여야 한다고 강조한다.(224-230) 일방적인 말로 하는 설교는 근대 교회에 적절한 방법이었을지 모르지만 현재는 적합지 않다는 것이다. 그에 의하면 근대교회는 다양한 방식으로 하나님을 경험하고 배울 수 있는 사실을 간과하고, 사실을 논리적으로 제시하여 결단하게끔 하는 명제적인 설교를 지나치게 강조하였다는 것이다(225f). 킴볼은 의미심장한 말을 전한다. "교회에 다시 성경을 가져오게 하고", "성경을 소리 내어 읽게 하며", "모든 사람이 성경 구절을 합독하게" 한다면, 설교자에게 관심이 쏠리지 않고 성경에 관심을 집중하게 할 수 있다는 것이다.(230f). 아울러 설교자는 "질문과 사고를 진작하는 문화를 조성해야"(231) 하며, "설교전달자나 문제 해결자가 아닌 목자이자 동반자"(233)임을 기억해야 한다는 것이다. 무엇보다 그는 바운즈(E. M. Bounds)의 말을 빌려 설교자의 주요 덕목이자 열쇠인 기도를 강조한다. "설교자는 우선적으로 기도하는 사람이어야 한다. 설교자의 마음은 기도학교 과정을 이수해야 한다. 마음은 기도학교에서만 설교하는 법을 배울 수 있다. 그 어떤 지식으로도 기도의 태만을 보충할 수 없다. 어떤 열심도, 어떤 부지런함도, 어떤 연구도, 어떤 은사도 기도의 부족을 메울 수 없다."(236f). 한국 교회도 킴볼의 말을 유념할 필요가 있을 것이다. 너무 지나치게 말에 의존하는 설교가 아닌가, 청소년들의 의사소통방법은 상호교류적 방식으로, 그들의 문화는 이제 지식강조에서 경험 강조로 옮겨졌음에도 불구하고, 우리는 여전히 과거의 방식만을 유일한 설교전달방식이라고 생각하고 있는 것은 아닌가, 하고 말이다. 예술을 사용한 시각적인, 혹은 무언적 설교를 오늘날 우리의 젊은이 예배에서 시도해보는 것도 좋을 것이다.

(3) 전도

킴볼은 현재 미국 상황에서 젊은 세대, 즉 이머징 세대들을 전도하는 것이 매우 어렵다는 것을 잘 이해하고 있다. 그들은 기독교에 대해 어느 정도 알고 있었던, 기독교의 타당성을 논리적으로 납득시킬 수 있었던 베이비 붐 세대와는 다른 세대이기 때문이다. 이것은 이전과는 전혀 다른 전도전략을 수립해야 함을 의미한다. 그러면 이머징 교회에서 말하는 전도란 무엇일까? a). 전도는 "단순히 행사에 초청하는 것이 아니라 공동체로 들어오도록 초청하는 것이다."[222] 이머징 세대는 전도행사나 교회예배에 관심이 없다. 그러므로 킴볼은 지금까지와는 다른 방식으로 전도해야 한다고 말한다. 그가 제시하는 이머징 교회 전도방식은 우선 기독교메시지를 전달하고, 그리스도를 받아들이도록 결단을 요구하며, 영접하면 교회 안으로 받아들이는 로마식 전도방식과는 다른 켈트식 방식이다. 이 방식은 "우선 사람들과 교제를 형성하거나 그들을 신앙공동체의 교제권으로 끌어들이고", "교제권 안에서 대화, 봉사, 기도, 예배를 활용하며", "시간이 흘러, 그들이 이 믿음을 깨달으면 받아들이라고 권면하는"[223] 방식이다. b). 나아가서 이머징 교회의 전도는 '말하기'라기보다는 '듣기'이며, 부차적인 일이 아니라 교회의 본질적 사명이다(250). c). "전도는 부가적인 일이라기보다 제자도와 교회문화의 일부이다." (250). "전도는 교회사명의 원동력의 일부가 되어야 한다." (250). d). "전도는 흥미 위주이기보다 제자도 기반의 전도이며" (251), e) 그러므로 "오늘날의 전도에는 훨씬 더 많은 시간과 신뢰형성의 노력이 필요하다."(251).

(4) 영적성장과 리더십

킴볼은 영적성장은 그리스도인이 되는 것이고 그리스도인이 되는 것은 곧

---

222) Kimball, 246.
223) Kimball, 247.

제자가 되는 것이라고 말한다. 그런데 이 영적 성장은 획일적인 방법을 모든 세대에, 모든 사람들에게 적용해서는 안 된다. 사람들은 "저마다의 다른 방식으로 하나님을 만나며"(267), 개개인들마다 나름의 특징적인 영적 기질을 갖고 있기 때문이다.(267). 그러므로 고대교회가 시행했던 다양한 영적 훈련 방식들을 발굴하고 시행할 필요가 있다. 이머징 세대는 전통적인(vintage) 훈련과 역사적인 영적의식에 큰 매력을 느낀다.(269) 여기서 킴볼이 지적하는 중요한 점 또 하나는 영적성장이 개인의 내적인 영적 성장만을 의미하는 것이 아니라 바로 사회적 행위를 의미한다는 것이다.(270) "이것은 가난하고 헐벗은 사람들 편에서 사회정의를 위해 지역적으로나 세계적으로 싸워야 할 책임의 일부이다."(270). 킴볼이 지적한대로, "이머징 세대는 사회적 행위를 우리의 핵심가치관으로 삼고 지역적으로나 세계적으로 교회로서의 우리의 사명에 포함시켜야 한다."(270)

킴볼이 제시하는, 다음세대를 위한 리더십의 이머징 모델에 대해 간략히 살펴보기로 한다. 현재를 기독교 리더십의 위기의 시대라고 진단한다. "교회의 지도자들은 이머징 문화에서 발언권을 상실했기"(273) 때문이다. 그러므로 이머징 세대에 영향력을 회복하고 리더십을 발휘하기 위해서는 오늘날에 맞는 새로운 리더십을 보여주어야 한다. 오늘날의 이머징 세대는 계층적이 아닌 수평적 리더십, 가치관의 획일화가 아닌 다양성의 리더십, 예수의 마음을 본받는 긍휼의 리더십, 말하는 리더십이 아닌 듣는 리더십, 목적 중심적 리더십이 아닌 관계적 리더십, 권력집중적 리더십이 아닌 권력분권형 리더십, 관리자형 리더십이 아닌 동반자형 리더십을 원한다.(274). 이머징 교회는 바로 이런 방향으로 리더십을 변화시키기를 원한다. 하지만 킴볼은 마지막으로 이렇게 권고한다. "무엇보다도 부디 지도자인 당신 자신의 영혼을 기도하는 마음으로 돌보는 데 있어 부족함이 없기를 바란다. 부패하고 오염된 문화 속에서 비둘기처럼 순결하고 거룩한 삶을 살기 바란다. 이머징 교회의 최고 목자이신 예수님의 통솔과 인도에서 끊어지지 않도록 주의하기 바란다. 이보다 더 중요한 것은 없다. 아무것도 없다."[224]

2. 스윗(Leonard Sweet)의 EPIC 모델

레너드 스윗은[225] 오늘날 "우리는 포스트모던이라고 부르는 아주 새로운 문화의 출발점"[226]에 서있다고 진단한다. 스윗은 미국교회의 쇠퇴 현상을 분석하는 것으로 시작한다. 교회가 안팎으로 직면하고 있는 위기 문화는 다음과 같다. "성경을 믿는 교회에 성경을 읽지 않는 사람들이 가득 찬 문화", "영혼 구원을 핵심으로 여기는 교회에 영혼 구원을 개인적으로 체험해 본 적이 없는 사람들이 가득 찬 문화", "최근 다섯 명의 미국 대통령 모두가 거듭남을 경험한 크리스천이라고 자처하는 문화", "소비주의가 제일 종교가 된 문화", 사회 저명 인사들의 말이 모세나 예수님 보다 더 권위 있는 문화, "성경이 세상을 바라보는 시각을 더 이상 제공해주지 못하는 문화"가 그것이다.[227] 이런 문화 속에서 어떻게 십자가를 전달하며, 어떻게 성경의 메시지를 전달하며, 어떻게 예수의 말씀이 모든 세상의 지혜보다 더 위대하다는 것을 설명하고, 예수를 어떤 분으로 설명해 주어야 하는가 하는 것이 그의 고민이다.[228] 포스트모던적 사고와 문화에 물든 이 시대에 교회는 어떻게 대처해야 하는가에 대한 진단과 분석과 물음은 매우 적절한 것이라 아니할 수 없다. 그러면 그의 대안은 무엇인가? 이 험난한 문화적 변혁기에 교회는 어떻게 대처할 것인가? 이 질문에 답변하고자 하는 것이 『영성과 감성을 하나로 묶는 미래교회』라는 책이다.

---

224) Kimball, 290.
225) Leonard Sweet, Postmodern Pilgrims, 김영래 역, 『영성과 감성을 하나로 묶는 미래교회』, 좋은씨앗, 2002. 이 글에서 제시하는 스윗의 미래 교회 모델은 이 책을 의존하여 요약 설명하였다. 본문의 ( ) 안의 숫자는 이 책의 쪽수를 의미한다. 이하 Sweet, Postmodern으로 약칭한다.
226) Sweet, Postmodern, 16.
227) Sweet, Postmodern, 23-24.
228) Sweet, Postmodern, 24-25.

그는 이 책에서 포스트모더니즘을 잘 읽어내고 있다. 그러나 그리스도인들은 포스트모던에 물들어서는 안 된다고 역설한다. 오히려 그는 초대교회의 영성과 감성을 되찾아야 한다고 말한다. 그렇게 하는 것이 포스트모던 쓰나미를 잘 극복할 수 있다고 생각한다. 그래서 그는 "십자가의 관점에서 오늘의 문화를 해석하고 기독교 전통에 비추어 인생을 이해하고자 한다."[229]

그러면 문화를 분석하고 기독교 전통에 비추어 본, 미래교회가 나아가야 할 방향은 무엇인가? 그는 경험(Experiential), 참여(Participatory), 이미지(Image-driven), 관계(Connected)를 회복하는 것이 포스트모던 시대에 미래/다음 세대 교회가 지향해야 할 방향이라고 생각하며, 그 목회 모델을 네 가지의 첫 자를 따서 EPIC 모델이라고 부른다. 이제 그의 서술에 따라 그가 생각하는 미래 목회모델을 소개해보고자 한다.

1) 경험하고 느끼는 교회

스윗의 지적하는 포스트모던의 첫째 키워드는 경험이다. 요즘 미국에서는 경험경제, 경험산업, 영성 산업이 떠오르고 있음을 먼저 지적한다. 경험적인 신앙의 추구, 영혼의 재발견이 미국에서는 가장 중요한 문화현상임을 지적한다. 경제규모로 따져도 어마어마한 규모가 될 것이라는 것이다. 심지어 성경의 이미지와 교리를 빌려와 새로운 경제를 만들어내고 있으며 전도가 이제는 기업에서 가장 빈번히 사용되는 용어가 되었다는 것이다.[230] 영성/경험의 시대가 되었는데 무엇이 문제인가? 스윗이 한탄하는 것은 원래 종교(미국에서는 기독교)의 영역인 "영성의 추구를 위해 교회로부터 도움 받고자 하는 사람들의 수는 점점 감소하고 있고, 이 모든 영적 각성이 주로 교회 밖의 문화에서 일어나고 있다"[231]는 점이다. 치유는 고사하고 황홀경이 이미 교회의 관심 밖

---

229) Sweet, Postmodern, 19.
230) Sweet, Postmodern, 66-77.
231) Sweet, Postmodern, 73.

에서 멀어진지 오래되었다는 것이다. 오히려 교회는 황홀한 경험과 신비스러움을 억압한다는 것이다.[232] 이것은 이성과 합리성을 강조하는 모더니즘의 영향을 받은 교회의 모습이다. 스윗의 지적 대로, "근대 대학과 마찬가지로 현대 교회도 경험이 아닌 이성을 지식의 시금석으로 하는 계몽주의의 지적 부산물"[233]로 남아 있기 때문이다

이러한 상황 속에서 스윗이 제시하고 있는 것은 경험과 영성을 강조했던 과거로 즉 성경의 시대로, 초대교회로, 전통으로 돌아가야 한다는 것이다. 구체적인 예로 그는 감각적인 예배를 강력하게 주장한다. "포스트모던 시대에 예배가 사람들로 하여금 강렬하게 느끼고 생각할 수 있도록 만들어 주지 못한다면(지금까지 교회는 사람들을 단순히 '생각만 하도록' 만들었다), 어떻게 하나님의 말씀이 우리의 느끼는 방법을 변화시키는지 그들에게 보여줄 수 없다. 총체적 경험은 포스트모던 예배가 추구하는 새로운 목표다. 새로운 세계의 설교가들은 (⋯) 총체적 경험을 창조해낸다. 이러한 쉐키나의 경험들을 청각, 시각, 촉각, 미각, 후각 등 온 감각을 한데 묶어 진, 선, 미로 가득 찬 천상의 빛에 뒤덮여 있는 하나님의 백성들을 그 분이 임재하시는 찬란한 광채 속으로 이끈다."[234] 미래세대에도 여전히 교회는 생존할 수 있는가? 포스트모던 정신이 아닌 "성령"과 "경험"과 "그리스도의 의식"과 "전통"에 대한 열정으로 무장해야 한다[235]는 그의 주장을 우리 한국교회도 진실로 주의 깊게 들어야 할 것이다. 영성이나 감성이나 경험을 강조하는 현상은 단지 미국만의 현상만은 아니기 때문이다. 우선적으로 예배부터 개혁하고 예배 속에서 진정으로 하나님의 임재를 경험하게 해야 한다.

---

232) Sweet, Postmodern, 73.
233) Sweet, Postmodern, 79
234) Sweet, Postmodern, 78-9.
235) Sweet, Postmodern, 83.

2) 참여하고 상호작용하는 교회

스윗이 보는 현대인들은 참여를 원하는 포스트모던인들이다. 그에 의하면 그들은 상호작용할 수 없는 것에는 더 이상 관심을 가지지 않는다. 무엇을 소유하거나 보고 즐기는 것만으로는 더 이상 만족하지 않는다는 것이다. 포스트모던 문화에서 일방적인 정보를 전달받는 TV가 인기 없는 이유가 바로 그것이다.[236] 그의 분석에 따르면 포스트모던인들은 결혼, 장례, 의료, 음악, 경제, 교육, 정치, 책 등 거의 모든 분야에서 참여를 선호하는 방향으로 변해가고 있다.[237] 이제는 교회도 참여의 소통구조를 가져야 하며 또 그렇게 되어가고 있다고 스윗은 진단한다. "포스트모던인들을 하나님의 신비에 대해 상호 작용하고 몰입할 수 있으며 정면으로 부딪히는 참여를 원한다. 오순절 교인들은 움직이는 예배를 드린다. 움직이는 예배를 드린다는 것은 춤, 이야기, 소리, 접촉을 통해 하나님과 친밀함을 촉진시키는 것을 말한다."[238] 온 몸으로 드리는 예배야말로 포스트모던인들이 원하는 예배형식이다.[239] 이 참여를 활성화시키는 현대의 문화 중 하나가 바로 웹 문화이다.[240] 젊은 세대들은 웹을 통해 참여하며 대화하며 소통한다. 교회는 이러한 도구들을 통하여 참여의 문화를 만들어 가야한다.

3) 이미지와 은유로 사고하는 교회

스윗은 단언한다. "포스트모던 문화는 이미지를 추구한다"고.[241] 스윗에 의하면, "모던(근대) 세계는 언어에 근거를 두었다. 신학자들은 이성과 질서를 종교의 핵심에 놓으면서 지적인 신앙을 창조하려고 했다. 신비와 은유는 지나

---

236) Sweet, Postmodern, 102.
237) Sweet, Postmodern, 104-114.
238) Sweet, Postmodern, 115.
239) Sweet, Postmodern, 116.
240) Sweet, Postmodern, 122ff.
241) Sweet, Postmodern, 133.

치게 불분명하고, 모호하며, 비논리적이라고 여기고 배제했다. 이야기 전달자로서의 역할을 미디어에게 빼앗겨버린 교회는 이제 이야기와 은유가 영적 핵심에 놓인 세계로 발을 내 딛고 있다. 이미지는 인간과 긴밀한 관계를 맺으며 세계 공용어가 될 것이다."[242] 이미지나 은유는 강한 힘을 가지고 있다. 이미지는 삶속에 파고들뿐만 아니라 한 번 심겨진 이미지는 잘 씻겨지지 않기 때문이다. "은유를 바꾸면 세상 속에서 우리의 존재가 바뀌며", 명제 대신 "이미지를 보고 이해하게 되며," 사이버 공간에서는 "언어가 아닌 이미지로 개인의 정체성을 드러낼 것이기 때문이다.".[243] "은유를 만드는 것은 세상을 창조하고 변형시키는 일이다."[244] 우리는 은유를 다만 하나의 꾸밈말이나 시적 상징어로만 이해해서는 안 된다. "이미지 추구는 포스트모던 문화뿐만 아니라 인간 정신 자체가 지니는 특별한 활동이다. 인간의 정신은 은유로 이루어져 있다. 은유는 실재를 창조한다. 은유는 사고와 행동을 구성한다. 은유는 언어 이상의 것이다."[245]

스윗은 끊임없이 교회가 이미지를 만들어야 하며 사람들에게 전달해야 한다고 역설한다. "최대의 상표가 고유한 이야기들이고 소유할 수 있는 가장 큰 자산이 이미지와 이야기들이라면 기독교는 가장 거대한 상표가 되어야 한다. 헐리우드가 아닌 교회가 세계에서 가장 큰 이미지 공장이 되어야 한다."[246] 왜냐하면 "세상에서 가장 위대한 이미지, 사람들을 관계 속으로 끌어들이는 이미지"는 "하나님의 형상인" "예수 그리스도"이기 때문이다.[247] 교회는 은유와 상징과 이야기가 넘치도록 해야 한다. "은유적 전도, 은유적 설교 등 이미지화 된 언어는 더 이상 선택사항이 아니다. 그런데 교회는 새로운 영상문화

242) Sweet, Postmodern, 133.
243) Sweet, Postmodern, 134.
244) Sweet, Postmodern, 137.
245) Sweet, Postmodern, 140.
246) Sweet, Postmodern, 134.
247) Sweet, Postmodern, 134.

를 만들어 내는 영상 테크놀로지 시대 한가운데 살면서도 인쇄에 붙들린 채로 남아 있다."[248] 종교의 이야기가 원래 상징적이고 은유적이 아닌가. 예수 자신도 은유를 통하여 사람들과 소통하지 않았는가. 예배에 있어서도 은유와 이미지를 회복해야 한다. 포스트모던의 이미지 시대에 잘못된 이미지에 물든 다음 세대들에게 진정한 성령의 능력에 의한 이미지로 채워주어야 한다. 포스트모던 시대에 진정한 기독교의 이야기와 이미지를 회복하지 못한다면 교회는 포스트모던 시대를 살아남지 못할지도 모른다.

4) 관계가 살아있는 공동체를 세우는 교회

모던에서 포스트모던으로의 이행, 이것을 스윗은 "개인에서 개인-공동체로"[249]의 이행으로 표현한다. 그에 따르면, "포스트모던인들은 아주 개인적이면서도 동시에 공동체적인 경험을 하고 싶어한다. (⋯) 관계의 문제는 포스트모던 문화의 중심에 놓여 있다."[250] 그에 따르면 "포스트모던의 '나'는 존재하기 위하여 '우리'를 필요로 한다"[251]는 것이다. 극단적 개인주의보다는 공동체를 추구하는 포스트모던 세대의 갈망에 대처하기 위해서는, 첫째, 교회는 관계성을 향상시켜야 한다. "교회는 '관계'와 '관계성'의 개념을 포스트모던 상황에 적합하도록 새롭게 발전시켜야 한다. 여기서 중요한 것은 관계의 범위가 아니라 차이를 만들어내는 관계의 다양성이다."[252] "관계에서 오는 힘은 치유의 능력을 발휘한다. 포스트모던인들이 개인간의 관계, 창조물과의 관계, 교회와의 관계가 지니는 의미를 이해하도록 교회가 도울 수 있다면 치유의 능력을 발휘하는 관계는 어디에서나 발견될 것이다."[253] 둘째로, "목회의 향상을

---

248) Sweet, Postmodern, 139.
249) Sweet, Postmodern, 166.
250) Sweet, Postmodern, 166.
251) Sweet, Postmodern, 171.
252) Sweet, Postmodern, 173.
253) Sweet, Postmodern, 173.

위해서는 (…) 교회가 분산되고 복합성을 띠어야 한다."254) "포스트모던 문화
는 세계적인 초집중화와 지역적인 분산화라는 양면성을 띠기" 때문에, 예배
역시 셀그룹 중심의 분산화와 전체 집회의 초집중화가 동시에 이루어져야 한
다.255) 셋째, 교회는 스토리텔링을 향상시켜야 한다.256) 경험을 이야기로 풀
어내고, 복음을 이야기로 풀어내야 한다.257) 넷째, "봉사와 사회개혁에 참여
하는 예배"를 만들어야 한다.258)

스윗은 이 EPIC 방법론을 만드는데 포스트모던 해석학, 양자역학을 위시
한 최근의 자연과학(특히 물리학), 인지이론의 도움을 받았다고 술회하면
서259) 다음과 같은 말로 끝을 맺는다. "경험, 참여, 이미지, 관계 지향적 예배
방법론이 다만 포스트모던적인 것이라고 간주될지라도, 이 방법론이 지니고
있는 생명력과 존재성은 성경의 전통 안에 본래부터 있어 왔다. 사실상 '포스
트모던' 안에 우리를 미래로 향하게 하는 영역이 존재한다. 우리가 예수님과
이웃, 세상에 참여하고 상호작용함으로써 예수님의 진리가 드러나는 것이다.
(…) 개척자는 신앙과 예배를 EPIC 유형으로 만들어 이상 생화 속에서 존재하
는 하나님의 계시적 사건에 문을 열어야 한다. 개척자는 본래적 EPIC의 추종
자가 되어야 한다."260)

3. 깁스(E. Gibbs)의 〈Church Next〉 모델

1) 과거에 사는 것에서 현재 참여로

깁스가 제시하고 있는 "다음 교회"(Church Next)261) 목회 9가지 트렌드

254) Sweet, Postmodern, 174.
255) Sweet, Postmodern, 175.
256) Sweet, Postmodern, 177.
257) Sweet, Postmodern, 177f.
258) Sweet, Postmodern, 179ff.
259) Sweet, Postmodern, 202ff.
260) Sweet, Postmodern, 218.

중 첫째는 모더니즘적 과거보다는 현재 포스트모더니티로 이행하고 있는 현재의 문화에 참여할 것을 제시한다. 그는 먼저 교회의 현실을 분석한다. 그가 지적하는 교회의 현실은 무엇보다도 "교회출석률의 급감"(22ff.)과 "주류교파의 쇠락"(25-29)이다. 그래서 깁스는 브라이얼리의 말을 빌려 이렇게 경고한다. "우리에게는 미래에 초점을 맞추어 전략적인 변화를 계획해야 할 긴박한 필요성이 있다. 만약 지금 변화하지 않는다면 20년 후에는 변하고 싶어도 존재하지 않을 것이다."(29), 그러나 이런 와중에도 새로운 패러다임의 교회는 성장하고 있는 것이 오늘날 교회의 현실이기도 하다. (29-31).

또한 오늘의 교회가 직면하고 있는 현실은 "문화변혁의 거대한 물결"(32f)이다. 그것은 모더니티에서 포스트모더니티로의 변화이다. 오늘날의 문화가 모던에서 포스트모던으로, 기독교 시대에서 포스트기독교 시대와 다원주의 시대로 기울어지면서 교회는 사회의 중심이 아니라 주변으로 밀려났다고 진단한다.(43) 이런 상황 속에서 깁스는 교회가 열려 있고, 겸손하며, 수용적인 복음의 증인이 되어야 하며(47), "동행하는 여행자의 입장"(49)을 가져야 한다. 그리고 교회의 리더들은 "대중문화와의 대화를 계속하여, 오래된 질문이든 새로운 질문이든 성경에 대한 질문을 이끌어내는 비판적인 상황화 작업에 참가하는 것이 다급하다. 그렇게 함으로써 포스트모던 환경에서의 선교와 목회에 대한 도전들에 대응할 통찰력을 찾으며, 성경을 새로운 시각으로 읽을 수 있을 것이다. 기독교 지도자들은 성경과 문화를 모두 능숙하게 해석할 수 있어야 하며, 포스트모던 적인 문제들에 성경적인 통찰력을 제공할 수 있어야 한다."(52) 마지막으로 그는 전략적 변곡점에 서 있는 교회들은 "소망하는 미래에 대한 분명한 비전을 가져야"(55) 하고, 모던이든 포스트모던이든 그 뒤에 "작용하고 있는 시스템이 서로 다르다는 것을 이해해야"(56) 하며, "자원을 재

---

261) Eddie Gibbs, ChurchNext , 임신희 역, 『넥스트 처치』, 교회성장연구소, 2010. 이하의 설명은 원문과 번역을 함께 참조하였으며, 괄호 안의 숫자는 번역의 쪽 수를 의미한다. 그리고 여기에 제시된 9가지 트렌드 제목은 대체로 깁스(E. Gibbs)의 원문 목차에 따른 것이다.

분배를 통해 실험을 가능하게 하며 최초의 실험을 발전시키고 이익을 공고히 해야 한다"(56)고 지적한다.

2) 마케팅적 방법에서 선교 지향적 방법으로

교회는 지금 다양한 도전에 직면해 있음을 보았다. 문제는 이 도전에 대응하는 방식이다. 에디 깁스는 기존의 많은 전통교회들이 진정한 대응방식의 부재에 한탄한다. 외부의 도전에 대응하는 방식으로 교회마케팅에 의존하고 만다는 것이다.(60) 그에 의하면, 교회조직을 운영함에 있어서 마케팅적 방법이나 기업경영 방식에서 뭔가를 배울 수 있긴 하지만 신학적 관점에서 평가해볼 때 적절한 방식은 아니라는 것이다.(61) 마케팅적 방식은 시장 중심적, 소비자 중심적, 수적 성장, 필요 충족적 사고를 지향하기 때문이다.(68-80) 달리 말해 마케팅 자체가 이윤과 거래와 욕망충족을 목표로 하는 기업의 생존, 성장 전략이기 때문이다. 상업적인 마케팅 기법은 오히려 교회의 기반을 허물어버리고 순수성을 상실할 위험이 있기 때문이다.(77) 게다가 교회 마케팅이 가지고 있는 필요 충족적 사고는 기독교의 복음을 충분히 이해하지 못하게 한다. "복음은 인간의 행복보다는 그들의 성화에 더 관심이 있다. 구원의 목표는 우리가 용서 받는 것일 뿐만 아니라 예수님을 닮아 영적으로 자라는 것이다."(78) 그리고 복음이나 구원은 "이익을 목적으로 하는 거래"(79)가 아니라 "선물"(80)이기 때문이다.

마케팅적 접근이 아니라면 무엇이 더 적절한 방식인가? 이에 대한 깁스의 답은 선교적 접근이다. 교회는 모든 상황 속에서 선교적 동기를 가져야 한다. 다시 말해 "교회는 사도적 자세로 사회를 변화시키는 운동체가 되어 사회로 들어갈 때 주님만을 온전히 의지하는 선교자적인 입장이 되어야 한다."(82) 그러면 선교적 교회란 무엇인가? 이에 대해 그는 뉴비긴의 주장에 동의하면서 선교적 교회를 다음과 같이 정의한다. "선교적 교회는 예수 그리스도의 교회로 하여금 그것이 속한 사회와 문화 안에서 선교의 교회가 되라는 하나님의 선교적 명령을 가지고 있다. 선교는 창조 세계를 회복하고 치유하려는 하나님의 목적에 뿌리내린, 하나님의 주도권 하에 있는 산물이다."(83) 동시에 그는 복음과 우리문화 네트워크(GOCN)의 기준을 빌려 선교적 교회의 기준을 소개하고 있다. 선교적 교회는 복음을 선언하는 교회, 제자학습에 참여하는 공동체, 성경을 기준으로 하는 교회, 세상과 구별됨을 인정, 모든 교인들의 사명으로서의 선교, 그리스도인다운 삶, 화해를 실천하는 공동체, 교인들간의 상호 사랑의 책임, 선한 대접, 공동체가 하나님의 존재와 그가 약속하신 미래를 기쁨과 감사로 축하하는 공동체의 중심행위로서의 예배, 증인공동체, 하나님 나라의 불완전한 표현으로서의 교회 등이다.(83-84)

3) 관료적 계층구조에서 사도적 네트워크로

깁스에 의하면 포스트모던 시대는 획일성보다 다양성이 환영받으며, 제도적 권위가 불신되며, 통제적, 관료적 리더십이 통하지 않는 시대이다.(110-115) 이런 면에 재빨리 적용하지 못한 계층구조적 기존교회는 시대가 바뀌면서 많은 혼란을 겪고 있다는 것이 그의 분석이다. 그렇다면 이러한 포스트모던 시대에 교회가 제시해야할 리더십 구조나 교회의 구조는 어떤 것이어야 하는가? 깁스는 관료적이 아닌 사도적 네트워크라는 구조를 제시한다.(117) 네트워크 조직에서는 단순한 조직구조(131)를 가지고 있으면서도 역동적 상호관계가 이뤄지는 구조(132)를 말한다. 이런 관계 속에서 팀원들은 서로 연결되어 있고, 효과적이며 효율적인 업무를 선호하며, 서로를 존중하면서 사역의 과정에 참여한다. 그들은 동반자 의식을 가지며 창조적인 안목으로 창조적인 답변을 추구한다.(134) 또한 깁스가 주장하는 사도적 네크워크 구조에서는 통제적 리더십보다는 허용자 리더십이 중요하다. 오늘날의 포스트모더니티 문화에 보다 더 잘 어울리기 때문이다. 깁스가 말하는 "허용자 리더십"은 팀원을 신뢰하고 서로간의 전문성을 인정하며 서로 서로 멘토링의 관계를 중시하는 리더십을 말한다.(135). 또한 "다양성과 창의력을 기뻐하며", "불가능한 아이디어에도 도전하고 개인이 시행하는 일에 책임감 있게 일하도록 허용하는" (135) 리더십이다. 따라서 교회가 사도적 네트워크 구조를 갖고, 현실의 다양한 도전에서 생존하려면 "새로운 시대에 필요한 통찰력과 기술을 가진 신세대 지도자들을 준비시키는 네트워크를 구성해야"(137) 하며, 평신도들을 목회에 참여시키고 여러 사역들을 위임해야 한다. (137) 뿐만 아니라 사역과 사역팀들을 다양화하고, 교회의 비전과 가치를 서로 공유하며, 경쟁관계가 아닌 협력적 네트워크를 가져야 한다.(139-140) 그리고 교회의 구조가 민주적으로 분산되어야 하고, 단순해야 하며 유연해야 하면서도 책임감을 강조해야 한다.(140-141)

4) 전문적 신학교육에서 멘토링 시스템으로

여기서 깁스는 미래목회와 다음세대를 위한 신학교육의 필요성을 역설한다. 깁스의 언급은 오늘날 한국적 상황에도 매우 중요한 시사점을 갖는다. 특히 신학교육이 교회와 분리되는 상황이 일어나지 않도록 주의할 필요가 있음에도 현실은 그리 녹록치 않다. 이런 상황 속에서 깁스의 제안을 눈여겨 볼 필요가 있다. 그는 신학교의 과제가 무엇인지 서술하는 것으로 시작한다. 그에따르면, "신학교의 과제는 교회와 함께 급속히 변하고 있는 세계의 다양한 선교적 상황 속에서 목회자들의 여러 가지 목회 활동에 필요한 자원을 제공하고 지원하는 것이다. 공생관계를 수립하면서 각자는 서로에게 도전이 됨으로써 그 훈련과정에서 독자적인 공헌을 하도록 해야 한다."(146) 그는 현재의 신학교육 시스템의 어려움을 인정하면서 현실적 신학교육개혁을 다음과 같이 제안한다: 평생학습을 위한 교회와 신학교 사이의 파트너십 결성(156), 교회와 신학교 사이의 상호협력(157f), 학제간 프로젝트의 활발한 교류와 통합(159), 소명과 잠재력을 보이는 학생 교육(159), 필요에 의한 학습(평생직업교육)

(161) 등이다. 그는 이어 리더십 훈련의 필요성을 언급하면서 지도자의 자질 개발과 정체성 훈련을 강조하고 있다(167-168). 신학교는 이와 관련한 교육과 훈련을 제공할 필요가 있다. 이를 위해 깁스는 팀 구축을 제안한다.(169) 과거의 신학교는 "독립적이고 개인적인 의식 구조를 강화하는"(169) 교육을 제공했다. 그러나 오늘날의 세계관 속에서는 그런 모형이 별로 유효하지 못하다. 오히려 깁스의 제안대로 목회자들끼리 서로의 경험을 나눌 수 있는 팀 구축이 필요하다. 팀으로써 상호작용을 평가하고 그룹으로 함께 연구하는 동반자 관계를 발전시킬 때, 배운 것을 현실의 목회상황에 적용할 수 있게 되고 서로에게 멘토링을 제공할 수 있게 된다.(170)

깁스는 리더십의 중요성을 인정하면서 리더는 "불확실하고 급격히 변화하는 환경에서 (…) 용기와 믿음을 보여 주어야 한다"(179)고 주장한다. 뿐만 아니다. 미래를 향하여 나아가려면 "가고자 하는 곳에 관한 정보를 알아야 하며, 행진을 위한 기술을 개발해야 한다."(179) 효과적인 지도자는 "직책, 민감성, 집요함, 인내, 용기, 확고함, 열정, 호기심" 등과 같은 "복합적 자질"을 가지고 있어야 한다.(180) 깁스는 신학교가 현재 이러한 자질을 배양할 수 있는 상황이 되지 못함을 아쉬워하면서 신학생들의 영성을 도와줄 멘토가 필요하다고 지적하면서 다음과 같이 말한다. "필요한 것은 종교적 기능인의 훈련이 아니라 영적 지도자다. 신학교가 기술과 능력을 더해 주는 것도 중요하지만 인도할 확신과 용기에 불을 붙이는 것이 더 중요하다." (181) 사실상 목회의 현장은 깁스가 지적하는 대로 "예측불허"(184)다. 그러므로 미래의 목회자가 "고강도의 스트레스와 문화적으로 적대적인 환경에서 생존하기 위해서는 영성을 더욱 강조할 수밖에 없다. 포스트모던 문화에서 목회자는 지난 세대들보다는 '충격'을 훨씬 덜 받을 것이다. 또한 교육은 건강한 리더십 모델을 제시해야 한다. 교육은 학생들이 값지게 여기게 될 멘토의 경험을 제공하여 그들이 미래에 평생학습을 이어가는 동안 다른 멘토를 만날 수 있다는 기대를 가지게 해야 한다. 끝으로 목회 기간 내내 학습기회를 주어, 새로운 상황과 현재의 사건, 그리고 그 시대에 요구된 주제에 응답하도록 해야 한다."(185)

5) 유명인을 따르는 것에서 진정한 영성으로

다음세대를 위해 준비된 교회가 되기 위해서는 교회리더 자신이 바뀌어야 한다. 진정한 영성을 추구하는 리더라면 유명인사를 모방하고 싶은 충동에서 자유로워야 한다(191). 피상적 영성이 아닌 진정한 영성이 리더들에게는 있어야 한다. 이미 본대로 젊은 세대들은 영성을 싫어하는 것이 아니다. 제도성을 싫어할 뿐이다. 그래서 그들은 "타인의 신앙과 대안적인 생활 방식에 대한 관용을 강조하는 다원주의 사회의 다양성을 선호하며"(192), "실험적이고, 개인주의적이고, 대중문화화된 종교에 젖어 있다"(194). 그리고 그들은 부모세대보다 훨씬 더 종교적 상징물에 관심을 가지며(194), "종교적인 생각을 표현하기 위해 풍자를 사용한다."(195) 그들은 다양한 종교나 영성에 유연한 자세를 취하는 절충주의적 태도를 가지고 있으며(196-197), 명제적 진리에 대한 선언보다 경험적 진리를 훨씬 선호하고 (198), 언어보다 이미지에 의해 좌우되며(199), 소비자 형태의 예배보다는 감각적 예배 형태를 좋아한다.(201) 그러므로 교회는 다음세대들에게 이미지로, 상징으로, 체험으로 접근해야 한다. 이를 위하여 교회는 성서읽기, 호흡기도, 동방교회의 영성, 켈트 영성, 떼제식 영성 등 고대와 현재 교회의 영성실천들을 되살려낼 필요가 있다.(205-218) 뿐만 아니라 매일 매일의 삶에 충실하고 절제된 삶을 영위하는 진정한 영성을 추구할 필요가 있다.(220) "진정한 영적 성장은 자아에 도취된 상태가 아니며 공동체에서 이웃사랑을 실천하는 것이다. 그것은 성경을 묵상하고 인생을 관조하며 자연을 기뻐하는 시간을 필요로 한다. 존재보다는 활동에 관심을 기울이는 바쁜 우리의 문화 속에서 가장 힘든 훈련은 하나님의 임재를 느끼기 위해 조용히 집중하는 것이다."(220)

6) 죽은 예배에서 살아있는 예배로

모더니즘적 예배의 특성은 보는 예배이다. 이 말은 예배의 참여자가 적극적인 참여자가 아닌 소극적 청중이나 관객의 역할을 하는 예배를 말한다(237). 물론 모던적인 구도자 예배가 모두 다 잘못된 것은 아니다. 많은 구도자들을 교회로 돌아오게 한 공을 인정할 수밖에 없다. 그럼에도 이 예배에 이의를 제기하는 것은 이 예배의 문제성보다도 포스트모던으로 중무장한 다음 세대를 위한 예배로서는 적절하지 않을 수 있다는 것이다. 다음세대들은 진정으로 하나님을 체험할 수 있고 느낄 수 있는 예배를 원하지 연주회나 공연과 같은 보는 것에 만족하는 예배를 원하는 것은 아니기 때문이다(237). 깁스는 복음주의 교회들이 갖는 예배의 위기의 핵심은 지나치게 활동적인 예배에 있다고 본다(238). 이러한 예배에 대해 깁스는 다음과 같이 지적한다. "예배는 수단으로 사용되어서는 안 된다. 그렇게 되면 예배는 곧 타락하고 왜곡될 것이다. 예배는 오락이 아니다. 문화적 엘리트주의의 산물도 아니다. 종교교육도 아니며, 감상적인 자기도취나 전도를 위한 도구가 될 수도 없다. 예배는 응급처치가 아니라 인생의 전체를 통해 흐르는 것이며 전 인생은 다시 예배로 모인다."(239) 오히려 "예배는 우리를 구원할 계획을 가지신 아버지를 통해서, 하늘에 계신 아버지의 계획을 실행하시는 아들을 통해서, 그리고 개인과 공동체에 구원의 은혜를 적용하시는 성령을 통해서 하나님께 응답하는 것이다."(240) 그렇다면 모던에서 포스트모던 세계관이 지배적인 오늘날에는 어떻게 예배의 정신을 실현해야 하겠는가. 다음세대들은 성만찬 예배에 더 끌린다(246). 그들은 신비적 초월성을 동경하기 때문이다.(245) 그러나 기억해야 할 것은 그들은 한 가지 형식의 예배보다 다양한 예배를 원하며, 기성세대와는 달리 다양한 예배에서도 편안함을 느낀다는 점이다(247). 그래서 예배에 있어서 다양한 실험들이 진행되고 있다. 예배의 장소와 형식이 다양해졌다. 한 교회 안에서도 다양한 예배가 실험되고 있다. 미국 캘리포니아의 세인트 제임스 교회는 세 번의 주일 예배를 진행하면서 1부는 옛 기도서를 따라하는 전통적인 예배를 드리며 2부는 현대적 의식뿐만 아니라 전통교회음악, 떼제의 묵상곡을 사용하는 성만찬 예배, 3부는 자유로운 스타일의 성만찬 예배를 드리고 있다(255). 깁스가 거듭 강조하고 있는 대로 이미 포스트모던 문화가 교회의 많은 예배들에 영향을 미치고 있다. 그러므로 다음세대를 얻기 위한 포스트모던 시대의 교회예배는 '보는 예배에서 느끼는 예배'로 이행할 필요가 있다. 그러나 다른 한편으로 깁스는 언어와 감정 및 의지의 균형을 유지할 것을 요구한다(159).

7) 군중을 끌어 모으려는 것에서 잃어버린 자를 찾아서

깁스는 모던시대에서 포스트모던 시대로 접어들면서 전도의 방식도 바뀌어야 한다고 주장한다. 지금까지의 전통적인 교회의 전도 방식이 마케팅 방식이나 구도자 중심의 전도 방식, 다시 말하자면 "우리에게 오라"라는 철학을 가진 전도 방식이었으나 포스트모던 사상에 물든 다음세대들에게는 "오라"는 전도 방식은 성공하기 어려운 방식이 되었다는 것이다(263). 그러면 그가 제시하고 있는 전도 방식은 무엇인가? 이 책의 곳곳에서 제시되었듯이, 우선 그들의 삶 속으로 뛰어 들어가서 그들에게 그리스도를 보여주는 전도 방식이어야 한다는 것이다. 그리고 진정한 하나님의 임재를 느낄 수 있는 예배를 통해 하나님과 예수의 이야기를 전달할 수 있어야 한다는 것이다. 즉 예배가 중요한 전도가 될 수 있다는 것이다(276). 예배를 통해 "불신자들의 인생이 변화되고, 치유 받는 진정한 예배의 체험을 할 수 있으며" (278), "허기지고 상천 난 영혼의 굶주림을 채워주고, 영적인 자만심과 불신앙을 무너뜨리며, 진정한 기쁨을 안겨 주는 강력한 도구"(278)가 되기 때문이다. 그러므로 깁스가 인정하고 있는 대로 예배에는 "하나님의 임재에 대한 의식인 친밀감, 그리스도가 중심이 된 예배에 대한 지식, 하나님께 열려 있는 태도인 수용성, 하나님, 타인과 관계 형성을 의미하는 역동성"(280)의 요소가 필요하다. 결론적으로 전도는, 그에 의하면, "우리가 이해하고 있는 하나님에 관해 소박하게 나누는 것이며, 다른 사람을 순례의 길로 동참하게 하는 것이다. 그들과 함께 여행하면서 우리는 그들의 질문, 열의, 신선함으로 인해 풍성한 교제를 나눌 것이다."(293)

8) 하나의 대립적 전도에서 다양한 전도 방식으로

깁스는 위에서 말한 찾아가는 전도 방식을 이 부분에서 좀 더 구체적으로 말한다. 그는 불신자들이나 젊은 세대들에게 접근할 때 지금까지 교회가 사용하던 방식과는 다른 방식으로, 즉 좀 더 유연하고 관계적인 방식으로 접근해야 한다고 주장한다(297). 지금까지 사용하던 대립식의 방식, 명제적이며 교조적인 전도방식도 어느 정도 지금까지 유용하였지만 포스트모던 시대를 살아가는 사람들에게는 더 이상 먹혀들기 어렵다는 것이 그의 생각이다(300-301, 313). 다음세대는 과거의 세대와 여러 면에서 다르기 때문이다. "자신이 요청하지 않은 상태에서의 접근에는 저항적이며, 게다가 교회나 그 메시지에 관해서는 이미 충분히 알고 있다고 생각한다."(301) 그리고 새로운 세대는 종교에 그렇게 관심이 많지 않으며, 배타적인 종교는 더더욱 배척하는 경향을 가지고 있다.(301). 그러므로 대립적인 전도 방식은 기독교에 대한 "고정관념과 편견을 강화시키기만" 할 뿐이다(301). 그래서 깁스는 "예수를 따르는 현대인들은 기독교를 오늘의 세상과 접목시키기 위해서 전략적이 되어야 할 것이다. (…) 하나님을 모르던 사람들이 하나님을 아는 사람들과 개인적으로 긍정적인 인간관계를 가질 때 비로소 복음이 타당한 대안으로 인식될 것이다"(302-303)고 포스테르스키의 말을 빌려 주장한다. 이것이 깁스가 말하는 관계적 전도이다. 일단 젊은 세대들과 좋은 우정의 관계를 가지는 것으로부터 출발해야 한다(310). 물론 이 관계적 접근이 유일한 방법도, 약점이 없는 것도 아니다. "관계의 형성을 너무 강조하면 중심이 메시지에서 증인의 인격과 경험으로 옮겨 가는 일이 발생"(311)하기 때문이다. 관계적 접근은 전도 방법론이나 도구나 전략을 거부하는 경향이 있기 때문에 전도에 대한 훈련이 부족할 때는 전도의 효과가 감소할 수 있다.(311).

한 가지의 전도 방법 사용에 약점이 있다면, 포스트모던 세대들에게 어떻게 접근해야 하는가? 이에 깁스는 몇 가지 조언을 첨언한다. 첫째는 다양한 접근법을 개발하고 사용해야 한다는 것이다.(314). 왜냐하면 "사람은 각자 개성과 삶의 경험, 인식, 그리고 영적인 정도와 관심이 다르기 때문이며"(314), 누구에게 무엇을 전해야 하는지도 성령에 의존하는 것이 적절하기 때문이다.(314) 둘째는 시작은 한 가지 접근법으로 시작하되, 그것에 갇히지 않고 다양한 방법을 개발하는 것이다. 하지만 깁스가 좀 더 주목하는 것은 방법보다는 그 방법이 기초하고 하고 있는 근거와 토대이다. 그것을 깁스는 다음 다섯 가지로 제안한다. "예수 안에서 우리의 소망을 표현할 수 있는 (⋯) 다양한 접근법을 제공", "하나의 성경적 개념을 기초로 하며 시각적 그림을 활용", "일상의 언어로 복음을 설명", "복음의 기초가 되는 기본 개념을 뒷받침하기 위해 성경에서 예를 찾을 것", "복음의 전부를 하나의 알약에 담을 수 없다는 것을 인식할 것"(317-318) 등이 그것이다. 이어서 깁스는 다양한 대상에 다양한 접근법을 적용할 것을 제시하면서 다양한 상황, 다양한 대상을 언급하면서 그들에게 적절한 방법을 개발하고 적용할 것을 주문한다. 그가 제시하는 다양한 사람들은 "하나님이 멀게만 느껴지는 사람들"(318-319), "신분상승을 이루고자 하는 성취주의자들"(319-320), "무너진 자신의 삶을 회복할 수 없다고 느끼는 사람들"(320-321), "죄책감에 시달리는 사람들"(321-322), "지나친 걱정에 휩싸인 사람들"(322-3), "죽음을 두려워하는 사람들"(323-4)이다. 이러한 사람들과 상황들은 복음이 전해지기에 매우 적합한 상황이다. 다시 말해 아주 좋은 복음의 접촉점이다. 기독교는 이런 사람들과 상황에 적합한 다양한 방법을 개발하여 그들을 복음으로 이끌어야 할 것이다. 마지막으로 깁스는 포스트모던 문화 상황 하에서는 명제적 접근법보다 대화-이야기식 전도 접근법이 유용함을 이야기 하면서 전도접근법에 관한 그의 글을 마무리한다. "포스트모던 문화에서는 아무런 점검이나 의심 없이 받아들여야 하는 단정적인 진술에 강한 거부감을 나타낸다. (…) 하나님의 말씀은 특정한 문화적 배경과 하나님 백성의 집단적인 삶과 그들의 개인적인 역경들에서 나온 것이다. 그러므로 우리의 증거에서도 사람들이 공감할 수 있는 우리의 작은 이야기들로부터 시작할 필요가 있다. 그런 다양한 개인들의 경험을 모아서 그 속에서 공통된 주제들을 찾고 그 다음에는 큰 주제에 연결하도록 한다."(325-326)

9) 일반회중에서 성육신적 공동체로

급격한 문화적 변동에서 생존하기 위해 교회가 가져야할 모델은 바로 선교적 교회모델이다. 깁스를 포함한 많은 미래목회 연구가들의 대안이다. 특히 포스트모던적 사고가 지배적인 현대사회에서 교회는 결코 현상유지에 급급해서는 안 되며 철저하게 선교적 공동체로 전환해야 한다는 것이다.(336) 그러나 깁스의 지적에 의하면 서구의 현실 교회는 "복음에 대한 근시안적 생각과 교회론의 빈곤으로 현재의 선교적 도전을 맞을 준비가 되어 있지 못하며"(339), 리더들마저도 "세속적인 문화적 전제들이 얼마만큼 자신의 세계관에 침투하고 있는지에 대해 무관심하다"(339)는 것이다. 교회의 이러한 상황이 지속된다면 교회는 큰 위기에 봉착할 것이다. 그러므로 교회의 리더들은 오늘의 문화적 현상을 예리하게 분석하고 빨리 적절히 대처해야 할 것이다. 깁스는 몇 가지 대안을 제시한다. 첫째는 "주변부에서 일하라"(343)라는 것이다. 서구 교회는 문화와 사회의 중심적 지위에서 이미 주변부로 밀려나 있기 때문이다. 교회는 "이전에 가졌던 사회적 지위를 되찾겠다는 희망을 버리고", "문화 모자이크 속의 한 조각에 불과"하다는 인식을 가지고 "소금과 누룩, 그리고 빛으로 역할을 감당하여 그 모자이크의 다른 조각들을 잇는 다리가 되고 그 속으로 스며드는 조각이 되어야 한다."(347) 둘째는 "각 세대에 맞게 목회하라"(348)는 것이다. 깁스는 서구 교회의 교인들을 건설자 세대, 침묵의 세대, 베이비 붐 세대, x 세대, 밀레니엄 세대로 분류한다.(349-352) 문제는 이런 각 세대들이 교회 안에 혼재하고 있다는 점이다. 교회는 각 세대의 특징에 맞는 목회 모델이 필요하다. 극히 어려운 문제이나 해결해야 할 문제이기도 하다. 셋째는 "공동체 건설로 현대의 제자도 모델을 개발하라"(352)는 것이다. 교회는 과거와 다른 진정한 예수 그리스도의 삶을 본받을 수 있는 "새로운 공동체"를 만들어가야 할 것이다.(356). 넷째는 "사도적 헌신을 시행하라"는 것이다. 사도적 패러다임은 위험을 감수하고 새로운 지역으로 모험을 떠나는 사도적 비전을 가진 패러다임을 의미한다.(357). 그리고 평신도들을 목회와 전도 사역에 참여시키는 패러다임이다.(357) 다섯째는 "비전은 확고하게 전략과 기획은 유연하게"(358) 하라는 것이다. 깁스에 의하면 사람을 감동시키는 비전, 주님의 지상명령으로부터 나온 비전은(359) 확고해야 한다. 그러나 21세기의 교회라면 역동적이어야 하며, 변화를 수용할 줄 알아야 하며, 과거의 실패와 실수에서 배우며, 위험을 감수할 각오가 있어야 한다.(359) 여섯째는 변화의 최전선에 있는 사람들과의 밀접한 연결을 만들라는 것이다.(360) 깁스에 의하면 최전선에 있는 사람들은 "변화의 본질을 가장 신속하고 절실히 깨닫는 사람들"(361)이며, "그 변화가 얼마나 뿌리 깊고 광범위한 것인지를 체감하며, 그것이 교회의 선교에 던지는 의미를 알고"(361) 있는 사람들이다. 이런 최전선에 있는 사람들과의 소통이야말로 미래 목회 성공의 중요한 관건이다. 일곱째는 "초대하는 교회에서 침투하는 교회로"(361) 전환하라는 것이다. 깁스가 제시하는 모델은 선교적 모델이다. 선교적 교회는 바로 외부인을 초대하는데 머무르지 않고 문화의 현장으로 교인들을 침투시키는 교회다.(362) 여덟째는 세상에 뛰어들었을 때 겪을 수밖에 없는, 다양하면서도 혼란스럽고 역설적인 삶의 현장과 함께 사는 법을 배우라(363)는 것이다. 마지막으로, "새로운 패러다임에 적응하라"(365)는 것이다. 깁스가 지적하는 대로, "새로운 패러다임의 교회는 예배의 중심성을 인식하고, 살아계신 하나님과의 만남으로 인한 변화를 강조하는 리더십을 갖추고 있으며", "세상에서의 사명을 위해 하나님의 백성을 준비시키고", "동료지도자를 발탁하여 훈련하고, 지원을 아끼지 않으며, 멘토링에 헌신"되어 있을 뿐만 아니라, "신생 지도자에게 권한을 위임하고 그들에게 기대를 품으며", "상황에 민감하게 반응"할 뿐만 아니라, "문화적 가치와 흐름에 대해 알고 있으며", 무엇보다 "주님이 자신과 함께 하신다는 것과 주님이 제자에게 하신 그 약속을 계속해서 지키신다는 것을 확신하는" 교회이다.(365-366)

4. 스테쳐(Ed Stetzer)의 포스트모던적 모델

문화의 변동의 시기에, 포스트모던 문화로의 이행의 시기에 교회는 어떤 목회가 적절할 것인가? 여기서는 에드 스테쳐의 모델을 소개해보고자 한다.[262] 깁스와 볼저의 이머징 교회의 모델과 매우 유사하나 포스트모던 시대에 다음세대를 위한 교회를 개척하고 목회하는데 중요한 요소들을 포함하고 있어 소개해 본다. 그는 "그의 관찰에 의거하여, 성공적 포스트모던 교회의 가장 빈번한 열 가지 특징"(137)을 잘 표현하고 있다. 그가 소개하는대로 포스트모던 교회 모델의 열 가지 특징을 소개해 보겠다.

첫째 요소는 영성이다137). 스테쳐는 "사람들은 모든 것이 과학과 이성에 의해 설명될 수 있다고 하는 근대의 신념에 점점 피로해졌고, 그래서 신비적인 것, 영성적인 것에 그들의 마음을 열게 되었다"(137)고 분석하면서 시작한

---

262) Ed Stetzer, Planting New Churches in a Postmodern Age, Broadman & Holman Publishers, 2003, 136-156 (이하 Stetzer)를 요약 정리한 것이다. ( )안의 숫자는 이 책의 쪽수를 의미한다.

다. 달리 말하자면 현대인들은 근대의 합리적, 과학적 신념보다는 오히려 영성적인 것에 더 관심이 많고 그들의 지친 마음을 신비적인 것, 영성적인 것에서 위로받는다는 것이다. 그래서 그들은 과거에는 상상할 수 없는 것들, 즉 "점성술, 뉴에이지, 심령학, 초능력, 영교, 환생, UFO, 아프리카 영성"(138) 등에 관심을 쏟기도 한다. 역으로 팝문화, 영화, TV, 음악이 쏟아내는 영성에서 (138) 현대인들은 갈증을 채우려 한다. 이것은 미국만의 현상이 아니라 전 세계적인 현상이다. 그리고 이러한 영성의 추구는 단순히 종교적인 생활에만 국한 되는 것이 아니라 전 삶의 영역에 깊이 침투해 들어와 있다. 이런 현상이 결코 성서적이거나 기독교적인 것은 아니다. 그래서 무엇보다 복음적 세계관에 맞지 않은 생각과 신념을 주의하여야 한다.(138). 그러나 실망할 필요는 없다. 오히려 교회는 그들의 영적 갈증에 접근하여 기독교적인 영성을 심어줄 수 있는 기회가 생기기 때문이다. 그래서 스테쳐는 문화적 접근을 시도했던 바울의 방법을 소개한다. 그가 분석한 바울의 방법은 "1. 실재에 대한 아테네 사람들의 입장을 먼저 이해하였다. 2. 그는 그 이면의 영적 관심을 이해하였다. 3. 그는 그들의 세계관 안에 있던 긍정적 관점을 찾았다. 4. 그리스도 안에서 참된 성취를 발견할 수 있도록 그들을 격려하였다."(138). 모던 시대는 과학과 이성의 시대였으므로 종교와 문화, 신앙과 세속이 서로 대화하기가 힘들었던 것이 사실이다. 그러나 스테쳐의 주장에 의하면 오히려 포스트모던인들은 다르다는 것이다. 포스트모던적 영성이 "광범위하게 퍼져있고", "포스트모던인들은 삶의 모든 영역에 적용할 수 있는 영성을 원하고," "무엇보다 진정성 있는 영성을 원하기" 때문에(139), 오히려 근대보다 기독교적 영성을 전달해 주기가 쉽다고 생각한다. 그러므로 영성의 시대에 교회가 포스트모던 사고에 젖어 있는 사람들에게 접근하고자 한다면, "성경과 교회의 전통에 풍부하게 들어 있는 성서적이며 기독교적인 영성을 그들에게 보여줄 필요가 있을 것이다" (140).

둘째는 문화에 참여하는 성육신적 목회다(140). "포스트모던인들은 권위와 권위구조를 싫어한다."(140) 그들은 진솔한 사람들로부터 오는 진정성을 더 좋아한다(140). 그들은 교리적인 설명이 아니라, "존경받고 신뢰받는 사람들의 행위를 통하여 그리스도를 받아들이려 한다."(140)그러므로 포스트모던 사람들을 얻기 위해서는 교회가 먼저 그들에게 들어가 그들에 예수 그리스도의 삶을 보여 주어야 한다 (141). 그들의 문화 속으로 들어가야 한다. 우리는 "그들 가운데 살아야 하며, 그들의 언어를 배워야 하며, 그들과의 관계를 맺어 나가야 하며, 그리스도의 메시지를 그들에게 전달하기 위하여 그들의 문화로부터 수용할 수 있는 구속적인 유비들이 어떤 것이 있는지 발견하기 위해 애써야 한다."263) 그들은 "앉아서 '우리에게 오라'는 식의 전도는 받아들이지 않는다. 그들에게 다가가는 것은 주말행사나 새로운 프로그램 이상을 의미한다. 그들을 향한 전도는 매일 매일의 노력이다. 그들은 기독교에 대해 들으려고 하지 않는다. 무슨 행동을 하는지 보려고 한다. 전도는 예수 타입의 방법을 수용해야 한다. 그들을 얻기 위해서는 그들에게 다가가야 한다. 우리는 그들과 이웃하여 살아야 하고, 커피숍에서 커피를 마시며, 상점에서 물건을 사고, 식당에서 같이 밥을 먹어야 한다. 그들에게 있어서 그리스도인이 되는 것은 주일날만으로는 불가능하며 삶의 방식으로 드러나야 한다."(141). 이것이 그들을 얻을 수 있는 방법이다. 이것을 스테쳐는 "성육신적 목회"(140)라고 부른다.

셋째는 봉사에 참여하는 것이다 (141). 스테쳐에 의하면, 포스트모던인들은 교회가 봉사의 삶을 보여주기를 원하며, 그들 스스로도 봉사에 참여하기를 즐겨한다(141ff). 그는 레너드 스윗의 말을 빌려 다음과 같이 말한다. "그들은 상호 참여하여 활동할 수 없는 어떤 것에는 별로 관심을 보이지 않는다. 단순히 무언가를 소유하고 즐기는 것으로 만족하지 않고 (…) 그 무언가를 생산하

---

263) Stetzer, 140에서 재인용.

는데 직접 참여하고 싶어 한다. 이것이 수동성에서 상호간의 활동으로의 문화적 변동이다."(142). 신앙생활이나 전도에 있어서도 마찬가지다. 그들은 신앙이 말로 끝나는 것이 아니라 봉사를 가져온다는 것을 보고나서야 신앙의 진정성을 믿게 된다는 것이다.(142). 그러므로 교회는 봉사하고 섬겨야 한다. 이것이 오늘날 필요한 전도의 한 방식이다. 교회는 전도 그룹보다 봉사 그룹을 만들고 훈련시키고 파송하여야 한다. 이것이 좀 더 효과적인 전도 방식이다. 특히 젊은 세대들에게 접근하려면 그들의 욕구인 "선교현장으로의 부르심의 욕구", "다른 사람들과의 관계를 세우려는 욕구", "시간과 돈과 에너지의 현명한 청지기에 대한 도전의 욕구", "복음의 공유에 대한 욕구", "세계의 빈곤에 대한 대처 욕구" 등을 확인할 필요가 있다(143).

스테쳐가 지적하는 포스트모던 시대에 필요한 네 번째 목회 요소는 체험적 예배다((143). 포스트모더니즘에 젖어 있는 현대인들은 모든 것에 직접 참여하기를 원하기 때문에, 단순히 관객으로 앉아 있는 것에 만족하지 못하고, 학습과정에 참여하기를 원한다(144). 예배에 있어서도 마찬가지다. 그들은 "하나님을 느끼고, 만지고 맛보고 듣고 냄새 맡기를 원한다." (144). 스테쳐는 레너드 스윗의 말을 빌려 포스트모던인들의 예배의 특성을 다음과 같이 말한다. "몇 몇 새로운 형식의 교회들은 포스트모던 세대는 대안문화적인 고대 교회의 예배에 반응하고 있음을 찾아냈다. 그것은 베이비부머 세대에 지배적이던 소비자-친화적 현대(contemporary) 예배와는 전혀 다르다."[264] 스테쳐에 의하면 이러한 "역동적 예배 공동체는, 영적이면서도 어떻게 성령과 관계를 가져야 하는지 그 방법을 모르는, 그러나 그 방법을 알고자 하는 세대에는 강력한 변증이 된다."(144). 그러므로 "깊이 있는 성서적 예배를 만들어야 한다. 신자들은 지금도 현존하시는 하나님을 예배하는 데 초점을 맞춰야 한다. 동시에 불신자들은 그런 예배가 주는 기쁨을 맛볼 것이다."(144). 이런 예배의 모

---

264) Ed Stetzer, Planting New Churches in a Postmodern Age, 144.

범은 아마 고대 동방교회의 예배일 것이다. "동방교회의 예배는 하늘 하나님의 보좌에서 드려지는 영원한 예전에 참여하는 것"(145)을 의미하며, "천상의 현실의 지상적 형태이며, 상징이며, 이미지이기"(145) 때문이다. 이러한 예배는 오늘날 포스트모던인들에게 매우 중요한 의미를 던져줄 수 있는 예배이다. 단순히 예배의 관객으로서 앉아 있는 것이 아니라 하나님의 현존을 느끼며, 그리스도를 알게 하며, 하나님께 열려져 있는 예배, 그래서 함께 참여할 수 있는 예배, 곧 이 예배는 매우 중요한 전도가 될 수 있다(145). 그러므로 교회는 이러한 예배를 만들기 위해 최선을 다해야 한다.

다섯 번째 요소는 내러티브 강해 설교이다(145). 포스트모던 세대에 사역의 초점을 맞추고 있는 교회의 트렌드는 설교스타일의 변화라고 스테쳐는 지적한다. "그들은 서신서보다 복음서를 더 선호하는 경향이 있다. 왜냐하면 그들은 스토리의 능력을 소중히 여기기 때문이다"(145). 권위적 성격의 교리적 명제적 선언보다는 스토리를 더 선호하고, 논리보다 감성적인 것에 몰입하는 하는 것이 젊은 세대들의 일반적 경향이다. 스토리 형식의 예수 이야기인 복음서를 더 선호하는 경향은 그들에게 있어서는 당연한 일일지도 모른다. 그래서 스테쳐는 복음이 오늘 이 시대에 전달되려면 예수 이야기에 집중해야 한다고 본다. 왜냐하면 예수의 "삶은 에세이나 교리나 설교가 아니라 스토리였고", "고대교회의 메시지도 스토리 중심적"(146)이었기 때문이다. 그러므로 포스트모던 시대에 교회를 세우고 젊은 세대들에게 다가가기 위해서는 내러티브 설교가 필수적이라고 스테쳐는 보고 있는 것이다. 그러나 놓치지 말아야 할 것은 "설교는 하나님의 말씀의 설교이지 의미 있는 이야기를 하는 것이 아니라는 점이다. 그러므로 설교는 내러티브적이면서 동시에 성서적이어야 한다"(146). 그러나 이것이 성서의 이야기를 있는 그대로 반복하는 것이어서는 안 된다. 청중들의 오늘의 상황에 맞게 해석하고 적용하는 것이 당연히 필요하다(146).

여섯 번째, 고대교회의 예식과 실천의 회복이다(146f). 포스트모던 세대가 모든 전통의 권위를 부정하는 것은 아니다. 그들은 오히려 역사 속에 뿌리박힌 "고대-미래 신앙"에 끌리는 경향이 있다(146). 위에서도 이미 언급한 바 있지만 그들은 고대의 예배를 현대적으로 재해석하여 시행하고 참여하는 경향이 있다. 이것은 다른 예식이나 실천에 있어서도 마찬가지다. 그래서 그들은 그레고리안 찬트나 켈틱 기독교나 고대의 예술 등을 선호하며(146), 성스러운 상징들, 공유된 독솔로지를 가진 고대의 체험적 신앙의 회복을 갈구한다(147). 고대의 전통들은 여전히 초월자의 신비와 체험적 영성을 유지하고 있기 때문이다. 이런 관점에서 본다면 과학과 이성의 합리주의로 인해 처절한 고통을 맞보았던 교회는 신비와 영성과 불합리와 초월성을 인정하는 포스트모던 시대는 위기라기보다는 이를 적절히 이용한다면 오히려 기독교의 기회라고 볼 수 있다. 포스트모던인들은 "그들의 삶 속에서 그리스도를 경험하고 나서야 믿는 세대들이다. 촛불, 찬송, 다른 고대 예배 형식들은 포스트모던인들이 오늘날의 주관성과는 반대로 흐르고 있는 메타담론으로 들어가는 안전한 장소이다."[265]

일곱째 요소는 시각적 예배이다(148). 포스트모던 시대는 이미지의 시대다. "진리 역시 이미지로 표현되는 시대다."(148) "포스트모던인들은 즐길 것을 찾는 세대가 아니라 참여할 것을 찾는다. 창의성이 없는 강당에서, 부족함 없는 전문예배 리더들에 의해 인도되는 예배는 포스트모던에 물든 사람들에게는 아무런 호소력이 없을 것이다."(148) 이미지와 경험의 시대, 이 시대에 진리에 접근하는데 필요한 도구는 미술이다. 교회는 원래 미술의 주 후원자였다 (148). 우리가 진실로 다감적이고 체험적인 예배를 만들기 위해서는 교회미술의 르네상스가 필요하다.

여덟 번째 요소는 첨단 기술과의 연계다(148f). 스테쳐에 의하면 "첨단 기

---

265) Stetzer, 147.

술, 첨단 매체는 포스트모던 문화에서는 더 이상 옵션이 아니다. 그것은 문화의 일부이다." (148). 포스트모던 세대에 접근하고자 하는 새로운 교회들은 첨단 기술들을 사용하는 것이 효과적일 것이다. 이런 매체들은 대체로 예배와 전도와 공동체를 위해 사용되고 있는 것을 볼 수 있다(148). 물론 매체 사용의 단점들도 있겠으나 이제는 대세가 되어 버린 것도 또한 현실이다. 스테쳐는 샌프란시스코에 있는 코너스톤 교회의 웹사이트에 있는 설명을 인용한다. "강력하고도 다감적 예배 경험을 만들어내기 위하여 음악과 미디어와 메시지가 함께 융합되어 있다. 이 체험의 핵심에는 예수 그리스도의 삶의 변화시키는 현실이 있다. 그가 살아있기 때문에 우리가 또한 살아있다. 그래서 코너스톤은 예수 그리스도의 복음을 매우 창조적이고도 독특한 방식으로 나누는데 헌신하고 있다."(149) 전도를 위해서도 마찬가지다. "지금 현재 비기독교적인 영성을 위한 인터넷 사이트들이 엄청나게 열려 있다. 교회는 사이버 세계에 깊은 관심을 가져야 한다. 이러한 새로운 전선을 진지하게 고려하는 교회가 포스트모던 세상에서도 살아남을 것이다."(149). 공동체를 만들어 가는 데 있어서도 기술은 매우 유용하다. 스테쳐에 의하면 이미 "몇몇 교회들이 공동체를 함양하기 위하여 기술을 매우 많이 사용하고 있다. 공동체를 위해 인터넷을 사용하는 대부분의 교회들은 개인간의 상호소통을 대체하려는 의도에서가 아니라 오히려 개인의 상호교류를 강화하기 위해 그렇게 하는 것이다."(149).

아홉째, 다음세대를 위한 미래목회의 또 하나의 중요한 요소가 공동체의 활성화, 즉 살아있는 친교를 만드는 것이다(150.) 이미 위에서 본대로 모던 시대의 특징이 개인주의라면 포스트모던 시대의 특징은 공동체이다. 스테쳐에 의하면 "공동체는 모든 포스트모던 공동체들의 핵심 가치이다."(150) 스테쳐는 포스트모던인들의 이러한 특징이 교회에 좋은 기회를 제공해 준다고 본다. 왜냐하면 "공동체는 선교의 핵심이기 때문이다."(150) 그러므로 포스트모던 세대들을 복음화하기 위해서는 그들에게 참된 그리스도의 공동체의 모습을 보여주어야 한다(150). 스테쳐는 교회를 관계의 공동체이며, 믿음의 공동체이고, 사랑의 공동체로 정의한다. (150-152). 그에 의하면 이런 공동체야말로 "포스트모던인들로 하여금 메타내러티브에 참여하게 하며", "사회가 기독교 국가에 갖는 오해를 깨뜨릴 수 있다"(152)는 것이다.

열 번째의 요소는 솔직 투명한 리더십, 팀으로 작동하는 리더십이다(152). 포스트모던 리더십은 모던 리더십과는 상당히 다르다. 포스트모던 리더십의 덕목은 바로 솔직함이다. 스테쳐는 바울에게서 솔직함의 리더십을 발견한다(152-153). 바울은 자신의 편지를 읽는 사람들에게 자신의 약점과 아픔과 가시를 고백하고 있다. 그는 그것을 보여주는 것을 두려워하지 않는다. 바울은 "상처받은 치유자"의 리더십을 잘 발휘한 리더(152)인 것이다. 포스트모던 세대를 얻고 싶은가? 솔직하라. 이것이 스테쳐가 제시하는 처방이다. 스테쳐가 제시하는 또 하나의 포스트모던 리더십의 유형은 팀 리더십(153), "팀기반 리더십"(team-based leadership)이다(153). 교회가 진정으로 포스트모던 세대를 얻기 위해서는 리더십에 대한 새로운 관점을 가져야 한다. 그것은 바로 다른 사람들을 설득하고 격려하고 권한을 부여하는 리더십니다.

5. 포스트모던 디지털감성시대에 직면한 한국교회

지금 사회는 어떻게 변해가고 있으며, 미래 세계는 어떻게 될 것인가? 이 책의 곳곳에 등장하는 필자의 거듭된 물음이다. 교회는 이 문제에 민감해야 한다. 그렇지 않고서 어떻게 미래에도 생존할 수 있겠는가? 수많은 연구서들이 미래 세계를 이렇게 저렇게 예측하고 있다. 동감이 되는 바가 있는가? 동감이 된다면 그것은 미래의 이야기가 아니라 지금의 이야기다. 이미 그런 사회가 되고 있다는 것을 의미한다. 롤프 옌센은 "드림 소사이어티"266)라는 책에

266) Rolf Jensen, The Dream Society: How the Coming Shift Information to Imagination will

서 감성욕구를 자극하는 여섯 개의 시장을 설파했다. 1. 모험판매의 시장, 2. 연대감, 친밀감, 우정과 사랑을 위한 시장, 3. 관심의 시장, 4. '나는 누구인가'의 시장, 5. 마음의 평온을 위한 시장, 6. 신념을 위한 시장이 그것이다. 이것은 단순히 시장의 변화만을 말하는 것이 아니다. 사회가 이렇게 되어 갈 것이라는 것이다. 과학과 기술과 이성에 의해 어느 정도 물질적인 풍요를 누리는 이 사회 속에서 미래는 무엇을 추구하는 사회가 될 것인가? 옌센의 대답은 바로 1. 모험을 판매하는 사회, 2. 사랑과 연대감에 헌신하는 사회, 3. 관심의 사회, 4. 자신의 정체성을 드러내며 파는 사회, 5. 안정된 가치관, 마음의 평온을 필요로 하는 사회, 6.단순한 이익만이 아닌 신념을 팔고 추구하는 사회가 될 것이라는 것이다.

세계적인 석학인 다니엘 핑크(Daniel Pink)는 미래는 하이컨셉-하이터치의 시대라고 진단한다.[267] 인류의 지난 150년 세월의 제 1막이 산업화시대, 제 2막이 정보화시대였다면 제 3막은 하이컨셉의 시대, 즉 개념과 감성의 시대가 도래하고 있다는 것이다. "하이컨셉은 예술적 · 감성적 아름다움을 창조하는 능력을 말한다. 이는 트렌드와 기회를 감지하는 능력, 훌륭한 스토리를 만들어내는 능력, 언뜻 관계가 없어 보이는 아이디어들을 결합해 뛰어난 발명품으로 만들어내는 능력이다. 하이터치는 간단하게 말하자면 공감을 이끌어내는 능력이다. 인간관계의 미묘한 감정을 이해하는 능력, 한 사람의 개성에서 다른 사람을 즐겁게 해주는 요소를 도출해 내는 능력, 평범함 일상에서 목표와 의미를 이끌어 내는 능력이다."[268] 이러한 새로운 시대에 적응하기 위해서는 어떤 요건과 인재가 필요한가? 핑크는 다음 여섯 가지를 제시한다. 1. 하이컨셉 시대의 핵심 능력인 디자인(기능만으로는 안된다), 2. 소비자를 움직이는 제 3의 감성인 스토리(단순한 주장만으로는 안 된다), 3. 경계를 넘나드

Transform your Business, 서정환 옮김, 『드림 소사이어티』, 리드리드 출판사, 2005.
267) Daniel Pink, A Whole New Mind, 김명철 역, 『새로운 미래가 온다』, 한국경제신문, 2006.
268) 위의 책, 79f.

는 창의성의 원천인 조화(집중과 전문화만으로는 안 된다), 4. 디자인의 필수
요소인 공감(논리만으로는 안된다), 5. 마음의 여유의 표현인 놀이(진지한 것
만으로는 안된다), 6. 우리를 살아있게 하는 원동력인 의미(물질의 축척만으
로는 부족하다)가 그것이다(그의 책, 2장). 핑크에 의하면 이런 여섯 가지의
조건을 갖춘 자가 성공할 수 있으며 미래를 지배할 것이라는 것이다.

　뉴욕 빈민가 출신의, 스타벅스 최고 경영자 하워드 슐츠는 인간 중심의 감
성경영으로 성공한 감성경영자이다. 그는 무엇보다도 지금 이 세대가 감성의
세대임을 간파하고 제품과 가격과 유통과 판촉을 모두 감성 중심적으로 변화
시켜 스타벅스를 경영하였다. 점심값보다 비싼 커피, 이것이 성공한 것은 바
로 감성 때문이다. 감성세대는 오감으로 커피를 마신다. 스타벅스의 마케팅
전략을 몇 가지 소개해 본다. "브랜드 이미지를 팔아라, 문화적 욕구를 충족시
켜라, 체험하게 하라, 향이 나게 하라, 눈을 즐겁게 하라, 촉감으로 느끼게 하
라, 음악이 흐르게 하라, 현지 문화를 존중하라, 문화 마케팅을 연구하라, 공
익 마케팅을 연구하라, 디지털 세대를 붙잡아라." 등 (…) 스타벅스를 연구한
국내 마케팅 저서는 이런 원리들을 77가지나 제시하고 있다.[269] 스타벅스가
이렇게 하는 이유가 무엇인가? 지금은 감성의 시대이며 오감으로 느끼는 시대
이며 체험을 중요시하는 시대가 되었기 때문이다. 그들의 고객은 이미 감성
세대이기 때문이다. 교회는 이들 세대에 민감해야 한다. 사회에서 감성세대인
자들이 교회에 올 때는 아날로그 시대, 합리주의적 세대로 바뀌어 오지 않는
다. 사회에서 감성세대인 자들은 교회에서도 감성세대이다.

　시대가 변하고 있다. 과거와는 급격히 다른 사회가 되어가고 있다. 이것은
위에서 소개한 모던 사회에서 포스트모던 사회로의 변화와 맞물려 있다. 여기
서 필자에게 떠오르는 중요한 질문은 "이러한 급변하는 사회 속에서, 우리의
청중들이 변하고 전도의 대상인 그들이 변하고, 교회공동체로 들어오게 해야

---

269) 김영한, 임희정, 『스타벅스 감성마케팅』 넥서스 북스, 2004.

할 잠재적 교인들이 지금 변하고 있는데 과연 교회는 무엇을 준비하고 있는가"하는 것이다. 스스로 변하지 않으면 변화되고 말 것이다. 교회는 정말 전심전력으로 사회의 변화를 통찰하고 그에 대한 적절한 대응이 필요하다. 과거에 안주해서는 안 된다.

이렇게 변하는 시대에 대안이 될 수 있는 몇 가지 모델들을 살펴보았다. 여러 모델 속에서도 공통적으로 발견할 수 있는 것은 선교이며, 열린 리더십이며, 기독교적 영성의 회복이며, 체험적/오감적 예배이며, 참여적 공동체이며, 이야기이며, 사회봉사이며, 오늘의/내일의 문화이해이다. 고대 전통의 회복도 중요하며, 체험적 예전도 중요하다. 이런 모든 것들에서 포스트모던 시대에 맞는 변화가 일어날 때 교회는 여전히 이 시대에 필요한 하나님의 도구가 될 것이다. 그럼에도 사회의 변화를 중요시한 나머지 변화의 격랑에 휩쓸려서는 안 된다. 그리고 한 모델이 성공한 모델이라고 해서 무조건 따라 하려는 것도 바른 자세는 아니다. 레너드 스윗은 오늘날 이렇게 험난한 시대에 무조건 다른 "잘되는 교회"처럼 되려고 하는 것에 우려를 표한다. "윌로우크릭 같은 교회를 보며 '우리도 저렇게 되어야 하는데'라고 하는 말을 들으면 나는 새삼 놀란다. 세상에 윌로우크릭 같은 교회는 단 하나뿐이다. 복잡한 사명체계에 대해 어떤 단순한 공식을 찾는 것을 잘못이라고 할 수는 없지만 단지 또 다른 평범함을 낳을 뿐이다. 한 사람이 품었던 계획이 다른 사람에게는 해가 될 수 있다."[270] 우리는 이것을 명심해야 할 것이다. 그러면서 그는 이어 "포스트모던 문화의 급류 속에서 당신이 섬기는 교회를 항해해 나가려면 다른 사람이 그려놓은 지도일랑 잊어버려라. 지도제작의 원리 자체가 변했기 때문에 다시금 스스로 지도를 만든다 해도 소용이 없다. 하나님이 원하시는 대로 교회를 운행하기 위해 리더에게 필요한 것은 문제를 벗어나 해결책에 도달할 수

---

270) Leonard Sweet, Aquachurch, 김영래 역,『모던 시대의 교회는 가라. 포스트모던 시대의 교회리더십기술』, 좋은씨앗, 2007, 28,

있게 해주는 향해 기술이다"271)라고 말한다. 이 변화의 시대에 자신의 모델을 개발할 수 있어야 한다.

이 글에서 소개한 교회와 목회 모델들은 미래 문제에 깊이 고민하고 현재의 교회의 위기적 상황을 헤쳐 나가려고 한 하나의 대안교회운동이다. 이머징교회뿐 아니라 오늘날 새롭게 등장하고 있는 여러 다른 대안교회 운동, 새롭게 갱신하려는 기성교회의 목회와 교회들을 깊이 연구해 본다면 앞으로 한국교회가 나갈 방향을 어느 정도는 안내받을 수 있다고 생각한다. 그러나 다시한 번 명심할 것은 위에서 소개한 모든 모델은 하나의 제안일 뿐이지 모든 교회에 해당되는 모범답안이 아니라는 점이다. 무엇보다도 필요한 것은 시대의 변화를 초월하는 복음에 대한 열정이다. 아무리 좋은 마케팅 전략으로 무장되어 있고, 현대식 예배를 드린다하더라도 선교 없이는 결코 교회는 성장할 수 없으며 존재할 수도 없다. 이 글이 다음 세대를 염려하고 미래 교회가 어떻게 가야할 것인가에 대한 답을 찾으려는 모든 이들에게 하나의 힌트가 될 수 있기를 바라는 마음뿐이다.

---

271) 위의 책, 29.

제13장 교회의 성장과 건강을 위한 교회의 과제

1. 교회의 정체와 쇠퇴를 합리화하는 신화와 사상들.

필자는 지금까지 새로운 방식의 선교, 즉 삶을 통한 선교, 문화에의 성육신적 참여, 상황적, 관계적 교회론, 가상교회, 교회가 아닌 하나님이 하나님 나라를 만들어 가시는 주체임을 의미하는 하나님의 선교에 기초한 교회론, 주일만이 아닌 매일 그리스도인답게 살기, 즉 일상의 그리스도인 되기 등을 이야기해 왔다. 이것들은 한결같이 한국교회와 그리스도인들이 오늘 이 시대에 새롭게 추구해야 할 방향이다. 그러나 새로운 방향과 시도에 몰입한 나머지 한국교회를 성장시킨 교회의 전통적 가치와 신념을 폐기해서는 안 될 것이다. 예를 들어 전도, 선교, 예배, 주일성수, 교회의 중요성과 같은 것들이다. 그래서 여기서는 새로운 교회론을 탐색하면서 교회 성장을 은연중에 저해하며 오히려 교회의 위기와 정체를 초래하거나 합리화시킬 뿐만 아니라 교회 자체를 경시하게 할 수도 있는 몇 가지 생각과 주장들을 끄집어 내 보려한다.

첫째, 성장이냐, 건강이냐의 이분법이다. 요즘 교회 성장이란 말을 듣기가 어려워졌다. 그 많은 교회성장 세미나라는 명칭도 사라지고 있다. 그 만큼 그 말을 부정적으로 생각한다는 반증이다. 교회성장을 이야기하면 마치 상업주의, 자본주의, 혹은 긍정적 사고나 번영신학에 물든 목회자로 비판받기 십상이다. 건강하지 못한 교회를 건강하지 못한 방법으로 시도하려는 목회자로 오해받기 딱 알맞다. 마치 〈양이냐, 질이냐〉를 이분법적으로 생각하는 것처럼 말이다. 양이냐 질이냐를 대립적으로 이해하는 것이 잘못된 것처럼, 성장이냐 건강이냐를 모순된 개념으로 생각하는 것도 잘못이다. 도대체 왜 이 둘을 대립적으로 분리시켜 생각하는가? 캘리포니아 베이사이드 교회의 존스턴(Ray

Johnston) 목사는 〈하나님 크기의 교회〉라는 책의 서두에서 어느 목사와의 대화를 소개한다. 그 잭슨(J.JACKSON)이 저술한 목사는 "우리는 메가처치를 세우려고 하지 않을 것입니다. 우리는 건강한 교회를 세우고 싶습니다"라고 했다는 것이다. 그래서 존스턴 목사는 스스로에게 "성장과 건강이 언제 서로 배타적이 되었지? 교회는 성장하면서 동시에 건강하면 안 되는 것인가?" 하고 반문했다고 한다.272)

이것은 한국교회도 비슷한 양상이다. 대부분 건강한 교회, 작은 교회, 가정교회를 세우려한다면 진정한 목회자, 그리스도를 닮는 목회자로, 성장을 추구하면 별로 성경적이지 못한 목회자, 심리학이나 맘모니즘에 사로잡힌 성공지상주의자로 치부되곤 한다. 그런 두려움 때문인지, 〈성장을 넘어 성장으로〉, 〈성경적 교회 성장〉, 〈장기적 성장〉이라는 말을 만들기도 한다. 〈교회 갱신〉, 〈교회의 변화와 변혁〉, 〈교회의 재창조〉, 〈새로운 교회의 추구〉, 〈교회의 건강〉이라는 책들이 수없이 쏟아져 나온다. 성장이라는 단어들을 사용하지 않은 저술들이다. 그러나 그 모든 책들의 서문이나 첫 장은 교회의 정체, 교회의 쇠퇴를 탄식하며 걱정하는 말들로 시작한다. 앞에서 소개한 잭슨의 책은 다음 질문으로 서두를 시작한다. "왜 인구성장률이 교회의 성장률을 훨씬 앞지르는가? 왜 개신교의 87퍼센트가 정체되어 있거나 쇠퇴하고 있는가? 왜 전체 교회의 50퍼센트가 2000년에 한명의 새로운 회심교인도 얻지 못했는가? 교회는 왜 십대를 잃어버리고 있는가? 왜 그 많은 그리스도인들이 십일조는 안내면서 팁은 주는가? 많은 미국교회들이 문을 닫는데, 왜 사회공동체는 교회가 사라지고 있음을 결코 인식하지 못하고 있는가, 왜 많은 목사들은 주눅 들어 있는가?"273)

21세기 새로운 교회 모델을 제시하는 멜퍼스는 교회가 변해야할 이유를

---

272) John Jackson, God-Size Your Church: Beyond Growth for Growth's Sake, Nashville: Abingdon Press, 2008, ix.

273) John Jackson, ix.

교회의 정체와 쇠퇴에서 찾고 있다. 이처럼 교회 건강을 말하는 많은 목회자들과 컨설턴트들이 교회의 위기, 교회의 정체, 교회의 쇠락을 그 동기로 삼고 있다는 것은, 결국 그들이 어떤 대안과 해답을 제시하든 결국 "교회는 성장해야 한다"는 생각이 그들을 지배하고 있기 때문이다. 물론 당연히 교회의 성장이 설교나 목회나 교육의 목표가 되어서는 안 된다. 그것은 하나님 나라와 하나님의 구원 사역에 대한 열정의 과정이고 결과일 뿐이다. 그러나 이것이 성장을 죄악시해도 된다는 말은 아니다. 이제 한국교회는 성장을 말해야 한다. 교회가 위기라면, 교회가 정체되어 있거나 쇠퇴하고 있다면, 이제 성장을 추구해야 한다. 그러면 건강을 말해야 할 것이고, 건강은 곧 성장을 가져올 것이다. 건강한 성장은 잘못된 용어가 아니다. 건강한 성장을 추구하는 것이 복음의 본질을 왜곡하거나 교회의 본질을 경시하는 것은 아니다. 존스턴의 말을 다시 한 번 되새기면서 말을 맺는다. "성장과 건강이 언제부터 반대되는 말이 되었지? 교회는 건강하면서 동시에 성장하고, 성장하면서 건강하면 안 되나?"

둘째는 "전도는 어렵다"는 생각이다. 지금 한국교회에는 패배주의적 유령이 떠돌고 있다. 그것은 바로 전도가 안 되고 개척이 어려우며 성장이 불가능하므로 현상유지만 해도 성공이라는 신화다. 전도가 힘들고 개척이 힘든 것은 사실이다. 하루에도 몇 개의 교회가 사라지고 넘어지고 있다는 이야기를 많이 듣는다. 문제는 전도가 힘들다는 것에 있는 것이 아니라, 전도가 힘들다는 것을 신화처럼 받들어 전도하지 않는 것이 문제다. 과거에는 길거리에, 가가호호에 전도자들이 넘쳐났다. 열정과 사명감을 가지고 복음을 전했다. 필자의 어렸을 때를 회고해 보건데 예배드리는 시간 이외의 교회활동은 주로 전도였다. 집집마다 전도지를 뿌렸고, 북치고 찬송 부르며 예수 믿으라고 외치면서 거리를 활보했다. 심지어는 무당에게도 예수 믿으라고 외쳤다. 그것을 우리는 우리에게 주어진 이 시대의 마지막 사명으로 알았다. 전도방식이 옳았는지, 그렇게 해서 몇 명이나 그리스도인이 되었는지는 모르나 전혀 부끄럽지 않았다. 사람들의 비난과 조롱을 오히려 기쁘게 생각했다. 주를 위해 당하는 고난이라 생각했기 때문이다. 그러나 오늘날은 어떤가. 전도의 열정이 식은 것은 말할 것도 없고 "전도는 왜하느냐, 우리끼리 그냥 좋은데"라고 공공연히 말하는 교인도 있고, 열차에서 거리에서 전도하는 사람들을 보며 비웃는 그리스도인들도 있다. 과학 만능의 시대에, 인터넷과 SNS 시대에, 그리고 제 4차 혁명을 운운하는 시대에 저렇게 옛 방식으로 전도해서 효과가 있겠는가 하고 말이다. 사실 그렇다. 얼마나 효과가 있는지, 혹 기독교의 이미지를 오히려 더 깎아내리는 것이 아닌지 의문이 들 때가 있다. 하지만 전도방식이 문제라며 자신은 전도하지 않는 것이 더 문제다. 어떤 경우에도 전도하지 않으면 교회는 성장하지 않는다. 최근 일상에서 자신의 삶으로 하나님을 보여주는 것이 최상의 전도 방식이라는 개념이 대두되었다. 전적으로 동의한다. 이것이야말로 현대 비그리스도인들이 교회와 그리스도인들에게 원하는 매우 효과적이고 중요한 전도방식이자 선교개념이다. 하지만 그것이야말로 어려운 전도방식이다. 자신의 삶으로 하나님의 살아계심과 하나님 나라의 삶을 보여줄 수 있는 사람이 얼마나 있겠는가. 그러므로 아날로그 방식의 말로 하는 전도, 교회로 이끄는 전도도 필요하다. 세상으로 뛰어 들어가든, 그들을 끌고 나오든 복음은 전해야 한다. 전도는 말로 하는 것이 아니라 삶으로 하는 것이라고 하는 성육신적 선교가 자칫 전도하지 않는 것을 합리화하는 방향으로 가서는 안 될 것이다.

셋째는 소위 가나안 교회(?)도 교회로 인정해야 한다는 발상이다. 어떤 이유로든 교회에 나갈 이유를 찾지 못하고 있는 자들을 속칭 가나안 교회라고 지칭한다. 교회는 근본적으로 모일 때 교회이다. 신약학자 제임스 던(James D.G. Dunn)이 강조했듯이 바울은 "그리스도인들이 교회로서 함께 모여서 교회가 된다고 생각했다."[274] "신자들은 고립된 개개인들로서는 하나님의 교회

---

274) James Dunn, The Theology of Paul the Apostle, 박문재 역, 『바울신학』, 크리스찬다이제

역할을 할 수 없었다. 신자들이 예배를 위하여, 서로를 붙들어 주기 위하여 함께 모일 때에야, 비로소 그들은 하나님의 회중의 역할을 할 수 있었다."275) 종종 세상 속에 사는 그리스도인을 흩어지는 교회라고 하지만 그것은 모이는 교회를 전제로 하고서야 가능하다. 모이는 공동체 없이 흩어지는 것 자체가 성립하기 어렵기 때문이다. 여기서 한 가지 염려는 소위 가나안 교인들을 교회로 인정해야 한다는 분위기가 기독교계 내에서 등장하고 있다는 점이다. 일견 교회에 소속하지 않은 교인을 인정해주는 것처럼 보이나 결국은 교회를 약화시키고 무력화시키는 것에 일조할 뿐이다. 교회에 실망했다는 것 때문에 교회로부터 벗어난다면 그것은 신앙의 소속감을 상실하는 것일 뿐만 아니라 교회의 본질을 이해하지 못하는 것이 될 것이며, 지금까지 무엇 때문에, 무엇을 얻기 위해, 누구를 바라보고, 누구 때문에 교회에 소속해 있었는가 하는 질문에 답하기 어려울 것이다. 현실적으로 교회의 개혁은 더욱 멀어질 것이고 결국 절망만 남을 것이다. 사실상 교회도 인간의 모임과 제도이기 때문에 오류나 잘못이 없을 수 없다.

그럼에도 교회는 교회다. 이 책의 서두에서 밝힌 대로 부패와 분열과 타락과 오해와 불신으로 뒤덮여 있는 고린도 교회를 바울은 그럼에도 하나님의 교회라고 칭하지 않았는가. 이미 교회의 모체가 되는 예수의 제자 공동체에도 가룟 유다는 존재했으며, 지상왕국의 자리를 탐하는 야고보와 요한이 있었으며, 예수를 사랑하면서도 배신하고 실패했던 모순투성이인 베드로가 있었는가 하면, 합리적 실증주의자인 회의주의자 도마도 있었지 않은가. 모델적 교회라고 알려져 있는 초대교회에도 분란과 속임과 분열과 편견이 있었지 않은가. 그럼에도 성경에는 모이기를 힘쓰라고 명할지언정 소위 가나안 교인을 합리화시키는 감언(甘言)과 교언(巧言)은 존재하지 않는다고 나는 믿는다. 어디

스트, 2003, 724f.
275) 위의 책, 725.

서든 모여야 한다. 직장에서 모이든, 가정에서 모이든, 특정 공간이든, 사이버 공간에서 모이든, 온라인으로 연결하든, 어디서든 모여야 한다. 기성제도가 싫다면 대안 공간이든 대안모임이든 대안 제도이든 새로운 건강한 모임들이 만들어져 한다. 사람을 보지 말고 오로지 주님의 이름으로 모여야 한다. 모여 주님의 이름으로 예배를 드려야 교회다. 한국교회가 쇠락하여 결국 사라진다면 그 책임이 가나안 교인과 그것을 합리화시킨 자들에게 책임이 전혀 없다고 할 수는 없을 것이다. 손을 씻으며 예수의 피에 "나는 무죄하다"고 외친 빌라도의 유령이 어른거리는 것 같아 안타깝기만 하다. 사실상 은연중에 교회의 저성장, 교인의 감소를 교묘한 말로 합리화시키고 그것이 정당하다는 생각과 태도야말로 위험천만한 태도이다.

넷째, 또 하나의 합리화의 유령은 양보다 질을 추구해야 한다는 사고다. 양보다 질, 결코 틀린 말이 아니다. 양보다는 질이다. 그러나 그것이 양적 성장을 대체하는 말이거나 대립되는 말이어서는 안 된다. 질적 성장은 추구하되, 양적 성장을 목표로 해서는 안 된다는 의미여서는 안 된다. 질적 성장을 추구해야 하는 것은 마땅하다. 그런데 무엇이 질적 성장인가. 그것을 어떻게 알 수 있는가. 양과 질의 상관관계가 어떻다고 생각하는가. 성장조건 자체가 어려운 환경의 교회를 제외하고 일반적인 교회에서의 질적 성숙은 양적 성장을 동반할 것이다.[276] 그러므로 건강하고 바른 성장이냐 아니냐의 문제이지, 질적 성장이냐 양적성장이냐의 문제가 아니다. 건강한 교회라면 교인의 감소에 당연히 신경을 쓸 것이고 또 그래야 한다. 사실 양적 성장을 추구한다고 교회가 다 성장하는 것도 아니다. 설사 성장하더라도 질적 성장이 따라가지 못한다면 모래위에 세운 집이 될 것이다. 교회 리더들은 왜 교인들이 예배에 나오지 않는지, 왜 다른 교회로 옮기는 지의 이유를 다른 교회에서 찾을 것이 아

---

276) B. Jackson, Hope for the Church. Contemporary Strategies for Growth, Church House Publishing, 2008, 23f.

니라 자신에게서 찾아야 한다. 교인이 감소하는데도 양(量)은 대수롭지 않다고 판단해서는 안 된다. 양적성장의 둔화가 곧 질적 요소 때문일 수도 있기 때문이다. 리더 자신의 문제인지, 사회변동에 적절히 대처하지 못했는지, 교회의 전체적인 분위기가 영적이지 못하기 때문인지, 아니면 다른 무엇 때문인지 진지하게 성찰해보아야 한다.

이제 교회와 교회의 리더들도 자신을 드러내어 놓고 가끔은 진찰받을 필요가 있다. 아니 정기 검진을 받을 필요가 있다. 자신의 목회가, 자신의 교회가 건강한지 진료를 받고 치료하고 건강을 회복할 필요가 있으며, 건강하다면 그 건강을 잃지 않기 위해 부단한 노력을 기울여야 할 것이다. 교회도 앞으로 교회를 진단하고 치유하여 교회를 건강하게 하기 위한 전문적인 교회컨설턴트들을 양육할 필요가 있다. 21세기 목회는 20세기의 목회와는 또 다르다. 21세기는 탈기독교, 탈전통, 탈교회 사회이며 다원성과 상대성이 지배하는 포스트모던 시대이며, 엄청난 사회적, 과학적, 문화적, 기술적 변동의 시대이다. 이런 시대에 과거의 틀을 가지고 목회하는 것은 엄청난 모험이며 도전이다. 이럴 때 전문성을 갖춘 목회컨설턴트나 훌륭하고 건전한 교회성장학자들의 전문적 상담이 절실히 필요해 질 것이다. 목회자 혼자 다 할 수 있는 시대가 아니다. 여러 분야의 전문가, 여러 전문 목회자의 도움을 마다해서는 안 된다. 그들은 교회 목회자들이 미처 깨닫지 못하던 목회자 자신의 단점과 약점에서부터 장단기의 목회전략, 고질적인 질병들, 대안과 대책들을 제공해 줄 수 있으며, 객관적이고 신선한 목회관점과 철학과 바른 목회의 신학적 토대를 제시할 수 있을 뿐만 아니라 목회의 효율성을 제고할 수 있는 길을 열어 줄 수도 있을 것이다.[277] 물론 당연히 좋은 컨설턴트란 입증된 능력을 가지고 있고, 신학에 전문성이 있어야 하며, 강력한 기준과 특별한 은사와 실천적 경험이

---

277) Aubrey Malphurs, A New Kind of Church: Understanding Models of Ministry for the 21st Century, Bakerbooks, 2007, 184-185.

풍부한 크리스찬이어야 할 것이다.[278] 앞으로 교회를 변화시키고 성장시키는
데 이들의 역할을 작지 않을 것이다. 이러한 전문 인력을 양성하는 것도 한국
교회가 담당해야할 전문 선교사역임을 유념해야 할 것이다.

다섯째, 작은 교회 vs 큰 교회의 이분법이다. 사회 분위기와 맞물려 교회
에 배회하는 유령은 〈작은 교회는 선, 메가처치는 악〉이라는 사고다. 이런 이
분법은 옳지 않다. 작은 교회나 큰 교회나 다 하나님의 교회다. 작은 교회는
더 선하고, 큰 교회는 더 타락했다는 생각은 적절치 못하다. 크든 작든 사람이
모인 곳이니 동일하게 오류와 실수와 타락이 있을 수 있다. 그렇다고 작은 교
회는 잘못해도 용서가 되고 큰 교회는 비난받아야 하는 것은 아니다. 동일하
게 개혁되어야 하고, 동일하게 건강해야 한다. 그리고 신학적으로 큰 교회와
작은 교회, 시골교회와 도시교회, 부자교회와 가난한 교회가 있는 것이 아니
라, 한 교회만 존재한다. 하나의 보편적 교회만 있을 뿐이다. 최근 기독교 저
술가인 유진 피터슨이 "As Kingfishers Catch Fire"라는 책에서 "대형교회는 교
회도 아니다"라는 대담한 주장을 내놓았다고 한다. 이 책과 관련하여 그가 응
한 한 온라인 신문과의 인터뷰한 내용을 소개하면 다음과 같다. "나에게 가장
불쾌한 것은 대형교회이다. 사실 대형교회는 교회가 아니다. 교회 목사라면
교인들의 이름은 알고 있어야 한다. 하지만, 5,000명의 사람들이 오는 교회에
서 어떻게 모든 사람들의 이름을 알 수 있겠는가? '익명의 교인'들로 가득 찬
교회의 목사는 목사가 아니다. 교회의 본질은 '관계'이다. 당신이 설교하고 기
도하는 사람들을 알지 못한다면 어떻게 목사라 할 수 있는가? 지금 많은 교회
들이 개혁을 위해 노력하고 있다는 것을 알고 있다. 그래서 크게 낙심하고 있
지 않다. 나를 정말로 분노케 하는 것은 대형교회의 '허영심'이다. 그곳은 교회
가 아니다. 그저 유흥을 위한 공간일 뿐이다."[279] 교인 수가 너무 많아 교인의

278) Malphurs, 186-188.
279) http://m.newsnjoy.us/news/articleView.html?idxno=7686 (2017년 7월 14일 접속)

이름조차 목회자가 알 수 없는 현실을 볼 때, 대형교회는 교회의 본질인 관계를 상실하고 그저 유흥공간으로 전락했다는 것이 위 인용문의 핵심이다. 필자는 그가 대형교회를 비판하는 이유나 동기가 무엇 때문인지 알지 못한다. 다만 대형교회에 대한 증오의 독설을 접하면서, 이 인터뷰가 사실이 아니기를 바랐고, 지금도 그렇게 바라고 있다.

거듭 말하지만 문제는 대형교회에만 있는 것이 아니다. 대형교회의 영향력이 크기 때문에 염려하는 마음은 이해할 수 있으나 "교회도 아니라"는 표현은 그의 세계적 영향력을 생각한다면 자못 두렵기까지 하다. 진정한 관계 공동체가 아니어서 교회가 아니고 유흥공간일 뿐이라면 전 세계의 모든 교회는 교회가 아닐 것이다. 작은 교회는 관계공동체인가. 그들에겐 아무 문제도 없는가. 거듭 이야기하자면 필자의 의도는 큰 교회는 문제고 작은 교회는 선이라는 생각에서 벗어나자는 것이다. 사도행전은 신도의 수, 믿는 자의 수가 3천명, 5천명이라고 기록하고 있다. 피터슨이 구체적으로 동원한 숫자가 공교롭게도 5천이다. 물론 동시간대에 동일 장소에 출석하는 교인수를 지칭하는 숫자였는지, 단지 그때 복음을 듣고 믿어 고향으로 돌아간 모든 수를 포함했는지는 알 수 없다. 상상해보았는가. 그 교회가 얼마나 큰 교회인지(…) 예루살렘은 고사하고 팔레스타인 전체 인구도 그리 많지 않던 시대에 5천이라면, 단순히 그 때 예수를 믿은 전 세계 숫자라 하더라도 5천이라면, 동서고금을 막론하고 비례적으로 이보다 큰 교회는 아마 없을 것이다. 대형교회를 넘어 초 초대형교회다. 그 교회에는 한명이 아니라 12명의 사도가 있었다. 그들은 그 교회 구성원들을 다 기억했을까. 주지하듯이, 예루살렘교회는 대형교회가 되면서 조직이 만들어지고 직분자들이 생겼다. 내부적 분열현상도 나타났다. 그런데도 사도들은 관계형성에 힘쓴 것이 아니라 기도와 말씀전하는 일에 전력하겠다고 선언했다. 그리고 사도들은 어떤 경우에도 예루살렘교회는 대형교회이므로 "교회도 아니라"는 말을 하지 않았다. 교회개혁을 열망했으며 가정교회를 개척했던 사도바울 역시 그러한 극단적 표현으로 예루살렘 교회를 비난하지 않았다. 분열과 타락과 신학적 문제로 어려움을 겪었던 고린도교회를 향하여 교회도 아니라고 비난하기는커녕 오히려 〈하나님의 교회〉라고 지칭하였다. 교회를 진정 사랑하는 마음으로 하는 비판은 얼마든지 가능하지만 단지 교인수 많은 것만으로 "교회도 아니라"고 비난하는 것은 지나친 발언이다. 그의 말에서 대형교회에 대한 증오가 묻어나는 것 같아 아쉬울 뿐이다. 한 가지 첨언하자면, 역으로 큰 교회는 선이고, 작은 교회는 잘못이라는 도식도 필자는 반대한다.

필자의 의도는 "그리스도를 고백하는 모든 교회는 그리스도 안에서 다 한 교회"임을 말하고 싶은 것이다. 작은 교회는 작은 교회 나름대로, 큰 교회는 큰 교회 나름대로 각 각의 기능이 있고, 역할과 사명이 있다. 작은 교회는 작은 교회 나름대로 장점이 있고, 큰 교회는 큰 교회대로 장점이 있다. 다 소중한 하나님의 백성이고, 그리스도의 몸이며, 성령의 전이다. 서로 귀하게 여기며, 서로 도와야 한다. 요즘 작은 교회 운동이 벌어지고 있다. 칭찬할 일이다. 필자는 꼭 작은 교회 운동, 아름다운 교회 운동이 성공하길 간절히 빈다. 그런데 한 가지 염려스러운 것은 작은 교회 운동가들이 작은 교회운동을 시작하면서 큰 교회를 비판하는데서 운동의 동기를 찾는다는 점이다. 물론 그 동기는 이해할 수 있다. 그러나 운동은 나의 개혁에서, 나를 돌아보는데서, 내가 서 있는 바로 그곳에서 시작해야 한다. 큰 교회의 잘못을 비판한다고 해서 작은 교회가 성공하는 것도 아니다. 작은 교회 운동이 성공하려면 작은 교회들이 갖는 문제점부터 분석해야 한다. 그리고 장점은 더욱 발전시켜 나가야 한다. 그럴 때 그 교회는 작고 건강한 아름다운 교회가 될 것이다. 그리고 놀랍게도 그 교회는 점점 커져 갈 것이다.

여섯째, 교회 밖의 구원에 대한 논쟁이다. 전통적으로 교회는 "교회 밖에는 구원이 없다"(nulla salus extra ecclesiam)고 생각해왔다. 그러나 최근 들어 〈교회 밖에 구원이 없다〉는 생각에 냉소를 보이는 이들이 많아지는 것 같다. 탈기독교, 탈교회, 탈전통 시대에 접어들면서 그러한 분위기가 더욱 강해진 것으로 보인다. 전통적 교회, 제도적 교회에 대한 부정적 이미지가 전 세계적으로 확산되는 추세이니 〈교회 밖에는 구원이 없다〉는 생각에 선뜻 동의하지 못하는 것도 이해 못할 바는 아니다. 하지만 〈교회 밖의 구원〉이라는 말을 사용할 때 매우 신중해야 한다. 교회를 어떻게 정의하느냐에 따라 교회 밖에도 구원이 있다는 말은 매우 위험한 말이 될 수 있기 때문이다. 그러므로 여기서 교회가 무엇이고 교회의 본질은 무엇인지, 성경은 무엇이라고 말하고 있는지를 정리할 필요가 있다. 앞에서 말한 대로 교회의 기초와 터전은 예수 그리스도이다. 그리스도의 이름으로 모인 공동체, 하나님의 선택된 백성, 성령이 만드시고 성령이 거하시는 전이 바로 교회다. 그리고 신약성경은 하나님의 교회, 그리스도의 교회라는 명칭을 사용한다. 교회의 소유주는 하나님과 그리스도라는 말이다. 이것은 무엇을 의미하는가. 교회는 하나님의 선택과 부르심으로 인하여 하나님께 속한 거룩한 백성으로서 전적으로 하나님의 소유이며, 그리스도의 몸으로서의 교회는 철저히 그리스도에 속한 공동체이며, 또한 교회는 성령이 거하시는 거룩한 공동체임을 의미한다. 이 개념들은 매우 중요하면서도 기본적인 개념이다. 그러므로 교회의 이 근거할 때, "교회 밖의 구원"(salus extra ecclesiam)이라는 용어는 "하나님의 백성과 그리스도의 몸과 성령의 현존 밖의 구원"이라는 말이 될 수도 있음을 명심해야 한다. 교회에 대해 조금만 더 구체적으로 생각해보자. 예수께서도 베드로의 고백 이후에 분명히 "내 교회"를 세우겠다고 하시며 교회를 인간의 소유가 아닌 그리스도 자신의 소유로 지칭하였다. 그러므로 가톨릭의 경우처럼 교회를 보이는 제도적 교회, 사도 베드로의 직접적 계승권을 이어받은 로마 가톨릭 교회만을 교회로 정의하는 것이 아니라면, 〈교회 밖〉이라는 말은 〈그리스도 밖에〉를 의미할 수밖에 없다. 그러므로 교회밖에도 구원이 있다는 생각은 정작 성경적 의미의

436

교회공동체에 속하지 않아도 된다는 인식을 심어줄 가능성이 있다.

교회의 위기인 것은 분명하다. 그것은 외부적 요인뿐 아니다. 내부의 요인
도 크게 작용한다. 내부의 비판자도 많고, 외부의 경멸스런 눈총도 따갑다. 뿐
만 아니라 교회에 대한 여러 생각들도 교회를 위로하기보다 교회를 주눅 들게
하고 있다. 대안이라도 있다면 희망이라도 걸어볼 텐데, 수많은 위기 앞에서
속수무책이다. 그럼에도 "희망을 노래해야 한다." 좌절하고 절망스러울수록
희망을 말해야 한다. 교회는 삼위일체 하나님의 공동체 아닌가.

2. 교회의 저성장과 정체와 쇠락의 복합적 요인들

여기서는 교회의 저성장과 정체, 그리고 쇠락을 초래하는 복합적이고 구
체적인 요인들을 언급하고자 한다. 톰 라이너(Tom Rainer)는 교회의 질적 성
장의 저해 요소를 다음과 같이 지적한다.[280] 첫째는 "예배 출석을 꺼리는 '문
화적 그리스도인'" 때문이다. 교회가 자신에 무언가의 이익을 가져다 줄 수 있
을 것으로 생각하다 그 이익이 다하거나 사라지면 예배에 출석하지 않는 그리
스도인들 때문이다. 둘째는 "헌신적인 교인들의 예배 참석이 저조"한 탓이다.
교회는 이들의 갈증과 필요에 별관심이 없다. 늘 헌신적이어서 교회는 그 헌
신이 당연하다고 생각할 수 있다. 더구나 이들은 초신자가 아닌 탓에 예배에
출석하지 않더라도 별로 관심을 받지 못할 수 있다. 이들의 결석은 교회에 치
명적이다. 헌신과 물질과 봉사는 대부분 이들이 감당하기 때문이다. 셋째는
"실용주의에 대한 지나친 반감"이 그 한 원인이다. "상당수 미국 교회 목회자
들이 교회 안에 만연한 실용주의로 인해 사역에 방해를 받고 좌절하고 있다.
여기서 뜻하는 실용주의란 '세상에 복음을 전하려면 세상을 닮아가야 한다'는
합리적인 사고를 의미한다. 이러한 생각에 대한 지나친 반감이 결국 교회성장

---

280) http://kr.christianitydaily.com/home/news/services/print.php?article_id=86196

을 방해하는 결과를 가져온다." 넷째는 교회 안에서의 친교에 치중한 나머지 전도하지 않기 때문이다. 어떤 경우에도 전도하지 않으면 교회는 성장하지 않는데 전도를 소홀히 하는 것이 미국교회의 추세라는 것이다. 다섯째는 "교회 내의 갈등과 분열의 증가" 때문이다. 지극히 당연한 지적이라 더 이상 설명이 필요 없을 것이다. 여섯째는 "일부 성도들 안에 있는 특권의식" 때문이다. 이상의 라이너의 지적은 오늘날 한국교회도 주목해볼 필요가 있다. 캘리포니아 하비스트교회(Harvest Church)의 담임목사인 그렉 로리(Greg Laurie)는 "죽어가는 교회의 5가지 신호"를 다음과 같이 열거하였다.[281] 첫째, "과거를 숭배"하며, 둘째, "변화에 대한 융통성이 적고 저항적"일뿐 아니라, 셋째, 소극적이거나 무기력한 리더십을 가지고 있으며, 넷째, 청년세대, 즉 다음세대들을 경시하며, 다섯째, "전도의 열심"이 부족하다. 이런 신호들을 감지하면 그것은 교회가 죽어가고 있는 신호라는 것이다. 이 지적은 그리 새로운 지적은 아니지만 매우 적절한 지적인 것은 사실이다.

크랜들(Ron Crandall)은 작은 교회 개선 전략에서 작은 교회의 리더들이 직면하는 방해물을 다음과 같이 지적하였다. "하나님의 의지를 수행하려는 비전의 부족, 사람들에게서 에너지를 앗아가는 패배주의적 태도, 낡은 방식과 생각에 매여 있는 교인들, 부족한 재정, 융통성 없는 오래된 교인, 부적절하거나 낡은 시설, 낮은 신앙 수준과 낮은 헌신도, 낯선 이들의 냉대, 분란을 일으키는 권력패거리, 생존 멘탈리티"[282] 등이다. 크랜들에 의하면 작은 교회 운동을 방해하는 요소를 묻는 설문조사에 대해 목회자들은 "교인들의 낮은 자존감, 변화와 위험을 감수하는데 대한 두려움, 미래에 대한 비전의 결핍, 우리와 그들로 나누는 태도, 교회의 권력분파, 재정과 청지기정신의 결핍, 무관심과 에너지 소진, 리드하지 못하는 목사, 낯선 이들에 대한 폐쇄성, 열심히 일하지

281) http://www.christiantoday.co.kr/home/news/services/print.php?article_id=289849
282) Ron Crandall, Turnaround Strategies for the Small Church, Abingdon Press, 1995, 60.

않으려 하는 것"283)으로 대답했다는 것이다. 크랜들의 지적은 작은 교회가 직면하고 있는 성장의 방해물에 대한 것이지만 어느 정도는 교회 전체에 해당되는 문제점이기도 하다. 해밋(Edward H. Hammett)은 교회성장의 방해물을 매우 광범위하게 지적하고 있다. "인종적, 세대간, 경제적, 직업적 차별과 편견, 성장하는 방법을 모름, 늘 동일하길 원하는 것, 성공의 두려움, 새 교인과 어울리고 그들을 목양하는 것에 대한 두려움, 기획의 부족, 기획한 것을 실천하려는 교인들의 부족, 충분치 못한 자원, 변화의 필요성에 대한 충분한 이해의 부족, 현상유지에 대한 만족, 영정 기초의 결핍, 불만인 사람들에게 다가가는 것에 대한 두려움, 변화가 너무 많은 시간과 에너지와 자원을 요구한다고 믿는 것, 변화로 인해 현재교인을 잃어버릴까 하는 염려, 교회 안에서 가족처럼 밀접하고 좋은 관계를 상실하는 것에 대한 두려움, 새로운 방향에 대한 동의부족, 변화나 성장에 이전의 실망스런 시도 때문에 오는 좌절, 젊은 세대들과 소통하는데 필요한 새로운 언어를 배우려고 하지 않는 것, 명료한 목표의 부족, 분명한 사명선언이 없는 것, 사업기획에 대한 가치판단적 제안이 부족한 것, 부적절한 기준에 의한 효율성 평가, 포스트모던 문화를 이해하지 못하는 것"284) 등이다. 이런 원인과 장애물이 지속될 때 교회에는 당연히 부정적 현상들이 나타날 것이다. 이것을 해밋은 다음 몇 가지로 정리한다. "지역사회는 성장하는데 교회는 쇠퇴한다. 영적 갈증자들이 교회에서 도움을 얻지 못할 것이다. 교회는 목회자를 안심시켜 헌금에 적극적인 교인들만 돌보는 것을 기본의무로 하는 목회자로 만들어버린다. 많은 목회자들이나 성직자들은 의기소침해지고, 환멸을 느끼고 지치게 된다. 편안한 교회생활을 영위하기 위한 결정들을 할 것이다. 교회를 떠난 자들에 관심이 없고 교회는 점차 선교의 기지가 아니라 성도들의 박물관이 되어간다. 그리고 교회는 죽어간다."285)

283) 위의 책, 61.
284) Edward H. Hammett, Reaching People under 40 while Keeping People over 60: Being Church for All Generations, Chalice Press 2007, 83-84.

사실상 성장하려면 교회가 변해야 하는데 변화가 그렇게 쉬운 것은 아니다. 맥코넬은 그 이유를 우선 "나쁜 신학"(bad theology)에서 찾는다. 그 중 하나가 종교다원주의이다. 그것은 모든 종교가 다 상대적이며, 구원의 길이 예수 그리스도만 아니라 다른 종교에도 있다고 믿는 신념이다. 어떤 이유로든 종교다원주의에 사로잡혀 있는 순간, "다른 이가 아닌 바로 예수 그리스도가 인간에게 구원을 가져온 하나님의 은총과 사랑의 선물"이라는 신앙을 상실하게 되고 따라서 전도할 이유가 없어지기 때문이다.286) 교회의 부흥을 가로막는 또 하나의 방해물은 기존교인들의 고정좌석으로 상징되는 새교인들에 대한 배려의 부족이다. 새로 오는 교인들이 처음 교회에 왔을 때 기존의 누군가의 자리에 앉게 되는데 기존의 교인이 그 자리는 내 것이니 비켜달라고 하는 나쁜 경험을 하게 될 때 새교인은 그 교회도 다른 교회도 나가지 않게 된다는 것이다. 사소한 사건이지만 교회 안에서 종종 있는 일이다. 사소한 것에서도 새교인 중심적 사고와 습관을 가져야 함을 맥코넬을 지적한다.287) 인간이 근본적으로 가지고 있는 변화에 대한 두려움도 교회 성장의 방해물이며288) 때로 "변화는 너무 많은 것을 요구한다"는 생각도 성장과 건강의 방해물이다.289) 맥코넬을 지적대로 아무런 변화 없이 과거부터 지금까지 지속되고 있는 예배형식, 건물, 프로그램, 인력자원 등도 성장의 방해물이다. 왜냐하면 사회는 모든 것이 놀랄 정도로 변하고 있기 때문이다. 그런데도 교회가 늘 같은 것을 하고 있다면 늘 같은 결과가 나올 것이다. 새로운 것을 시도하려는 사람들을 불손하게 보는 것도 장애의 한 요소다.290)

285) Hammett, Reaching People, 90-91.
286) William T. McConnell, Renew Your Congregation: Healing the Sick, Raising the Dead. Saint Louis: Chalice Press, 2007, 55.
287) McConnell, 55.
288) McConnell, 56f
289) McConnell, 57f.
290) McConnell, 58ff.

440

위의 지적들은 적절한 지적이다. 그러나 교회성장과 건강의 저해 요인이 이처럼 내적인 요인만 있는 것은 아니다. 서론에서 지적한대로 출생률의 감소, 경제적 성장, 과학의 발달, 사회복지의 발달, 의학의 발달, 시민단체들의 활동, 요가나 명상, 뉴에이지와 같은 대체 종교나 대체영성의 발달 등도 저해 요소로 거론할 수 있을 것이다. 출생률의 감소는 주일학교 학생수의 감소에 직접적으로 영향을 주고 있음을 직접 경험하고 있다. 청년대학부는 고사하고 고등부가 없는 교회의 수가 늘어나고 있음은 주지의 사실이다. 그러나 문제는 출생률의 감소보다 더 급격한 기울기로 주일학교의 수가 감소하고 있다는 것이다. 이것은 단지 출생률의 감소로만 돌릴 수 없는 그 무엇이 있다는 것을 의미한다. 또한 종교다원주의나 포스트모더니즘, 무신론의 집요한 도전, 이념적 반기독교 세계관 같은 요인도 교회의 이미지와 성장을 해치는 요인이라고 할 수 있다. 다시 말하면, 기독교의 배타성을 완화시키거나 제거한다는 명분으로, 복음을 접하지 못한 사람들의 구원의 문제를 해결한다는 이유로, 다종교 문화와 같은 한국적 상황 속에서 일어날 수 있는 종교 간의 충돌을 방지하며 종교의 자유 혹은 종교로부터의 자유를 보장할 수 있다는 이유로 옹호되고 있는 종교다원주의 역시 기독교의 성장과 선교를 저해하는 요소로 작용할 수 있다. 또한 기독교의 세계관은 과학과 충돌한다는 이유로, 즉 반과학적이며 반지성적이며 폭력적이어서 제거해야 한다는 최근의 과격한 과학적 무신론자들의 적극적인 활동도 기독교의 이미지를 추락시키는데 크게 작용하고 있다. 뿐만 아니다. 사상적으로 이성과 합리와 과학을 근거로 교회의 권위를 무너뜨린, 신비와 감성과 경험과 같은 요소를 무시하여 종교마저도 합리성이라는 도그마적 토대 위에 세우려 했던, 결과적으로 교회를 어렵게 하고 신앙을 사사화한 모더니즘이 지나가니 포스트모더니즘이 등장하여 진리의 상대성을 부르짖으며 기독교세계관의 기둥을 갉아먹는다. 물론 모더니즘과 포스트모더니즘에 그 직접적인 책임을 돌릴 수 있겠는가 하는 문제가 발생하긴 한다. 엄격히 따지면 그런 사상에 적절히 대처하지 못한 교회에 책임이 있을 수 있지만, 그 래도 그러한 사상적 흐름이 기독교 진리의 전파에 어려움을 주고 잘못된 신학을 형성하는데 조력하는 것도 또한 사실이다. 이처럼 교회의 쇠락에 외부적 요인도 적지 않게 작용한다. 그리고 기독교세계관과 기독교 진리에 대한 확신의 결여, 놀이문화나 오락문화의 광범위한 영향, 소셜넷트워크와 인터넷 등의 디지털 문화에 무관심하거나 무 대응하는 것, 신앙의 대 잇기 교육의 부재와 부모들의 가치관과 신념의 변화 등도 한 몫 한다. 거기에다 기독교 영성의 상실, 기독교적 에토스나 파토스의 상실, 신비적 경험의 부재 등의 요소가 결합 되면 교회의 저성장은 불 보듯 뻔하다. 그러나 중요한 것은 내부의 문제다. 교 회내부의 문제로 갈등이 일어나거나 분열이 일어난다면 아무리 외적 변화에 민감하고 적절히 대처한다 하더라도 교회의 위기는 가속화 될 수밖에 없다 이 때 "대부분의 교회들은 목사를 해고하거나 고용하는 것으로서 문제를 풀려고 한다. 그렇게 하고나서 2-3년 후 다시 동일한 과정을 겪는다. 그리고 왜 나아지지 않는지 이상하게 생각한다. (…) 대부분의 교회들이 문제가 조직 안에 있다는 것을 깨닫지 못하고 항상 그 책임을 외부에 돌리려 한다. 예를 들면 급변하는 문화, TV, 학교 시스템, 도덕적 가치의 쇠퇴에 돌린다."[291] 이것은 의도적이든 아니든 전형적으로 문제를 인식하지 못한 것이다. 그들이 서있는 현재의 위치를 잘 못 파악했으니 내 놓은 대답도 효과적으로 작동했을 리 없다. 또하나의 문제는 위기의식의 부재다. 위기의식이 없다면 결국 대안이나 변화가 있을 수 없고 의식하지 못하는 사이에 교회는 위기에 봉착하게 됨은 당연한 일이다.

3. 교회의 정체와 쇠퇴를 극복하려는 노력과 방법들

---

291) William T. McConnell, Renew Your Congregation: Healing the Sick, Raising the Dead. Saint Louis: Chalice Press, 2007, 19.

어떻게 하면 교회가 성장할 수 있을 것이며, 건강하게 될 것인가? 과연 어떤 교회가 성장했으며, 어떤 교회는 쇠퇴하였는가? 성장한 교회들은 어떤 노력을 기울였으며 어떤 방법과 특성들을 가지고 있었는가? 이에 대해 몇 몇 학자들의 연구결과를 소개하려 한다. 캐럴(J. Caroll)은 21세기를 탈전통사회로 규정하면서 이에 대한 대안을 제시한다. 그는 먼저 탈전통사회에 직면한 교회들의 노력을 관찰하고 그들의 전략적 특징을 소개한다. 그에 따르면 전통적 교회들과는 달리 탈전통교회들은 대형화 경향을 보였고, 전통적 세기들을 넘으려 하면서도 그들의 혁신을 위해 성경적 선례들을 주장하며, 신학적으로는 보수적 경향을 보였고, 교단과의 공식적인 연대가 부족하였으며, 강한 기업적 리더십을 가지면서도 내부적으로 훈련한 전문가들이 돕고 평신도와의 거리를 좁히고 위계질서를 최소화하려는 리더십을 보였고, 강한 목적의식을 가졌을 뿐만 아니라 완전히 헌신된 그리스도의 제자를 만들려는 헌신이 대단하였고, 교회를 건축할 때도 전통적인 모양과 느낌의 건물을 피하려 하였으며, 현대 음악적 취향을 선호하여 전통적 음악의 사용을 피하였고, 평신도들이나 성직자들의 전통적 의상을 피하고 비공식적인 의복스타일을 자주 고수하였으며, 절제되고 전문가에 의해 기획된 예배의 특징을 보였고, 소비문화의 이슈와 욕구에 부응하고 따뜻함과 친밀성과 상호지지와 책임성을 갖도록 고안된 소그룹 목회에 강하게 의존하였으며, 지역사회 수준의 아웃리치에 참여할 기회가 많았고, 교인이나 리더들에 대한 기대가 매우 큰 특징들을 보여 주었다[292]는 것이다.

캐럴은 이어 새천년을 맞이하면서 탈전통 교회로부터 전통적 교회가 배울 수 있는 몇 가지 교훈을 제시한다. 그것을 간단히 소개해본다. 이것은 첫째,

---

292) Jackson W. Caroll, Mainline to the Future: Congregations for the 21st Century, Westminster John Knox Press, 2000, 51-52.

복음에 충실하고, 사회변화와 문화적 도전을 직시하고 그에 적절하게 대응할 수 있는 교회의 제도와 실천을 만드는데 용기를 가질 것,[293] 둘째, 강하면서도 공유된(나눔)의 리더십을 가질 것[294], 셋째, 교인 혹은 잠재적 교인들의 필요를 충족시키도록 노력할 것[295], 넷째, 빠른 예배 진행, 탈전통적 교회건축과 상징들, 영적 은사의 강조 등 다양한 제도의 수정 보완을 통해 교회의 탈전통적 비전을 구체화하는 것도 중요하나 무엇보다 소그룹을 적절히 활용하여 탈전통적 비전을 구체화할 것,[296] 등이다. 뵐만(Peter Böhlmann)은 비전, 관계 중심의 교회, 소그룹운동, 새로운 교회상, 선교, 문화화. 디아코니아, 영적지도와 동시에 현대적 경영, 대안적 예배, 치유와 축복, 계층 중심의 모임 등을 교회의 변화와 성장의 요인으로 제시하였다.[297]

맬퍼스는 새로운 교회의 모델을 개발하고 새롭게 교회를 개척하거나 기성 교회의 갱신을 추구하고자 할 때 준비단계, 진행단계, 실천단계를 밟을 것을 조언한다. 첫째 준비단계에서는 우선 지지 그룹을 확보하고, 전략팀을 만들고, 교인들과 소통하며, 교회가 변할 준비가 되어 있는지 평가해야 하고, 내적 외적 요인에 대한 목회적 분석[298]을 실시하며, 갱신이 단시간에 될 수도 장기

---

293) 위의 책, 81.

294) 위의 책, 82.

295) 위의 책, 87.

296) 위의 책, 91-2.

297) Peter Böhlmann, Wie die Kirche wachsen kann und was sie davon abhält, Goettingen: Vandenhoeck & Ruprecht 2006, 11-92.

298) Malphurs, A New Kind of Church, 168-9는 다음과 같은 영역에서 목회분석을 실시할 것을 권고한다. "교회가 지금 조직의 생애 단계 중 어느 단계에 있는지, 즉 성장, 정체, 쇠퇴 중 어느 단계인지에 대한 교회의 현상태에 대한 분석, 교회의 강점과 약점에 대한 분석, 교회의 사명과 비전에 대한 방향 분석, 교회가 목표로 하고 있는 대상과 그것을 성취하기 위한 방법을 결정하는 전략분석, 교회가 내부와 외부 중 어디에 더 초점을 둘 것인지에 대한 분석, 교회의 독특한 문화에 대한 이해도 분석, 효과적인 목회를 방해하는 방해물이 있는지에 대한 분석, 교인의 연령대의 균형정도에 대한 분석, 목회를 담당하는 사람들의 열정에 대한 분석, 교인들의 낙관적 정서를 가지고 있는지 부정적 정서를 갖고 있는지에 대한 정서분석, 재정 상태에 대한 분석" 등이다. 이것은 그가 지적하는 교회 내적인 요인 분석이며 외적인 분석으로 다음과 같은 요소를 분석하라고 조언한다. "교인들이 얼마나 지역사회를 잘 이해하고 있는지에 대한 지역사회

간의 작업일 수도 있기 때문에 인내를 가지고 어느 정도 단계별 시간을 예상
하는 것이 중요하며, 갱신이나 새로운 모델을 만들어 갈 때 그 과정을 뒷받침
할 영적토대를 쌓아야 한다.[299] 둘째 진행단계에서는 우선 성서에 기초한 핵
심가치들을 찾아내야 하고, 미션(mission)과 비전을 개발하고, 전략을 만들어
야 한다.[300] 세 번째 실천 단계에서는 계획한 새로운 교회모델이나 기성교회
의 갱신을 실제로 시행하고 평가해보아야 한다.[301] 헤링턴(Jim Herrington)과
보넴(Mike Bonem)과 퍼(James H. Furr)도 이와 비슷하게 주장하나 조금 더
단계를 세분하고 있다.[302] 교회가 변하고 성장하기 위해서는 1. "개인적 준비
시키기,"[303] 2. "긴급성을 조성하기,"[304] 3. "비전 공동체 세우기",[305] 4. "비전
을 식별하고 비전의 계획을 결정하기"[306] 5. "비전 나누기"[307] 6. "교회 리더

분석, 교회를 위협할 수 있는 지역사회의 위험요소 분석, 교회와 경쟁이 될 수 있는 지역사회
의 이벤트나 조직에 대한 분석, 교회가 지역사회를 위해 기여할 수 있는 요소를 지역사회 안에
서 찾아내기" 등이다.

299) Malphurs, 165-170.

300) Malphurs, 170-178. 맬퍼스는 목회전략을 만들 때, 우선 지역사회의 상황을 먼저 조사하고,
성숙한 제자들을 만들고, 충실한 목회사역팀을 구성하고, 이에 따르는 최적의 목회환경을 결
정하고, 필요한 재정 계획을 세울 것을 권고한다 (Malphurs, 175-177).

301) Malphurs, 178-181.

302) Jim Herrington, Mike Bonem, James H. Furr, Leading Congregational Change,
Jossey-bassy, 2000, 28-94 (이하 leading 으로 약칭).

303) leading, 30-34. 1단계의 구체적 지침으로 그들은 "영적 훈련 실시, 교회를 위한 하나님의 선
교 논의, 정직한 자기평가실시, 책임성, 문제들에 대한 사전 고지, 적절한 속도를 발견하기" 등
을 제안하고 있다. leading, 30-33.

304) leading, 34-41. 구체적 지침은 다음과 같다. "지금의 현실을 정확히 평가하고 설명하기",
"정보를 널리 알리기," "도움을 구하기", "회중의 평가를 시행하기", "정직하고 건설적인 비평은
수용하고 기대하기", leading 37-40.

305) leading, 41-48. 이를 시행하기 위한 지침은 다음과 같다. "공동체 선택과정에 시간을 들이
기", "다양하고 교차적인 대표성의 중요성을 강조하기", "의사결정과 리더십의 이슈를 전면에
내세우기", "필요한 훈련 준비", "공동체를 세우기 위한 시간을 가지기", "비전 공동체로 하여금
그들의 열망을 설명하게 하기" leading, 44-47.

306) leading, 49-61. 구체적인 지침은, "바른 관점으로 시작하기", "바른 세팅을 찾기", "피드백을
받고 서류를 세련되게 하기", "비전공동체가 비전에 대한 대화에 참여하기", "마지막 드래프트
준비하고 비전공동체의 선언을 요구할 것", "저항을 예상하고 선재적으로 대응하기" 등이다.
leading 55-60.

들에 권한 부여하기"308) 7. "비전을 실행하기"309), 8. "지지를 통하여 모멘텀을 강화하기"310)의 단계를 밟을 것을 권하고 있다.

윌리암 맥코넬 (W. McConell)은 『교회 갱신』이라는 책에서 어떻게 해야 교회를 갱신할 수 있을까를 상세히 설명하고 있다. 그는 우선 활력 있고 성장하는 미국루터교회들의 사례를 연구한 후에 그들의 공통된 특징을 다음과 같이 소개하고 있다.311) a. "목적: 이 교회들은 하나님께서 자기들에게 무엇을 원하시는지에 대한 집단의식을 가지고 있었다. 그들은 항상 하나님의 선교를 상황화(contextualizing)했고 또 자신들에게가 아니라 세상에 관심을 쏟았다. 이 모든 교회들은 타자-중심적이었다."312) b. "변하려는 의지: 리더들이나 대다수의 교인들은 그 목적을 달성하기 위한 내용과 방법을 하나님의 목적에 맞게 바꾸려고 하였다."313) c. "리더들은 단결하였고, 평신도와 성직자들은 교회의 선교를 이루기 위하여 함께 공동으로 일하였다."314) 이 세 요소가 필수적

---

307) leading, 61-70. 다음과 같은 구체적 방안이 있을 수 있다. "명료한 소통 전략을 개발하기," "창조적 소통을 시도하기", "전체 비전 공동체를 소집할 것", "회중에 특별한 의미를 주는 용어와 구절과 비유를 개발하기", "반복, 반복, 반복하기", "비전에 대한 피드백 수용하기", leading 64-67.

308) leading, 70-78. 이를 위한 지침은 다음과 같다. "리더들을 키울 의도를 가질 것", "독재와 통재보다 허용의 문화를 만들기", "책임을 지우기", "현 구조를 이해하기", "현재의 우선순위에 따라 어떤 변화가 필요한지 결정하기", "이상적 시스템의 원형과 설명을 만들기", "규칙을 깨뜨리지 않기" 등이다. leading, 74-77.

309) leading, 78-85. 구체적 지침은 "우선순위를 분명히 할 것", "행동하기 전에 기획할 것", "새로운 시도를 완전한 것이 아닌 실험으로 생각하기", "평가학기", "필요에 따라 은사를 조정하기", "새로운 시작에 책임 있는 사람들을 지원하기", 등이다. leading, 80-84.

310) leading, 85-94. 지침은 "비전공동체와 함께하는 정기적인 평가를 통해 비전을 재구성할 것", "승리를 축하하는 시간을 가질 것", "새로운 높은 수준의 액션플랜을 밝히고 실행할 것", "기존의 사역들을 비전으로 조정할 것", "내부 모티터링 부서를 만들 것", "저항에 대비할 것", "외부의 평가를 주목할 것", "비전공동체의 계속적인 역할을 규정할 것", "결코 포기하지 말 것" 등이다. leading, 88-93.

311) W. McConnell, Renew your Congregations. Healing the Sick, Raising the Dead, Chalice Press, 2007(이하 McConnell로 약칭함).

312) McConnell, 11.

313) McConnell, 11.

314) McConnell, 11.

임을 그는 주장하였다. 셋 중의 두 가지만 있어도 성공하지 못했다는 것이다. 성장하는 교회와 쇠퇴하는 교회 사이의 차이가 바로 이 셋의 차이였기 때문이다.315) 이어서 그는 교회의 변화가 다음의 경우에 더 쉽게 일어난다고 보면서 로진(Matthew Rosine)의 연구를 그의 책에 수록하고 있다. 익히 아는 것들이지만 여기에 간략히 소개해본다. "교회의 갈등이 낮을 경우, 목회자의 자아와 통제 욕구가 억제될 때, 교인이 핵심가치와 목적과 사명을 잘 인식하고 있을 때, 회중들이 적극적으로 참여하는 예배가 드려질 때, 영적 은사를 발견하고 사용할 수 있을 때, 교파적 차이를 의식하지 않을 때, 우리와 우리의 하는 일이 하나님 나라를 세우는 데 필요하다고 믿을 때, 성인 그리스도인들이 관객이 아닌 제자직의 책임을 다할 때, 리더십이 변화의 한 부분임을 인식하고 있을 때, 목회자가 규칙적인 영성훈련을 통해 자신의 변화를 이끌어내려 할 때, 회중들이 열린 관계를 실천할 때, 하나님이 그들의 사역 가운데 계신다는 것을 알고 믿을 때, 목회자와 교인의 호흡이 잘 맞을 때, 회중들이 기꺼이 변화하려고 할 때, 예수가 왜 중요한지를 고백하고 사랑과 존경으로 다른 사람들에게 전달하려고 할 때, 기도가 여러 일 중의 하나가 아니라 필수가 될 때, 1퍼센트의 목회리더들에 교회의 미래에 대한 열정적인 6퍼센트의 사람들이 더해지며 거기에 교회의 미래에 대해 기꺼이 옹호자가 되려는 14퍼센트의 리더들이 더해지고 다시 거기에 기꺼이 따르려는 42퍼센트의 참여자들이 더해져 변화의 총량이 될 때, 교회의 분명한 목표를 단순히 숫자 늘리기가 아니라 사회적, 경제적, 영적 조건의 측정 가능한 변화에 둘 때"316) 교회는 변한다는 것이다. 그리고 그는 이 목록이 매우 중요하다고 역설한다. 이것이 단순히 이론에서 나온 것이 아니라 여러 해 동안 교회변화를 주도했던 목회자들의 경험에서 나온 것들이기 때문이다.317) 그럼에도 교회변화를 위해 강조해야 할 것은 영

---

315) McConnell, 11.
316) McConnell, 14-16.
317) McConnell, 16.

적인 변화라고 그는 강조한다. "교회의 영적 변화가 교회 변화의 핵심이며, . 영적 변화가 기본이고 토대이며, 가장 먼저 와야 한다"[318]는 것이다. 그것은 기도와 말씀의 청종과 하나님에 집중하는 것이다.[319]

맥코넬의 연구조사에서 흥미로운 것은 교회를 변화시키고 건강한 성장을 위한 기획은 단순해야 한다는 것이다. 우리는 단순하다는 말을 쉽다는 말로 오해할 수 있다. 하지만 단순하다는 것이 쉬운 것은 아니다.[320] 그렇다면 단순한 기획이란 무엇인가? 그에 의하면, 그것은 "잘할 수 있는 것을 잘 하는 것"[321]이다. 그는 한 교회의 목회자와 대화를 소개한다. 그 목회자의 교회는 성장한 교회로서 현대 예배가 아닌 전통적인 예배를 드리고 있었다는 것이다. 교회를 활력 있게 하려면 대체로 현대예배를 도입하는 경향이 있는데 그것이 답은 아니라는 것이다. 전통적 예배를 드려도 충분히 성장하고 활기 있는 교회를 만들 수 있다는 것이다.[322] 그의 답은 잘 할 수 있는 것으로 탁월하게 해야 하는 것이지 현대적 추세를 따라간다고 해서 그것이 반드시 교회를 변화시키고 성공하는 것은 아니라는 것이다. 목회자나 교회가 잘 할 수 있고 지속적으로 해야 하는 것을 판단하고 실행해야 한다는 것이다. 그래서 맥코넬은 교회의 단순한 삶을 유지하기 위해 잘 해야 하고 지속적으로 해야 하는 요소로 "첫째, 영성 생활을 발전시킬 것, 둘째, 예배, 전도, 봉사, 제자훈련, 친교 이 다섯 가지에 집중할 것, 셋째, 다른 사람에게 관심을 쏟을 것, 넷째, 평신도 리더십을 개발할 것, 다섯째, 소그룹으로 운영할 것, 여섯째, 삶의 문제를 해결하는 것에 도움이 되는 설교할 것"[323] 등을 제시한다.

지금까지 교회의 변화를 위한 여러 필요요소들을 맥코넬에 따라 소개하였

---

318) McConnell, 29.
319) McConnell, 29f.
320) McConnell, 68.
321) McConnell, 68.
322) McConnell, 68.
323) McConnell, 71f.

다. 마지막으로 중요한 것은 평가다. 이러한 것들을 실시했을 때 교회가 변하고 건강해졌음을 무엇으로 알 수 있는가 하는 것이다. 다시 말하자면 변화된 교회의 특징이나 변화의 결과가 무엇인가 하는 것이다. 맥코넬은 변화된 생동력있는 교회가 보이는 특징을 10가지로 정리한다. 그 요소들을 간략하게 소개해본다.324) 변화의 정도와 결과를 알고 싶은 교회들은 이것을 변화의 지표로 삼는 것도 좋을 것이다. a. "강력하신 하나님을 알고 선포하며 교회가 하나님께 속한 것을 인지한다." b. 교회는 식탁 공동체임을 인식하게 된다. c. 교제를 준비하여 그것을 기대한다. d. 미래를 향한 강력한 비전을 갖는다. 교회의 사명과 목적과 핵심 가치에 하나님의 인도를 이해한다. 교회의 프로그램과 목회와 활동들이 혁신적이며 휘험을 감수하며 효율적이다. e. 영적 활력을 증언한다. 개인의 영적 성장과 선교에의 참여와 같은 영적 훈련에 헌신하며 하나님과의 친밀한 관계를 위해 기도를 우선하며 목회자들과 교인들이 함께 파트너가 되어 교회를 이끌어간다. f. 진정한 예배를 드린다. g. 전도와 새신자 훈련이 활발하다. h. 지속적인 제자훈련 전략과 교인들이 그리스도인으로서 성장하도록 돕는 강력하고 효율적인 전략을 가지고 있다. i. 다른 사람과의 관계와 교제를 즐거워하며 서로를 존중하고 사랑한다. j. 타자를 위한 교회가 된다. 개인의 영적 은사와 재능과 취미를 선교와 목회에 사용하며 의도적으로 벽을 넘어 선교와 목회에 참여한다. 맥코넬이 제시한 이런 지표들은 수적인 성장에 초점이 맞춰져 있지 않음을 알 수 있다. 하지만 수적인 성장을 결코 무시하지 않는다. 모든 것을 마치며 그는 이렇게 정리한다. "수의 성장은 교회성장의 최소한의 지표이다. 수적 성장이 없으면 실질적으로 성장하지 않은 것과

---

324) McConnell, 120-121. 다음의 a에서 j 까지10가지 특징은 모두 맥코넬의 주장으로서 세세히 각주를 달기가 어려워 하나의 각주로 처리 하였다. 맥코넬의 주장에서 알 수 있듯이, 활력있고 건강한 교회의 특징은 대체로 유사하다. Bob Jackson 역시 그의 Hope for the Church, 182에서 건강의 교회의 7가지 특징을 언급하고 있는데, 믿음 충만, 외부에 대한 관심, 하나님이 원하는 것을 찾으려는 것, 변화와 성장의 비용을 회피하지 않고 대면함, 공동체를 세움, 다른 사람에 대한 관심, 기본적인 것(공정예배, 목회, 청지기직, 행정 등)에 충실할 것 등이 그것이다.

같다. 교회는 성장과 건강에 조금도 방심하지 말아야 하며 영적 성장을 추구하는데 힘써야 하고, 교회는 사역팀을 만들어 교회사역에 참여할 수 있게 해주어야 성장에 대한 평가가 측정될 수 있다."325) 교회변화와 성장은 사실상 매우 어려운 작업이며, 장시간을 요하는 작업이기도 하다. 그러므로 그는 끊임없이 기도할 것을 요구한다. 이것은 매우 의미있는 자세라고 생각한다. 기도야말로 교회를 변화시키고 성장시키며 건강하게 하는데 가장 중요한 요소이기 때문이다. 그의 말을 인용해본다. "교회갱신의 과정은 기도로 시작하고 기도로 끝난다. 그 일의 과정도 기도로 지탱되어야 한다. 기도는 그 진행과정이 인도되는 방식이다. 기도는 그 어려운 과정에도 교회를 묶어주는 접착제이다. (…) 교회의 크기나 신학이나 형태는 아무 상관없다. 모든 교회의 변화는 기도로 시작한다."326)

이제 크랜들(Ron Crandall)의 제안으로 넘어가 보려한다. 앞에서 우리는 크랜들이 지적한 작은 교회의 성장의 방해물들을 언급하였다. 그는 작은 교회가 성공하고 방해물들을 극복하기 위해서는 다음 다섯 가지 면에 주의해야 한다고 본다.327) 1. "은혜의 감각을 회복하기",328) 2. "새로운 비전을 만들고 주입하기",329) 3. "관심을 낯선 이에게로 돌리기",330) 4. "재정적 기초를 튼튼히

325) McConnell, 124.

326) McConnell, 13.

327) Ron Crandall, Turnaround Strategies for the Small Church, Abingdon Press, 1995, 59-82 (이하 Crandall로 약칭).

328) Crandall, 64. "a. 할 수 있는 것과 없는 것을 구분하라, 개인의 강점을 긍정적인 방식으로 이끌어내는 법을 배우라. 저항하는 자들을 공격하지 말고 은혜로운 복음을 선포하라, 하나님의 소명을 확신시키라. 놀라운 일을 일으키기 위해 하나님께서 그들을 부르셨음을 영광스럽게 생각하도록 하라, b. 자신을 열어놓으라. c. 자신의 신앙과정과 비전을 공유하라. d. 분명한 신학적, 신앙적 근거를 가지고 목사로서 섬기고 있음을 확신시키라. e. 모든 사람들을 존경하고 격려하고 칭찬하는 법을 배우라. f. 가능할 때마다 외부의 인정을 끌어내라. 신문기자에게 특별 이벤트를 취재하도록 하거나 직접 기사를 작성하여 전달하라. g. 회중들을 예배에 참여하게 하고 오늘날도 역사하시는 하나님의 은총이 드러나도록 기획된 설교를 하라. h. 교회 갱신의 성공을 경험하고 또 축하하도록 하라" crandall, 66-68.

329) Crandall, 68. "a. 목회자가 먼저 개인적 비전을 가져야 하며 교인들로 하여금 공동의 비전을

하고 확대하기",331) 5. "이간질하고 갈등을 일으키는 자들을 다루기"332)가 바로 그것이다. 방해물을 제거하기 위한 노력을 열거한 다음 크랜들은 작은 교회가 성장하기 위해 다음 요소들을 주목해야 한다고 주장한다. "사랑과 수용의 분휘기, 목회적 주도권, 새로운 프로그램과 전도목회, 열려있고 살아있는 초청예배, 신실하고 은혜로운 태도, 성경에 강하게 초점을 맞추기, 어린이와 청년에 대한 강조, 성장하기 위한 부단한 노력과 갈망, 친구들을 교회에 초청하기, 전도 강조, 기도, 은사와 제자직에 대한 강조, 평신도의 심방참여, 평신도의 목회 참여, 하나님의 영의 축복, 교회 위치와 성장하는 지역사회, 특별한 아웃리치와 전도 이벤트, 전략적 기획, 리더십에 새로운 인물 사용"333) 등이 그것이다. 마지막으로 크랜들은 작은 교회가 갱신되고 성장하기 위한 강조점을 여덟 가지로 요약한다. "성경 중심성, 교인들을 이해하고 사랑하는 마음,

발견하도록 이끌어야 한다. b. 하나님의 구속적인 행위 사랑의 행위뿐만 아니라 교회를 위한 하나님의 목적을 설교하고 가르치라. 도덕주의와 의무에 대한 가르침을 피하라. 인간의 응답을 강조하기 전에 하나님의 역사하심에 먼저 초점을 맞추라. c. 교회 역사 속에서 성령께서 어떻게 역사하셨는지, 교회의 유산을 기억시키고, 축하하라. 많은 교회들은 과거의 이야기를 새로운 방식으로 이야기함으로써 자신들의 유산과 정체성을 회복하게 된다. d. 교인들로 하여금 자신들의 꿈과 비전을 표현할 수 있는 기회를 마련하라. e. 이 교회는 누구의 교회이며, 우리는 지금 왜 여기에 있으며 우리는 지금 무엇을 하고 있는가와 같은, 생각을 유도할 수 있는 좋은 질문을 던지라. f. 하나님의 부르심에 맞는 공동의 비전에 도달하도록 함께 일하라. g. 교인의 비전이 분명해지면, 회중들의 기대와 비전에 맞추어 자신의 은사와 에너지를 투자하기 위한 우선순위를 정하라." crandall, 69-72.
330) Crandall, 72. "a. 성령의 도우심을 바랄 것, b. 목회자는 아웃리치가 중요하다고 선언하고 자신이 먼저 실천할 것, c.아웃리치에 관한 좋은 질문을 던져 개인과 전교인의 상상력을 자극하라, d. 좌절에서 나와 새로운 생명과 희망을 가지며 효율적인 목회와 성장을 위해 노력했던 다른 교회의 간증을 나누라. e. 타인을 사랑하고 섬기는 것이 자신에게 축복임을 알게 하라." crandall, 73-74.
331) Crandall, 75. "a. 투명한 재정을 만들어야하고, 재정에 대한 청지기의식을 가지며, 교인들의 자존감을 높여야 하며, 돈을 모으고 청지기직 교육에 창조적이어야 하며, 위대한 일을 위해 지속적으로 기도하고 그것이 이뤄지도록 노력해야 한다." crandall, 76-79.
332) Crandall, 79. "어떤 문제에 대한 가능한 충분한 정보를 제공하고, 일치하지 않는 것보다 서로 일치점들을 볼 수 있도록 도우며, 의사 결정과정에 모든 사람들이 참여하도록 하는 것이 좋다." crandall, 79-82.
333) Crandall, 86-87.

지역사회를 위한 선교와 목회와 돌봄, 듣는 리더십, 기도의 헌신, 예배와 설교에 대한 열정, 지역사회를 위한 전적인 팀 목회, 지역사회를 중심으로 한 전도"가 그것이다.[334]

　　맥킨토시(Gary L. McIntosh)는 교회성장 컨퍼런스에서 있었던 한 경험담을 소개한다. 그는 목회자들과 교회지도자들에게 "교회가 성장하기를 원하십니까, 아니면 정체되어 있기를 원하십니까"라고 물었고, 이에 대해 "아무도 교회가 정체되어 있거나 쇠퇴하기를 원한다고 답변한 사람은 없었다"[335]는 것이다. 사실상 교회성장은 모두 사역자가 원하는 결과이다. 문제는 방법이다. 맥킨토시는 교회성장의 방법은 철저히 성경적이고 신학적이어야 한다고 주장한다. "교회성장은 일반적인 견해와는 반대로, 사회학이나 마케팅이나 인구통계학에 의존하는 것이 아니다. 교회성장은 성경적 개념으로서 생명을 주시는 하나님의 본성에서 나오는 것이다."[336] 그러면서 그는 교회성장의 성경적 신학적 원리를 다음과 같이 소개한다. 첫째 원리는 "바른 전제인 하나님의 말씀에의 헌신"이다.[337] 둘째 원리는 "바른 우선순위에, 즉 하나님을 영화롭게 하는데 초점을 맞추는 것이다."[338] 셋째 원리는 "바른 과정 즉 제자훈련을 개발

---

334) Crandall, 136-149.
335) Gary L. McIntosh, Biblical Church Growth: How You Can Work with God to Build a Faithful Church, BakerBooks 2003, 18.
336) McIntosh, 9.
337) McIntosh, 173: 그러므로 성장을 원하는 교회는 a. "신앙과 실천의 유일한 권위인 성경을 인정해야한다." b. "남녀노소 모든 인간은 죄로 말미암아 하나님으로부터 멀어졌음을 분명히 이해해야 한다." c. "예수 그리스도와의 구원의 관계없이는 모든 사람들이 하나님과 영원히 분리되어 살 운명에 처해졌음을 인정해야 한다." d. "예수 그리스도만이 구원과 영생의 유일한 길이요 다른 이에게는 구원이 없다는 것을 믿어야 한다." e. "궁극적이고 논박할 수 없이 능력 있는 하나님의 말씀의 교육과 설교로 돌아가야 한다."
338) McIntosh, 173. 교회는 "a. 하나님이 창조주이신 것과 영광과 찬양을 받을 만한 분이라는 것을 인정해야 한다. b. 그에게 영광돌리는 수단으로 하나님에 대한 공적, 사적 예배를 격려해야 한다." c. 하나님께 영광 돌리려는 사역과 프로그램을 개발해야 한다. d. 하나님께 영광돌리는 기본적인 방편은 새로운 회심자의 열매를 맺는 것을 통해 가능하다는 것을 인정해야 한다. e. 제자 삼으라는 그리스도의 명령을 제일 우선순위에 놓아야 한다." (173-4).

하는 것이다."339) 넷째 원리는 "바른 능력, 즉 성령을 신뢰하는 것"이며,340) 다섯째 원리는 "참된 목회자, 즉 신실하신 목자를 따르는 것"이다341). 여섯째는 "바른 사람들을 계발하는 것, 즉 효율적인 사역자들을 세우는 것"이며,342) 일곱째는 "바른 철학, 즉 문화적 적실성(relevance)을 사용하는 것"이고,343) 여덟째는 "바른 계획을 세우는 것, 즉 사역의 대상 층에 초점을 맞추는 것"이며,344) 아홉째는 "바른 절차를 발견하는 것, 즉 단순한 구조를 만드는 것"이다.345) 매킨토시의 교회성장원리를 좀 더 상세히 설명해야 하나 여기서 멈추

339) McIntosh, 174. 그러므로 교회는 "그리스도를 믿도록 하는 효율적인 방법을 개발해야 한다. 신입교인을 환영하고 교육시키고 지역교회와 연결시킬 수 있는 과정을 디자인하라. 평생학습을 통한 믿음의 성숙을 도울 수 있는 길을 마련하라. 건강한 교회가 되는 것은 가는 것, 세례 주는 것, 가르치는 것의 세 영역에 참여하는 것임을 인식해야 한다. 세 영역의 사역을 발전시키는데 지속적으로 초점을 맞추라"(174f).

340) McIntosh, 175. 교회성장을 원하는 교회들은 "영적 수적 성장을 위해서는 성령에 의존하라. 교인들의 공동기도와 개인 기도생활을 격려하라. 교회의 성장을 위하여 적극적으로 기도하라. 교회 공동체에서 잃어버린 자들의 구원을 위해 기도하라. 교회를 이끌어주시도록 기도하며 하나님의 얼굴을 구하라." (175).

341) McIntosh, 175. 맥킨토시는 이를 위해 다음과 같은 구체적 원리를 제시한다. "성격과 능력 사이의 균형을 가진 목회자를 선택하기, 개교회의 선교적 방향설정을 위해 목회자들을 격려하기, 목회자에게 다른 일보다 목회 사역을 위해 사람들을 훈련시킬 것을 기대하기, 위대한 사명을 성취하도록 교회를 이끄는 좋은 목회자들의 리더십을 인정하기, 함께 일할 목회자들 팀을 구성하기." (175f).

342) McIntosh, 176. 구체적 지침은, "영적은사나 개인의 재능, 그리고 개인적 열정 등을 확인하기 위해 교인들과 면담계획을 세우기, 하나님의 관심사에 맞추는 사역을 발견하고 내부실무훈련을 준비하도록 돕기, 새신자들을 모으고 가능한 빨리 효율적으로 배치하기, 얼마나 많은 사람들이 봉사하고 있고 어떤 일에 관여하고 있는지를 발견하기, 모든 사역자들의 최소 10 %를 비그리스도인 전도에 투입하기" 등이다. (176f).

343) McIntosh, 177. "성서적 교회 성장을 바라는 교회들은 사역지를 결정하고, 인구동향, 가족생활과 가치, 주거형태, 인종구성, 교육과 경제 환경, 일어나는 변화를 분석하여 사역지 안에 있는 공동체의 정체성을 밝혀야 하며, 교회 사역에 변화해야 할 것과 그렇지 않은 것이 무엇인지 결정해야 하고, 사역지 사람들에게 복음을 전달하는데 불필요한 장애물을 제거해야 하며, 문화적으로 적합한 새 사역을 설계해야 한다." (177).

344) McIntosh, 177. 구체적 지침은 "사역지의 수용적인 사람 찾아내기, 아웃리치를 위한 기본 노력을 이웃에 집중하기, 교인과 다른 수용적 그룹에 교회개척 노력을 집중하기, 새로운 개종자를 얻고 개교회에 동화될 수 있는 창의적 방법과 사역에 노출하기" 등이다. (177f).

345) McIntosh, 178. "현 교회의 조직 구조를 분석하여 약점과 강점을 찾아내기, 현조직구조를 간소화하여 교회 성장의 장애물을 제거하기, 새로운 작동 시스템을 설계하기, 사역을 극대화하

고자 한다. 정리하자면 그의 교회성장 원리는 구체적인 전략보다 신학적, 성경적 원칙에 충실하려 한 것처럼 보인다.

해밋(Edward H. Hammett)은 교회 성장을 위한 매우 구체적인 전략에 초점을 맞춘다. 특히 그는 세대간 목회에 관심을 갖는다. 교회 안에는 여러 세대들이 있다. 목회자가 여러 세대를 타깃으로 목회를 할 때 어떤 전략을 사용하는 것이 좋은가를 상세히 논하고 있다. 여기서는 방대한 그의 구체적인 전략들을 다 소개할 수 없으므로 필요한 부분만 간단히 소개해보려 한다. 그 전략들은 다음과 같다. 첫째, "제한된 자원을 60대 이상과 40대 이하에 배분하라."[346] 둘째, "가라 전략과 오라 전략을 적절히 혼합하는 방식을 기획하라."[347] 셋째, "구조를 바꾸기 전에 가치를 바꾸라."[348] 넷째, "트렌드를 이해하라."[349] 넷째 "잠재력과 기회를 최대화하라."[350] 다섯째, "현재를 관리하면서 미래를

는데 초점을 맞추기, 사역의 형태보다 사역의 기능에 집중하기" 등을 고려해야 한다. (178).

346) Hammett, 141.

347) Hammett, 142.

348) Hammett, 143.

349) Hammett, 144. 해밋이 지적하고 있는 현재의 경향은 다음과 같다: "교회를 선택할 때 교단을 고려하지 않으며, 가정교회라는 말은 적실성이 없으며, 셀교회들이 변하고 있으며, 매주 주일예배는 참석치 않으면서도 교회에 참여한다. 특히 포스트모던 세대들은 높은 영성은 원하면서도 제도적 종교는 별로 원하지 않는 경향을 보이며, 예배드리는 날과 시간이 달라지고 있으며, 예배구조와 스타일도 변하고 있다. 또한 전도가 구도자에 민감하면서도 좀 더 노골적인 방식으로 이뤄지고 있으며, 부흥이 다양한 형태로 오고 있으며 교회 교육이 가르침에서 배움으로 이동하고 있고, 리더십 팀이 개인 리더들을 대체하고 있다. 결정은 투표보다 합의에 의해 이뤄지고, 교회 정치구조가 바뀌고 있다. 그리고 성에 대한 생각도 바뀌고 있으며 수월성에 대한 요구가 계속해서 늘어나고 있고. 교회 리더들은 엄격한 조건을 요구받고 있으며, 타교회에서 유입된 교인은 비전과 목적 지향적 교회를 추구하며, 교회 안에서 효율성과 측정 기준을 강조하며, 훈련과 규율을 기대하며 시행하는 경향이 있다. 그리고 현실적합성이 요구되며, 가족과 보내는 시간이 최우선 고려사항이 되며 목회가 더 높고 복잡해지는 경향이 있다. 미래교회들은 편모가정을 인정하여 그에 대한 대응책을 제시하고, 젊은 은퇴자들이 늘어나며, 중독과 오남용을 다루는 회복프로그램이 교회 안에서 만들어지고 있으며, 예배 등에 기술이 도입되고 있다"(hammett, 144-5).

350) Hammett, 145. 해밋이 주장하는 잠재력과 기회를 최대한으로 끌어올리는 길은 리더와 팀들이 과제나 프로젝트가 아닌 사람에 대한 열정을 가지고 있어야 하며, 팀을 만들었다면 그 팀이 꿈을 달성할 수 있도록 가능한 한 많은 자원을 지원해야 하며 제약조건을 최소화해야 한다. 그

만들어가라."351) 여섯째, "아웃리치를 위한 방법을 바꾸라"352). 일곱째, "유사구조를 만들라."353)

　마지막으로 한국에도 많이 소개되었던 슈바르츠의 교회의 성장원리를 소개하려 한다.354) 그는 전세계에 있는 1000개의 다양한 형태의 교회, 다양한 상황에 있는 교회를 관찰하여 성장원리를 제시하였다.355) 그가 말하는 교회 성장원리는 "자연적 교회성장"356)이다. "자연적이란 자연으로부터 배우는 것을 의미한다. 자연으로부터 배우는 것이란 하나님의 창조로부터 배운다는 것을 뜻한다. 하나님의 창조로부터 배우는 것이란 창조주이신 하나님으로부터 배운다는 것을 말하는 것이다."357) 한마디로, 자연 생명체의 성장 원리인 "유기체적 성장 원리"358)를 교회 성장에 적용한 원리다. 그는 자연적 교회성장을 위한 실천 단계로서 다음과 같은 지침을 제시한다. "영적 계기를 마련하라. 최소치 요소를 찾아라. 질적 목표를 세우라. 장애요인을 확인하라. 생명체원리를 적용하라. 강점을 활용하라. 효율성을 점검하라, 새로운 최소치 요소에 눈을 돌리라, 새교회를 번식해나가라."359) 이것은 사실상 앞에서 언급한 다른 필자들의 전략이나 내용과 큰 차이가 없다. 그러나 그의 독특한 점이라면 이

리고 기술계발에 적극 투자해야 하고, 성공스토리 등을 지속적으로 홍보해야 한다 (Hammett, 145).

351) Hammett, 146.

352) Hammett, 146.

353) Hammett, 149. 이외에도 스티븐스(Tim Stevens)와 모건(Tony Morgan)은 〈전략적 성장: Strategic Growth〉에서 교회의 성장을 위한 전략들을 소개한다. 이것들은 위에서 소개한 비전, 사명, 기획, 실행과 같은 패턴을 반복하지 않고 아주 구체적이고 흥미있는 전략과 방법들을 전달하고 있다. 너무 많아 여기서는 생략하기로 한다. Tim Stevens, Tony Morgan, Simply Strategic Growth: Attracting a Crowd to Your Church, Loveland: Group, 2005 참조.

354) Christian A. Schwarz, 자연적 교회성장, 도서출판 NCD, 1999, (이하 NCD로 약칭함)

355) NCD, 18.

356) NCD, 8.

357) NCD, 8.

358) NCD, 8.

359) NCD, 106-125.

지침을 실천할 때 프로그램이나 이벤트와 같은 방법에 의존할 것이 아니라 자연에서 발견할 수 있는 생명체 원리, 즉 유기체적 원리를 따라야 한다는 것이다. 그 원리는 "상호의존의 원리, 번식, 에너지 전환, 다목적, 공생, 기능"360), 이 여섯 가지다. 또 하나 그의 독특한 점은 최소치 요소에 관한 그의 주장이다. 그가 말하는 최소치 요소는 교회성장에 반드시 필요한 여덟 가지 질적 요소다. "사역자를 세우는 지도력, 은사 중심적 사역, 열정적 영성, 기능적 조직, 영감 있는 예배, 전인적 소그룹, 전도, 사랑의 관계(친교)"361)가 그것이다. 건전한 성장을 위해 이중 최소치 요소를 평가하여 가장 낮은 것부터 높여갈 것을 제안한다. 한 최소치가 어느 정도 높여졌다면 다음 최소치를 찾아 높여야 한다. 사실, 교회성장에 관심 있는 목회자들은 위의 성장 요소들을 익히 알고 실천해보았을 원리들일 것이다. 그런데 왜 교회는 변화가 없으며 성장하지 않는가 하는 질문도 심각히 던져보았을 것이다. 그러한 문제들에 직면하여 최소치를 찾아 차례로 높여보라는 것은 주목할 만한 제안이라고 생각된다.

지금까지 많은 교회성장과 건강 전략을 소개해 보았다. 모든 원리가 모든 교회에 적용되는 것은 아닐 것이다. 각자의 상황과 여건에 맞게 조정하고 수정하고 보완하여 적용한다면 교회성장에 많은 도움이 될 것이라 생각한다. 그럼에도 여기서 언급되지 않는, 필자가 생각하기에는 가장 중요하다고 생각하는 것 몇 가지만 언급하려 한다. 교회는 사회변화와 무관하지 않다. 그러므로 교회내적인 면을 치유하기 위해 노력하는 것이 무엇보다 중요하지만 사회의 변화나 트렌드도 눈여겨보아야 할 것이다. 이것은 앞부분에서 많이 언급했다. 그러나 염두에 두어야 할 것이 있다. 종교가 무엇인가 하는 것이다. 종교는 기본적으로 이성적, 감성적, 도덕적, 신비적 요소로 구성되어 있다. 그런데 대체로 쇠퇴하는 교회들은 대체로 이성적, 도덕적 요소만 남아 있다. 필자의 경험

---

360) NCD, 66-77.
361) NCD, 22-37.

456

에 의하면 쇠퇴하는 교회들은 대체로 이성적이어서 예배의 현장이 그리 역동적이지 못하다는 공통점을 갖고 있었다. 물론 그 하나만으로 쇠퇴하지는 않겠지만, 종교에 있어서 감성적, 신비적 요소가 빠진다면 그 종교는 쇠락이 불 보듯 뻔하다. 나아가 필자는 성장과 건강의 중요한 요소는 기본적인 것에 있다고 생각한다. 그것은 전도이며 역동적 예배이며, 성령의 강조이고, 복음에 충실하는 것이며, 그리고 기도의 열심이다. 교회가 성장하려면 여러 전략과 기획과 프로그램이 필요하지만 가장 기본인 것에 더 집중해야 하리라고 본다.

제14장 교회의 과제로서 "정의로운 평화"의 모색
— 정의와 평화의 관점에서 본 WCC 제 10차 부산총회 문서

1. 왜 정의와 평화인가 362)

한국에서 열렸던 10차 WCC 부산 총회도 수많은 이야기들을 남기고 역사의 장으로 넘어갔다. 여기서는 WCC 제 10차 부산총회를 돌이켜 보면서 WCC의 문서들을 정의와 평화라는 관점에서 새롭게 재편성해 보려한다. WCC는 오랫동안 이 문제에 깊은 관심을 갖고 있었다. 부산총회뿐만 아니라 그 이전의 총회에서도 정의와 평화의 문제는 수없이 토론되었고 그 결과가 문서로 발표되었다. 어떻게 보면 "정의"는 WCC의 혈관에 흐르는 혈액이라고 정의해도 과언은 아닐 것이다. 그러므로 불의와 억압과 착취를 경험하고 있는 오늘의 시점에 있어서 WCC의 정의와 평화에 관한 신학과 그 흐름과 대안들을 살펴보는 것은 매우 의미 있는 일일 것이다. 그러나 지면과 시간의 한계 상 여기서는 WCC 제 10차 부산총회의의 문서에 국한하고자 한다. 그 이유는 연구자체의 한계도 있지만, 필자가 생각하기에, 정의와 평화에 관한 주제는 부산총회에서 그 절정을 이룬다고 보고 있기 때문이다.363) "생명의 하나님, 우리를 정의와 평화로 인도하소서"라는 부산총회의 표어는 그것을 잘 드러내 보여주고 있다.

---

362) 출처, 김도훈, 에큐메니칼 시대의 교회의 과제로서 "정의로운 평화"의 모색 - 정의와 평화의 관점에서 본 WCC 제 10차 부산총회 문서, WCC 신학의 평가와 전망, 2015,

363) 장윤재, 세계교회협의회 제 10차 부산총회와 에큐메니칼 운동", 〈한국조직신학논총〉 37집, 228은 "제 10차 WCC 부산총회는 세계 에큐메니칼 운동과 신학의 역사에 특별히 '정의'문제를 강력히 제기한 총회로 오래 기억될 것"이라고 말한다. 변창욱, WCC 부산총회 종합평가와 선교적 의미: 역대 WCC 총회와 CWME 대회의 선교주제를 중심으로, 〈선교와 신학〉, 34집, 2014, 128은 정의와 평화가 에큐메니칼 운동의 전통적 의제였으나 총회주제로 채택된 것은 부산대회가 처음이었다고 밝힌다.

그런데 WCC의 신학을 다루면서 왜 교회나 예전이나 선교나 종교간의 대화의 문제가 아닌 정의와 평화의 문제를 다루고자 하는가? 위에서 언급한대로, WCC의 핵심 흐름이 정의와 평화이기도 하지만 그것은 우리와 교회를 둘러싼 도전과 시대적 요청 때문이기도 하다. 필자나 개개인이 느끼는 시대적 요청뿐만 아니라 WCC가 걸어오면서 함께 느끼는 시대적 요청 말이다. 오늘 이 시대는 불의와 부정의에 대한 경험으로 점철되어 있는 시대다. 개인은 물론이고 사회, 국가도 마찬가지다. 불의한 세계, 부정의가 판치는 교회와 세상, 불의를 행하면서도 마치 정의인 것처럼 기만하는 우리 인간의 기본적 욕망이 지배하는 세상이 되었다. 마치 어느 드라마의 자조 섞인 울분처럼, 세상은 "불의한자"와 "덜 불의한자"로 대분되어 있는 것처럼 보이는 세상이다. 그러므로 교회와 그리스도인들은 이 불의의 세상에서 어떻게 해야 하는가?

지금까지 신학은 사랑에 기초해있었다. 하나님의 모든 속성이 사랑으로 환원되는 느낌마저 주었다. 기독교의 사랑은 결코 정의가 무시되거나 사랑 없는 정의가 아님에도 불구하고 사랑환원주의적 성격 때문에 모든 인간의 불의와 죄악이 합리화되는 신학적 경향도 있었음을 부인할 수 없다. 또한 의와 칭의를 개인에게만 해당되는 것으로, 그리고 영적 죄에 대한 영적 칭의만이 전부인 것으로 해석해온 경향도 있었다. 하나님의 의롭게 하는 행위는 개인을 포함한 사회구조와 피조세계, 피해자만이 아닌 가해자에게도 해당되는 것인데도 말이다. 최근 정의에 대한 신학적 관심이 늘어나고 있는 것은 매우 다행스러운 일이다. 이것은 오늘날 우리의 사회적 상황과 신학적 경향과 무관치 않다고 볼 수 있다.[364]

평화의 문제 또한 오늘날의 중요한 이슈이다. 수많은 폭력과 불의와 전쟁

---

364) J. Moltmann, Sein Name ist Gerechtigkeit, 곽혜원 역,『하나님의 이름은 정의이다』, 서울: 21세기교회와신학포럼, 2011. J. Moltmann, Ethik der Hoffnung, 곽혜원 역, 『희망의 윤리』, 서울:대한기독교서회, 2014. 생명평화마당 편,『생명과 평화를 여는 정의의 신학』, 서울 : 동연, 2013. 배재욱, 정의에 대한 그리스도론적 고찰,『신학과 목회』제41집, 2014.5, 39-59.

이 개인과 사회와 민족과 지구를 위협하고 있다. 이런 상황 속에서 정의 문제와 함께 중요한 이슈는 역시 평화라는 이슈이다. 이 둘은 사실 함께 가는 개념이다. 정의 없는 평화도 없으며 평화 없는 정의도 없다. 정의는 평화로 타나나며, 평화는 언제나 정의에 근거해야 한다. 이 둘은 성경에 적절히 근거되어 있으며, 교회는 정의와 평화를 핵심 사명과 과제로 삼아야 한다. 이것이 진정한 평화와 정의를 추구하시는 하나님의 형상으로서의 교회의 모습일 것이다. 그러므로 이 글에서 정의와 평화를 한 묶음으로 엮어 다루는 것은 당연한 조화이며 과제이다.

2013년 부산 총회의 문서에는 유일한 공식문서인 〈하나님의 선물과 일치로의 부르심 - 그리고 우리의 헌신〉이라는 제목의 〈일치문서〉와 7대 자료문서, 그리고 오늘날 교회가 직면해 있는 문제들을 다룬 11개의 채택문서들이 있고 마지막으로 참가자들의 대화를 기록한 21개의 좌담록이 있다.[365] WCC 부산총회의 생각을 이해하는데 있어서 이 모든 문서들의 분석이 필요하다. 모든 문서들이 상호연관성을 갖고 전개되고 있으며, 또한 이러한 문서들을 통해 앞으로의 WCC 신학과 운동의 방향을 읽어낼 수 있기 때문이다. 그럼에도 모든 문서를 다 분석하거나 각각의 문서들을 전체적으로 분석하거나 하지 않고, 정의와 평화라는 관점에서만 분석할 것이다. 그리고 문서가 많은 관계로 11개의 채택문서는 다루지 않고 7대 자료 중에서도 신학교육에 관한 문서나 다종

---

365) 세계교회협의회(WCC) 제 10차 총회백서, WCC총회백서발간위원회 편, 2014 참조(이하 백서로 약함), 부산총회에서 인정되거나 채택된 문서들에는 다음과 같은 것들이 있다. 부산총회의 유일한 공식문서인 〈일치성명서: 하나님의 선물과 일치로의 부르심 - 우리의 헌신〉, (이하 〈일치문서〉로 약함), 7대 자료문서인 〈교회:공동의 비전을 향하여〉(〈교회〉로 약함), 〈함께 생명을 향하여: 기독교의 지형변화 속에서 선교와 전도〉(이하 〈선교〉로 약함), 〈다종교 속에서의 기독교의 증언〉, 〈모두의 생명, 정의, 평화를 위한 경제: 행동촉구〉(〈행동촉구〉로 약함), 〈정의로운 평화에 대한 에큐메니칼 선언〉(〈정의로운 평화〉로 약칭함), 〈21세기 디아코니아에 관한 신학적인 전망〉, 신학교육에 대한 에큐메니칼 서약: 변화하는 세계 기독교 지평에서의 리더십 훈련양성〉, 6개의 성명서와 4개의 회의록, 1개의 결의안으로 되어 있는 11개의 채택문서 등이 그것들이다. 첨언해둘 것은 이 글에서 보이는 본문 ( )안에 기록된 숫자는 각 문서의 항을 의미한다.

교 상황에 대한 문서는 다루지 않는다. 이 두 문서는 다른 문서에 비해 비교적 정의와 평화개념이 덜 드러나 있기 때문이다. 이 문서들을 다룸에 있어서 예리한 분석과 평가보다 정의와 평화라는 관점으로 정리하고 요약하는 것을 주목적으로 한다. 이것만으로도 한국교회와 그리스도인들이 정의의 문제에 관심을 갖게 하는데 충분한 기여가 될 것으로 보기 때문이다.

2. 정의와 평화의 관점에서 본 WCC 제 10차 부산총회 문서들

1) 〈하나님의 선물과 일치로의 부르심-우리의 헌신〉

부산총회의 공식문서인 〈일치문서〉[366]의 서두에 의하면 창조세계는 하나님의 선물이다. 그 세계는 생명력이 넘치는 다양성의 세계이며 선한 세계이다. 따라서 "온 창조세계가 일치와 평화 속에서 더불어 살아가야 하는 것이 바로 하나님의 뜻"이다 (1). 그러나 〈일치문서〉가 보는 오늘의 현실 경험은 이중적이다. 한편으로는 "서로 다른 신앙을 가진 사람들이 정의와 평화를 위해 함께 일하면서 기쁨을 느끼는" 긍정적 경험이며, 다른 한편으로는 "사회적·경제적 불의, 가난과 기근, 탐욕과 전쟁"으로 인한 세상의 황폐화, "폭력과 테러리즘과 전쟁, 특히 핵전쟁의 위협", "문화로부터의 소외", "생명의 균형에 대한 위협과 점증하는 생태적 위기의 경험과 같은 불의의, 부정적 경험이다.(2)

〈일치문서〉는 교회 안에서의 부정의와 불의를 마음 아프게 인식하고 있다.[367] 교회는 분열로 말미암아 일치와 화해를 멀리하며 불의를 묵인하고 있

---

366) "일치성명서: 하나님의 선물과 일치로의 부르심-우리의 헌신," WCC 제10차 총회백서발간위원회 편, 〈WCC 제 10 차 총회백서〉, 2014, 405-410. 부산총회에서 〈일치문서〉가 공식 인정되기까지의 WCC 내의 신학의 흐름과 〈일치문서〉에 대한 평가는 이형기, "하나님의 창조와 우리의 일치" 세계교회협의회 제 10 차 총회한국준비위원회 편, 『세계교회협의회 신학을 말한다』한국장로교출판사, 2013, 25-69 참조.
367) 물론 교회 안에서의 경험도 긍정과 부정의 두 측면이 있다. 긍정의 측면을 다음과 같이 서술한다. "세계 도처의 기독교 공동체들이 새롭고도 전에 없던 다양성을 갖추며 성장해 나감에 있어 활력 넘치는 생명력과 창조적인 에너지를 보여주고 있다. 교회들 가운데 서로가 서로에게

다고 자책한다(4). 교회는 "사람들을 배제시키거나 주변화시키고, 정의를 추구하기를 거부하며, 평화롭게 살기를 꺼리고, 일치를 추구하지 않으며, 창조세계를 착취함으로써 생명을 학대한다"(5)는 것이다. 성경은 교회가 "정의와 평화를 위해 일하고, 가난한 자들과 버려진 자들과 소외된 자들을 돌보며, 뭇 민족의 빛이 되라고(6)" 요청하고 있는데도 말이다. 그래서 끝내 "정의를 행하고, 평화를 위해 일하며, 창조세계를 지탱하는 데 실패했다"(14)고 고백한다.

이처럼 〈일치문서〉가 교회의 분열과 불의를 신랄하게 비판하고 있는 것은 역으로 오늘의 교회의 사명을 확인시키고자 함이다. 그리하여 이 문서는 교회의 사명을 비교적 길게 언급한다. 그것에 따르면 교회의 사명은 "새 창조의 전조(前兆)가 되는 것이고, 하나님이 모든 만물에게 주고자 하시는 생명을 전 세계에 알리는 예언자적 표지가 되는 것이며, 정의와 평화와 사랑이라는 하나님 나라의 기쁜 소식을 전파하는 봉사자가 되는 것"(9)이다. 교회의 세 가지 사명이 다 중요하지만 이 문서가 정의와 평화를 직접적적으로 연관시키고 있는 "예언자적 표지"와 "하나님나라의 봉사자로서의 교회의 사명"을 언급할 필요가 있겠다. "예언자적 표지로서의 교회에 주어진 소명은 (…) 우리는 자신의 삶에서 정의를 세우고, 평화 속에 함께 살며, 저항과 수고를 침묵시키는 안이한 평화에 결코 안주할 것이 아니라, 오히려 정의와 더불어 도래하는 진정한 평화를 위해 싸우는"(11) 사명을 의미하며, 봉사자로서의 교회의 사명은

필요한 존재임은 물론 그리스도께서 하나 되라 부르셨음에 대한 자각이 점점 깊어가고 있다. 교회가 고통과 계속되는 박해에 대한 공포를 경험하는 곳에서, 서로 다른 전통을 가진 그리스도인들이 정의와 평화를 위해 봉사하며 연대함은 하나님 주신 은총의 또 하나의 표지라 할 수 있다. 그간 에큐메니칼 운동은 일치가 증대될 수 있는 모판을 만들어 줌으로써 새로운 사귐을 장려해 왔다. 어떤 곳에서는 그리스도인들이 자신들이 속한 현지 공동체 안에서, 또 지역적 차원에서 새로이 합의된 약속 및 보다 긴밀한 협조 안에서 더불어 일하면서 증인의 역할을 감당하고 있기도 하다. 우리는 우리와 다른 신앙을 가진 사람들과 서로 나누고 배움으로써 정의와 평화를 위해, 그리고 아름답지만 한편 상처 받고 있는 하나님의 창조세계의 온전성을 보존하기 위해 함께 일하도록 부르심 받았음을 점점 더 깨달아 가고 있다. 이렇게 심화되는 관계들은 새로운 도전을 불러일으키고 우리의 이해의 지평을 넓혀준다 "(3).

"예수 그리스도 안에 계시된, 세계를 위한 하나님의 거룩하고 생명을 긍정하는 계획을 나타내"(12) 보이는 사명을 의미한다. 그러므로 교회는 "하나님의 정의를 추구해야 하고, 하나님의 평화를 위해 일해야 한다. 그리스도인들은 우리와 다른 신앙을 가진 사람들이 있는 곳에서 함께 살고 있으며, 따라서 가능한 모든 곳에서 모든 사람들 및 창조세계의 안녕을 위해 협력하도록 부르심 받았다"(12).

　　WCC는 〈일치문서〉를 통하여 오늘 이시대의 불의의 경험을 서술하고, 교회의 잘못을 고백한 다음, 그럼에도 불구하고 삼위일체 하나님에 의해 주어진 사명을 선언한다. 그리고 마침내는 WCC의 헌신과 결단을 다음과 같이 천명한다. "우리는 정의와 평화와 창조세계의 치유를 위한 노력을 강화할 것이며, 함께 현대의 사회적 · 경제적 · 도덕적 문제들이 제기하는 복잡한 도전들을 다루어 나갈 것이다. 우리는 보다 공정하고 참여적이며 포용적으로 함께 사는 길을 찾기 위해 노력할 것이다. 우리는 다른 신앙의 공동체들과 함께 인류의 안녕과 창조세계의 안녕을 위해 협력할 것이다"(15).

2) 〈교회: 공동의 비전을 향하여〉

　　WCC가 교회에 관한 문서를 채택한 것은 1982년 BEM문서 채택 이후 30년만이다. 〈교회: 공동의 비전을 향하여〉[368]의 선포는 "에큐메니칼 운동사에서 기념비적 사건"[369], "에큐메니칼 운동의 출판 역사에서 한 획을 긋는 사건"[370] 등으로 평가해도 될 만큼 중요한 사건임에는 틀림없다. 이렇게 의미 있는 문서가 '정의를 어떻게 전개하고 있을까', '코이노니아 교회론을 핵심으로 하고 있는 이 문서가[371] 교회와 정의를 어떻게 연관시키고 있을까' 하는 것

---

[368] 〈교회:공동의 비전을 향하여〉 이르기까지의 과정에 대해서는 『자료모음. 세계교회협의회 제 10차 총회』, 68-77 참조(이하에서는 〈자료모음〉으로 약칭함).
[369] 〈백서〉, 242. 이 문서에 대한 소개와 평가는 〈백서〉, 241-3참조.
[370] 〈자료모음〉 11.

이 여기서의 핵심 논점이다. 〈일치문서〉에서 본대로 오늘의 현실은 폭력과 불의의 시대다. 이 시대를 바라보면서 우리는 이렇게 질문할 수 있을 것이다. "우리가 공동체적 친교를 통하여 함께 성장하고 세계의 정의와 평화를 위하여 함께 투쟁하며 과거와 현재에서 우리가 처한 분열을 함께 극복하기 위한 목적을 추구하면서 성삼위 하나님께 속한 교회에 대하여 한 목소리로 말할 수 있는 것은 무엇인가?"372) 이 문서는 바로 이 질문에 답변하기 위해 시도된 문서이다. 여기서도 마찬가지로 이 문서 자체를 분석하려 하지 않고, 정의와 평화와 관련하여 이 문서를 정리하는 것으로 만족하려 한다. 이 문서는 사실상 정의와 평화라는 구절이 다른 문서에 비해 그리 많이 등장하지는 않는다. 오히려 전통적인 교회론에 치중하는 듯한 느낌도 준다. 그러나 전체적으로는 위의 〈일치문서〉의 흐름과 방향과 크게 어긋나지 않는 것으로 판단된다. 이제 〈교회〉문서의 내용을 요약해보고자 한다.

첫째, 이 문서는 "정의와 평화를 위한 선교와 협력을 통해 복음을 선포하고 증거하는 것"(34)을 "새로운 친교의 삶이 유효하게 실현되어 있음을 드러내주는 가시적이고도 유형적인 표지(34)"로 제시하고 있다. 둘째, 교회의 사명에 "정의와 평화를 촉진하는 사역을" 포함시키고 있다(59). 셋째, 이 문서는 그리스도인의 윤리를 "개인의 도덕적 가치뿐 아니라 정의, 평화, 환경보존과 같은 사회적 가치"에로 확대시키고 있다(62). "이는 복음의 메시지가 인간존재의 개인적 측면뿐만 아니라 공동체적 측면에도 공히 미치기 때문이다"(62). 넷째, 교회의 사역이나 관심은 단순히 개인적 차원에 머물러서는 안 되며 "이 지상의 재화들이 공평하게 나누어지고 가난한 이들의 고통이 경감되며 절대적인 빈곤이 언젠가 추방되는, 정의로운 사회 질서를 이루기 위한 사역으로"(64) 나가야 한다고 역설한다. 즉, "인류 가족을 괴롭히는 엄청난 경제적

---

371) 백서, 242.
372) 위의 책.

불평등, 예컨대 지구상의 부국과 빈국을 나누는 남북문제와 같은 것들 것에 대해 교회들은 지속적으로 관심을 가져야 하며" "그리스도인들은 '평화의 왕'을 따르는 자들로서 특별히 전쟁을 일으키는 요인들(경제적 불평등, 인종주의, 민족내지 종교 간의 증오, 과도한 민족주의, 압제 및 차이를 해소하기 위해 폭력에 의존하는 것 등을 주요 원인으로 꼽을 수 있다)을 극복하고자 모색함으로써 평화를 옹호하는"(64) 공동체이어야 한다는 것이다. 다섯째, 이 문서는, 교회는 국가와 사회와의 관계에 있어서도 언제나 하나님 나라의 가치를 진작시켜야 하며 정의와 평과의 관점에서 행동하여야 한다고 주장한다. "부정의한 구조들을 비판적으로 분석하고 폭로하는 것과 그 구조들의 변혁을 위해 일하는 것뿐 아니라 정의와 평화, 환경의 보존 및 가난하고 억압받는 이들을 위한 돌봄을 촉진하는 시민 세력들의 계획을 후원하는 것"(65)도 교회의 삶과 행동에 포함되기 때문이다. 여섯째, 이 문서는 교회의 사명을 생태적 정의로 확대하고 있다. 그에 따르면 "하나님의 교회는 하나님의 자녀들이 누리는 자유에 참여하고자 탄식하고 있는 피조물들을 돌보되(롬8 : 20 -22 참조), 지구를 남용하고 파괴하는 행위에 반대하고 창조세계와 인간 간의 깨어진 관계를 치유하시는 하나님의 사역"(66)에 동참해야 하는 공동체이다. 이 문서를 이렇게 정리한다면 사실상 이 문서의 교회론은 "정의의 교회론"이라고 정의할 수 있을 것이다.

3) 〈함께 생명을 향하여: 기독교의 지형변화 속에서 선교와 전도〉

〈함께 생명을 향하여: 기독교의 지형변화 속에서 선교와 전도〉문서는 타 문서에 비해 비교적 연구와 평가가 많이 이뤄진 문서이며 부산총회의 문서 중 〈교회〉문서와 함께 의미 있는 평가를 받는 문서이다. 왜냐하면 이 문서는 1982년 WCC 중앙위원회에서 승인된 〈선교와 전도:에큐메니칼 확언〉 이후 30년 만에 등장하는 선교문서이며, 과거와 달라진 기독교의 환경과 지형을 철저히 의식하면서 작성된 문서이고, 기독론적 선교신학을 가지고 있는 1982년 문서와는 달리 성령의 선교를 강조함으로써 새로운 선교신학의 패러다임을 시도한 문서로 평가받고 있기 때문이다.[373] 이러한 여러 의미 있는 분석들에 덧붙이고자 하는 관점은 "정의라는 틀에서 본 선교"다. 이 문서에서도 밝히고 있듯이 "정의"는 이미 이 문서의 중심개념 중의 하나이기 때문이다(11).[374]

이 문서는 112항으로 된, 타문서에 비해 월등히 긴 문서다. 주제를 시작하는 서론은 질문형식으로 구성되어 있다. 핵심내용은 이 질문들에 이미 포함되어 있다고 할 수 있다. 여기서는 모든 질문의 내용을 다루지 않는다. 직접적으로 정의와 관련된 질문을 먼저 언급하고 본론으로 들어가려 한다. 첫 번째 질문은 7항의 "글로벌 시장 안에서 어떻게 복음과 하나님 나라의 가치를 선포하고 또한 시장의 영을 이길 수 있을까? 글로벌 규모의 경제적, 생태적 부정의와 위기의 한가운데서 교회는 어떠한 선교적 행동을 취할 수 있을까?"(7)하는 질문이고, 두 번째 질문은 8항의 "우리는 개인주의적이고, 세속적이고, 물질적인 세계 안에서 살아가는 세대를 향해 어떻게 하나님의 사랑과 정의를 선포할 수 있을까?"(8)하는 것이다. 이 질문은 이 문서가 어떤 목적과 방향으로 전개될

---

373) 선교문서의 분석과 평가에 관하여는 〈백서〉, 243-5. 한국일, 변창욱, 김상근, 김정두, WCC 제 10차 총회와 선교성명서 채택이 남긴 선교(학)적 의미, 〈백서〉 308-317. 김영동, "함께 생명을 향하여", 〈세계교회협의회신학을 말한다〉, 한국장로교출판사, 2013, 113-139. 이형기, "세계교회협의회 선교이해와 패러다임의 변화", 〈세계교회협의회 선교문서가 한국교회에 주는 의미〉, 2012년 11월 20일 세계기독교미래포럼 주최 선교학술대회 자료집, 1-30, 홍인식, "2012년 CWME 성명의 한국교회선교에 대한 의미, 앞의 선교학술대회 자료집, 31-44. 정병준, "2012 WCC 선교성명 패널: 한국교회사 관점에서," 앞의 자료집, 57-60. 장윤재, "함께 생명을 향하여"에 대한 한 신학적 단상, 앞의 자료집, 61-64 참조. 이형기, "세계교회협의회 선교이해와 패러다임의 변화", 〈세계교회협의회 선교문서가 한국교회에 주는 의미〉, 2012년 11월 20일 세계기독교미래포럼 주최 선교학술대회 자료집, 1-30은 지난 30년간 일어난 신학지형의 변화를 다음과 같이 언급한다. 창조세계보전과 생명, 신자유주의 시장경제의 글로벌화: 글로벌화 과정 속에서 교회와 신학의 주변화, 포스트모더니즘과 다민족 다문화 다 종교, 오순절주의를 비롯한 세계기독교의 지형변화, 그리스도 중심적 보편주의로부터 삼위일체 중심적 보편주의, 미래지향적이면서도 현재적인 하나님 나라, 신앙과 직제, 삶과 봉사, 그리고 세계선교와 복음 전도의 다양성 속의 통일성.

374) 이 문서가 밝히고 있는 선교의 중심개념은 "역동성, 정의, 다양성, 변혁"이 네 가지이다.

것인가를 가늠하게 한다. 그리고 본론에 이르러 선교의 성령, 해방의 성령, 공동체의 성령, 오순절의 성령으로 나눠 다룬다. 이로보아 이 문서는 과거의 그리스도 중심적 선교론에서 성령의 선교론으로 초점이 이동하고 있음을 보여주는 문서임을 알 수 있다.

이제 "선교의 성령"(II항)이 정의와 관련하여 보여주는 몇 가지 특징을 지적하고자 한다. 우선 이 항목을 "선교의 성령"으로 규정하고 있다는 점이다. 이것은 성령을 언급함으로써 선교의 차원을 넓히고자 하는 의도, 패러다임을 전환시키고자 하는 의도를 가지고 있다고 볼 수 있을 것이다. 성령은 그 활동에 있어서 매우 광범위한 범위와 영역을 가지고 있기 때문이다. 이 항목의 첫째 특징은 선교개념을 우주적 차원으로 확대한다는 점이다. 환경, 생태정의, 혹은 창조의 보전과 같은 개념은 사실상 WCC 문서중 이 문서만의 특징은 아니다. 그 이전의 WCC 문서에서 공히 발견할 수 있는 개념이다. 그럼에도 이문서가 가지는 특징은, 이전에 주로 정의나 평화, 혹은 폭력, 창조 세계의 보존 차원에서 다뤄지던 개념이 선교와 결합하여 전개되고 있다는 점이다. 사실상 한국교회는 선교를 매우 좁게 인간중심적, 혹은 지역적 의미의 선교로만 이해해왔다. 그런데 이문서는 그것을 넘어서 피조물을 포함하는 우주적 차원으로 확대할 것을 강조하고 있다. 이것을 우리는 생태(환경) 선교라고 부를 수 있을 것이다. 여기서 우리의 질문은, 이에 대한 신학적 근거는 무엇인가 하는 것이다. 이 문서는 "하나님의 선교" 신학과 창조신학에서 그 근거를 가져오고 있다. 이 문서에 따르면, 선교는 삼위일체 하나님의 무한한 사랑의 흘러넘침으로서, 이미 하나님의 선교는 창조활동과 함께 시작되었고, 성경은 처음부터 땅의 아픔과 울음소리에 주목하고 있었다 (19-20)는 것이다. 여기서 한 가지 추가적으로 지적할 수 있는 것은, 선교가 단순히 하나님의 선교가 아닌 삼위일체 하나님의 선교로 표현되어 있다는 점이다. 이것 또한 선교의 개념을 매우 폭넓게 만드는 장점을 지니고 있다. 둘째, 선교는 생태정의와 지속가능한 삶의 방식, 땅을 존중하는 영성을 발전시키는 것이다(20). 셋째, 하나님의 선교에 참여하는 우리는 생태적 부정의, 즉 지구가 오염되고 착취당하고 현실과 인간의 탐욕으로 인한 기후변화 등을 인식하고, 생태정의는 창조세계의 구원과 결코 유리될 수 없다는 것을 자각해야 한다(23). 넷째, 선교영성은 "생명충만을 위한 에너지이며, 생명을 부정하고 파괴하고 쇠약하게 하는 모든 세력과 권세와 제도에 저항하는 헌신"(29)을 의미하는 변혁적 영성이다. 경제와 정치와 사회 안에서, 심지어 교회 안에서도 생명파괴와 부정의가 시행되고 있다면 대결해야 한다(30). 따라서 선교영성은 "맘몬을 섬기는 것이 아니라 하나님의 생명의 경제에 봉사하고 개인탐욕을 만족시키기보다는 하나님의 식탁에서 생명을 나누고, 현상유지를 원하는 권력자들의 자기 이익에 도전하면서 더 나은 세상을 향해 변화를 추구하는 동기를 부여해 준다"(30). 다섯째, 이러한 변혁적 영성을 가능케 하시는 이는 생명의 성령 하나님이시다(33-35).

이 선교문서의 본론의 III항은 "해방의 성령:주변부로부터의 선교"를 다룬다. 주변부로의 선교에서 주변부로부터의 선교라는 선교패러다임의 전환은 이 문서가 보여주는 가장 큰 특징 중의 하나이다. 이 부분의 내용을 정리해 보고자 한다. 첫째, 이 문서는 "주변으로부터의 선교"의 정의를 밝히는 것에서 시작한다. 그것은 주변부화되었던 소외되고 차별받는 사람들을 선교의 수혜자가 아닌 선교의 대리인으로 보는 것을 의미한다. 기존의 선교는 "중심으로부터 주변으로, 사회 특권층으로부터 소외계층으로 움직이는 운동"(6)이었다. 그런데 이제는 새로운 선교패러다임이 필요하게 되었다. 그것은 주변부로부터 오는 요구사항 때문이다. "주변부화된 사람들이 자신들이 선교대리자로서 자신들의 핵심 역할을 요구하고 있는" 시대가 되었기 때문이다(6). 이 문서는 이러한 선교적 전환을 마땅한 것으로 받아들인다. 강한 성서적 토대를 가지고 있다고 보기 때문이다. "하나님께서는 가난한 사람, 어리석은 사람, 약한 사람들을 택하셔서(고전1 : 18 -31) 정의와 평화의 하나님 선교를 진전시키시고,

생명이 번성하도록 하시기 때문이다"(6). 둘째, "주변부로부터의 선교는 삶과 교회와 선교 안에 있는 부정의에 대항"(38)하는 것이다. 주변부화는 "정의와 존엄에서 인간을 배제"(38)하며, "기회와 정의에 접근하는 것을 거부"(39)하는 것이다. 그러므로 선교의 목적은 "삶 속에서 생존을 위한 투쟁을 통해 적극적인 희망과 집단적 저항의 담지자들, 그리고 약속된 하나님의 통치를 믿고 기다리는 인내의 담지자들인"(39) 주변부의 사람들을 "주변부로부터 권력의 중심부로 이주시키는 것이 아니라 그들을 주변부에 있게 함으로써 중심부에 머물러 있는 사람들과 맞서게 하는 것이다"(40). 셋째, "주변부화와 억압을 일으키는 불평등의 근거에는 부정의가 있다"(42)는 것이다. 따라서 "정의를 향한 하나님의 열망(42)", 즉 "하나님께서 역사와 창조세계 안에 구체적인 실재와 상황(context) 속에서 행동하시고, 정의와 평화와 화해를 통해 온 땅의 생명 충만을 추구"(43)하려는 하나님의 열망은 주변부로부터의 선교라는 새로운 선교이해에 중요한 동기가 된다. 넷째, 그러므로 교회는 투쟁과 저항으로서의 선교에 동참해야 하며(43-45), 정의와 포용성을 추구하는 선교(46-49)이어야 하며, 치유와 온전성으로 나아가는 선교(50-54)이어야 한다. 다섯째, "정의와 치유를 위해 일하시며 그리스도의 선교를 구현하기 위해 부름받은 특별한 공동체 안에 거주하시기를 기뻐하시는 성령"(54) 이해는 주변부로부터의 선교 이해에 큰 도움을 준다.

III과 IV장에서는 교회와 전도에 대해 언급한 다음, V장에서는 서론에서 제기했던 10가지 질문에 대해 10가지 확언으로 결론을 맺음으로써 긴 성명을 마감한다. 여기서도 이 장의 내용들을 다 언급할 수 없고, 다만 정의와 평화에 관련된 부분만 언급하는 것으로 만족하기로 한다. 첫째, 교회는 앞에서 말한 하나님의 생명의 선교, 정의와 평화의 선교에 일치하는 공동체이며 또한 그것을 위해 존재한다(55-66). 둘째, 교회 성도들의 문화적, 상황적 현실에 응답하기 위한 방법들, 즉 새로운 교회형태의 등장이나 온라인의 활용, 다문화 교회의 설립, 그리고 다양한 모임의 장소의 선호와 같은, 상황에 적합한 선교를 개교회들은 존중할 필요가 있다(72-76). 이 문서의 이런 주장은 오늘 변화된 기독교 지형 속에서 사실상 매우 중요한 지적이다. 오늘날 포스트모더니즘의 등장과 탈(혹은 반)기독교적 분위기, 가상현실과 같은 문화적 충격 등은 새로운 교회의 선교를 요구하고 있기 때문이다. 짧게 언급하고 있어 아쉬운 면이 있으나 사회 선교, 생태선교 못지않게 문화 선교를 향한 여정의 첫 단초가 될 수 있는 주장이다. 셋째, 지역교회들은 각자의 부정의 현실 속에서 정의를 옹호해야 하며 이것 역시 증언의 한 형태이다(77). 넷째, 교회가 행하는 정치사회적 맥락에서 행하는 봉사(디아코니아) 역시 하나님의 선교에 참여하는 것이다 (78). 다섯째, 개교회가 행하는 예배와 성례전은 정의와 평화를 위한 변혁적 영성과 선교를 위해 중요한 교육의 장이 될 수 있으며, 상황적 성서읽기는 "개교회들이 하나님의 정의와 사랑을 전하는 메신저와 증인이 될 수 있게 하는 중요한 자원이다"(74). 여섯째, 예배는 일상에서의 실천으로 이어져야 한다 (74). 예배를 교회 안에서 드려지는 단절된 행위로 보지 않고 일상으로 이어지는 열린 예배로 보고 있다는 점은 매우 의미 있는 통찰이다. 이것은 오늘날 시도되고 있는 선교적 교회론 혹은 성육신적 교회론의 반영이라고 할 수 있을 것이다.[375] 일곱째, 전도는 좋은 소식, 즉 복음을 나누는 것이며, 삶을 통한 증언이어야 한다. 그러나 폭력과 기만과 부정의를 일삼는 세력에게는 나쁜 소식이 되므로 고난과 박해와 죽음에 처해질 수도 있다(80-92). 그러므로 "오늘날 정의와 공의를 추구하는 것은 그리스도에 대한 강력한 증언이 된다(92).

이 〈선교〉문서는 시작하면서 10가지의 질문을 던졌고, 이에 대응하는 10가지 확언으로 결론을 맺고 있다. 이 확언을 우리는 다 다룰 수 없고, 다만 이

---

375) Sherry and Geoff Maddock, "An Ever-Renewed Adventure of Faith. Notes from a Community", Doug Pagitt/Tony Jones(ed.), An Emergent Manifesto of Hope, Grand Rapids, Baker Books, 2007, 83. 또한 Dan Kimball, They like Jesus but not the Church. Insights from Emerging Generations, Grand Rapids, Zondervan, 2007, 20. 참조.

어서 다룰 문서인 〈모두의 생명, 정의, 평화를 위한 경제: 행동 촉구 요청〉의
내용과 상통한다고 여겨지는 확언만을 소개하고 분석을 마치려한다. "우리는
하나님의 경제가 모든 사람과 자연을 위한 사랑과 정의의 가치에 기초해 있으
며, 변혁적 선교는 자유시장 경제 안에 있는 우상숭배에 저항하는 것임을 확
언한다. 경제 지구화는 사실상 생명의 하나님을 자유시장 자본주의의 신, 맘
몬으로 대체했다. 그것은 부당한 부의 축적과 번영을 통해 세상을 구원하는
능력을 가졌다고 주장한다. 이러한 맥락에서 선교는 그러한 우상숭배적인 비
전에 대해 대안을 제시하는 대항 문화적이 될 필요가 있는데, 왜냐하면 선교
는 생명, 정의, 평화의 하나님께 속한 것이지 사람과 자연에 불행과 고난을 가
져오는 이러한 거짓 신에게 속한 것이 아니기 때문이다. 그래서 선교는 탐욕
의 경제를 규탄하고 사랑과 나눔과 정의의 신성한 경제에 참여하는 것이고 그
것을 실행하는 것이다" (108).[376]

4) 〈모두의 생명, 정의, 평화를 위한 경제 : 행동 촉구 요청〉

〈모두의 생명, 정의, 평화를 위한 경제: 행동 촉구 요청〉[377]은 뒤이어 다
룰 〈정의로운 평화에 대한 에큐메니칼 선언〉과 함께 WCC의 정의와 평화의
사상을 가장 잘 담은 WCC 문서다. 이 〈행동촉구〉문서는 2012년 WCC 크레

---

[376] 〈함께 생명을 향하여〉 선교문서가 한국교회에 주는 의미에 대하여 〈백서〉, 308-314가 지적
하고 있는 내용을 간단하게 소개하면 다음과 같다. "생명의 풍부한 의미를 제시함으로 선교의
의미 지평을 확장시킨다." "선교의 주체에 대한 인식을 새롭게 하였다." "선교는 하나님 나라
의 변혁적인 활동임을 강조한다." "선교와 에큐메니즘의 기본 단위가 지역교회임을 확인하고,
지역교회의 선교적 역할을 강조한다." "지리적 확장의 선교개념에서 벗어날 것을 주장한다."
"주변부로부터의 선교 패러다임의 전환을 촉구한다." "전통적 선교활동에 대한 재강조가 나타
나고 있다." 교회의 존재 목적은 하나님의 선교적 목적을 성취하는데 있다." "개종활동은 정당
한 전도방법이 아니다." "복음주의자들과의 협력을 통한 신학적 성찰과 공동의 증언을 추구해
야 한다." "변화하는 환경이나 여건에 따라 상황화된 선교방법을 모색해야 한다." "하나님은
선교사보다 먼저 선교지에 가 계신다."
[377] 이 문서에 대한 분석과 평가에 대해서는, 강원돈, "모두의 생명과 정의와 평화를 위한 경제",
〈세계교회협의회신학을 말한다〉, 한국장로교출판사, 2013, 155-184. 〈백서〉, 246-148 참조.

타 중앙위원회에서 채택된 문서이다. WCC는 2006년 포르토 알레그레에서 열린 제 9차 총회에서 〈AGAPE 요청〉(Alternative Globalization Addressing People and Earth, 인간과 지구를 위한 대안적 지구화) 문서가 보고되었다. 보고를 받은 후 WCC는 이 문서를 종결할 것이 아니라 후속 작업을 계속하기로 결의 하고 "빈곤과 부와 생태가 서로 깊은 연관성을 가지고 있다는 인식 하에 빈곤을 극복하고 부의 축재에 도전하여 생태적 온전성을 지키는 데 초점을 둔 프로그램을 시작하였다."[378] 이 후속 작업은 PWE(Poverty, Wealth and Ecology)라는 이름으로 지속되었고 종교, 정치, 경제 지도자들과 전문가들의 논의와 대화를 거쳐 결국 2012년 WCC 중앙위원회에서 공식문서로 채택되었으며, 부산총회의 자료문서로 실리게 된 것이다. 이 〈경제정의〉문서는 그리 길지 않은 분량으로 되어 있기 때문에 내용을 정리한다는 것이 무의한 일인지도 모른다. 하지만 핵심내용을 요약하여 질문에 답하는 형식으로 간단히 소개해본다.

첫째로 질문하고 싶은 것은, 왜 이 문서는 교회와 그리스도인들이 생명경제, 정의경제를 위해 행동할 것을 요청하고 있는가하는 것이다. 이것은 간단하다. 시대가 우리로 하여금 행동할 것을 요청하고 있기 때문이다. 현재 이 시대는 말할 수 없이 긴박한 위기의 시대다. "소수의 사람들의 낭비적 부의 축재에 반해 다수의 사람들은 구조적으로 가난해지는 데서 분명히 나타나듯이 경제적 불평등은 점점 심화되고, 세계적 금융 위기, 사회경제적 위기, 생태 위기, 기후 위기 등이 중첩되면서 인간과 생태는 심각한 위험상태로 들어가고"(1) 있는 상황이다. 이 모든 위기에는 탐욕이라는 죄악이 깊이 자리하고 있다. 이 "죄악을 우리가 차단하지 않으면 우리가 지금 알고 있는 이 지구 공동체의 삶은 그 종말을 고하게 될 것"(1)이다. 그러나 현재의 상황이 돌이킬 수 없는 상황이라면, 그래서 우리의 실천과 행동의 결과가 절망적이라면 행동의 요청이

---

378) 자료모음, 119. 백서, 246. 강원돈, 156f.

무슨 의미가 있겠는가? 그러나 이 문서는 긴박한 위기의식과 동시에 하나님의 정의에 기초한 생명 경제는 가능하다는 희망과 확신에 근거하고 있다. 그래서 우리에게 행동할 것을 요청하고 있다(1).

둘째로 던지는 질문은 생명경제, 혹은 정의 경제의 신학적 근거를 어디서 발견할 수 있는가 하는 것이다. 생명경제는 모두의 풍성함을 추구하는 것이어야 한다. 소유나 재산의 축적이나 타인의 지배에 있는 것이 아니다. 이것은 하나님의 창조에서 시작한다. 창조는 "생육하고 번성하는 생명의지의 표현이며 땅에서 생명을 가져오고 다시 땅으로 생명을 가져가기 위해 서로 협력하며 세대와 세대를 연결하고 하나님의 집(Oikos)의 풍성함과 다양함을 지속시키는" 생명공동체의 창조이기 때문이다(2). 또한 삼위일체 하나님의 공동체성에서 그 근거를 찾을 수 있다. 왜냐하면 삼위일체의 공동체성이란 "상호성, 동반자 정신, 호혜성, 정의, 사랑의 친절"을 의미하기 때문이다(3). 그리고 정의를 향한 비전은 예수 그리스도의 삶과 가르침에 근거한다(6). 마지막으로 정의경제는, "생명죽임의 가치에 저항하고 투쟁하며 대안을 찾는 변혁적 영성"(7)을 추구하는 교회론에 그 근거가 있다. "교회는 변혁을 위한 하나님의 대행자이며"(8), "어떤 생명부정에도 항거하며 모두를 위한 풍성한 생명을 선언하는 예수 그리스도의 제자 공동체"(8)이기 때문이다.

세 번째 물음은 바로 이 문서가 그리도 심각하게 생각하는 중첩되고 긴박한 위기가 무엇인가, 무엇이 우리를 행동하도록 요구하고 있는가 하는 것이다. 죽음과 파괴의 개발 패러다임(9), "민중의 고통과 그들의 삶을 위한 투쟁을 양산하고 있는 세계금융 위기, 사회경제적 위기, 기후 위기, 생태 위기" 등의 치명적 현실(10), 경제적 양극화(12), "탐욕과 불의, 불로소득의 추구, 불의한 기득권, 장기적이고 지속 가능한 목적을 희생시키며 얻는 단기 수익의 혜택"(13), 시장근본주의(14), 팽창주의 경제성장정책(15) 등의 위기가 우리로 하여금 행동하도록 하게한다고 이 문서는 지적한다. 이 위기들은 서로 밀접하게 연결되어 있어서 실존적, 신앙적 문제를 만들어 내며 오늘 우리를 위기의 나락으로 빠뜨리고 있기 때문이다.

이 문서가 묻는 네 번째 물음은 이러한 급박한 신앙적 영적 위기에 직면하여 교회는 무엇을 경계해야 하는가 하는 물음이다. 이 문서는 우선 교회와 교인들이 탐욕의 경제를 경계해야 한다고 탄원한다. 그런데 많은 교회들은 이런 위기를 인식하지 못하고 여전히 "번영의 신학, 자기 의, 지배, 개인주의, 편의성을 가르치며", 또 "어떤 교회는 가난한 자들을 위한 정의의 신학보다는 자선신학을 지지하고", "또 다른 교회는 무한성장이나 무한축재에 대한 제도나 이념에 대해 문제를 삼지 못하거나 심지어 이를 정당화하기도 하고 생태파괴의 현실이나 세계화의 희생자들의 곤경을 외면하며", "어떤 교회나 교인은 근본적이고 질적인 변화를 희생시키고 단기적이고 양적인 결과에 집중하는"(17) 우를 범하고 있다는 것이다. 그러나 다른 한 편으로 이 문서가 발견하고 있는 것은 교회와 그리스도인들을 통한 희망이다. 생명운동을 일으키고, "생명경제를 건설하고," 환경을 보존하는데 앞장서며, 인권을 위해 투쟁하고, "생명농업을 촉진하여 연대 경제를 이룩하면서 새로운 국제 금융, 경제 기구의 기준에 대해 토론하는 일에 참여하며", "검소한 생활과 대안적 삶의 양식을 위해" 애쓰는 운동과 교회들이 많아지고 있다는데서 희망을 발견한다(18-19).

이 문서가 마지막으로 던지는 물음은 바로 우리의 "헌신과 부름"에 관한 물음이다. 그 대답은 교회와 그리스도인의 변혁이다. 〈행동촉구〉의 문서를 직접 인용해본다. "그리스도에 대한 믿음은 우리로 하여금 변혁적 교회가 되고 변혁적 교인이 되도록 헌신할 것을 요구한다. 우리는 정의와 지속성의 영성을 증언하는 데 필요한 도덕적 용기를 계발해야 하며 모두를 위한 생명경제를 위한 예언운동을 일으켜나가야 한다"(21). "변혁의 과정은 인권과 인간의 존엄성, 그리고 '하나님의 온 창조에 대한 인간의 책임'을 증진시켜야 한다. 우리는 개인과 국가이익을 넘어서 미래 세대가 충분히 누릴 수 있도록 지속 가능한 구조를 만들 어떤 책임을 가지고 있다. 변혁은 가난 속에 있는 민중이나 여성, 원주민, 장애우와 같이 구조적 소외로 인해 가장 고통을 당하고 있는 사람들을 포용해야 한다. 우리는 우리 자신에게 도전하고 생명의 사회적 · 생태적 구조를 파괴시키는 지배구조와 문화를 극복해야 한다. 변혁은 전 피조물을 치유하고 갱신하는 선교의 일환으로 시도되어야 한다."(22)

그러므로 이 문서는 마지막에 WCC가 앞으로 어떤 비전을 가지고 어떤 행동을 취해야 할 것인가를 다음과 같이 제안한다. "우리는 부산에서 열리는 제10차 총회로 하여금 모두를 위한 생명경제를 불러일으키기 위해 공동의 목소리를 내며 에큐메니칼 협력을 강화하며 더 큰 응집을 위해 교회를 불러 모으는 일에 WCC가 역할을 하는 데 헌신하기를 촉구한다"(23).[379] "우리는 더 나아가서 제10차 부산 총회가 지금부터 차기 총회까지의 기간을 따로 정하여 교회가 '모두의 정의와 평화를 위한 창조세계에 대한 하나님의 정의의 삶을 사는 생명경제'에 신앙적 헌신을 하는 데 집중하도록 독려하기를 요청한다"(24).

5) 〈정의로운 평화에 대한 에큐메니칼 선언〉

정의와 평화 운동은 "1948년의 WCC 암스테르담 창립총회 이후 빈발하는 전쟁과 갈등을 해결하기 위해 서로 연계되어 논의되던 에큐메니칼 운동의 중요한 의제"[380]이며, 〈정의로운 평화에 대한 선언〉은 이런 맥락 속에서 발전해 온, WCC내의 정의와 평화 운동의 최근의 관점이라고 할 수 있다. "이 선언은

---

379) 이 문서의 구체적 제안은 다음과 같다. "특별히 신국제금융경제기구(〈정의로운 금융과 생명을 위한 경제에 관한 WCC 성명서〉)의 창설과 부의 축적과 조직적 탐욕에 대해 도전하고(〈탐욕선연구회 보고서〉), 생태채무를 교정하고 생태정의를 발전시키는(〈생태정의와 생태책임에 관한 WCC 성명서〉) 아주 중요한 일들이 우선과제가 되어야 하고 향후 더 심화되도록 해야 한다"(23).
380) 변창욱, WCC 부산총회 종합평가와 선교적 의미: 역대 WCC 총회와 CWME 대회의 선교주제를 중심으로, 선교와 신학, 34집, 2014, 123.

2006년 브라질 포르토 알레그레에서 개최된 WCC 총회 권고사항에 대한 응답으로 발표된 것이며, 〈폭력 극복 10년 2001-10: 화해와 평화를 추구하는 교회〉라는 에큐메니컬 운동과정에서 얻은 통찰에 기초한다."381) 분량이 긴 문서는 아니지만, 선언문의 표현 그대로 "정의로운 평화"에 대한 "에큐메니컬 선언"을 담고 있어서, 정의와 평화의 관점에서 볼 때 매우 중요한 문서라 할 수 있을 것이다. 〈일치문서〉나 〈선교문서〉 등 다른 문서들도 정의의 시각을 담고 있지만, 정의와 평화에 관해 이 보다 더 직접적으로 언급한 부산총회문서는 없기 때문에, 이 문서의 내용을 좀 더 상세히 소개하고자 한다.

이 선언의 핵심은 당연히 정의로운 평화이다. 이것은 "정당한 전쟁"이나 "평화를 위한 평화"를 평화라고 보지 않는다. "평화를 포기하고 정의를 추구하거나 반대로 정의를 희생하고 평화를 추구"하는 것을 반대한다.(1). 정의와 평화는 성경이 말하듯, "인간사회의 의롭고 지속가능한 관계, 인간과 지구의 필수적인 연결, 창조세계의 평강과 통합"(3)을 의미한다. 진정한 평화는 또한 예수의 삶과 죽음과 부활뿐만 아니라 그의 가르침에 기초하는 평화이다. 특별히 예수 그리스도의 몸으로서의 교회는 평화를 이루는 장소이어야 하며, 평화를 세계에 나누어야 하는 공동체이다(7). 여기서 우리는 현실 교회를 돌아볼 필요가 있다. 과연 정의로운 평화를 실현하고 실천하고 있는가, "세계적 차원의 정치적 · 사회적 · 경제적 구조뿐만 아니라 가정, 교회, 사회에서 정의, 평화, 화해를 실천하는 자"(7)가 되고 있는가 말이다.

그렇다면 이 문서가 말하는 정의로운 평화의 길에 동참하는 방식은 어떤 방식인가. 그것은 "인종, 신분제도, 성, 성적 취향, 문화, 종교를 이유로 사람들에게 가해지는 폭력을 비롯하여 개인적 · 구조적 폭력과 대중매체에 의한

---

381) 〈정의로운 평화에 대한 에큐메니컬 선언〉 서언, 자료모음, 128. 이 문서에 대한 평가, 〈백서〉, 248ff. 황홍렬, WCC의 생명선교와 한국교회의 생명선교 과제, 『선교와 신학』 34집, 2014, 63-65. 장윤재, "WCC 평화신학과 실천", 『세계교회협의회 신학을 말한다』, 210-218. 정주진, "세계교회와 한국교회의 정의 평화 논의와 실천", 『기독교사상』, 66권 2014. 239-247.

폭력을 막는 것"(8)이며, 조직적이면서도 평화로운 저항, 시민불복종과 불순응 행위를 포함하는 비폭력 저항(9)의 방식이다. 나아가 그것은 좀 더 적극적으로 "민족과 국가들 사이에 정의와 평화로운 협력을 촉진해야"(10) 하는 방식이며, "사회정의, 법의 지배, 인권 존중, 공동의 인간 안보(human security)를 포함"(10)하는 방식이다. 그러므로 그것은 "인간을 두려움과 결핍에서 해방시키고, 증오·차별·억압을 극복하고, 특별히 가장 약한 자들의 경험을 중시하고 창조세계의 통합을 존중하는 정의로운 관계를 만드는 조건을 창출하는 것"(11)을 목표로 한다.

그러나 이 문서는 목표를 향한 여정은 쉽지 않음을 인식한다. 오히려 현실은 그 반대의 경우가 많음을 한탄한다. "폭력과 전쟁의 죄는 공동체를 깊이 분열시킬 뿐이다"(14). 그러므로 우리는 이 잘못된 현실을 깊이 회개하고 정의를 실천하는 훈련을 배워야 한다. 그것은 "잘못을 고백하고 용서를 베풀고, 받으며, 서로 화해하는 법을 배우는 것이다"(13). 정의로운 평화를 향한 길을 걸음에 있어서 교회는 "민족적·국가적 정체성, 심지어 교리와 교회 직제의 차이에도 불구하고 평화에 대한 공동의 목적을 발견"(16)하기 위한 온갖 노력을 기울여야하며 "용서와 원수에 대한 사랑, 적극적인 비폭력, 타인에 대한 존중, 온유, 자비를 포함하는 평화의 윤리와 실천을 공유"(17)해야 한다. 이런 과정 속에서 교회 공동체는 반드시 기도가 필요하다. 평화를 기도해야 하며, 분별력과 성령의 열매를 간구해야 한다(17). 그럴 때, 이 신앙공동체는 절망의 사람들에게 희망을, 고통당하는 사람들에게 살아갈 용기를 줄 수 있으며, "복음의 능력을 통해 폭력과 전쟁 과정에서 발생한 개인과 집단의 엄청난 죄, 분노, 고통, 증오의 짐"(18)을 벗길 수 있으며, "기억이 치유되고 짐이 벗어지고, 깊은 정신적 상처가 다른 사람이나 하나님과 공유되었다는 것을 알 수 있을 것이다"(18). 아울러 "우리는 이웃과 함께 이 길을 걸어가면서 (…) 관대하고 열린 삶으로 바뀌어가는 법을 배운다. 우리의 발걸음은 평화를 만든다. 우리는 다양한 계층의 사람들을 만난다. 그들과 함께 일하는 과정에서 힘을 얻고, 서로의 연약함을 인식하고 공통적인 인간성을 확인한다"(20).

WCC가 제시하는 정의로운 평화를 위해 할 수 있는 구체적인 방안과 활동은 무엇이겠는가? 첫째는 "적대자들이 서로 상반되는 이해관계에서 눈을 돌려 공동선을 보게 하는" 갈등의 전환(21), 구조적인 폭력을 드러내기, 보복 없는 관계의 회복, 피해자들을 보호하기, 갈등을 관리하는 사회적 메커니즘을 강화하기, 즉 법의 지배의 확립(21) 등이다. 둘째는 "극단적인 상황에서 마지막 수단이자 더 작은 필요악으로서 합법적인 무력사용"(22) 마저도 정의로운 평화의 장애물로 인식하는 것이다(22). 셋째는 정당전쟁론을 신학적으로 합리화시키지 않는 것이다(23). 넷째는 그럼에도 정의로운 경찰활동, 유엔헌장이 중시하는 평화 건설메커니즘에 대한 선의의 실천 등과 같은 평화와 법에 의한 국제적 지배는 용인하는 것이다(24). 다섯째는 하나님의 형상으로서의 인간의 존엄과 권리를 정의로운 평화의 핵심내용으로 인정하는 것이다. 이러한 보편적 인권을 보장하기 위하여 모든 수단을 강구해야 한다(25). 여섯째는 창조세계와 생명체를 훼손한 죄를 회개하고, "지구자원을 공평하고 정의롭게 공유하기 위해 노력"하는 것이다(26). 일곱째는 "타종교 전통과 신앙고백, 세계관을 지닌 사람들과의 협력을 통해 평화의 문화를 건설하기 위해 헌신하는 것"(27)이다. 여덟째, 이를 위해서 "가정, 교회, 사회를 포함하는 심오한 영적인 인격을 함양하는", "평화의 정신을 키우고, 인권을 존중하는 의식을 불어넣고, 폭력에 대한 대안을 상상하고 채택하게 만드는", "적극적인 비폭력을 증진"하는, "인격교육과 양심교육을 통해 사람들은 평화를 찾고 추구할 수 있는 능력"을 갖추게 하는 평화교육에 힘써야 한다(28).

이 문서는 마지막으로 "평화의 도구"로서의 교회론, 달리 말해 평화를 위한 교회의 과제를 제시하면서 마무리 한다. 이 문서에 따르면 평화의 교회는 "평화를 위해 기도하고, 공동체를 섬기고, 돈을 윤리적으로 사용하고, 환경을 돌보고, 타인과 좋은 관계를 맺는 교회"(29)다. 교회는 지역사회의 평화, 지구의 평화, 시장의 평화, 민족 간의 평화를 위한 도구가 되어야한다.

그러나 첫째로, 오늘의 현실은 "아주 많은 지역 사회가 경제적 계층, 인종, 피부색, 신분제도, 종교, 성에 의해 분열되어 있다" (30). "가정과 학교에는 폭력과 학대가 만연"하고, 여성과 아이들이 학대를 당하고, 마약과 알코올 남용과 자살과 같은 대규모적인 자기 파괴가 일어나며, "직장과 예배 장소가 지역사회의 갈등으로 손상"당하고, "선입견과 인종주의는 인간 존엄을 부정한다"(30). 또한 "노동자들은 착취당하고 기업은 환경을 오염"시키며, 의료 서비스의 혜택을 누리지 못하는 이들이 많고, 양극화가 점차 심해지고 있으며, "지역 공동체를 결속시키는 전통이 상업적인 영향과 외부에서 들어온 생활방식 때문에 약화"(30)되고 있다. 뿐만 아니라 "대중매체, 게임, 오락물은 폭력, 전쟁, 음란물을 확산시켜 공동체의 가치관을 왜곡하고 파괴적 행동을 부추긴다"(30) 이런 상황 속에서 교회는 무엇을 해야 하는가? 지역사회의 평화를 위한 교회의 과제는 무엇이어야 하는가? 그것은 바로 "갈등을 방지하고 바꾸고, 소외된 사람들을 보호하고 그들의 능력을 개발하며, 갈등 해결과 평화 건설에서 여성의 역할을 인정하며, 정의와 인권을 위한 비폭력 운동을 지원하고 참여하는 모든 계획에서 여성을 포함시키고, 교회와 학교에서 평화교육을 적절하게 실행"(31)하는 것이다.

둘째로, 오늘의 현실은 "다양한 차원의 탐욕, 이기심, 무한한 성장에 대한 신념 때문에 지구와 창조세계가 착취"(33)당하고 파괴되는 현실이다. "가난하고 약한 자들의 울음이 지구의 신음소리와 함께 들리고", "제한적인 자원의 과도한 소비는 사람들과 지구에 폭력"이 되고 있다(33). "기후변화는 세계적 차원에서 정의로운 평화를 위협"하며, "지구온난화, 해수면 상승, 가뭄과 홍수의 빈도와 강도의 증가는 특별히 세계에서 가장 취약한 사람들에게 영향을 미친다"(33). 이러한 지구적 위기 속에서 교회는 무엇을 해야 하는가? 지구의 한정된 자원에 주의를 기울여야 하며, "기후변화에 가장 취약한 사람들을 보호"해야 하며, "자신이 환경에 미친 영향을 스스로 비판적으로 평가해야 한다." "그리스도인들은 개인적으로나 공동체적으로 지구 전체가 번영할 수 있는 방식을 살아가는 법을 배워야 하며, '생태지향적 교회'과 '녹색' 교회를 더 많이 세워야 하고", "정부와 기업들이 국제협정이나 협약을 체결하도록 촉구하는 에큐메니컬 운동"을 전개하여, "지구를 우리뿐만 아니라 모든 창조물과 미래 세대가 더 살기 좋은 곳으로 만들어야 한다"(34-35).

셋째로, 오늘의 현실은 부익부 빈익빈의 현실이다. "비효과적인 규제, 혁신적이지만 비도덕적인 금융 수단, 왜곡된 보상 구조 그리고 탐욕에 의해 악화된 그외 다른 구조적인 요인들이 세계금융 위기를 유발하여 수백만개의 일자리를 없애버리고 수천 만 명을 가난의 구렁텅이로 몰아넣는 현실"(37), 이것이 바로 오늘의 현실이다. 또한 신자유주의 경제정책과 성장팽창 중심의 경제정책은 오늘날 심각한 문제를 낳고 있다. 그리고 세계적 군비지출과 경쟁으로 국제평화와 안보가 오히려 더 위협을 받고 있으며, 역설적으로 이 위협을 제거하기 위하여 다시 더 막대한 자원을 쏟아 붓는 현실이다(36). 이런 시장의 위기 속에서 교회는 무엇을 해야 하는가? 우선 중요한 것은 생명경제를 통해 시장의 평화를 촉진시키는 것이다(37). 생명경제란 "공평한 사회경제적 관계, 노동자 권리에 대한 존중, 자원의 공정한 공유와 지속 가능한 사용, 모든 사람이 건강을 유지하고 구입할 수 있는 식량, 경제적 의사 결정에 대한 폭넓은 참여"(37)하는 경제이다. 그러므로 교회는 "지속 가능한 생산과 소비, 재분배를 고려하는 성장, 공정한 세금, 공정한 무역, 깨끗한 물과 공기, 기타 공동재(common goods)의 보편적 공급, 규제 제도와 정책은 금융을 경제생산뿐만 아니라 인간의 필요와 생태계의 지속 가능성에 다시 연결시켜 주어야 한다. 군비 지출의 대폭 축소를 통해 모든 사람에게 충분한 음식과 주택, 교육, 보건을 제공하기 위한 프로그램과 기후변화 대책에 자금을 투자해야 한다"(38).

넷째로, 오늘의 현실은 또한 "외국인 혐오, 공동체 간 폭력, 증오 범죄, 전쟁 범죄, 노예제, 인종학살"(39)들로 얼룩져 있는 현실이다. 이러한 폭력은 "최근 역사에서 기하급수적으로 증가하고 과학, 기술, 경제력을 폭력적으로 사용함으로써 증폭되고 있다"(39). 더구나 오늘날은 "생명과 그 토대를 파괴하는 인간의 능력이 엄청나게 커져"(40) 있다. 특히 핵무기의 위협과 기후변화는 "많은 인명과 정의로운 평화를 향한 모든 전망을"(40) 절망적으로 만들고 있다. 이런 상황 속에서 교회는 무엇을 해야 하는가? 교회는 "생명의 존엄성을 존중하고 사람들 간의 평화를 건설하기 위해 상호 책임과 갈등 해결에 관한 조약이나 기구뿐만 아니라 국제 인권법을 강화하는 데 힘을 쏟아야 하며," "치명적인 갈등이나 대량살상을 방지하기 위해 휴대용병기와 전쟁 무기의 확산을 중단시키거나 줄여나가야 한다"(41). 이를 위해 교회는 "다른 종교 공동체나 다른 세계관을 지닌 사람들과도 신뢰를 구축하고 협력"하여야 하며, "무기를 제거하고 전쟁 제도를 비합법화해야 한다" (41).

이 문서는 다음과 같이 결론을 맺으면서 마무리한다. "우리의 평화 건설은 선포하고, 능력을 개발하고, 위로하고, 화해하고, 치유해야 할 뿐만 아니라 필요할 경우 비판하고, 고발하고, 옹호하고, 저항해야 한다. 평화를 만드는 사람들은 반대하고 찬성하며, 무너뜨리고 세우며, 한탄하고 축하하며, 애통해하고 즐거워할 것이다. 우리의 갈망이 하나님 안에서 만물의 완성을 통해 이루어질 때까지 평화의 사역은 확실한 은혜를 드러내는 명멸하는 빛으로서 계속될 것이다"(42).

3. "정의로운 평화"와 한국교회

지금까지 정의와 평화의 관점에서 2013 WCC 부산총회 문서들을 살펴보았다. 한 마디로 말하자면, 부산총회의 〈일치문서〉, 〈교회문서〉 〈선교문서〉

〈경제정의문서〉, 〈정의로운 평화문서〉들은 부정의한 오늘의 현실들을 적절하게 분석하고 어떻게 하면 모든 영역에서 하나님의 정의와 평화가 성취될 수 있을 것인가를 일관되게 서술해준 문서들이다. 한편으로는 "정의"와 "평화"에 대한 신학적, 성서적 분석과 두 개념 사이의 관계에 대한 이해가 그리 만족스럽지 못하다는 점, 정의-평화와 하나님 나라의 관계성에 대한 성찰이 정의와 평화가 피해자를 위한 것일 뿐 가해자나 가해 집단에 대한 "하나님의 바르게 (의롭게) 함"과 같은 신학적 성찰이 별로 없다는 점이 아쉬움이라면 아쉬움이지만, 그래도 불의와 폭력과 억압과 차별에 대해 교회와 그리스도인들이 무엇을 해야 하는지, 그리고 WCC의 입장과 행동지침이 무엇인지를 짧은 분량의 문서들에 잘 담아냈다는 점에서 의미 있는 노력이라고 평가 하고 싶다.

마지막으로, WCC 부산총회의 문서들이 한국교회와 신학계에 기여할 수 있다고 생각되는 몇 가지를 지적하고 마치고자 한다. 첫째, 정의와 평화를 인간 개인이나 사회적 차원만이 아닌 우주적 차원(생태적 정의)까지 확대한 것은 오늘날의 신학의 흐름으로 볼 때 당연하면서도 적절한 시도이다. 이것을 포함할 수 있는 포괄적인 신학을 생명신학이라고 한다면 이 문서들은 생명신학의 핵심을 잘 담고 있는 문서라고 할 수 있다. 한국교회는 이 생명(삶)의 문제를 좀 더 깊이 관심을 가질 필요가 있다. 둘째, 정당전쟁과 평화주의의 두 입장을 극복하고 철저한 비폭력 저항을 통해 "정의로운 평화"의 길을 열어놓은 것도 WCC의 공헌이라고 할 수 있을 것이다. 셋째, 사실상 정의와 평화의 문제는 한국교회에서 에큐메니칼 진영의 주제와 주장으로만 치부하는 경향이 있다. 그러나 이것은 어느 한쪽만의 이슈나 관심사가 되어서는 안 된다. 이것은 결코 진보의 전유물이 아니다. 모든 교회와 그리스도인 모두가 관심을 가져야 하고 실천해야 하는 문제이다. 그것은 성경의 진술이며, 몰트만의 저술명대로, "하나님의 이름은 정의"이기 때문이다. 넷째, 정의를 교회의 본질적 사명으로 정의한 것은 WCC 교회론의 공헌이다. 오늘날의 교회론 중에 정의와 평화를 교회(혹은 선교)의 본질이나 사명으로 언급한 저술들을 찾아보기 쉽지 않다. 전통적 교회론에 매여 있거나 오늘의 교회가 직면한 부정의의 문제들에 대한 진지한 성찰이 부족했기 때문이 아닌가 한다. 이런 교회론적 분위기 속에서 WCC 문서들은 교회의 본질과 사명을 새롭게 정의하도록 자극한 문서들이다. 이것을 "정의의 교회론", 혹은 "생명신학적 교회론"이라고 명명할 것을 제안해본다. 다섯째, 그러므로 이 정의의 교회론은 한국교회가 부족한 교회의 공공성 회복에 매우 큰 기여를 할 것으로 판단된다. 부산총회의 문서들이 앞으로 한국교회와 WCC가 방향을 설정하고 실천을 다짐하는데 큰 도움이 될 것으로 판단하며 이 문서들의 신학에 대한 좀 더 깊은 연구가 있기를 바란다.

제15장 신무신론 시대의 기독교 변증과 교회

1. 신무신론자(New Atheist)들의 등장[382]

무신론에 대한 변증은 오늘날 매우 중요한 교회의 과제이다. 그러므로 여기서는 무신론의 행태들과 그들의 주장을 살펴보고 과연 교회는 무엇을 해야 하는지를 이야기 하고자 한다. 요즘 무신론자들이 점점 많아지고 교회를 향한 도전이 점점 거세지고 있음은 주지의 사실이다. 그러나 그것이 결코 기이한 현상은 아니다. 무신론자가 없었던 때가 없었고, 이단이 없었던 때가 없었기 때문이다. 기독교 역사를 보면 초기부터 기독교의 진리를 설명하고 변호하려는 변증가들과 신의 존재를 합리적으로 증명하려는 시도가 있었다는 것이 그것을 증명한다. 어떻게 보면 신에 대한 물음이 있고, 종교가 존재하는 순간부터 무신론은 존재했다고 볼 수 있다. "어리석은 자는 그의 마음에 이르기를 하나님이 없다 하는도다"라는 시편기자의 탄식을 보면 그것을 잘 알 수 있다. 근대에 이르러서 많은 무신론자들이 등장했다. 포이어바흐, 사르트르, 마르크스, 프로이드 등이 그들이다. 그런데 최근에 과거와는 색다른 무신론자들이 등장했다. 이들은 무신론을 주장하는데 그치지 않고 무신론의 주장들을 적극적으로 전파하려 한다. 기존의 모든 종교들을 비난하고 조롱하고 제거하려는 시도를 적극적으로 행동에 옮기기도 한다. 이론적으로 주장만하는 하는 것이 아니라 그들의 주장을 입증하고 실천하기 위해 어이없는 행동도 서슴지 않는다. 안타까운 수준이다. 거의 광신도, 맹신도에 가깝다. 그들의 저술들을 보면 분노와 왜곡과 거짓과 오도로 가득 차 있다. 의도적으로 무신론은 좋은 점만,

---

382) 이 글은 김도훈, "무신론시대의 기독교변증", 안윤기 외 공저, 『평신도를 위한 알기 쉬운 교리』, 하늘향, 2017, 31-61을 확대 보완한 것이다.

기독교는 무조건 나쁜 것만 열거하고, 통계를 왜곡 해석한다. 허수아비 기독교를 만들어 놓고 증오심에 불타 과학이라는 이름으로 무차별 공격한다. 그런데 정말 슬픈 것은 그들은 기독교나 신학이나 성경에 놀랄 정도로 무지하다는 점이다. 권위 있는 신학서적 한 권 제대로 읽지 않고 비난해대는 모습이 안쓰럽기까지 하다.

그들의 행태를 몇 가지 간단히 언급하겠다. 그들은 "There's probably no God. Now stop worrying, enjoy your life" 라는 광고 문구를 버스에 붙이기도 하고 "하나님이 없다"는 광고판, "태초에 인간이 하나님을 만들었다"(In the Beginning man created God)는, 성경을 패러디한 광고판을 세운다. 전 세계에 무신론 재단을 설립하고 버스 광고를 시작하거나 시도하였다.[383] 문화일보 2013년 11월 보도에 따르면 영국에서 처음 무신론자 교회가 개척되어 "미국, 호주 등으로 교세를 맹렬히 확대"해 나가고 있다. 영국 코미디언 샌더슨 존스와 피파 에번스가 2013. 1월 런던에서 1호 교회를 세웠고 약 10개월 만에 영국 내에서만 총 15곳, 미국에서는 18곳에 교회가 세워졌고 호주에서도 6곳이나 세워졌다. 2013년 11월 미국 CBS는 그들을 "무신론자 대형교회"(A-theist Mega-churches)로 칭하면서 급속히 성장하고 있는 무신론 교회 현상을 보도한 적이 있다. 그들은 모든 종교를 부정한다. 그럼에도 교회의 기능과 역할이 사람들에게 얼마나 큰 영향을 끼치고 있는 지를 스스로 증명한 것이라 할 수 있을 것이다. 그들은 그들의 예배시간에 무신론을 설교하고 무신론을 찬양하며 세속적 인본주의에 입장에 서 있는 전문가들을 초청하여 무신론 교인들의 무신론 믿음을 굳게 하고 교육하며 예식 후 그들만의 코이노니아도 갖는다. 물론 그것이 다가 아니다. 이들은 초, 중, 고등학교와 대학들을 세우고 있다. 무신론 전사들을 양육하기 위함이다. 자기 판단이 어려운 아이들에게 절대로 종교적 신념을 주입시켜서는 안 된다고 강변하면서 이들은 과

---

383) https://en.wikipedia.org/wiki/Atheist_Bus_Campaign#United_States (2019. 7.30 접속)

학이론을 빙자하여 종교에 대한 증오와 편견을 어릴 때부터 심고 있으니 무서운 일이다. 심지어 이들은 미국의 여권의 문장도 제거할 것을 요구하고 있다. "예를 들면, 에이브러햄 링컨의 게티즈버그에서의 명연설 중 '신의 가호 아래, 이 땅에 새로운 자유를 탄생시키며(That this nation, under God, shall have a new birth of freedom)', 토마스 제퍼슨의 명언 '우리에게 생명을 주신 하나님께서 자유도 함께 주셨다(The God who gave us life, gave us liberty at the same time)', 마틴 루터 킹 주니어의 명언 '우리에겐 위대한 꿈이 있다. 그 꿈은 1776년(미국독립선언의 해)으로 거슬러 올라간다. 하나님께서 미국이 그 꿈을 이루도록 허락하실 것이다' (We have a great dream. It started way back in 1776, and God grant that America will be true to her dream)"[384] 등이다. 무신론 현상은 한국도 마찬가지다. 수많은 무신론자들, 수많은 무신론 단체들이 반기독교적 행동을 일삼고 있다. 기독교에 대한 비난과 조롱은 물론이고, 성경을 금서로 만들자는 서명운동까지 벌이고 있다. 하나님을 비난하는 버스광고를 한 적도 있고, 기독교나 교회에 나쁜 이미지를 심어주기 위해 별별 수단을 다 동원하기도 하고, 교회의 선교나 전도나 행사들을 조직적으로 방해하는 일들을 버젓이 하고 있다.[385]

이런 행동하는 무신론자들 뒤에는 무신론 철학자, 무신론 과학자들이 있다. 이들은 교묘한 논리로 혹은 진화론에 대한 맹신적 신념에 바탕하여 무신론 책들을 쏟아내고 있다. 리처드 도킨스, 대니얼 데닛, 샘 해리스, 크리스토퍼 히친스가 그 대표적인 사람들이다. 그들은 〈만들어진 신〉, 〈주문을 깨다〉, 〈종교의 종말〉, 〈신은 위대하지 않다〉와 같은 책을 출판하여 무신론에 이론적 근거를 마련해 주고 있다. 이들을 옛 무신론자와 구분하여 신무신론자라 부른다. 이들은 자신의 책을 과학이나 철학 책으로 보이게 하려고 하지만 대

---

384) Christianity Today, Aug 02, 2013 11:29.
385) 대표적인 사이트가 반기독교시민운동연합 (http://www.antichrist.or.kr)이다.

부분 종교를 감정적으로 비난하는 글들로 가득 채우고 있다. 종교에 대한 증오와 조롱과 모독의 문장으로 가득하다. 다음의 인용은 이런 문장의 극히 일부이다.

망상은 모순되는 강한 증거에도 불구하고 잘못된 믿음을 고집하는 것, 특히 정신장애의 한 증상이라고 정의한다. 그 정의의 앞부분은 종교의 특성을 완벽하게 포착하고 있다. (…) '누군가 망상에 시달리면 정신이상이라고 한다. 다수가 망상에 시달리면 종교라고 한다.'[386]

종교신앙의 위험은 그것이 없었다면 정상적일 사람들을 광기로 내몰고 광기를 신성시하게 만든다는 것이다. (…) 지금도 우리는 고대문헌 때문에 자살하고 있다. 그토록 비극적으로 불합리한 일이 가능하리라고 누가 과연 생각했겠는가?[387]

진정으로 유해한 것은 신앙 자체가 미덕이라고 아이들에게 가르치는 행위다. 신앙은 그 어떤 정당화도 요구하지 않고 어떤 논증도 견디지 못하기 때문에 악이다. 의문을 품지 않는 신앙이 미덕이라고 아이들에게 가르치는 것은 아이들(…)을 미래의 성전이나 십자군 전쟁을 위한 치명적인 무기로 자라도록 준비시키는 것이다 (…) 신앙은 아주 위험하며 그것을 순진한 아이의 취약한 정신에 계획적으로 주입하는 것은 몹시 잘못된 일이다.[388]

자살 폭파범도 없고, 911도, 런던 폭탄테러도, 십자군도, 마녀사냥도, 화약음모사건도, 인도 분할도, 이스라엘과 팔레스타인의 전쟁도, 세르비아와 크로아티아와 보스니아에서 벌어진 대량 학살도, 유대인을 '예수살인자'라고 박해하는 것도, 북아일랜드 분쟁도, 명예살인도, 머리에 기름을 바르고 번들거리는 양복을 빼입은 채 텔레비전에 나와

386) R. Dawkins, God Delusion, 이한음 역, 『만들어진 신』, 김영사, 2007, 14.
387) Dawkins, 421. 이글은 도킨스가 무신론자인 샘해리스의 말을 동의하면서 인용한 것을 여기에 옮긴다.
388) Dawkins, 470-471.

순진한 사람들의 돈을 우려먹는 복음전도사도 없다고 상상해보라. 고대 석상을 폭파하는 탈레반도, 신성 모독자에 대한 공개 처형도, 속살을 살짝 보였다는 죄로 여성에게 채찍질을 가하는 행위도 없다고 상상해보라.[389]

종교가 없다면, 이런 일들과 사건이 없을 것이므로 인류는 과학의 발전으로 말미암아 더 나은 세상 속에서 살아갈 것이며, 더 행복한 삶을 누리고 있을 것이라는 주장이다. 다시 말해 종교는 이렇게 폭력적이니 제거되어야 한다는 것이다. 사실 이 글들에는 논리적 오류가 많다. 종교라는 통칭어를 사용하고 있으며, 이 종교 저 종교, 고대로부터 지금까지의 모든 종교의 잘못을 나열하여 모든 종교는 폭력적이며 모든 악은 종교적이라고 매도하고 있다. 대부분 극단적 이슬람의 폭력이다. 기독교의 잘못은 대체로 과거 몇 백 년 전일이다. 물론 기독교의 잘못과 폭력을 옹호하려는 것도, 미화하려는 것도, 회피하려는 것도 아니다. 그러나 비판하려면 최소한 종교 간의 차이를 인지할 할 줄은 알아야 한다. 여러 종교를 종교라는 하나의 범주에 포함시켜, 이런 개별 종교의 악행들이 모든 종교에 늘 만연해 있는 악행인 것처럼 비난해서는 안 된다. 수많은 장점과 유익은 눈감은 채 잘못만 끄집어내어 없어져야 할 제도라고 한다면, 종교는 왜 사라지지 않고 인류가 존재한 이래로 생존을 이어오고 있는지도 깨닫지도 못하면서 제거되어야 하는 조직이라고 경멸한다면, 그런 비난으로부터 책임을 면할 수 있는 제도와 사람과 사상이 어디 있겠는가? 동서고금의 국가들의 잘못을 열거하면서 그러니 국가를 없애버리자고 하는 사람은 없을 것이다. 과학자들이나 과학의 오류나 사기는 없는가? 과학의 폭력과 죄악은 없는가? 당연히 있다. 그들이 그렇게 숭상해 마지않는 과학기술이 없다면 무자비한 테러나 911이나 핵무기나 거대한 살육의 전쟁이 일어났겠는가. 인류를 파멸의 구렁텅이로 몰아넣을 핵무기, 지칠 줄 모르고 발전하는 전쟁무

389) Dawkins, 7-8,

488

기, 엄청난 환경파괴, 체르노빌, 후쿠시마, 인터넷중독, 빅브라더 논란 (⋯) 이런 것을 근거로 어느 극단적 반과학주의자가 과학기술의 유익은 눈감은 채 과학자들은 본래 폭력적이니 과학과 과학자들을 박멸하자고 한다면 그것이 과연 정당하겠는가. 도킨스에 의하면 신은 존재하지 않는다. 오로지 진화만 있을 뿐이다. 모든 것은 이기적 유전자의 결정일 뿐이다. 사회현상이나 정신현상조차도 그가 만들어낸, 다른 과학자들은 거의 인정하지 않는 상상의 신(神)인 밈(meme) 때문이다. 그렇다면 그렇게 종교를 비난할 일이 아니지 않는가. 종교도 그가 신처럼 숭상하는 유전자의 결과물이 아닌가. 종교가 진화의 실패라면, 그 책임을 종교에 돌릴 것이 아니라 진화에 돌려야 하지 않겠는가.

　도대체 왜 그들은 과학의 폭력에 대해서는 눈감으면서 유독 종교에 대해서는 한 치의 관용과 이해도 없는 것일까? 과학과 신앙이 충돌되기만 해서도 아니다. 신앙을 가진, 아니 신앙을 갖지 않더라도 신의 존재를 인정하는 쟁쟁한 과학자들이 많이 있다. 그들의 종교에 대한 증오 뒤에는 종교에서 받은 상처가 작용한다. 그들은 한결같이 종교나 종교인들에게 받은 상처를 언급한다. 심리학자 폴 비츠(Paul Vitz)에 의하면, 폭력적인 아버지에 대한 상처가 있거나 일찍 아버지 상실을 경험한 사람들은 대체로 무신론으로 기울 가능성이 크다는 것이다.390) 그들이 종교를 부정하고 증오하는 것은 바로 이런 이유들 때문이다. 거기에다 진화론이나 유물론적 세계관, 무신론적 학문이 더해져 그들의 생각이 신념으로 바뀌게 되고, 자신들의 신념이 절대적이라는 종교적 확신을 갖게 되고 결국 종교 근본주의자들과 같은 과학 근본주의적 행동으로 나타나게 된 것이다. 따라서 그들도 근본주의적인 무신론 종교를 믿고 있는 셈이다. 도킨스의 비판은 성경이나 기독교 교리도 예외가 아니다.

---

390) Paul Vitz, Faith of the Fatherless: The Psychology of Atheism, 김요한 역, 『무신론의 심리학:아버지 부재와 무신론 신앙』, 새물결플러스, 2012.

《구약성서》의 신은 모든 소설을 통틀어 가장 불쾌한 주인공이라고 할 수 있다. 시기하고 거만한 존재, 좀스럽고 불공평하고 용납을 모르는 지배욕을 지닌 존재. 복수심에 불타고 피에 굶주린 인종 청소 자, 여성을 혐오하고 동성애를 증오하고 인종을 차별하고 유아를 살해하고 대량 학살을 자행하고 자식을 죽이고 전염병을 퍼뜨리고 과대망상증에 가학피학성 변태성욕에 변덕스럽고 심술궂은 난폭자로 나온다.[391]

나는 기독교의 핵심 교리인 속죄가 악의적이고 가학피학적이고 혐오스럽다고 말했다. 또 우리는 그것을 개가 짖는 소리로 치부해야 하지만, 그것에 너무 익숙해져서 객관성이 무뎌져 있다.[392]

도대체 어떻게 이렇게 표현할 수 있을까? 어떻게 이렇게 신학에 무지하고, 이렇게 성경을 왜곡하고, 이렇게 교리를 제멋대로 해석할 수 있을까? 정말 어이없지만 그들의 사고가 이 수준이다. 자신이 허수아비 기독교를 만들어 놓고 증오심에 불타 과학이라는 이름으로 자신이 직접 무차별 공격하고 있다. 이들은 학자들이라기보다 반종교 혹은 탈종교 전도사들, 진화를 숭배하는 진화론 종교의 교주들과 같다. 자기들은 건전하고 이성적인 과학자들이고 신을 믿는 사람들은 모두 망상가로 치부한다. 정말 슬픈 것은 기독교나 신학이나 성경에 놀랄 정도로 무지하다는 점이다. 아니 모르는척하거나 알려고 하지 않는다는 점이다.[393]

서론적인 이야기를 비교적 길게 이야기 했다. 무신론의 도전이 얼마나 심각한가를 말하고 싶었기 때문이다. 하지만 아직도 지면 관계상 다 말하지 못한 부분이 더 많다. 그러나 이쯤에서 중단하고, 다음 질문으로 넘어가보자. 그

391) R. Dawkins, 50.
392) R. Dawkins, 381.
393) 도킨스에 대한 비판은 김도훈,『길위의 하나님:일상, 생명, 변증의 눈으로 보는 신학』, 조이웍스, 파주, 2014, 221-250, A. McGrath/Joanna McGrath, Dawkins Delusion? 전성민 옮김,『도킨스 망상?』살림, 2008, A. McGrath,『도킨스의 신: 리처드 도킨스 뒤집기』, 김태완 역, SFC, 2007 등 참조.

것은 "이런 상황 속에서 우리 그리스도인과 교회는 무엇을 해야 하는가" 이다. 답은 간단하고 명료하다. 당연히 복음을 변증하고 그들과 대화할 수 있도록 충분한 대응 논리를 계발하고 궁극적으로는 그들이 복음을 듣고 받아들일 수 있도록 하는 것이다. 이런 학문적 작업을 변증학이라고 한다.

2. 변증학의 정의와 필요성

우선 기독교변증학이 무엇인지 소개할 필요가 있겠다. 크레이그(William Lane Craig)는 변증학을 "기독교신앙의 진리주장에 대해 이성적인 답변을 제공하고자 하는 기독교신학의 한 분야"[394]로, 그로타이스(D. Groothuis)는 "객관적으로 진실되고, 이성적으로 설득력 있으며, 실존적으로나 주관적으로 호소력 있는 기독교세계관에 대한 이성적인 변론"[395]으로, 맥그라스는 "변증학이란 복음에 대한 반대나 어려움을 규명하고 여기에 대응하여 신앙을 가로막는 장애물을 극복하도록 돕는 것", "인간의 처지를 바꾸는 기독교 신앙의 잠재력을 알 수 있도록 기독교 신앙이 주는 흥분과 경이를 전달하는 것," "기독교 신앙의 핵심 개념을 외부인들이 이해하는 언어로 번역하는 것"[396]이라고 정의한다. 기독교변증에는 두 측면이 있다. 하나는 기독교 진리에 대한 긍정적 설명을 제공하는 것이고, 다른 한편으로는 기독교의 진리를 거스르는 주장에 반박하는 것이다. 즉 합리적 이성적으로 방어하고 또 적극적으로 설명하는 것이다. 그런데 문제는 "이성적", "논리적", "합리적"이라는 용어이다. 과연 기독교의 진리를 이성적으로 방어하고 설명해낼 수 있을까하는 문제가 생기기 때문이다. 과연 하나님이 존재한다는 것을 이성적으로 혹은 과학적으로 증명해

---

394) William Lane Craig, Reasonable faith : christian truth and apologetics, 정남수 역, 『오늘의 기독교 변증학』, 그리스도대학교출판국, 2006, 9

395) D. Groothuis, Christian Apologetics, 구혜선 역, 『기독교변증학』, 2015, CLC, 37.

396) A. McGrath, Mere Apologetics, 전의우 역, 『기독교 변증』, 국제제자 훈련원, 2014, 33.

낼 수 있을 것인가? 대답은 '쉽지 않다'는 것이다. 당연히 기독교의 모든 진리를 정확하게 이성으로 증명한다는 것은 불가능하다. 이성과 합리적 추론을 바탕으로 하는 과학으로 밝힐 수 없는 문제들도 많기 때문이다. 그러나 과학이나 이성이 하나님이나 진리를 알게 하는 문을 열어주는 역할은 충분히 할 수 있다고 생각한다.

변증학의 역할을 살펴본다면 변증학이 무엇인지 좀 더 확실하게 알 수 있을 것이다. 크레이그는 변증학 혹은 변증의 역할을 다음과 같이 말했다. "전심을 다해 하나님을 사랑하는 우리의 마음의 표현일 뿐만 아니라, 특별히 불신자들에게 기독교 신앙의 진리를 알려주고, 신자들에게는 믿음의 확신을 주며, 다른 진리들과 기독교 교리와의 연결고리를 발견하려는 것이다."[397] 더그 파웰도 변증이 다음 세 가지 측면에서 그리스도인들에게 필요하고 또 도움이 된다고 주장한다. 첫째, "기독교가 이성으로 증명할 수는 없어도 이성과 반대되는 비이성적인 것은 아니라는 사실"을 입증하고, 둘째, "변증은 기독교에 대한 반론에 답변을 제공하고 불필요한 오해를 없애주며", 셋째, "기독교 변증은 기독교를 옹호하는 증거와 논리를 제공할 뿐만 아니라 역사적인 기독교 신앙과 논리적으로 양립할 수 없는 무신론 및 다른 종교들의 약점을 잘 보여 준다는 것"이다.[398]

각종 통계를 보면 기독교는 정체되어 있거나 쇠퇴하고 있다. 그런데 무신론자들은 급속한 속도로 늘어나고 있다. 그 이유는 무엇일까 무신론을 신봉하는 것이 교양과 지성의 상징으로 인식되는 시대이기 때문이다. 특히 탁월한 변증가인 래비 제커라이어스가 지적하듯이, 무신론자들은 사상의 전쟁터에서 승리하기 위하여 지성의 요새인 대학을 장악하고 학문 혹은 과학이라는 이름으로 기독교를 공격하고 있다.[399] 이러한 전략은 젊은 세대들에게 잘 먹혀들

---

397) craig, 9.
398) D. Powell, Guide to Chrisitan Apologetics, 이용주 역, 『빠른 검색 기독교 변증』, 부흥과개
    혁사 2007, 31.

492

어가고 있다. 우리는 분명히 알아야 한다. 오늘날 무신론과의 싸움은 종교 대 과학, 과학 대 종교의 싸움이 아니다. 만일 종교 대 과학의 싸움이라면, 그리고 과학자가 종교를 갖는 것이 모순이라면, 예수 믿는 과학자, 종교를 가진 과학자, 하나님의 존재를 믿는 과학자가 전혀 없어야 할 것이다. 그런데 사실은 훌륭한 과학자가 훌륭한 신앙인인 경우가 많다. 천재과학자인 뉴턴(J. Newton)은 자신을 과학자가 아닌 신학자로 생각했다.[400] 도킨스의 말대로 훌륭한 과학자는 종교를 갖거나 신을 믿는 일을 하지 않는다면 뉴턴이나 종교를 가진 훌륭한 과학자들이 존재하는 사실을 어떻게 설명해야 할 것인가? 결국 무신론과의 싸움은 과학 대 종교의 싸움이 아니라 신념 대 신념의 싸움이고, 세계관 대 세계관의 싸움일 뿐이다. 과학을 내세우지만 결국 그 뒤에는 무신론적 세계관, 유물론적 신념이 버티고 있기 때문이다. 그러므로 이 시대는 기독교 진리를 변증하기 위한 사상적 전사가 필요한 시대이다.

그런데 오늘날 기독교의 현실은 어떠한가? 무신론이 얼마나 팽창하고 있는지 관심이 없거나 모르거나 무시하고 있다. 무신론과의 전선에서 기독교가 계속 밀려나고 있는데도 말이다. 인간의 이성을 숭상하던 계몽주의의 득세로 교회가 곤혹을 치렀으면서도 여전히 교회는 이성과 과학을 이용하는 무신론의 도전에 적절히 대처하지 못하고 있다. 이성적으로, 논리적으로 기독교의 진리를 설명해보려는 모든 시도를 사탄의 장난으로 여기는 경우도 있다. 정말 이것이 옳은 태도이고, 신앙이 좋다는 증거인가? 템플턴 상을 수상했던 찰스 콜슨은 "신앙인들은 지적인 논쟁을 피하며, 지적 변호를 경건치 못한 행동으로 생각하고 종교체험만을 중요시하며 지적인 근거를 가지고 논쟁을 벌이는

---

399) R. Zacharias, Can Man Live without God, 최예자 역, 『진리를 갈망하다』, 프리셉트, 2007, 14.
400) Cf. R. S. Westfall, Never at Rest. A Biography of Isaac Newton, Cambridge: Cambridge University Press 1980: K.-D. Buchholtz, Isaac Newton als Theologe. Ein Beitrag zum Gespräch zwischen Naturwissenschaft und Theologie, Witten 1965.

것은 우리의 믿음을 약하게 만드는 것으로 오해한다. 그러나 반지성주의가 더 경건한 것은 아니다"[401]라고 한탄했다. 기독교가 무엇인지 설명해달라는 불신자들에게 오로지 믿음만을 강요하는 것은 일견 타당성이 있어 보이지만 항상 적합한 방식은 아니다. 그들에게는 그들이 이해할 수 있는 방식과 언어로 기독교가 왜 진리인지를 설명해줄 책임이 우리에게 있다. 때로는 이성적으로 기독교 진리를 접근하는 것이 더 효과적인 경우도 있다. 세기의 유명 무신론 철학자 앤터니 플루(Antony Flew)는 철저히 증거에 따른다는 철학원칙을 가지고 있었다. 그는 나중에 유신론자로 회심하였는데 증거를 이성적으로, 논리적으로 좇아가다가 신을 발견하게 되었다는 고백을 하게 되었고, 결국 〈존재하는 신〉(There is a God)이라는 책을 쓰게 되었다. 그러므로 이성적 논증도 신을 믿게 하는 하나의 좋은 방법일 수 있다. 가끔, 설명을 요구하는 불신자들에게 설명은커녕 비난하거나 정죄하는 그리스도인들이 있다. 그런 태도는 비그리스도인들이 복음의 길에 들어서는 것을 오히려 막는 행위다. 근본주의자들이 늘어나는 만큼 무신론자도 증가한다는 경고도 있음을 우리는 결코 잊어서는 안 된다.

맥그라스의 말대로, 변증학은 "교회 밖 사람들을 적대시하거나 그 사람들에게 굴욕감을 주는데 있지 않다."[402] 오히려 맥그라스는 변증은 소통이라고 주장한다.[403] 이 말에 전적으로 동의한다. 소통하지 못하면 결코 그들의 마음을 얻을 수도, 그들을 복음으로 이끌 수도 없다. 우리는 신앙 밖의 그리스도인들이 알지 못하는 언어들, 우리끼리 통할 수 있는 교회의 언어들을 너무 쉽게 그들에게 사용한다. 이것은 올바른 변증의 태도가 아니다. 따라서 우리는 청중의 언어, 청중의 문화, 청중의 상황, 청중의 지식정도를 이해하고 그에 따라 적절히 기독교의 진리를 전달하는 훈련을 해야 한다. 변증학은 이런 노력에

---

401) zacharias, 8에서 재인용.
402) McGrath, 『기독교 변증』, 24
403) 위의 책, 14

많은 도움을 줄 것이다. 정리하자면 변증학은 첫째, 기독교 세계관과 신앙의 내용을 청중이나 대화상대자의 언어를 사용하여 합리적으로 (믿음이 없다는 전제하에) 설명해주는 역할을 한다. 둘째, 기독교인(약한 그리스도인)들의 믿음을 견고케 하고 신앙을 확고히 하도록 도와준다. 셋째, 무엇보다도 무신론자들이나 회의주의자들이나 비그리스도인들의 물음과 비난과 오해에 적절히 대응할 수 있는 능력을 키워준다.

3. 변증의 성경적 근거

필자는 성경 자체가 최고의 변증서라고 믿는다. 성경이 성경을 증명하기 때문이다. 그런데 무신론자들이나 회의주의자들은 성경이 고대 근동의 여러 전설이나 신화나 문학의 짜깁기라고 비난한다. 이것은 성경을 전체적으로 읽지 않고 파편적으로만 보기 때문이다. 그리고 성경의 의도와 목적을 보지 않고 주변적인 것만 보기 때문이다. 물론 성경이 반영하고 있는 시대가 장구하고, 저자가 상당히 다양하고, 문화나 배경이 서로 다르지만, 한 가지 분명한 것은 성경이 바벨론 신화, 메소포타미아 전설, 이집트문학, 헬라사상을 소개하려한 책이 결코 아니라는 것이다. 오히려 이런 사상적 종교적 문화적 세력들과 충돌하면서 참 하나님이 누구인지, 진리가 무엇인지, 인간은 무엇인지, 왜 인간은 타락했고, 왜 구원이 필요한지, 인간과 역사와 세계의 운명은 어떻게 되는지를 설명하려한 책이다.

좀 더 좁혀서 설명해보자. 성경의 첫 장, 즉 창세기 1장부터 성경의 변증적 성격이 잘 드러난다. 달리 말하면 창세기 서두의 "태초에 하나님이 천지를 창조하시니라"라는 대 선언은 변증적으로 이해해야 가장 잘 이해할 수 있다는 말이다. 많은 쟁쟁한 구약학자들은 창세기의 창조이야기가 바벨론 신화에서 영향을 받았다고 말한다. 과격한 학자들은 바빌론 신화를 베낀 것이라고까지 주장한다. 이것은 창세기를 잘못 이해한 것이 확실하다. 창세기의 저자는 천지의 창조주가 마르둑이 아님을 선언하는데 전력을 쏟았다. 신들의 싸움으로, 찢겨진 신의 시체조각으로 세상이 만들어진 것이 아니라는 것을 변호하고 있다. 이방의 신화의 영향을 받아서가 아니라, 오히려 그들과 싸우면서 창세기 기자의 창조신앙이 고백된 것이다. 창조신앙은 단순히 이 세상이 어떻게 만들어졌는가를 설명하는 것이 목적이 아니다. 고대 근동지방의 다신(多神) 사회에서 오직 여호와 하나님만이 참 신이고 유일한 신임을 변증하기 위한 것이었다. 게다가 성경은 하나님의 모습에 변증가적 성품이 있음을 잘 증언하고 있다. 하나님은 수많은 이방신들의 유혹 속에 있는 인간들에게 그들이 이해할 수 있는 언어로 하나님만이 참 하나님임을 설명하고 변증하려 했다. 인간의 언어뿐만 아니라 인간의 문학과 인간의 과학과 인간의 상식을 사용하면서 말이다.

변증가로서의 예수님의 모습은 성경에 나타난 예수의 다양한 모습 중의 하나다. 예수를 변증가로 소개한다고 하여 구세주로서의 예수 상을 결코 부인하는 것이 아님을 밝혀둔다. 기존의 성서학자들이 소홀히 했던 변증가로서의 예수님의 모습을 복원할 필요가 있음을 말하는 것이다. 예수 그리스도는 논적들과의 싸움에서 최고의 변증가였다. 그래서 그로타이스는 예수님을 "변증가의 모델"로, "변증가이며 또한 철학자"[404]로 묘사했다. 그는 다양한 방식을 사용했고, 대화 상대자에 따라 다양하게 대응했다. 사두개인이나 바리새인들에게는 논쟁과 변증의 방식으로, 자신을 따라다니던 믿음 없는 일반 대중들과 예수님의 말씀을 이해하지 못했던 제자들에게는 일상적 언어를 통한 설명과 설득의 방식으로 대응하였다. 그는 하나님 나라를 설명하기 위해 비밀종교와 같은 예식이나 신비하면서도 은밀한 사건에 의존하지 않았다. 그는 모든 사람들이 보는 (이성) 앞에서 기적을 행하였고, 누구나 경험할 수 있는 접촉점인

---

404) groothuis, 49.

그물, 겨자씨, 농부, 드라크마, 진주 등의 비유를 사용하여 누구나 이해할 수 있도록 합리적 이성에 호소했다.

변증은 헬라어 아폴로기아(apologia, *απολογια*)에서 온 말이다. 원래는 논리적 변론, 법정에서의 변론을 의미하는 단어다. 이 아폴로기아라는 단어가 성경에 종종 사용되고 있음을 기억할 필요가 있다. 우리말 성경에 주로 "변명"이라고 번역되어 있는 용어들의 원어는 아폴로기아다. 바울은 "내가 대답하되 무릇 피고가 원고들 앞에서 고소 사건에 대하여 변명(*απολογια*)할 기회가 있기 전에 내어 주는 것이 로마사람의 법이 아니라 하였노라"(행25:16), "내가 처음 변명(*απολογια*)할 때에 나와 함께 한 자가 하나도 없고 다 나를 버렸으나" (딤후 4:16)고 고백한다. 이것은 핑계를 댄다는 의미의 변명이 아니라 법정에서의 공식적 방어를 뜻한다. 이 단어는 성경에서 해명, 변론, 대답, 적극적 설명, 방어, 변증의 의미로 변환되거나 번역되어 사용되기도 하였다. 몇 구절을 인용하려 한다. "내가 너희 무리를 위하여 이와 같이 생각하는 것이 마땅하니 이는 너희가 내 마음에 있음이며 나의 매임과 복음을 변명(*απολογια*, 복음을 변증)함과 확정함에 너희가 다 나와 함께 은혜에 참여한 자가 됨이라"(빌 1,7). "이들은 내가 복음을 변증(*απλογια*)하기 위하여 세우심을 받은 줄 알고 사랑으로 하나" (빌 1;16). "부형들아 내가 지금 너희 앞에서 변명(*απολογια*)하는 말을 들으라 하더라" (행 22:1). "나를 비판하는 자들에게 변명(*απολογια*)할 것이 이것이니" (고전9:3). 가장 대표적인 성경구절은 바로 베드로전서 3장 15절이다. "너희 마음에 그리스도를 주로 삼아 거룩하게 하고 너희 속에 있는 소망에 관한 이유를 묻는 자에게는 대답(*απολογια*, 복음에 대한 합리적/이성적 방어)할 것을 항상 예비하되 온유와 두려움으로 하고" (벧전 3:15).

아폴로기아라는 말을 직접적으로 사용하고 있지는 않으나 변증적 성격에 아주 잘 부합하는 본문이 신약성경에는 여러 곳 등장한다. 그 중 전형적인 본문 한 곳만 살펴보겠다. 그 본문은 변증의 백미인 사도행전 17장 22-31에 나오는 바울의 아레오바고 연설이다. 그로타이스의 말대로, "기독교 설득의 최고 걸작"[405]이다. 변증의 교과서라 할 수 있다. 길지만 인용해보고자 한다.

바울이 아레오바고 가운데 서서 말하되 아덴 사람들아 너희를 보니 범사에 종교심이 많도다 내가 두루 다니며 너희가 위하는 것들을 보다가 알지 못하는 신에게라고 새긴 단도 보았으니 그런즉 너희가 알지 못하고 위하는 그것을 내가 너희에게 알게 하리라 우주와 그 가운데 있는 만물을 지으신 하나님께서는 천지의 주재시니 손으로 지은 전에 계시지 아니하시고 또 무엇이 부족한 것처럼 사람의 손으로 섬김을 받으시는 것이 아니니 이는 만민에게 생명과 호흡과 만물을 친히 주시는 이심이라 인류의 모든 족속을 한 혈통으로 만드사 온 땅에 살게 하시고 그들의 연대를 정하시며 거주의 경계를 한정하셨으니 이는 사람으로 혹 하나님을 더듬어 찾아 발견하게 하려 하심이로되 그는 우리 각 사람에게서 멀리 계시지 아니하도다 우리가 그를 힘입어 살며 기동하며 존재하느니라 너희 시인 중 어떤 사람들의 말과 같이 우리가 그의 소생이라 하니 이와 같이 하나님의 소생이 되었은즉 하나님을 금이나 은이나 돌에다 사람의 기술과 고안으로 새긴 것들과 같이 여길 것이 아니니라 알지 못하던 시대에는 하나님이 간과하셨거니와 이제는 어디든지 사람에게 다 명하사 회개하라 하셨으니 이는 정하신 사람으로 하여금 천하를 공의로 심판할 날을 작정하시고 이에 그를 죽은 자 가운데서 다시 살리신 것으로 모든 사람에게 믿을 만한 증거를 주셨음이니라 하니라

이 말을 한 때는 바울이 헬라 철학자들 (에피큐로스 학파와 스토아 학파의 철학자들)과 일전을 치른 후였다. 비장한 마음으로 아레오바고에 섰을 것이다. 참 신을 알지 못하는 아테네 사람들이 아주 불쌍해 보였을 것이다. 그런데 재미있는 것은 바울이 결코 예수 믿으라고 윽박지르지 않고 차분하게 논리적으로 접근해 들어가고 있다는 점이다. 그래서 어떤 학자들은 바울이 아테네 사람들에게 논리와 이성으로 접근하다가 실패했다고 말한다. 하지만 필자는

---

405) groothuis, 55.

498

그에 동의하지 않는다. 변증과 전도에 무슨 성공과 실패가 있겠는가? 진리라고 확신하는 것을 변호하는 것으로 족한 것이다. 게다가 이 논쟁을 통해 몇 사람을 얻었지 않는가? 여기서 우리는 바울의 변증방식 몇 가지를 발견할 수 있습니다. 첫째는 청중의 상황을 잘 파악했다는 것, 둘째, 그들과의 종교적 접촉점을 발견하여 이성적으로 접근했다는 것, 셋째, 피조물에서 출발하여 창조주로 거슬러 올라가는 방식을 사용했다는 것, 넷째, 종교를 비교하는 것으로 끝나지 않고 결국 복음을 소개하고 받아들이도록 하는 것을 목적으로 했다는 것이다.406) 이처럼 변증은 성경적 근거를 가지고 있다. 예수나 바울은 청중이나 대화상대에 따라 변증의 방식을 적절히 사용했다. 그러므로 변증을 부정적으로 볼 것이 아니라 복음의 문으로 이끌 수 있는 하나의 길이라 생각하고 효과적으로 사용할 필요가 있다고 생각한다.

4. 교회의 과제로서 성경에 대한 변증

무신론자들이 근본적으로 문제 삼는 것은 바로 성경의 신뢰성에 대한 것이다. 기독교와 교회의 근거와 뿌리는 바로 성경이기 때문이다. 성경의 신뢰성만 무너뜨린다면 교회를 무너뜨릴 수 있다고 생각한다. 앞에서 인용한 구약의 하나님에 대한 의심과 오해도 그런 차원에서 나온 것이다. 그 뿐만이 아니라 성경의 문학적 표현들이나 숫자의 차이, 성경 내의 동일사건에 대한 기록상의 차이, 비과학적인 것처럼 보이는 성경의 세계관이나 자연관 등을 문제삼아 성경을 파괴시키려 한다. 그러므로 교회는 성경을 변증하는 일에 깊은 관심을 가질 필요가 있다. 교회는 성경의 토대 위에 서 있는 공동체이기 때문이다. 성경에 대한 변증은 헤아릴 수 없이 많다. 그러나 여기서 그것들을 다

---

406) groothuis, 54-58도 필자와 유사하게 이 본문을 관찰하고 있다. "피조물에서 창조주로", "공감대 찾기", "믿음을 변론하기"가 이 본문에 잘 드러난다고 지적하고 있다.

소개할 수 없고 성경을 오해하고 있는 몇몇만 간단히 소개하려 한다.[407]

성경에는 하나님의 말씀이 쓰일 당시, 말씀을 듣는 청중들 당시의 생활과 풍습과 사회와 정치가 반영되어 있다. 그것은 당연한 일이다. 그리고 성경이 들려지고 또 쓰인 시대의 풍습을 반영한 것은 성경은 천상의 이야기가 아니라 지상에 사는 인간들을 향한 이야기이고, 또 오늘날과 동일한 인간들의 삶의 이야기이기 때문이다. 성경은 인간의 유한하며 부족한 감정과 이성과 상황과 지식과 문화와 제도를 포함하고 있다. 심지어 인간의 비참한 모습도 그대로 담겨 있다. 한 종교 경전의 내용이라 하기에 적절치 못한 것처럼 보이는 내용도 있다. 그것은 성경은 인간을 미화하려고 한 것이 아니라 인간의 삶 자체를 이야기하며, 그 삶의 현장에서 역사하시는 하나님을 말하고 싶었기 때문이다. 인간의 현재가 어떠한지, 인간에게 왜 고난과 고통과 슬픔과 질병과 죽음이 왔는지 설명하고 싶었기 때문이다. 그래서 그 인간은 죄로부터의 해방, 정치적인 억압으로부터의 해방과 구원, 사회경제적인 억압과 해방으로부터의 구원과 해방, 사탄의 세력으로부터의 해방, 전 세계의 아픔과 신음으로부터의 궁극적, 종말적 해방과 구원, 즉 인간의 힘으로 자신을 구원할 수 없고 위로부터 오는 초월적인 힘으로 살 수 밖에 없다는 것을 보여주고 싶었기 때문이다. 게다가 성경의 하나님은 인간들에게 하늘의 언어가 아닌 인간의 언어로, 하늘의 문화나 풍습이 아닌 인간의 문화와 풍습을 통해 소통하고 싶었기 때문이다. 유목민인 옛 이스라엘 사람들에게 하나님이, 수천 년이 지난 오늘의 과학의 용어나 언어로, 자신의 말을 전달하려 했다면, 하나님의 말씀이 제대로 전달이나 되었겠는가. 성경에 포함된 당시의 제도나 풍습만을 관찰하고 판단하여 그 안에 담겨진 하나님의 진정한 의도를 보지 못해서는 안 될 것이다.

이단이나 무신론에 대항하기 위해 우리는 성경부터 철저히 연구해야 한

---

407) 이하의 내용은 일부를 제외하고 졸저 『길위의 하나님』, 조이웍스, 2014, 제 2 장에서 가져온 것이다.

다. 묻지 말고, 의심하지 말고 무조건 믿으라는 것은 그 나름의 설득력이 있을 수 있으나 변증의 관점에서 본다면 별로 지혜로운 권고는 아니다. 그리고 교회 역시 성경을 그리스도인들에게 그리스도인들의 관점으로 설명하는 것도 중요하지만, 성경을 변증적 관점에서 가르칠 필요도 있다. 예를 들어 동해보복법 같은 경우이다. "이에는 이로, 눈에는 눈으로(…)"의 구절을 도킨스는 복수를 명하시는 하나님으로 오해한다. 그러나 그것은 오히려 사람의 생명과 타인의 재산을 보호하기 위한 하나님의 생명의 법이다. 그것은 보복하라는 법이 아니라 과잉보복을 금지하는 법이다. 인간은 감정적인 불쾌감으로 살인하기도 한다. 그러한 과잉 보복이나 "보복성 폭력", "잔인한 힘의 원칙의 지배"를 금지하는 것이고, "인간행위의 인간화"를 의도하는 법이다.[408] "돌로 치라"는 구절도 반드시 돌이라는 도구로 내리쳐 죽이라는 하나님의 잔인한 명령이라고 오해하기 쉽다. 그것은 사형방법에 불과할 뿐이다. 오늘날로 말하자면 사형에 처하라는 법조문이다. 그들은 광야를 행진하고 있었다. 사형의 기술도 발전하지 못했다. 이러한 상황에서 사형의 도구는 오로지 흔한 돌뿐이었다. 그러므로 "돌로 치라"의 돌이라는 도구에 너무 감정을 실어서는 안 된다. 오히려 그 법의 이면을 보면, 그것은 전체적으로 생명존중, 이웃 사랑, 공동체의 보존의 정신을 담고 있는 법이다. 모든 법에는 법정신이라는 것이 있다. 단지 문구하나, 그것도 광야에서 주어진 법을 가지고 잔인한 하나님이니 폭력적인 하나님이니 하는 것은 구약의 율법의 정신을 대단히 크게 오해한 것이다. 지면상 다 설명할 수는 없지만 성경의 난제인 선악과를 만든 것이나 여호수아 전쟁에서 대량학살의 명령도 그 본문의 의도나 배경을 이해한다면 결코 하나님을 비난할 수 있는 본문이 아니다. 그러므로 교회는 성경이 비난의 표적이 되지 않도록 연관 구절들을 교인들에게 정확히 풀어 설명할 필요가 있다.

---

408) G. Lohfink, Welche Argumente hat der neue Atheismus?, 이영덕 옮김, 『오늘날의 무신론은 무엇을 주장하는가?』, 가톨릭대학교출판부, 2012, 134.

앞에서 잠시 언급했지만 성경은 문체나 내용이나 저작 시기 등이 매우 다양하다. 동일한 사건을 다루는데도 다양한 관점을 보이고 있다. 이것을 오류나 후대의 삽입 혹은 편집으로만 이해하는 방식에서 벗어나야 한다. 계몽주의 시대 등장한 이 역사비평학은 오히려 교회를 공격하는 빌미를 제공했다. 무신론자들이 성경을 비난할 때 인용하는 학자들은 대부분 19세기 자유주의자들의 성경해석이나 역사비평학자들이다. 그러므로 오늘날 무신론 시대에는 그들의 성경비난에 대응할 수 있는 합리적 변증적 성경해석이 필요한 시대이다.

그렇다면 성경이 다양한 이유는 무엇인가. 첫째, 하나님께서 성경 기자들을 로봇이나 영혼 없는 타자기로 만들지 않고 개개인의 개성과 환경과 체험들을 존중하면서 하나님의 의도를 전달하고자 했기 때문이다. 달리 말해서 성경 기자들의 실존과 경험과 상황과 지식과 성격이 달랐고 그것을 하나님은 존중하거나 이용하셨기 때문이다. 둘째, 그것은 하나님은 각 시대, 각각의 사람에게 말씀하셨고, 또 말씀하시고자 하셨기 때문이다. 즉, 하나님과 관계하는 시대와 사람들이 달랐기 때문이다. 하나님이 직접 말씀하시고 다스리시던 원역사의 시대가 있었는가 하면 족장들의 시대있었고, 사사시대가 있었는가 하면 왕정시대가 있었고, 유목민 생활을 하던 시대가 있었는가 하면 정착 농사의 시대가 있었다. 통일 왕국으로서 국운이 융성했던 시대가 있었는가 하면, 쇠하여 다른 강국의 속국이거나 포로의 시기도 있었다. 그 다양한 시기에 하나님은 여전히 하나님이 되기를 원하셨고, 그들이 이해하기 쉽도록 자신을 드러내셨기 때문이다. 셋째, 동시대라 하더라도 하나님의 말씀이 전달되는 사람들의 문화와 상황과 처한 환경이 다양했기 때문이다, 즉 청중과 독자들이 서로 달랐기 때문이다. 그들은 다른 언어, 다른 문화, 다른 세계관, 다른 상황 속에 있었다. 예를 들어, 복음서 기자들은 동시대를 살았고, 동일한 예수를 경험했다. 그러나 그들은 예수님을 설명하면서 초점을 달리했다. 자기들이 처한 환경과 문화 속에서, 자신들이 속한 각 각의 공동체에 예수님을 전달하려고 했기 때문이다. 넷째, 성경이 다양하게 보이거나 모순처럼 보이는 것은 우리의 배경과 지식으로 성경을 이해하기 때문이다. 성경을 읽을 때 우리의 경험과 지식과 전이해가 작동하지 않을 수는 없다. 하지만 유념할 것은 우리의 지식과 다르니 성경은 신화이거나 틀렸다고 판단해서는 안 된다는 것이다. 우리의 상황과 저들의 상황, 우리의 지식과 저들의 지식이 다를 수 있다는 생각을 해야 하다. 성경은 논리 교과서나 과학 교과서가 아니다. 인간이나 사건들에 대한 논리적 설명이나 과학적 해명을 목적으로 한 책이 아니다. 성경은 하나님에 대한 존재와 신앙을 전제로 한 책이고, 인간의 타락과 구원을 말하기 위한 책이다. 궁극적으로는 예수 그리스도를 통한 하나님의 사랑을 말하기 위한 책이다. 이 과정에서 하나님은 당시의 과학과 지식 정도를 사용하셨을 뿐이다. 오늘날에도 직접 하나님이 말씀하신다면, 마찬가지로 하나님은 오늘날의 언어와 문화와 환경을 이용하셨을 것이다. 그러므로 성경에 모순이 있거나 틀린 것이 아니라, 하나님이 저자들이나 독자들이나 청중들에 맞는 상징이나 비유나 지식을 사용한 것뿐이며, 하나님께서 자신의 구원의 의도를 계시하기 위하여 인간의 문화와 문자를 빌리신 것일 뿐이다. 그러므로 성경은 오히려 청중이나 독자들을 위한 하나님의 배려 속에 쓰인 책이다.

5. 변증의 구체적 접촉점과 전도

무신론자들이나 불신자들과 대화하고 기독교진리를 설명하고자 할 때 효과적인 접촉점을 찾는 것이 중요하다. 앞에서 본대로 마치 바울이 신을 숭상하는 아테네사람들의 종교성을 접촉점으로 삼았듯이 말이다. 접촉점이 중요한 이유는 이것을 대화와 논증의 매개로 하여 비그리스도인들에게 기독교의 진리를 설명해 줄 수 있고, 이것은 결국 전도에 이를 수 있는 기회가 되기 때문이다. 그러므로 교회나 그리스도인들이 접촉점을 익히고 개발하는 것이 매우 중요하다. 접촉점에는 여러 가지가 있을 것이다. 대상과 환경과 시간에 따라 다양하게 존재할 수 있다. 한경직 목사는 과학적 상식, 과학의 오류와 과오, 인생의 공허함, 죽음의 문제, 인간의 양심과 도덕, 우주의 질서와 조화 등을 효과적인 접촉점이라고 열거하였다.409) 맥그라스는 채워지지 않는 욕구, 인간의 합리성, 우주의 질서, 윤리, 실존적 불안과 소외감, 유한성과 죽음에 대한 의식을 접촉점으로 삼아 변증하였다.410) 이 모든 것들을 다 설명할 수 없으므로 몇 가지만 간단하게 언급하려고 한다.

첫째, 인생의 욕구와 공허함이다. 인간은 누구나 욕구와 갈증이 있다. 그러나 쉽게 채워지기는 어렵다. 어느 연예인은 돈으로도, 명예로도, 봉사로도 만족감을 느낄 수 없어 다른 무엇인가, 궁극적인 무언가를 찾는다고 고백한 적이 있었다. 그는 지금까지 자신의 삶은 명예와 부와 자선의 삶이었지만 그것이 전부가 아니며, 자신의 삶의 허무와 공백을 채워줄 그 어떤 존재를 찾고 있다고, 그래야만 자신의 삶이 의미가 있을 것이라고 고백하여 모두를 놀라게 했다. 그래서 그는 죽음에 벌벌 떠는 자신을 보며 자신의 삶에 의미를 부여해줄 그 어떤 존재를 찾고 있음을 〈halftime〉이라는 곡에 절절히 담았다. 광대한 그 분의 현존을 전 보다 조금씩 더 느껴가지만 그래도 좀 더 확실히 존재의 근거를 찾으려는 애절함이 돋보이는 노래다. 대중가수가 부른 노래 중 지금까지 사회비판적 가요는 많았으나, 이렇게 영성적 갈증을 노래한 가요는 쉽게 찾기 어려웠다. 인간에는 삶의 의미의 토대가 되는 신을 추구하는 영적갈증이 본래부터 심겨져 있을 것이라 믿어 본다. 다만 내면을 드러다 보지 않아서 보이지 않을 뿐이다. 이런 상황 속의 인간에게 변증은 하나님으로 인도할 수 있는 매우 중요한 수단이 된다. 인간의 실존적 공허함과 불안은 "과연 인간이 하나님 없이 살 수 있을까" 하는 물음을 던지게 하는 중요한 기회이다.

---

409) 한경직, 『기독교란 무엇인가』, 영락교회선교부, 1956.
410) A. McGrath, Bridge Building: Communicating Christianity effectively, 김석원 옮김, 『생명으로 인도하는 다리』 서로사랑, 2013, 67-104.

둘째, 죽음 앞에선 인간의 고뇌와 불안도 중요한 접촉점이 될 수 있다. 앞의 질문을 다시 한 번 생각해보자. "인간은 하나님 없이 살 수 있을까?" 살 수 없으리라 확신한다. 일견 하나님 없이 행복하게 사는 것 같아도 결국 죽음의 순간 앞에서는 자신의 삶의 허무성을 절감하기 때문이다. "헛되고 헛되며 헛되고 헛되니 모든 것이 헛되도다." 이것은 전도서 기자의 고백만이 아니다. 하나님 없는 모든 인간들의 절규다. 심리학자인 프로이트의 예를 소개하고자 한다. 그는 모든 것을 얻었던 사람이다. 심리학의 새로운 이론을 발표함으로써 엄청나게 영향력있는 유명인물이 되었다. 그는 종교를 무시하며 조롱했다. 종교는 마치 유아적 환상과 같다고 주장했다. 그리고 하나님을 부인했다. 그러나/그래서 그의 인생은 결코 행복하지 않았다. 그는 상상할 수 없는 상실감, 적대감, 거부감의 고통을 당하면서, 그에 대한 적개심으로 분노하며 살았다. 말년에는 구강암으로 고통을 겪다가 인생을 마감했다. 암으로 인한 고통의 순간에도 그는 희망이 없었고, 죽음의 순간에도 그는 희망이 없었다. 다만 체념할 뿐이었다. 왜일까? 그에게는 진정한 희망과 위로를 채워줄 절대자가 없었기 때문이다. 그는 이렇게 말했다. "신을 믿지 않는 운명론자로서 나는 죽음의 공포 앞에서 체념할 수밖에 없네."[411] 결국 마지막에 이렇게 고백하고 말았다. "냉혹하고 사랑이 없으며 이해하기 어려운 힘들이 인간의 운명을 결정한다."[412] 그는 의욕을 상실한 채로 살았다. "언제 내 차례가 될지(…)"[413] 하다가 생을 마감한 사람이 되고 말았다. 이때도 변증은 중요한 역할을 할 수 있다. 죽음 앞에선 인간의 불안을 접촉점으로 하여 변증은 희망의 종말, 희망의 하나님을 소개해 줄 수 있을 것이기 때문이다.

셋째, 과학적 발견이 또 하나의 좋은 접촉점이 될 수 있다. 무신론의 거두

---

411) Armand M. Nicholi, Jr., C.S. Lewis VS S. Freud 홍승기 옮김, 『루이스 vs 프로이트, 신의 존재 사랑 성 인생의 의미에 관한 유신론자와 무신론자의 대논쟁』, 홍성사 2004, 287에서 재인용.
412) 위의 책, 262에서 재인용.
413) 위의 책, 287에서 재인용.

였다가 유신론으로 회심하여 무신론자들에게 충격을 안겨주었던 철학자가 있다. 앤터니 플루(A. Flew)라는 사람이다. 그는 전설적 영국 철학자이며 무신론자였다. 수 십 년 동안 불신자들의 우상이었으며, 가장 영향력 있는 철학적 무신론자였으며, 20세기의 가장 명성 있는 무신론자였다. 그는 인간의 이성을 절대시하고 과학을 숭상했다. 그러던 그가 어느 날 편견을 내려놓고 과학적 증거를 찬찬히 따라가다 보니 무신론보다는 유신론이 우주를 설명하는 더 적절한 원리라는 것을 발견하게 되었다. 지금까지 그 자신을 지탱해주던 모든 것이 무너져 내렸다. 깊은 고민 끝에 그는 결국 신의 존재를 인정하는 방향으로 전향하였다.414) 이처럼 무신론자를 설득하거나 신앙이 견고치 못한 그리스도인들의 신앙을 굳건히 세우는 데 과학의 발견은 매우 유용한 도구가 될 수 있다. 그러므로 교회는 과학을 무조건 적대시하거나 배제할 것이 아니라 각각의 고유한 영역을 인정하면서 공통점이나 접촉점이 있음을 교인들에게 가르치고 주지시킬 필요가 있다. 교회도 이제는 인문학 강좌 뿐 아니라 자연과학적 전문지식을 가르쳐 교회가 반과학적이거나 비이성적이 아님을 인지시켜야 한다. 사실 변증은 합리적으로 기독교진리를 설명하려는 것이다. 그러므로 기독교 진리를 과학으로 다 설명할 수는 없어도, 최소한 기독교를 알고자 하는 사람들에게 과학을 이용하여 신의 존재와 우주의 기원, 즉 창조 등을 비교적 설득력 있게 설명해 줄 수 있을 것이다. 이것 또한 전도요 선교다.

변증학과 전도는 결코 분리된 다른 영역이 아니다. 상호보완적이다. 맥그라스는 이렇게 말한다. "변증학이 그리스도를 믿는 신앙의 기반을 닦는다면, 전도는 복음에 반응하라고 사람들을 초청한다. 변증학이 동의를 끌어내려 한다면, 전도는 헌신을 끌어내려 한다."415) "변증학과 전도는 교회의 필수 사명이다. 변증학은 복음이 타당하고 바람직하다는 점을 확고히 하고 선포한다.

414) A. Flew, There Is a God: How the World's Most Notorious Atheist Changed His Mind, 홍종락 옮김, 『존재하는 신』, 청림출판, 2011.

415) A. E McGrath, Mere Christianity, 전의우 옮김, 『기독교변증』, 서울:국제제자훈련원, 2015, 34.

전도는 복음에 들어와 복음의 유익을 맛보라고 초대한다. 변증학은 전도가 아니지만 전도가 빠진 변증학은 불완전하다. 변증학은 그리스도인들의 신앙을 독려하고 북돋는 일 뿐 아니라 기독교 공동체와 세상의 소통에서도 중요하고 두드러진 역할을 한다."416)

6. 무신론 시대의 변증 공동체로서 교회

교회는 세상과 분리된 존재가 아니다. 세상 속에 있는 존재이며 세상이 도전하는 문제들을 직면하며 해결해야 하고 대안을 제시해야 하는 공동체이다. 세상의 물음이 하나님의 존재에 대한 물음이며 인간의 구원 대한 물음이라면 교회가 외면할 수 없는, 아니 적극적으로 대답해야 하는 물음이다. 교회는 하나님의 백성이고 그리스도의 몸이며 성령의 피조물로서 하나님 나라를 향하여, 하나님 나라를 지금 여기에서 매개하며 순례하는 공동체이다. 그 하나님의 나라가 도전받고, 복음이 왜곡된다면 교회는 이를 대적하여 사상의 전쟁을 벌일 준비를 해야 하며, 영적 전투를 직접 수행해야 하며, 때로는 그들을 설득하여 복음으로 전향하도록 해야 하는 공동체이다. 다시 말해 교회는 변증공동체이다. 교회의 역사를 보면 교회는 때로는 전투하고, 때로는 설명하고, 때로는 주장하고, 때로는 순교하면서 복음을 수호해왔다. 그것은 오늘날에 있어서도 마찬가지다. 그러므로 교회는 논리적으로 준비되어야 한다. 그리고 전략을 세워야 한다. 그리고 사상적 전사들을 키워내야 한다. 이것이 과거처럼 순교하는 일은 아니라 할지라도 순교의 각오로 사상적 전쟁을 수행해야 한다. 이를 위하여 영적, 정신적, 학문적 무장이 앞서야 할 것이다.

무신론적 상황에서 우리 그리스도인들은 무엇을 해야 하는가? 그리고 교회는 무엇을 해야 하며 기독교는 무엇을 해야 하는가. 첫째, 기독교적 정체성을 분명히 해야 한다. 복음으로 무장하고 기독교 진리에 대한 확신을 가져야

---

416) McGrath, 기독교 변증, 36.

한다. 사실상 기독교 진리에 대한 확신이 중요한데 어떤 기준으로, 무엇 때문에 기독교만 진리라고 하는가 라고 묻는 다면 답이 쉽지 않을 것이다. 더구나 그것에 대한 합리적 이유를 제시하라고 한다면 더 당황할 수밖에 없다. 이를 위해 변증가들은 객관적인 판단의 기준을 설정해 놓았다. 그 기준에 보다 더 적합한 세계관과 주장이 진리에 더 가깝다고 판단할 수 있다는 것이다. 가이슬러와 튜렉은 그 기준을 다음과 같이 주장하였다. 첫째, 진리는 설득력 있는 증거와 타당한 논증에 의해 그 진리성이 뒷받침 되어야 하고, 둘째, 기독교적 주장 역시 증거를 통 해 입증되어야 할 전제(premise)일 뿐이며, 셋째, 철저한 회의론(또는 무신론)적 시각에서 출발해야 한다[417]는 것이다. 여기서 두 가지 질문이 따른다. 하나는, 논리와 설득에 있어서 이성의 역할을 묻는 물음이고 또 하나는 진리나 세계관을 어떤 기준으로 판단할 것인가, 설득력을 담보할 기준은 무엇인가 하는 것이다. 그로타이스는 다음과 같은 기준을 제시하였다. 간단히 언급하자면, 첫째는 "마땅히 설명해야할 것을 설명하는가"[418] 하는 기준, 둘째 기준은 "내부적 논리 일관성"[419](internal logical consistency), 세 번째 기준은 "정합성"[420](coherence), 네 번째의 기준은 "사실적 충분성"[421] (factual adequacy), 다섯 번째 기준은 "실존적 실행가능성"[422](existential viability), 여섯 번째 기준은 "지적 그리고 문화적 다산성"[423] (intellectual and cultural fecundity), 일곱 번째 기준은 "급진적인 임시변통적 재조정"[424]

---

417) N. Geisler/F. Tureck, I Don't Have Enough Faith to be an Atheist, 박규태 옮김, 『진리의 기독교』, 좋은씨앗, 2009, 52ff.
418) Groothuis, 83.
419) Grothuis, 84. 어떤 세계관이 X,Y,Z를 그 본질 요소로 가지고 있다면 그 X,Y,Z 사이에는 서로 모순이나 충돌이 있다면 그것은 그 세계관에 대한 충분한 설명이 없다는 원리이다. Groouis, 84의 기준 2a, 2b 참조.
420) Groothuis, 85.
421) Groothuis, 86.
422) Groothuis, 87.
423) Groothuis, 89.
424) Groothuis, 90

(radical ad hoc readjustment)의 기준, 마지막 기준은 "단순성"(simplicity)이라는 기준이다. 한 세계관을 판단할 수 있는 기준이 이것뿐인지에 대한 것은 논외로 하고 그로타이스가 제시한 기준들이 전체적으로 설득력을 상실한다고 보기는 어렵다. 합리적 논증이나 이성의 사용을 거부하는 신앙주의나 전제주의 입장에서 본다면 이런 기준 자체가 무의미할지 모른다. 그러나 변증학의 기본 성격이 기독교 내부의 학문적 논쟁이 아니라 무신론자들에 대한 방어적 논쟁이며, 불신자들을 향한 설득일 뿐만 아니라 회의적 그리스도인들에게 확신을 제공하는 것임을 전제한다면, 그의 기준은 오히려 적절하다고 볼 수 있다.

그렇다면 과연 기독교적 세계관은 이 기준에 부합하는가, 타 경쟁 세계관보다 더 수월성을 담보한다고 할 수 있는가. 이에 대해 Groothuis는 여러 사례들과 증거들을 볼 때 위의 여덟 가지 기준에 기독교 세계관이 가장 적합하다고 변증한다. "만일 어떤 세계관이 설명하기로 약속한 것을 설명하는 것에 실패한다면, 세계관 고유의 방식으로 이치에 닿게 설명하는 것에 실패한다면 (내적 일관성), 존재하는 것이 무엇인가를 기술하는 것에 실패한다면 (객관적 그리고 내적 실재), 삶에 이해가능한 의미를 부여하는 것에 실패한다면 그 세계관은 고려 대상에서 탈락된다. 나는 기독교가 기독교의 어떤 경쟁자들보다도 이런 테스트들에 더 우수하게 합격한다는 것을 주장할 것이다."[425] 파인버그(Paul D. Feinberg) 역시 그로타이스와 비슷한 검증기준을 제시한다. 그가 제시하는 기준은 모순 없는 일관성(consistency)의 원리, 실재와 잘 상응하는 하거나 경험법칙에 잘 들어맞는 상응(correspondence)의 원리, 증거에 대해 더 많은 것을 설명해 줄 수 있어야 하는 포괄성(comprehensiveness) 원리, 설명이 불필요하게 복잡하지 않을 단순성(simplicity)의 원리, 현실 속에서 살아남을 수 있느냐 하는 실용적 기준인 생존 가능성(livability)의 원리, 실제로 좋

---

425) Groothuis, 113.

은 결과를 가져와야 하는 과실성(fruitfulness)의 원리, 어떤 세계관 안에 자신을 지탱해 줄 수 있는 증거들이 풍부해야 한다는 보존(conservation)의 원리 등이다.[426] 이 기준은 기독교 일방적 기준이 아니라 타학문에도 적용할 수 있는 비교적 객관적 기준이다. 이런 기준에 비추어볼 때 그로타이스의 확신처럼 다른 세계관보다 기독교의 세계관이 훨씬 더 진리에 가깝다고 볼 수 있다.

둘째, 기독교는 결코 이성을 적대시하는 종교가 아님을 알아야 한다. 무조건 믿으라고 말한다면 무신론 이론에 정통한 자들에 대응할 수 없다. 믿음이 맹신으로 가서는 안 된다. 믿음을 강조하는 것이 비이성적이거나 무지해도 된다는 말은 아니기 때문이다. 기독교가 이성적이지 않다는 것은 무신론자들이나 반기독교적인 편에서 덧씌운 왜곡된 이미지일 뿐이다. 도킨스가 지적하는 것은 믿음은 이성적이지 못할 때 발동하는 것이며 신의 존재 역시 과학으로 증명할 수 없으므로 기독교는 반이성적이라는 것이다. 그러나 분명한 것은 믿음과 이성은 대립적이지 않다. 도킨스의 오류는 바로 믿음은 불합리, 비성적인 것의 믿음에서 출발한다는 전제이다. 신앙과 철학, 신앙과 이성, 신앙과 과학은 반드시 대립적인 것은 아니다. 각각의 고유 영역이 존재하지만 공통의 부분도, 그리고 서로간의 보완적인 기능할 할 수 있는 여지도 충분하기 때문이다. 만일에 이성적이지 못하다는 이유로, 증명할 수 없다는 이유로 신학이 부정된다면 그것은 동일하게 철학에도 적용되어야 할 것이다. 그러나 도킨스는 어느 곳에서도 철학을 부정하지는 않는다. 아퀴나스의 신존재증명은 단순히 신학의 문제가 아니라 철학의 문제임을 타학문에 대한 지식이 전혀 없는 그는 간과하고 있는 것이다. 신존재증명도 마찬가지다. 신의 존재를 이성적으로, 과학적으로 증명해보라고 말하는 것 자체가 우스꽝스러운, 적절치 못한 요구이다. 3차원에 매여 있는 존재에게 10차원의 존재를 증명(설명이 아니라)

---

426) Paul D. Feinberg, "Cumulative Case Apologetics," S. Cowan(ed.), Five Views on Christian Apologetics, Grands Rapids: Zondervan Publishing House, 2000, 153-156.

하라고 한다면 벌써 이것은 3차원의 인식의 범주를 넘어서는 것이기 때문에 적절치 못한 요구일 것이다.

한 가지 우리는 이런 질문을 해볼 수 있을 것이다. 과학은 과학으로 다 증명이 되는가? 도킨스는 과학 가설인 다중우주론을 믿지만(믿음이다, 증명할 수 없으니) 이것을 믿지 않는 과학자들도 부지기수다. 증명할 수 없기 때문이다. 빅뱅이론도 증명할 수 없다. 다만 증거가 있다고 여겨질 뿐이다. 더구나 빅뱅이론에 비해 다중우주론은 증거조차도 희박한 가설이고 추론일 뿐이다. 그렇다면 증명되지 않는 가설을 견지하고 있는 도킨스에게 그가 비난하는 종교만큼이나 비이성적이라고 비난해도 되는가? 다시 한 번 우리는 질문하지 않을 수 없다. 이성은 과연 이성으로 증명되는가? 그들은 여전히 이성을 기준으로 하는 계몽주의에 메여있다. "이성이 정말로 신뢰할만하다는 것을 우리는 어떻게 확신할 수 있는가? (…) 만약 인간의 추론과정에 결함이 있다면 이성 자체는 이를 감지할 어떤 방법도 없다."[427] 필자는 과학을 부정하거나 이성을 부정하는 것이 아니다. 다만 과학은 이성이고, 종교는 비이성이라는 도킨스의 주장을 부정할 뿐이다. 이성 자체를 우상시 하지 않는다면, 도킨스가 말하는 과학도그마적인 이성이 아니라 건강한 이성이라면, 교회나 기독교 역시 이를 회피할 이유가 없다. 그러므로 과학은 이성, 신앙은 비이성의 등식은 결코 성립하지 않는다.

셋째, 그러므로 그리스도인들도 학문적으로, 논리적으로 무장되어야 한다. 많은 공부와 학문적 준비가 필요하다. 그래서 효과적인 접촉점을 발견해야 한다. 사도바울이 유대인에게는 유대인 방식으로, 그리스 사람에게는 그리스 철학을 이용해서, 로마인들에게는 로마법을 사용해서. 또 그리스도인들에게는 그들에게 맞는 방식으로 복음을 변증했듯이 말이다. 넷째, 무장하되 그

---

427) A. McGrath, Why God won't Go Away, 이철민 역, 『신없는 사람들』, IVP, 135. 이 책은 종교는 비이성적이며 비과학적이고 폭력적이라는 도킨스의 논지를 반박하는데 탁월한 저술이다.

들이 기독교를 비난하며 자주 들먹이는 주제들에 대한 집중적인 연구가 필요하다. 하나님 존재 유무, 악과 고난의 문제, 기적의 문제, 성경의 권위, 기독교의 절대성과 배타성 등이 그런 주제들이다. 사실상 악의 문제에 대해서도 변증적 관점에서는 풀기가 그리 어렵지 않다. 하나님이 악을 허용할 만한 충분한 이유가 있었다고 보면 되는 것이기 때문이다. 그리고 논리적으로도 얼마든지 설명할 수 있고 그들의 비난을 반박할 수 있다.

다섯째, 변증의 방법을 배울 필요가 있다. 변증에는 다양한 방법들이 있다. 이성과 논리와 과학을 중시하며 이것을 이용하여 무신론에서 유신론으로, 유신론에서 기독교로 설득하려는 고전적 변증방법, 역사적 증거를 통해 기독교의 진리를 논리적으로 논증하려는 증거주의 방법, 이성과 논리를 사용하면서도 다양한 증거들을 누적 사용함으로써 기독교의 진리를 설득하려는 누적 증거방법, 성경의 내용과 주장을 전제해야만 진정한 변증이 될 수 있다는 전제주의 방법, 믿음을 전제하고 신의 존재를 증명해보려는 방법 등이 있다. 필자는 모두가 장단점이 있고, 모든 방법이 소중하다고 생각한다. 어느 한 방법만 고수할 필요가 없다고 생각한다. 왜냐하면 인간은 이성적으로 증명되어야만 믿는 것은 아니기 때문이다. 믿는 방식이나 원인은 매우 다양하다. 예를 들어 나무가 푸르다고 믿는 것, 비난을 받았으니 기분이 나빴을 것이라고 믿는 것, 아침식사를 했다고 말할 때 이성적으로 증명해보라고 말하지 않고 그냥 믿어주는 것, 1+1=2라고 믿는 것, 빨간색을 보면서 노랑이라고 말하지 않고 빨간색이라고 믿는 것, 히틀러는 나쁜 사람이라고 믿는 것, 가을 밤 하늘의 별들이 아름답다고 믿는 것 등은 반드시 논리적, 이성적으로 설명되어야 믿는 것은 아니다.[428] 감각적 경험, 수학공식, 공감할 수 있는 기분이나 기억, 도덕적 판단, 그리고 미적 판단 때문에 믿는 것이다. 하나님 신앙도 이와 같을 수

---

428) S. B. Cowan(ed.), Five Views on Apologetics, Grand Rapids, Michigan:Zondervan Publishing House, 2000, 269

있다. 반드시 이성적 논증으로만 믿을 수 있는 것은 아니며 다양한 방식으로 하나님을 인식할 수 있고 믿을 수 있을 것이다. 다시 말하면 하나님을 믿는 것이 증거나 논증이 없어도 합리적이 될 수 있다는 것이다. 앤터니 플루처럼 이성적 논리적 증거를 따라가다 보니 신의 존재를 인정하지 않을 수 없다는 사람들도 있지만, 죽음의 허무 앞에서 신의 존재를 받아들인 사람도 있고, 기적을 보고 믿는 경우도 있고, 심지어 죽었다 깨어난 사람들의 사후세계에 대한 증언 때문에 놀라 신앙을 가진 이도 있고, 자연경관의 황홀함에 감탄하여 신의 존재를 인정한 경우도 있다. 이처럼 믿음은 논리적 증거 없이도 다양한 통로를 통해 올 수 있다. 그러므로 다양한 방법을 청중에 따라 상황에 따라 그들을 이해하면서 사용한다면 더 큰 효과를 발휘할 것이다.

여섯째, 기독교의 진리를 설명하는데 이성이 중요하나 이성에만 머물러서는 안 된다. 진리는 이성으로 다 설명할 수 없기 때문이다. 결국에는 그리스도를 설명하고 받아들여 구원에 이르도록 해야 한다. 이것이 변증의 최종목표이다. 일곱째, 전문가를 키울 필요가 있다. 전 세계적으로 크레이그, 맥그라스, 맥도웰, 가이슬러, 재커라이어스, 스트로벨, 파웰, 앤드류스, 낸시 피어시, 파인버그, 클라크, 로버트슨 등 등 수많은 변증가들, 기독교 진리의 옹호자들, 토론자들이 있다. 그러나 한국 교회와 신학계는 어떤가. 과학과 철학에 전문적 식견을 가지고 기독교 신학에 능통하며 교회를 사랑하는 마음으로 무장하고 하나님에 대한 열정으로 충만한 변증가들이 얼마나 있는가. 한국교회는 이제 무신론 현상만 안타깝게 바라보고, 분개하며 흥분하면서도 어쩔 수 없이 뒤돌아 서야하는 일이 반복되어서는 안 되지 않겠는가. 여덟째, 교회를 사랑하고 교회를 변호해야 한다. 교회는 사실상 인간의 제도이므로 많은 오류가 있을 수 있다. 그러나 하나님은 그 교회를 사용하시고 있음을 기억해야 한다. 우리는 교회와 복음, 기독교와 하나님의 말씀, 교회와 진리, 교회와 하나님의 나라를 신학적으로 구분하지만 무신론자들은 구분하지 못한다. 구분하려고도 않는다. 그들은 기독교의 진리를 공격하는 것을 교회를 무너뜨리는 것으로 생각하며, 교회를 무너뜨리면 교회가 가지고 있는 모든 것이 무너진다고 생각하기 때문에 변증적 관점으로 보면 교회를 변호하는 것은 곧 복음을 수호하는 것이며, 복음을 수호하려면 곧 교회를 수호해야 하는 것과 같다.

아홉째, 삶으로 하나님을 보여 줄 수 있어야 한다. 이것을 실천적 신 존재 증명 방법이라고 한다. 엄격히 따져보면 무신론자들은 대체로 그리스도인들이나 교회에 상처받아 무신론자가 되는 경우가 많기 때문이다. 앞에서도 언급한 거룩성의 회복이 무엇보다 시급하다. 그리고 우리의 사명은 변증의 목적도 있음을 깊이 인식해야 한다. 하나님이 오늘날 여기에 우리를, 교회를 부르신 이유가 무엇인가. 이 문제를 깊이 성찰해야 할 것이다. 하나님은 언제나 자신을 증명하시고자 하는 분이다. 그런데 언제나 사람을 통하여 증명하시고자 한다. 그는 인류의 죄의 고난 앞에서 아브라함을 부르셨고, 역사의 질곡으로부터 한 민족의 해방을 위하여 모세를 부르셨으며, 많은 선지자들과 그에게 붙들린 사역자들을 부르시고 찾으시고 그들을 통해 하나님은 자신을 증명하셨다. 그리고 종국에는 그의 아들을 택하셔서 인간을 향한 자신의 사랑을 증명하고자 했다. 이것이 하나님이 사용하신 자신의 증명방법이며, 이것이 오늘날 이 무신(無神)의 현장에서, 이 무신의 현장으로 교회와 우리를 부르신 이유일 것이다. 이 무신의 도전 앞에서 사람들은 우리의 거룩한 삶을 보면서 더 이상 "하나님이 어디 있느냐, 하나님을 증명해보라"고 요구하지 않고, 우리의 모습 속에서 하나님의 살아계심을 보려고 할 것이다. 마지막으로 베드로전서 3장 15절을 다시 한 번 인용하고 마치겠다.

"너희 마음에 그리스도를 주로 삼아 거룩하게 하고 너희 속에 있는 소망에 관한 이유를 묻는 자에게는 대답할 것을 항상 예비하되 온유와 두려움으로 하고"

/참/고/문/헌/

강원돈, "모두의 생명과 정의와 평화를 위한 경제", 〈세계교회협의회신학을 말한다〉, 한국장로교출판사, 2013.

고원석, "현대 미디어철학의 관점과 기독교교육의 과제," 장신논단, 41호, 291-314.

권석만, 『긍정심리학: 행복의 과학적 탐구』, 학지사, 2008

김균진, 『기독교조직신학 IV』, 서울:연세대학교출판부, 1993.

김도훈, "몰트만 그리스도론의 방법론 특성", 장신논단 21집, 2004.

김도훈, "포스트모던 시대의 교회의 창조적 커뮤니케이션: 이머징 교회", 목회와 신학, 2008, 6월.

김도훈, 『길 위의 하나님』, 서울:조위웍스, 2014.

김도훈, 《생태신학과 생태영성》, 장로회신학대학교출판부, 2009.

김도훈, "일상, 그 거룩함에 대하여, 성서마당," 108집(2013,12), 32-40.

김상훈, 『앞으로 3년 세계 트렌드』 서울 : 한즈미디어, 2009.

김영동, "함께 생명을 향하여", 『세계교회협의회신학을 말한다』, 서울:한국장로교출판사, 2013.

김영한, "가상공간에 대한 신학적 진단", 목회와 신학 104호, 두란노, 1998, 2월. 43-49.

김영한, 임희정, 스타벅스 감성마케팅, 넥서스 북스, 2004.

김운용, 새롭게 설교하기:변화하는 시대 속에서의 설교, 예배와설교 아카데미, 2007.

김인수, 한국기독교의 역사, 장로회신학대학교출판부, 2000.

김홍권, 좋은 종교. 좋은 사회, 예영커뮤니케이션 2008.

대한예수교장로회총회, 《표준예식서》, 한국장로교출판사, 1997.

대한예수교장로회총회, 《헌법》, 한국장로교출판사, 2012

대한예수교장로회총회교육부, 『신앙고백집』, 1979.

루터교 세계연맹/로마교황청 그리스도인일치촉진평의회, 『갈등에서 사귐으로. 루터교회와 로마 가톨릭교회의 공동위원회보고서』, 한국그리스도교신앙과 직제위원회, 2017.

맹용길, 자연, 생명, 윤리, 임마누엘 1992.

문영빈, "뉴미디어, 종교체험, 예배: 가상체험의 매체신학적 조명," 기독교교육정보, 25집, 227-260.

배재욱, "정의에 대한 그리스도론적 고찰", 『신학과 목회』 제41집, 2014.

변창욱, "WCC 부산총회 종합평가와 선교적 의미: 역대 WCC 총회와 CWME 대회의 선교주제를 중심으로", 『선교와 신학』 34집, 2014.

생명평화마당 편, 『생명과 평화를 여는 정의의 신학』, 서울:동연, 2013.

세계교회협의회 제 10차 총회한국준비위원회 편, 『세계교회협의회 신학을 말한다』, 서울:한국장로교
　　출판사, 2013.

세계교회협의회(WCC) 《제 10차 총회백서》, WCC총회백서발간위원회 편, 2014.

안윤기 외 공저, 평신도를 위한 알기 쉬운 교리, 하늘향, 2017.

위형윤, 현대교회의 변화와 미래목회 패러다임 연구, 신학지평, 2010.

윤동철, ≪새로운 무신론자들과의 대화≫, 새물결플러스, 2014.

이장식, 『기독교신조사(1)』, 서울:컨콜디아사, 1979.

장윤재, "세계교회협의회 제 10차 부산총회와 에큐메니컬 운동," 〈한국조직신학논총〉 37집,

정용석, "어머니 교회(MATER ECCLESIA):초대 교부들의 교회론에 대한 여성신학적 재조명", 여성신학
　　논집 2, 1998. 83-117.

정원래, "인간은 행복할 수 있는가: 토마스 아퀴나스의 행복론의 관점에서," 「성경과 신학」 제54권
　　(2010): 151-182.

최무열, 한국교회와 사회복지, 나눔의 집, 2004.

최윤배, 칼뱅신학입문, 장로회신학대학교출판부, 2012.

독립개신교회교육 위원회, 《하이델베그크 요리문답》, 성약출판사, 2004.

한경직, 기독교란 무엇인가, 영락교회선교부, 1956.

한숭홍, "21세기의 가상교회", 장신논단 14호, 1998.

Adams, M.M. "Julian of Norwich on the Tender Loving Care of Mother Jesus",
　　　　K.J.Clark (hg.), *Our Knowledge of God. Essays on Natural and
　　　　Philosophical Theology,* Dordrecht/Boston/ London 1992

Allen, Leslie, C. *Psalms 101-150*, 손석태 역 『시편 101-150』, WBC 21권, 솔로
　　　　몬, 2001

Allmen, J.-J. von, *Worship. Its Theology and Practice*, 정용섭, 박근원, 김소
　　　　영, 허경삼 역, 대한기독교출판사, 1988,

Anderson, Ray, A. *An Emergent Theology for Emerging Churches,* IVP, 2006

Augustinus, *De beata vita/Über das Glück*: Lateinisch/Deutsch, Reclame,
　　　　1982.

Auletta, Ken, *Googled: The End of the World As we Know it*, 김우열 옮김,
　　　　『구글드:우리가 알던 세상의 종말』 서울: 타임비즈, 2010.

Barna, G. *Marketing the Church*, 김광점 역, 『마케팅이 뛰어난 교회가 더 성장한다』, 서울:베다니출판사, 1996.

Barth, K. *Kirchliche Dogmatik* IV/1, 김재진 역, 『교회교의학』 IV/1, 대한기독교서회, 2017

Barth. K. *Kirchliche Dogmatik* IV/2, 최종호 역, 『교회교의학』 IV/2, 대한기독교서회, 2012

Basin Jean-Nicolas/Cottin Jerome, *Virtual Christianity. Potential and Challenge for the Churches,* Geneva: WCC publications, 2004.

Bavin, Pierre, *www.internet.god,* 이영숙 편역, 『디지털 시대의 종교』 pcline, 2000

Bavink, H. *Gereformeerde Dogmatiek,* 박태현 역, 『개혁교의학』 부흥과개혁사, 2011

Beeley, Christopher, "Christ and Human Flourishing in Patristic Theology," *Pro Ecclesia* Vol. XXV, No. 2, 126-153.

Beier, Matthias, "Always Look at the Bright Side of Life?: Positive Psychology, Psychoanalysis, and Pastoral Theology," *The Journal of Pastoral Theology*, (2), Winter 2014, 3-1-3-35.

Beinert, W. *Christus und der Kosmos, Perspektiven zu einer Theologie der Schöpfung.* Freiburg 1974.

Berg, H.K. *Ein Wort wie Feuer. Wege lebendiger Bibelauslegung,* Kösel-Calwer,1991

Berger, K. art. Kirche I, *Theologische Realenzyklopädie,* Bd. 18. Berlin: de Gruzter.

Berger, K. *Historische Psychologie des Neutestaments, SBS* 146/7, Stuttgart 1991.

Birnstein U./K.-P. Lehmann, *Pänomen Drewermann. Politik und Religion einer Kulturfigur,* Frankfurt, 1994

Böhlmann, Peter. *Wie die Kirche wachsen kann und was sie davon abhält,* Goettingen: Vandenhoeck & Ruprecht 2006,

Brent A. Strawn, *The Bible and The Pursuit of Happiness: What the Old and New Testaments Teach Us about the Good Life*, Oxford University Press, 2012,

Brueggemann, W. *Genesis, Interpretation*, 강성렬 역, 『창세기. 목회자와 설교자를 위한 주석』, 한국장로교출판사, 2000,

Brueggermann, W, *To Build, to Plant: A Commentary on Jeremiah 26-52,*

Grand Rapids, Eerdmann, 1991,

Brunsdon, Alfred R. "A three musketeering approach to pastoral care: Reflections on Collaboration between pastoral care, narrative therapy and positive psychology" *Verbum et Ecclesia* 35 (1) (2014), 1-9.

Bucher, A.A. *Bibel-Psychologie. Psychologische Zugänge zu biblischen Texten,* Stuttgart 1992

Buchholtz, K.-D. *Isaac Newton als Theologe. Ein Beitrag zum Gespräch zwischen Naturwissenschaft und Theologie,* Witten 1965

Bufford, R. K. Blackburn, A.M. Sisemore, T. A. Bassett, R. L. "Preliminary Analyses of Three Measures of Grace: Can They be Unified?" *Journal of Psychology & Theology,* 2015, Vol. 43 No. 2, 86 - 97.

Bufford, Rodger K/A. M. Blackburn/T. A. Sisemore/Rodney L. Bassett "Preliminary Analyses of Three Measures of Grace: Can They be Unified?" *Journal of Psychology & Theology,* 2015. Vol. 43 No. 2, 86 - 97.

Burrows, M. S. "Naming the God. Beyond Names. Wisdom From the Tradition on the Old Problem of God-Language," *Modern Theology* 9, Nr. 1, 1993,

Byasse, J. "Emerging from what, Going Where? Emerging Church and Ancient Christianity", Mark Husband and Jeffrey P. Greenman, *Ancient Faith for the Church's Future,* Downers Grove: IVP, 2008,

Calvin, J. Institutes of the Christian Religion, 김종흡, 신복윤, 이종성, 한철하 공역, 『기독교강요』 생명의말씀사, 1986.

Calvin, J. 『신약성경주석』, Vol. 8, 성서교재간행사

Caroll, Jackson W. *Mainline to the Future:Congregations for the 21st Century,* Westminster John Knox Press, 2000

Carson, D. A. *Becoming Conversant with the Emerging Church,* Grand Rapids, Mich.: Zondervan, 2005.

Charry, Ellen T. "God and the art of happiness" *Theology Today* 68(3) (2011), 238-252.

Charry, Ellen T. "On Happiness" *Anglican Theological Review* 86, 1 (Winter, 2004), 19-33.

Charry, Ellen T. *God and the Art of Happiness.* Grand Rapids: Eerdmans, 2010.

Chester, T/Timmis, S. *Everyday Church,* 신대현 역, 『일상교회』, IVP, 2015.

518

Coenen, L. art. "Church", *The New International Dictionary of New Testament Theology* Vol. 1, Grand Rapids: Zondervan, 1986,

Cole, Neil. *Church 3.0. Upgrades for the Future of the Church.* San Francisco: Jossey-Bass, 2010.

Compton, William C/Edward Hoffman, *Positive Psychology: The Science of Happiness and Flourishing,* Wadsworth, 2013

Conder, Tim. *The Church in Transition: The Journey of Existing Churches into the Emerging Culture.* Grand Rapids: Zondervan, 2006.

Considine, John Joseph. *Marketing your church: Concepts and Strategies.* Kansas City: Sheed & Ward, 1995.

Copan, Paul/Craig, William Lane/Moreland, J. P/Wright, N. T. Passionate Conviction: *Modern Discourses on Christian Apologetics*, B&H Academic, 2007.

Cowan(ed.), S. B., *Five Views on Apologetics*, Grand Rapids, Zondervan, 2000,

Craig, William Lane, *Reasonable Faith: Christian Truth and Apologetics*, 정남수 역,『오늘의 기독교 변증학』, 그리스도대학교출판국, 2006,

Craigie, Peter, *Psalms 1-50, WBC* 19권 손석태,『시편1-50』솔로몬, 2000

Crandall, Ron, *Turnaround Strategies for the Small Church*, Abingdon Press, 1995

Cunningham, Sarah Raymond, *Dear church: Letters from a Disillusioned Generation,* 박혜원 옮김,『친애하는 교회씨에게』 서울: 쌤엔파커스, 2008.

Dawkins, R, *God Delusion*, 이한음 역,『만들어진 신』, 김영사, 2007

Dohmen, Chr. "Vom vielfachen Schriftsinn - Mäglichkeiten und Grenzen neueren Zugänge zu biblischen Texten," T. Sternberg(hg.) *Neue Formen der Schriftauslegung? Quaestiones disputae*, 140, Freiburg/Basel/Wien, 13-67

Drewemann, E, *Tiefenpsychologie und Exegese*, I, II, Walter-Verlag, 1984/85,

Duchrow.U./G. Liedke, *Shalom,* 손규태/김윤옥 역,『샬롬』한국신학연구소, 1989

Dunn, J. *The Theology of Paul the Apostle,* 박문제 역,『바울신학』크리스찬 다이제스트, 2003,

Dyrness, William A. *Visual Faith: Art, Theology and Worship in Dialogue*, Grand Rapids: Baker Academic, 2001.

Eichele, G. et al. *The Postmodern Bible. The Bible and Culture Collective*, Yale University Press, 1995.

Einstein, Mara, *Brands of Faith. Marketing Religion in a Commercial Age*, Routledge, 2008

Entwistle David N. and Stephen K. Moroney, "Integrative Perspectives on Human Flourishing: The Imago Dei and Positive Psychology" *Journal of Psychology and Theology* vol.39 no.4 (2011), 295-303.

Estes, Douglas C. *SimChurch. Being the Church in the Virtual World*, Grand Rapids: Zondervan, 2009.

Evdokimov, P. "Die Natur," *Kerygma und Dogma*, 1965, Vol. 11, 1-20,

Ferguson, E. *The Church of Christ. A Biblical Ecclesiology for Today*, Grand Rapids: Eerdmans, 1996

Finkenzeller, Josep. art. "Kirche", IV, *Theologische RealEnzyklopedie*, Bd.18 De Gruyter, 2016

Flew, A. *There Is a God: How the World's Most Notorious Atheist Changed His Mind*, 홍종락 옮김, 『존재하는 신: 신의 부재는 입증되지 않는다』 청림출판, 2011

Fox, M. *Original Blessing*, 황종렬 역, 《원복. 창조신앙의 길라잡이》 분도출판사, 2001

Fox, M. *The Coming of Cosmic Christ. The Healing Mother Earth and the Birth of a Global Renaissance*, 송형만 역, 『우주 그리스도의 도래』 분도출판사, 2002

Frambach, N. *Emerging Ministry. Being Church Today*, Minneapolis: Augsburg Fortress, 2007.

Frankl, V. *Men's Search for Meaning*, 이시형 역, 『죽음의 수용소에서』, 청아, 2012.

Frankl, V. T*he Will to Meaning : Foundations and Applications of Logotherapy*, 이시형 역, 『삶의 의미를 찾아서』, 청아, 2005

Frey, J, Eugen *Drewermann und die biblische Exegese. Eine methodisch-kritische Analyse*, Tübingen, 1995

Fries, H. "Wandel de Kirchenbildes und dogmengeschichtliche Entfaltung", *Mysterium Salutis*, Zürich, Benziger Verlag, 1965-1981.

Friesen, Dwight I. *Thy Kingdom Connected: What the Church can Learn from Facebook, the Internet, and other Networks*, Grand Rapids, MI: Baker Books, 2009.

Frost, Michael, and Hirsch, Alan. *The Shaping of Things to Come.* 지성근 역.『새로운 교회가 온다』. 서울: 한국기독학생회출판부, 2009.

Füglister, N. "Strukturen der alttestamentlichen Ekklesiologie," *Mysterium Salutis. Grundriss der heilsgeschichtlicher Dogmatik* 4,1 Benziger Verlag,

Geisler N./F. Tureck, *I Don't Have Enough Faith to be an Atheist*, 박규태 옮김,『진리의 기독교』, 좋은씨앗, 2009.

Geisler, Norman L. *Christian Apologetics*, Baker Academic, 1988.

Gibbs, E. & Bolger, R. *Emerging Churches. Creating Christian Community in Postmodern Cultures*, 김도훈 역, 『이머징 교회』, 서울:쿰란출판사, 2008.

Gibbs, Eddie. *Church Next*, 임신희 역, 『미래목회의 9가지 트렌드』 교회성장연구소, 2003,

Gibbs, Eddie. and Bolger R. *Emerging Churches. Creating Christian Community in Postmodern Cultures.* Grand Rapids: Baker Academic, 2005.

Gibbs, Eddie. *ChurchMorph : how megatrends are reshaping Christian communities,* Grand Rapids, MI. : Baker Academic, 2009.

Gnilka, Joachim. *Der Ephserbrief, Herders theologischer Kommentar zum Neuen Testament,* 강원돈 역, 국제성서주석 38 『에베소서』 한국신학연구소, 1989.

Goldstein, H. art. ποιμην, *Exegetical Dictionary of the New Testament* Vol 3, William B. Eerdmans Publishing Company,1993

Gooder, Paula. "In Search of the Early Church. The New Testament and the Development of Christian Community", G. Mannion, Lewis S. Mudge (ed.), The *Routledge Companion to the Christian Church,* New York and London: Rouledge, 2010,

Groothuis, D. *Christian Apologetics: a Comprehensive Case for Biblical Faith*, 구혜선 역, 『기독교 변증학』, CLC, 2015

Grün, A. *Tiefenpsychologische Schriftauslegung*, Münsterschwarzach 1992

Hackney, Charles H. "Possibilities for a Christian Positive Psychology" *Journal of Psychology and Theology* vol.35 no.3 (2007), 211-221.

Hagner, Dognal. *Word Biblical Commentary,* 채천석 옮김, 『마태복음 1-13』 WBC 33 상, 솔로몬 1999,

Hall, M. Elizabeth/L. R. Langer/J. McMartin "The Role of Suffering in Human

Flourishing: Contributions from Positive Psychology, Theology, and Philosophy" *Journal of Psychology and Theology* vol.38 No.2

Hammett, E.H/J. R. Pierce, *Reaching People under 40 while Keeping People over 60: Being Church for All Generations*, Chalice Press 2007

Hammett, John, "The Church according to Emergent/Emerging Church," W. D. Henard/A. W. Greenway (ed.), *Evangelicals Engaging Emergent. A Discussion of the Emergent Church Movement,* B&H Publishing Group, Tennessee, 2009

Härle, W. art. Kirche VII, *Theologische RealEnzklopädie*, 18. Berlin: de Gruyter, 1989.

Healy, Nicholas M. *Church, World, and the Christian Life: Practical-prophetic Ecclesiology.* Cambridge: Cambridge University Press, 2000.

Henard D./Adam W. Greenway(ed.), *A Disscussion of the Emergent Church Movement,* B&H Publishing Group, Nashville, Tennessee, 2009,

Heppe, H. *Reformierte Dogmatik*, 이정석 역, 『개혁파 정통 교의학』, 크리스찬 다이제스트, 2007

Herrington, Jim, Mike Bonem, James H. Furr, *Leading Congregational Change*, Jossey-bassy, 2000

Husbands, Mark. Treier Danial J. *The Community Of The Word: Toward An Evangelical Ecclesiology.* InterVarsity Pres, 2005.

Jackson, B. *Hope for the Church. Contemporary Strategies for Growth,* Church House Publishing, 2008

Jackson, John. *God-Size Your Church*, Nashville: Abingdon Press, 2008,

Jay, E. G. *The Church*, 주재용 역, 『교회론의 역사』, 서울:대한기독교출판사, 1986.

Jensen, Rolf, *The Dream Society: How the Coming Shift Information to Imagination will Transform your Business*, 서정환 역, 『드림 소사이어 티 :꿈과 감성을 파는 사회』, 서울:리드리드 출판사, 2005.

Jeremias, J. art. ποιμην, αʹρχιποιμην, ποιμαινιω, ποιμνη, ποιμνιον, *Theological Dictionary of the New Testament*, Vol VI, Grand Rapids; Eerdmans, 485-502.

Johnson, Phil, "Joyriding on the Downgrade at Breakneck Speed: The Dark Side of Diversity", G. L. W. Johnson/R. N. Gleason(ed.), *Reforming or Conforming. Post-Conservative Evangelicals and the Emerging Church,* Wheaton, Crossway, 2008,

Jones, Tony. *The New Christians. Dispatches from the Emergentfrontier*, Jossey-Bass, San Francisco, 2008

Joseph, S. *Positive Psychology in Practice: Promoting Human Flourishing in Work, Health, Education and Everyday Life*, John Wiley & Sons, 2015.

Kaczor, Christopher. *The Gospel of Happiness: Rediscover Your Faith Through Spiritual Practice and Positive Psychology*, Penguin Random House, 2015.

Kaczor, Christopher. "Positive Psychology and Pastoral Practice," http://www.hprweb.com/2012/04/positive-psychology-and-pastoral-practice.

Kam Ming Wong, *Christians outside the Church: An Ecclesiological Critique of Virtual Church*, HeyJ, 2008, 49, 822-840.

Kärkkäinen, Veli-Matti. *An Introduction to Ecclesiology*, Downers Grove, Illinois: InterVarsity Press, 2002

Kearney, Richard. *The Wake of Imagination*, London: Loutledge, 1988,

Keil, H. "Der Irrweg der historisch-kritischen Methode," *Evangelisches Gemeindeblatt für Wüttenberg*, 30/1985

Kennson Philiph D./James L. Street, *Selling Out the Church. The Dangers of Church Marketing*, Abingdon Press, 1997

Kimball, D. *Emerging Church*, 윤인숙 역, 『시대를 리드하는 교회. 새로운 세대를 위한 전통적 기독교』, 고양:이레서원, 2007.

Kimball, D. *They like Jesus but not the Church. Insights from Emerging Generations,* Grand Rapids, Zondervan, 2007.

Kimball, Dan, "The Emerging Church and Missional Theology", Robert Webber(ed.), *Listening Beliefs of Emerging Churches,* Grand Rapids: Zondervan, 2007.

Kraus, Wolfgang, *Das Volk Gottes: Zur Grundlegung der Ekklesiologie bei Paulus,* Tübingen: Mohr Siebeck, 1996,

Kruschwitz(ed), R. *Virtual Lives,* Waco, TX, Baylor University, 2011.

Küng, H. *Die Kirche*, 정지련 역, 『교회』, 서울:한들, 2007.

Kwan, Simon "Interrogating 'Hope':The Pastoral Theology of Hope and Positive Psychology", *IJPT*, 2010, vol. 14, pp. 47-67.

Lancaster Lynne & David Stillman, *The M-Factor: How the Millennial Generation Is Rocking the Workplace,* 양유신 옮김, 『밀레니얼 제너레이션』 서울: 더숲, 2010.

Lathrop, Gordon W. *Holy People: a Liturgical Ecclesiology.* Minneappolis: Minneapolis, 1999.

Leonhadt, R. *Grundinformation Dogmatik,* 장경노 역, 『조직신학연구방법론』, CLC, 2018,

Lincoln, Andrew T. *WBC 42. Ephesians,* 배용덕 옮김, 『에베소서』 서울: 솔로몬, 2006.

Livermore, D. A., Cultural Intelligence. *Improving Your CQ to Engage Our Multicultural World,* Grand Rapids: Baker Academic, 2009

Lohfink, G. *Welche Argumente hat der neue Atheismus? Eine kritische Auseinander setzung* 이영덕 역, 『오늘날의 무신론은 무엇을 주장하는가』, 가톨릭대학교출판부, 2012.

Lopez Shane J. and C. R. Snyder, ed. *The Oxford Handbook of Positive Psychology.* 2nd ed. New York: Oxford University Press, 2009

Lord, A. M. "Virtual Communities and Mission", *Evangelical Review of Theology,* 26권 3호, 2002, 196-207.

Lytle, J. A. "Virtual Incarnations: An Exploration of Internet-Mediated Interaction as Manifestation of the Divine," *Religious Education,* 105, 4, 395-412.

Malphurs, A. *A New Kind of Church. Understanding Models of Ministry for the 21st Century,* Baker Books, 2007.

Mannion, G. S. Mudge (ed.), *The Routledge Companion to the Christian Church,* New York and London: Louledge, 2010.

Mannion, Gerard Ecclesiology and postmodernity : Questions for the Church in our Time. Collegeville, Minn. : Liturgical Press, 2007.

Marais, Nadia "Graced? A Critical Analysis of Salvation in Serene Jones that Portrays Human Flourishing as Open to Relation, Beautiful and Healed" *Journal of Theology for Southern Africa* 151 (March 2015), 74-95.

Marais, Nadia "Happy? A critical analysis of salvation in Ellen Charry that portrays human flourishing as healing, beauty and pleasure" *Verbum et Ecclesia* 36(1) (2015), 1-10.

Maris, H. *The Church as Our Mother. Her Identity and Mission,* 독립개신교회 신학교 편, 『우리의 어머니 교회. 교회의 정체성과 사명』 성약출판사. 2013

Marx, Gary, "An Overview of Sixteen Trends, Their Profound Impact on Our

Future: Implications for Students, Education, Communities, and the Whole of Society," *Educational Research Service*, 2006

Mathewes, Charles, "Toward a Theology of Joy", M. Volf and M. Justin Crisp (ed.) *Joy and Human Flourishing: Essays on Theology, Culture and the Good Life*. Augsburg: Augsburg Fortress Pub, 2015, 63-95,

Matthews-Green F./Erwin Raphael McManus, *The Church in Emerging Church*, 김미연 역, 『세상을 정복하는 기독교 문화』, 이레서원, 2008

McConnell, William T. *Renew Your Congregation: Healing the Sick, Raising the Dead.* Saint Louis: Chalice Press, 2007

McCracken, Brett, *Hipster Christianity : When Church and Cool Collide* Grand Rapids, MI : Baker Books, 2010,

McDowell, S. *Apologetics for a New Generation: A Biblical and Culturally Relevant Approach to Talking about God,* Harvest House Publishers, 2009.

McFayden, Kenneth J. Strategic Leadership for a Change. Facing our Losses. Finding our Future Herndon, Va.: Alban Institute, 2009.

McGrath A. 『도킨스의 신: 리처드 도킨스 뒤집기』, 김태완 역, SFC, 2007.

McGrath A. 『생명으로 인도하는 다리』 김석원 역, 국제제자훈련원 2013

McGrath A. 『신 없는 사람들: 우리 시대 무신론의 오만과 편견』, 이철민, 역 IVP, 2012.

McGrath A. 『우주의 의미를 찾아서: 맥그래스 과학과 종교 삶의 의미에 대해 말하다』, 박규태 역, 새물결플러스, 2013.

McGrath A. 『정교하게 조율된 우주: 과학과 신학의 하나님 탐구』, 박규태 역, IVP, 2014.

McGrath A. 『회의에서 확신으로』, IVP, 2014

McGrath A./Joanna McGrath, *Dawkins Delusion?* 전성민 옮김, 도킨스 망상? 살림, 2008,

McGrath, A. 『도킨스의 신: 리처드 도킨스 뒤집기』, 김태완 역, SFC, 2007

McGrath, A. *Christian Theology*, 김홍기, 이형기, 임승안, 이양호 역, 『역사 속의 신학. 기독교신학개론』, 서울: 대한기독교서회, 1998,

McGrath, A. *Mere Apologetics,* 전의우 역, 『기독교 변증학』, 국제제자 훈련원, 2014.

McGrath, A. *Why God won't Go Away*, 이철민 역, 『신없는 사람들』, IVP, 2012.

McGrath, A. *Bridge Building: Communicating Christianity Effectively*, 김석원

옮김,『생 명으로 인도하는 다리』서로사랑, 2013

McIntosh, Gary L. *Biblical Church Growth: How You Can Work with God to Build a Faithful Church,* BakerBooks 2003,

McKnight, E. *Postmodern Use of the Bible. The Emergence of Reader-Oriented Criticism,* Avingdon Press, 1988

McLaren, B. *A New Kind of Christian,* 김선일 옮김,『새로운 그리스도인이 온다 』(서울: IVP, 2008),

McLaren, Brian D. *The Church on the Other Side : Doing Ministry in the Postmodern Matrix.* 이순영 역.『저 건너편의 교회』. 서울 : 낮은울타리, 2002.

McLaren, Brian, *Everything Must Change. Jesus, Global Crises, and a Revolution of Hope,* Dallas, Thomas Nelson, 2007

McLaughlin, B. "The Ecclesiology of the Emerging Church Movement" *Reformed Review,* Vol. 61. Nr. 3, 2008. 101-118

Meeks, Swanee Hunt, "The Motherhood of God: A Symbol for Pastoral Care", *Llitt Review* 37 no. 3 1980, 27-37

Metz, Peter *Marketing Your Church to the Community.* Nashville: Abingdon Press, 2007.

Migliore, D. *Faith Seeking Understanding. Introduction to Christian Theology,* 백충현, 신옥수 역,『기독교조직신학개론』, 서울:새물결플러스, 2012.

Migliore, D. *Faith Seeking Understanding.* 장경철 역,『기독교조직신학개론』, 한국장로교출판사, 1994,

Mobsby, Ian. *Emerging and Fresh Expressions of Church.* Moot Community Publishing, 2008.

Moltmann, J. "Christianity: A Religion of Joy", Miroslav Volf, Justin E. Crisp (ed.) *Joy and Human Flourishing: Essays on Theology, Culture and the Good Life.* Augsburg: Augsburg Fortress Pub, 2015, 1-15.

Moltmann, J. *Der Geist des Lebens,* 김균진 역,『생명의 영』, 서울:대한기독교서회, 1992.

Moltmann, J. *Der Gekreuzigte Gott,* 김균진 옮김,『십자가에 달리신 하나님』, 서울:대한기독교서회, 2011,

Moltmann, J. *Der Weg Jesu Christi: Messianische Christologie,* 김균진, 김명용 옮김,『예수 그리스도의 길: 메시아적 차원의 그리스도론』서울:대한기독교서회, 1990

Moltmann, J. *Erfahrungen theologischen Denkens,* 김균진 역,『신학의 방법과

형식』, 대한기독교서회, 2001,

Moltmann, J. *Ethik der Hoffnung*, 곽혜원 역, 『희망의 윤리』, 서울:대한기독교 서회, 2014.

Moltmann, J. *Gott in der Schöpfung*, 김균진 역, 『창조 안에 계신 하나님』, 한국신학연구소, 1986

Moltmann, J. *Kirche in der Kraft des Geistes*. 박봉랑 외 4인 역. 『성령의 능 력 안에 있는 교회: 메시야적 교회론』, 서울:한국신학연구소, 1984.

Moltmann, J. *Sein Name ist Gerechtigkeit*, 곽혜원 역, 『하나님의 이름은 정의 이다』, 서울:21세기교회와신학포럼, 2011.

Newman, B. "Die Mütterlichkeit Gottes - Sophia in der mittelalterlichen Mystik," V. Wodtke (hg.), *Auf den Spuren der Weisheit. Sophia-Wegweiserin für ein neues Gottesbild*, Freiburg 1991.

Nicholi, Armand M. Jr., *C.S. Lewis VS S. Freud*, 홍승기 옮김, 『루이스 vs 프 로이트, 신의 존재 사랑 성 인생에 관한 유신론자와 무신론자의 대논쟁 』, 홍성사 2004

Oakland, Roger, *Faith Undone*, Lighthouse Trails Publishing, Silverton: 2007

O'Brien, Peter. Colossians, *Philemon*, Vol. 44. 『골로새서, 빌레몬서』, 솔로몬, 2008

Olson, David. O. *The American Church in Crisis. Groundbreaking Research based on a National Database of over 200,000 churches*, Zondervan, Grand Rapids, 2008

Pagitt Doug/Jones Tony (ed.), *An Emergent Manifesto of Hope*, Grand Rapids, Baker Books, 2007

Pagitt, Doug, *A Christianity worth Believing*, San Francisco: Jossey-Bass, 2008.

Peterson, Brooks, *Cultural Intelligence*, 현대경제 연구원, 이영훈, 백수진 옮김, 『문화지능: 글로벌 시대의 경쟁력』(서울: 청림출판사, 2006).,

Peterson, C. *A Primer in Positive Psychology*, 문용린 김인자 백수현 역, 『긍정 심리학 프라이머』, 물푸레, 2010.

Philips, G.A. "Exegese as Critical Praxis. Reclaiming History and Text from a Postmodern Perspective" *Semeia* 51 (1990), 7-49.

Phölmann, Horst *Abriss der Dogmatik*, 이신건 옮김, 『교의학』, 신앙과 지성사

Pink, Daniel. *A Whole New Mind*, 김명철 역, 『새로운 미래가 온다』, 서울:한 국경제신문, 2006.

Powell, D. *Guide to Chrisitan Apologetics*, 이용주 역, 『빠른검색 기독교 변증 』, 부흥과개혁사, 2007,

Prehn, Yvon, *Ministry Marketing Made Easy*, Abingdon Press, 2004,

Raising, Richard. *Church marketing 101.* 『교회 마케팅101』, 오수현 역. 인천:올
리브북스, 2007.

Raschke, Carl A. *GLOBOCHRIST. The Great Commission Takes a Postmodern
Turn.* Grand Rapids, Baker Academic, 2008.

Raschke, Carl *A. Next Reformation: Why Evangelicals must Embrace
Postmodernity.* Grand Rapids: Baker Academic, 2004.

Reed, H. "Can the Church be the Church Online? Defining a Virtual
Ecclesiology for Computer-Mediated Communities," National
Communication Association November 2007.

Rice, Jesse *The Church of Facebook: how the Hyperconnected are
Redefining Community.* Colorado Springs, Colo.: David C. Cook,
2009.

Roloff, J. art. εκκλησια, *Exegetical Dictionary of the New Testament* Vol 1,
Grand Rapids: Eerdmans, 1990,

Rossi, V. "Christian Ecology is Cosmic Christology," *Epiphany Journal,* Winter
1988, 52-62

Roxburgh, A. J. Boren, M S *Introducing Missional Church, What It is, Why
It Matters, How to Become One,* Baker Books, 2009.

Scheib, Karen "All shall be Well: Flourishing and Wellbeing in Positive
Psychology and Feminist Narrative Pastoral Theology," *The Journal of
Pastoral Theology* 24(2), winter 2014, 1-17.

Schlier, H, "Ekklesiologie des Neuen Testaments" *Mysterium Salutis, Das
Heilsgeschehen in der Gemeinde,* Bd. IV/1, Benziger Verlag, 1973,
101-214.

Schori, Katharine Jefferts, "The Pursuit of Happiness in the Christian
Tradition: Goal and Journey," *Journal of Law and Religion* 29, no. 1
(2014): 57–66.

Schwarz, Christian A. *NCD,* 『자연적 교회성장』, 도서출판 NCD, 1999

Schwöbel, Chr. "Kirche als Communio," Wilfred Härle, Reiner Preul, *Kirche,
Marburger Jahrbuch Theologie* VIII, N.G. Elwert Verlag Marburg,
11-46

Seligman, M. *Authentic Happiness: Using the New Positive Psychology to
Realize Your Potential for Lasting Fulfillment,* 김인자, 우문식 역, 『긍
정심리학』, 물푸레, 2011.

Seligman, M. *Flourish: A Visionary New Understanding of Happiness and Wellbeing* 우문식, 윤상운 역, 『플로리시:웰빙과 행복에 대한 새로운 이해』 물푸레, 2011.

Shantz, C. "I Have Learned to Be Content? Happiness According to St. Paul," B. Strawn, *The Bible and The Pursuit of Happiness:What the Old and New Testaments Teach Us about the Good Life,* Oxford University Press, 2012, 187-202.

Smith, Efrem/Phil Jackson, *The Hip-Hop Church: Connecting with the Movement,* IVP, 2006.

Smith, L. R. Scott, *Truth & The New Kind of Christian. The Emerging Effects of Postmodernism in the Church,* Wheaton, Crossway Books, 2005,

Söding, T. "Die Welt als Schöpfung in Christus. Der Beitrag des Kolosserbriefes zum interreligiösen Dialog", *Reigionspädagogische Beiträge,* 31, 1993, 20-37;

Stackhouse, Jr. John G. *Evangelical Ecclesiology: Reality or Illusion?* BakerAcademic 2003.

Steiger, Johann Anselm. art. "Seelsorge I", *Theologische Realenzyklopädie,* Bd. 31, Berlin: de Gruyter, 2000.

Stetzer, Ed. *Planting New Churches in a Postmodern Age,* Broadman & Holman Publishers, 2003.

Strawn, Brent A. *The Bible and The Pursuit of Happiness: What the Old and New Testaments Teach Us about the Good Life,* Oxford University Press, 2012.

Strecker, G. Theologie des Neuen Testaments, Berlin:De Gruyter, 1995

Stuhlmacher, P. *Biblische Theologie des Neuen Testaments, Bd 1, Grundlegung von Jesus zu Paulus,* Göttingen: Vandenhoeck & Ruprecht, 1997.

Sweet, L. *Aqua Church,* 김영래 역, 『모던 시대의 교회는 가라. 포스트모던 시대의 교회 리더십 기술』, 서울:좋은씨앗, 2007.

Sweet, Leonard, *The Gospel According to Starbucks: Living with a Grande Passion.* 이지혜 역.『교회, 스타벅스에 가다』. 서울: 국제제자훈련원, 2008.

Sweet, Leonard, *Postmodern Pilgrims,* 김영래 역, 『영성과 감성을 하나로 묶는 미래교회』, 서울:좋은씨앗, 2002.

Sweet, Leonard, *The church of the Perfect Storm*. Nashville : Abingdon Press, 2008.

Sweet. Leonard, *Carpe manana*. 김영래 역. 『미래 크리스천』. 서울: 좋은씨앗, 2005.

Tapscott, Don, *Grown up Digital: How the Net Generation is Changing Your World*, 이진원 옮김, 『디지털 네이티브』 서울: 비즈니스북스, 2009.

Taylor, Steve. *The Out of Bounds Church?* 성석환 역, 『교회의 경계를 넘어 다시 교회로!』 서울: 예영커뮤니케이션, 2008.

Theissen, G. *Psychologische Aspekte paulinischer Theologie*, Göttingen 1983

Thomas Aquinas, *The Treatise on Happiness. The Treatise on Human Acts: Summa Theologieae I-II, 1-21,* Indianapolis: Hackett Publishing Company, 2016.

Town, E. Stetzer, E. *Perimeters of Light. Biblical Boundaries for the Emerging Church,* Chicago: Moody Publishers, 2004.

Towns, E. *11 innovations in the local church : how today`s leaders can learn, discern and move into the future.* Ventura, Calif. : Regal Book, 2007.

Van Gelder Craig /Dwight J. Zscheile, *The Missional Church in Perspective*, 최동규 옮김, 『선교적 교회론의 동향과 발전』 CLC, 2015

Van Gelder, C., Zscheile, D. J. *The Missional Church in Perspective. Mapping Trends and Shaping the Conversation,* Baker Academic, 2011.

Van Gelder, Craig. *The Essence of the Church.* 최동규 역. 『선교하는 교회 만들기: 지역교회를 향한 도전』. 서울: 베다니 출판사, 2003.

Van Gemeren, Willem, A. *Dictionary of Old Testament Theology & Exegesis* vol 3, 727-732

Vitz, Paul, *Faith of the Fatherless: The Psychology of Atheism*, 김요한 역, 『무신론의 심리학:아버지 부재와 무신론 신앙』, 새물결플러스, 2012.

Volf, M. and Crisp, Justin E., ed. *Joy and Human Flourishing: Essays on Theology, Culture and the Good Life.* Augsburg: Augsburg Fortress Pub, 2015.

Volf, M. *After our Likeness : the Church as the Image of the Trinity.* Grand Rapids, Mich.: William B. Eerdmans, 1997.

WCC총회백서발간위원회 편, 『세계교회협의회(WCC) 제10차 총회백서』, 2014.

Webber, Robert *Listening to the beliefs of emerging churches : five perspectives.* Grand Rapids, Mich. : Zondervan, 2007.

Webber, Robert, *Worship is a Verb*, 『살아있는 예배』 황인걸 역, 예본, 1999

Webber, Robert. *Ancient/Future Faith.* Baker Books, 1999

Weber, Otto. *Die Treue Gottes in der Geschichte der Kirche.* 김영재 역. 『칼빈의 교회관』. 서울: 도서출판 풍만, 1995

Westfall, R. S. *Never at Rest.* Cambridge: Cambridge University Press 1980.

Whitesel, Bob, *Inside the Organic Church. Learning from 12 Emerging Congregations.* Nashiville: Abingdon Press, 2006

Wilkinson, L. "Cosmic Christology and the Christian's Role in Creation" *Christian Scholar's Review,* 1981, Vol. 11 N.1, 18-40.

Wilson, Walter P. *The Internet Church: The local Church can't be just local anymore.* Thomas Nelson Publishers, 2004.

Wright, Christopher J. H. art. 'ab, *Dictionary of the Old Testament Theology & Exegesis,* Vol 1,

Zacharias, R. *Can Man Live without God?,* 최예자 역, T진리를 갈망하다』 프셉트, 2007

Zizioulas, John D. *Being as Communion: Studies in Personhood and the Church,* 이세형, 정애성 역, 삼원서원, 2012.

포스트모던과 디지털시대의
성경적 변증적 성육신적

교회론

초판 1쇄 발행일 · 2021년 03월 26일
초판 2쇄 발행일 · 2025년 03월 20일

지은이 | 김도훈
펴낸이 | 노정자
펴낸곳 | 도서출판 고요아침
편   집 | 정숙희 김남규

출판 등록 2002년 8월 1일 제1-3094호
03678 서울시 서대문구 증가로 29길 12-27 102호
전화 | 302-3194~5
팩스 | 302-3198
E-mail | goyoachim@hanmail.net
홈페이지 | www.goyoachim.net

ISBN 979-11-90487-93-1(93230)